Tilo Beckers · Klaus Birkelbach · Jörg Hagenah
Ulrich Rosar (Hrsg.)

Komparative empirische Sozialforschung

Tilo Beckers · Klaus Birkelbach
Jörg Hagenah · Ulrich Rosar (Hrsg.)

Komparative empirische Sozialforschung

VS VERLAG

Bibliografische Information der Deutschen Nationalbibliothek
Die Deutsche Nationalbibliothek verzeichnet diese Publikation in der
Deutschen Nationalbibliografie; detaillierte bibliografische Daten sind im Internet über
<http://dnb.d-nb.de> abrufbar.

1. Auflage 2010

Alle Rechte vorbehalten
© VS Verlag für Sozialwissenschaften | Springer Fachmedien Wiesbaden GmbH 2010

Lektorat: Dorothee Koch / Marianne Schultheis

VS Verlag für Sozialwissenschaften ist eine Marke von Springer Fachmedien.
Springer Fachmedien ist Teil der Fachverlagsgruppe Springer Science+Business Media.
www.vs-verlag.de

Das Werk einschließlich aller seiner Teile ist urheberrechtlich geschützt. Jede Verwertung außerhalb der engen Grenzen des Urheberrechtsgesetzes ist ohne Zustimmung des Verlags unzulässig und strafbar. Das gilt insbesondere für Vervielfältigungen, Übersetzungen, Mikroverfilmungen und die Einspeicherung und Verarbeitung in elektronischen Systemen.

Die Wiedergabe von Gebrauchsnamen, Handelsnamen, Warenbezeichnungen usw. in diesem Werk berechtigt auch ohne besondere Kennzeichnung nicht zu der Annahme, dass solche Namen im Sinne der Warenzeichen- und Markenschutz-Gesetzgebung als frei zu betrachten wären und daher von jedermann benutzt werden dürften.

Umschlaggestaltung: KünkelLopka Medienentwicklung, Heidelberg
Gedruckt auf säurefreiem und chlorfrei gebleichtem Papier
Printed in Germany

ISBN 978-3-531-16850-0

Inhaltsverzeichnis

Vorwort der Herausgeber   9

Komparative empirische Sozialforschung: Eine Einführung zu
Varianten des quantitativen Vergleichens
Tilo Beckers und Ulrich Rosar   11

I   Vergleichende Untersuchungen zu Ost- und Westdeutschland

Comparing Basic Human Values in East and West Germany
Eldad Davidov und Pascal Siegers   43

Annäherungen an den Geburtsjahrgang 1971
Karl Ulrich Mayer   65

II   Vergleichende Ansätze in der Analyse von Bildung, Leistung, Lebenslauf und Paarbeziehungen

Lässt sich in der Langzeitbeobachtung ehemaliger Gymnasiasten
eine protestantische Ethik finden? Empirische Spurensuche zu
Max Weber in Heiner Meulemanns Gymnasiastenpanel
Steffen Kühnel und Anja Mays   93

Intelligenz und Schulleistung als Kontextmerkmale: Big-Fish-
Little-Pond- oder Reflected-Glory-Effekt? Eine Mehrebenen-
analyse von Lehrerurteilen
Dominik Becker und Klaus Birkelbach   113

Primäre und sekundäre Herkunftseffekte beim Übergang in das gegliederte Schulsystem: Welche Rolle spielen soziale Klasse und Bildungsstatus in Familien mit Migrationshintergrund?
Ilona Relikowski, Thorsten Schneider und Hans-Peter Blossfeld   143

Erwerbssituation und Partnerschaft: Deutsche und türkische Paare im Vergleich
Michael Wagner und Bernd Weiß   169

Gleichberechtigung und Beziehungszufriedenheit
Ina Grau, Ravena Penning und Hans-Jürgen Andreß   199

III   Varianten und Strategien internationaler Vergleiche

Welchen Einfluss hat Kultur auf die Einstellungen zu Moral, Gleichheit und Demokratie in christlichen europäischen Gesellschaften und in der Türkei?
Wolfgang Jagodzinski und Hermann Dülmer   231

Modes of citizens' participation: associations between and determinants of social, civic, and political participation in cross-national perspective
Tom van der Meer, Manfred te Grotenhuis und Peer Scheepers   259

Leistung und Zuschreibung in der Wissensgesellschaft
Daniela Rohrbach-Schmidt   285

And the Winner is: Ein Drei-Länder-Vergleich zum Einfluss der physischen Attraktivität von Direktkandidaten auf den Wahlerfolg bei nationalen Parlamentswahlen
Ulrich Rosar und Markus Klein   307

Umweltbewusstsein und der Reichtum von Nationen:
Ein Vergleich von WVS, ISSP und EVS
Axel Franzen und Dominikus Vogl 337

Comparing Comparisons for Cross-Validation (CC-CV):
A Proposal for Applied Survey Research Using the Example of
Attitudes towards Economic Liberalism
Tilo Beckers 363

IV Raum und Zeit in Vergleichen mit Mediendaten

Analysen zur Zeitreihenfähigkeit der Media-Analyse
Jörg Hagenah und Henning Best 393

Mediennutzung als raum-zeitliches Phänomen
Michael Bentlage und Jürgen Rauh 419

How People Learned About the September 11 Terrorist Attack
and How It Affected Them. A Study in News Diffusion and
Psychosocial Reactions in Germany
Karl-Heinz Reuband 437

V Komparative empirische Sozialforschung, Kontexteffekte und Kontextualisierung

Welche Mechanismen erklären Kontexteffekte?
Jürgen Friedrichs und Alexandra Nonnenmacher 469

Soziologie von Anfang an
Hermann Strasser 499

Heiner Meulemann: Zur Person 509

Autorenverzeichnis 515

Für Heiner Meulemann

„Der Vergleich ist *die* Methode der Wissenschaft"
Heiner Meulemann [1]

Vorwort

Der Band versammelt Beiträge, die in engem Bezug stehen zu der für die empirische Sozialforschung bedeutsamen „Kölner Schule der Soziologie", die in den letzten Jahrzehnten von Heiner Meulemann maßgeblich mitgestaltet und weiterentwickelt wurde. Er baut auf einem zweitägigen Symposium auf, das aus Anlass des 65. Geburtstages von Heiner Meulemann und zu seinen Ehren vom 30. bis 31. Oktober 2009 an der Universität zu Köln unter dem Titel „Komparative empirische Sozialforschung" stattgefunden hat. Wir danken herzlich den Autorinnen und Autoren für die engagierten Vorträge und Diskussionen beim Symposium sowie für die ausgearbeiteten Beiträge zu diesem Band. Für die großzügige finanzielle Förderung gilt unser Dank *SocioCologne*, dem Alumni- und Förderverein des Forschungsinstituts für Soziologie der Universität zu Köln.

Wir danken besonders Frau Emmerich und Frau Koch vom VS Verlag für Sozialwissenschaften sowie Frau Schultheis für die Betreuung der Publikation. Zudem gilt unser herzlicher Dank den studentischen Hilfskräften Damir Babic, Johannes Bannwitz, Friederike Brand, Philip Heber, Nathalie Hiester und Jan Malguth (Universität zu Köln), Britta Noé (Universität Duisburg-Essen) sowie für die Endredaktion ganz besonders Anabel Kuntz, Oliver Tietjen, Julia Tuppat und Christian Weyand am Forschungsinstitut für Soziologie der Universität zu Köln. Ohne deren tatkräftige Unterstützung bei der Editionsarbeit hätte der Sammelband nicht erscheinen können. Zudem danken wir Heiner Meulemann. Er weiß schon, wofür ...

Tilo Beckers, Klaus Birkelbach, Jörg Hagenah und Ulrich Rosar

Köln, Düsseldorf und Osnabrück im Juni 2010

---

[1] Meulemann, Heiner 2002: Perspektiven und Probleme internationaler Umfrageforschung. Statistisches Bundesamt (Hg.): Aspekte internationaler und kultureller Umfragen. Stuttgart: Metzler-Poeschel (Spektrum Bundesstatistik, 20), S. 14.

Komparative empirische Sozialforschung: Eine Einführung zu Varianten des quantitativen Vergleichens

Tilo Beckers und Ulrich Rosar

Die empirische Sozialforschung kann in Deutschland seit den 1950er Jahren auf eine Erfolgskarriere zurückblicken. Sie ist zu einem zentralen Qualitätsmerkmal der Sozialwissenschaften geworden, ohne die diese vermutlich als weltabgewandt und elitär betrachtet würden. Wesentlichen Anteil an dieser Entwicklung haben neben zahlreichen Forscherpersönlichkeiten, ihren Untersuchungen und Lehrbüchern auch die an den Universitäten erfolgreich etablierten empirischen und praxisorientierten Lehrveranstaltungen, wie die allgegenwärtigen „Forschungspraktika" (und ähnliche Veranstaltungen), die die Studierenden der Sozialwissenschaften für den akademischen wie außeruniversitären Arbeitsmarkt vorbereiten und auszeichnen. Im Zuge der Bologna-Reform ist es zudem zur Benennung und Gestaltung von Studiengängen nach dem Vorbild des Programms empirischer Sozialforschung gekommen (bspw. der Master of Science „Soziologie und empirische Sozialforschung" an der Universität zu Köln). Die gesellschaftliche Bedeutung der empirischen Sozialforschung wurde zunächst durch Institutionen wie das Zentralarchiv für empirische Sozialforschung u.a. nationale Datenarchive (vgl. Rokkan & Scheuch 1963; Mochmann 2008), das ZUMA und das IZ[1], aber auch das Deutsche Institut für Wirtschaftsforschung (DIW) begünstigt und wird nun durch die GESIS, den Rat für Sozial- und Wirtschaftsdaten (RatSWD) u.a. bestätigt und weiter befördert.

In vielen empirischen Untersuchungen spielt der Vergleich implizit, in vielen auch explizit eine Rolle. Wozu also ein Herausgeberband, der die komparative empirische Sozialforschung behandelt? Und warum wird hier komparative empirische Sozialforschung in einem breiten Sinne behandelt, also nicht bloß als Ländervergleich (vgl. die frühe Bestimmung von Marsh 1967), sondern auch als Zeitvergleich, Vergleich zwischen Gruppen, Stichproben, Methoden und Herangehensweisen? Die Herausgeber haben sich zum Ziel gesetzt ein Panorama

---

[1] Das frühere Zentrum für Umfragen, Methoden und Analysen in Mannheim (ZUMA) ist ebenso wie das Informationszentrum für Sozialwissenschaften (IZ) zusammen mit dem Zentralarchiv für empirische Sozialforschung (ZA) unter dem Dach der „GESIS – Leibniz Institut für Sozialwissenschaften" verschmolzen.

aufzuspannen, das zeigt, warum der Vergleich, wenn er explizit gemacht wird, stets einen Erkenntniszugewinn bedeutet. Allen Beiträgen ist gemeinsam, dass sie von inhaltlichen Fragen ausgehend Methoden, Herangehensweisen und andere Aspekte des Vergleichs diskutieren. Dabei werden auch die Analysemöglichkeiten mit einer Vielzahl von Datensätzen unterschiedlichster Herkunft illustriert. Der Herausgeberband eignet sich daher auch zur Lektüre für all diejenigen Leserinnen und Leser, die sozialwissenschaftlich interessante Datensätze und daran gekoppelte Vergleiche kennen lernen möchten.

Der Band versammelt zudem Beiträge, die die Methode der Befragung als „Königsweg der Sozialforschung" (Scheuch 1973) reflektieren. Letztere tritt heute vor allen Dingen in Gestalt der Umfrageforschung als das mächtige und effiziente Hauptinstrumentarium auf, um Daten zu generieren und intersubjektiv nachvollziehbar analysieren und später auch in Replikationen erneut erheben und auswerten zu können. Es geht also im Wesentlichen um Hypothesen testende Untersuchungsdesigns, die auf Variablen-Fälle-Datenmatrizen (vgl. de Vaus 2005) zurückgreifen. Freilich sind auch andere Datenquellen als Individualdaten aus Befragungen wie etwa Aggregatdaten, Expertenwissen, Ereignis- und Mediendaten im Rahmen solcher Designs analysierbar.

Sind die Sozialwissenschaften genau wie die empirische Sozialforschung nicht schon per se vergleichend, und ist die „vergleichende Methode" die einzige, welche der Soziologie entspricht, wie Durkheim (1984: 205) meinte? Ebenso eindeutig wie das diesem Buch vorangestellte Zitat Heiner Meulemanns betonte auch bereits Harold D. Lasswell (1968), dass die wissenschaftliche Methode unvermeidlich vergleichend sei. Betrachten wir dennoch diese Frage für einen Moment für das Teilgebiet internationaler Vergleiche, das auch in diesem Band prominent zur Geltung kommt. Spätestens seit Charles Ragins wegweisendem Werk „The Comparative Method" (1987) ist klar, dass in den Disziplinen verschiedene Paradigmen oder zumindest Referenzpunkte für die vergleichenden Methoden existieren. Soziologie und Politikwissenschaft sind, sofern sie im Verbund mit der empirischen Sozialforschung agieren, dabei näher an einem nomothetischen als einem idiographischen Vorgehen bzw. "mode of explanation" (vgl. Smelser 1976: 202ff.), nehmen aber beide Modi in ihre Erklärungsschemata auf. Auch führen Vertreter dieser Disziplinen fallorientierte ebenso wie variablenorientierte Vergleiche durch (Ragin 1987; Goldthorpe 1997). Die Soziologie neigt dabei, sofern sie nicht historiografische Ziele verfolgt, stärker zur Variablenorientierung, die Politikwissenschaft stärker zur Fallorientierung. Zudem können analytisch-deterministische Verfahrensweisen wie die Qualitative Comparative Analysis (QCA und MV-QCA; vgl. Rihoux & Ragin 2008; Schneider 2007) von probabilistischen Ansätzen unterschieden werden, die im Mittelpunkt dieses Bandes stehen. Für die internationalen Vergleiche bieten sich ebenso Small-N- („comparative method"/„case study") wie auch Large-N-Vergleiche an (vgl. Collier & Mahoney 1996), wobei die erstgenannten typischerweise in der Politikwissenschaft durchgeführt werden und die letztgenannten prominenter in der Soziologie sind. Je nach Fragestellung finden in internationalen Vergleichen most-similar oder most-dissimilar systems designs Anwendung (Przeworski & Teune 1970) oder Mischformen, wie auch in diesem Band in dem Beitrag von Rosar und Klein (2010). Eine jüngere Entwicklung sind auch so genannte nested designs als Brückenbauer zwischen den zuletzt genannten Forschungsrichtungen (Rihoux & Grimm 2005; Lieberman 2005; vgl. zu letzterem Rohlfing 2007). Beim Blick auf die Varianten und methodologischen Referenzpunkte internationaler Vergleiche wird klar, dass die Sozialwissenschaften sich kaum auf die eine vergleichende Methode festlegen lassen, aber doch meist vergleichend verfahren. Dies gilt beim internationalen Vergleich durch die offenkundige Sachlage unterscheidbarer und bedeutungsvoller Aggregateinheiten, aber auch im Längsschnitt durch abgrenzbare Zeitpunkte oder in Quasi-Experimentalstudien durch Gruppen.

Durkheim (1984) hat in den „Regeln der soziologischen Methode" das Vergleichen als „Methode des indirekten Experimentierens" bezeichnet, um Kausalbeziehungen zwischen sozialen Phänomenen zu identifizieren. Sozialwissenschaftliche Untersuchungen basieren auf der Methode des Vergleichs, weil das Ziel angestrebt wird, die Varianz sozialer Phänomene durch die Kontrolle möglicher Bedingungen und Ursachen zu erklären (vgl. Bendix & Lipset 1957; Grimshaw 1973; Smelser 1976; Samuel 1985). Das entscheidende Distinktionsmerkmal vergleichender Sozialforschung ist die Berücksichtigung von Zeit und Raum als kontrollierende Variablen mit dem Ziel der Verallgemeinerung des Verhaltens sozialer Gruppen. Die Methode besteht also nicht nur für den von Nicole Samuel beschriebenen internationalen Vergleich darin, „to vary the circumstances of a phenomenon with the object of eliminating variable and inessential factors, and so arriving at what is essential and constant" (Samuel 1985: 8, zit. nach Ginsberg 1939: 39). Heiner Meulemann sieht es bezogen auf die international vergleichende Umfrageforschung als geboten an, über das bloße Vergleichen hinauszugehen: „Wer die internationale Umfrageforschung also durch den Vergleich von Ländern definiert, ignoriert die Besonderheit der Mehrebenendaten, ohne eine besondere methodische Perspektive zu gewinnen" (Meulemann 2002b: 15). Erst durch die Möglichkeit auf der zweiten Ebene der Länder, ebenso wie für Individuen, Variablen als Charakteristika der Einheiten zu identifizieren und für hierarchische Regressionsmodelle zu nutzen, gewinnt die Umfrageforschung aus dieser Sicht eine auch für theoretische Aussagen nutzbringende Perspektive. So wie Meulemann für den Spezialfall des internationalen Vergleichs zur Entdeckung allgemeiner Gesetzmäßigkeiten die

Mehrebenenanalyse empfiehlt (vgl. ausführlich Meulemann 2008), wird in diesem Band ein ganzes Panorama verschiedener Ansätze und Methoden des in der Regel variablenorientierten Vergleichens mit Umfragedaten aufgespannt und eine Vielfalt von Zugangsweisen zu Vergleichen in exemplarischen Studien der komparativen empirischen Sozialforschung vorgestellt. Dabei wird sich zeigen, dass typisch für die empirische Sozialforschung jede Forschungsfrage ein bestimmtes Methodenbündel vorgibt, das sich besonders gut für ihre Beantwortung eignet. Die Beiträge werden dabei im Sinne Wittgensteins durch „Familienähnlichkeiten" (Wittgenstein 2003: 65-71) zusammen gehalten. Obwohl sie im Einzelnen unterschiedliche Ansätze verfolgen, verbindet sie der Ausgangspunkt des theoriegeleiteten Hypothesentests und der im Wesentlichen variablenorientierten Datenanalyse und Forschungslogik und natürlich der Vergleich auf ganz unterschiedlichen Ebenen. – Von komparativer empirischer Sozialforschung sprechen wir in diesem Band also, weil die vergleichenden Elemente der Studien besondere Aufmerksamkeit verdienen und auch als Blaupausen für inhaltlich andere Fragestellungen dienen können. Und wir meinen den Vergleich in einem breiten Sinne, weil das Vergleichen nicht auf die offensichtlichen Aspekte wie Länder- und Zeitvergleiche beschränkt bleiben kann, sondern weil Sozialwissenschaftler sich auf verschiedenen Stufen des Forschungsprozesses, bei der Nutzung ihrer Daten und der Anwendung ihrer Methoden fragen sollten, wie vergleichende Elemente zu einem Erkenntnisgewinn und einer kritischen Prüfung ihrer Annahmen beitragen können. Hierfür liefern die versammelten Beiträge vielfältige Beispiele und geben anwendungsorientierte und daher praktisch nachvollziehbare Antworten.

Der Band ist in fünf thematische Blöcke gegliedert. In Auseinandersetzung mit dem Werk von Heiner Meulemann stehen am Anfang in Teil I *Vergleichende Untersuchungen zu Ost- und Westdeutschland*, die Heiner Meulemanns Arbeiten reflektieren und neue methodische Wege aufzeigen (vgl. Meulemann 2001, 2002a, 2003, 2004a, 2006). In Teil II werden *Vergleichende Ansätze in der Analyse von Bildung, Leistung, Lebenslauf und Paarbeziehungen* behandelt. Hiermit werden verschiedene Forschungsfelder Heiner Meulemanns, insbesondere die Bildungs- und Lebensverlaufsforschung im Rahmen des Kölner Gymnasiasten-Panels gewürdigt (vgl. Meulemann 1995; Meulemann et al. 1987, 2001; Birkelbach 1998). Teil III stellt *Varianten und Strategien internationaler Vergleiche* vor, die anhand unterschiedlicher Themen eine Bandbreite von Forschungsdesigns, methodischen Strategien und Analyseverfahren aufzeigen und nachvollziehbar machen. Die Beiträge ergänzen Heiner Meulemanns eigene Arbeiten und methodischen Zugänge zum internationalen Vergleich durch eine Vielfalt an statistischen Analyseverfahren und methodischen Überlegungen (vgl. Meulemann 2002b, 2008). In Teil IV stehen *Raum und Zeit in Vergleichen mit*

Mediendaten im Mittelpunkt, um auf Heiner Meulemanns Engagement um die wissenschaftliche Aufbereitung der Daten der Mediaanalyse und ihre Analysemöglichkeiten aufmerksam zu machen, aber auch um an diesen Datentyp geknüpfte methodische Fragen des Vergleichs zu diskutieren (vgl. Meulemann et al. 2005, 2009; Hagenah & Meulemann 2006, 2008; Hagenah et al. 2009). Teil V über *Komparative empirische Sozialforschung, Kontexteffekte und Kontextualisierung* weist in zweifacher Hinsicht über das engere Spektrum des Bandes hinaus: zum einen geht es um das bei Vergleichen oftmals nicht hinreichend beachtete Problem der Begründung von Kontexteffekten generell, zum anderen geht es ganz speziell und persönlich um die Kontextualisierung von Heiner Meulemanns Werk und Wirken. Im Folgenden sollen aber zunächst die Beiträge der Autorinnen und Autoren im Rahmen des Sammelbandes eingeordnet und als Beispiele komparativer empirischer Sozialforschung kontextualisiert werden.

Teil I: Vergleichende Untersuchungen zu Ost- und Westdeutschland

Eldad Davidov und *Pascal Siegers* legen einen Beitrag zum Vergleich von Werten in Ost- und Westdeutschland vor. Ausgehend von vergleichenden Arbeiten von Heiner Meulemann, der eine „innere Mauer in Ostdeutschland" diagnostiziert hat (2004b: 172; 2004b: 154) und anderen Wertforschern setzen sich die Autoren zum Ziel, die von Shalom Schwartz (1992) vorgelegte Theorie grundlegender menschlicher Werte im deutsch-deutschen Vergleich unter Verwendung des European Social Survey (ESS 2002-2007) zu prüfen. Davidov und Siegers prüfen die Messinvarianz der für die Operationalisierung der Werte von Schwartz gewählten Items und vergleichen die Mittelwerte in beiden Landesteilen. Dabei referieren die Autoren system- bzw. regimebezogene Argumente und die unterschiedliche Wertesozialisation, um die möglichen Landesunterschiede zu erklären. Werte werden dabei als im Lebensverlauf relativ stabile Dispositionen von Individuen betrachtet (Davidov & Siegers 2010).

Aus ihren allgemeinen Überlegungen leiten die Autoren ganz spezifische Hypothesen zu den einzelnen Werten in Schwartz' Zirkumplexstruktur ab. So werden für Ostdeutsche höhere Mittelwerte für Universalismus und Wohlwollen, für Macht ebenso wie für Sicherheit, Konformität und Tradition erwartet. Für Westdeutsche erwarten die Autoren umgekehrt höhere Mittelwerte für Selbstbestimmung und Hedonismus (ebd.: 51f.). Anhand der über die Zeit gepoolten ESS-Daten prüfen Davidov und Siegers mit Hilfe konfirmatorischer Faktorenanalysen sieben für Deutschland identifizierte Werte. Dabei sind ihre Analysen fragebogenbedingt auf die 21-Item-Kurzfassung des *Schwartz Portrait Value Questionnaire* beschränkt. Mit einem Standardverfahren testen und bestätigen die Autoren die konfigurale, metrische und skalare Invarianz der Wertemessungen in Ost- und Westdeutschland. Die größten Differenzen finden sie für den Wert Sicherheit, der deutlich stärkere Zustimmung in Ostdeutschland erfährt. Ähnliches gilt für Konformität und Tradition.

Die Autoren gelangen mit Blick auf ein Land mit zwei Kulturen (van Deth 2001) zu dem Schluss, dass bestehende Unterschiede durch die Zeit vor der Wiedervereinigung erklärbar sind, ansonsten aber gering und bedeutungslos ausfallen. Davidov und Siegers legen für den innerdeutschen Vergleich eine Studie vor, deren Ergebnisse dem in der politischen Soziologie ihres Erachtens verbreiteten Pessimismus widersprechen, und erwarten, dass die Konvergenz der Werthaltungen zukünftig auch Konflikte in politischen Streitthemen ausgleichen kann. Der Beitrag zeigt anhand eines in der vergleichenden Sozialforschung inzwischen etablierten Messinstruments die Möglichkeiten standardisierter Vergleiche und quantitativer Analyseverfahren auf, demonstriert aber insbesondere auch die Bedeutung der Tests auf Messinvarianz.

Karl Ulrich Mayer betrachtet in seinem Beitrag den Geburtsjahrgang 1971. Mayer greift auf verschiedenste Datenquellen, darunter Retrospektiverhebung und narrative Interviews, sowie unterschiedliche Methoden wie die Ereignisanalyse und die Sequenzanalyse zurück, um diesen einen Geburtsjahrgang in Ost- und Westeutschland vergleichend zu analysieren. Der Beitrag verfolgt also einen *Mixed Methods*-Ansatz, bei dem verschiedene Methoden des Vergleichs trianguliert werden. Mayer selbst spricht von einer „postmodernen ‚Selbst'konfrontation mit höchst anspruchsvoll erarbeiteten ‚Lesarten'" (Mayer 2010: 66). „Collagenartig" (ebd.: 66) dokumentiert Mayer sein Verfahren und die Analysen, die anhand der im GESIS-Datenarchiv verfügbare Daten der GLHS (German Life History Study) nachvollziehbar sind. Mayer bezeichnet die 1989 an der Schwelle zum Erwachsensein stehende Kohorte des Jahrgangs 1971 als die „Wendegeneration" und vergleicht die unterschiedlichen Startbedingungen vor 1989 und die weiteren Lebensverläufe West- und Ostdeutscher nach der politischen Wende.

Mayer zeichnet ein dichtes Portrait der generationenenspezifischen Startbedingungen im Westen im Zuge der weiteren Bildungsexpansion in der Sekundarstufe II, eines starken Rückgangs des Wirtschaftswachstums und einen höheren Sockel der Arbeitslosigkeit (Mayer 2010: 74), während im Osten bis zur Wende die Sicherheit höher und die weiteren Lebensverläufe vorgezeichnet schienen. Diese Sicherheit ging mit der Wende verloren, aber zugleich wurde die neue Freiheit als Chance ergriffen. Mayer gelangt zu dem Schluss, dass die Ostdeutschen sich subjektiv besser selbst verwirklichen konnten als zu Zeiten der Berufslenkung in der DDR. Der Anteil der derjenigen, die ihren Berufswunsch nicht verwirklichen konnten, bleibt vor dem Hintergrund der Daten der Lebensverlaufsstudie in beiden Landesteilen dennoch hoch und die Unterschiede zwischen den Landesteilen sind geringer, als zu erwarten gewesen wäre (ebd.: 77, Tab 2.).

Weiterhin erörtert Mayer vergleichend die Bildungschancen, die Karriereverläufe und die Kompetenzentwicklung sowie das Aufschieben der Familienbildung in Ost und West. Insbesondere bei letzterem Thema wird deutlich, wie der Vergleich von der Triangulation quantitativer und qualitativer Daten profitiert. Das formale Kausalmodell wird durch Ergebnisse biographischer Interviews angereichert. Schließlich verweist Mayer kursorisch darauf, dass auf latente Cluster ausgerichtete Sequenzanalysen nochmalig zu weiteren inhaltlichen Interpretationen des Aufschubs der Familienbildung führen (ebd.: 85). Exemplarisch wird hierdurch verdeutlicht, wie auch die Wahl der Methode die Ergebnisse und Deutungen des Vergleichs beeinflussen kann. Die Methodentriangulation macht diese Unterschiede transparent und sensibilisiert für die Effekte der Erhebungsinstrumente. Dadurch gelingt Mayer ein detailreiches Bild von Konvergenzen und Divergenzen zwischen den 1971ern in Ost und West, die sich im Zuge der deutschen Wiedervereinigung ergeben haben.

Teil II: Vergleichende Ansätze in der Analyse von Bildung, Leistung, Lebenslauf und Paarbeziehungen

Steffen Kühnel und *Anja Mays* stellen an das von Hans-Joachim Hummell, Michael Klein, Maria Wieken-Mayser und Rolf Ziegler 1969/70 begründete und von Heiner Meulemann (1995) fortgeführte Kölner Gymnasiastenpanel (KGP) die Frage, ob sich in der Langzeitbeobachtung der Gymnasiasten eine protestantische Ethik finden lässt. Nach einer Rekapitulation von Max Webers Protestantismusthese und neuerer empirischer Untersuchungen, fokussieren die Autoren ihre Betrachtung auf die eigendynamische Verbreitung des kapitalistischen Geistes nach der Initialzündung durch den Protestantismus, also die Loslösung der Ethik von ihren religiösen Wurzeln (Kühnel & Mays 2010).

Anhand des Kölner Gymnasiastenpanels und seiner integrierten Elternbefragung lässt sich der Langzeiteffekt der konfessionellen Identität und der Leistungsorientierung auf die konfessionelle Identität der Kinder, deren Leistungsorientierung und den tatsächlichen Berufserfolg überprüfen. Zudem lässt sich prüfen, ob eine hohe Leistungs- und Berufsorientierung im Sinne Tawneys die Bindung an den Protestantismus erhöht. Auf der Basis des Panels mit drei Erhebungswellen schlagen Kühnel und Mays ein Pfadmodell vor, bei dem in Welle 1 die Elterninformationen mit einfließen. In dem hypothetischen Modell wirkt die elterliche Bindung an den Protestantismus mit direkten Effekten sowohl auf die Bindung an den Protestantismus der Schülerinnen und Schüler in der zehnten Klasse als auch auf deren Leistungsethos. Zudem weist die Leistungsorientierung der Eltern einen direkten Effekt auf den jugendlichen Leistungsethos in der Schule auf.

Die Autoren schätzen ein *Cross-Lagged-Panel*-Modell (inklusive autoregressiver Effekte), in dem der Protestantismus zeitversetzt das Berufsethos beeinflusst und sich Ethos und Erfolg zeitversetzt gegenseitig beeinflussen. Das Modell übersetzt in kompakter und empirisch stringenter Weise Webers These für die Individualebene. Die verwendeten linearen Strukturgleichungsmodelle mit latenten Variablen (SEM) erlauben direkte Effektvergleiche und damit eine spezifische Variante komparativer empirischer Sozialforschung. Dabei werden über die Zeit und vor allen Dingen theoriegeleitet bzw. modellorientiert Parameter verglichen. In einem ersten Analyseschritt wenden Kühnel und Mays Probit-Schwellenwertmodelle für die Schätzung von Varianzen und Kovarianzen an, um mit ihren eigentlich ordinal-skalierten Variablen zu arbeiten. In einem zweiten Schritt wird das SEM auf der Basis der polychorischen Varianzen und Kovarianzen mittels verteilungsfreier WLS-Methode geschätzt.

Die Analysen zeigen, dass das empirische Modell sparsamer als das theoretische ist. Entgegen den Erwartungen hat der Protestantismus der Eltern einen negativen Effekt auf das Leistungsethos der Kinder in der ersten Welle. Auch zeitverzögerte Effekte des Protestantismus lassen sich nicht nachweisen. Die Analysen lassen also vermuten, dass die religiöse Sphäre von der Sphäre der Arbeit weitgehend unabhängig ist. Zumindest für die ehemaligen Gymnasiasten der 10. Klassen Nordrhein-Westfalens 1969 gilt, dass die katholischen Schüler leistungsorientierter waren. Interessant ist Kühnels und Mays Modell für diesen Band insbesondere deshalb, weil es methodisch präzise, theoriegeleitet und mit Weber (2003) gesprochen „idealtypisch" zeigt, wie die Effekte verschiedener und dazu auch identischer Konstrukte über die Zeit verglichen werden können.

Auch *Dominik Becker und Klaus Birkelbach* greifen mit ihrem Beitrag über „Intelligenz und Schulleistung als Kontextmerkmale" auf die Primärerhebung des Kölner Gymnasiasten-Panels (KGP) 1969/70 zurück. Die Autoren wählen methodisch den Ansatz einer Mehrebenenanalyse über Lehrerurteile und erörtern, inwiefern diese die soziale Herkunft der Schüler berücksichtigen und so das meritokratische Prinzip der Statuszuweisung unterlaufen. Gegenüber früheren Arbeiten (Birkelbach 2009) gehen die Autoren einen Schritt weiter und fragen, inwiefern die Lehrerurteile tatsächlich auch die Leistungen der Schüler beeinflussen. Es wird aber nicht allein der „Pygmalioneffekt" (Rosenthal & Jacobsen 1968) untersucht, sondern im Rahmen des mehrebenenanalytischen Designs zusätzlich gefragt, wie die Wirksamkeit von Lehrerurteilen ihrerseits von individuellen Schülermerkmalen abhängt und wie die Kontextmerkmale der Schulklasse, also ein klasseninterner Bewertungsmaßstab des Lehrers, die Urteile zu beeinflussen vermag. Dabei sind 3385 Schüler in 120 Schulklassen „genestet". Becker und Birkelbach realisieren also einen statistischen Vergleich der Einflussmerkmale zwischen Analyseebenen, der gleichzeitig eine theoretische Erweiterung der bisherigen Forschung bedeutet.

In ihren Hypothesen zu Individual- und Kontextmerkmalen werden Leistung, soziale Herkunft und Aspirationen als Prädiktoren der Lehrerbeurteilungen betrachtet. Auf der Kontextebene wird entlang des Untertitels des Beitrags die Frage gestellt, ob *erstens* ein „Big-Fish-Little-Pond-Effekt" vorliegt, d.h. hier ob „Schüler mit gegebener kognitiver Leistungsfähigkeit in einer vergleichsweise leistungsschwachen Klasse aufgrund der insgesamt niedrigeren Ansprüche der Lehrer an die Klasse bessere Beurteilungen erhalten [..] als in einer vergleichsweise leistungsstarken Klasse" (Becker & Birkelbach 2010: 121). Alternativ wird *zweitens* die Gegenhypothese des „Reflected-Glory-Effekts" geprüft, der hier eine spezifische Form des Halo-Effektes bezeichnet, bei dem „ein positiver Effekt leistungsstarker Klassen auf die Lehrerurteile angenommen wird" (oder umgekehrt) (ebd.: 122). Nur die Reflected-Glory-Hypothese und konkret der Halo-Effekt wird durch die logistischen Mehrebenenanalysen bestätigt. Daneben wird deutlich, dass bei dem „prognostischen Lehrerurteil" nicht allein meritokratische Prinzipien, sondern auch der sozioökonomische Status der Eltern und die individuellen Aspirationen eine Rolle spielen (ebd.: 134). Das Studiendesign realisiert mit komplexen Mehrebenenanalysen eine besondere Variante des Vergleichs, in dem das Leistungsniveau von Schülern und Schulklassen als Prädiktoren für Lehrerurteile verglichen werden und die Ergebnisse Zweifel am Prognosepotenzial von Lehrern wecken. Der methodisch innovative Beitrag von Becker und Birkelbach birgt damit auch kritisches Potenzial mit politischer Sprengkraft.

Ähnlich wie Becker und Birkelbach wählen auch *Ilona Relikowski, Thorsten Schneider und Hans-Peter Blossfeld* ein klassisches Sujet der Bildungssoziologie zum Ausgangspunkt ihrer Erörterungen: „Primäre und sekundäre Herkunftseffekte beim Übergang in das gegliederte Schulsystem". Ausgehend von Boudons (1974) Unterscheidung dieser zwei Effekttypen untersuchen sie, welche Rolle soziale Klasse und Bildungsstatus in Familien mit Migrationshintergrund im Vergleich zu einheimischen Familien spielen. Die Autoren erörtern soziale und ethnische Disparitäten im deutschen Bildungssystem und knüpfen dabei auch an Überlegungen von Heiner Meulemann an (1985: 96), der argumentiert, dass der sekundäre Herkunftseffekt und die Schulwahl auch über die klassenspezifische

Normkonformität begründet werden. Für Relikowski, Schneider und Blossfeld (2010: 147) ist aber darüber hinaus bedeutsam, dass neben den Auswirkungen der früheren Selektion in verschiedene Sekundarschulzweige „die schlechtere Performanz von Migranten möglicherweise ein Ergebnis defizitärer Integrationsmaßnahmen dar[stellt]". Zudem wirken soziale Herkunftseffekte beim Vergleich zwischen Einheimischen und Migranten unterschiedlich. Migranten wechseln bei gleichem Leistungsniveau mit höherer Wahrscheinlichkeit auf das Gymnasium als autochthone Schüler/-innen. Im Anschluss an bisherige empirische Studien erwarten die Autoren daher, dass die sekundären Effekte in Migrationsfamilien geringer sind oder sogar als positive ethnische Herkunftseffekte wirken (ebd.: 158).

In ihrer Untersuchung greifen die Autoren auf aktuelle Daten aus dem Bamberger BiKS-Projekt von 8-12 Jährigen am Übergang von der Primar- zur Sekundarstufe zurück. Im Rahmen des ab März 2006 realisierten Projekts wurden Kinder in Schulklassen getestet, ihre Lehrer schriftlich befragt und die Eltern telefonisch interviewt. Es ergeben sich also neben dem direkten Vergleich von zwei Typen von Herkunftseffekten sowie zwei Test- und Befragtengruppen unter den Schülern weitere Vergleichsperspektiven. Für die Berechnung der relativen Bedeutung primärer und sekundärer Herkunftseffekte greifen die Autoren auf eine von Erikson et al. (2005) vorgestellte Methode zurück, bei der eine „Dekomposition der klassenspezifischen Verteilung von Schulleistungen und der entsprechenden Wahrscheinlichkeitsfunktion, in den Gymnasialzweig überzutreten" (Relikowski, Schneider & Blossfeld 2010: 151) vorgenommen wird. Die daraus resultierende gruppenspezifische Berechnung von Herkunftseffekten und der mögliche Vergleich von Effektgrößen nach EGP-Klassenschema und CASMIN-Bildungsniveau zeigt, wie komparative empirische Sozialforschung in ein Studiendesign im Detail einfließen kann.

Die Probit-Modelle mit Heckman-Korrektur für Panelausfälle ergänzen das methodische Gesamtbild des Beitrags. Die Übertrittswahrscheinlichkeiten auf das Gymnasium fallen wie vermutet für Kinder mit Migrationshintergrund aus der Arbeiterklasse höher aus (25 %) als für autochthone Schüler (15 %). Der Bildungshintergrund ergibt geringere Differenzen. Die Chancenverhältnisse für einen Gymnasialbesuch sind für Einheimische durch höhere soziale Ungleichheiten geprägt (ebd.: 160f.). Auch bei Kontrolle der Schulleistungen bleibt dieses Bild einer stärkeren Stratifizierung unter Einheimischen bestehen. Sekundäreffekte haben in der Gruppe der Migranten eine geringere Relevanz. Die abschließenden multivariaten Probitmodelle bestätigen die Ergebnisse und die bisherige Forschung: „Migranten weisen unter Konstanthaltung des sozialen Hintergrunds und der Schulleistungen höhere Übergangsraten auf das Gymnasium auf als Einheimische" (ebd.: 162). Während primäre Herkunftseffekte für Migrantenkinder also eine wesentliche Dimension ihrer Benachteiligung beim Übergang in die Sekundarstufe sind, wird die Bildungsentscheidung einheimischer Familien stark durch sekundäre Herkunftseffekte der sozialen Klassenzugehörigkeit geprägt. Für Migranten ist das formale Bildungsniveau der Eltern entscheidender. Relikowski, Schneider und Blossfeld schlussfolgern in ihrem komparativ, soziologisch wie sozialpolitisch bedeutsamen Beitrag, dass es „eine ausgeprägte, migrationsspezifische Bildungsmotivation [gibt], deren Verwirklichung in erster Linie durch die schlechtere schulische Performanz verhindert wird" (ebd.: 164). Die Politik sollte sich daher für diese Gruppe auf Fördermaßnahmen zur Reduktion primärer Herkunftseffekte konzentrieren.

Auch *Michael Wagner und Bernd Weiß* widmen sich in ihrem Beitrag Einheimischen und Migranten. Bei ihnen steht aber der Vergleich der Erwerbssituation und der Partnerschaft deutscher und türkischer Paare im Mittelpunkt. Die Autoren gehen von der bestehenden Forschung über den Einfluss der Erwerbssituation von Männern und Frauen auf objektive und strukturelle Merkmale wie Fertilität und Ehestabilität aus. Das Paar bzw. die Familie bleibt dabei häufig eine *black box*. Die für die Autoren bedeutsame Partnerinteraktion und -kommunikation seien bislang weitgehend unbekannte Einflussgrößen, um die Mechanismen, die die Effekte der Erwerbssituation auf Partnerschaftsstabilität und -qualität „vermitteln" (Wagner & Weiß 2010: 173). Die Autoren untersuchen geschlechtsspezifische und ethnische Unterschiede, um den Zusammenhang der beiden Lebensbereiche näher zu beleuchten, und zu prüfen, ob kein Zusammenhang, ein *Spillover*-Effekt oder ein Kompensationseffekt identifiziert werden kann. Nach einer vergleichenden Betrachtung von Partnerschaftsqualität und -konflikten in autochthonen und türkischen Ehen wird der Einfluss der Erwerbssituation komparativ statistisch geprüft.

Somit finden sich auch im Beitrag von Wagner und Weiß gleich mehrere Ebenen des Vergleichs. Zur Überprüfung ihrer Hypothesen greifen die Autoren auf ein breites Spektrum sozialwissenschaftlicher und psychologischer Theorien zurück, so dass in den realisierten Pfadmodellen auch theorievergleichend ein kompaktes Kausalmodell getestet wird. Dabei wird von negativen Effekten einer positiven Erwerbssituation auf die Konfikthäufigkeit (Mediatorvariable) sowie in Abhängigkeit davon von einer höheren Partnerschaftsqualität ausgegangen. Als Moderatorvariable wird das konstruktive Konfliktverhalten eingeführt, das als konfliktreduzierend und die Partnerschaftsqualität verbessernd betrachtet wird. Die Fähigkeit zu einem solchen Verhalten ist aber ihrerseits durch die positive Erwerbssituation gesteuert.

Wagner und Weiß nutzen für ihre Analysen den *Generations and Gender Survey* (GGS) mit Stichproben Deutscher und türkischer Migranten. Die Pfadanalysen ergeben, dass „[j]e mehr Konflikte die Partner wahrnehmen, desto schlechter fällt die Bewertung der Partnerschaft aus. Sofern jedoch die Partner in der Lage sind, bei Meinungsverschiedenheiten ruhig zu bleiben, fällt der negative Effekt der Konflikthäufigkeit schwächer aus" (Wagner & Weiß 2010: 188). Bei den türkischen Paaren ist der Interaktionseffekt wegen geringerer Fallzahlen nicht signifikant. Anders als erwartet werden nur für deutsche Männer konfliktsteigernde Effekte der Arbeitslosigkeit gefunden. Das Konfliktverhalten ist für alle vier im Detail verglichenen Gruppen (deutsche/türkische, Frauen/Männer) vollständig statistisch unabhängig von der Arbeitslosigkeit. Neben deutschen und türkischen Paaren wartet der Beitrag von Wagner und Weiß durch den zusätzlichen Geschlechtervergleich also mit einem komparativ interessanten Forschungsdesign auf, dass theoretisch und substanziell begründet ist und methodisch in detaillierter Weise analysiert wird. Die Ergebnisse der Pfadmodelle lassen u.a. mit Blick auf die totalen Effekte den Schluss zu, dass „in allen vier Gruppen eine Zunahme der Zufriedenheit mit der Arbeitsplatzsicherheit mit einer Zunahme der Partnerschaftsqualität einhergeht" (ebd.: 190). Zudem lässt sich ein bedeutsamer Interaktionseffekt nachweisen: „Wenn die Partner konstruktiv mit Konflikten umgehen, dann wird die subjektive Qualität ihrer Paarbeziehung von Konfikten, die zwischen ihnen auftreten, deutlich schwächer beeinträchtigt" (ebd.: 194). Wagner und Weiß leisten mit dem Beitrag theoretisch wie empirisch Pionierarbeit für die komparative Soziologie der deutschen und türkischen Partnerschaften in Deutschland.

Ebenfalls mit Paarbeziehungen befassen sich *Ina Grau, Ravena Penning und Hans-Jürgen Andreß* in ihrem Beitrag zur „Gleichberechtigung und Beziehungszufriedenheit". Sie vergleichen den Einfluss verschiedener Gleichberechtigungsaspekte in Paarbeziehungen auf die Beziehungszufriedenheit zwischen den Partnern. Obwohl in den meisten Untersuchungen die Beziehungszufriedenheit das Explanandum ist, ist der Zusammenhang zwischen Gleichberechtigung und Zufriedenheit aus Sicht der Autoren nicht hinreichend geklärt. Sie knüpfen an eine Vorstellung von Gleichberechtigung an, bei der ein Machtgleichgewicht herrscht, wobei Grau, Penning und Andreß sich auf einen vieldimensionalen Machtbegriff im Anschluss an Thibaut und Kelley (1959) beziehen, der bereits in früheren Studien von Grau (2001, 2004) operationalisiert wurde. Ebenso werden im Anschluss an Karney und Bradbury (1985) drei Gruppen der Determinanten der Beziehungszufriedenheit untersucht und deren Modell der Beziehungsqualität und -stabilität adaptiert.

Grau, Penning und Andreß (2010) greifen auf Daten aus einer eigenen Primärerhebung zurück, wobei in einer nach Alter und Geschlecht geschichteten Zufallsstichprobe bei den Befragten Proxy-Informationen zum Partner erhoben wurden. Die befragten Frauen und Männer unterscheiden sich weder in ihrer Beziehungszufriedenheit noch in ihren Bindungsstilen oder wahrgenommenen Partnerschaftskonflikten signifikant. Die Autoren vergleichen in einem multiplen Regressionsmodell der Beziehungszufriedenheit die Einflüsse auf Bindung, Konflikthäufigkeit und die Machtdimensionen der Gleichberechtigung. Letztere steigert die Varianzaufklärung nur marginal von 53 auf 56 Prozent, wobei dieser Zuwachs ausschließlich auf subjektive Bewertungen und nicht auf objektive ökonomische Ressourcen zurückführbar ist. Der Effekt der Konflikthäufigkeit ist jedoch deutlich stärker (ebd.: 217f.). Des Weiteren präsentieren die Autoren ein Strukturgleichungsmodell, in dem der Einfluss der verschiedenen Bindungsdimensionen, der Konflikthäufigkeit, der persönlichen Ressourcen und des Desinteresses auf die Beziehungszufriedenheit untersucht wird. Das multidimensional erhobene Konstrukt der partnerschaftlichen Gleichberechtigung erklärt über die in der Forschung einschlägigen Variablen hinaus einen Anteil der Beziehungszufriedenheit. Ein Desiderat für die weitere komparative Forschung bleibt u.a. die direkte Ermittlung der Partnerangaben. Hierfür müssen aber mögliche Teilnahmeeffekte wie ein höheres Maß der Beziehungszufriedenheit ausgeschlossen werden.

Teil III: Varianten und Strategien internationaler Vergleiche

Wolfgang Jagodzinski und Hermann Dülmer verfolgen in ihrem Beitrag den für die international vergleichende Umfrageforschung inzwischen einschlägigen Ansatz der Mehrebenenanalyse, bei der Personen in Ländern als handlungsrelevanten Kontexten untersucht werden. Sie knüpfen damit an eine von Heiner Meulemann (2008) systematisch für die angewandte Sozialforschung empfohlene Analysestrategie an und fragen: „Welchen Einfluss hat Kultur auf die Einstellungen zu Moral, Gleichheit und Demokratie in christlich geprägten europäischen Gesellschaften und in der islamisch geprägten Türkei"? Mit der gebotenen Skepsis erörtern die Autoren zwei Arten von kulturellen Erklärungen und identifizieren dabei Normen und Werte als kulturkonstitutive Elemente in einem voraussetzungsvollen ersten Ansatz und einen verschwommenen Kulturbegriff in einem zweiten Ansatz, der leicht gegen Widersprüche immunisierbar ist. Jagodzinski und Dülmer schlagen demgegenüber vor, Religionen und Quasi-Religionen als Abgrenzungsmerkmale heranzuziehen und schließen sich damit einer Forschungstradition von Huntington (1993) sowie Norris und Inglehart (2004) an. Sie operationalisieren das Merkmal Religion für die Länder über die dominante oder historisch prädominante Religion bzw. Konfession.

Die Datenlage in der verwendeten *European Values Study* (EVS 1999) ergibt, dass die islamischen Kulturen allein durch eine Dummy-Variable für die Türkei repräsentiert werden können. Die Autoren untersuchen neben Individualmerkmalen (u.a. Religiosität) die Kontexteffekte der Religion aber auch des BIP (Bruttoinlandsprodukt) und einer kommunistischen Vergangenheit auf verschiedene in der Forschung als kulturdiskriminierend erachtete Einstellungen, nämlich solche zur Homosexualität, zur beruflichen Gleichberechtigung von Mann und Frau, zur Autokratie sowie zu Minderheiten. Hierdurch ergibt sich ein Vergleich über verschiedenen Dimensionen „kultureller" Unterschiede. Die Autoren begründen die Wahl der Mehrebenenanalyse als geeigneter komparativer Analysetechnik und finden in ihren Analysen starke Länderunterschiede insbesondere bei Einstellungen zur Homosexualität, und für diese Variable auch die beste Modellerklärung vor (vgl. auch Beckers 2008, 2009). Im Hinblick auf die Türkei zeigt sich, dass der Einfluss des Islam weniger eindeutig ist und lediglich für die soziale Distanz zu Minderheiten deutliche negative Effekte erreicht werden, was den Autoren nach eher auf den Einfluss des türkischen Nationalismus als der Religion schließen lässt. Die Autoren halten es daher für angebracht, für die komparative Forschung den Einfluss der Unterdrückung von Minderheiten in Augenschein zu nehmen oder spezifischer: den Einfluss der türkischen Politik zu prüfen. Unter Verweis auf die politischen und rechtlichen Veränderungen im Nachkriegsdeutschland machen die Autoren deutlich, dass die komparative Umfrageforschung gerade in der auf Allgemeingültigkeit abzielenden Form der Mehrebenenanalyse immer auch substanzielle Eigenheiten der Länder in geeigneter Weise mit berücksichtigen muss, um die Länderunterschiede und Kontexteffekte angemessen deuten zu können. Insbesondere macht der Beitrag aber auch deutlich, dass die Datenlage oftmals präzisere Forschungsdesigns verhindert und die Frage nach dem Einfluss der Kultur (oder möglicher operationaler Substitute) dadurch bedingt eine offene bleibt.

Eine andere Datenquelle, den European Social Survey (ESS 2002), verwenden *Tom van der Meer, Manfred te Grotenhuis und Peer Scheepers* für ihre Analysen zu sozialer, bürgerlicher und politischer Teilhabe bzw. unterschiedlichen Formen des Engagements. Die gewählte zweite Runde des ESS verbindet vergleichsweise detaillierte Messinstrumente mit einer hinreichend großen Länder- bzw. Kontextvarianz. Das Interesse der Autoren richtet sich dabei hauptsächlich darauf, durch den Vergleich die Verbindungslinien zwischen den drei Arten des Engagements näher zu erörtern. Die Teilhabe in einer Wertsphäre kann Bürger z.B. mit sozialen Ressourcen ausstatten, und damit die aktive Teilnahme in anderen Sphäre ermöglichen. Die Investition von Zeit und Geld als knappe Güter kann aber auch das Engagement in einem anderen Bereich verhindern. Schließlich ist auch das Fehlen von Verbindungen denkbar. Zudem sind unterschiedliche Beziehungen zwischen den drei Typen in verschiedenen Ländern in Abhängigkeit von unterschiedlichen Organisationsformen staatlicher Bürokratie denkbar. Schließlich fragen die Autoren auch, inwiefern Kontext- und Individualmerkmale die Stärke der Beziehungen zwischen den Engagementtypen moderieren.

Van der Meer, te Grotenhuis und Scheepers binden ihre Hypothesen in ein anspruchsvolles theoretisch detailliert begründetes Forschungsdesign ein, das eine konfirmatorische Faktorenanalyse (CFA) als Ausgangspunkt wählt. Wegen der geringen Zahl von Kontexteinheiten und dadurch induzierter Konvergenzprobleme scheidet ein Mehrebenenfaktorenmodell aus. Die Autoren korrigieren daher die Ergebnisse im Strukturmodell für die Mehrebenen-eigenschaften durch Nutzung eines Huber-White Sandwich-Schätzers (Huber 1967; White 1982). Zusätzlich führen die Autoren die Messung der Faktormodelle über alle Länder einzeln durch, um die Robustheit zu testen und gelangen auf diesem Wege zu einem Endmodell. Dieses sorgfältig bestimmte Modell zeigt, dass bei Kontrolle von Individual- und Kontexteinflüssen positive Beziehungen zwischen den drei Typen des Engagements bestehen, wobei die Korrelation zwischen bürgerlicher und politischer Teilhabe, also den Sphären der Zivilgesellschaft und der Politik am stärksten ausfällt. Die entlang ihrer Staatsbürokratie in Gruppen sortierten Länder weisen unterschiedliche Korrelationen auf. Mit Hilfe von *Multiple-Group*-Analysen wird das Strukturmodell für zwei Ländergruppen separat geschätzt, wobei die Nestingstruktur von Personen in Ländern weiter berücksichtigt wird. Die Autoren finden nach dieser methodisch aufwändigen Verfahrensweise Belege dafür, dass die Beziehungen der drei Engagementtypen in etablierten Demokratien stärker sind als in früheren autoritären oder kommunistischen Regimen, und, dass die Beziehungen – entlang einer Unterscheidung von Schofer und Fourcade-Gourinchas (2001) in Staaten mit zentralisierten Staatsbürokratien (wie in Frankreich) stärker sind als in nicht-etatistischen Ländern (angelsächsisches Modell). Die Analysen von van der Meer, te Grotenhuis und Scheepers zeigen neue Wege auf, um jenseits der Standardverfahrensweisen der ländervergleichenden Forschung den Daten und inhaltlichen Problemstellungen angemessene Antworten zu finden. Sie nutzen dabei ein großes Repertoire anspruchsvoller Analyseverfahren und präsentieren gleichzeitig auch substanziell wegweisende Ergebnisse.

Widmen sich van der Meer et al. dem Sozialkapital, so analysiert *Daniela Rohrbach* in ihrem Beitrag „Leistung und Zuschreibung in der Wissensgesellschaft" u.a. die Bedeutung des Humankapitals und der sozioökonomischen Herkunft auf das Einkommen und grenzt ihre Analysen systematisch auf neun gut vergleichbare OECD-Länder ein. Für diese liegen mit dem International Social Survey

Programme (ISSP) von 1985 bis 2000 geeignete kumulierte Querschnittsdaten vor, die auf der Basis einer Periodenperspektive verglichen werden. Rohrbachs theoretischer Ausgangspunkt sind die Entwicklung zur Wissensgesellschaft und die in der Literatur vermutete Meritokratisierung. Obwohl ihre eigenen deskriptiven Befunde von Verlaufsdaten gegen eine solche Entwicklung sprechen (Rohrbach 2008), ist der Autorin zufolge damit nicht ausgeschlossen, „dass zwischen wissensgesellschaftlicher Entwicklung und Meritokratisierung ein positiver Zusammenhang besteht" (Rohrbach 2010: 286). Rohrbach untersucht zudem, ob es eine Änderung in der Bedeutung herkunftsbezogener Merkmale für das Einkommen als Explanandum gegeben hat.

Das variablenorientierte komparative Design zielt auf eine Überprüfung ihrer Hypothesen in möglichst vielen Ländern und nutzt ein hierarchisch-lineares Modell mit Personen in 9x11 Länderzeitpunkten, um zu prüfen, ob die Meritokratiehypothese, also die Zunahme einer leistungsbezogenen Schließung (ebd.: 291ff.) zutrifft. Rohrbach erörtert detailliert die entsprechende Literatur, um ihre weiteren Hypothesen (Polarisierung, Entwertung, Entkopplung, Reproduktion) abzuleiten. Rohrbachs Untersuchungsdesign ist zielgenau auf ihre Fragestellung abgestimmt. Wünschenswert wäre ihres Erachtens die Realisierung eines kreuzklassifizierten Mehrebenenmodells, das aber wegen zu geringer Fallzahlen für Länder und Zeitpunkte ausscheidet. Gemäß den Erwartungen der Modernisierungstheorie geht der Einfluss des sozioökonomischen Herkunftsstatus über die Zeit zurück. Entgegen den Erwartungen derselben Theorie „geht aber mit der beschäftigungsmäßigen Bedeutung des Wissenssektors auch der Einfluss der Bildungsjahre zurück" (ebd.: 299). Ergänzend zeigt sich, dass das Tempo des Wandels zur Wissensgesellschaft die partiellen Herkunfts- und Bildungseffekte absenkt. Auch für die Wissensgesellschaften kann Rohrbach bei Kontrolle zahlreicher Individual- und Kontextmerkmale keinen Bedeutungsgewinn der Bildung für das persönliche Nettostundeneinkommen in Kaufkraftparitäten ermitteln.

Ulrich Rosar und Markus Klein präsentieren eine weitere Variante des internationalen Vergleichs, der einem quasi-experimentellen Design entsprechend drei Länder einbeziehet und den „Einfluss der physischen Attraktivität von Direktkandidaten auf den Wahlerfolg bei nationalen Parlamentswahlen" untersucht. Rosar und Klein rekurrieren mit der physischen Attraktivität, gemessen über die Attraktivität von Gesichtern auf Fotografien, auf eine andere Dimension des Humankapitals, deren Bedeutung sie bereits in zahlreichen Studien belegen konnten (Klein & Rosar 2005, 2006, 2009; Rosar 2009; Rosar & Klein 2009; Rosar et al. 2008). In der vorliegenden neuen Untersuchung betrachten die Autoren die möglichen moderierenden Einflüsse politisch-kultureller und normativ-institutioneller Faktoren in einem kombinierten *most-similar-systems-most-different-systems* Design. Konkret geht es um die Persistenz der Demokratie auf der politisch-kulturellen Dimension und die Bedeutung der Wahlkreisergebnisse für die parlamentarischen Mehrheitsverhältnisse auf der normativ-institutionellen Dimension, die zusammen eine Neun-Felder-Tafel aufspannen.

Im Rahmen des Designs werden bei Unterscheidung zweier Wahlgänge in Frankreich und Ost- und Westdeutschlands zusammen mit Großbritannien fünf Felder der Tafel bedient. Da hierdurch jeweils auch Nebenzellen der Hauptdiagonale ihres Schemas besetzt sind, können auch Unterschiede in der Wirksamkeit beider Dimensionen ermittelt werden. Rosar und Klein erklären detailliert die Wahlsysteme zur Begründung ihres Designs und ihrer Hypothesen. Sie führen Wahlkreisdaten aus den Ländern mit unabhängigen, über die *Truth-of-Consensus*-Methode (Patzer 1985) ermittelten Ratingurteilen (zur Kandidatenattraktivität über 1.492 Fotos) zusammen. Da Mehrebenenmodelle wegen zu geringer Fallzahlen auf den Ebenen der Länder (lediglich fünf Saaten) und der Wahlkreise (nur zwei Kandidaten) ausscheiden, werden kontextspezifische OLS-Regressionen der Stimmenanteile der erfolgreichsten und zweitplatzierten Direktkandidaten in einzelnen Wahlkreisen verglichen. Die von Rosar und Klein vermuteten Systemeffekte werde durch ihre Analysen nicht bestätigt, wohl aber wird gezeigt, dass die Kandidatenattraktivität ubiquitär ein bedeutsamer Prädiktor des Wahlerfolgs ist, dessen Einfluss durch anschließende Simulationsrechnungen für Attraktivitätsvarianz zusätzlich untermauert wird. Die Autoren weisen mit ihrem Beitrag also sowohl substanziell auf ein bedeutsames Forschungsfeld hin, belegen aber auch, wie mit einem geschickt zugeschnittenen Forschungsdesign trotz weniger Kontexteinheiten anspruchsvolle komparative empirische Sozialforschung realisiert werden kann. Die Autoren bleiben kritisch und empfehlen sowohl erweiterte Länder- und Systemvergleiche als auch den Zeitvergleich zu berücksichtigen, um die Effektstabilität sicherzustellen.

Axel Franzen und *Dominikus Vogl* beschäftigen sich in ihrem Beitrag mit dem Umweltbewusstsein und dem Reichtum von Nationen, in dem sie verschiedene Datenquellen, den World Values Survey (WVS), die verwandte European Values Study (EVS) sowie das International Social Survey Programme (ISSP) miteinander vergleichen. Sie reanalysieren diese von ihnen harmonisierten Datenquellen, da in der bisherigen Forschung widersprüchliche Befunde betreffs des Niveaus des Umweltbewusstseins und der mutmaßlichen Ursachen vorgefunden wurden. Die Autoren erörtern mögliche methodische Gründe für die Unterschiede, beispielsweise abweichende Länderkompositionen und Messinstrumente. Durch die Verknüpfung der Datenquellen erweitern Franzen und Vogl gegenüber bisherigen Analysen den Kreis der berücksichtigten Länder. In ihren Analysen beschäftigen sie sich ausführlich mit den vorliegenden Messvarianten der Zahlungsbereitschaft für den Umweltschutz, replizieren die widersprüchlichen Resultate auf der Basis der drei vorliegenden Surveyreihen, normieren die verwendeten Skalen und berechnen dann länderspezifische Zustimmungsquotienten, die als Korrektur in ihre Analysen eingeführt werden. Diese zum Ausgleich der Akquieszenzeffekte eingeführten Korrekturen ergeben bei der erneuten Replikation der Analysen für alle drei Surveys signifikante positive Korrelationen zwischen Wohlstand und Umweltbewusstsein. Die korrigierten Daten dienen als Ausgangspunkt für Mehrebenenanalysen, die vergleichend zwischen dem ISSP und den gepoolten Daten vorgenommen werden und den Akquieszienzquotienten als Prädiktor berücksichtigen.

Neben dem methodischen Input liefern die Autoren somit auch eine gut validierte Mehrebenenanalyse des Umweltbewusstseins, die neben anderen Ergebnissen zeigt, dass „die Zustimmungstendenz einen wichtigen Einfluss auf die Zustimmung zur Zahlungsbereitschaft hat und dass bei gleicher Zustimmungstendenz Befragte aus reicheren Ländern eine höhere Zahlungsbereitschaft aufweisen" (Franzen & Vogl 2010: 354). Die Makroindikatoren Umweltqualität, Bevölkerungsdichte und Ungleichverteilung der Einkommen zeigen anders als der Wohlstand hingegen keine signifikanten Effekte. Mit ihrem Beitrag zeigen Franzen und Vogl auf, wie bedeutsam die Kontrolle von Methodeneffekten sein kann, um Methodenartefakte zu verhindern. Sie untermauern die Wohlstandshypothese und können andere Forschungsresultate damit entkräften (Dunlap & York 2008; Gelissen 2007).

Ebenso wie Franzen und Vogl greift auch *Tilo Beckers* auf mehrere Datenquellen zurück und macht einen Vorschlag zur Validierung von internationalen Befragungsergebnissen durch den gleichzeitigen Zugriff auf zwei (oder mehr) Datensätze mit ähnlichen Messinstrumenten. Am Beispiel der Einstellungen zum ökonomischen Liberalismus zeigt Beckers, wie mit einem konservativen Design dasselbe Länderset aus zwei Studienreihen mit nahezu identischen Erhebungszeitpunkten geprüft wird. Beckers Anliegen ist dabei, über die in den Sozialwissenschaften zu selten betriebene Praxis der Replikation als Validierungsverfahren hinauszugehen. Er schlägt vor, ergänzend das Vergleichen von Vergleichen zu einem Standardverfahren für die Sekundärdatenanalyse von Befragungsdaten zu erheben.

In seinem Anwendungsbeispiel wählt er aus den unabhängigen internationalen Umfragereihen ISSP 2006 und ESS 2006 ein identisches Set von Ländern sowie konzeptionell oder sogar sprachlich eng verwandte Items aus, die den ökonomischen Liberalismus (bzw. die Ablehnung von staatlichen Eingriffen zur Reduzierung von Einkommensdifferenzen) sowie die unabhängigen Variablen des Modells messen. Er vergleicht in einem mehrschrittigen Verfahren Mittelwerte und Standardabweichungen, die Korrelationen zweier Mittelwertreihen über die Länder und schließlich die statistischen Parameter, insbesondere die Effektkoeffizienten aus Mehrebenenanalysen. Dabei geht es ihm darum, die Ergebnisse aus einem Survey, der häufig nur eine begrenzte Zahl von in gewisser Hinsicht arbiträren Einzelindikatoren vorgibt, unmittelbar durch die Kreuzvalidierung mit Items aus einer anderen Studienreihe zu prüfen. Wie in einer anderen Studie zu diesem Verfahren (vgl. Beckers 2010) kann der Autor auch für den Anwendungsfall des ökonomischen Liberalismus zeigen, dass trotz relativer Ähnlichkeit der Mittelwerte und der Korrelationen der Mittelwertreihen die Ergebnisse der Mehrebenenmodelle zwar ein grundsätzliches kohärentes Gesamtbild ergeben, aber im Einzelnen doch unterschiedliche Schlussfolgerungen abgeleitet werden können, wenn allein eine Datenquelle analysiert wird. So gibt es häufig korrekt spezifizierte Effektrichtungen, aber nicht immer Ähnlichkeiten in der Gruppe signifikanter Effekte. Zudem unterscheidet sich die Rangfolge der Effektstärken beträchtlich. Beckers fordert mit seiner konservativen Kreuzvalidierung einerseits zur Vorsicht auf bei der Interpretation von Analyseergebnissen aus Umfragereihen, insbesondere dann, wenn Zielvariablen nur durch einen Indikator abgebildet werden. Zum anderen schlägt er ein Validierungsverfahren für die komparative empirische Sozialforschung vor, das gerade angesichts seltener Replikationen eine direkte Kontrolle und qualitative Verbesserung eigener Forschungsresultate bedeuten kann. Das Verfahren ist zudem weniger anspruchsvoll wie Strukturgleichungsmodelle oder Metaanalysen, die im Falle multipler Indikatoren bzw. vorliegender Studien alternative Verfahren zur Erhöhung der Analysequalität wären.

Neben dem methodischen Innovationsvorschlag zeigt Beckers überdies für ein in der Umfrageforschung selten betrachtetes Thema, dass die Akzeptanz des ökonomischen Liberalismus unter korrupten Rahmenbedingungen in beiden Studienreihen stark reduziert und in postsozialistischen Regimen ebenfalls gemindert wird, in responsiven Demokratien höhere Anerkennung genießt und unter Personen mit einer konservativeren politischen Orientierung, höherem sozio-ökonomischen Status und Jüngeren deutlich höhere Unterstützung erfährt.

Teil IV: Raum und Zeit in Vergleichen mit Mediendaten

Stärker noch als die Beiträge von Franzen und Vogl sowie Beckers haben die „Analysen zur Zeitreihenfähigkeit der Media-Analyse" von *Jörg Hagenah* und *Henning Best* einen methodischen Fokus. Hierbei steht eine längsschnittliche Betrachtung von Änderungen in der Erhebungsmethodik und der

Operationalisierung der deutschen Media-Analyse (MA) im Mittelpunkt. Ebenso wie es in internationalen Befragungen Harmonisierungsbedarf gibt, gilt auch für Zeitreihen, dass die Vergleichbarkeit gewährleistet sein muss, bevor inhaltliche Schlussfolgerungen gezogen werden. Hagenah und Best stellen die am medienwissenschaftlichen Lehr- und Forschungszentrum (MLFZ) der Universität zu Köln in Zusammenarbeit mit der GESIS für Sekundäranalysen aufbereiteten, ursprünglich kommerziellen Daten vor, die seit 1954 erhoben werden. Die Autoren können für ihre Fragestellung nur den Betrachtungszeitraum ab 1972 verwenden, der auch die Erhebung der Nutzung von Radio und Fernsehen beinhaltet. Von 1972 bis 1999 war die Erhebungsform das persönlich-mündliche Interview, ab 2000 dann das Telefoninterview. Zudem hat sich die Erfassung der Hördauer-Nutzungsintervalle über die Zeit verändert (Viertel- vs. Halbstundentakt).

Insgesamt betrachten die Autoren drei Methodenbruchstellen für die Radionutzung in der MA-Zeitreihe. Für jeden Zeitpunkt betrachten sie zunächst die Entwicklung der aggregierten Hördauer und in einem zweiten Schritt die disaggregierte Nutzung im Tagesverlauf, um einen genaueren Einblick in mögliche Methodeneffekte zu erhalten (Hagenah & Best 2010: 400). Der Vergleich der Effekte verschiedener Taktungen und Methoden wird von den Autoren detailliert dokumentiert und für die Zeitreihen dargestellt. Am auffälligsten ist der Wechsel des Befragungsmodus zu CATI-Interviews, da hier die Ergebnisveränderung nicht konstant, sondern disproportional ist (ebd.: 404ff.). Die Autoren analysieren diese irregulären Komponenten der Zeitreihe mit der Methode von Box und Jenkins (1970), um sie durch Trendbereinigung in einen stationären Prozess zu überführen. Zudem schätzen die Autoren zur Bereinigung von Ausreißern bzw. Interventionen ein ARIMA-Modell. Die Ergebnisse dieser Modelle zeigen, dass ein substanzieller Vergleich der Hördauer über die Zeit nur bedingt möglich ist, da die Methodenveränderungen zu statistisch signifikanten Niveauverschiebungen geführt haben. Zudem wird auch der Trend mit den Rohdaten nur verzerrt wiedergegeben. Die Autoren vergleichen diese Daten mit der korrigierten Zeitreihe und zeigen damit die beachtlichen Abweichungen, die bei Missachtung der Korrektur auftreten. Hagenah und Best belegen eindrücklich, wie bedeutsam methodisch begründete Korrekturen von Sekundärdaten auch in der Zeitreihenanalyse, also einem längsschnittlichen Ansatz der komparativen empirischen Sozialforschung sind. Ihre aus den Analysen abgeleitete Forderung appelliert nicht nur an die Sorgfalt der Datennutzer, sondern richtet sich ebenso an die Produzenten, die aufgefordert werden, Methodenbruchstellen sorgfältig zu dokumentieren und diese Informationen damit für die Nutzer aufzubereiten.

Michael Bentlage und *Jürgen Rauh* nehmen die „Mediennutzung als raumzeitliches Phänomen" in den Blick und zeigen, wie die Arbeiten des schwedischen Soziologen Hägerstrand (vgl. Thrift 2005) als Plädoyer für eine stärkere Berücksichtigung des Raums in der Sozialtheorie und in empirischen Analysen wahrgenommen wurden. Ihr Beitrag knüpft auch an die zeitgeografischen Ansätze an, um diese für die Medien- und Sozialforschung fruchtbar zu machen. Die Autoren referieren Hägerstrands zeitgeografische Konzeption von *constraints*, die Kapazitäts-, Koordinations- und Zulassungsbeschränkungen umfasst (Hägerstrand 1970: 11-13). „An einem bestimmten Ort zu einer gegebenen Zeit zu sein oder eine bestimmte Tätigkeit auszuführen, wird vom Individuum durch das Aushandeln von Raum und Zeit ermöglicht" (Bentlage & Rauh 2010: 421). Auf der Basis des konzeptionellen Raum-Zeit-Prismas von Miller und Bridwell (2009) zeigen Bentlage und Rauh, wie die Verfügbarkeit von Zeit bestimmend auf den Aktionsraum von Personen wirkt. So erweitert etwa die Verfügbarkeit schneller Verkehrsmittel den Aktionsradius, die Verwendung von E-Commerce wiederum kann die Raumüberwindung ersetzen (ebd.: 422). Mit Hilfe einer fallbezogenen explorativen Datenanalyse der MA-Daten zeigen die Autoren in ihrem Beitrag, wie Fragen nach dem raum-zeitlichen Kontext der Mediennutzung beantwortet werden können und ob die individuelle Nutzung durch die constraints strukturiert wird. Zudem können z.B. wohnortbedingte Nutzungsunterschiede abgebildet werden. Bentlage und Rauh führen mit ihrem Beitrag die zwei bislang weitestgehend isolierten Forschungsfelder Mediensoziologie und Zeitgeografie auf der Basis individueller Tagesablaufdaten der MA exemplarisch zusammen. Der Raum wird in diesen Tagesablaufdokumentationen als Proxy über die Leittätigkeiten operationalisiert. In weiteren Analysen stellen die siedlungsstrukturellen Kreistypen für Deutschland auf der Basis der Wohnortvariable den Ausgangspunkt für die Einbindung des Raums in die mediensoziologische Analyse dar. In ihren Analysen zeigen die Autoren, wie Mediennutzung und alternative Beschäftigungen mit den Kreistypen zusammenhängen. Für die komparative empirische Sozialforschung zeigen sie neue Wege der Einbindung von raum-zeit-bezogenen Variablen und bislang weitestgehend übersehene Forschungsmethoden auf. Freilich können die derzeit vorliegenden MA-Daten, aber auch andere Datensätze in der Sozialforschung nur unzureichend die Anforderungen der Theorie Hägerstrands erfüllen. Die Autoren schlagen daher vor, Ortsangaben zur Mediennutzung in die MA aufzunehmen, die über die Unterscheidung von „zu Hause" und „außer Haus" hinausgehen. So könnte neben dem sozialen Verkehrsverhalten auch die Analyse sozialer Netzwerke (jenseits des Internets) ermöglicht werden. Schließlich würden auch raumzeitbezogene Analysen der Mediennutzung auf der Basis der längsschnittlichen MA-Daten möglich.

Für die vergleichende Forschung würde also ein Erklärungskonzept ebenso gewonnen wie neue Möglichkeiten für den Raum- und Zeitvergleich.

Karl-Heinz Reuband blickt in seinem Beitrag auf das weltpolitisch prägendste Ereignis der vergangenen ersten Dekade des 21. Jahrhunderts, die Terroranschläge vom 11. September 2001 (9/11), zurück und untersucht, wie die Menschen von diesem Ereignis erfahren haben und wie es sie betroffen hat. Die Singularität des Ereignisses besteht jenseits des spektakulären Ablaufs, des Zielobjektes, der hohen Opferzahlen und der weiteren (auch weltpolitischen) Folgen des Anschlags selbst in der medialen, insbesondere der Fernseh-Live-Berichterstattung über das Ereignis: „TV instantly took the lead. Shortly after the first tower was attacked, TV – as well as radio – stations in the USA started continuous reporting and transmitted live pictures from the scene" (Reuband 2010: 438). Die Live-Berichterstattung war ein weltweites (Medien-)Ereignis, und wirfst für Reuband die Frage auf, wie schnell und auf welche Weise die Verbreitung der Neuigkeit von statten ging und welche Effekte diese zeigte. Die Mehrzahl der Studien zur News-Diffusion stammt aus den USA. Der Autor legt eine methodisch einzigartige Studie vor, die Fragen in einen laufenden Survey integriert hat, so dass unmittelbar nach dem Ereignis Personen in Hamburg zu ihrer Kenntnisnahme von 9/11 befragt werden konnten. Zudem erlaubt das Design der Studie damit den Vergleich psychosozialer Einstellungen wie Risikoperzeptionen und interpersonalem Vertrauen vor und nach dem Ereignis, die auf der Basis von Zeitstempeln exakt der Mediendiffusion zugeordnet werden können. Neben dieser komparativen Dimension vergleicht Reuband die Ergebnisse auch mit anderen vorliegenden Studien. Er zeichnet also nicht nur die Muster der Nachrichtenverbreitung nach, sondern vergleicht diese auch mit einer Dresdner Studie, in der einige Wochen nach 9/11 dieselben Fragen wie in der Hamburger Befragung gestellt wurden und ergänzend mit einer deutschlandweiten Erhebung. Ausführlich dokumentiert und diskutiert Reuband mögliche Methodeneffekte (u.a. *Mode*-Effekte und Frageformulierungen) bei diesem Studienvergleich. Schließlich erörtert der Autor die psychosozialen Reaktionen auf das Ereignis. So ist in den USA etwa das Niveau des generalisierten Vertrauens nach den Anschlägen im Angesicht weiterer möglicher Gefahren gestiegen. Für die Hamburger Studie untersucht Reuband mit Hilfe multipler Klassifikationsanalysen (MCA) und linearer Regressionsanalysen neben Vertrauen auch Anomie, Lebenszufriedenheit und Verbrechensangst. Reuband weist unmittelbar nach 9/11 eine deutliche Zunahme der Anomiegefühle nach. Für die Lebenszufriedenheit wird ein zwischenzeitlicher Rückgang, für die Verbrechensangst ein Anstieg nach dem Ereignis beobachtet. Anders als für die USA wird für die deutschen Daten jedoch kein Effekt auf das Vertrauen gefunden. Jenseits der substanziellen

Befunde ist Reubands Studie ein bedeutender Beitrag für die komparative empirische Sozialforschung, da er auf die Notwendigkeit hinweist, Kapazitäten für „stand by"-Forschung bereitzuhalten, um raum-zeitbezogene Ereignisse für die Zeit (und ggf. auch Länder) vergleichende Forschung fruchtbar zu machen. Sowohl für Studien zur Nachrichtendiffusion als auch für andere Forschungsfelder formuliert Reuband mit seinem Studiendesign eine weitere Perspektive für die vergleichende Forschung.

Teil V: Komparative empirische Sozialforschung, Kontexteffekte und Kontextualisierung

Jürgen Friedrichs und *Alexandra Nonnenmacher* stellen in ihrem Beitragstitel eine generelle Frage, die auch für die komparative empirische Sozialforschung bedeutsam ist: „Welche Mechanismen erklären Kontexteffekte"? Die Autoren referieren den Forschungsstand aus der Perspektive des strukturellindividualistischen Erklärungsansatzes im Anschluss an Coleman und unterscheiden mit Blick auf das stadtsoziologische Anwendungsgebiet von Wohngebietseffekten drei zentrale Effekttypen: die Ausstattung des Gebiets, kollektive Sozialisation und Rollenmodelle sowie Ansteckungseffekte. Ausführlich gehen sie auf mögliche Probleme bei der Spezifizierung und Begründung direkter Effekte ein, diskutieren nicht-lineare Effekte und Schwellenwerte im Anschluss an Granovetter (1978) und Schelling (1979), verweisen auf die *Spline*-Modellierung in Regressionsanalysen und betrachten das Problem indirekter Kontexteffekte durch die Modellierung von Meso-Ebenen. Der Beitrag von Friedrichs und Nonnenmacher macht durch zahlreiche Beispiele aus der angewandten Sozialforschung deutlich, dass beim Vergleich von Aggregateinheiten Kontexteffekte eine besondere Herausforderung für die komparative empirische Sozialforschung bedeuten. Die Formulierung einheitlicher Brückenhypothesen über Kontextgrenzen hinweg ist ebenso schwierig wie theoretisch voraussetzungsvoll. Die diskutierten Wohngebietseffekte stellen keine sozialräumlich enge Umgebung dar, in der direkte soziale Interaktion immer prägend ist, wie etwa in einer Schulklasse. Damit ist die Herausforderung für theoriegeleitete Brückenhypothesen erst gegeben. Der Anspruch an diese Hypothesen und die Schwierigkeit ihrer Begründung wird häufig dann größer, wenn relativ heterogene größere Einheiten etwa Länder Kontexte der Analyse individueller Wahlhandlungen sind. Friedrichs und Nonnenmacher demonstrieren durch die Identifikation von Effekttypen auch einen Weg für die international vergleichende Forschung und andere Gebiete der komparativen empirischen Sozialforschung, in der oftmals Theoriedefizite durch nachvollziehbare Hypothesenbegründungen ausgeglichen werden müssen. Die

Autoren formulieren mit ihrem Beitrag Prüfsteine für die vergleichende Forschung und Kontextanalysen. Die Erklärung von Kontexteffekten wird so gleichsam als eine implizite Anschlussfrage des strukturell-individualistisch basierten Vergleichs identifiziert.

Den Band „Komparative empirische Sozialforschung" beschließt *Hermann Strasser*, der bei der Festveranstaltung am Vorabend des Symposiums, das Grundlage dieses Bandes ist, eine Laudatio für Heiner Meulemann gehalten hat. Strasser lässt Heiner Meulemanns akademischen Werdegang gekonnt Revue passieren und kontextualisiert damit kongenial ebenso sein Werk wie auch den Ursprung dieses Bandes, dessen vier Herausgeber allesamt enge Weggefährten Heiner Meulemanns über viele Jahre an den Universitäten in Köln und Düsseldorf sowie in gemeinsamen Projekten waren und sind. Mit den versammelten Beiträgen möchten wir Heiner Meulemann für sein Engagement und die vielen lehrreichen Jahre danken. Wir hoffen, dass der Band nicht allein als Geschenk für ihn, sondern auch als kurzweilige und nützliche Lektüre für eine weite komparativ empirisch interessierte Leserschaft seinen Zweck erfüllt.

Literatur

Armer, Michael J./Grimshaw, Allen D. (1973): Comparative Social Research. New York: John Wiley and Sons.
Bartlett, Frederic C./Ginsberg, Morris/Lindgrew, Ethel John/Thouless, Robert Henry (1939): The study of society. London: Routledge and Kegan Paul.
Becker, Dominik/Birkelbach, Klaus (2010): Intelligenz und Schulleistung als Kontextmerkmale: Big-Fish-Little-Pond- oder Reflected-Glory-Effekt? Eine Mehrebenenanalyse von Lehrerurteilen. In: Beckers/Birkelbach/Hagenah/Rosar (2010): 113-141.
Beckers, Tilo (2008): Homosexualität und Humanentwicklung: Genese, Struktur und Wandel der Ablehnung und Akzeptanz gleichgeschlechtlicher Sexualkontakte in einer international vergleichenden Kontextanalyse. Inauguraldissertation an der Wirtschafts- und Sozialwissenschaftlichen Fakultät der Universität zu Köln. Köln.
Beckers, Tilo (2009): Islam and the Acceptance of Homosexuality: the Shortage of Socio-Economic Well-being and Responsive Democracy. In: Habib (2009): 57-98.
Beckers, Tilo (2010): Das Vergleichen von Vergleichen als Validierungstrategie. In: Sozialwissenschaftlicher Fachinformationsdienst soFiD, Methoden und Instrumente der Sozialwissenschaften (im Erscheinen).
Beckers, Tilo/Birkelbach, Klaus/Hagenah, Jörg (Hrsg.) (2010): Komparative empirische Sozialforschung. Wiesbaden: VS Verlag für Sozialwissenschaften.
Bendix, Reinhard/Lipset, Seymour M. (1957): Political Sociology. In: Current Sociology VI. 79-99.

Bentlage, Michael/Rauh, Jürgen (2010): Mediennutzung als raum-zeitliches Phänomen. In: Beckers/Birkelbach/Hagenah/Rosar (2010): 419-435.
Birkelbach, Klaus (1998): Berufserfolg und Familiengründung. Lebensläufe zwischen institutionellen Bedingungen und individueller Konstruktion. Opladen: Westdeutscher Verlag.
Birkelbach, Klaus (2009): Lehrerurteile im Lebensverlauf: Valide Prognose oder Self-Fulfilling Prophecy? Zur Veröffentlichung eingereicht bei der Kölner Zeitschrift für Soziologie und Sozialpsychologie.
Box, Georg E./Jenkins, Gwilym M. (1970): Time Series Analysis: Forecasting and Control. San Francisco: Holden Day.
Collier, David/Mahoney, James (1996): Insights and Pitfalls: Selection Bias in Qualitative Research. In: World Politics 49. 1. 56-91.
de Vaus, David A. (2001): Surveys in Social Research. London: Routledge.
Davidov, Eldad/Siegers, Pascal (2010): Comparing Basic Human Values in East and West Germany. In: Beckers/Birkelbach/Hagenah/Rosar (2010): 43-63.
Dunlap, Riley/York, Richard (2008): The Globalisation of Environmental Concern and the Limits of the Postmaterialist Values Explanation: Evidence from Four Multinational Surveys. In: The Sociological Quarterly 49. 3. 529-563.
Durkheim, Emile (1984) Die Regeln der soziologischen Methode. Frankfurt/M.: Suhrkamp.
Erikson, Robert/Goldthorpe, John H./Jackson, Michelle/Yaish, Meir/Cox, David R. (2005): On class differentials in educational attainment. In: PNAS 102. 27. 9730-9733.
Franzen, Axel/Vogl, Dominikus (2010): Umweltbewusstsein und der Reichtum von Nationen: Ein Vergleich von WVS, ISSP und EVS. In: Beckers/Birkelbach/Hagenah/ Rosar (2010): 337-362.
Gabriel, Oscar W./Weßels, Bernhard/Falter, Jürgen W. (Hrsg.) (2009): Wahlen und Wähler. Analysen aus Anlass der Bundestagswahl 2005. Wiesbaden: VS Verlag für Sozialwissenschaften.
Gärtner, Christel/Pollack, Detlef/Wohlrab-Sahr, Monika (Hrsg.) (2003): Atheismus und religiöse Indifferenz. Opladen: Leske & Buderich.
Gelissen, John (2007): Explaining Popular Support for Environmental Protection: A Multilevel Analysis of 50 Nations. In: Environment and Behavior 39. 3. 392-415.
Ginsberg, Morris (1939): The problems and methods of sociology. In: Bartlett et al. (1939): 436-478.
Goldthorpe, John H. (1997): Current Issues in Comparative Macrosociology: A Debate on Methodological Issues. Comparative Social Research 16: 163–201.
Granovetter, Mark (1978): Threshold Models for Collective Behavior. In: American Journal of Sociology 83. 6. 1420-1443.
Grimshaw, Allen D. (1973): Comparative sociology: in what ways different from other sociologies? In Armer/Grimshaw (1973): 3-48.
Grau, Ina (2001): Fünf Formen der Macht in Partnerschaften. In: Bielefelder Arbeiten zur Sozialpsychologie, Nr. 197.

Grau, Ina (2004): Subjektive und objektive Macht in Paarbeziehungen. Vortrag auf dem 44. Kongress der Deutschen Gesellschaft für Psychologie in Göttingen vom 26. - 30. 9. 2004.
Grau, Ina/Penning, Ravena/Andreß, Hans-Jürgen (2010): Gleichberechtigung und Beziehungszufriedenheit. In: Beckers/Birkelbach/Hagenah/Rosar (2010): 199-227.
Habib, Samar (2009): Islam and Homosexuality. Praeger/ABC-Clio.
Hagenah, Jörg/Best, Henning (2010): Analysen zur Zeitreihenfähigkeit der Media-Analyse. In: Beckers/Birkelbach/Hagenah/Rosar (2010): 393-417.
Hagenah, Jörg/Meulemann, Heiner (Hrsg.) (2006): Sozialer Wandel und Mediennutzung in der Bundesrepublik Deutschland. Münster: LIT Verlag.
Hagenah, Jörg/Meulemann, Heiner (2008). Alte und neue Medien - Zum Wandel der Medienpublika in Deutschland seit den 1950er Jahren. LIT Verlag: Münster.
Hagenah, Jörg/Meulemann, Heiner/Akinci, Haluk (2006): European Data Watch: German Media-Analyse (MA): A large scale commercial data source available for secondary analyses on media use and social change. In: Schmollers Jahrbuch. Journal of Applied Social Science Studies / Zeitschrift für Wirtschafts- und Sozialwissenschaften 126. 1. 129-137.
Hägerstrand, Torsten (1970): What about people in Regional Science? In: Papers of the Regional Science Association 24. 4. 7-21.
Meulemann, Heiner (1985): Bildung und Lebensplanung. Die Sozialbeziehung zwischen Elternhaus und Schule. Frankfurt/M./New York: Campus Verlag
Huntington, Samuel P. (1993): The Clash of Civilizations? In: Foreign Affairs 72. 3. 22-49.
Karney, Benjamin R./Bradbury, Thomas N. (1995): The longitudinal course of marital quality and stability: A review of theory, methods, and research. In: Journal of Psychological Bulletin 118. 1. 3-34.
Kecskes, Robert/Wagner, Michael/Wolf, Christof (Hrsg.) (2004): Angewandte Soziologie. Wiesbaden: VS Verlag für Sozialwissenschaften.
Klein, Markus/Rosar, Ulrich (2005): Physische Attraktivität und Wahlerfolg. Eine empirische Analyse am Beispiel der Wahlkreiskandidaten bei der Bundestagswahl 2002. In: Politische Vierteljahresschrift 46. 2. 263-287.
Klein, Markus/Rosar, Ulrich (2006): Das Auge hört mit! Der Einfluss der physischen Attraktivität des Lehrpersonals auf die studentische Evaluation von Lehrveranstaltungen? Eine empirische Analyse am Beispiel der Wirtschafts- und Sozialwissenschaftlichen Fakultät der Universität zu Köln. In: Zeitschrift für Soziologie 35. 4. 305-316.
Klein, Markus/Rosar, Ulrich (2009): Sie, Sie, Sie oder Er? Angela Merkel im Spiegel der Daten einer experimentellen Befragung. In: Gabriel/Weßels/Falter (2009): 346-357.
König, Christian/Stahl, Matthias/Wiegand, Erich (Hrsg.) (2005): Datenfusion und Datenintegration. 6. Wissenschaftliche Tagung im Auftrag ADM Arbeitskreis Deutscher Markt- und Sozialforschungsinstitute, Arbeitsgemeinschaft Sozialwissenschaftlicher Institute e.V. (ASI) und Statistisches Bundesamt. Bonn: Informationszentrum Sozialwissenschaften.
König, René (Hrsg.) (1973): Handbuch der empirischen Sozialforschung. Bd. 2. Stuttgart: Thieme.

Kühnel, Steffen/Mays, Anja (2010): Lässt sich in der Langzeitbeobachtung ehemaliger Gymnasiasten eine protestantische Ethik finden? Empirische Spurensuche zu Max Weber in Heiner Meulemanns Gymnasiastenpanel. In: Beckers/Birkelbach/Hagenah/ Rosar (2010): 65-90.

Lasswell, Harold D. (1968): The Future of the Comparative Method. In: Comparative Politics 1. 1. 3-18.

Lieberman, Evan S. (2005): Nested Analysis as a Mixed-Method Strategy for Comparative Research. In: American Political Science Review 99. 3. 435-452.

Marsh, Robert M. (1967): Comparative Sociology. A Codification of Cross-Societal Analysis. New York: Harcourt, Brace and World.

Mayer, Karl Ulrich (2010): Annäherungen an den Geburtsjahrgang 1971. In: Beckers/Birkelbach/Hagenah/Rosar (2010): 65-90.

Meulemann, Heiner (1979): Soziale Herkunft und Schullaufbahn. Arbeitsbuch zur sozialwissenschaftlichen Methodenlehre. Frankfurt/New York: Campus.

Meulemann, Heiner (1995): Die Geschichte einer Jugend. Lebenserfolg und Erfolgsdeutung ehemaliger Gymnasiasten zwischen dem 15. und 30. Lebensjahr. Opladen: Westdeutscher Verlag.

Meulemann, Heiner (2001): Überdauernde Differenzen - fortwirkende Sozialisation? Werte in West- und Ostdeutschland ein Jahrzehnt nach der Wiedervereinigung. In: Oesterdiekhoff/Jegelka (2001): 69-90.

Meulemann, Heiner (2002a): Werte und Wertewandel im vereinten Deutschland. In: Aus Politik und Zeitgeschichte B37-38/2002. 13-22.

Meulemann, Heiner (2002b): Perspektiven und Probleme internationaler Umfrageforschung. In: Statistisches Bundesamt (2002): 13–38.

Meulemann, Heiner (2003): Erzwungene Säkularisierung in der DDR - Wiederaufleben des Glaubens in Ostdeutschland? Religiöser Glaube in ost- und westdeutschen Alterskohorten zwischen 1991 und 1998. In: Gärtner/Pollack/Wohlrab-Sahr (2003): 271-287.

Meulemann, Heiner (2004a): Die Scheu der Ostdeutschen vor dem Leistungsprinzip: Versuch einer Erklärung mit der Kohortenanalyse. In: Kecskes/Wagner/Wolf (2004): 159-175.

Meulemann, Heiner (2004b): Gleichheit und Leistung: Eine 'innere Mauer' in Ostdeutschland. In: van Deth (2004): 151-171.

Meulemann, Heiner (2006): Religiosität: Immer noch die Persistenz eines Sonderfalls. In: Aus Politik und Zeitgeschichte 30-31/2006. 15-22.

Meulemann, Heiner (2008): Social Capital in Europe: Similarity of Countries and Diversity of People? Multi-level analyses of the European Social Survey 2002. Leiden/ Boston: Brill.

Meulemann, Heiner/Birkelbach, Klaus/Hellwig, Jörg Otto (Hrsg.) (2001): Ankunft im Erwachsenenleben. Lebenserfolg und Erfolgsdeutung in einer Kohorte ehemaliger Gymnasiasten zwischen 16 und 43. Opladen: Leske+Budrich.

Meulemann, Heiner/Hagenah, Jörg/Akinci, Haluk (2005). Die Media-Analysen. Synopse des Datenbestands und Nutzungschancen für Sekundäranalysen des sozialen Wandels in Deutschland seit 1954. In: König/Stahl/Wiegand (2005): 54-69.

Meulemann, Heiner/Hagenah, Jörg/Gilles, David (2009): Neue Angebote und alte Gewohnheiten. Warum das deutsche Publikum zwischen 1987 und 1996 vom öffentlich-rechtlichen auf das private Fernsehen gewechselt hat. In: Publizistik 54. 2. 240-264.

Meulemann, Heiner/Hummel, Hans-Joachim/Wieken-Mayser, Maria/Wiese, Wilhelm/Ziegler, Rolf (Hrsg.) (1987): Lebensplanung und Lebenserfolg in privilegierten Lebensläufen. Abschlussbericht eines DFG-Projektes. Köln: Zentralarchiv für empirische Sozialforschung, Universität zu Köln.

Mochmann, Ekkehard (2008): Improving the evidence base for international comparative research. In: International Social Science Journal 59. 193/194. 489-506.

Norris, Pippa/Inglehart, Ronald (2004): Sacred and Secular. Religion and Politics Worldwide. Cambridge: Cambridge University Press.

Oesterdiekhoff, Georg W./Jegelka, Norbert (Hrsg.) (2001): Werte und Wertewandel in westlichen Gesellschaften. Resultate und Perspektiven der Sozialwissenschaften. Opladen: Leske und Budrich.

Patzer, Gordon L. (1985): The Physical Attractiveness Phenomena. New York: Plenum.

Przeworski, Adam/Teune, Henry (1970): The Logic of Comparative Social Inquiry. New York u.a.: Wiley-Interscience.

Ragin, Charles C. 1987: The Comparative Method: Moving Beyond Qualitative and Quantitative Strategies. Berkeley u.a.: University of Califonia Press.

Relikowski, Ilona/Schneider, Thorsten/Blosfeld, Hans-Peter (2010): Primäre und sekundäre Herkunftseffekte beim Übergang in das gegliederte Schulsystem: Welche Rolle spielen soziale Klasse und Bildungsstatus in Familien mit Migrationshintergrund? In: Beckers/Birkelbach/Hagenah/Rosar (2010): 143-167.

Reuband, Karl-Heinz (2010): How People Learned About the September 11 Terrorist Attack and How It Affected Them. A Study in News Diffusion and Psychosocial Reactions in Germany. In: Beckers/Birkelbach/Hagenah/Rosar (2010): 437-466.

Rihoux, Benoît/Grimm, Heike (Hrsg.) (2006): Innovative Comparative Methods for Policy Analysis. Beyond the Quantitative-Qualitative Divide. New York: Springer Science and Business Media.

Rihoux, Benoît/Ragin, Charles C. (2008): Configurational Comparative Methods: Qualitative Comparative Analysis (QCA) and Related Techniques. London u.a.: Sage.

Rohlfing, Ingo (2007): Probleme kausaler Inferenz bei der Kombination von Regressionsanalysen und Fallstudien. In: Beiträge zu empirischen Methoden der Politikwissenschaft 2. 4. 1-18. Online: http://www.wiso.uni-hamburg.de/fileadmin/sowi/ak_methoden/Rohlfing_-_Probleme_kausaler_Inferenz.pdf (20.2.2010).

Rohrbach, Daniela (2008): Wissensgesellschaft und soziale Ungleichheit. Ein Zeit- und Ländervergleich. Wiesbaden: VS Verlag für Sozialwissenschaften.

Rohrbach-Schmidt, Daniela (2010): Leistung und Zuschreibung in der Wissensgesellschaft. In: Beckers/Birkelbach/Hagenah/Rosar (2010): 285-305.

Rokkan, Stein/Scheuch, Erwin K. (1963): Conference on Data Archives in the Social Sciences. In: Social Science Information 2. 4. 109-114.

Rosar, Ulrich (2009): Fabulous Front-Runners. Eine Analyse zur Bedeutung der physischen Attraktivität von Spitzenkandidaten für den Wahlerfolg ihrer Parteien. In: Politische Vierteljahresschrift 50. 4. 754-773.

Rosar, Ulrich/Klein, Markus/Beckers, Tilo (2008): The frog pond beauty contest. Physical attractiveness and electoral success of the constituency candidates at the North Rhine-Westphalia state election of 2005. In: European Journal of Political Research 47. 1. 64-79.

Rosar, Ulrich/Klein, Markus (2009): Mein(schöner)Prof.de. Die physische Attraktivität des akademischen Lehrpersonals und ihr Einfluss auf die Ergebnisse studentischer Lehrevaluationen. In: Kölner Zeitschrift für Soziologie und Sozialpsychologie 61. 4. 621-645.

Rosenthal, Robert/Jacobson, Leonore (1968): Pygmalion in the Classroom: Teacher expectation and pupils' intellectual development. New York: Holt, Rinehart & Winston.

Samuel, Nicole 1985: Is there a distinct cross-national comparative sociology, method and methodology, Cross-National Research Papers 1. 1. 3-10

Schelling, Thomas C. (1978): Micromotives and Macrobehavior. New York-London: Norton.

Scheuch, Erwin K. (1973): Das Interview in der Sozialforschung. In: König (1973): 66-190.

Schneider, Carsten Q. (2007): Qualitative Comparative Analysis und Fuzzy Sets. Opladen u.a.: Budrich.

Schofer, Evan/Fourcade-Gourinchas, Marion (2001): The structural contexts of civic engagement: voluntary association membership in comparative perspective. In: American Sociological Review 66. 6. 806-828.

Schwartz, Shalom H. (1992): Universals in the Content and Structure of Values: Theoretical Advances and Empirical Tests in 20 Countries. In: Advances in Experimental Social Psychology 25. 1-65.

Smelser, Neil (1976): Comparative Methods in the Social Sciences. Englewood Cliffs (New Jersey): Prentice-Hall.

Statistisches Bundesamt (Hrsg.) (2002): Aspekte internationaler und kultureller Umfragen. Stuttgart: Metzler-Poeschel.

Thibaut, John W./Kelley, Harold H. (1959): The social psychology of groups. New York: Wiley.

Thrift, Nigel (2005): Torsten Hägerstrand and social theory. In: Progress in Human Geography 29. 3. 337-339.

van Deth, Jan W. (2001): Wertewandel im internationalen Vergleich. Ein deutscher Sonderweg? In: Aus Politik und Zeitgeschichte 29. 23-30.

van Deth, Jan W. (Hrsg.) (2004): Deutschland in Europa. Wiesbaden: VS Verlag für Sozialwissenschaften.

Wagner, Michael/Weiß, Bernd (2010): Erwerbssituation und Partnerschaft: Deutsche und türkische Paare im Vergleich. In: Beckers/Birkelbach/Hagenah/Rosar (2010): 169-198.

Weber, Max (2002): Wirtschaft und Gesellschaft: Grundriß der verstehenden Soziologie. Tübingen: Mohr Siebeck.

Wittgenstein, Ludwig (2003): Philosophische Untersuchungen. Frankfurt./M.: Suhrkamp.

Teil I:

Vergleichende Untersuchungen zu Ost- und Westdeutschland

Comparing Basic Human Values in East and West Germany

Eldad Davidov and Pascal Siegers[1]

1 Introduction

Even 20 years after the fall of the Iron Curtain, studies in the social sciences point to persisting differences in attitudes and values between citizens in East and West Germany. These differences are attributed to the different paths of political and social development that East and West Germany followed from the end of World War II until the reunification in 1990. In West Germany, a liberal democratic regime and a market economy were installed, while in East Germany a socialist regime and centrally planned economy were established. Both German states, the Federal Republic of Germany (FRG) and the German Democratic Republic (GDR) were strongly integrated into the respective coalitions of the Cold War.

The communist regimes in Central and Eastern Europe evoked the interest of Western social sciences. Gabriel A. Almond, for instance, states: "We may view communist regimes as 'natural experiments' in attitude change" (Almond 1983: 127). The reason for this is that the communist regimes – and thus also the regime of the GDR – aimed at creating 'the new socialist men' and the classless society. The socialist values were inculcated in the citizens in socialist regimes, and the regime strived to eradicate the values of the prior regimes. Opponents to the regime were persecuted and their children were excluded from the educational system. For instance, during the Stalinist period from 1950 to 1970 (Weber 1991), the government of the GDR waged a massive anti religious campaign in order to disseminate historical materialism. With respect to religion, the 'natural experiment' – so it seems – has been successful. East Germans nowadays report historically low levels of religious belief and practice (Meulemann 2000; 2003; 2004c; 2006; Wolf 2008).

The breakdown of a socialist regime comes to pass through the active opposition of citizens in the socialist country. It was obvious that citizens were dissatisfied with socialist governments and they successfully claimed a change in the

---

[1] The authors are listed in alphabetic order

regime. This, of course, casts serious doubts on the success of inculcation of socialist values and points to the question of whether and to what extent values of East and West Germans may differ at all.

During the last two decades, multiple survey projects have been set up in order to examine whether differences in attitudes existed at the moment of the socialist breakdown and whether these differences persisted, decreased or even increased over time (Meulemann 2002). Particularly, scholars in political sociology systematically compared the political cultures of East and West Germany. Their major concern was to analyze whether the East Germans would adopt the principles that are assumed to be required for the smooth functioning of democracy. Evidence has been provided that significant differences between East and West Germany persisted. Electoral participation and support for democracy, for instance, were lower in East Germany (Fuchs et al. 1997), and East Germans showed a considerable amount of support for the socialist regime in the GDR (Neller 2005; 2006) – a phenomenon frequently referred to as "Ostalgia". In addition, East Germans showed higher support for government intervention in economics and defended more egalitarian ideologies (Arzheimer & Klein 2000). Some authors point to the potential threat that these differences in political attitudes might be for the stability of the German political regime (Arzheimer & Klein 2000; Gabriel 2005). Sociological studies comparing social values showed that achievement values were more important in East Germany than in West Germany (Meulemann 2002) and that the proportion of post-materialists was smaller in the East (van Deth 2001). Meulemann also reports that East-West differences in egalitarianism persist while no North-South differences can be found (Meulemann 2001; 2004a). Summarizing these results, van Deth even speaks of the German society as a "republic of two cultures" (van Deth 2001; 2004) and Meulemann of an "inner wall" (Meulemann 2004a: 172; 2004b: 154; van Deth 2004) that still separates both parts of Germany.

During the last two decades the theory of basic human values elaborated by Shalom Schwartz (Schwartz 1992) has gained increasing importance for cross-cultural analyses of values (Schwartz 1999; 2006). Surprisingly no systematic comparison of basic human values in East and West Germany has been published to date. Such an analysis could, however, yield interesting complementary insights about the factual extent of value differences between both parts of Germany. The concept of values and the scales developed by Schwartz (1992; 1994; see also Davidov et al. 2008) are less specific than attitudes toward particular political or social institutions, such as support for democracy or for the social system. Thus, they can be expected to be less influenced by situational conditions and political conjunctures.

Therefore, this comparison is relevant for the ongoing debate on differences between East and West Germany. The threat to the political regime in Germany, which according to political scientists is imposed by differences in political attitudes, might be tempered by stronger similarities in basic human values. Thus, our analysis aims to provide deeper insights to the question whether Germany is indeed "a republic of two cultures".

The article is composed of three sections. We begin by shortly introducing the theory of basic human values suggested by Shalom Schwartz and colleagues. Then we discuss how differences in the social constitutions of East and West Germany might have an effect on the values of citizens even more than 15 years after the German reunification. In this respect, in the next section we will suggest some hypotheses about value differences. Finally, these hypotheses will be tested using data from the European Social Survey (ESS). The empirical analysis proceeds in two steps: First, we test whether measurement invariance of the items can be established because comparing means of latent variables requires scalar invariance (see below). Then, we compare the means of the values in East and West Germany. Finally, we present some concluding remarks to summarize our findings.

2 The theory of basic human values

For a long time, the concept of values has played a central role for the comparative social sciences because social science theories consider values to be important determinants of social attitudes and behavior. Therefore, differences in human values could explain differences in political and social attitudes and behavior across groups.

Schwarz (1994) defines values "as desirable, transsituational goals, varying in importance, that serve as guiding principles in the life of a person or other social entity" (Schwartz 1994: 21). Consequently, values have two important functions for individuals: They serve as motives for individual action and provide standards for the evaluation of actions. Thus, they guide the formation of individuals' attitudes and choices in concrete everyday life situations. It is obvious here that values are considered to be located at a level of higher generality compared to concepts like attitudes toward political actors or institutions and opinions about current issues in politics. Attitudes, for instance, result from evaluating a specific object (Eagly & Chaiken 1993) while values, in contrast, provide standards for evaluation and thus necessarily are more abstract. Consequently, values are assumed to transcend all kinds of situations and attitudes. This, of course, means that individuals have to apply the contents of their values to the concrete situations; a process where inconsistencies and contradictions will frequently occur.

Table 1: Definitions of the motivational types of values in terms of their core goal

Value Type	Core Goal
1. Power	Social status and prestige, control or dominance over people and resources
2. Achievement	Personal success through demonstrating competence according to social standards
3. Hedonism	Pleasure and sensuous gratification for oneself
4. Stimulation	Excitement, novelty, and challenge in life
5. Self-Direction	Independent thought and action - choosing, creating, exploring
6. Universalism	Understanding, appreciation, tolerance and protection for the welfare of all people and for nature
7. Benevolence	Preservation and enhancement of the welfare of people with whom one is in frequent personal contact
8. Tradition	Respect, commitment and acceptance of the customs and ideas that traditional culture or religion provide the self
9. Conformity	Restraint of actions, inclinations and impulses likely to upset or harm others and violate social expectations or norms
10. Security	Safety, harmony and stability of society, of relationships and of self

Note: Adopted from Sagiv and Schwartz (1995).

Values are not only conceived as characteristics of individuals. They are what individuals of a particular group share as a common "universe of meaning" (van Deth & Scarbrough 1995: 35). For this reason, Schwartz distinguishes basic human values and cultural value orientations (Schwartz 2006). Due to the preeminence of socialization, human values are generally considered to be relatively stable throughout the lifetime of individuals. This means that changes in the values of individuals and societies most probably occur through generational replacement (see, e.g., Inglehart & Welzel 2005). Change of cultural values can also be induced through alterations in the power relations of social groups (Schwartz 2006: 139).

Schwartz's approach to values includes a strong functionalist element. He argues that each society needs a specific set of values in order to meet "three universal requirements with which all individuals and societies must cope"

(Schwartz 1994: 21): (1) the needs of the individuals as biological organisms (i.e., values that ensure the development of the individual), (2) requisites of coordinated social interactions (i.e., values that organize and legitimize particular forms of cooperation between group members), and (3) requirements for the smooth functioning and survival of groups (i.e., values that legitimize dominance and strengthen solidarity between group members). Each of these universal requirements for societies directly or indirectly concerns the definition of the relationship between individuals and the group that characterizes a given society.

Value differences across countries or groups result from the fact that very different sets of values are suited to meet these universal requirements. Schwartz's theory proposes ten universal values: Power, Achievement, Hedonism, Stimulation, Self-direction, Universalism, Benevolence, Tradition, Conformity, and Security. The description of the values and the core goals each refer to are summarized in Table 1.

Power as a value, for instance, legitimizes hierarchical coordination between individuals and thus also enhances group cohesion. Benevolence, in contrast, emphasizes group cohesion through solidarity rather than authority. Conformity implies subordination under group norms and group traditions, while self-direction emphasizes the autonomy and independence of each individual. Conformity addresses group survival while self-direction is more concerned with basic needs of the organism.

A brief look on the ten different motivational values shows that the practical implications these values have in everyday life situations conflict easily. The pursuit of achievement values, (i.e., the emphasis of personal success) or the pursuit of power values (i.e., the emphasis of domination over others) is mostly incompatible with benevolence values (i.e., concern with the welfare of others) or universalistic values (i.e., the equality of other individuals). In the same vein, conformity (i.e., an emphasis on group norms) conflicts with stimulation (i.e., actively looking for innovation and excitement) or self-direction (i.e., emphasizing individual autonomy).

For this reason, Schwartz suggests organizing the ten motivational values according to their compatibility. Two basic underlying value dimensions emerge that structure the value systems in all cultures: (1) self-transcendence versus self-enhancement and (2) openness to change versus conservation. Figure 1 depicts the relations between values along these two dimensions.

Values that are incompatible with respect to consequences deduced from their pursuit are in opposite positions within the value continuum. Values that are compatible are situated next to each other. Universalism and benevolence represent the pole of self-transcendence whereas achievement and power constitute the self-enhancement pole. Security, conformity and tradition make up the conservation pole whereas self-direction and stimulation reflect the openness to change values. Hedonism is situated between the openness to change and the self-enhancement dimensions.

Figure 1: The structural relation between the values

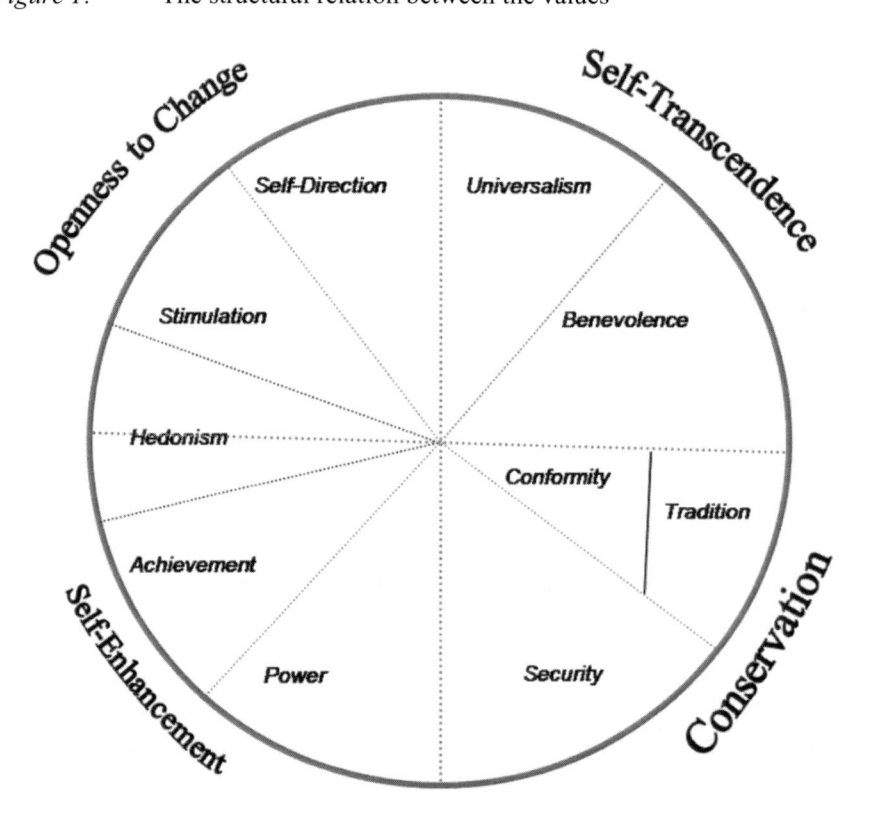

3   Consequences of Germany's division to East and West for basic human values

Whether differences between values of West and East Germans can be expected depends on how value formation and value change are theorized.

A first theoretical perspective assumes that values reflect the material living conditions of individuals. Thus, value change may result from societal modernization that affects the living conditions, for example, industrialization, urbanization, educational expansion, or the growth of service industries (Inglehart & Welzel 2005). Although the level of wealth differed between the East and West, the living conditions converged to a large extent since reunification and – according to this perspective on values – will ultimately lead to the convergence of values (Klages & Gensike 1992).

A second approach to explain differences in the values of East and West Germans is to emphasize the importance that situational factors have on values. It is plausible to argue that critical events like the breakdown of the communist regime are capable to challenge basic values due to experiences of subjective discrimination and deprivation of East Germans (for a summary see Arzheimer & Klein 2000). Because basic human values are not directly linked to political (e.g., regime support) or economic institutions (e.g., social transfers), we do not expect them to be strongly affected by short-time influences.[2]

A third perspective on values emphasizes that individuals are socialized into the dominant values of the group. These values, in turn, might be modified through conscious decisions of political and social (e.g., business) elites. Differences in the values of East and West Germans are a result of differences in the social and ideological constitutions of the two German societies that set the frame for the socialization (Meulemann 2002).

Both regimes aimed to change the cultural values of their respective states. The socialist regime of East Germany claimed to create the "new socialist personality" (Hanhardt 1975: 66), which means: "a materialist, scientific, and rationalist world outlook (ergo, an unreligious posture); the subordination of private interests; activist involvement, self-sacrifice, patriotism coupled with ingrained internationalism" (Fiszmann 1975: 132).

The liberal-democratic regime of West Germans puts the emphasis on socialization into democratic values because in the aftermath of World War II, Germans were considered to lack the political maturity for democracy (Almond

---

[2] Meulemann argues that individual experiences during transitional situations, e.g., the socialist breakdown, are mediated by socialization (Meulemann 2001). This argument is not plausible, if values are considered to be overall stable characteristic of individuals.

& Verba 1963). Therefore, large-scale programs for political education were set up in order to enable citizens' democratic participation (Dalton 1994).

It is unclear whether socialization promoted by state agencies was successful. Lemke argues that particularly East Germany was a "double culture" (Lemke 1991: 13) where contradictions occurred between stated promoted socialization and socialization through private actors. Meulemann (2000; 2002) suggests focusing on differences in the social and political constitutions of East and West Germany that are best conceived as differences in the structural opportunities for individualism (Meulemann 2002: 14). This approach is not limited to goals and instruments of state actors in socialization processes.

If values are stable dispositions of individuals throughout the life course, it is reasonable to expect that the differences in the structural opportunities for individualism are still visible in basic human values of individuals. The regime of the GDR was characterized by the dominance of the Marxist-Leninist theory of society, and political power was monopolized by the socialist party. Hence, the options for individual development were limited by political institutions. In West Germany, the society was characterized by pluralism and thus provided more opportunities for individuals "to write their own biographies". Practically, this means that West Germans had more opportunities for a self-directed life choice but they also had to assume the risks of their choices. In East Germany, the situation was the other way around: Opportunities for self-directed life choices were limited but, in return, the individual's standard of living was secured by the state (Meulemann 2002: 16). Thus, social differentiation and economic inequality were anchored in the constitution of the West German society whereas East Germany was strongly marked by egalitarian ideology and limited economic inequality.

In sum, we expect differences in structural opportunities for individualism to determine value differences across the two parts of Germany because they set the framework for socialization of basic human values, particularly with respect to the relationship between the individual and the group. We do not expect situational factors to cause differences in values because the latter are considered to be stable across the lifetime. In the same vein, we do not expect material living conditions to determine differences between East and West Germany because – to a large extent – the living conditions converged between both parts of Germany.

In the next section, we formulate more concrete hypotheses with respect to the differences we expect in certain values across East and West Germany.

4 Hypotheses: Which differences in basic human values between East and West Germany can be expected?

Overall, structural opportunities for individualism concern the relationship between individuals and the group. The link to Schwartz's theory of values is obvious here: The three universal requirements Schwartz refers to are addressed in fundamentally different ways.

Socialist societies place the priority on the needs of the society over the needs of the individual. The effort of the individual is devoted to the objectives of the group, and the individual is expected to contribute to the collective goals within the scope of his/her capabilities. The argument is that the needs of the individual will be satisfied through high levels of public welfare and – implicitly – that the needs of individuals do not differ a lot. This means that the social constitution of the East German society fostered the socialization of egalitarian values.

Due to the emphasis of egalitarianism in the GDR, East Germans place greater importance on values of group coherence and solidarity between group members. *East Germans should score higher on universalism and benevolence (H1).*

The regime of the GDR expected individuals to respect the norms of the socialist society, and this also implied placing their individual needs and ambitions behind the goals of the society. Thus, socialization in the GDR emphasized obedience and de-emphasized individual autonomy. With respect to obedience, the differences should be particularly strong because democratic values promoted in West Germany implied a critical stance vis-à-vis state authorities. Therefore, we expect *East Germans to score higher than West Germans on power (H2).*

Opposition to the regime was not tolerated in the GDR. The strong emphasis on authority in East Germany served to enforce conformity with the norms and official values of the regime. The enforcement of conformity was not limited to a symbolic dimension but was very present in everyday life – for instance because state authorities decided about education and career opportunities. In addition – although the socialist regime officially constituted a transitional period toward the classless society – factual social change was regarded with suspicion. For this reason, socialization in the GDR led to *a stronger emphasis of conformity and tradition in Eastern Germany (H3).*

The West German society had a pluralistic fundament. This means that the pursuit of individual interests and objectives is highly legitimate. The cultural emphasis was on self-directed life choices, autonomous decision making, and self-actualization. This does not mean that socialization in West Germany does not promote prosocial behavior. But individuals' choices are guided by individuals' needs rather than oriented toward the group. Thus, we expect *West Germans to score higher than East Germans on self-direction (H4) and on hedonism (H5).*

The state in East Germany provided citizens with encompassing social and material security. Self-directed life choices were limited but individuals did not have to face the risks of their choices. The predominant role of the state for providing social security was one of the most important constants of GDR socialization. Consequently, we expect *East Germans to place more importance on security than West Germans (H6).*

For two values we do not expect to find any differences: achievement and stimulation. First, although achievement values in West Germany were promoted in terms of personal success or self-fulfillment and in East Germany as an individual contribution to the objectives of the collective, achievement was an important value in both parts of the country. According to Meulemann, the meaning of achievement differs in the East and West. In West Germany achievement is oriented toward self-actualization, while in East Germany achievement has to be related to the goals of the community and, hence, has more to do with self-alienation (Meulemann 2004b: 154). Thus, achievement is de-individualized; it becomes obligation and merely reflects the subordination to the norms of the new socialist personality. As mentioned above, conformity to norms is more important for the socialist regime than for democratic regime. And this is also true for an individual's achievement because motivation through differences in rewards was incompatible with the socialist ideology. If the motivations for achievement are equivalent – and this is our argument – no differences can be expected. Nevertheless, Meulemann argues that after the transition to market economy achievement was individualized, that is, linked to differential rewards. This immediately caused social differentiation that is incompatible with egalitarian values. Hence, achievement values might be abandoned because they are blamed for causing inequality, and they should be lower in East compared to West Germany (Meulemann 2004b: 155). Meulemann reports evidence for this second argument (Meulemann 2004b: 159). Our theoretical expectation, however, is that situational factors do not supplant effects of socialization. Therefore, we do not expect differences in achievement values between East and West Germany.

Second, stimulation is an individual value that is not directly linked to differences in the social constitutions of both parts of Germany. Hence, we expect stimulation to display similar levels in East and West Germany.

5   Data and measurement

To test our hypotheses, we used data from the European Social Survey (ESS). ESS data are available for three rounds of measurement over a period of five years (the first round was collected in 2002-3, the second in 2004-5 and the third in 2006-7). Since values are expected to be stable over time and as they do not display substantial changes in the different parts of Germany over this time period, we pooled the data for the three measurement time points and differentiated between East and West Germany (N west = 3,672; N east = 2,117). The data for the analysis were taken from website http://ess.nsd.uib.no. Details on data collection are reported in www.europeansocialsurvey.org.

The ESS includes a shortened 21-item version to measure the ten values proposed by Schwartz (1992). The questions are gender-matched with the respondent. They describe different types of people and ask respondents to indicate to what extent this person is or is not like him/her. Response categories range from 1 (very much like me) to 6 (not like me at all). For example, the question 'Thinking up new ideas and being creative is important to him. He likes to do things in his own original way' describes a person to whom self-direction is important. Responses were recoded so that high responses would indicate a higher importance of the value. Table 2 displays the value questions and their labels, grouped by type of value.

Table 2:   The ESS Human Values Scale

	Item # (according to its order in the ESS questionnaire) and Wording (Male Version)
Self-Direction (SD)	1. Thinking up new ideas and being creative is important to him. He likes to do things in his own original way (ipcrtiv). 11. It is important to him to make his own decisions about what he does. He likes to be free to plan and not depend on others (impfree).
Universalism (UN)	3. He thinks it is important that every person in the world be treated equally. He believes everyone should have equal opportunities in life (ipeqopt). 8. It is important to him to listen to people who are different from him. Even when he disagrees with them, he still wants to understand them (ipudrst). 19. He strongly believes that people should care for nature. Looking after the environment is important to him (impenv).

(Table 2 continued)

Benevolence (BE)	12. It is very important to him to help the people around him. He wants to care for their well-being (iphlppl). 18. It is important to him to be loyal to his friends. He wants to devote himself to people close to him (iplylfr).
Tradition (TR)	9. It is important to him to be humble and modest. He tries not to draw attention to himself (ipmodst). 20. Tradition is important to him. He tries to follow the customs handed down by his religion or his family (imptrad).
Conformity (CO)	7. He believes that people should do what they're told. He thinks people should follow rules at all times, even when no one is watching (ipfrule). 16. It is important to him always to behave properly. He wants to avoid doing anything people would say is wrong (ipbhprp).
Security (SEC)	5. It is important to him to live in secure surroundings. He avoids anything that might endanger his safety (impsafe). 14. It is important to him that the government insures his safety against all threats. He wants the state to be strong so it can defend its citizens (ipstrgv).
Power (PO)	2. It is important to him to be rich. He wants to have a lot of money and expensive things (imprich). 17. It is important to him to get respect from others. He wants people to do what he says (iprspot).
Achievement (AC)	4. It is important to him to show his abilities. He wants people to admire what he does (ipshabt). 13. Being very successful is important to him. He hopes people will recognize his achievements (ipsuces).
Hedonism (HE)	10. Having a good time is important to him. He likes to "spoil" himself (ipgdtim). 21. He seeks every chance he can to have fun. It is important to him to do things that give him pleasure (impfun).
Stimulation (ST)	6. He likes surprises and is always looking for new things to do. He thinks it is important to do lots of different things in life (impdiff). 15. He looks for adventures and likes to take risks. He wants to have an exciting life (ipadvnt).

Note: Adapted from Davidov, Schmidt and Schwartz (2008).

6   Data analysis

Davidov, Schmidt and Schwartz (2008; see also Davidov 2008) (see Figure 2) found that with only 21 questions available instead of the full 40-item questionnaire of the Portrait Value Questionnaire (PVQ; see Schwartz et al. 2001), only seven values can be identified. Three pairs of values had to be unified: universalism and benevolence, conformity and tradition and power and achievement. However, since these pairs of values share common motivations underlined by their higher order dimensions, this does not contradict the theory. It just implies that there are either not enough questions in the ESS to measure all values (Davidov et al. 2008) or that some items belonging to different values relate to each other more strongly than to items that belong to the same value (Knoppen & Saris 2009). In addition, they found that five additional cross-loadings are necessary between indicators and values that they were not supposed to measure. This finding was supported also with the data from the second ESS round (Davidov 2008).

For the analyses, we used the program Amos 16.0 (Arbuckle 2005). We started by running a confirmatory factor analysis model (CFA; Jöreskog 1971) separately in East and West Germany. Such a model allows using latent variables, controlling for measurement errors and enabling all seven values to covary with each other (Bollen 1989). The single-region analyses were conducted to identify possible problems which are region specific. The model was supported in both East and West Germany. In the next step, we conducted a multiple group comparison between East and West Germany (Bollen 1989; Arbuckle 2005; this model is also termed as multiple group confirmatory factor analysis – MGCFA, Jöreskog 1971).

MGCFA is one of the most popular techniques to compare latent variable means (or other parameters of interest) across groups. However, it requires firstly testing whether the concepts whose means will be compared between East and West Germany display an agreeable level of invariance across groups. Failing to test for invariance may result in questionable interpretations of differences across groups because of possible severe biases (Billiet 2003; Steenkamp & Baumgartner 1998; De Beuckelaer 2005; Meredith 1993; Cheung & Rensvold 2000; 2002; Harkness, van de Vijver & Mohler 2003; Vandenberg 2002).

This literature has proposed three levels of invariance that should be assessed prior to comparing mean differences. The lowest level is configural invariance. Configural invariance implies that the same indicators load on the same values in each region. A higher level of invariance – called metric invariance – requires that these loadings are equal across regions or groups.

Figure 2: The structural equation model.

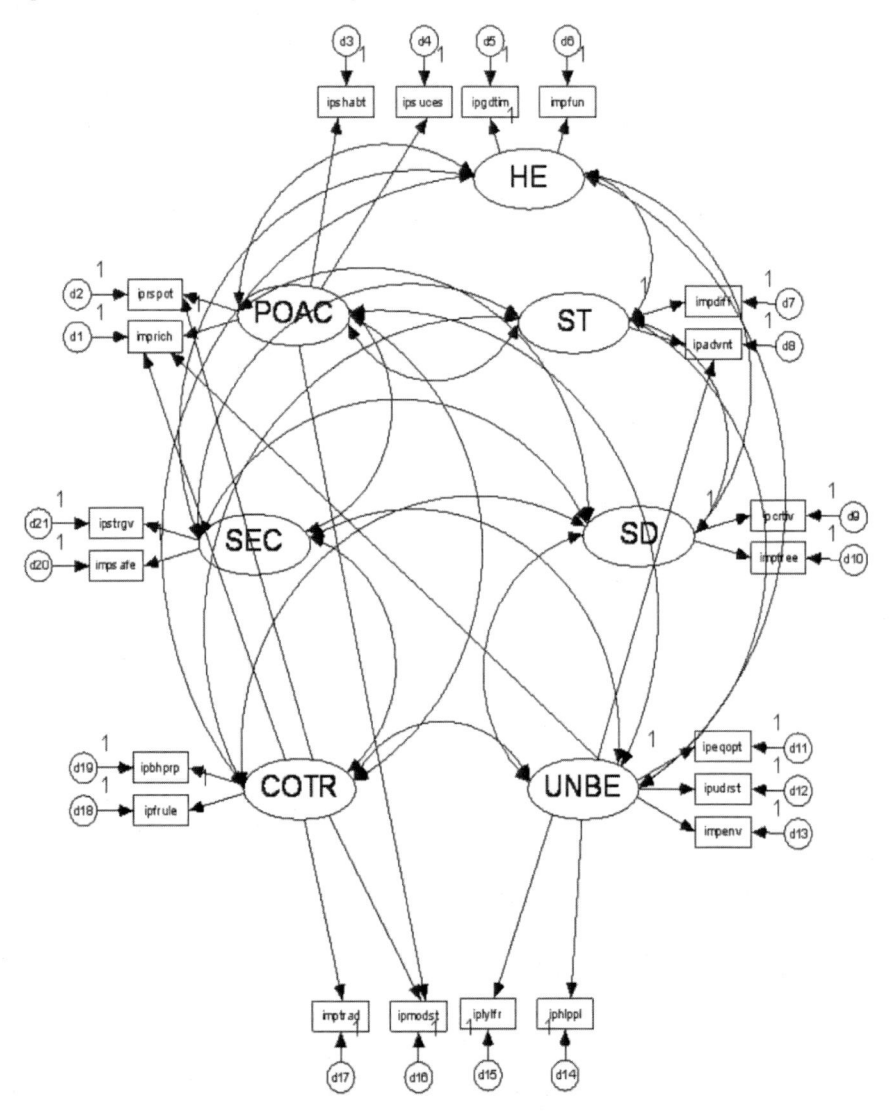

Note: The large circles represent the latent variables of the values, the rectangles are the items (for abbreviations see Table 2). The small circles are the measurement errors.

This level of invariance implies that people in the different regions understand the questions in a similar way (Steenkamp & Baumgartner 1998). The third and highest level of invariance – scalar invariance – requires that in addition, the intercepts (or 'zero levels') of the indicators are equal across regions. This level of invariance implies that people in the different regions use the scale in a similar way. Each level of invariance is established if the model is supported by the data.

We followed these steps in the analysis. To decide whether a model is supported by the data, we followed the cut-off criteria suggested by Hu and Bentler (1999) and Marsh, Hau and Wen (2004). To compare between the models, we used the criteria proposed by Chen (2007). We preferred not to use the chi-square difference test based on the fact that for such large sample sizes, even small misspecifications may lead to model rejection (Cheung & Rensvold 2002). The global fit measures of each model are summarized in Table 3.

As one can see, the global fit of the configural invariance model indicates that this model is supported by the data. The same can be argued for the metric and scalar invariance models. The metric invariance is not significantly worse than the configural invariance model when we consider Chen's (2007) criteria on differences in the comparative fit index (CFI), root mean square error of approximation (RMSEA) and standardized root mean square residual (SRMR). Also, the scalar invariance model is not significantly worse than the metric invariance model based on these criteria. Thus, these findings allow us to use Model 3 for comparing the value means.

Table 3: Global fit measures of the multiple-group comparison between East and West Germany

Model number	CFI	RMSEA	PCLOSE	SRMR	Chi-square	DF
1. Configural Invariance	.924	.034	1.00	.0389	2431	326
2. Metric Invariance	.924	.033	1.00	.0393	2471	345
3. Scalar Invariance	.919	.033	1.00	.0392	2624	359

Note: CFI = comparative fit index; RMSEA = root mean square error of approximation; SRMR = standardized root mean square residual; PCLOSE = probability of close fit; df = degrees of freedom. For details see, e.g., Arbuckle (2005).

Table 4 displays the latent variable mean differences between East and West Germany. Means were set to zero in West Germany. The mean values estimated in East Germany reflect mean *differences* across the regions (Sörbom 1974). One can see that the largest difference is in the value security (.264). People in East Germany consider security values to be more important compared to West Germany. Bearing in mind that the value questions were measured on a 6-point scale, this difference is not negligible. This finding is in line with Hypothesis 6. East Germans also score higher on the unified value conformity-tradition (.163). These values do not tap the level of religiosity, which is known to be less present in the East, but rather the importance of traditional and conformist behavior. In other words, East Germans are more conservative and expect pro-social behavior as we suggested in Hypothesis 3. This is also in line with results from previous research (Meulemann 2000). Differences in other values are less pronounced. East Germans give higher priority to universalism-benevolence (.092), hedonism (.067) and power-achievement (.053) values. These differences are significant, but considering the values measurement scale they are not substantial. This means that Hypotheses 1, 2, 4, and 5 cannot be confirmed. Other values do not display significant differences. Particularly our expectation that West Germans would score higher on self-direction and hedonism cannot be confirmed. However, we confirm the expectation that no differences should occur for achievement and stimulation. This finding contradicts evidence reported by Meulemann (Meulemann 2004b: 154). The difference between both studies is due to the operationalization of achievement: Meulemann uses items that refer to wealth distribution within a society.[3] The Schwartz items measure the achievement value as a characteristic of individuals and not as a matter of conflicts over distribution of resources. The different results in the studies underscore the idea that the weaker the link to political issues is, the smaller are the differences between East and West Germans.[4]

Table 4: Mean difference between East and West Germany (West Germany is the reference group where the mean value was set to zero) (S.E. in parentheses)

Value	HE	ST	SD	UNBE	COTR	SEC	POAC
East German	.067*	N.S.	N.S.	.092**	.163**	.264**	.053*
Mean	(.028)			(.016)	(.027)	(.029)	(.026)

Note: * p < 0.05; ** p < 0.01; N.S. – no significant mean difference in the values between East and West Germany. For value abbreviations see Table 1.

In sum, substantial differences are evident for those values that are influenced less by social or political ideologies and more by factual differences in the social constitutions of both parts of Germany.

---

[3] It is easy to imagine a person who values achievement very highly (i.e., his/her actions are guided by achievement) but who simultaneously prefers a highly egalitarian society.
[4] If achievement is operationalized through items of work ethic, East Germans even score higher than West Germans (Meulemann 2002). This again confirms that differences between East and West occur especially with respect to politics.

7 Conclusion

It was the aim of our analysis to test whether the values of East and West Germans significantly differ with respect to basic human values. We suggested that if differences exist, they may be attributed to differences in the social constitutions of East and West Germany or, more precisely, to the fact that the East German society provided individuals with less structural opportunities for individualism. We expected East Germans to place higher emphasis on universalism/benevolence, power, conformity/tradition and security. West Germans were expected to score higher on self-direction and hedonism.

To test for value differences we applied multiple group confirmatory factor analysis to Schwartz's value items included in the first three waves of the ESS. In the first step of our analysis we established scalar measurement invariance. Hence, the means of the latent variables could be compared across both parts of the country meaningfully.

Our study aimed to answer the question: "Is it appropriate to describe Germany as a republic of two cultures?" The evidence we presented here indeed shows that East Germans score higher on security and on conformity/tradition values. It can plausibly be argued that these differences result from different socialization processes before reunification, in line with Hypotheses 3 and 6. However, Hypotheses 1, 2, 4, and 5 were refuted, as no substantial mean differences in the values power, universalism/benevolence, self-direction/hedonism, achievement and stimulation were evidenced. We conclude that differences between East and West Germany in basic human values are rather limited. Therefore, speaking of a republic of two cultures or an "inner wall" of Germany seems exaggerated with respect to the human values. The analysis of human values underlines the similarities of both parts of Germany. This also attenuates the pessimistic outlook that some scholars in political sociology draw for German democracy. The studies reporting great differences between East and West Germany are almost exclusively based on indicators that refer to political issues, particularly to the extent of responsibility that the state should take for its citizens (Arzheimer & Klein 2000) and attitudes toward the performance of German democracy (Gabriel 2005). But, as Arzheimer and Klein (2000) argue, the differences in political attitudes will probably disappear through generational replacement. With respect to basic human values that are more general than specific political issues, East and West Germans are very much alike. It is plausible to argue that consensus on basic human values can absorb some of the conflicts over concrete political issues.

References

Almond, Gabriel A. (1983): Communism and Political Culture Theory. In: Comparative Politics 15. 2. 127-138.
Almond, Gabriel A./Verba, Sydney (1963): The Civic Culture. Political Attitudes and Democracy in Five Nations. London: Sage.
Arbuckle, James L. (2005): Amos 6.0 User's Guide. Chicago, IL: SPSS.
Arzheimer, Kai/Klein, Markus (2000): Gesellschaftspolitische Wertorientierungen und Staatszielvorstellungen im Ost-West-Vergleich. In: Falter/Gabriel/Rattinger (2000): 362-402.
Billiet, Jaak (2003): Cross-Cultural Equivalence with Structural Equation Modeling. In: Harkness/van de Vijver/Mohler (2003): 247-264.
Bollen, Kenneth A. (1989): Structural Equations with Latent Variables. New York: Wiley.
Chen, Fang F. (2007): Sensitivity of Goodness of Fit Indices to Lack of Measurement Invariance. In: Structural Equation Modeling 14. 3. 464-504.
Cheung, Gordon W./Rensvold, Roger B. (2002): Evaluating Goodness-of-Fit Indexes for Testing Measurement Invariance. In: Structural Equation Modeling 9. 2. 233-255.
Cheung, Gordan W./Rensvold, Roger B. (2000): Assessing Extreme and Acquiescence Response Sets in Cross-Cultural Research using Structural Equations Modeling. In: Journal of Cross-Cultural Psychology 31. 2. 187-212.
Dalton, Russel J. (1994): Communists and Democrats: Democratic Attitudes in the Two Germanies. In: British Journal of Political Science 24. 4. 469-493.
Davidov, Eldad (2008): A Cross-Country and Cross-Time Comparison of the Human Values Measurements with the Second Round of the European Social Survey. In: Survey Research Methods 2. 1. 33-46.
Davidov, Eldad/Schmidt, Peter/Schwartz, Shalom (2008): Bringing Values Back. In: Testing the Adequacy of the European Social Survey to Measure Values in 20 countries. In: Public Opinion Quarterly 72. 3. 420-445.
De Beuckelaer, Alan (2005): Measurement Invariance Issues in International Management Research. Unpublished doctoral dissertation, Limburgs Universitair Centrum, Limburg, the Netherlands.
Eagly, Alice H./Chaiken Shelly (1993): The Psychology of Attitudes. Belmont CA: Wadsworth/Thomson.
Falter, Jürgen/Gabriel, Oscar W./Rattinger, Hans (Hrsg.) (2000): Wirklich ein Volk? Die politischen Orientierungen von Ost- und Westdeutschen im Vergleich. Opladen: Leske und Budrich.
Fiszmann, Joseph R. (1975). Poland: The pursuit of legitimacy. In: Volgyes (1975): 132-146.
Fuchs, Dieter/Roller, Edeltraut/Weßels, Bernhard (1997): Die Akzeptanz der Demokratie des vereinigten Deutschlands. Oder: wann ist ein Unterschied ein Unterschied? In: Aus Politik und Zeitgeschichte 51. 3-12.
Gabriel, Oscar W. (2005). Wächst zusammen, was zusammen gehört? In: Gabriel/Falter/Rattinger (2005): 385-423.

Gabriel, Oscar W./Falter, Jürgen/Rattinger, Hans (Hrsg.) (2005): Wächst zusammen, was zusammengehört? Stabilität und Wandel politischer Einstellungen im wiedervereinigten Deutschland. Baden-Baden: Nomos.

Gärtner, Christel/Pollack, Detlef/Wohlrab-Sahr, Monika (Hrsg.) (2003): Atheismus und religiöse Indifferenz. Opladen: Leske + Budrich.

Hanhardt, Arthur M. (1975): East Germany: from goals to realities. In: Volgyes (1975): 66-90.

Harkness, Janet A./van de Vijver, F.J.R./Mohler Peter P. (Hrsg.) (2003): Cross-Cultural Survey Methods. New York, NY: John Wiley.

Hu, Li-tze/Bentler, Peter. M. (1999): Cutoff Criteria for Fit Indexes in Covariance Structure Analysis: Conventional Criteria versus New Alternatives. In: Structural Equation Modeling 6. 1. 1-55.

Inglehart, Ronald/Welzel, Christian (2005): Modernization, Cultural Change, and Democracy. Cambridge/New York: Cambridge University Press.

Jöreskog, Karl G. 1971: Simultaneous Factor Analysis in Several Populations. In: Psychometrika 36. 4. 409-426.

Kecskes, Robert/Wagner, Michael/Wolf, Christof (Hrsg.) (2004): Angewandte Soziologie. Wiesbaden: VS Verlag für Sozialwissenschaften.

Klages, Helmut/Gensike, Thomas (1992): Wertewandel in den neuen Bundesländern. Fakten und Deutungsmodelle. In: Weidenfeld (1992): 47-59.

Knoppen, Désirée/Saris, Willem (in press): Do we have to combine Values in the Schwartz' Human Values Scale? A Comment on the Davidov Studies. In: Survey Research Methods.

Lemke, Christiane (1991): Die Ursachen des Umbruchs 1989 - Politische Sozialisation in der ehemaligen DDR. Opladen: Westdeutscher Verlag.

Marsh, Herbert W./Hau, Kit-Tai/Wen, Zhonglin (2004) In Search of Golden Rules: Comment on Hypothesis-Testing Approaches to Setting Cutoff Values for Fit Indexes and Dangers in Overgeneralizing Hu and Bentler's (1999) Findings. In: Structural Equation Modeling 11. 3. 320-341.

Meredith, William (1993): Measurement Invariance, Factor Analysis and Factorial Invariance. In: Psychometrika 58. 4. 525-543.

Meulemann, Heiner (2000): Moralische Striktheit und Religiosität in Ost- und Westdeutschland 1990-1994. Über den Einfluß unterschiedlicher Sozialverfassungen auf die Korrelationen zwischen Einstellungen. In: Pollack/Pickel (2000): 105-139.

Meulemann, Heiner (2001): Überdauernde Differenzen - fortwirkende Sozialisation? Werte in West- und Ostdeutschland ein Jahrzehnt nach der Wiedervereinigung. In: Oesterdiekhoff/Jegelka (2001): 69-90.

Meulemann, Heiner (2003): Erzwungene Säkularisierung in der DDR - Wiederaufleben des Glaubens in Ostdeutschland? Religiöser Glaube in ost- und westdeutschen Alterskohorten zwischen 1991 und 1998. In: Gärtner/Pollack/Wohlrab-Sahr (2003): 271-287.

Meulemann, Heiner (2004): Religiosität: Die Persistenz eines Sonderfalls. In: van Deth (2004): 55-76.

Meulemann, Heiner (2004a): Die Scheu der Ostdeutschen vor dem Leistungsprinzip: Versuch einer Erklärung mit der Kohortenanalyse. In: Kecskes/Wagner/Wolf (2004): 159-175.
Meulemann, Heiner (2004b): Gleichheit und Leistung: Eine 'innere Mauer' in Ostdeutschland. In: van Deth (2004): 151-171.
Meulemann, Heiner (2002): Werte und Wertewandel im vereinten Deutschland. In: Aus Politik und Zeitgeschichte 37-38. 13-22.
Meulemann, Heiner (2006): Religiosität: Immer noch die Persistenz eines Sonderfalls. In: Aus Politik und Zeitgeschichte 30-31. 15-22.
Neller, Katja (2005): Auferstanden aus Ruinen? Das Phänomen der "DDR-Nostalgie". In: Gabriel/Falter/Rattinger (2005): 339-381.
Neller, Katja (2006): DDR-Nostalgie: Dimensionen der Orientierungen der Ostdeutschen gegenüber der ehemaligen DDR, ihre Ursachen und politischen Konnotationen. Wiesbaden: VS Verlag für Sozialwissenschaften.
Oesterdiekhoff, Georg W./Jegelka, Norbert (Hrsg.) (2001): Werte und Wertewandel in westlichen Gesellschaften. Resultate und Perspektiven der Sozialwissenschaften. Opladen: Leske und Budrich.
Pollack, Detlef/Pickel, Gert (Hrsg.) (2000): Religiöser und kirchlicher Wandel in Ostdeutschland 1989-1990. Opladen: Leske und Budrich.
Sagiv, Lilach/Schwartz, Shalom H. 1995. Value Priorities and Readiness for Out-Group Social Contact. In: Journal of Personality and Social Psychology 69. 3. 437-448.
Schwartz, Shalom .H/Melech, Gila/Lehmann, Arielle/Burgess, Steven/Harris, Mari/Owens, Vicki (2001): Extending the Cross-Cultural Validity of the Theory of Basic Human Values with a Different Method of Measurement. In: Journal of Cross Cultural Psychology 32. 5. 519-542.
Schwartz, Shalom H. (1992): Universals in the Content and Structure of Values: Theoretical Advances and Empirical Tests in 20 Countries. In: Advances in Experimental Social Psychology 25. 1-65.
Schwartz, Shalom H. (1994): Are There Universal Aspects in the Structure and Contents of Human Values? In: Journal of Social Issues 50. 4. 19-45.
Schwartz, Shalom H. (1999): A Theory of Cultural Values and Some Implications for Work. In: Applied Psychology: An international Review 48. 1. 23-47.
Schwartz, Shalom H. (2006): A Theory of Cultural Value Orientations: Explication and Application. In: Comparative Sociology 5. 2-3. 137-182.
Sörbom, Dag (1974): A General Method for Studying Differences in Factor Means and Factor Structure between Groups. In: British Journal of Mathematical and Statistical Psychology 27. 229-239.
Steenkamp, Jan-Benedict/Baumgartner, Hand 1998: Assessing Measurement Invariance in Cross-National Consumer Research. In: Journal of Consumer Research 25. 2. 78-90.
van Deth, Jan (Hrsg.) (2004), Deutschland in Europa. Wiesbaden: VS Verlag für Sozialwissenschaften.
van Deth, Jan W. (2004) Deutschland in Europa: Eine Republik zweier Kulturen? In: van Deth (2004): 9-24.

van Deth, Jan W. (2001): Wertewandel im internationalen Vergleich. Ein deutscher Sonderweg? In: Aus Politik und Zeitgeschichte 29. 23-30.
van Deth, Jan W./Scarbrough, Elinor (1995): The Concept of Values. In: van Deth/Scarbrough: 21-47.
van Deth, Jan W./Scarbrough, Elinor (Hrsg.) (1995): The Impact of Values. Oxford New York: Oxford University Press.
Vandenberg, Robert J. (2002): Towards a Further Understanding of and Improvement in Measurement Invariance Methods and Procedures. In: Organizational Research Methods 5. 2. 139-158.
Volgyes, Ivan (Hrsg.) (1975): Political Socialization in Eastern Europe - A comparative Framework. New York: Praeger Publishers.
Weber, Herbert (1991): DDR - Grundriß der Geschichte 1945-1990. Hannover: Fakelträger Verlag.
Weidenfeld, Werner (Hrsg.) (1992) Deutschland. Eine Nation - doppelte Geschichte. Materialien zum deutschen Selbstverständnis. Köln: Verlag Wissenschaft und Politik.
Wolf, Christof (2008): How Secularized is Germany? Cohort and Comparative Perspectives. In: Social Compass 55. 2. 111-126.

Annäherungen an den Geburtsjahrgang 1971

Karl Ulrich Mayer

1 Leseanleitung[1]

SoziologInnen (und Journalisten) versuchen in der Regel, bei der Studie von Generationen und Kohorten für diese jeweils eine einzige schlüssige Interpretationsformel zu finden, selbst wenn es sich um eher quantitative Studien handelt, ganz im Geiste von Karl Mannheims „Generationsgestalt". Bespiele dafür sind Schelskys „skeptische Generation", Budes „Flakhelfergeneration", oder Copelands „Generation X". In unserem Fall des Geburtsjahrganges 1971 ergibt sich nun die interessante Situation, dass im Rahmen der Lebensverlaufsstudie nicht nur verschiedene Autoren zu verschiedenen Stadien der Lebensgeschichte dieser Kohorte eigenständige Untersuchungen vorgelegt haben, sondern es sich auch um Stichproben der ostdeutschen und westdeutschen Teilbevölkerung handelt, deren Kollektivbiografie zunächst in zwei verschiedenen Gesellschaftssystemen stattfand, um dann im wiedervereinigten Deutschland eine gemeinsame und doch getrennte Generationsgeschichte zu erfahren. Wir haben sie daher die „Wendegeneration" genannt (Mayer & Schulze 2009b). Darüber hinaus haben wir ganz unterschiedliche Daten herangezogen (Retrospektiverhebungen, Mikrozensus, narrative Interviews) sowie unterschiedliche Methoden (Ereignisanalyse, Sequenzanalyse) verwandt, um dieses empirische Material auszuwerten und zu interpretieren. Es handelt sich also im Folgenden nicht nur um einen Bericht über

---

[1] Heiner Meulemann hat einen großen Teil seines Wissenschaftlerlebens der Untersuchung eines Geburtsjahrganges gewidmet, den Gymnasiasten der Geburtsjahrgänge 1954 bis 1956 – mit einer bewundernswerten Beharrlichkeit und bewundernswertem Erfolg (Meulemann 1995). Ein besonderes Merkmal der Meulemann-Kohortenstudie war die Verknüpfung von subjektiven Zielen und objektiven Lebensverläufen. In der Deutschen Lebensverlaufsstudie (Mayer 2008) wurden für Westdeutschland die Lebensverläufe von acht und für Ostdeutschland von vier Kohorten(gruppen) retrospektiv erhoben. Einige dieser Geburtsjahrgänge wurden von uns nicht nur retrospektiv, sondern auch als Panel in zwei Wellen untersucht und (nur) einer dieser Geburtsjahrgänge, die 1971er, wurden sowohl quantitativ als auch qualitativ „beforscht". Unsere 1971er Kohortenstudie entspricht also am ehesten dem komplexen Design der „Meulemann"-Studie. Es lag also nahe, zu diesem Band einen Beitrag über den Jahrgang 1971 beizusteuern.

„Triangulierung" und „mixed methods", sondern auch um eine postmoderne „Selbst"konfrontation mit höchst anspruchsvoll erarbeiteten „Lesarten".[2]

Dies ist der erste Versuch, diese Vielfalt von Befunden und Interpretationen aufzuarbeiten. Dabei geht es mir in diesem Schritt vor allem um eine Dokumentation dieser vielfältigen Sichtweisen, und noch nicht um eine Interpretation oder Bewertung. Die collagenartige Form dieses Beitrags soll diese Verfahrensweise widerspiegeln.

2 Die empirischen Erhebungen

2.1 Ausbildungs- und Berufsverläufe der Geburtskohorten 1964 und 1971: LV6471WEST: Westdeutschland und Westberlin

Feldzeitraum:	1998/99
Geburtskohorten:	1964, 1971
Realisierte Fälle:	Kohorte 1971: 1.435
Erhebungsmethode:	Überwiegend telefonische, computerunterstützte Interviews
Grundgesamtheit:	deutschsprachige Wohnbevölkerung in Privathaushalten in den alten Bundesländern
Stichprobe:	Einwohnermeldestichprobe in 97 ausgewählten Gemeinden, geschichtet nach Bundesland und Regionstyp
Feldorganisation:	infas, Bad Godesberg
Finanzierung:	Max-Planck-Institut für Bildungsforschung, Berlin/Institut für Arbeitsmarkt- und Berufsforschung, Nürnberg
Ausschöpfungsquote:	66%
Forschungskoordination:	Steffen Hillmert
Dokumentation:	Bender/Dietrich 2001, Corsten/Hillmert 2001, Dietrich /Spatz 2000, Hillmert 2002, Hillmert/Mayer 2004, Hillmert 2004b

---

[2] Wir haben auch systematisch Romane von ost- und westdeutschen Autoren des Jahrgangs 1971 gesammelt, aber bislang nicht systematisch ausgewertet.

Annäherungen an den Geburtsjahrgang 1971

2.2 Ostdeutsche Lebensverläufe im Transformationsprozess – Geburtskohorte 1971: LV71OST: Neue Bundesländer und Ostberlin

Feldzeitraum:	1996 – 1998
Geburtskohorten:	1971
Realisierte Fälle:	Kohorte 1971: 610
Erhebungsmethode:	Computerunterstützte telefonische und persönliche Interviews
Grundgesamtheit:	ostdeutsche Wohnbevölkerung in Privathaushalten in den neuen Bundesländern
Stichprobe:	Gesamtbevölkerungsregister aus dem Jahr 1990
Feldorganisation:	infas, Bad Godesberg
Finanzierung:	Max-Planck-Institut für Bildungsforschung, Berlin
Ausschöpfungsquote:	44%
Forschungskoordination:	Britta Matthes
Dokumentation:	Matthes 2003 (Kap. 5), Goedicke/Matthes/Lichtwardt/Mayer 2004, Matthes/Wehner 2002

2.3 Panelbefragung der ost- und westdeutschen Geburtskohorte 1971: LV71PANEL

Feldzeitraum:	Januar bis Juni 2005
Geburtskohorten:	1971
Realisierte Fälle:	1.044
Erhebungsmethode:	Telefonische, computerunterstützte Interviews
Grundgesamtheit:	1971 geborene Wohnbevölkerung in Privathaushalten in den alten und neuen Bundesländern
Feldorganisation:	Max-Planck-Institut für Bildungsforschung, Berlin, Forschungsbereich „Bildung, Arbeit und gesellschaftliche Entwicklung"
Panelausschöpfung:	51% (finanzierungsbedingte Feldzeitbegrenzung)
Finanzierung:	Max-Planck-Institut für Bildungsforschung, Berlin
Forschungskoordination:	Britta Matthes
Dokumentation:	Matthes 2005, Reimer/Matthes 2007

2.4 Qualitative Teilstudie Geburtsjahrgang 1971 Ost- und Westdeutschland: LVQUAL

Feldzeitraum:	2004 bis 2007
Geburtskohorten:	1971
Realisierte Fälle:	30
Erhebungsmethode:	Narrative biografische Interviews; offene Lebenskonstruktionen mit anschließenden Nachfragen auf der Grundlage eines Gesprächsleitfadens
Grundgesamtheit:	realisierte Fälle der 2005 quantitativen Panelbefragung
Feldorganisation:	Berliner Institut für Sozialforschung (BIS)
Finanzierung:	Max-Planck-Institut für Bildungsforschung, Berlin/ Center for Research on Inequalities and the Life Course (CIQLE), Yale University
Stichprobe:	Quotenstichprobe: Schichtung nach Gemeinden, Ost/West, Nord/Süd, ländlich/städtisch, Qualifikationsniveau
Forschungskoordination:	Eva Schulze
Dokumentation:	Mayer/Schulze 2009b

Bei allen dieser quantitativen Erhebungen wurden umfangreiche Dateneditionen und Datenrecherchen durchgeführt, um die Reliabilität der retrospektiven Angaben zu sichern (Mayer 2008). Dabei wurde bei etwa einem Fünftel der Befragten telefonisch oder schriftlich (per Brief) nachrecherchiert (Brückner & Mayer 1998; Hillmert 2004). Zur Sicherung der Zuverlässigkeit der retrospektiven Daten wurde zusätzlich eine Reihe von methodischen Begleituntersuchungen durchgeführt. Dabei wurden für die Panelbefragung im Jahr 2005 computergestützte Befragungsinstrumente eingesetzt, die auf Techniken des autobiografischen Gedächtnisses basieren (Reimer 2005; Matthes & Reimer 2007). Die umfangreichen Dokumentationen zu den Erhebungen der Lebensverlaufstudie sind unter www.yale.edu/ciqle und www.mpib-berlin.mpg.de/de/forschung/bag verfügbar. Die Daten sind über das Datenarchiv der GESIS zugänglich (www.gesis.org).

3 Fragestellungen

Heike Makatsch, Moritz Bleibtreu, Nadja Auermann, der Biathlet Sven Fischer, der „Generation Golf"-Autor Florian Illies und der Wirtschaftsminister Freiherr zu Guttenberg, aber auch der Schriftsteller Jakob Hein, der Radprofi Sven Voigt und meine älteste Tochter haben eines gemeinsam: Alle sind 1971 geboren und gehören daher zu unserer Wendegeneration. Sie sind das „erfolgreiche" Gesicht dieses Jahrgangs. Was wurde aus den anderen? Welche Lebenschancen hatten junge Ostdeutsche und Westdeutsche in den achtziger und neunziger Jahren und zu Beginn des neuen Jahrtausends? Wie unterschieden sich die Bedingungen ihrer Kindheit und Schulzeit sowie ihre berufliche Ausbildung? Welche Wirkungen hatte es, in Ost- und nicht in Westdeutschland aufgewachsen zu sein? Welche Folgen hatte die Wiedervereinigung für den Start ins Berufsleben für die Ostdeutschen, und welche Konsequenzen hatten strukturelle Arbeitslosigkeit und zunehmender wirtschaftlicher Wettbewerbsdruck für die Westdeutschen? Wie einfach oder wie schwierig war es für die jungen Frauen und Männer in diesen Jahrzehnten, die ersten beruflichen und familiären Weichenstellungen beim Übergang ins Erwachsenenalter zu bewältigen? Wie „privilegiert" waren die jungen Westdeutschen durch den Zufall ihrer Geburt im Vergleich mit den altersgleichen Ostdeutschen? Öffneten sich für die Ostdeutschen mit der Vereinigung neue Chancen, oder wurden sie in den ersten Jahren der Wende aus der Bahn geworfen?

4 Mutmaßungen über die Westdeutschen des Jahrgangs 1971

Auch für die Westdeutschen dieses Jahrgangs war der Start ins Arbeitsleben alles andere als ein Zuckerschlecken. Zwar war die Zahl derer, die Ende der achtziger Jahre auf den Lehrstellenmarkt kamen, nicht mehr so groß wie noch einige Jahre zuvor. Dennoch trafen sie auf eine besonders schwierige Lehrstellensituation an der „ersten Schwelle" in den Arbeitsmarkt (Hillmert & Mayer 2004). Nach dem kurzen Vereinigungsboom im Westen ging die Konjunktur in den Keller, die Arbeitslosenzahlen schnellten in die Höhe. In den neunziger Jahren erlebte die westdeutsche Wirtschaft einen starken Umbruch, der zum Teil durch den IT-Boom ausgelöst wurde. Vielfach wurde vermutet, dass die traditionellen Lehrlingsausbildungen obsolet würden und neue Qualifikationen gefragt wären. Zwar war der Slogan von der „Prekarisierung" noch nicht erfunden, aber die Vorstellung, dass immer mehr Menschen gar nicht mehr in den Arbeitsmarkt integriert werden könnten, war unter den Begriffen „Marginalisierung" und „Polarisierung" weit verbreitet. Schon machte die Idee des Arbeitsplatzunternehmers die Runde, der mit vielen *soft skills* von Projekt zu Projekt und von Firma zu Firma wechselt (Voß & Pongratz 1998). Zugleich stellte diese Generation viel höhere Ansprüche an eine zufrieden stellende Arbeit. Diese sollte nicht nur materielle Ansprüche auf Sicherheit und Einkommen befriedigen, Arbeit sollte auch interessant sein, mit einer angenehmen kollegialen Umgebung, und der Selbstverwirklichung dienen. Die Stichwörter hießen „Individualisierung" und „Bastelbiografie": das Zurechtfinden in einer Welt mit vielen Möglichkeiten als Chance und als Zumutung (Beck 1986; Hitzler & Honer 1994). Damit wurden Optionen eines selbst gestalteten Lebens assoziiert, aber auch Befürchtungen über erschwerte Ausbildungswege und enttäuschte Erwartungen im Hinblick auf den Wert von Bildungspatenten.

Die 1971 geborenen Westdeutschen prägte vermutlich eine besondere Generationserfahrung. Einerseits erlebten sie ihre Kindheit im Ausklang einer bemerkenswerten Wohlstandsphase und konnten massiv ausgeweitete Bildungschancen nutzen (Mayer et al. 2007; Mayer et al. 2009). Sie waren also im Vergleich zu den vor ihnen geborenen Jahrgängen und vor allem im Vergleich zu ihren Eltern deutlich privilegiert. Andererseits verbreitete sich eine zunehmende Verunsicherung über den Einkommens-, Status- und Karrierewert des gestiegenen Bildungserfolgs. Der Publikumserfolg der Selbstdeutung der *Generation Golf* (Illies 2000; Klein 2003) spiegelt diese Mischung von Kindheit im Wohlstandskonsum, ironischer Selbstdistanzierung zu gesellschaftlichen Reformbestrebungen, hedonistischem Anspruchsdenken und einer Desillusionierung über die eigenen Zukunftschancen (Mayer 2004: 202; Assmann 2007).

5 Demografische Ausgangsbedingungen.

Wie Abbildung 1 zeigt, befindet sich der Geburtsjahrgang 1971 in der früheren Bundesrepublik am Ende eines Geburtenabschwungs, der bei den Jahrgängen 1964 und 1965, gemessen an der Zahl der Lebendgeborenen, seinen Höhepunkt hatte. 1971 wurden in der früheren Bundesrepublik 768.000 Kinder geboren. Gemessen an ihrer absoluten Größe bei Geburt konnte man dieser Geburtskohorte insofern relativ gute Lebenschancen voraussagen, weil sie als relativ kleine Kohorte auf Bedingungen traf, die für sehr viel stärkere Jahrgänge, zum Beispiel in Schulen, Hochschulen und bei betrieblichen Ausbildungsplätzen, ausgelegt waren. Andererseits könnten die zuvor liegenden starken Jahrgänge Arbeitsplätze und Aufstiegschancen blockiert haben.

Auch in der DDR sanken die Geburtenzahlen in den sechziger und ersten siebziger Jahren, allerdings sehr viel moderater als in der Bundesrepublik. 1971 wurden in der DDR 232.000 Kinder geboren. Erst ab Mitte der siebziger Jahre stiegen die Jahrgangsgrößen in der DDR unter anderem auf Grund einer forcierten geburtenfreundlichen Familienpolitik wieder an. Im Gegensatz zur ehemaligen BRD sollten also die Lebenschancen der Wendegeneration in der DDR nicht durch abrupte Veränderungen des Geburtenverhaltens beeinträchtigt oder befördert worden sein.

Abbildung 1: Geburtenentwicklung 1946 bis 2004 in Ost- und Westdeutschland (absolute Zahlen)

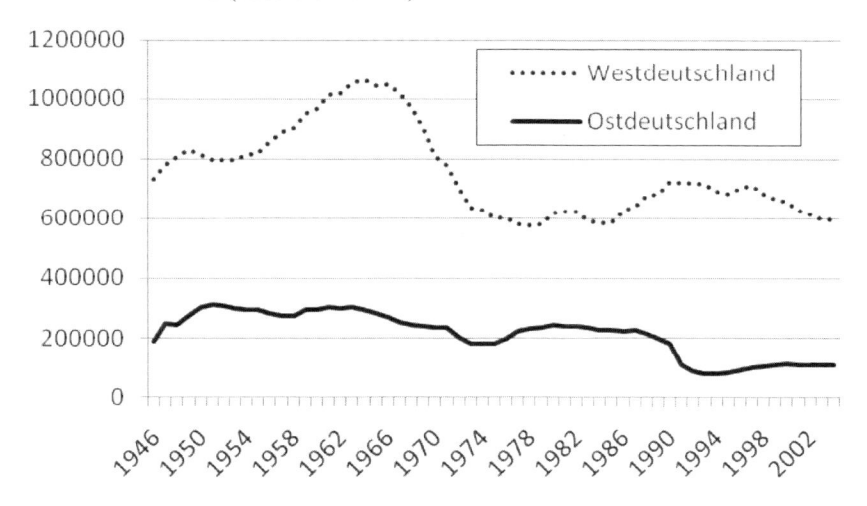

Anmerkung: Quelle: Human Mortality Database. University of California, Berkeley (USA) und Max Planck Institute for Demographic Research (Germany), www.mortality.org, 01.06.2009

Allerdings wird die Jahrgangsgröße nicht allein durch die Zahl der Geborenen bestimmt. Insbesondere für die Wendegeneration haben Zu- und Abwanderungen eine sehr große Rolle gespielt. Abbildung 2 zeigt die Entwicklung der Bestandsgrößen des Jahrgangs 1971 in Ost und West. Bis 1988 wachsen die Westdeutschen des Jahrgangs 1971 um etwa 22.000 auf 802.000 (Hillmert 2004b). Nach der Wiedervereinigung kommen weitere 156.000 '71er nach Westdeutschland. Kinder von Arbeitsmigranten, Aussiedler, Kriegsflüchtlinge aus Jugoslawien und Ostdeutsche nach 1989 waren für diesen großen Zuwachs verantwortlich. Trotz des dramatischen Geburtenrückgangs erreichte der westdeutsche Jahrgang 1971 also fast wieder Babyboom-Stärke.[3]

---

[3] Der westdeutsche Jahrgang 1964 umfasste bei Geburt etwas über eine Million Lebendgeborene und wächst durch Außenzuwanderung und Binnenzuwanderung aus dem Osten um je ein weiteres Zehntel an (Hillmert 2004b: 26).

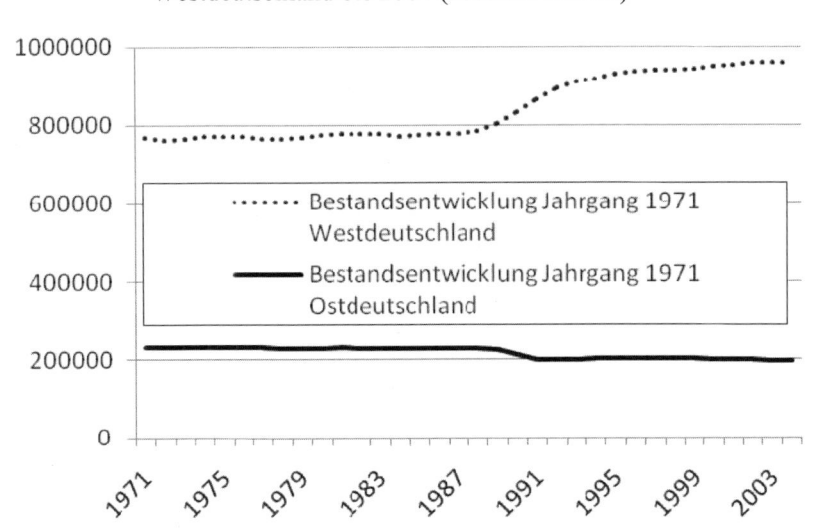

Abbildung 2: Bestandsentwicklung der Geburtskohorte 1971 in Ost- und Westdeutschland bis 2004 (absolute Zahlen)

Anmerkung: Quelle: Human Mortality Database. University of California, Berkeley (USA) und Max Planck Institute for Demographic Research (Germany), www.mortality.org, 01.06.2009

Dagegen schrumpft der ostdeutsche Jahrgang 1971 von 1990 bis 2004 netto um 27.000 auf 196.000, also um fast 16 Prozent. Rechnet man die Zuwanderer ab, kann man also davon ausgehen, dass etwa ein Fünftel der ostdeutschen Wendegeneration in den Westen abgewandert ist.[4]

6 Demographie als Schicksal?

Der Vergleich zwischen der westdeutschen 1964er und 1971er Kohorte bietet ein Lehrstück über die Zusammenhänge zwischen der Bevölkerungsdynamik, Institutionen und Gesellschaftspolitik (Hillmert 2004a). Die 1964er Kohorte ist die größte Nachkriegskohorte. Es war daher zu erwarten, dass ihre Mitglieder zusammen mit ähnlich starken Nachbarkohorten auf besondere Schwierigkeiten im Hinblick auf Schulbildungs-, Berufsbildungs- und Berufseinstiegschancen stoßen

---

[4] Diese Abwanderungen nahmen bis etwa zum Jahrgang 1976 noch erheblich zu (Scholz 2008; Cassens et al 2009).

würden. Dieser „Babyboom" und die dafür erforderlichen Lehrer bildete ja den wesentlichen Anstoß für die Bildungsreformen und Bildungsexpansion der sechziger und siebziger Jahre. Nach der Logik demographischer Bedingungen sollte dagegen die zahlenmäßig geringere 1971er Kohorte relativ gute Chancen gehabt haben. Tatsächlich gibt es eine Vielzahl von Publikationen mit Daten der Deutschen Lebensverlaufsstudie, insbesondere im Hinblick auf herkunftsbedingte Bildungs- und Mobilitätschancen, dass die 64er eine negative „outlier"-Position einnimmt, die z.T. auch positive langfristige Trends erhöhter Chancengleichheit abbremst und umkehrt (z.B. Mayer & Aisenbrey 2006; Mayer et al. 2009). Wir haben aber bereits im vorigen Abschnitt zur Kenntnis nehmen müssen, dass die absolute Kohortengröße keineswegs in dem Geburtsjahrgang fixiert sein muss und durch Wanderungen ganz erhebliche Korrekturen erfahren kann.

Neben den Schulklassengrößen und dem drohenden Lehrermangel wurden für den Jahrgang 1964 vor allem Probleme auf dem beruflichen Ausbildungsmarkt erwartet. Die Politik, unter großem Engagement von Bundeskanzler Kohl, startete eine weithin erfolgreiche Kampagne, welche dafür sorgte, dass eine bis dahin nie erreichte Anzahl von Ausbildungsplätzen zur Verfügung gestellt wurde. Für die Politik schien damit das Problem hervorragend bewältigt. Im Gegensatz zu der hohen Sichtbarkeit der Versorgung mit Lehrstellen, gab es aber weder eine verschärfte Problemwahrnehmung, noch eine gezielte Politik für die so genannte zweite Schwelle, also den Übergang der geburtenstarken Jahrgänge von der Lehre in den Beruf. Tatsächlich schnitt der Jahrgang 1964 dabei besonders schlecht ab (Hillmert 2004). Dies war zum Teil eine unmittelbare Folge des Erfolgs der Lehrstellenkampagne an der ersten Schwelle. Die Firmen stellten mehr Ausbildungsplätze bereit als sie Bewerber nach dem Lehrabschluss aufnehmen konnten und zum Teil wurde auch in wenig zukunftsträchtigen Berufen ausgebildet. Hinzu kam eine ungünstige konjunkturelle Lage auf dem Arbeitsmarkt.

Für den weniger zahlenstarken Jahrgang der westdeutschen 71er stellte sich die Lage genau umgekehrt dar. Der Ausbildungsmarkt galt als entspannt. Tatsächlich waren die beruflichen Ausbildungschancen der 71er aus konjunkturellen Gründen aber besonders schlecht. Für diejenigen, die aber dann eine Lehre abschlossen, waren die Chancen beim Einstieg in den Beruf hervorragend. Dies war wiederum eine, diesmal positive Folge der Übergangsprozesse an der ersten Schwelle. Die höhere Selektivität an der ersten Schwelle führte zu den besseren Übergangschancen der beruflich Ausgebildeten an der zweiten Schwelle:

> „ ... Im Gegensatz zur Meinung vieler Arbeitsmarktforscher hat sich das Ausmaß der unterwertigen Beschäftigung in den vergangenen Jahrzehnten bis Ende der 90er Jahre nicht kontinuierlich erhöht. Die Entwicklung legt ferner nahe, dass Faktoren wie die Kohortengröße oder die Arbeitsmarktsituation zum Zeitpunkt des Berufsein-

stiegs das jeweilige Ausmaß der unterwertigen Beschäftigung stark prägen (...). Dies zeigt sich insbesondere hinsichtlich der Geburtskohorten 1964 und 1971. So ist das relativ hohe Ausmaß an unterwertigen Berufseinstiegen unter den 1964 Geborenen vermutlich auch darauf zurückzuführen, dass diese Geburtskohorte den geburtenstärksten Jahrgang in der Nachkriegszeit darstellt und der Berufseinstieg dieser Kohorte zu Beginn der 1980er Jahre stattfand, als die Arbeitslosenquote ihren höchsten Stand nach 1950 erreichte. Ganz anders stellt sich die Situation der 1971 Geborenen dar, deren Berufseinstieg deutlich problemloser verlief. Bei der 1971er Kohorte handelt es sich ein einen geburtenschwachen Jahrgang, deren Berufseinstieg zeitlich gesehen in die Aufschwungphase der frühen 1990er Jahre fiel." (Pollmann-Schulte & Mayer 2009).

7 Die Schwellengesellschaft – Zur Interpretation der westdeutschen 71er bis zum Alter von 25/26 Jahren

Die 1980er und 1990er Jahre waren in Westdeutschland durch eine stetig wachsende Bildungsbeteiligung in der Sekundarstufe, einen starken Rückgang des wirtschaftlichen Wachstums mit zwei langen Rezessionsphasen (unterbrochen durch den kurzen Vereinigungsboom), einen stetig höheren Sockel der Arbeitslosigkeit sowie einen raschen, durch Informationstechnologie und Dienstleistungsjobs getragenen Strukturwandel geprägt. Was waren die Folgen dieser schwierigen historischen Ausgangslagen für den Berufseinstieg unseres Geburtsjahrgangs? (Hillmert & Mayer 2004; Mayer 2004).

Für die Westdeutschen des 1971er Jahrgangs fiel der Übergang von der Schule in die berufliche Ausbildung in eine schwierige Arbeitsmarktlage. Dennoch war die betriebliche Ausbildungsquote mit zwei Dritteln unter allen Jugendlichen auch im Vergleich mit anderen Jahrgängen hoch (Hillmert 2004a: 12), und die beruflichen Ausbildungsquoten (Lehrausbildung plus Hochschulen) waren mit 86 Prozent höher als je zuvor (Solga 2004: 39ff.).

Allerdings hatte diese Stabilität ihren Preis. Der Anteil mit Mehrfachausbildungen nahm deutlich zu. Ein kleinerer Teil dieser Mehrfachausbildungen waren Reaktionen auf Arbeitslosigkeit, ein größerer Teil Neu- und Höherqualifizierungen. Zugenommen haben auch erste Erwerbsphasen mit befristeten Verträgen. Für die westdeutsche Wendegeneration drängt sich daher ein Bild auf, das Fred Hirsch (1977) in seiner Theorie positionaler Güter entwickelt hat: Der Wettbewerb nimmt zu, aber was erreicht wird, bleibt ziemlich konstant. Das ist dann so, als ob sich im Fußballstadion alle auf die Zehenspitzen stellten, um besser zu sehen, dann aber keiner besser sieht. Der Übergang von der Schule in den Beruf war im Westen durch eine größere Vielfalt gekennzeichnet. Es gab mehr Spielraum für individuelle Lebensentscheidungen. Dies erfordert Selbstverantwortung im Umgang mit vielfältigen Wahlmöglichkeiten und führte nicht selten zu einer Überforderung.

Die Westdeutschen erscheinen in drei Gruppen gespalten. Die einen suchen und finden Ausbildungspfade und Berufschancen und kommen auch mit unvorhergesehenen Problemen zurecht. Die zweite Gruppe stößt auf konjunkturelle oder strukturelle Schwierigkeiten des Ausbildungs- oder Arbeitsmarkts und hat große Mühen, sich dann durchzukämpfen. Und schließlich gibt es eine dritte Gruppe, die an dem Zuviel an Chancen und Möglichkeiten zu scheitern droht oder zumindest erst über Umwege an ihr Ziel gelangt.

8 Mutmaßungen über die Ostdeutschen des Geburtsjahrganges 1971

Von den wirtschaftlichen und politischen Umbruchprozessen nach der Wiedervereinigung waren zwar alle Ostdeutschen betroffen, aber die Folgen waren unterschiedlich für verschiedene Altersgruppen (Matthes 2002: 9-20; Diewald et al. 2006). Die über 54-Jährigen wurden frühverrentet; die Altersgruppen unmittelbar darunter hatten es besonders schwer, weil sie häufig zu alt waren, um noch einmal neu anzufangen. Beim Jahrgang 1971 muss vermutet werden, dass er durch den Zusammenbruch der DDR besonders beeinträchtigt wurde, weil er sich in einem Lebensabschnitt befand, der in der Literatur häufig als sensible Phase der Weichenstellung für die weitere Entwicklung angesehen wird (Blossfeld 1989: 93). Wird der Berufseinstieg nicht bewältigt oder verzögert, sind danach auch

> „[...] Verwerfungen, Diskontinuitäten und Brüche in allen anderen Lebensbereichen zu erwarten. [...] Die ostdeutschen Jugendlichen [waren] stärker von den Regeln und Strukturen der bundesrepublikanischen Marktwirtschaft betroffen als die Älteren. Die jungen Erwachsenen fielen häufiger der Sozialauswahl bei Kündigungen zum Opfer. Angenommen, dass berufliches Erfahrungswissen – neben den beruflichen Ausbildungszertifikaten – auf dem ostdeutschen Arbeitsmarkt ein wichtiges Kriterium darstellte, kann man davon ausgehen, dass die wirtschaftsstrukturellen Veränderungen folgenreicher für die Lebensverläufe der jungen als der bereits (länger) Beschäftigten Ostdeutschen waren". (Matthes 2003: 10f.)

Die Wiedervereinigung und deren Folgen wurden von den Jugendlichen als großer Einschnitt erlebt: einerseits als ein Gefühl von Freiheit und unbegrenzten Chancen, andererseits als große Unsicherheit, wie es nach der Schule oder Ausbildung weitergehen sollte (Matthes 2002: 12).

Es gab aber auch entgegengesetzte Vermutungen, die die ostdeutschen Jugendlichen als Nutznießer der arbeitsstrukturellen Umwälzungen sahen

(Sackmann et al. 1995: 16). Das forcierte Ausscheiden älterer Arbeitnehmer aus dem Erwerbsleben sollte den Jüngeren zugutekommen. Das allerdings nur, wenn diese Arbeitsplätze überhaupt wieder besetzt worden wären. Zwar war offen, wie brauchbar die beruflichen Ausbildungen waren, aber jedenfalls wurden keine oder nur wenige Zeiten beruflichen Erfahrungswissens entwertet.

9 Stolpersteine und Brücken: Befunde zum Berufseinstieg der ostdeutschen 71er zu Beginn der Vereinigungsphase

Der Start ins Arbeitsleben konfrontierte die jungen Frauen und Männer der Wendegeneration mit großen Unsicherheiten. Die Wende traf die meisten der Ostdeutschen zum oder gerade nach dem Abschluss der Berufsausbildung, manche zum Zeitpunkt des Abiturs. Die beruflichen Ausbildungsabschlüsse wurden zwar mit wenigen Ausnahmen im vereinigten Deutschland formal anerkannt. Aber wurden sie in der vereinigungsbedingten Beschäftigungskrise auch gebraucht? Die DDR kannte, insbesondere in den qualifizierteren Berufen, ein ausgeprägtes System der Ausbildungs- und Arbeitsplatzlenkung. Dies schaffte einerseits Zwänge und Zumutungen, andererseits aber auch einen hohen Grad an Sicherheit. Die Schulabsolventen wussten früh, welche Berufsausbildung sie erwartete, und die, die eine Ausbildung machten, hatten ihre sicheren Arbeitsplätze. Damit war es 1990 für die 1971 geborenen Ostdeutschen vorbei. Zum Teil standen ihnen nun Chancen offen, die es so bisher nicht für sie gab, zu einem größeren Teil aber mussten sie sich in einem unbekannten wirtschaftlichen Umfeld umorientieren (Matthes 2003; 2004; Trappe 2004).

Einen guten Hinweis darauf, wie gut oder schwierig die Einfädelung in den Arbeitsmarkt ist, geben die Antworten auf die Frage, ob der Berufswunsch, den man in der Schulzeit hatte, danach verwirklicht werden konnte. In Ostdeutschland war es gut die Hälfte der Frauen, hingegen vier von zehn Männern, die nicht werden konnten, was sie wollten. In Westdeutschland waren es nicht viel weniger: die Hälfte der Frauen und ein Drittel der Männer. Gemessen an der Normalität im Westen, führte die Wiedervereinigung also zu kaum mehr Verwerfungen an der Schwelle zum Beruf. In beiden Teilen Deutschlands können weniger Frauen als Männer ihren Berufswunsch realisieren. Die Wiedervereinigung führte dazu, dass die Ostdeutschen nunmehr ihre Berufswünsche sogar stärker erfüllen konnten als zuvor in der DDR.[5] Trotz der Turbulenzen der Wiedervereinigung konnten die Ostdeutschen im Vergleich mit den Zeiten der DDR-Berufslenkung also eher werden, was sie werden wollten.

---

[5] Von den um 1960 Geborenen konnten fast 60 Prozent der Frauen und knapp 50 Prozent der Männer ihren Berufswunsch nie verwirklichen (Matthes 2003: Kap. 6).

Tabelle 1: Anteil der Personen, die ihren Berufswunsch aus der Schulzeit nicht verwirklichen konnten, in Prozent

	Ostdeutschland	Westdeutschland
Männer	39,6	34,7
Frauen	53,4	49,3
Gesamt	46,2	41,4

Anmerkung: Quelle: Deutsche Lebensverlaufsstudie: LV 6471, LV71OST

Einen weiteren Hinweis auf die Chancen des Berufszugangs gibt der Vergleich zwischen dem Ausbildungsberuf und der ersten Berufstätigkeit. Gemessen an einer dreistelligen Berufsklassifikation, war es in Ostdeutschland etwa ein Drittel der Männer und Frauen, die nicht den Beruf ergriffen, den sie gelernt hatten, in Westdeutschland waren es bei den Männern sogar 5 Prozent mehr, aber bei den Frauen deutlich weniger. Auch hier sind also die Unterschiede zwischen Ost und West geringer, als man wegen der Wiedervereinigungsturbulenzen hätte erwarten können. Aber wie war das bei der ostdeutschen Wendegeneration im Vergleich mit den zehn Jahre früher in der DDR Geborenen? Die Angehörigen des Jahrgangs 1971 konnten ihren Berufswunsch deutlich weniger oft realisieren als die, die in der DDR ihre Berufswahl zu treffen hatten.

Tabelle 2: Diskrepanz zwischen der Ausbildung und dem ersten Beruf, in Prozent

		Diskrepanz Ausbildung/Beruf
	Männer	32,4
Ostdeutschland	Frauen	33,8
	Gesamt	33,1
	Männer	38,0
Westdeutschland	Frauen	25,1
	Gesamt	31,8

Anmerkung: Quelle: Deutsche Lebensverlaufsstudie: LV71 Panel, dreistellige Berufsklassifikation der Bundesanstalt für Arbeit (1988).

Im 25. Lebensjahr hatten die Ostdeutschen des Jahrgangs 71 etwa zu 50 Prozent noch den gleichen Beruf wie den, den sie ursprünglich erlernt hatten. Durch weitere Ausbildungen konnten sie diese Passung zwischen Beruf und Ausbildung wieder auf 65 Prozent steigern. Was daran transformationsbedingt war, zeigt der Vergleich mit den um zehn Jahre früher Geborenen, die diese Berufseinmündungsphase ganz unter DDR-Verhältnissen durchlebt haben. Bei ihnen waren es im Alter von 25 Jahren noch 57 Prozent, die im Ausbildungsberuf arbeiteten, durch Zusatzqualifikationen konnten weitere 10 Prozent im angestammten Beruf arbeiten. Der Jahrgang 71 musste also etwas mehr Weiterbildungsanstrengungen unternehmen, um eine berufliche Kontinuität zu sichern. Insgesamt aber waren die 1971 Geborenen dann ebenso ausbildungsadäquat beschäftigt wie in den ruhigeren DDR-Zeiten (Matthes 2003: 148-149).[6]

Tabelle 3: Durchschnittliche Anzahl der Ausbildungen von Personen der Geburtskohorte 1971 nach Geschlecht und Ost/West

		Anzahl der Ausbildungen*
Westdeutschland	Männer	2,0
	Frauen	1,8
Ostdeutschland	Männer	1,8
	Frauen	2,0

Anmerkung: Vollzeitausbildungen, die zwei Monate oder länger dauerten. *Quelle:* Lebensverlaufsstudie: LV6471, LVOST71, LV-PANEL

Für Ost- und Westdeutsche unseres Jahrgangs gilt, dass sie im Schnitt eine zweite berufliche Ausbildung machen mussten, um ihre beruflichen Ziele zu erreichen. Dabei werden hier nur weitere Ausbildungen betrachtet, die vollzeitig organisiert waren und mindestens zwei Monate dauerten. Bei den Männern waren es im Westen im Schnitt etwas mehr Ausbildungen als bei den Frauen, im Osten sind es hingegen die Frauen, die häufiger Weiterbildungen machen. In fast allen Fällen wurden diese Weiterbildungen und Umschulungen durch die Bundesanstalt für Arbeit finanziert.[7] Im Gegensatz zum Westen brachten aber die zusätzlichen Ausbildungen im Osten vorwiegend keine Aufstiege in höhere Qualifikationsstufen mit sich. Mit der Zweitausbildung erreichten 57 Prozent der Ostdeutschen und 33 Prozent der Westdeutschen zwar eine berufliche Veränderung, aber keine Höherqualifizierung (Matthes 2003: 184; 2004: 189).

---

[6] Der Vergleich zwischen der ostdeutschen 1960er- und der 1971er-Kohorte basiert auf einer zweistelligen Klassifikation von Berufsfeldern (Matthes 2002: Kap. 5).
[7] Zu Mehrfachausbildungen der westdeutschen Geburtsjahrgänge 1964 und 1971 siehe Jacob (2004).

Zusätzliche Befunde zur Arbeitsmarktintegration der Ostdeutschen dieses Jahrgangs finden sich in der Studie von Matthes (2003, insbesondere Kap. 6). Im Vergleich mit den Ostdeutschen, die um 1960 geboren wurden, findet die 71er-Kohorte eine stabile Beschäftigung weniger häufig und später. Dabei hatten Frauen bessere Chancen als Männer, rasch und dauerhaft erwerbstätig zu sein. Ein beruflicher Abstieg der Eltern oder deren Arbeitslosigkeit beschleunigte die Aufnahme einer Erwerbstätigkeit bei den Kindern. Der berufsstrukturelle Wandel im Zuge der ostdeutschen Transformation hat nicht generell zu einer Entwertung der vorher erworbenen Qualifikationen geführt. Entwertungen in den Bauberufen stehen gleich bleibende Verwertungen in den Handwerksberufen und Aufwertungen in den kaufmännischen Berufen gegenüber. Ähnliche Unterschiede gelten auch für den Nutzen zusätzlich erworbener Ausbildungen. Nützlich für den Verbleib in einem Berufsfeld waren sie vor allem in Bank-, Gesundheits- sowie Sozial- und Erziehungsberufen (Matthes 2003: 154). Etwa 8 Prozent der ostdeutschen Jugendlichen, die eine Berufsausbildung begonnen hatten, beenden sie ohne Abschluss. Das ist nicht nur sehr viel weniger als im Westen, sondern von diesen 8 Prozent verweisen weniger als die Hälfte darauf, dass die Abbrüche etwas mit der Wende zu tun hatten. Insgesamt wich also nur ein geringer Teil der Jugendlichen wegen der Vereinigung vom eingeschlagenen Ausbildungsweg ab. Am stärksten waren die männlichen Abiturienten aus den militärisch ausgerichteten Berufsausbildungen mit Abitur zu Umorientierungen gezwungen. Unmittelbar nach der beruflichen Ausbildung waren nur 6 Prozent der ostdeutschen Jugendlichen arbeitslos (Männer 5, Frauen 7 Prozent). Sie blieben dann aber ganz überwiegend nicht länger als sechs Monate arbeitslos (Matthes 2003: 178, 185). Verglichen mit dem Jahrgang 1960 erhöhte sich der Anteil der An- und Ungelernten in der ersten Erwerbstätigkeit von etwa 10 auf 15 Prozent. Etwa ein Drittel der Frauen und ein Fünftel der Männer waren in der ersten Erwerbstätigkeit nicht in ihrem Ausbildungsberuf beschäftigt. Die größten Probleme hatten dabei die Gruppe mit Berufsausbildung und Abitur (60 Prozent berufsfremder Einstieg) und die mit einem Fachschulabschluss (circa 30 Prozent). Das heißt, dass die Absolventen insbesondere der Ausbildungsgänge, die in dieser Form in der BRD nicht existierten, am meisten mit Anpassungsschwierigkeiten zu kämpfen hatten. Insgesamt war aber der Erwerbseinstieg der ostdeutschen Jugendlichen mit Berufsausbildung sehr viel weniger problematisch, als dies angesichts des Transformationsprozesses zu erwarten gewesen wäre.

Dies gilt allerdings nur mit einer ganz erheblichen Einschränkung. Das betrifft die großen Unterschiede in der Erfahrung von Arbeitslosigkeit. Etwa die Hälfte der ostdeutschen Frauen und Männer waren in dem Zeitraum zwischen Berufseinstieg und dem Alter 25 mindestens einmal arbeitslos. In Westdeutschland ist diese mit 12 Prozent für die Frauen und 21 Prozent für die Männer zwar auch nicht niedrig, aber doch in einer viel geringeren Größenordnung. Im Mittel dauerten diese Arbeitslosigkeitsphasen in Ost wie West etwa ein halbes Jahr. Im Anschluss an die Arbeitslosigkeit gelang es ostdeutschen Frauen seltener als Männern, wieder direkt eine Beschäftigung zu finden. Ein Grund für die eher kurzen Arbeitslosigkeitsphasen im Osten waren Wanderungen auf den westdeutschen Arbeitsmarkt. Schon beim Erwerbseinstieg war ein Zehntel der Ostdeutschen im Westen beschäftigt, im Alter von 25 Jahren (zum Zeitpunkt des Erstinterviews) waren es immerhin ein Fünftel der dann erwerbstätigen Männer und ein Viertel der erwerbstätigen Frauen (Trappe 2004: 144-146).

Hinsichtlich der schulischen Allgemeinbildung und der beruflichen Ausbildung waren die Voraussetzungen zwischen den Ost- und Westdeutschen des Jahrgangs 1971 sehr unterschiedlich. Entsprechend verschieden war daher auch das lebenszeitliche Muster des Übergangs von der Schule in den Beruf. Insgesamt hatten die Westdeutschen höhere schulische Abschlüsse und starteten daher die Berufsausbildung und ihre Erwerbstätigkeit später als die Ostdeutschen, die zur Wende schon ganz überwiegend ihre berufliche Ausbildung abgeschlossen hatten. An den beiden Schwellen zwischen Schule und beruflicher Ausbildung einerseits und zwischen beruflicher Ausbildung und erstem Beruf andererseits sind aber die Probleme relativ ähnlich. In Ost und West können gut zwei Fünftel ihren ursprünglichen Berufswunsch nicht verwirklichen und Frauen noch weniger als Männer. Und etwa ein Drittel in Ost und West findet oder will keine Tätigkeit im erlernten Beruf.

Diese Befunde widersprechen eindeutig der Vermutung einer massiven Verschlechterung beim Einstieg in den Arbeitsmarkt unmittelbar nach der Wende – jedenfalls für diesen Jahrgang.[8] Es gibt Brüche, Verzögerungen und Bildungschancen in beiden Landesteilen.

10 Bildungschancen in Ost und West

Das Ausmaß der „Gleichheit der Bildungsabschlüsse" sowie das mittlere Bildungsniveau waren in der DDR höher. Über zwei Drittel schlossen mit der 10. Klasse in der Polytechnischen Oberschule ab, aber es wurden auch weniger zum Abitur zugelassen. Die DDR-Schulen waren erfolgreicher in der Absicherung von Grundkompetenzen und auch nicht schlechter in der Förderung von Leistungsspitzen. Die 1971 geborenen Westdeutschen verteilen sich grob zu je einem Drittel auf Hauptschule, Realschule und Gymnasium. Dies bedeutet im Ergebnis eine viel größere Ungleichheit der Bildungsverteilung im Westen. Aber im Ge-

---

[8] Für ältere Jahrgänge und damit Ältere bei der Wende siehe Diewald et al. (2006).

gensatz zur Gleichheitsideologie und trotz eines Bonus für Arbeiter- und Bauernkinder war die „Ungleichheit der Bildungschancen" nach der Bildung der Eltern für unseren Jahrgang in der DDR nicht geringer als in der alten Bundesrepublik. Eltern mit höherer Bildung, die oft auch SED-Mitglieder waren, konnten ihren Kindern erfolgreich den Weg zum Abitur ebnen. (Mayer & Schulze 2009b: Kap.2 und Anhang 3).

11 Karriereverläufe und Kompetenzentwicklung zwischen dem Alter 25 und 34

Ausgangspunkt war die Frage, wie sich die jungen West- und Ostdeutschen nach dem Berufseinstieg weiter beruflich entwickelt haben und ob und wie sie ihre erworbenen Qualifikationen verwerten konnten. Zu vermuten war, dass der Zusammenbruch der ostdeutschen Wirtschaft zu erheblichen Verwerfungen in den Erwerbs- und Berufsverläufen geführt haben sollte. Es war daher ganz offen, ob und in welcher Weise die Ostdeutschen diese Arbeitsmarktturbulenzen bewältigen würden. Auch für den Westen gab es eine Vielzahl von Vermutungen, die auf erhebliche Friktionen im ersten Abschnitt des Berufslebens hindeuteten. Der Wettbewerbsdruck infolge von Globalisierungs- und Europäisierungsprozessen, der Strukturwandel der Wirtschaft von industrieller Fertigung in Richtung Dienstleistungen sowie der Wandel in nachgefragten Qualifikationen und Kompetenzen ließen vermuten, dass auch im Westen nach dem Berufseinstieg noch erhebliche Diskontinuitäten auftreten könnten.

Unsere Befunde zeigen, dass der Jahrgang 1971 zwar in Ost und West im Vergleich zu älteren Erwerbstätigen eher unterdurchschnittliche Arbeitslosigkeitsquoten aufwies. Aber dessen ungeachtet waren die erfahrene Arbeitslosigkeit und deren kumulierte Dauer von erschreckendem Ausmaß: Zwei Drittel der Ostdeutschen hatten bis zum Alter von 34 Jahren Erfahrungen mit Arbeitslosigkeit im Vergleich zu einem Drittel im Westen. Für Männer in Ost und West sowie für die Frauen im Westen summierten sich Arbeitslosigkeitsphasen auf insgesamt etwa ein Jahr, für ostdeutsche Frauen auf fast zweieinhalb Jahre. Trotz der schwierigen Arbeitsmarktlage war die Erwerbsbeteiligung der Ostfrauen jedoch höher als die der Westfrauen. Sie unterbrachen wegen der Geburt von Kindern ihre Erwerbstätigkeit seltener und für kürzere Zeiten als die Westfrauen. Außerdem arbeiteten sie sehr viel häufiger Vollzeit als Teilzeit.

Der Westen war von der Arbeitsmarktdynamik keineswegs abgeschottet. Aber die Wendegeneration im Osten musste vor allem im Vergleich zu den vorangehenden Ostjahrgängen betrieblich und beruflich mobiler sein (Windzio & Rasztar 2000; Matthes 2003). Insgesamt zeigt sich aber für Westdeutsche wie für

Ostdeutsche in den quantitativen Indikatoren eine eher positive Bilanz der beruflichen Werdegänge. Allerdings bleibt eine große Kluft zwischen Ost und West bestehen: Die Ostdeutschen erreichen weniger hohe berufliche Stellungen und erzielen weniger Einkommen als die Westdeutschen. Am ehesten gleichen sich ost- und westdeutsche Frauen im Arbeitseinkommen. Dies liegt aber an deren oben beschriebenen höheren Erwerbsneigung im Osten.

Unsere biografischen Fallstudien zeigen aber, wie fragil viele der Berufswege in Ost und West und wie massiv die Verwerfungen sind, denen die Ostdeutschen ausgesetzt waren. Auch wenn die gegenwärtigen Jobs oft stabil erscheinen, wird die Zukunft der eigenen Betriebe häufig kritisch beurteilt.

Was also West- und Ostdeutsche vor allem unterscheidet, sind zum einen die Arbeitslosigkeitserfahrungen der Ostdeutschen, zum anderen, dass viele Westdeutsche und darunter mehr Frauen Probleme hatten, sich für eine Berufsausbildung oder einen Beruf zu entscheiden. Die forcierte Privatisierung und Umstrukturierung der ostdeutschen Wirtschaft und damit der Berufsstruktur erzwang deutlich höhere Anpassungs- und Umorientierungsleistungen der Ostdeutschen. Den Ostdeutschen gelang es unter diesen Bedingungen erstaunlich gut, die Arbeitsplatzverluste und Entqualifizierungen wieder wettzumachen. Sie machen trotz der viel schwierigeren Umstände einen aktiveren, zupackenderen und zufriedeneren Eindruck als die Westdeutschen. Im Ergebnis wurden sie dann in einem den Westdeutschen weithin vergleichbaren Ausmaß in den Arbeitsmarkt integriert, allerdings auf einem niedrigeren Niveau des beruflichen Status und der Arbeitseinkommen.

12 Das Aufschieben der Familienbildung

Erzwungene Umwege, vor allem im Osten, und facettenreiche Suchprozesse, vor allem im Westen, hatten eine gemeinsame Folgeerscheinung. Die berufliche Etablierung wird hinausgeschoben, und das heißt vor allem, dass die Familienbildung, also Heirat und Elternschaft, verzögert wird. Diese Verzögerungsprozesse zu verstehen, war der wesentliche Anstoß für die 2005 durchgeführte Panelstudie und ein wichtiges Thema der Auswertung der narrativen Interviews. Die „mixed methods" Analysen zielten methodisch darauf ab, das Explanandum, also das Aufschieben des Alters bei der ersten Geburt im Vergleich zwischen Ost- und Westdeutschland und im Vergleich mit früheren Kohorten mithilfe der quantitativen Daten zu belegen, die Motivsuche aber mithilfe einer Interpretation der biografischen Fallstudien empirisch zu begründen.

Die 1971 geborenen westdeutschen Männer haben im Mittel mit 24 Jahren den ersten eigenen Haushalt gegründet, im Alter von 33 Jahren geheiratet; mit 34 waren weniger als die Hälfte von ihnen Väter. Die 1971 geborenen westdeutschen Frauen gründeten mit 22 Jahren ihren ersten eigenen Haushalt, heirateten mit 28 und hatten mit 31 ihr erstes Kind. In einem längerfristigen Kohortenvergleich zeichnen sich die 71er Westdeutschen eher durch Fortsetzung der Trends im Alter der privaten Lebensereignisse aus als durch auffällige Trendabweichungen: Westdeutsche Männer und Frauen ziehen relativ früh aus dem Elternhaus aus und gründen einen eigenen Haushalt, leben vor der Heirat in nicht-ehelichen Lebensgemeinschaften, heiraten relativ spät und werden, wenn überhaupt, noch später Eltern. Dabei nimmt der Anteil der Frauen, die kein Kind bekommen, tendenziell auf über 25 Prozent zu.

Dies bedeutet, dass sich (mit Ausnahme der Gründung eines eigenen Haushalts) ein Muster aufgeschobener familialer Lebensereignisse etabliert hat, das sich für die westdeutschen 71er im Alter noch weiter nach hinten verschob. Die Familienbildung findet zunehmend erst im vierten Lebensjahrzehnt statt, und für ein Drittel ist Elternschaft nicht mehr Bestandteil der Lebenserfahrung.

Im Gegensatz zum Westen markiert die Wendegeneration im Osten im Vergleich mit früheren Generationen einen enormen Bruch. Während die vorangehenden Jahrgänge im Osten immer früher eine Familie gründeten, verhalten sie sich nun genau umgekehrt und schieben Heirat und Elternschaft gleich um etliche Jahre hinaus. Ostdeutsche Frauen aus den Jahrgängen 1940 bis 1960 heirateten jünger als 22, die des Jahrgangs 1971 dagegen erst mit fast 33 Jahren. Das Alter bei der ersten Geburt fiel über mehrere Jahrzehnte bis auf 22 Jahre für die 1960 Geborenen und stieg dann für die ostdeutschen 71er-Frauen massiv um 6 Jahre auf das Alter von 28 Jahren. Mit 34 Jahren waren 52 Prozent von ihnen verheiratet, und 75 Prozent hatten ein Kind. Die ostdeutschen Männer waren in diesem Alter erst zu 41 Prozent verheiratet, aber zu 54 Prozent Väter.

Welche Motive führen zu einer Familiengründung? Lassen sich Unterschiede zwischen Ost- und Westdeutschland zeigen? Die noch kinderlosen westdeutschen Männer haben eine ausgesprochen ambivalente Einstellung, was die Familiengründung anbelangt. Sie fühlen sich häufig noch nicht reif genug, Verantwortung zu übernehmen, fürchten, sich zu früh fest zu binden und in die Ernährerrolle gedrängt zu werden. Hinzu kommt, dass die wirtschaftlichen Verhältnisse ihnen als zu instabil erscheinen und sie nicht sicher sind, ihren Arbeitsplatz dauerhaft zu behalten. Von daher stellen sie sich eine Familiengründung eher unter beruflich etablierten Verhältnissen vor. Man hat nicht einfach Kinder, sondern diese werden als Teil einer bewussten Lebensplanung „angeschafft", in der erst einmal der Karriereverlauf geregelt sein muss.

Die ostdeutschen Männer unseres Jahrgangs haben dagegen eine ausgeprägte Familienorientierung. Kinder hat man einfach, ohne Kinder können sie sich ein Leben gar nicht vorstellen. Sie gehen früher eine Bindung ein, haben Kinder und wollen weitere. Anders als im Westen ist berufliche Sicherheit keine Vorbedingung für eine Familiengründung. Ostdeutsche Männer fühlen sich auch nicht in eine Ernährerrolle gedrängt, da Frauen mit Kindern in Ostdeutschland meist Vollzeit erwerbstätig sind. An diesem Orientierungsmuster hat sich auch nach der Wende nichts grundlegend geändert, obwohl die Rahmenbedingungen für das Großziehen von Kindern zum Teil schwieriger geworden sind und besonders Frauen häufiger arbeitslos wurden.

Auch bei den Frauen zeigen sich noch deutliche Ost-West-Unterschiede, wenn auch weniger gravierend als bei den Männern. Die westdeutschen Frauen unserer Kohorte, die im Alter von 34 Jahren noch keine Kinder hatten, unterliegen der Familiengründungs-Ambivalenz ihrer (potentiellen) Partner. Sie haben oft einen starken Kinderwunsch, konnten aber bislang nicht den passenden Partner finden, der mit ihnen gemeinsam das „Projekt Familie" realisieren wollte. Sie resignieren mit zunehmendem Alter, und ihr Kinderwunsch verflüchtigt sich. Zudem wissen sie aufgrund ihrer Erfahrungen im Berufsleben, wie schwierig die Vereinbarkeit von Beruf und Familie ist.

13 Familienbildung und Unsicherheit

Diese Studie war komplementär zu den qualitativen Auswertungen angelegt und sollte in einem formalen Kausalmodell das relative Gewicht der wichtigsten Faktoren des Alters bei der Familienbildung im Ost/Westvergleich herausarbeiten. Insbesondere sollte geprüft werden, ob Perioden ökonomischer Unsicherheit sich auf das Fertilitätsverhalten auswirken. Dabei haben wir auch untersucht, wie Bildungs- und Partnermerkmale den Beginn der Elternschaft beeinflussen. Arbeitslosigkeit bei Männern verzögert die Elternschaft, bei Frauen gilt dies aber nur in Westdeutschland. Die Anzahl der bisherigen Erwerbstätigkeiten, ein Indikator für Beschäftigungsstabilität, hat eine aufschiebende Wirkung.

Da Männer in Westdeutschland in stärkerem Maße die „breadwinner role" übernehmen, erwarteten wir, dass der Arbeitslosigkeitseffekt im Westen stärker ist. Das ist aber nur im Bruttovergleich der Fall. Bestätigt hat sich, dass sich Frauen und Männer im Osten kaum voneinander unterscheiden. Obwohl die ökonomische Unsicherheit im Osten viel größer war, hat sie geringere Auswirkungen auf das demographische Verhalten, wenn man dies an den Faktoren Arbeitslosigkeit (bei Frauen) und Anzahl der vorherigen Jobs misst. Obwohl das Alter bei Erstgeburt im Osten geringer ist (und die Anzahl der insgesamt pro Frau geborenen Kinder größer), war die transformationsbedingte Veränderung der 71er Kohorte im Vergleich z.B. zur 60er Kohorte massiv (Huinink & Kreyenfeld 2006). Ost- und Westdeutschland lassen sich als zwei demographische „Regimes" im Sinne Esping-Andersens deuten, nachdem wegen der Unvereinbarkeitsproblematik mehr Bildung und Berufsengagement von Frauen zu niedrigerer Fertilität im Westen führt, während der Osten dem Muster höherer Fertilität bei gleichzeitig hoher Frauenerwerbstätigkeit und guten Betreuungsmöglichkeiten entspricht.

14 Sequenzmuster der Familienbildung

Während die demographischen Trendbeschreibungen und qualitativen Fallstudien (Mayer & Schulze 2009 a, b) die Tatsache und die Gründe des Aufschiebens der Familienbildung hervorheben und quantitative Kausalanalysen ökonomische Unsicherheit und Arbeitslosigkeit als zusätzliche Faktoren belegen, führen auf latente Cluster ausgerichtete Sequenzanalysen zu ganz anderen inhaltlichen Interpretationen. Fasang et al. (2009) kombinieren Beziehungskategorien (ledig, mit Partner, Kohabitation, verheiratet, geschieden/verwitwet mit der Alternative Kind/kein Kind). Zunächst zeigt sich, dass frühe Heirat mit Kind ein für Ost und West ungefähr gleich gewichtiges Muster ist (etwa ein Fünftel). Ein weiteres Fünftel zeigt ebenfalls in beiden Landesteilen das Muster später Heirat noch ohne Kind, während das Muster später Heirat mit Kind im Westen überwiegt (27 zu 20 Prozent). Etwa ein Zehntel ist in Partnerbeziehungen ohne Kohabitation. Der wesentliche Unterschied in den Sequenzmustern der Familienbildung zwischen Ost und West liegt in dem Muster Kohabitation mit Kind, das im Osten stark verbreitet ist (27 Prozent) und im Westen mit 2 Prozent kaum vorkommt. Die verschiedenen Methoden führen also zu ganz unterschiedlichen inhaltlichen Akzenten und z.T. sogar unterschiedlichen Schlussfolgerungen über Ost-Westunterschiede.

15 Der Geburtsjahrgang 1971 – Konvergenz oder Divergenz im Zuge der deutschen Vereinigung?

Abschließend wollen wir eine Einschätzung versuchen, was zwei Jahrzehnte nach dem Fall der Mauer aus der Wendegeneration geworden ist. Die ersten 16 Jahre dieser beiden Jahrzehnte haben wir in unseren Befragungen und Analysen im Detail nachgezeichnet. Es geht um vier Teilgruppen, die diese Lebensetappe in Ausbildung, Beruf und Familie unter den außerordentlichen Bedingungen der Wiedervereinigung hinter sich gebracht haben: Frauen und Männer jeweils in Ost- und in Westdeutschland.

Die Männer haben sich im beruflichen Bereich stark angeglichen. Sie sind sich ähnlich in ihren Anstrengungen, berufliche Kontinuität zu wahren und sich durch Qualifizierungen entweder abzusichern oder beruflich voranzukommen. Sie erfahren die Unsicherheiten der Firmen, in denen sie arbeiten, sind dennoch zuversichtlich, was ihre berufliche Zukunft angeht. Im familiären Bereich dagegen scheinen sie in verschiedenen Welten zu leben. Die westdeutschen Männer lassen sich viel Zeit mit der Familiengründung. Karriere, Freizeit und Partnerschaft ohne große Verpflichtungen gehen erst einmal vor, und sie schrecken oft davor zurück, Vater zu werden. Fast hat man den Eindruck, sie wollten nicht richtig erwachsen werden. Die ostdeutschen Männer haben solche Ängste vor der Übernahme elterlicher Verantwortung nicht, sei es für die eigenen Kinder oder für die Kinder der Partnerin. Es drängt sie aber auch nicht zur Heirat, während sie Familie sehr hoch schätzen.

Die ostdeutschen und die westdeutschen Frauen werden sich zwar etwas ähnlicher im Beruf und in der Familie, aber es trennen sie immer noch Welten. Die westdeutschen Frauen unseres Jahrgangs sind besser ausgebildet, arbeiten länger, unterbrechen weniger und machen häufiger Karriere. Sie ziehen zwar mit ihren Partnern zusammen, schieben aber Heirat und Familie auf. Sie pochen auf bessere Kinderbetreuungsmöglichkeiten und mehr familiäres Engagement der Männer, sind aber traditionell in der Überzeugung, dass Mütter in den ersten Lebensjahren der Kinder zu Hause bleiben sollen. Dies wird durch die Familienpolitik mit dem bezahlten Erziehungsurlaub verstärkt. Die eingeschränkten Kinderbetreuungsmöglichkeiten, die Familienzurückhaltung der Männer und der Mangel an Karrierejobs verweist sie immer noch zu einem großen Teil auf die traditionelle Arbeitsteilung im Haushalt oder zum Verzicht auf Kinder. Die ostdeutschen Frauen der Wendegeneration sind, mehr gezwungenermaßen als aus eigener Neigung, den westdeutschen Frauen insofern ähnlicher geworden, als mehr von ihnen nicht erwerbstätig sind oder Teilzeit arbeiten, als dies in den achtziger Jahren in der DDR der Fall war. Sie sind ihnen auch ähnlicher geworden im Alter von Erstgeburt und Heirat. Aber sowohl in ihrem Erwerbsverhalten als auch in ihrem Anspruch auf Vollzeitarbeit ohne lange kinderbedingte Unterbrechungen gleichen sie immer noch eher den jungen Frauen der Spätzeit der DDR. Ihre Einstellungen zu Ehe (eher negativ) und Müttererwerbstätigkeit (sehr positiv) unterscheiden sie nach wie vor von den Gleichaltrigen in den alten Bundesländern. In unseren biografischen Intensivinterviews waren wir darüber hinaus beeindruckt von den Unterschieden im Sozialcharakter und den Persönlichkeiten, obwohl dies weniger gut zu belegen ist. Die Ostdeutschen, vor allem die ostdeutschen Frauen, haben wir als pragmatischer, zielstrebiger und zuversichtlicher erlebt. Die Westdeutschen, vor allem die Männer, erlebten wir oft als unentschiedener, weniger zupackend und weniger zuversichtlich.

Literatur

Assman, Aleida (2007): Geschichte im Gedächtnis. Von der individuellen Erfahrung zur öffentlichen Inszenierung. München: Beck.
Beck, Ulrich (1986): Risikogesellschaft. Auf dem Weg in eine andere Moderne. Frankfurt/M.: Suhrkamp.
Beck, Ulrich/Beck-Gernsheim, Elisabeth (Hrsg.) (1994): Riskante Freiheiten. Individualisierung in modernen Gesellschaften. Frankfurt/M.: Suhrkamp.
Bender, Stefan/Dietrich, Hans (2001): Unterschiedliche Strukturbedingungen haben langfristige Folgen. Der Einmündungsverlauf der Geburtskohorten 1964 und 1971 in Ausbildung und Beschäftigung – Befunde aus einem IAB-Projekt, IAB Werkstattbericht 11. Nürnberg: Institut für Arbeitsmarkt- und Berufsforschung.
Bernardi, Laura/Neyer, Gerda/Kulu, Hill/ Andersson, Gunnar/Bühler, Christoph (Hrsg.) (im Erscheinen): The Demography of Europe: Current and Future Challenges London: Springer.
Blossfeld, Hans-Peter (1989): Kohortendifferenzierung und Karriereprozeß – Eine Längsschnittstudie über die Veränderung von Bildungs- und Berufschancen im Lebenslauf. Frankfurt/M.: Campus-Verlag.
Brückner, Erika/Mayer, Karl Ulrich (1998): Collecting life history data: Experiences from the German Life History Study. In: Giele/Elder (1998): 152-181.
Büchel, Felix/Diewald, Martin/Krause, Peter/Mertens, Antje/Solga, Heike (Hrsg.) (2000): Zwischen drinnen und draußen. Arbeitsmarktchancen und soziale Ausgrenzungen in Deutschland. Opladen: Leske und Budrich.
Cassens, Insa/Luy, Marc/Scholz, Rembrandt (Hrsg.) (2009): Die Bevölkerung in Ost- und Westdeutschland. Demografische, gesellschaftliche und wirtschaftliche Entwicklungen seit der Wende, Wiesbaden: VS Verlag für Sozialwissenschaften.
Corsten, Michael/Hillmert, Steffen (2001): Qualifikation, Berufseinstieg und Arbeitsmarktverhalten unter Bedingungen erhöhter Konkurrenz. Was prägt Bildungs- und Erwerbsverläufe in den achtziger und neunziger Jahren?: Arbeitsbericht 1/2001 des Projekts Ausbildungs- und Berufsverläufe der Geburtskohorten 1964 und 1971 in Westdeutschland, Max-Planck-Institut für Bildungsforschung, Berlin.
Dietrich, Hans/Spatz, Rita (2000): Die Geburtsjahrgänge 1964 und 1971 beim Eintritt in das Erwerbsleben. In: Büchel et al. (2000): 63-77.
Diewald, Martin/Mayer, Karl Ulrich (Hrsg.) (1996): Zwischenbilanz der Wiedervereinigung. Strukturwandel und Mobilität im Transformationsprozeß. Opladen: Leske und Budrich.
Diewald, Martin/Goedicke, Aanne/Mayer, Karl Ulrich (Hrsg.) (2006): After the Fall of the Wall: Life Courses in the Transformation of East Germany. Stanford: Stanford University Press.
Döring, Dieter/Kroker, Eduard J.M.(2008): Alter und Gesellschaft: Königsteiner Form 2008. Frankfurt/M.: Societäts-Verlag.
Fasang, Anette/Mayer, Karl Ulrich/Lüdicke, Jörg (2009): Patterns of Family Formation: The Role of Sequence Constraints. Paper to be Presented to the Population Association of America.

Gangl, Markus/Pollak, Reinhard/Otte, Gunnar/Scherer, Stefani (Hrsg.) (2007): From Origin to Destination: Trends and Mechanisms in Social Stratification Research. Frankfurt/M.: Campus Verlag.

Giele, Janet Z./Elder, Glen H. (Hrsg.) (1998): Methods of Life Course Research: Qualitative and Quantitative Approaches. Thousand Oaks: SAKE.

Hadjar, Andreas/Becker, Rolf (Hrsg.) (2009): Expected and Unexpected Consequences of the Educational Expansion in Europe and the US. Theoretical approaches and empirical findings in comparative perspective. Bern/Stuttgart/Wien: Haupt.

Hillmert, Steffen (2002): Die Edition von Lebensverlaufsdaten – Einzelfallprüfungen, Korrekturentscheidungen und ihre Relevanz, Projekt Ausbildungs- und Berufsverläufe der Geburtskohorten 1964 und 1971 in Westdeutschland, Arbeitspapier 20, Berlin: Max-Planck-Institut für Bildungsforschung.

Hillmert Steffen (2004a): Berufseinstieg in Krisenzeiten: Ausbildungs- und Arbeitsmarktchancen in den 1980er und 1990er Jahren. In: Hillmert/Mayer (2004): 23-38.

Hillmert Steffen (2004b): Die Westdeutsche Lebensverlaufsstudie, Kohorten 1964 und 1971: Projekt, Datenerhebung und Edition. In: Hillmert/Mayer (2004): 215-230.

Hillmert, Steffen/Mayer, K.U. (Hrsg.) (2004): Geboren 1964 und 1971. Neuere Untersuchungen zu Ausbildungs- und Berufschancen in Westdeutschland. Wiesbaden: VS Verlag für Sozialwissenschaften.

Hitzler, Ronald/Honer, Anne (1994): Bastelexistenz. Über subjektive Konsequenzen der Individualisierung. In: Beck/Beck-Gernsheim (1994): 307-315.

Huinink, Johannes/Mayer, Karl Ulrich et al. (Hrsg.) (1995): Kollektiv und Eigensinn. Lebensverläufe in der DDR und danach. Berlin: Akademie-Verlag.

Huinink, Johannes/Kreyenfeld, Michaela (2006): Family formation in times of abrupt social and economic change. In: Diewald et al. (2006): 170-190.

Illies, Florian (2000): Generation Golf. Eine Inspektion. Berlin: Argon-Verlag.

Jacob, Marita (2004): Mehrfachausbildungen in Deutschland. Karriere, Collage, Kompensation?. Wiesbaden: VS Verlag für Sozialwissenschaften.

Klein, Markus (2003): Gibt es die Generation Golf?. In: Kölner Zeitschrift für Soziologie und Sozialpsychologie. 55. 99-115.

Matthes, Britta (2003): Brücken und Stolpersteine auf dem Weg ins Erwerbsleben. Die Folgen der Transformation für den Erwerbseinstieg ostdeutscher Jugendlicher. Dissertation, Berlin: Freie Universität Berlin. http://www.diss.fu-berlin.de/2003/84 (Stand:18.02.2010).

Matthes, Britta/Wehner, Sigrid (2002): Ein Vergleich der Randverteilungen der Lebensverlaufsstudie Ost (Geburtskohorte 1971) mit den Erhebungen des Mikrozensus. Arbeitsberichte aus dem Projekt Ostdeutsche Lebensverläufe im Transformationsprozess Nr. 1 (52). Berlin: Max-Planck-Institut für Bildungsforschung.

Matthes, Britta (2004): Der Erwerbseinstieg in Zeiten des gesellschaftlichen Wandels – Ost- und westdeutsche Jugendliche auf dem Weg ins Erwerbsleben. In: Hillmert/Mayer (2004): 173-199.

Matthes, Britta/Lichtwardt, Beate/Mayer, Karl Ulrich (2004): Dokumentationshandbuch Ostdeutsche Lebensverläufe im Transformationsprozess. Berlin: Max-Planck-Institut für Bildungsforschung.

Matthes, Britta (2005): Dokumentation der Studie Frühe Karrieren und Familiengründung: Lebensverläufe der Geburtskohorte 1971 in Ost- und Westdeutschland (LV-Panel 71). Berlin: Max-Planck-Institut für Bildungsforschung.
Mayer, Karl Ulrich (1995): Kollektiv oder Eigensinn? Der Beitrag der Lebensverlaufsforschung zur theoretischen Deutung der DDR-Gesellschaft. In: Huinink/Mayer (1995): 349-373.
Mayer, Karl Ulrich (1996): Lebensverläufe und Transformation in Ostdeutschland – Eine Zwischenbilanz. In: Diewald/Mayer (1996): 329-345.
Mayer, Karl Ulrich (2004): Unordnung und frühes Leid? Bildungs- und Berufsverläufe in den 1980er und 1990er Jahren. In: Hillmert/Mayer (2004): 201-214.
Mayer, Karl Ulrich (2006): After the fall of the wall: Living through the post-socialist transformation in East Germany. In: Diewald et al. (2006): 1-28.
Mayer, Karl Ulrich (2008): Retrospective longitudinal research: The German life history study. In: Menard (2008): 85-106.
Mayer, Karl Ulrich/Aisenbrey, Silke (2007): Variations on a Theme: Trends in Social Mobility in (West) Germany for Cohorts Born Between 1919 and 1971. In: Gangl et al. (2007): 125-154.
Mayer, Karl Ulrich/Müller, Walter/Pollak, Reinhard (2007): Institutional Change and Inequalities of Access in German Higher Education. In: Shavit et al. (2007): 240 – 265.
Mayer, Karl Ulrich/Schnettler, Sebastian/Aisenbrey, Silke (2009): The Process and Impacts of Educational Expansion: Findings from the German Life History Study. In: Hadjar/Becker (2009): 27-47.
Mayer, Karl Ulrich/Schulze, Eva (2009a): Delaying family formation in East and West Germany – A mixed methods study of the onset of childbirth and the vocabulary of motives of women of the birth cohort 1971. In: Bernardi et al. (im Erscheinen).
Mayer, Karl Ulrich/Schulze, Eva (2009b): Die Wendegeneration. Lebensverläufe des Geburtsjahrgangs 1971 in Ost- und Westdeutschland. Frankfurt/M.: Campus.
Menard, Scott (Hrsg.) (2007): Handbook of Longitudinal Research: Design, Measurement, and Analysis. San Diego: Academic Press.
Meulemann, Heiner (1995): Geschichte einer Jugend. Lebenserfolg und Erfolgsdeutung ehemaliger Gymnasiasten zwischen dem 15. und 30. Lebensjahr. Wiesbaden: Westdeutscher Verlag.
Ozcan, Berkay/Mayer, Karl Ulrich/Lüdicke, Jörg (2009): Unemployment and economic insecurity and their Impact on the Onset of Fertility. Paper to be presented to Population Association of America.
Pollmann-Schulte, Matthias/Mayer, Karl Ulrich (2009): Vertikale und horizontale Fehlqualifizierung. Erscheint in: Sozialer Fortschritt.
Reimer, Maike (2005): Autobiografisches Gedächtnis und retrospektive Datenerhebung. Die Rekonstruktion und Validität von Lebensverläufen. Studien und Berichte Nr. 70. Berlin: Max-Planck-Institut für Bildungsforschung.
Reimer, Maike/Matthes, Britta (2006): Collecting event histories with true tales: Techniques to improve autobiographical recall problems in standardized interviews. In: Quality and Quantity. 41. 5. http://www.springerlink.com/content/?k=Reimer (Stand: 18.02.2010)

Sackmann, Reinhold/Rasztar, Matthias/Weymann, Ansgar/Wingens, Matthias (1995): Berufsverläufe im Transformationsprozess. Zeitliche Dynamik, individuelle Reaktionen und Restrukturierungen sozialer Ungleichheit. Projekt: Berufliche Verläufe im Transformationsprozess. Bremen: Universität Bremen.

Sackmann, Reinhold/Weymann, Aansgar/Wingens, Matthias (Hrsg.) (2000): Die Generation der Wende. Berufs- und Lebensverläufe im sozialen Wandel. Wiesbaden: VS Verlag für Sozialwissenschaften.

Scholz, Rembrandt (2008): Demografischer Wandel und die lang anhaltenden Auswirkungen auf die deutsche Bevölkerungsstruktur. In: Döring (2008): 33-48.

Shavit, Yossi/Arum, Richard/Gamoran, Adam/Menahem, Gila (Hrsg.) (2007): Expansion, Differentiation and Stratification in Higher Education: A Comparative Study. Stanford: Stanford University Press.

Solga, Heike (2004): Ausgrenzungserfahrungen trotz Integration – Die Übergangserfahrungen von Jugendlichen ohne Schulabschluss. In: Hillmert/Mayer (2004): 39-64.

Stawenow, Christoph (2008): Die politische Kultur Ostdeutschlands im Wandel. Vom gescheiterten Aufbruch einer unpolitischen Gesellschaft. Unveröffentlichte Magisterarbeit. Heidelberg: Universität Heidelberg.

Trappe, Heike (2004): Chancen West, Chancen Ost – Frauen und Männer des Geburtsjahrgangs 1971 im Vergleich. In: Hillmert/Mayer (2004): 133-154.

Voß, G. Günter/Pongratz, Hans J. (1998): Der Arbeitskraftunternehmer. Eine neue Grundform der Ware Arbeitskraft?. In: Kölner Zeitschrift für Soziologie und Sozialpsychologie. 50. 131-158.

Wehner, Sigrid (2002): Exploring Trends and Patterns of Nonresponse: Evidence from the German Life History Study. Materialien aus der Bildungsforschung Nr. 73. Berlin. Max-Planck-Institut für Bildungsforschung.

Windzio, Michael/Rasztar, Matthias (2000): Gelegenheitsstrukturen beruflicher Mobilität. In: Sackmann/Weymann/Wingens (2000): 89-112.

© Karl Ulrich Mayer

Teil II:

Vergleichende Ansätze in der Analyse von Bildung, Leistung, Lebenslauf und Paarbeziehungen

Lässt sich in der Langzeitbeobachtung ehemaliger Gymnasiasten eine protestantische Ethik finden? Empirische Spurensuche zu Max Weber in Heiner Meulemanns Gymnasiastenpanel

Steffen Kühnel und Anja Mays[1]

1 Einleitung und theoretische Überlegungen

Max Webers 1904/05 erstmals veröffentlichter Aufsatz „Die Protestantische Ethik und der Geist des Kapitalismus" (Weber 2004) zählt bis heute zu den wichtigsten Werken der klassischen Soziologie. Wie die schier unüberschaubare Menge an Sekundärliteratur zeigt, wurde – und wird – kaum eine andere soziologische Schrift so intensiv und kontrovers diskutiert wie diese (vgl. z.B. Lehmann & Roth 1993; Schluchter 1988; Schluchter & Graf 2005; Weiß 1989).

Eines der zentralen Anliegen Max Webers war die Erklärung der Genese und Ausbreitung des modernen Kapitalismus. Die Entstehung der kapitalistischen Wirtschaftsordnung führt Weber auf ein Zusammenwirken einer Fülle von Faktoren zurück, die sich in strukturelle Voraussetzungen wie Bürokratie, Recht und Urbanisierung einerseits und kulturelle Ursachen andererseits unterteilen lassen (vgl. Collin 1980; Gerhards 1996). Diese kulturellen Ursachen stehen im Mittelpunkt seiner Abhandlung zur Protestantischen Ethik.

Ausgehend von dem Befund eines "…vorwiegend protestantischen Charakter[s] des Kapitalbesitzes und Unternehmertums sowohl, wie der oberen gelernten Schichten der Arbeiterschaft, namentlich aber des höheren technisch oder kaufmännisch vorgebildeten Personals der modernen Unternehmungen" (Weber 2004: 18) entwickelt Max Weber die These, der Protestantismus sei als religiöse Wurzel maßgeblich an der Entwicklung des modernen Kapitalismus beteiligt gewesen. Er argumentiert, Protestanten – insbesondere Calvinisten[2] – besäßen

---

[1] Wir danken Heiner Meulemann, den Herausgebern dieses Bandes und den Teilnehmern des Symposiums anlässlich des 65. Geburtstages von Heiner Meulemann sowie Cornelia Kristen für konstruktive Kritik an einer früheren Fassung.
[2] Obwohl nach Weber dieser neuartige Berufsgedanke explizit auf Luther zurückgeht, entwickelt er sich in asketischen protestantischen Strömungen wie dem Calvinismus, Puritanismus, Methodismus und Baptismus deutlich rigoroser (vgl. auch Becker/Woessmann 2009: 538). In diesem Beitrag

im Gegensatz zu Katholiken eine „spezifische Neigung zum ökonomischen Rationalismus", deren Hauptursache „in der dauernden inneren Eigenart und nicht nur in der jeweiligen äußeren historisch-politischen Lage der Konfessionen gesucht werden" müsse (Weber 2004: 23). Als entscheidende „innere Eigenart" identifiziert Weber bei Protestanten eine veränderte spezifische Berufs- bzw. Leistungsauffassung, die in ihren Anfängen auf Luthers besondere Berufskonzeption zurückgeht. Danach wird die weltliche Berufsarbeit als „Berufung", d. h. als eine von Gott gestellte Aufgabe begriffen. Die Pflichterfüllung bei der täglichen Arbeit gilt hier – anders als bei Katholiken – als eine religiöse Pflicht bzw. eine Art Gottesdienst:

> „Es kommt also in dem Begriff "Beruf" jenes Zentraldogma aller protestantischen Denominationen zum Ausdruck, welches die katholische Unterscheidung der christlichen Sittlichkeitsgebote in "praecepta" und "consilia" verwirft und als das einzige Mittel, Gott wohlgefällig zu leben, nicht eine Überbietung der innerweltlichen Sittlichkeit durch mönchische Askese, sondern ausschließlich die Erfüllung der innerweltlichen Pflichten kennt, wie sie sich aus der Lebensstellung des einzelnen ergeben, die dadurch eben sein "Beruf" wird" (Weber 2004: 69).

Der von Weber postulierte Zusammenhang zwischen protestantischer Ethik und Kapitalismus lässt sich in Anlehnung an McClelland (1955, 1961, siehe auch Coleman 1991, Esser 1999) als Mehrebenenmodell darstellen (Abbildung 1). Danach beeinflusst die religiöse Ethik des Protestantismus das Wirtschaftssystem nicht direkt, sondern indirekt über veränderte familiäre Sozialisationsziele und -praktiken. Durch frühzeitige Erziehung zu Tugenden wie Fleiß, Gewissenhaftigkeit, Disziplin und Sparsamkeit wachsen überdurchschnittlich leistungsmotivierte und hart arbeitende Persönlichkeiten heran, die sich durch verstärkte unternehmerische Aktivitäten und höhere Arbeitsleistung auszeichnen. Auf der Makroebene schließlich habe diese Entwicklung für den „Geist des Kapitalismus" und einen beschleunigten wirtschaftlichen Fortschritt gesorgt (vgl. auch McClelland 1955: 44f.; Esser 1999: 99f.; zur Ausbreitung des Kapitalismus siehe weiter unten).

---

unterscheiden wir allerdings nur zwischen Protestanten (gleich welcher Richtung), Katholiken und Personen, die einer anderen oder keiner Religionsgemeinschaft angehören.

Abbildung 1: Webers Protestantismusthese als Mehrebenenmodell

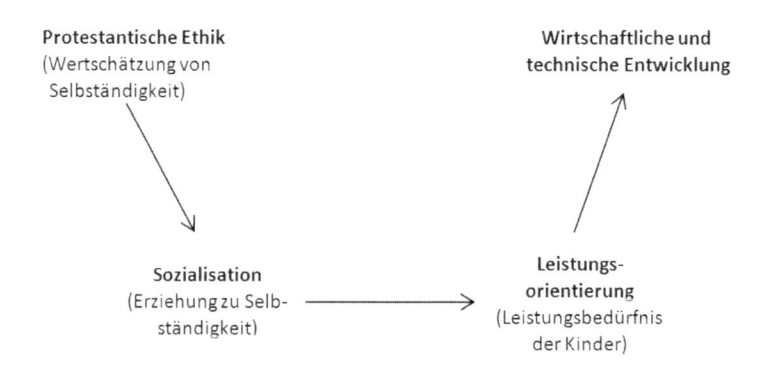

```
Protestantische Ethik                    Wirtschaftliche und
(Wertschätzung von                       technische Entwicklung
Selbständigkeit)
        \                                         ↗
         \                                       /
          ↘                                     /
     Sozialisation                        Leistungs-
     (Erziehung zu Selb-  ──────────→    orientierung
      ständigkeit)                       (Leistungsbedürfnis
                                          der Kinder)
```

Anmerkung: Eigene Darstellung in Anlehnung an Coleman (1991).

In der wissenschaftlichen Debatte wird die Protestantismusthese Webers nach wie vor kontrovers diskutiert. Die Literatur setzt sich dabei in erster Linie theoretisch mit Webers Überlegungen auseinander (Gerharts 1996: 541). So argumentierte z.B. bereits Tawney 1935 (zitiert nach King et al. 1994: 187), dass nicht der Protestantismus den Geist des Kapitalismus geschaffen habe, sondern umgekehrt frühe Kapitalisten aus Unzufriedenheit mit der katholischen Kirche, die ihre ökonomischen Interessen einengte, eine neue protestantische Kirche gründeten.

Empirische Auseinandersetzungen mit Webers Protestantismusthese sind zumeist auf der Aggregatebene angesiedelt. Systematische Forschungen, welche die postulierten Zusammenhänge auf individueller Ebene untersuchen sind dagegen vergleichsweise selten anzutreffen (Becker & Woessmann 2009: 538). Was dabei den Bestätigungsgrad von Webers These anbetrifft, gehen die Meinungen auseinander. Während beispielsweise Innaccone (1998: 1074; ähnlich Delacroix & Nielsen 2001) in der Literatur nur wenig empirische Unterstützung für Webers These findet, kommen Becker und Woessmann (2009: 537) in ihrer Übersicht zu dem Ergebnis, dass deutliche Belege für einen Zusammenhang zwischen Protestantismus und wirtschaftlichem Erfolg vorliegen. In ihrer eigenen vor kurzem erschienen Analyse legen diese beiden Wirtschaftswissenschaftler allerdings einen alternativen bzw. komplementären Erklärungsvorschlag wirtschaftlicher Entwicklung vor. Mithilfe historischer Aggregatdaten bestätigen die beiden Autoren zunächst den von Weber postulierten Zusammenhang zwischen Religion und wirtschaftlichem Wohlstand im Preußen des späten 19. Jahrhunderts. Gleichzeitig stellten sie fest, dass es in evangelischen Gegenden deutlich weniger Analphabeten als in katholischen gab. Becker und Woessmann erklären diesen Befund mit Luthers Forderung, jeder Gläubige solle das Wort Gottes selbst in der Bibel lesen können. Die Folge war eine höhere Alphabetisierungsrate in protestantischen Regionen. Ihre Berechnungen zeigten dementsprechend, dass bei Kontrolle von Bildung die Religionszugehörigkeit keinen weiteren Erklärungsbeitrag für die Unterschiede im Einkommen leistet. Sie kommen somit zu dem Schluss, dass nicht die besondere Arbeitsethik der Protestanten ausschlaggebend für den wirtschaftlichen Erfolg ist, sondern die vom Protestantismus geförderte Alphabetisierung und das dadurch entstandene Humankapital.

Neben der Genese des kapitalistischen Geistes bzw. des Kapitalismus versucht Weber auch, die Verbreitung kapitalistischer Geisteshaltung zu erklären (vgl. auch Lepsius 1986: 23f.; Gerhards 1996: 543f.). Er geht davon aus, dass die Ausbreitung des kapitalistischen Geistes ohne eine entsprechende Zunahme von Mitgliedern der protestantischen Strömungen erfolgt sei. Vielmehr habe sich nach einer durch den Protestantismus hervorgerufenen „Initialzündung" eine Eigendynamik der Diffusion des „kapitalistischen Geistes" entwickelt. Nachdem sich erst einmal ein Mindestmaß an kapitalistischer Gesinnung entwickelt habe – so die Argumentation – konnte sich der „Geist des Kapitalismus" von seinen religiösen Wurzeln lösen und existiere bzw. verbreite sich nun auch ohne religiöse Fundierung (Weber 2004: 203-204)[3].

Folgt man diesem Gedankengang, dann entzieht sich die ursprüngliche Weber-These zur Entwicklung des Kapitalismus nach einiger Zeit allerdings der empirischen Überprüfung: Zeigen sich heute zwischen Protestanten und Katholiken keine relevanten Unterschiede in der Leistungsorientierung, dann haben sich die beiden Konfessionen in dieser Frage entweder angeglichen oder aber es haben nie Unterschiede bestanden. Eine Entscheidung, welche der beiden Alternativen zutrifft, ist letztlich aber nicht möglich. Wenn allerdings umgekehrt Katholiken eine höhere Leistungsorientierung aufweisen als Protestanten, stünde dies im Widerspruch zu Webers These.

Unabhängig vom Zeitbezug der beginnenden Industrialisierung hat Gerhards (1996) Webers Diffusions-These aufgegriffen und anhand von Daten des Word Value Survey einen Ländervergleich zwischen Spanien und den USA

---

[3] An dieser Stelle wird eine gewisse Inkonsistenz in Webers Argumentation sichtbar: Einerseits postuliert er, dass sich Katholiken an die von Protestanten vorgegebene Leistungsorientierung anpassen und vormals existierende Wertunterschiede verschwinden. Andererseits führt er etliche, auch zeitgenössische Beispiele an, in denen er Protestanten – genauer asketische Protestanten – als leistungsorientierter oder fleißiger als Katholiken beschreibt.

durchgeführt. Wenn Weber mit seiner Diffusions-These Recht hat – so Gerhards Überlegung (Gerhards 1996: 544) – dann sollte sich in den USA die durch Protestanten eingeführte kapitalistische Geisteshaltung auch auf den nichtprotestantischen Teil der Bevölkerung übertragen haben. Die Bürger in den USA sollten daher unabhängig von ihrer Konfessionszugehörigkeit in stärkerem Maße kapitalistische Wertvorstellungen besitzen als die Menschen in Spanien, die in einem rein katholischen Kulturkreis leben. Gerharts Ergebnisse bestätigen seine Vermutung: „Eine dem Geist des Kapitalismus adäquate Berufsethik ist in den USA weit deutlicher entwickelt als in dem katholischen Spanien" (Gerhards 1996: 547). Der empirische Befund auf der Basis des Vergleichs von nur zwei Staaten lässt allerdings auch beliebige alternative Eigenschaften der beiden Staaten als Erklärung der Differenz zu.

Wie in Abbildung 1 zu sehen ist, stellen die von Weber angenommenen Zusammenhänge eine Kausalkette dar, die direkte und indirekte Einflusspfade miteinander verbindet. Auch wenn eine vollständige Überprüfung der Kausalkette in der Praxis nur schwerlich möglich ist, so lassen sich doch mit geeigneten Daten – zumindest partiell – Kausalzusammenhänge untersuchen. Webers Annahme etwa, dass ein leistungsorientiertes Elternhaus eine ebensolche Orientierung bei den Kindern bewirkt, scheint zunächst plausibel, ist aber möglicherweise nicht von allgemeiner Gültigkeit.

Mit der vom Kölner Institut für Angewandte Sozialforschung im Jahr 1969 initiierten bislang dreiwelligen Panelstudie ehemaliger Gymnasiasten (Meulemann et al. 1987; Meulemann 1995; Meulemann et al. 2001), die seit der zweiten Welle unter Heiner Meulemanns Federführung konzipiert wurde, liegt ein Datensatz vor, der auf der Individualebene eine solche Untersuchung des Effekts der konfessionellen Identität und der Leistungsorientierung auf die konfessionelle Identität der Kinder, ihre Leistungsorientierung und den tatsächliche Erfolg über einen sehr langen Zeitraum ermöglicht. Neben der Befragung der (ehemaligen) Gymnasiasten wurde parallel zur ersten Befragungswelle eine Elternerhebung durchgeführt, die Informationen zu den elterlichen Werten und Erziehungsvorstellungen liefert. Die Gymnasiasten-Studie bietet somit eine der seltenen Gelegenheiten individuelle Lebensvorstellungen und Berufserfolg im Lebensverlauf mit der Konfession im Elternhaus und elterlichen Vorstellungen in Verbindung zu setzen. Es lässt sich also untersuchen, ob protestantische Jugendliche (bzw. Gymnasiasten) tatsächlich anderen Sozialisationseinflüssen, d.h. Elternhäusern mit überdurchschnittlichem Leistungsbewusstsein, ausgesetzt sind als etwa katholische Schüler, und zudem, ob Befragte, die in einem protestantischen oder einem leistungsorientierten Familienklima aufgewachsen sind, auch noch im späteren Erwachsenenalter beruflich erfolgreicher sind. Anhand dieses speziellen Datensatzes mit der sehr langen Beobachtungszeit sollte sich auch prüfen lassen, ob eine hohe Leistungs- und Berufsorientierung im Sinne Tawneys die Bindung an den Protestantismus erhöht.[4]

2 Theoretisches Modell, Operationalisierung und Analysestrategie

Bei der Umsetzung dieser Untersuchungsidee mit den Daten der Kölner Gymnasiastenstudie stellt sich allerdings das Problem aller Sekundäranalysen, dass die in den Erhebungen formulierten Fragen nicht für unsere Fragestellung formuliert worden sind, sondern den Fragestellungen der Primärforscher folgen. Glücklicherweise lassen sich jedoch für die uns hier interessierenden theoretischen Begriffe *Protestantismus versus Katholizismus* (der Befragten wie deren Eltern), *Leistungsethos der Eltern, Leistungsanspruch des Kindes in der Schule* und späteres *Berufsethos* und *Schul- bzw. Berufserfolg* mindestens eine Frage finden, die als Indikator geeignet erscheint. Als eine möglicherweise zentrale Kontrollgröße haben wir die Bildung der beiden Elternteile mit aufgenommen.[5]

Anders als im oben skizzierten Mehrebenenmodell (Abbildung 1) bewegen wir uns in diesem Beitrag ausschließlich auf der Individualebene, wobei in der ersten Welle den Schülerinnen und Schülern die Antworten der befragten Eltern zugespielt worden sind. Aus den oben genannten Vermutungen über den Zusammenhang zwischen Protestantismus, Leistungs- und Berufsethos und Berufserfolg lässt sich in dem dreiwelligen Panel mit vorgelagerter Elternbefragung ein hypothetisches Pfadmodell generieren (Abbildung 2).

Entsprechend der Vermutung, dass sowohl die Bindung an den Protestantismus als auch die Leistungs- und Berufsorientierung im Sozialisationsprozess vor allem durch die Eltern beeinflusst wird, wirken in unserem hypothetischen Modell die Bindung an den Protestantismus der Eltern mit direkten Effekten sowohl auf die Bindung an den Protestantismus der Schülerinnen und Schüler in der zehnten Klasse als auch auf ihren Leistungsethos. Darüber hinaus weist auch die Leistungsorientierung der Eltern einen direkten Effekt auf den jugendlichen Leistungsethos in der Schule auf. Als Kontrollvariable vermuten wir zudem Effekte der schulischen und akademischen Bildung der Eltern auf den schulischen Leistungsethos und die tatsächliche schulische Leistung (Schulerfolg). Die drei betrachteten Eigenschaften der Eltern werden als exogene Variablen spezifi-

---

[4] Im Rahmen dieses Beitrags beschäftigen wir uns also nicht mit der Diffusionsthese und der Alphabetisierungsthese, sondern konzentrieren uns ausschließlich auf die Frage, ob es heute noch Hinweise zur Leistungsorientierungsthese gibt.
[5] Da die Ausgangsstichprobe der Befragten Gymnasiasten der zehnten Klassen nordrhein-westfälischer Gymnasien sind, haben alle Befragte eine höhere Bildung genossen, allerdings nicht alle auch das Abitur erreicht oder erfolgreich studiert. Wir verzichten hier darauf, zusätzlich auch die berufliche Stellung der Eltern zu berücksichtigen, die positiv durch die Bildung beeinflusst wird.

ziert, die untereinander korrelieren können, für die aber keine kausale Anordnung vorgegeben ist.

Abbildung 2: Theoretisches Pfadmodell[6] zum Zusammenhang von Protestantismus, Leistungsethos und Berufserfolg

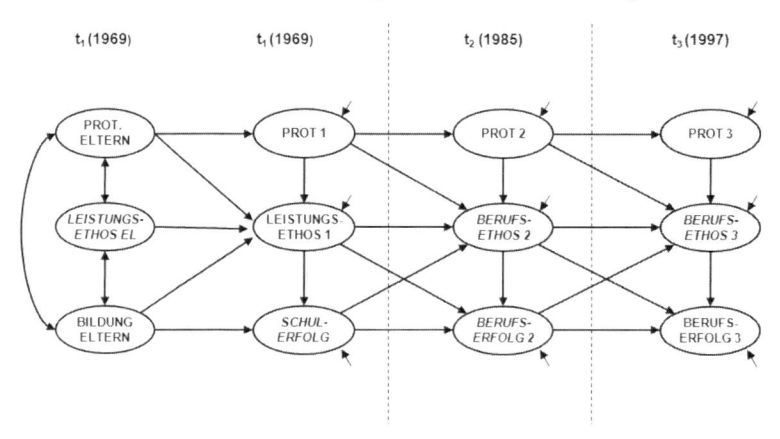

Die Informationen aus den drei Panelwellen der (ehemaligen) Schülerinnen und Schüler werden in einem Cross-Lagged-Panel-Modell spezifiziert, in dem der Protestantismus zeitversetzt das Berufsethos beeinflusst und sich Ethos und Erfolg zeitversetzt gegenseitig beeinflussen.[7] Neben den zeitverzögerten Effekten werden zudem innerhalb jedes Messzeitpunktes Effekte vom Protestantismus auf

---

[6] Ein Pfadmodell gibt die unterstellte Kausalstruktur zwischen den in einer Untersuchung betrachteten Variablen wieder. Kausale Effekte von erklärenden Variablen auf abhängige Variablen werden durch Pfeile dargestellt. Da eine abhängige Variable meist nicht vollständig durch die erklärenden Variablen determiniert wird, gibt es in der Regel für jede abhängige Variable eine Residualvariable, die für die nicht erklärten Variationen dieser Variable stehen und in einem Pfaddiagramm durch einen kleinen Pfeil auf eine abhängige Variable symbolisiert wird. Ungerichtete Linien (mit Pfeilspitzen an beiden Enden) stehen für Beziehungen zwischen zwei erklärenden Variablen oder zwischen den Residualvariablen von zwei abhängigen Variablen, deren Kausalrichtung nicht interessiert oder unbekannt ist.

[7] Kennzeichen eines Cross-Lagged-Panel-Modells ist, dass sich zwei oder mehr Variablen (wechselseitig und) zeitversetzt gegenseitig beeinflussen, wobei gleichzeitig Effekte von möglichen Drittgrößen dadurch kontrolliert werden sollen, dass jede Variable auch durch ihre Realisierung zu einem früheren Zeitpunkt beeinflusst wird, dem autoregressiven Effekt. Autoregressive Effekte erfassen auch die Stabilität einer interessierenden Größe über die Zeit. Solche Modelle sind für die Untersuchung von Kausalzusammenhängen bei Paneldaten vorgeschlagen worden (Engel & Reinecke 1994; Engel & Strohe 1997; Finkel 1995; Kenney 1975). Aufgrund der theoretischen Vorgabe, dass der Protestantismus auf den Leistungsethos wirkt, haben wir jedoch keinen zeitversetzten Effekt auf den Protestantismus spezifiziert.

das Ethos und vom Ethos auf den Erfolg spezifiziert.[8] Für alle drei Konstrukte Protestantismus, Ethos und Erfolg werden zudem autoregressive Effekte auf sich selbst zum jeweils vorherigen Messzeitpunkt angenommen.

Diese Modellierung kann als Übersetzung von Webers These auf die Individualebene verstanden werden, da in unserem Modell der Protestantismus einer Person deren Arbeits- bzw. Berufsethos beeinflusst und darüber indirekt auch deren tatsächlichen Berufserfolg. Weber folgend haben in diesem Modell weder der Erfolg noch das Ethos einen Effekt auf die Bindung an den Protestantismus. Falls dies jedoch in der Analyse durch die empirischen Daten nahegelegt wird, können solche zusätzlichen Effekte in das Modell aufgenommen werden.[9] Dies würde dann der Vermutung Tawneys entsprechen, dass nicht der Protestantismus den Kapitalismus, sondern der Kapitalismus den Protestantismus befördert.[10]

Wie bereits erwähnt, wird als Datenbasis die Kölner Gymnasiastenstudie herangezogen. Ausgangsstichprobe der ersten von bislang drei Wellen sind 3385 Schülerinnen und Schüler von zehnten Klassen zufällig ausgewählter nordrheinwestfälischer Gymnasien.[11] Die Erstbefragung der Gymnasiasten (ZA-Nr. 600)[12] sowie eine parallel durchgeführte Elternbefragung (ZA-Nr. 639) fand zwischen Dezember 1969 und März 1970 statt. Zu diesem Zeitpunkt waren die befragten Schüler zwischen 15 und 16 Jahre alt. Die Fragebögen dieser Erhebung enthalten in erster Linie Fragen zu schulischen Leistungen und Vorlieben sowie zu den Zukunftsplänen der Schüler. Daneben wurden auch Fragen zur sozialen Herkunft sowie zu familialen und schulischen Aspekten gestellt. Die erste Wiederbefragung (2. Panelwelle) zum Thema „Lebenserfolg und Erfolgsdeutung im frühen Erwachsenenalter" (ZA-Nr. 1441) fand in den Jahren 1984/85 statt und umfasste 1987 ehemalige Gymnasiasten, die zum zweiten Erhebungszeitpunkt etwa 30 Jahre alt waren. Die zweite Panelwelle erreichte damit eine Stichprobenaus-

---

[8] In Cross-Lagged-Panel-Modellen werden i.A. keine zeitgleichen Effekte spezifiziert, sondern höchstens Kovarianzen zwischen den Residualvariablen der jeweils abhängigen Variablen. Entsprechend den theoretischen Annahmen gehen wir davon aus, dass es eine klare Kausalrichtung vom Protestantismus zur Leistungsorientierung und von der Leistungsorientierung zum Erfolg gibt, die auch (relativ) unmittelbar wirkt und durch den sehr langen Messabstand von 17 und 12 Jahren zwischen den Panelwellen durch zeitversetzte Effekte nicht vollständig erfasst werden kann.
[9] Ein wichtiger Schritt bei der Interpretation der empirischen Schätzung eines solchen Pfadmodells ist die Überprüfung, ob das spezifizierte theoretische Modell mit den Daten vereinbar ist. Ist dies nicht der Fall, lassen sich Statistiken berechnen, die Hinweise auf mögliche Fehlspezifikationen liefern und eine Modifikation des ursprünglichen Modells erlauben (vgl. Reinecke 2005; Schumacker et al. 2004).
[10] Auf der Individualebene würde man eher davon sprechen, dass eine ökonomische, am Eigennutz orientierte Haltung eine hierzu kongruente religiöse Orientierung bewirkt.
[11] Die Bezeichnung „Kölner Gymnasiastenpanel" bezieht sich auf die Universität zu Köln als Arbeitsort der Primärforscher und nicht auf die Stichprobe.
[12] Die Daten sind unter den angegebenen Nummern bei GESIS-Köln für Sekundäranalyse archiviert.

schöpfung von 61,4%. Die zweite Wiederbefragung (3. Panelwelle) erfolgte schließlich in den Jahren 1996/97. An dieser letzten Erhebung nahmen insgesamt noch 1596 Befragte teil, was einer Ausschöpfung von 49,3% der Ausgangsstichprobe entspricht.[13] In den Wiederbefragungen wurden u.a. die beruflichen und privaten Lebensverläufe, aber auch Wertorientierungen und Einstellungen der ehemaligen Gymnasiasten erfasst.

Für die empirische Prüfung verwenden wir lineare Strukturgleichungsmodelle mit latenten Variablen. Diese Modelle erlauben die direkte und simultane Schätzung aller Modellparameter eines Pfadmodells, wobei bei Vorliegen mehrerer Indikatoren zufällige Messfehler berücksichtigt werden können.[14] Die Parameterschätzung ergibt auch Hinweise, ob das spezifizierte Modell mit den empirischen Daten vereinbar ist. Ist dies nicht der Fall, werden die Ausgangsmodelle in der Regel solange modifiziert, bis ein Modell gefunden ist, das mit den Daten vereinbar ist.

Die Operationalisierung der Konstrukte unseres theoretischen Modells für die Schüler- und Elternbefragung (erste Panelwelle) sind Tabelle 1 zu entnehmen; Tabelle 2 enthält die Operationalisierung für die zweite und dritte Welle der Panelerhebung. Es wurde zunächst versucht, für alle theoretischen Konstrukte mindestens zwei Indikatoren (Fragen im Fragebogen) zu finden, die möglichst gut mit der jeweiligen Bedeutung eines Konstrukts korrespondieren. Dies ist u.a. auch aufgrund zu geringer Korrelation zwischen den Indikatoren eines Konstrukts nicht immer möglich. Die zweite und dritte Welle enthalten jeweils die gleichen Indikatoren für ein Konstrukt.

---

[13] Die Panelmortalität des Kölner Gymnasiastenpanels, also den Ausfall von Befragten zu einem späteren Messzeitpunkt, hat Birkelbach (1998) untersucht.
[14] In linearen Strukturgleichungsmodellen werden die vermuteten Kausalbeziehungen über lineare Gleichungen zwischen den Variablen spezifiziert, deren Koeffizienten aus den Varianzen und Kovarianzen geschätzt werden (Bollen 1989; Reinecke 2005; Schumacker et al. 2004). Bei Befragungen ist mit Messfehlern zu rechnen, die dazu führen, dass die interessierenden Kausalbeziehungen nicht gut geschätzt werden können. Daher ist es sinnvoll, zur Messung eines theoretischen Konstrukts mehrere Indikatoren (Fragen) zu verwenden. Messfehler können dann dadurch kontrolliert werden, dass das theoretische Konstrukt als Faktor, also als eine unbeobachtete (latente) Variable, spezifiziert wird. Die Indikatoren eines Konstrukts werden dann durch diesen Faktor erklärt, wobei die Residualvariable eines Indikators als Messfehler interpretiert werden kann.

Tabelle 1: Operationalisierung, Welle 1

Konstrukt	Beschreibung	Indikatoren
Welle 1 (1969), Elternbefragung		
Protestantismus Eltern	Index Bindung der Eltern an Protestantismus vs. Katholizismus	*Jeweils für Vater und Mutter getrennt Produkt aus den beiden Variablen:* ▪ Besondere Wertschätzung der Schule wg. konfessioneller Ausrichtung ▪ und Konfession (+1 für protestantisch, -1 für katholisch, 0 sonst.)
Leistungsethos Eltern	Additiver Index aus zwei Fragen nach der Belohnung für gute schulische Leistungen	*Ein Indikator:* ▪ Belohnung des Kindes bei gutem Zeugnis ▪ Belohnung des Kindes bei guter Arbeit
Bildung Eltern	Höchster Bildungsabschluss der Eltern	*Zwei Indikatoren:* ▪ Schulbildung Vater, vierstufig ▪ Schulbildung Mutter, vierstufig
Welle 1 (1969), Schülerbefragung		
Protestantismus 1	Index Bindung an Protestantismus vs. Katholizismus	*Zwei Indikatoren:* ▪ Gefallen am Religionsunterricht, ▪ Mitglied einer konfessionellen Gruppe ▪ Jeweils multipliziert mit Konfession (+1 für protestantisch, -1 für katholisch, 0 sonst.)
Leistungsethos 1	Ausmaß des eigenen Leistungsanspruchs	*Ein Indikator:* ▪ Leistungsanspruch in der Schule relativ zu Mitschülern
Schulerfolg	Durchschnittsnote über alle jeweils angebotenen Fächer in der 10. Klasse	*Ein Indikator:* ▪ Durchschnittsnoten

Tabelle 2: Operationalisierung, Welle 2 und 3

Konstrukt	Beschreibung	Indikatoren
Protestantismus 2	Bindung an Protestantismus vs. Katholizismus	*Zwei Indikatoren:* • Bedeutung des Lebensbereichs Religion und Kirche • Kirchgangshäufigkeit • Jeweils multipliziert mit Konfession (+1 für protestantisch, -1 für katholisch, 0 sonst.)
Berufsethos 2	Berufsorientierung	*Ein Indikator:* • Wichtigkeit des Lebensbereichs Beruf
Berufserfolg 2	Einkommen und Berufsprestige	*Zwei Indikatoren:* • Berufsprestige der aktuellen oder letzten Beschäftigung nach Treiman • Einkommen

Da die meisten unserer Indikatoren ordinale kategoriale Ausprägungen besitzen, wenden wir in der statistischen Umsetzung des theoretischen Modells ein lineares Strukturgleichungsmodell mit ordinalen Indikatoren an.[15] Die ordinalen Indikatoren werden dabei als ungenaue Messungen eigentlich kontinuierlicher metrischer Variablen aufgefasst. In einem ersten Analyseschritt werden aus den bivariaten Häufigkeitstabellen der ordinalen Indikatoren über Probit-Schwellenwertmodelle die Varianzen und Kovarianzen der kontinuierlichen Variablen sowie die Kovarianzmatrix der Kennwerteverteilung dieser Varianzen und Kovarianzen geschätzt. Das lineare Strukturgleichungsmodell wird dann in einem zweiten Schritt auf der Basis der polychorischen Varianzen und Kovarianzen mittels verteilungsfreier WLS-Methode geschätzt, wobei die Gewichtungsmatrix eine Funktion der Kovarianzmatrix der Kennwerteverteilung ist.[16]

---

[15] Bei ordinalen Variablen ist es nur möglich, die Ausprägungen in eine Rangfolge zu bringen. Differenzen zwischen Ausprägungen haben keine Bedeutung und die für die Schätzung von Stukturgleichungsmodellen benötigten Mittelwerte, Varianzen und Kovarianzen sind nicht inhaltlich interpretierbar. In Strukturgleichungsmodellen mit ordinalen Indikatoren werden aus Kreuztabellen ordinaler Indikatoren Varianzen und Kovarianzen zwischen latenten Variablen geschätzt, für die die ordinalen Variablen Indikatoren sind (Kaplan 2000).

Für die folgende Analyse haben wir die einzigen metrischen Indikatoren Einkommen und Treimanscore etwa an den Quartilgrenzen kategorisiert, so dass wir im Ergebnis ausschließlich ordinale Indikatoren analysieren. Diese Reduzierung des Messniveaus führt zwar zu einem Informationsverlust, ist aber messtheoretisch zulässig und vermeidet technische Probleme bei der simultanen Schätzung von Momenten metrischer Variablen und polychorischer Momente ordinaler Variablen.

[16] Alle Berechnungen wurden mit dem Programm LISREL 8.72 durchgeführt (Jöreskog & Sörbom 2001).

3 Ergebnisse

Abbildung 3 zeigt die standardisierte Lösung des auf die Stichprobe der Kölner Gymnasiastenstudie angepassten Strukturgleichungsmodells. Um die Abbildung übersichtlich zu halten, ist nur das Strukturmodell mit den theoretischen Konstrukten ohne die Indikatoren des Messmodells aufgeführt. Die Übereinstimmung zwischen Modell und Daten ist mit einem Chiquadratwert von 155.9 bei 138 Freiheitsgraden ausgezeichnet (p = 0.141).

Verglichen mit dem theoretischen Modell (Abbildung 2) ist das die Daten beschreibende Modell deutlich sparsamer. Nur in der ersten Welle gibt es die vermuteten Effekte zwischen Eltern und ihren Kindern, wobei allerdings nicht alle Vorzeichen den Erwartungen entsprechen. So gibt es entgegen unseren Erwartungen keinen positiven, sondern einen negativen Effekt (-0.19) des Protestantismus der Eltern auf den Leistungsethos in der ersten Welle. Die geringe positive Beziehung zwischen dem Protestantismus und dem Leistungsethos der Eltern, ist selbst bei 10% Irrtumswahrscheinlichkeit nicht signifikant. Ebenfalls entgegen unserem theoretischen Modell gibt es auch keine späteren Effekte des Protestantismus auf Leistungs- bzw. Berufsethos und/oder Schul- bzw. Berufserfolg.

Abbildung 3: Angepasstes Strukturgleichungsmodell

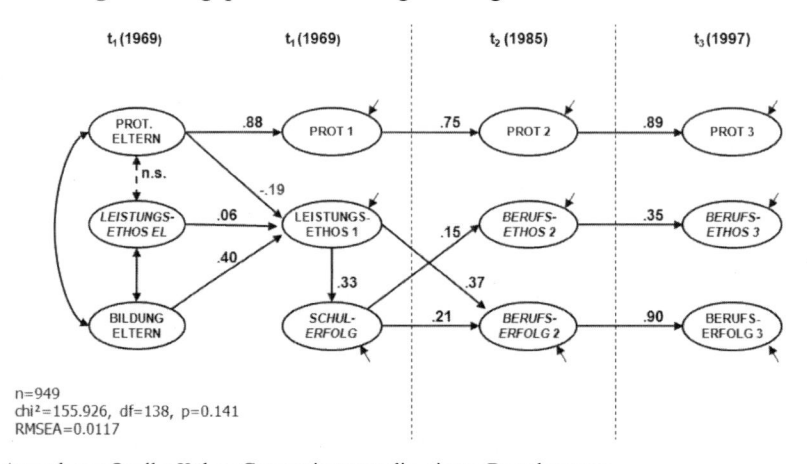

n=949
chi²=155.926, df=138, p=0.141
RMSEA=0.0117

Anmerkung: Quelle: Kölner Gymnasiastenstudie, eigene Berechnungen

Inhaltlich bedeutet dies, dass die Vermutung der Protestantismusthese eines positiven Zusammenhangs zwischen Protestantismus und Berufsethos zumindest auf der Individualebene nicht zutrifft. Das resultierende Modell weist eher darauf hin, dass die religiöse Sphäre von der Sphäre der Arbeit weitgehend unabhängig ist. Dass auch heute noch Protestanten im Mittel den Beruf für bedeutsamer halten als Katholiken, gilt zumindest für die ehemaligen Gymnasiasten der 10. Klassen Nordrhein-Westfalens 1969 nicht. Im Gegenteil, im Datensatz der Kölner Gymnasiastenstudie sind die Kinder katholischer Eltern tendenziell leistungsorientierter als die protestantischer Eltern.

Da das Leistungsethos in der Schule erwartungsgemäß einen positiven Effekt auf den Schul- bzw. später den Berufserfolg hat, gibt es auch einen indirekten negative Effekt des Protestantismus im Elternhaus auf den schulischen und beruflichen Erfolg, der allerdings geringer ist als der direkte Effekt auf den Leistungsethos.[17] Die in Tabelle 3 wiedergegebenen totalen Effekte auf Berufsethos und Berufserfolg in der zweiten und dritten Panelwelle zeigen, dass sich die negativen Effekte im Zeitverlauf abschwächen.

Tabelle 3: Totale, standardisierte Effekte auf den Berufsethos und -erfolg 1985 und 1997

Effekt auf... durch das Konstrukt ...	*Berufsethos* *1985*	*Berufserfolg* *1985*	*Berufsethos* *1997*	*Berufserfolg* *1997*
Protestantismus Eltern	-0.010*	-0.084*	-0.003*	-0.076*
Leistungsethos Eltern	$0.003^{n.s.}$	0.028	$0.001^{n.s.}$	$0.025^{n.s.}$
Bildung Eltern	0.020*	0.175*	0.007*	0.158*
Protestantismus 1970	------	------	------	------
Leistungsethos 1970	0.051*	0.440*	0.018*	0.398*
Schulerfolg 1970	0.154*	0.213*	0.054*	0.193*
Protestantismus 1985	------	------	------	------
Berufsethos 1985	------	------	0.348*	------
Berufserfolg 1985	------	------	------	0.905*
Protestantismus 1997	------	------	------	------
Berufsethos 1997	------	------	------	------
R^2	2.4%	23.4%	12.1%	81.9%

Anmerkung: * = Koeffizient mindestens auf dem 5%-Niveau signifikant; n.s. = nicht signifikant bei α = 10%; Quelle: Kölner Gymnasiastenstudie, eigene Berechnungen.

---

[17] In der zweiten und dritten Panelwelle sind die negativen Effekte des Protestantismus auf den Berufserfolg dagegen höher als auf das Berufsethos.

Da im empirisch geschätzten Modell Ethos und Erfolg auch keinen Effekt auf den Protestantismus der Befragten haben, spricht unsere Analyse nicht nur gegen Webers Protestantismusthese, sondern auch gegen die Vermutung Tawneys einer umgekehrten Kausalrichtung.

Im Unterschied zum theoretischen Modell (Abbildung 2) gibt es im angepassten Modell (Abbildung 3) auch keinen direkten Effekt von der Bildung der Eltern auf den Schulerfolg der Kinder. Der Zusammenhang zwischen diesen beiden Größen wird ausschließlich indirekt über den schulischen Leistungsethos der Kinder vermittelt. Tabelle 3 ist zu entnehmen, dass gleichwohl selbst in der dritten Panelwelle im Alter von etwa 42 Jahren noch ein deutlicher Effekt der Bildung der Eltern auf den Berufserfolg sichtbar ist. Aufgrund der geringeren Stabilität über die Zeit sinkt der Effekt der elterlichen Bildung auf das Berufsethos deutlich schneller.

Entgegen unseren Erwartungen im theoretischen Model findet sich im geschätzten Modell kein direkter Effekt des schulischen Leistungsethos in der ersten Welle auf das Berufsethos in der zweiten Welle. Nicht erwartet hatten wir auch, dass nach der zweiten Panelwelle alle drei Konstrukte Protestantismus, Ethos und Erfolg sich überhaupt nicht mehr gegenseitig beeinflussen. Zwischen dem 15. und 30. Lebensjahr liegen dagegen noch Kreuzeffekte zwischen Ethos und Erfolg vor. Interessant ist hierbei, dass die Effekte des Leistungsethos der Jugendlichen auf den Erfolg deutlich größer sind als die Effekte des Schulerfolgs auf die spätere Berufsorientierung oder den Berufserfolg (s. Tabelle 3).

Sehr stabil sind die autoregressiven Effekte zwischen den Protestantismus-Messungen, obwohl die Indikatoren bei den Eltern von denen der Kinder abweichen und bei letzteren die Indikatoren der ersten Welle von denen der Folgewellen. Ungeachtet der oft berichteten Säkularisierung scheint es so zu sein, dass die konfessionelle Bindung sehr stabil auf die Kinder übertragen wird und diese sich auch später kaum ändert. Sichtbar wird dies auch an den totalen Effekten. So beträgt der standardisierte totale Effekt der konfessionellen Bindung der Eltern auf die konfessionelle Bindung der Kinder nach beinahe 30 Jahren immerhin noch 0.585 (Wert nicht ausgewiesen).

Ebenfalls sehr stabil ist auch der Berufserfolg nach dem 30. Lebensjahr. Sehr viel geringer fällt dagegen die Stabilität des Berufsethos aus. Zu berücksichtigen ist hier allerdings, dass das Berufsethos nur über ein Item erfasst wurde und somit zufällige Messfehler nicht kontrolliert werden konnten.

In der Abbildung 3 sind die Messmodelle der Indikatoren und damit die Ladungen und Messfehlervarianzen und Kovarianzen nicht aufgeführt (vgl. für diese Werte Anhang, Tabelle 4). Allerdings zeigen sich hier keine Besonderheiten. Liegen zwei Indikatoren für ein Konstrukt vor, sind beide Ladungen in der Regel hoch und liegen nicht sehr weit auseinander. Eine Ausnahme zeigt sich nur bei den Indikatoren des Berufserfolgs. Hier ist die Reliabilität des Einkommens deutlich geringer als die des Berufsprestiges (Treiman-Index).

Im Messmodell gibt es zwei Nebenladungen. Zum einen lädt das Einkommen in der dritten Welle auf das schulische Leistungsethos der ersten Welle. Darüber hinaus gibt es eine geringe negative Nebenladung des zweiten Indikator „Bedeutung von Religion und Kirche" des Protestantismus in der dritten Welle auf den Leistungsethos der Eltern. Im Messmodell spezifiziert sind schließlich noch zwei Messfehlerautokorrelationen bei dem nach der Konfession evaluierten Kirchgang zwischen zweiter und dritter Welle sowie zwischen den Messungen des Einkommens in zweiter und dritter Welle, die als Folge von Itemspezifität gedeutet werden können.

4 Diskussion

Die Ergebnisse unserer Analysen entsprechen in großen Teilen nicht dem theoretisch erwarteten Beziehungsmuster, wie es in Abbildung 1 zusammengefasst wurde. Interpretiert man die Protestantismusthese so, dass auch heute noch Protestanten ein höheres Berufsethos aufweisen sollten als Nichtprotestanten und damit letztlich auch einen höheren Berufserfolg haben, so ist diese These durch unsere Analyse der Kölner Gymnasiastenstudie falsifiziert. Dies gilt auch, wenn Webers These so gedeutet wird, dass der Unterschied zwischen Protestanten und Katholiken historisch auf die Zeit der beginnenden Industrialisierung bezogen war und heute innerhalb einer Gesellschaft keine Unterschiede mehr bestehen. Unsere Daten weisen nämlich auch nicht auf eine völlige Unabhängigkeit von Protestantismus und Ethos hin. Vielmehr gibt es einen negativen Effekt einer protestantischen Sozialisation im Elternhaus auf das Arbeitsethos und damit indirekt auch auf den beruflichen Erfolg.

Vereinbar mit Webers These wären unsere Ergebnisse nur dann, wenn die negative Beziehung zwischen elterlichem Protestantismus und Arbeitsethos der Kinder Folge einer nicht berücksichtigten Drittvariable wäre, der spezifizierte kausale Effekt also eine Scheinkausalität wäre. Grundsätzlich ausschließen lässt sich das nicht.[18]

Gegen unsere Argumentation könnte auch eingewendet werden, dass die Stichprobe doch sehr spezifisch sei, da nur (ehemalige) Gymnasiasten und ihre Eltern in einem Bundesland zu einem ganz spezifischen historischen Zeitpunkt

---

[18] Eine mögliche Erklärung wäre es, wenn zum Zeitpunkt der ersten Erhebung protestantische Eltern mehr Wert auf eine gymnasiale Bildung ihrer Kinder legten als katholische Eltern, so dass Kinder katholischer Eltern höhere Leistungen bringen mussten als Kinder protestantischer Eltern, um auf das Gymnasium und damit in die Stichprobe zu gelangen.

betrachtet werden. In der Tat kann die Stichprobe keine Repräsentativität für die Bevölkerung der Bundesrepublik oder auch nur Nordrhein-Westfalens beanspruchen. Wie das oben aufgeführte Zitat Webers zeigt, dachte Weber bei seiner Protestantismusthese aber gerade an Unternehmer und die gehobene Dienstleistungsklasse, also an Bevölkerungsgruppen, die ihre Kinder eher als andere auf höhere Schulen schickt. Und da Nordrhein-Westfalen gerade ein Bundesland ist, in dem es sowohl Gebiete gibt, die sehr katholisch geprägt sind, wie auch Gebiete, die sehr protestantisch beeinflusst sind, scheint uns die Kölner Gymnasiastenstudie besonders gut geeignet zu sein, Weber nachzuspüren, wenn man denn Webers These individualistisch sieht.

Unsere Ergebnisse könnten aber auch Folge einer für die Prüfung der Protestantismusthese ungeeigneten Operationalisierung sein. Eher unproblematisch erscheint uns die Messung von Erfolg. Auch sind wir der Ansicht, dass der Protestantismus der Eltern wie auch deren Kinder zwar nicht perfekt, aber doch auch nicht völlig unreliabel und invalide erfasst wird, haben wir unsere Indikatoren doch so konstruiert, dass sie zum einen explizit den Gegensatz zwischen protestantischer und katholischer Konfession erfassen und zusätzlich Hinweise auf eine intensivere Bedeutung der Religion bzw. Konfession für die jeweiligen Personen berücksichtigen.[19]

Problematischer könnte die Messung der Arbeits- und Berufsethik sein. Bei den Eltern verwenden wir Verhaltensindikatoren, wobei wir vermuten, dass die Belohnung guter schulischer Leistungen vor allem durch diejenigen Eltern erfolgt, für die Leistungen entsprechend der protestantischen Ethik wichtig sind. Bei der Erfassung der schulischen Leistungsethik verwenden wir einen Indikator, der nicht nur die Wertschätzung der eigenen Leistung erfasst, sondern diese ganz im Sinne der kapitalistischen Leistungsethik in Bezug setzt zu den Leistungen anderer. In den letzten beiden Panelwellen greifen wir auf einen Einstellungsindikator zurück, der durch den Kontext in einer Itembatterie die Bedeutung von Arbeit Beruf und Arbeit gegenüber anderen Lebensbereichen betont. Auch dies scheint uns der Weberschen Sicht auf Arbeits- und Berufsethos zu entsprechen.

Interessant erscheint uns neben der Prüfung der Protestantismusthese auf Individualebene auch das Ergebnis, dass zwischen der zweiten und dritten Panelwelle eine bemerkenswerte Unabhängigkeit zwischen den Konstrukten besteht. Unsere Analyse weist darauf hin, dass die ehemaligen Gymnasiasten nach

---

[19] Konfession haben wir als Kontrast katholisch (-1) vs. protestantisch (+1) gemessen. Konfessionslose Personen oder Angehöriger anderer Religionsgemeinschaften erhalten den Wert 0. Man könnte argumentieren, dass Konfessionslose und Angehöriger anderer Gemeinschaften nicht in die „Mitte" zwischen Katholiken und Protestanten liegen und daher aus der Analyse ausgeschlossen werden sollten. Der Nichtausschluss dieser relativ kleinen Gruppe kann jedoch höchstens zu einer Unterschätzung der geschätzten Effekte des Protestantismus führen, was im Sinne eines strengen Testens der Protestantismusthese unproblematisch wäre.

dem 30. Lebensjahr möglicherweise in einen ruhigeren Lebensabschnitt geraten sind, in der sich die früher erworbenen Wertvorstellungen und auch der bis dahin eingetretene berufliche Erfolg bzw. Misserfolg nicht mehr stark ändern. Ein ähnliches Ergebnis hat Mays (2008) bei ihrer Analyse der Kölner Gymnasiastenstudie bei politischen Einstellungen gefunden. Unklar ist, ob mit dem nahenden Ende der Berufsphase der betrachteten Kohorte auch eine neue Instabilität auftritt. Antworten hierauf wird eine vierte Panelwelle der dann Mitte bis Ende 50jährigen ehemaligen Gymnasiasten geben, die in der ersten Jahreshälfte 2010 ins Feld geht. Es ist auch nicht bekannt, ob die beobachtete Stabilität im mittleren Lebensabschnitt spezifisch für die betrachtete Kohorte ist oder genereller gilt. Wünschenswert wäre es daher, wenn weitere Paneluntersuchungen realisiert werden, die einen so langen Beobachtungszeitraum umfassen wie die Kölner Gymnasiastenstudie Heiner Meulemanns.

Literatur

Becker, Sascha/Woessmann, Ludger (2009): Was Weber Wrong? A Human Capital Theory of Protestant Economic History. In: Quarterly Journal of Economics 124. 2. 537-596.
Bendix, Reinhard (1964): Max Weber. Das Werk. Darstellung und Analyse. München: Piper Verlag.
Birkelbach, Klaus (1998): Befragungsthema und Panelmortalität: Ausfälle in einer Lebenslauferhebung. In: ZA-Informationen 42. 128-147.
Bollen, Kenneth A. (1989): Structural equations with latent variables. New York: Wiley.
Coleman, James (1991): Grundlagen der Sozialtheorie. München: Oldenbourg Verlag.
Collins, Randall (1980): Weber's Last Theory of Capitalism: A Systematization. In: American Sociological Review 45.6. 925-942.
Delacroix, Jacques/Nielsen, Francois (2001): The Beloved Myth: Protestantism and the Rise of Industrial Capitalism in Nineteenth-Century Europe. In: Social Forces 80. 2. 509-553.
Engel, Uwe/Reinecke, Jost (1994): Panelanalyse: Grundlagen, Techniken, Beispiele. Berlin: DeGruyter.
Engel, Uwe/Strohe, Hans (Hrsg.) (1997): Hierarchische und dynamische Modellierung. Grundlagen und Anwendungen komplexer Strukturgleichungsmodelle. Hamburg: Kovac.
Esser, Hartmut (1999): Soziologie: Allgemeine Grundlagen. Frankfurt am Main: Campus.
Finkel, Steven E. (1995): Causal analysis with panel data. Thousand Oaks, CA: Sage.
Gerhards, Jürgen (1996): Religion und der Geist des Kapitalismus: Einstellungen zur Berufsarbeit und zur Wirtschaftsordnung in den USA und Spanien. In: Berliner Journal für Soziologie 6. 541-551.
Guttandin, Friedhelm (1998): Einführung in die Protestantische Ethik Max Webers. Opladen: Westdeutscher Verlag.

Iannaccone, Laurence R. (1998): Introduction to the Economics of Religion. In: Journal of Economic Literature 36. 3. 1465-1496.
Jöreskog, Karl. G./Sörbom, Dag (2001): LISREL 8: User's reference guide. Chicago: SSI Scientific Software International Inc.
Kaplan, David (2000): Structural Equation Modeling: Foundations and Extensions. Thousand Oaks: Sage.
Käsler, Dirk (1998): Max Weber. Eine Einführung in Leben, Werk und Wirkung. Frankfurt am Main.
Kenny, David A. (1975): Cross-lagged panel correlation: A test for spuriousness. In: Psychological Bulletin 82. 6. 887-903.
King, Gary/Keohane, Robert. O./Verba, Sidney (1994): Designing Social Inquiry. Scientific Inference in Qualitative Research. Princeton: Princeton University Press.
Kline, Rex B. (1998): Principles and practice of structural equation modelling. New York: Guilford Press.
Lehmann, Hartmut/Roth, Guenther (Hrsg.) (1993): Weber's Protestant Ethic: Origins, Evidence, Contexts. Cambridge/New York/Melbourne: Cambridge University Press.
Lepsius, Rainer M. (1986): Interessen und Ideen. Die Zurechnungsproblematik bei Max Weber. In: Kultur und Gesellschaft, Kölner Zeitschrift für Soziologie und Sozialpsychologie. Sonderheft 27. 20-31.
Mays, Anja (2009): Der Einfluss jugendlicher Sozialisationserfahrungen auf ausgewählte Aspekte der politischen Identität im Erwachsenenalter. Elektronische Dissertation. Universität Göttingen: http://webdoc.sub.gwdg.de/diss/2009/mays/.
McClelland, David C. (1955): Studies in Motivation. New York: Appleton.
McClelland, David C. (1961): The Achieving Society. Princeton/New York: van Nostrand.
Meulemann, Heiner/Hummel, Hans-Joachim/Wieken-Mayser, Maria/Wiese, Wilhelm/Ziegler, Rolf (Hrsg.) (1987): Lebensplanung und Lebenserfolg in privilegierten Lebensläufen. Abschlussbericht eines DFG-Projektes. Köln: Zentralarchiv für empirische Sozialforschung Universität zu Köln.
Meulemann, Heiner (1995): Die Geschichte einer Jugend. Lebenserfolg und Erfolgsdeutung ehemaliger Gymnasiasten zwischen dem 15. und 30. Lebensjahr. Opladen: Westdeutscher Verlag.
Meulemann, Heiner/Birkelbach, Klaus/Hellwig, Jörg O. (Hrsg.) (2001): Ankunft im Erwachsenenleben. Lebenserfolg und Erfolgsdeutung in einer Kohorte ehemaliger Gymnasiasten zwischen 16. und 43. Lebensjahr. Opladen: Leske und Budrich.
Reinecke, Jost (2005): Strukturgleichungsmodelle in den Sozialwissenschaften. München: Oldenbourg.
Schluchter, Wolfgang (1988): Religion und Lebensführung. Bd. 1: Studien zu Max Webers Kultur- und Werttheorie. Bd. 2: Studien zu Max Webers Religions- und Herrschaftssoziologie. Frankfurt am Main: Suhrkamp.
Schluchter, Wolfgang/Graf, Friedrich W. (Hrsg.) (2005): Asketischer Protestantismus und der „Geist" des modernen Kapitalismus. Tübingen: Mohr.
Schumacker, Richard E./Lomax, Randall G. (2004): A beginner's guide to structural equation modeling. Mahwah: Lawrence Erlbaum.

Seyfarth, Constans/Sprondel, Walter (Hrsg.) (1973): Seminar: Religion und gesellschaftliche Entwicklung. Studien zur Protestantismus-Kapitalismus-These Max Webers. Frankfurt am Main: Suhrkamp.

Tawney, Richard H. (1937): Religion and the Rise of Capitalism. New York: Harcourt, Brace & Co.

Weber, Max (2004): Die protestantische Ethik und der Geist des Kapitalismus, München: C.H. Beck.

Weiß Johannes (Hrsg.) (1989): Max Weber heute. Erträge und Probleme der Forschung. Frankfurt am Main.

Anhang

Tabelle 4: Messmodell, standardisierte Indikatorenladungen und Residual(ko)varianzen

Konstrukt	Indikatorenladungen	Residualvarianzen
Protestantismus Eltern:		
ProtV	0.939	0.118
ProtM	0.998	0.005
Bildung Eltern		
EducM	0.868	0.315
EducV	0.828	0.246
Protestantismus 1		
Prot1a	0.604	0.636
Prot1b	0.561	0.686
Protestantismus 2		
Prot2a	0.948	0.101
Prot2b	0.940	0.117
Berufserfolg 2		
Eink85	0.331	0.890
Trei85	0.881	0.342
Protestantismus 3		
Prot3a	0.897	0.196
Prot3b	0.954	0.082
Berufserfolg 3		
Eink97	0.368	0.760
Trei97	0.993	0.014
Nebenladung:		
Leistungsethos Eltern - Prot3a	-0.094	
Leistungsethos 1 - Eink97	0.210	
Residualkovarianzen:		
Prot2a - Prot3a		0.108
eink85 – eink97		0.306

Anmerkung: Alle Koeffizienten sind mindestens auf dem 5%-Niveau signifikant. Aufgeführt sind alle Konstrukte, die über zwei Indikatoren gemessen wurden. Die Ladungen der Konstrukte, für die nur ein Indikator zur Verfügung stand, wurden auf 1 gesetzt. Quelle: Kölner Gymnasiastenstudie, eigene Berechnungen.

Intelligenz und Schulleistung als Kontextmerkmale: Big-Fish-Little-Pond- oder Reflected-Glory-Effekt? Eine Mehrebenen-Analyse von Lehrerurteilen

Dominik Becker und Klaus Birkelbach

1 Einleitung: Bewertung von Schülerleistungen

Die Auslesefunktion der Schule wurde bereits von Schelsky (1957: 18) als „erste und damit entscheidende zentrale Dirigierungsstelle für die künftige soziale Sicherheit, für den künftigen sozialen Rang und für das Ausmaß künftiger Konsummöglichkeiten" beschrieben. Verengt man diese Perspektive auf die Funktion von Schulnoten, so lassen sich mit Ziegenspeck (1999) drei Funktionen von Zensuren festhalten: (a) die Orientierungs- und Berichtsfunktion, (b) die pädagogische Funktion sowie (c) die Selektions- und Allokationsfunktion:

a. *Orientierungs- und Berichtsfunktion*: Die Zensur ist nicht nur das Ergebnis von Prüfungen und Beobachtungen, sondern auch Mittel, diese Ergebnisse mitzuteilen und weiterzugeben. Daher lässt sich der Zusammenhang zwischen Kontrolle und Bericht auch als ein „dialogisches Verhältnis" (Ziegenspeck 1999: 99) bezeichnen, das jedoch zwei entscheidenden Verzerrungen unterworfen ist: Zum einen spiegeln, vielleicht abgesehen von den Extremwerten „ungenügend" und „sehr gut", Zensuren nicht unbedingt den Leistungsstand von Schülern[1] wider – geschweige denn eine Entwicklungstendenz. Zum anderen können sie nicht isoliert von der Profession und Person des Lehrers betrachtet werden, die als „integraler Hintergrund" (Ziegenspeck 1999: 103) immer mittelbar in die Zensurengebung einfließen.
b. *Pädagogische Funktion*: Während gute Zensuren allgemein verstärkend wirken und auch ein gelegentlicher „Ausrutscher" bei an sich guten Schülern leistungsfördernd wirken kann, werden schlechte Schüler durch schlechte Zensuren nicht nur kaum gefördert, sondern unterliegen auch der Gefahr, beim Lehrer auf emotionaler Ebene Bewertungen hervorzurufen,

---

[1] Aus Gründen der Lesbarkeit wird im Folgenden nur noch geschlechtsneutral von „Schülern" geschrieben; damit sind selbstverständlich Schülerinnen und Schüler gemeint.

die eine „objektiv-rationale" Bewertung nahezu unmöglich machen (Ziegenspeck 1999: 107-110).

c. *Selektions- und Allokationsfunktionen*: Zensuren sind und waren nie ausschließlich pädagogische Hilfsmittel der Schule, sondern immer auch die Basis institutionell festgelegter Zertifikate zur Legitimation des Übergangs in die nächsthöhere Einrichtung auf der „hierarchisch gegliederten Ausbildungsleiter" (Ziegenspeck 1999: 111). Dadurch produziert und reproduziert die Schule soziale Ungleichheiten im Lebensverlauf (z.b. Meulemann 1990; 1999; Geißler 2006; Hillmert 2007). Normative Basis der Selektions- und Allokationsfunktion ist der Wert „Leistung", verbunden mit der Forderung nach Chancengerechtigkeit. Die resultierende Ungleichheit erscheint nur solange als legitim, wie die Selektion auf Basis inter-individueller Leistungsunterschiede stattfindet und Chancengerechtigkeit beim Zugang besteht (Heid 2003; Hillmert 2007: 77-79; Becker & Hadjar 2009). Die Frage allerdings, was Schulnoten wirklich messen, wird spätestens seit Ingenkamps (1971) Reader „Die Fragwürdigkeit der Zensurengebung" kritisch betrachtet (z.B. Ziegenspeck 1999; Tent 2001; Trautwein et al. 2008). Eine Vielzahl von Untersuchungen belegt, dass sich Lehrer bei der Notengebung primär an einem klasseninternen Bezugssystem orientieren (u.a. Ingenkamp 1971: 156-163; 1989; Ziegenspeck 1999: 142f; Schrader & Helmke 2001: 50). Darüber hinaus werden klassenstufen-, schulform- und länderspezifische Unterschiede in der Benotungspraxis berichtet (Ziegenspeck 1999: 143f). Die Folge ist, dass Schüler der gleichen Schulform und Klassenstufe für objektiv gleiche Leistungen unterschiedlich benotet werden.

Aber Lehrer beurteilen nicht nur einzelne Leistungen. Beim Übergang von der Grundschule in die verschiedenen Schulformen der Sekundarstufe I, aber auch darüber hinaus in Gesprächen mit Eltern und Schülern geben Lehrer in Form von mehr oder weniger verbindlichen Übergangsempfehlungen Beurteilungen über ihre Schüler ab, die von einzelnen Leistungen abstrahieren und die (zukünftige) Leistungsfähigkeit insgesamt prognostizieren sollen.[2] Wegen der weitreichenden Folgen der Übergangsempfehlungen der Grundschullehrer am Ende der 4. Klasse für den weiteren Bildungsverlauf wurde dieser Übergang und die Validität der Prognose in der Vergangenheit immer wieder untersucht (u.a. Ingenkamp 1968; Rauh 1977; Sauer & Gamsjäger 1986; Lehmann et al. 1997; Köller et al. 1999; Bos & Pietsch 2004; Bos et al. 2004; Paulus & Lauermann 2004; Ditton & Krüsken 2006; Arnold et al. 2007). Wenn Lehrer eine über spezifische Leistungen hinausreichende Beurteilung ihrer Schüler abgeben sollen, dann basiert die-

---

[2] Die Verbindlichkeit der Schullaufbahnempfehlungen variiert zwischen den Bundesländern (vgl. Bos et al. 2004: 191f).

ses Urteil im Wesentlichen auf den Schulnoten (Bos et al. 2004: 204ff; Kristen 2006) und dürfte daher mit ähnlichen Problemen behaftet sein.

Schulleistungsuntersuchungen belegen regelmäßig, dass die Lehrerempfehlungen von den in Leistungstests gemessenen Kompetenzen zumindest teilweise entkoppelt sind (Lehmann et al. 1997; Bos & Pietsch 2004; Bos et al. 2004; Arnold et al. 2007). Gleichzeitig werden enge Zusammenhänge zwischen den Übergangsempfehlungen und der sozialen Herkunft der Schüler nachgewiesen (vgl. Ditton & Krüsken 2006).

Derart umfassende Beurteilungen, die von einzelnen Noten abstrahieren und versuchen, eine ganzheitliche Einschätzung der Leistungsfähigkeit mit prognostischem Anspruch zu leisten, werden von den Lehrern gegenüber Eltern und Schülern nach der Schullaufbahnempfehlung nicht mehr in institutionalisierter Form abgegeben. Dennoch entwickeln Lehrer natürlich auch über die aktuellen Leistungen ihrer Schüler hinaus eine allgemeinere Einschätzung von deren Leistungspotential und knüpfen daran Erfolgserwartungen, die sie ihren Schülern sowie deren Eltern vermitteln (Good & Brophy 2003).

In der vorliegenden Studie soll der Hintergrund solcher informeller Lehrerurteile, bei denen Gymnasiallehrer ihre Schüler im ersten Halbjahr der 10. Klasse hinsichtlich ihrer Eignung für ein Studium eingeschätzt haben, untersucht werden. Dabei steht die Fragestellung im Zentrum, inwieweit das Lehrerurteil auf Leistungsmerkmalen der Schüler basiert und inwieweit es zusätzlich durch den sozialen Hintergrund des Elternhauses sowie durch den Kontext der Schulklasse beeinflusst wird. Dadurch werden Fragen angesprochen, die direkt schulische Beurteilungen als Basis der Selektions- und Allokationsfunktion der Schule betreffen, denn diese erscheint nur legitim, wenn die Leistungen und die Leistungsfähigkeit der einzelnen Schüler die Basis solcher Beurteilungen ist. Die soziale Herkunft sollte dagegen in einem am meritokratischen Prinzip orientierten Statuszuweisungsprozess keine Rolle spielen (Becker & Hadjar 2009). Darüber hinaus ist die Frage der Vergleichbarkeit der Beurteilungen von besonderer Bedeutung, denn nur, wenn die Maßstäbe der Lehrer in verschiedenen Klassen und Schulen die Gleichen sind, werden die Legitimitätskriterien des Selektionsprozesses nicht verletzt.

Bei den Lehrerurteilen, deren Hintergrund und Vergleichbarkeit im Folgenden untersucht werden soll, handelt es sich um Beurteilungen, die in dieser Form weder den Schülern noch ihren Eltern direkt mitgeteilt wurden. Das Urteil ist weder durch pädagogische Absichten der Lehrer beeinflusst noch ist es verbindlich, sondern es stellt lediglich eine mehr oder weniger valide Prognose dar. Birkelbach (2009) zeigt im Längsschnitt, dass solche Lehrerurteile zukünftige Bildungsentscheidungen zu beeinflussen vermögen. Dabei wird unterstellt, dass die Lehrerurteile auf der Grundlage von längerfristigen Einschätzungen der

Schüler gefällt werden, die im schulischen Alltag auf vielfältige Weise kommuniziert werden (Brophy & Good 1974; Brattesani et al. 1984; Good & Brophy 2003) und so, vermittelt über die Erwartungen der Schüler und deren Selbstkonzept (Dalbert & Stöber 2008), deren weitere Bildungsentscheidungen beeinflussen. Durch diesen Mechanismus kann sich auch ein bezogen auf die individuelle Leistungsfähigkeit invalides Lehrerurteil langfristig in Form einer *self-fulfilling prophecy* (Merton 1948) selbst bestätigen.

Bei den Analysen von Birkelbach (2009) bleiben zwei Aspekte unberücksichtigt: Zum einen die hier behandelte Frage nach dem Hintergrund und den Vergleichsmaßstäben der Lehrerurteile und zum anderen die Frage, inwieweit die Lehrerurteile tatsächlich auch die Leistungen der Schüler zu beeinflussen vermögen, so wie es in der vieldiskutierten Studie von Rosenthal und Jacobson (1968) unter der Bezeichnung *Pygmalion-Effekt* beschrieben wird.[3]

Da in der vorliegenden Untersuchung der Hintergrund des Lehrerurteils behandelt werden soll, muss an dieser Stelle die umfangreiche Literatur zum Pygmalion-Effekt nicht vertiefend diskutiert werden,[4] aber es ist auf den Umstand hinzuweisen, „[that] surprisingly little research has been conducted regarding students' social backgrounds as moderators of self-fulfilling prophecies" (Jussim & Harber 2005: 143). Wenn ein Gutteil der Kontroverse für oder wider die Wirkung des Pygmalion-Effekts sich auf den Umstand der mangelnden Kontrolle von Drittvariablen zurückführen lässt, so liegt es nahe, die Lehrerurteile ihrerseits auf ihre Abhängigkeit von Merkmalen der Schüler zurückzuführen – und zwar detaillierter, als dies bislang geschehen ist. Es werden nicht nur Hypothesen für *Individualmerkmale* formuliert und überprüft, sondern auch *Kontextmerkmale* der Schulklasse einbezogen, also die Frage eines klasseninternen Beurteilungsmaßstabs der Lehrer berücksichtigt. Im folgenden Abschnitt sollen zunächst die wichtigsten Hypothesen auf Individualebene dargestellt und anschließend um Kontexthypothesen ergänzt werden.

---

[3] Aufgrund des nur einmalig durchgeführten Intelligenztests kann mit den vorliegenden Daten ein möglicher Pygmalioneffekt – also die Frage, inwieweit die Leistung durch das Lehrerurteil beeinflusst wird – nicht untersucht werden, wohl aber der Einfluss des Lehrerurteils auf spätere Leistungsbeurteilungen und damit auf den Lebensverlauf (Birkelbach 2009).

[4] Mit Jussim und Harber (2005) sei allerdings auf die Kontroverse zwischen Sozialpsychologen und Entwicklungspsychologen hingewiesen: Während viele Sozialpsychologen den Pygmalion-Effekt als eine klare Bestätigung für die These sahen, dass es die eigenen Erwartungen sind, die die soziale Realität erst schaffen, waren die Entwicklungspsychologen weitaus skeptischer und wiesen auf einige methodologische Schwächen der Studie von Rosenthal und Jacobson (1968) sowie auf alternative Erklärungen hin. Ungeachtet dieser Einwände konnte eine Metaanalyse von Smith (1980) eine durchschnittliche Effektgröße von .16 nachweisen. Raudenbush (1984) konnte zudem zeigen, dass der Effekt der Lehrererwartungen zum Zeitpunkt t_1 auf die Intelligenz zum Zeitpunkt t_2 stark von der Dauer der Beziehung zwischen Schülern und Lehrern abhängt.

2 Hypothesen: Leistung, soziale Herkunft und Aspirationen als Prädiktoren für Lehrerurteile

2.1 Individualmerkmale

Da es unseres Wissens keine Untersuchungen zu Lehrerurteilen in der hier vorliegenden Form gibt, orientieren sich die folgenden Überlegungen hauptsächlich an der Forschungslage zu den Übergangsempfehlungen am Ende der Grundschulzeit. „Anders als in Hogwarts, der von Joanne K. Rowling erdachten Zauberschule, gibt es in Deutschland keinen schlauen sprechenden Hut, der alle Kinder richtig danach aussuchen kann, zu welcher Schule sie gehören" (Bos et al. 2004: 191), sondern die Lehrer formulieren am Ende der Grundschulzeit – je nach Bundesland unterschiedlich verbindliche – Empfehlungen, welche Schulform angesichts des Leistungsvermögens des Kindes geeignet sei. Im Folgenden werden neben der sozialen Herkunft zwei Leistungsindikatoren (Intelligenz, Schulnoten) und die Aspirationen der Schüler als ein Indikator für deren Bewertungen und Ansprüche, der einerseits mit der Leistung zusammenhängt, andererseits aber auch stark von der sozialen Herkunft geprägt ist, als Individualmerkmale mit potentiellem Einfluss auf die Lehrerurteile diskutiert.

Intelligenz: Bereits in den 1920er Jahren wurde versucht, Lehrerurteile durch Prüfungsexperimente oder Tests von kognitiven Kompetenzen zu ergänzen (Ingenkamp 1990). In den USA werden Tests (ACT, SAT) insbesondere beim Übergang von der High School an das College bzw. die Universität breit genutzt. Auch wenn sich immer wieder zeigt, „dass die mit gültigen Tests gemessene Intelligenz der wichtigste Einzelprädiktor für Schulerfolg ist" (Ingenkamp 1993: 79), gibt es in Deutschland kaum ernsthafte Bemühungen, Leistungstests als Kriterium für Übergangsentscheidungen heranzuziehen.

Neuere Untersuchungen, wie die „Internationale-Grundschul-Lese-Untersuchung" (IGLU) 2001 und 2006 (Bos et al. 2004; Arnold et al. 2007), die Hamburger Längsschnittstudie „LAU: Aspekte der Lernausgangslage und der Lernentwicklung" (Lehmann et al. 1997) sowie die Grundschulstudie „KESS 4: Kompetenzen und Einstellungen von Schülerinnen und Schülern – Jahrgangsstufe 4" (Bos & Pietsch 2004) zeigen, dass Testergebnisse und Lehrerurteile nur teilweise übereinstimmen: So unterscheiden sich die durchschnittlichen mathematischen Kompetenzen und die Lesekompetenzen der Kinder mit Hauptschul-, Realschul- und Gymnasialempfehlung erwartungsgemäß, aber es gibt auch einen breiten Überlappungsbereich, in dem jede Schulform empfohlen wird (Bos & Pietsch 2004: 52ff; Bos et al. 2004:193-204; Arnold et al. 2007: 279-281). Aber nicht nur in der Mitte, auch im obersten und im unteren Leistungsbereich gibt es Überlappungen: So gehören 2006 knapp 10% der Kinder, die von ihren Lehrern eine Gymnasialempfehlung bekommen, der untersten Leistungsstufe (Lesen) und umgekehrt knapp 5% derjenigen, die eine Hauptschulempfehlung bekommen, der obersten Leistungsstufe an. Die getesteten Kompetenzen im Lesen und der Mathematik vermögen 2001 zusammen 39% der Varianz aller Schullaufbahnempfehlungen zu erklären (Arnold et al. 2007).

Trotz aller Diskrepanzen konnte in LAU ein nahezu linearer Zusammenhang zwischen den Leistungen im Hamburger Kombinierten Schulleistungstest für vierte und fünfte Klassen, der die Komponenten Sprachverständnis, Leseverständnis, passives Rechtschreibwissen, Informationsentnahme und Mathematik enthält, und der Wahrscheinlichkeit, eine Gymnasialempfehlung zu erhalten, nachgewiesen werden (Lehmann et al. 1997). Für die in PISA verwendeten Tests, die einer vergleichbaren Logik folgen, zeigen Baumert et al. (2007) in einer konfirmatorischen Faktoranalyse, dass die einzelnen Sub-Tests zwar domänenspezifische Faktoren für Lesen und Mathematik bilden, aber darüber hinaus die Intelligenz als allgemeiner Faktor die Lösung der einzelnen Aufgaben insgesamt beeinflusst. Unsere erste Hypothese lautet daher:

H1: *Intelligentere Schüler erhalten eher eine positive Lehrerbeurteilung.*

Schulnoten besitzen als sozial sichtbares Kriterium für Schulleistungen einen deutlichen Einfluss auf die Lehrerurteile (Kristen 2006). Wie Ingenkamp (1993) herausstellt, gilt dies insbesondere für Lehrerurteile, die Übergangsempfehlungen beinhalten. In IGLU 2006 konnten 69% der Varianz der Schullaufbahnempfehlung durch die Mathematik- und Deutschnoten erklärt werden; dabei war der Einfluss der Deutschnote etwas größer der der Mathematiknote (Arnold et al. 2007: 283). Da Schulnoten trotz ihrer wohlbekannten Defizite empirisch bewährte Prädiktoren von Lehrerempfehlungen sind, erwarten wir:

H2: *Je besser die Schulnoten, desto eher erhalten die Schüler ein positives Lehrerurteil.*

Soziale Herkunft: Bereits Ingenkamp (1977) konnte in einer Untersuchung von 21 Klassen mit N = 756 Schülern einen (bivariaten) Zusammenhang zwischen den Berufen der Väter und den Eignungsurteilen von Grundschullehrern nachweisen: Während aus der Gruppe der akademischen und leitenden Berufe 85,7% der Schüler für das Gymnasium begutachtet wurden und nur 1,4% kein Gutachten erhielten (was einer Hauptschulempfehlung gleichkam), verhielt es sich in der Gruppe der zumeist aus Arbeitern bestehenden „unteren Berufe" nahezu exakt umgekehrt. Die IGLU-Studien (2001 und 2006) zeigen, dass ein Zusammenhang zwischen sozialer Herkunft und Schullaufbahnempfehlung der Lehrer auch heute noch besteht. Unter Kontrolle der kognitiven Grundfähigkeiten sowie der Lesekompetenz erhalten Schüler, deren Eltern aus der „oberen Dienstklasse" stammen, im Vergleich zu Facharbeitern und leitenden Angestellten 2,6 mal häufiger eine Gymnasialempfehlung (Bos et al. 2004: 213; Arnold et al. 2007: 289).

Ein von Leistungen[5] unabhängiger Effekt der sozialen Herkunft auf die Beurteilungen durch die Lehrer am Ende der 10. Klasse lässt sich mit Bourdieu und Passeron (1971) folgendermaßen erklären: Kulturelles Kapital, das von den Eltern an ihre Kinder weitergegeben wird, äußert sich u.a. in der Beherrschung bestimmter symbolischer Codes, wie sie im Schulalltag erwartet werden. Dieser Vorteil von Kindern der oberen Klassen kann sich in den Lehrerurteilen bewusst oder unbewusst niederschlagen: unbewusst, wenn Lehrer schlicht unreflektiert Schüler besser beurteilen, die im Schulunterricht die verlangten symbolischen Codes besser beherrschen; bewusst, wenn sie davon ausgehen, dass diese Schüler bessere Erfolgsaussichten haben, weil sie von ihren Eltern mehr Unterstützung während der Abitur- oder Studienzeit erwarten können als Schüler aus den unteren Klassen (Ingenkamp 1993: 74).[6] Daher kann vermutet werden:

H3: Je höher die soziale Herkunft der Schüler, desto eher erhalten sie ein positives Lehrerurteil.

Aspirationen: Während der bivariate Zusammenhang zwischen der sozialen Herkunft und den (wie auch immer gemessenen) intellektuellen Fähigkeiten von Schülern als *primärer Effekt* sozialer Ungleichheit betrachtet wird, kann zusätzlich ein über die Aspirationen der Schüler bzw. Eltern vermittelter sekundärer Effekt sozialer Ungleichheit erwartet werden (Boudon 1974; Erikson et al. 2005; Müller-Benedict 2007), der unabhängig von den primären Effekten besteht. Wenn Bildung als Investitionsgut betrachtet wird (Goldthorpe 1996: 494), werden Eltern als vorrangiges Ziel die Vermeidung des sozialen Abstiegs anstreben. Daher haben Eltern mit höherem sozialem Status höhere Anreize, für ihre Kinder eine möglichst hohe Schulform anzustreben. Umgekehrt ist für Eltern mit niedrigerem sozialem Status nicht nur eine vergleichsweise niedrige Schulform für die

---

[5] Der vorherrschende Leistungsbegriff mag inhaltlich kritisch betrachtet werden, aber auch Kritiker wie Klafki (1994) können und wollen nicht darauf verzichten (Ziegenspeck 1999: 29-64). Dennoch ist Heid (2003: 41) zuzustimmen, wenn er feststellt: „Zur Leistung wird ein Handeln erst durch die Bewertung und Anerkennung dieses Handelns als Leistung. ... Hinsichtlich ihrer Definitions- und Sanktionsmacht sind die Menschen außerordentlich ungleich" und damit auf die Zirkularität einer auf Leistungsunterschieden aufbauenden Legitimation sozialer Ungleichheit hinweist. Hier kann und soll der Leistungsbegriff allerdings nicht problematisiert, sondern ein pragmatischer Leistungsbegriff benutzt werden, der sich an den curricularen Anforderungen der Schule und deren Erfüllung durch die Schüler orientiert.

[6] Natürlich ist davon auszugehen, dass sich die Reaktion der Lehrer auf das Ausmaß an Beherrschung symbolischer Codes der Schüler bereits in ihren Zensuren widerspiegelt. In den multivariaten Untersuchungen (Abschnitt 4) wird überprüft, ob unter Kontrolle weiterer Kovariaten ein unabhängiger Effekt der sozialen Herkunft auf die Lehrerurteile besteht.

Reproduktion ihres sozialen Status ausreichend, sondern für sie ist zusätzlich jeder misslungene Versuch, eine höhere Schulform zu besuchen, mit hohen Kosten verbunden (Meulemann 1979: 23ff; Breen & Goldthorpe 1997; Esser 1999: 265-275; Erikson et al. 2005; Maaz et al. 2006; Stocké 2007). Dies wird auch den Kindern vermittelt, so dass die Aspirationen der Kinder in einem engen Zusammenhang mit denen ihrer Eltern stehen (Meulemann 1979: 159).

Wir nehmen an, dass durch unterschiedliche Aspirationen definierte sekundäre Effekte sozialer Ungleichheit unabhängig von dem Zusammenhang zwischen sozialer Herkunft und kognitiven Kompetenzen von Schülern nicht nur die eigentlichen Übergangsentscheidungen beeinflussen, sondern bereits zuvor einen Einfluss auf Lehrerurteile besitzen können, weil sie in den Interaktionen zwischen Schülern bzw. ihren Eltern und den Lehrern alltäglich kommuniziert werden. Über die verbale Kommunikation hinaus dürften sich höhere Aspirationen von Kindern höherer Schichten in spezifischen Verhaltensformen im Sinne von Bourdieus (1987) Habitus-Konzept ausdrücken, die ihrerseits mit den entsprechenden Normen und Erwartungen ihrer Lehrer übereinstimmen und zu besseren Lehrerurteilen führen. Daher vermuten wir:

H4: *Je höher die Aspirationen, desto eher erhalten die Schüler ein positives Lehrerurteil.*

2.2 Kontexteffekte

Wie oben bereits angesprochen, orientieren sich Lehrer bei der Beurteilung der Leistungen ihrer Schüler mangels anderer Maßstäbe i.d.R. an einem klasseninternen Bezugssystem (Ingenkamp 1971: 156-163; 1989: 59; Klauer 1989; Fickermann 1999; Ziegenspeck 1999: 142f; Schrader & Helmke 2001; Weinert 2001: 50). In verschiedenen Studien konnte darüber hinaus gezeigt werden, dass auch die Schülerleistungen selbst nicht nur von Individualmerkmalen abhängen, sondern – vermittelt über das Selbstkonzept – auch durch Merkmale der Schulklasse beeinflusst werden. Solche Referenzgruppeneffekte werden in der Literatur unter der Bezeichnung „Big-Fish-Little-Pond-Effekt" (BFLPE) und alternativ als „Reflected-Glory-Effekt" (RGE) diskutiert (vgl. die Erläuterungen unten sowie Marsh & Parker 1984; Marsh 1987; Marsh et al. 2000; Rindermann & Heller 2005; Trautwein & Lüdtke 2005; Marsh et al. 2007; Dai & Rinn 2008; Marsh et al. 2008). Dabei wird im Falle des BFLPE ein negativer, im Falle des RGE ein positiver Effekt des Leistungsniveaus der Schulklasse auf die individuelle Schülerleistung postuliert.

Analog zu den Effekten des Leistungsniveaus der Klasse auf individuelle Leistungen vermuten wir, dass ähnliche Kontexteffekte der Klasse auf die Lehrerbeurteilungen nachgewiesen werden können, die vor allem auf klassenbezogene Vergleichsmaßstäbe der Lehrer zurückzuführen sind. Dazu werden im Folgenden gegenläufige Hypothesen eines spezifischen Big-Fish-Little-Pond-Effekts und eines Reflected-Glory-Effekts des Niveaus der Klasse hinsichtlich der durch einen Intelligenztest erhobenen kognitiven Leistungsfähigkeit und der durch Noten dokumentierten Leistungen auf das Lehrerurteil formuliert.

Darüber hinaus werden Hypothesen zu Cross-Level-Interaktionen begründet, in denen es darum geht, inwieweit die jeweilige Kontextvariable die Zusammenhänge zwischen zwei Variablen auf Mikroebene beeinflusst. Konkret soll untersucht werden, ob sich auf Individualebene mit zunehmendem Leistungsniveau der Klasse die Effekte einzelner Individualmerkmale (Intelligenz, Noten, Aspirationen, soziale Herkunft) auf das Lehrerurteil verändern.

2.3 Big-Fish-Little-Pond-Effekt

Intelligenz: Grundgedanke des BFLPE ist, dass Schüler mit gleichen Begabungen in Abhängigkeit vom Leistungsniveau ihrer Schulklasse ein unterschiedlich ausgeprägtes akademisches Selbstkonzept entwickeln: Ein Schüler mit gegebener Begabung wird sich in einer vergleichsweise leistungsschwachen Klasse als „big fish", also als vergleichsweise gut aufgestellt wahrnehmen, während er in einer leistungsstärkeren Klasse ein geringeres Selbstkonzept aufweisen wird, was sich negativ auf seine Leistungen auswirkt. Die Grundidee des klassischen BFLPE wurde seit 1984 (Marsh & Parker 1984) vielfältig getestet (u.a. Marsh & Hau 2003; Marsh et al. 2005; Marsh et al. 2007) und ist von schulischen Fragestellung auf andere Bereiche übertragen worden (z.B. Chanal et al. 2005).

Vor allem auch aufgrund des oben diskutierten klasseninternen Vergleichsmaßstabs, an dem die Lehrer sich vornehmlich orientieren (Ingenkamp 1971: 156ff; 1989; Fickermann 1999; Ziegenspeck 1999f; Schrader & Helmke 2001: 50), nehmen wir an, dass ähnliche Referenzgruppen-Effekte wie beim klassischen BFLPE auch bei der Formation von Lehrerurteilen zum Tragen kommen, so dass ein Schüler mit gegebener kognitiver Leistungsfähigkeit in einer vergleichsweise leistungsschwachen Klasse aufgrund der insgesamt niedrigeren Ansprüche der Lehrer an die Klasse bessere Beurteilungen erhalten wird als in einer vergleichsweise leistungsstarken Klasse, wo er eher negativ beurteilt wird:

H5: Schüler werden in Klassen mit vergleichsweise niedrigem Intelligenzniveau eher ein positives Lehrerurteil erhalten als in Klassen mit vergleichsweise hohem Intelligenzniveau und umgekehrt.

Schulnoten sind für Lehrer und Schüler ein einfacher als die Intelligenz wahrzunehmender Maßstab. Wie Marsh et al. (2007) betonen, sind das akademische Selbstkonzept und damit die Leistungen empirisch enger mit Schulnoten verknüpft als mit standardisierten Test-Scores. So wie die Schüler ihre Leistungen untereinander anhand des sozial offensichtlichen Merkmals der Noten vergleichen, so werden auch die Lehrer ihre Beurteilungen einzelner Schüler vor dem Hintergrund des durch Noten dokumentierten Leistungsniveaus der Klasse vornehmen. Aufgrund des klasseninternen Bezugsrahmens der Lehrer kann es für den einzelnen Schüler in einer Klasse mit gutem Notendurchschnitt schwieriger als in einer schlechteren Klasse sein, eine positive Beurteilung zu erhalten, während umgekehrt dieser Schüler im Vergleich zu einer Klasse mit schlechtem Notendurschnitt leichter eine positive Beurteilung erhalten wird.

H6: *Schüler werden in Klassen mit vergleichsweise gutem Notendurchschnitt eher ein negatives Lehrerurteil erhalten als in Klassen mit vergleichsweise schlechtem Notendurchschnitt und umgekehrt.*

2.4 Reflected Glory-Effect

Wie der klassische BFLPE bezieht sich auch der dazu hier als Gegenhypothese eingeführte Reflected-Glory-Effekt in seiner ursprünglichen Fassung (Marsh et al. 2000) auf den Einfluss des Leistungsniveaus der Klasse auf die Individualleistung der Schüler und vermutet einen Assimilationsprozess, bei dem sich das individuelle Leistungsvermögen der Schüler tendenziell dem der Klasse annähert. Die Bezeichnung „*Reflected Glory*" wird wegen ihrer Anschaulichkeit übernommen, aber sie bezeichnet hier eine spezifische Form des *Halo-Effektes* (Thorndike 1920), bei dem eine über das hohe Leistungsniveau der Klasse vermittelte positive Einstellung der Lehrer gegenüber der gesamten Klasse auf die einzelnen Schüler – auch unabhängig von deren individuellen Leistungen – ausstrahlt, so dass ein positiver Effekt leistungsstarker Klassen auf die Lehrerurteile angenommen werden kann. Das Argument sollte auch umgekehrt gelten: Eine insgesamt als schlecht beurteilte Klasse kann in ähnlicher Weise die Beurteilung der einzelnen Schüler negativ beeinflussen.

H7: *Schüler werden in Klassen mit vergleichsweise hoher durchschnittlicher Intelligenz eher bessere Lehrerurteile erhalten als in Klassen mit vergleichsweise niedrigem Intelligenzdurchschnitt und umgekehrt.*

H8: *Schüler werden in Klassen mit vergleichsweise gutem Notendurchschnitt eher bessere Lehrerurteile erhalten als in Klassen mit vergleichsweise schlechtem Notendurchschnitt und umgekehrt.*

2.4.1 Cross-Level-Interaktionen

Die bisherigen Kontexthypothesen postulierten Effekte, die allesamt auf die Zielvariable Lehrerurteile gerichtet sind. Zusätzlich sollen jedoch sogenannte Cross-Level-Interaktionen untersucht werden, bei der die jeweilige Kontextvariable die Effektstärke zwischen zwei Variablen auf Mikroebene beeinflusst (Hox 2002: 19, 53).

Zum einen nehmen wir an, dass sowohl die durchschnittliche Intelligenzleistung als auch die durchschnittliche Schulnote in der jeweiligen Klasse die Effektstärke zwischen Intelligenz bzw. Schulnote auf Individualebene und Lehrerurteilen bestimmen: In Klassen mit hoher Durchschnittsintelligenz könnte das Gewicht der Individualvariable Intelligenz als distinktives Merkmal in den Hintergrund treten, da nun jeder Schüler über eine höhere Intelligenz verfügen müsste, um sich damit vor seinen Mitschülern auszuzeichnen. Noch stärker dürfte dies für den Notendurchschnitt auf Klassenebene gelten, da Noten insgesamt für Lehrer „sichtbarer" sind als die kognitiven Fähigkeiten der Schüler.

H9: *In Klassen mit vergleichsweise hoher durchschnittlicher Intelligenz ist der Zusammenhang zwischen Intelligenz und Lehrerurteil schwächer als in Klassen mit vergleichsweise niedrigerem Intelligenzdurchschnitt.*

H10: *In Klassen mit vergleichsweise gutem Notendurchschnitt ist der Zusammenhang zwischen Schulnote und Lehrerurteil schwächer als in Klassen mit vergleichsweise schlechtem Notendurchschnitt.*

Wenn in leistungsstarken Klassen der Zusammenhang zwischen den jeweiligen Individualmerkmalen und den Lehrerurteilen abnimmt, so könnten Lehrer umgekehrt zur Beurteilung der Schüler andere Schülermerkmale heranziehen, deren Effekt dadurch zunehmen sollte. So könnten zum Beispiel in Klassen mit hoher Durchschnittsintelligenz und hohem Leistungsniveau Variablen wie der soziale Hintergrund (H3) oder die Aspirationen eines Schülers (H4) an Bedeutung als distinktive Merkmale gewinnen: Entscheidungstheoretisch argumentiert würden sich die Lehrer bei ihren Urteilen nun weniger von ihrer subjektiven Einschätzung der verfügbaren Mittel der Schüler, um das primäre Zwischengut eines akademischen Abschlusses zu erreichen, leiten lassen, sondern mehr von deren grundsätzlichen *Habitus*, welche u.a. von der sozialen Herkunft und einer grundsätzlichen Bildungsaffinität bestimmt ist – und der, wie bereits Bourdieu gezeigt hat, v.a. bei Akademikerkindern relativ deckungsgleich mit den Einstellungen und Werten der Lehrer ist (Bourdieu 1984, Bourdieu & Passeron 1990). Daher vermuten wir:

H11: Mit dem Intelligenzniveau der Klasse nimmt der Zusammenhang zwischen sozialer Herkunft der Schüler und Lehrerurteilen zu.

H12: Mit dem Intelligenzniveau der Klasse nimmt der Zusammenhang zwischen den Aspirationen der Schüler und Lehrerurteilen zu.

H13: Mit dem Notendurchschnitt der Klasse nimmt der Zusammenhang zwischen sozialer Herkunft der Schüler und Lehrerurteilen zu.

H14: Mit dem Notendurchschnitt der Klasse nimmt der Zusammenhang zwischen den Aspirationen der Schüler und Lehrerurteilen zu.

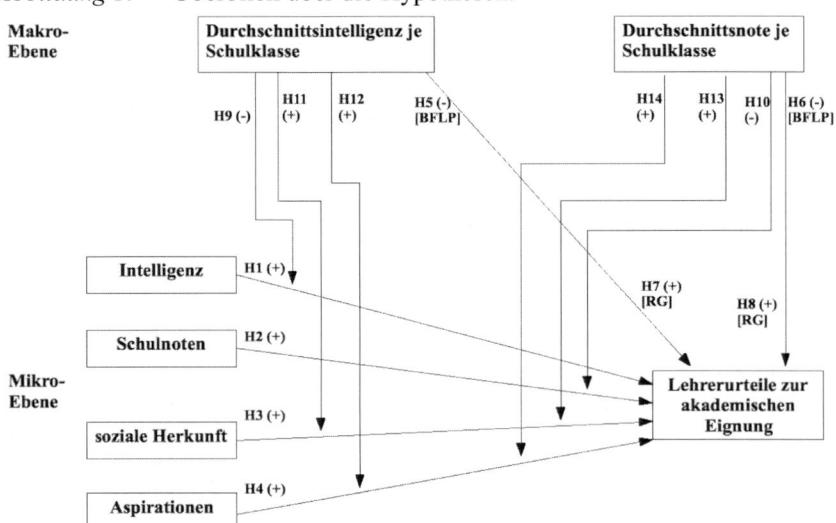

Abbildung 1: Überblick über die Hypothesen.

3 Daten, Operationalisierung und Design

3.1 Datenbasis: Kölner Gymnasiastenpanel

Datengrundlage ist die Primärerhebung des Kölner Gymnasiastenpanels (KGP) von 1969/1970.[7] Im Zuge der Primärerhebung wurden vom Forschungsinstitut

---

[7] Die Primärbefragung (Schüler: ZA-Studie Nr. 600, Eltern: ZA-Studie Nr. 639, Lehrer ZA-Studie Nr. 640) wurde vom Land Nordrhein-Westfalen finanziert und an dem von René König geleiteten Forschungsinstitut für Soziologie der Universität zu Köln durchgeführt. Projektleiter waren H.-J.

für Soziologie in einem vom Land NRW finanzierten Projekt nordrhein-westfälische Gymnasiasten des 10. Schuljahres klassenweise u.a. über ihre schulischen Interessen, Leistungen und Pläne, ihre soziale Herkunft sowie über Einstellungen zu Elternhaus und Schule befragt. Außerdem nahmen die Schüler an einem Intelligenz-Strukturtest (vier Subskalen des IST) nach Amthauer (1953) teil. Zusätzlich zu den Schülern wurden Eltern und Lehrer befragt. Der Schülerdatensatz umfasst n = 3385 Fälle, die hierarchisch in 120 Schulklassen geordnet sind.

3.2 Operationalisierung

3.2.1 Abhängige Variable

Die Lehrer wurden in zwei Fragen gebeten, eine Einschätzung darüber abzugeben, welche ihrer Schüler am besten zur Aufnahme eines Hochschulstudiums geeignet seien und welche nicht. Die Fragen lauteten:

1. Wen aus der Klasse halten Sie unabhängig vom derzeitigen Leistungsstand für besonders geeignet, ein Studium zu ergreifen?
2. Von welchen Schülern der Klasse glauben Sie, dass sie auf keinen Fall zum Studium geeignet sind?

Fasst man beide Fragen in einer Variablen mit zwei Ausprägungen zusammen, dann bleibt ein großer Anteil von Schülern, der weder ein positives noch ein negatives Urteil erhalten hat: Von ihrem Klassenlehrer wurden 751 Schüler als geeignet und 616 Schüler als nicht geeignet beurteilt, während 1060 Schüler

---

Hummell, M. Klein, M. Wieken-Mayser und R. Ziegler. Durchgeführt wurde die erste Wiederbefragung (ZA-Studie Nr. 1441) unter der Leitung von H. Meulemann, H.-J. Hummell, M. Wieken-Mayser und R. Ziegler. Einzelheiten der ersten beiden Erhebungen können dem im Zentralarchiv erhältlichen Projektbericht an die DFG (Meulemann et al. 1987) entnommen werden. Ergebnisse der ersten Wiederbefragung wurden von Meulemann (1995) und Birkelbach (1998) zusammengefasst. Die zweite Wiederbefragung (ZA-Studie Nr. 4228) wurde 1996/97 telefonisch im CATI-Labor des Instituts für Angewandte Sozialforschung der Universität zu Köln durchgeführt und von der DFG finanziert (Birkelbach et al. 2000a; Meulemann et al. 2001). Ein detaillierter Bericht zur Datenerhebung (Birkelbach et al. 2000b) liegt vor. Eine dritte Wiederbefragung der inzwischen 55-jährigen ehemaligen Schüler, die von Heiner Meulemann (Köln) und Klaus Birkelbach (Duisburg-Essen) beantragt wurde, ist von der DFG bewilligt und wird 2010 durchgeführt. Die hier vorgelegten Analysen basieren auf bislang nicht ausgewerteten Zusatzbögen zur Lehrerbefragung. Die Aufbereitung der Daten und ihre Auswertung wurde von der DFG durch die Finanzierung einer WHK-Stelle ermöglicht. Unser Dank gilt Heiner Meulemann und Maria Wieken-Mayser, die die Fragebögen aufbewahrt haben und uns bei der Aufbereitung und Integration der Daten in das KGP unterstützt haben.

keine Beurteilung erhielten.[8] Es ist zu erwarten, dass die Lehrer sich ihres Urteils vor allem bei besonders leistungsstarken und bei besonders leistungsschwachen Schülern so sicher sind, dass sie eine explizite Prognose wagen, während sie bei durchschnittlichen Schülern eher darauf verzichten. Dies zeigt auch ein Vergleich der durchschnittlichen Intelligenz (IST) in den drei Gruppen: Die liegt in der Gesamtgruppe bei MW = 110,4 und damit um rund eine Standardabweichung über der Eichstichprobe. In der Gruppe ohne explizites Urteil liegt das arithmetische Mittel bei MW = 109,6, in der Gruppe mit positivem Urteil bei MW = 114,7 und in der Gruppe mit negativem Urteil bei MW = 107,8 (vgl. Birkelbach 2009, Abbildung 1), in ähnlicher Weise gilt dies auch für die Schulnoten. Untersucht wurde neben der Wahrscheinlichkeit, ein positives gegenüber einem negativen Urteil zu erhalten, auch die Wahrscheinlichkeit eines positiven Urteils gegenüber keiner Beurteilung. Die Kontraste der beiden Gruppen sind bei der ersten Alternative (positives vs. negatives Lehrerurteil) also schärfer konturiert als bei der zweiten Alternative (positives vs. kein Urteil), so dass bei den Modellen mit der ersten Alternative auch die stärkeren Effekte zu erwarten sind. Allerdings sollten die Effekte bei der zweiten Alternative als Zielvariablen zumindest in die gleiche Richtung weisen. Das ist tatsächlich der Fall (Becker & Birkelbach 2010). Hier werden daher nur die Ergebnisse für die Dichotomie positives vs. negatives Lehrerurteil berichtet.

3.2.2 Unabhängige Variablen (Individualebene)

Die *Intelligenz* wurde mit vier Subskalen des Intelligenz-Strukturtests (*ist*) nach Amthauer (1953) ermittelt.[9] Wir verwenden die Gesamtskala über alle Subscores, von der wir für alle Individualwerte den jeweiligen Klassenmittelwert subtrahiert haben.[10] Der *Schulerfolg* wurde anhand des Notendurchschnitts der

---

[8] Die Schüler wurden von allen Lehrern, von denen sie zum Zeitpunkt der Befragung unterrichtet wurden, beurteilt. Wir beschränken die Analyse auf die Urteile der Klassenlehrer, da wir annehmen, dass die Klassenlehrer i.d.R. einen intensiveren Kontakt zu ihren Schülern haben und sie daher valider als einzelne Fachlehrer beurteilen können.

[9] Im Folgenden bezeichnen Variablenbezeichnungen in Minuskeln Indikatoren auf Individualebene, solche in Majuskeln Indikatoren auf Klassenebene. Dabei werden die Variablennamen genannt, um deutlich zu machen, dass es sich um Indikatoren handelt, nicht um die Konzepte selber.

[10] Der Multilevel-Terminologie folgend bezeichnet man dieses Verfahren als „group-mean-centering" (Hox 2002: 61). Gegenüber dem üblicherweise vorgenommenen „grand-mean-centering" besitzt es den Nachteil, dass sich die so geschätzten Parameter nicht mehr in Rohwerte rücktransformieren lassen und folglich auch nicht als Rohwerte interpretiert werden dürfen (vgl. Kreft et al. 1995). Die Zentrierung am Gruppenmittelwert stellt eine adäquate Umsetzung der BFLP-Hypothese (und somit auch der RG-Hypothese) in ein Mehrebenen-Modell dar (Hox 2002: 61f).

Schüler (*dnote*) operationalisiert.[11] Hierbei handelt es sich um den Mittelwert aller verfügbaren Noten eines Schülers, von dem der jeweilige Klassenmittelwert subtrahiert wurde. Die *soziale Herkunft* der Schüler wurde über die Schichtzugehörigkeit der Eltern operationalisiert. Aus den Angaben der Eltern zu Bildung, Berufstatus und -situs wurde ein dreidimensionaler Schichtindex (Meulemann 1979: 49) mit den folgenden Ausprägungen gebildet: 1 „untere Unterschicht"; 2 „obere Unterschicht"; 3 „untere Mittelschicht"; 4 „mittlere Mittelschicht"; 5 „obere Mittelschicht"; 6 „Oberschicht" (*schicht*). Die *Aspirationen* wurden mit der Frage gemessen, ob die Schüler das Abitur als notwendig betrachten, um ihr Lebensziel zu erreichen. Antwortvorgaben waren „ja, notwendig", „nicht notwendig, aber nützlich", „nicht notwendig". Die Variable *aspir* wurde wie folgt dichotomisiert: 0 „nicht notwendig"; 1 „notwendig oder nützlich".

3.2.3 Unabhängige Variablen (Kontextebene)

Auf Kontextebene wurden die klassenweisen Durchschnittswerte für die *Intelligenzscores* (*IST*) und den *Notendurchschnitt* (*DNOTE*) berechnet. Für Schulklassen, die auf Individualebene fehlende Werte aufweisen, wurden die jeweiligen Mittelwerte aller nicht-fehlenden Werte berechnet. Von beiden Kontextvariablen wurde der jeweilige Gesamtmittelwert subtrahiert (grand-mean-centering).

3.3 Design

Für die Schätzung von Effekten auf Individual- und Kontextebene ist eine Mehrebenenanalyse das angemessene Verfahren (Bryk & Raudenbush 1992; Hox 2002; Snijders & Bosker 2004). Da sowohl Hypothesen untersuchen werden, die einen Effekt von Makrovariablen auf das Lehrerurteil in den einzelnen Schulklassen postulieren (H5-H8) als auch Hypothesen, die einen Einfluss von Makrovariablen auf Effektgrößen auf Individualebene annehmen (H9-H14), entspricht das von uns angestrebte Endmodell einem Random-Slope-Random-Intercept-Modell (Langer 2004: 131ff). Aufgrund der dichotomen abhängigen Variablen (positives vs. negatives Lehrerurteil) liegt allen folgenden Analysen ein Mehrebenen-Logit-Modell (Hox 2002: 114f) zugrunde. Nach dem Nullmodell M0, das die Varianzen auf Individual- und Kontextebene berechnet und zueinander ins Verhältnis setzt, rechnen wir für die abhängige Variable („geeig-

---

[11] Um einheitlich interpretierbare Effekte zu erhalten, wurden die Schulnoten umkodiert, so dass der höchste Wert (6) die beste Leistung („sehr gut") und der niedrigste Wert (1) die schlechteste Leistung („ungenügend") bezeichnet.

net" vs. „ungeeignet") folgende 13 Einzelmodelle: Die Modelle M1-M4 nehmen sukzessive die Prädiktoren der Individualebene auf. M5 enthält zusätzlich zu den Mikroprädiktoren den Haupteffekt der Intelligenz-Makrovariablen (*IST*) und M6 zusätzlich zu den Mikroprädiktoren den Haupteffekt der Durchschnittsnote auf Klassenebene (*DNOTE*). Mit M5 und M6 werden somit die *BFLP*- sowie die *RFG*-Hypothesen getestet (H5-H8). M7 beinhaltet den Intelligenz-Haupteffekt sowie die Crosslevel-Interaktion *IST*ist*, M8 zusätzlich zu M6 *DNOTE*dnote*. Hier wird getestet, ob ein hohes Leistungsniveau in der Klasse zu einem Rückgang der Erklärungskraft der Leistungsprädiktoren auf Individualebene führt (H9, H10). Die Modelle M9-M12 untersuchen zusätzlich, ob infolgedessen Merkmale wie die soziale Herkunft (*schicht*) und die Aspirationen (*aspir*) bei der Erklärung von Lehrerurteilen an Bedeutung zunehmen. M13 soll als abschließendes Modell mit allen signifikanten Individualvariablen, Makro-Haupteffekten und Interaktionstermen geschätzt werden und kann daher hier noch nicht spezifiziert werden.

3.4 Schätzverfahren

Im Unterschied zu Logit-Modellen auf Individualebene und auch zu Mehrebenen-Modellen mit metrischen abhängigen Variablen werden Mehrebenen-Logit-Modelle nicht auf Maximum-Likelihood-Basis geschätzt, sondern mit einer Quasi-Likelihood-Schätzung. Diese nähert die nichtlineare Logit-Funktion schrittweise einer beinahe linearen Funktion an und berechnet erst zum Schluss das Mehrebenenmodell (Hox 2002: 108). Bei diesem als „Taylor Series Approximation" bekannten Approximationsverfahren kann während des Iterationsprozesses entschieden werden, ob die jeweils nächste Verbesserung nur auf Basis der zuvor geschätzten Parameter erfolgt (Marginal Quasi-Likelihood: MQL) oder auf Basis der vorangegangen geschätzten Parameter und der jeweiligen Residuen (Penalized Quasi-Likelihood: PQL). PQL-Schätzungen können zwar Konvergenzprobleme aufweisen, führen aber – wenn sie konvergieren – zu konsistenteren Parametern als MQL-Schätzungen (Breslow & Clayton 1993; Goldstein 1995), so dass hier PQL-Schätzungen genutzt werden.[12]

---

[12] Für die Schätzung wird die Prozedur GLIMMIX von SAS genutzt.

4 Ergebnisse

4.1 Nullmodell

Zuerst präsentieren wir die Ergebnisse des Nullmodells (M0), das einer „one-way random-effects ANOVA" gleichkommt (Bryk & Raudenbush 1992). Es besagt, dass der Wert der abhängigen Variablen „Lehrerurteil" über den Gesamtmittelwert, einen individuellen Fehlerterm sowie einen schulklassenspezifischen Fehlerterm bestimmt ist. Tabelle 1 gibt die Varianz der abhängigen Variable innerhalb (σ^2) und zwischen den Schulklassen (τ_{00}) sowie den Anteil der Varianz zwischen den Schulklassen an der Gesamtvarianz, der sich im Fall logistischer Mehrebenenmodelle nach der Formel $\rho = \tau_{00}/(\tau_{00} + \pi^2/3)$ berechnet (Snijders & Bosker 2004: 224). ρ wird auch als Intra-Class-Correlation (ICC) bezeichnet und spezifiziert den Anteil der Varianz, der durch den Kontext erklärt werden kann. Hier beträgt $\rho = .20$ und gilt damit als hinreichend eine Mehrebenenanalyse zu rechtfertigen. Muthén und Satorra (1995) schlagen darüber hinaus den design effect d, der zusätzlich die durchschnittliche Gruppengröße berücksichtigt, als Maßstab für das Erklärungspotenzial einer Mehrebenenanalyse vor.[13] Ein Wert über 2 gilt als hinreichend, um eine Mehrebenenanalyse mit Gewinn durchzuführen (Muthén & Satorra 1995; Maas & Hox 2005). Hier beträgt $d = 6{,}40$.

Tabelle 1: Nullmodell

Lehrerurteile	Varianz innerhalb der Klassen		Varianz zwischen den Klassen		$\rho \equiv \text{ICC}$
	σ^2	Standardfehler	τ_{00}	Standardfehler	$\tau_{00}/(\tau_{00}+\pi^2/3)$
geeignet vs. ungeeignet	0,93***	0,04	0,80***	0,18	0,20

4.2 Mehrebenenmodelle

Nachfolgend werden zunächst die Schätzer der vier Modelle, bei denen sukzessiv die Indikatoren für die kognitive Leistungsfähigkeit (*ist*), die Schulleitung (*dnote*), die soziale Herkunft (*schicht*) und die Aspirationen (*aspir*) auf Individualebene eingeführt werden, dargestellt (Tabelle 2). Da die metrischen Variablen *ist* und *dnote* bereits auf Gruppenebene zentriert sind und somit abgesehen

---

[13] Der design effect wird nach der Formel $d = 1 +$ (durchschnittliche Gruppengröße – 1) * ICC berechnet.

vom Vorzeichen keine inhaltliche Interpretation möglich ist, werden die unstandardisierten log-odds berichtet.

Tabelle 2: Individualmerkmale (Modell 1-4)

	M1		M2		M3		M4	
	log-odds	t-Wert	log-odds	t-Wert	log-odds	t-Wert	log-odds	t-Wert
Interzept	0,30*	2,51	-0,17	-1,08	-1,08	-4,07	-2,34***	-6,23
Individualmerkmale								
ist	0,06***	9,87	0,04***	5,65	0,04***	5,83	0,04***	5,15
dnote			4,39***	18,33	4,37***	17,81	4,49***	15,66
schicht					0,25***	4,34	0,23***	3,47
aspir							1,51***	5,45
Varianz								
innerhalb der Schulklassen	0,91***	24,76	0,77***	24,72	0,79***	24,72	0,75***	21,55
zwischen den Schulklassen	0,85***	4,47	1,79***	4,86	1,74***	4,8	1,83***	4,48

Anmerkung: * $p < ,05$; ** $p < ,01$; *** $p < ,001$

Erwartungsgemäß belegen die Modelle, dass Schüler mit höherer Intelligenz, mit besseren Noten, von höherer sozialer Herkunft und mit höheren Bildungsaspirationen auch eher ein positives Lehrerurteil erhalten. Die Effektstärke der einzelnen Koeffizienten bleibt auch bei Aufnahme der jeweils anderen Variablen stabil. Festzuhalten ist, dass auch bei Kontrolle der Intelligenz und der Note als Leistungsindikatoren die soziale Herkunft einen signifikanten Effekt auf das Lehrerurteil besitzt. Angesichts der mit $p < .001$ allesamt hochsignifikanten Koeffizienten können die Hypothesen H1-H4 beibehalten werden (vgl. Becker & Birkelbach 2009).

In den Modellen 5 bis 8 (Tabelle 3) werden schrittweise die Haupteffekte von Intelligenz (*IST*) und Durchschnittsnote (*DNOTE*) auf Kontextebene und ihre Interaktionsterme mit der jeweiligen Individualvariablen zur Überprüfung der beiden konkurrierenden Hypothesen (BFLP und Reflected-Glory) eingeführt. Nach der BFLP-Hypothese sollten Schüler in Klassen mit höherer Durchschnittsintelligenz und besseren Durchschnittsnoten ungeachtet ihrer Individualmerkmale aufgrund des hohen Vergleichsniveaus schlechtere Lehrerurteile erhalten. Nach der Reflected-Glory-Hypothese hingegen sollten die positiven Einstellungen der Lehrer gegenüber einer leistungsstarken Klasse auch unabhängig von der konkreten Individualleistung auf die einzelnen Schüler ausstrahlen und zu einer positiveren Bewertung als bei vergleichbaren Schülern in einer schwächeren Klasse führen.

Tabelle 3: Big-Fish-Little-Pond oder Reflected-Glory Effekt? Mehrebenen-Modelle 5 bis 8 (Individual- und Kontexteffekte)

	M5		M6		M7		M8	
	log-odds	t-Wert	log-odds	t-Wert	log-odds	t-Wert	log-odds	t-Wert
Interzept	-2,27***	-6,10	-2,36***	-6,28	-2,40***	-6,31	-2,49***	-6,20
Individualmerkmale								
ist	-0,08*	-2,11	0,04***	5,10	-0,08*	-2,02	0,04***	4,63
dnote	4,51***	15,60	2,55***	3,17	4,53***	15,59	2,37**	2,98
schicht	0,23***	3,45	0,23***	3,44	0,23***	3,49	0,23***	3,21
aspir	1,47***	5,31	1,51***	5,41	1,49***	5,38	1,55***	5,09
Kontextmerkmale								
IST	0,13**	3,28			0,13**	3,23		
DNOTE			1,98*	2,50			1,88*	2,40
Cross-Level-Interaktionen								
ist* IST					0,00	1,83		
dnote*DNOTE							1,30**	3,19
Varianz								
innerhalb der Schulklassen	0,75***	21,55	0,76***	21,56	0,76***	21,56	0,89***	21,57
zwischen Schulklassen	1,54***	4,25	1,65***	4,35	1,65***	4,35	1,51***	4,12

Anmerkung: * p < ,05; ** p < ,01; *** p < ,001

Die in Tabelle 3 präsentierten Modelle M5-M8 sprechen *gegen* die BFLP- und *für* die Reflected-Glory-Hypothesen: Unabhängig von der individuellen Intelligenz (*ist*) und der Durchschnittsnote (*dnote*) führen eine hohe Durchschnittsintelligenz (*IST*) sowie ein hohes Leistungsniveau in der Klasse (*DNOTE*) zu vergleichsweise besseren Lehrerurteilen. Beide Koeffizienten sind signifikant. Zu den Modellen M5-M8 ist ferner anzumerken, dass bei Aufnahme der Durchschnittsnote auf Kontextebene (M6 und M8) der Koeffizient der betreffende Individualvariable (*dnote*) an Stärke und Signifikanz verliert, während die Aufnahme der Durchschnittsintelligenz auf Klassenebene (M5 und M7) zu einer Änderung des Vorzeichens auf Individualebene führt. Die sichtbare individuelle Leistung (*dnote*) verliert bei Kontrolle des Kontextes an Einfluss auf das Lehrerurteil, aber sie behält einen signifikanten Effekt. Dagegen verkehrt die für die Lehrer weniger offensichtliche kognitive Leistungsfähigkeit (*ist*) ihren Einfluss ins Gegenteil, wenn die Kontextvariable (*IST*) kontrolliert wird. Offenbar wirkt hier die Ausstrahlung des Kontextes derart stark, dass sie die individuellen Leistungsmerkmale überlagert. Auffällig ist darüber hinaus, dass die soziale Herkunft ihren Einfluss gegenüber den Modellen M1 bis M4 nahezu unverändert beibehält. Unabhängig von der individuellen Leistung und dem Leistungsniveau der Klasse als einem Maßstab für die Leistungen beeinflusst die soziale Herkunft das Lehrerurteil zur Eignung für ein Studium.

In den Hypothesen H9 und H10 haben wir vermutet, dass eine hohe Durchschnittsintelligenz (*IST*) sowie gute Durchschnittsnoten (*DNOTE*) in einer Klasse dazu führen, dass die Individualmerkmale bei der Erklärung von Lehrerurteilen an Bedeutung verlieren. Die Modelle M7 und M8 zeigen, dass dies nicht der Fall ist. Im Falle der Intelligenz auf Klassenebene ist der jeweilige Interaktionsterm nicht signifikant (M7), und im Falle der Durchschnittsnote auf Klassenebene widerspricht das Ergebnis gar der Hypothese: Der signifikant ($p < .01$) positive Interaktionsterm in M8 zeigt, dass mit dem Notendurchschnitt auf Klassenebene der Zusammenhang zwischen Durchschnittsnote und Lehrerurteilen auf Individualebene sogar zunimmt. H9 und H10 müssen somit verworfen werden.

Tabelle 4: Mehrebenenmodelle (M9-M13) inklusive Cross-Level-Interaktionen

	M9		M10		M11		M12		M13	
	log-odds	t-Wert	log-odds	t-Wert	log-odds	t-Wert	log-odds	t-Wert	log-odds	t-Wert
Interzept	-2,29***	-6,12	-2,30***	-6,11	-2,50***	-6,51	-2,51***	-6,04	-2,41***	-6,07
Individualmerkmale										
ist	-0,08*	-2,12	-0,08*	-2,12	0,04***	5,23	0,04***	5,17	-0,07	-1,88
dnote	4,51***	15,57	4,51***	15,57	2,56***	3,17	2,53**	3,16	2,70**	3,52
schicht	0,24***	3,49	0,23***	3,42	0,26***	3,86	0,23***	3,48	0,23**	3,19
aspir	1,47***	5,30	1,50***	5,30	1,51***	5,48	1,66***	5,00	1,51***	4,96
Kontextmerkmale										
IST	0,11*	2,58	0,11*	2,57					0,11**	3,06
DNOTE					3,03**	2,93	2,72*	2,44	1,59**	2,12
Cross-Level-Interaktionen										
dnote*DNOTE									1,29**	3,17
schicht*IST	0,00	0,53								
aspir*IST			0,01	0,52						
schicht*DNOTE					-0,28	-1,62			0,46*	2,51
aspir*DNOTE							-0,81	-0,95		
Varianz										
innerhalb der Schulklassen	0,77***	21,49	0,77***	21,49	0,75***	21,5	0,77***	21,51	0,79***	21,49
zwischen Schulklassen	1,56***	4,12	1,56***	4,13	1,8***	4,34	1,74***	4,28	1,51***	4,02

Anmerkung: * $p < ,05$; ** $p < ,01$; *** $p < ,001$

Die Hypothesen H11-H14 postulieren, dass in Klassen mit hoher Durchschnittsintelligenz und guten Noten die Erklärungskraft der sozialen Herkunft und der Aspirationen zunimmt. An den Modellen M9 bis M12 kann abgelesen werden, dass dies mit den vorliegenden Daten nicht bestätigt werden kann: Keiner der Interaktionsterme der beiden Kontextvariablen mit der sozialen Herkunft oder den Aspirationen der Schüler ist signifikant. H11 bis H14 müssen somit abgelehnt werden.

Modell M13 präsentiert nochmal das Endmodell aller bis hierhin signifikanten Variablen und Interaktionsterme. Es zeigt sich, dass auf der Individualebene die Effekte der Durchschnittsnote, der sozialen Herkunft und der Aspirationen weiterhin einen signifikanten Effekt auf das Lehrerurteil haben, während der in den Modellen M5 und M7 überraschend negative Effekt des Intelligenzniveaus nun auch eine Irrtumswahrscheinlichkeit auf dem 5-Prozent-Niveau verfehlt. Auf der Ebene der Schulklassen bleiben beide Haupteffekte zugunsten der Reflected-Glory-Hypothese bestehen und belegen, dass das Leistungsniveau der Klasse auf die Beurteilung einzelner Schüler durch ihre Lehrer ausstrahlt. Das gilt auch für den unserer Hypothese H8 widersprechenden positiven Interaktionseffekt zwischen der Durchschnittsnote auf Klassen- und Individualebene, der im Rückblick als ein zusätzlicher Beleg für die Ausstrahlung von Lehrererwartungen, die sich in einem durch aggregierte Leistungen geformten Referenzrahmen gebildet haben, auf die Beurteilung der individuellen Leistungsfähigkeit einzelner Schüler aufgefasst werden kann.

5   Diskussion

In diesem Beitrag wurde erstens der Frage nachgegangen, ob auf Individualebene neben der Intelligenz und dem Notendurchschnitt als Leistungsindikatoren auch die soziale Herkunft sowie die Aspirationen der Schüler die Urteile ihrer Klassenlehrer hinsichtlich ihrer Eignung für ein Studium beeinflussen. Diese Frage kann klar bejaht werden: Die Effekte der sozialen Herkunft und der Aspirationen bleiben nicht nur bei Kontrolle beider Leistungsindikatoren auf Individualebene stabil, sondern auch, wenn zusätzlich das Leistungsniveau der Klasse als Kontexteffekt berücksichtigt wird. Umgekehrt verliert bei Kontrolle des Leistungsniveaus der Klasse die über die Testintelligenz operationalisierte kognitive Leistungsfähigkeit der einzelnen Schüler an Bedeutung für das Lehrerurteil, während der individuelle Notendurchschnitt einen signifikanten Einfluss behält. Bei prognostischen Urteilen orientieren sich die Lehrer nicht nur an den aktuellen Leistungen und der langfristigen kognitiven Leistungsfähigkeit ihrer Schüler, sondern auch an deren Herkunft und Aspirationen. Mehr noch: Wird zusätzlich das Leistungsniveau der Klasse kontrolliert, dann spielt die individuelle kognitive Leistungsfähigkeit als ein über die Gegenwart hinausweisendes Leistungsmerkmal für das prognostische Urteil keine Rolle mehr, während die aktuellen, durch Noten dokumentierten Leistungen, aber auch die soziale Herkunft und die damit eng zusammenhängenden Aspirationen weiterhin von Bedeutung sind.

Zweitens sollte untersucht werden, ob darüber hinaus die Beurteilungen der Schüler durch ihre Lehrer auch durch das Leistungsniveau der Klasse insgesamt beeinflusst werden. Während die hier diskutierte Variante der *Big-Fish-Little-Pond-Hypothese* einen negativen Effekt eines hohen durchschnittlichen Leistungsniveaus auf das Lehrerurteil vermutet, weil mit dem Leistungsniveau der Klasse die Ansprüche der Lehrer an die individuelle Leistung zunehmen, postuliert umgekehrt die *Reflected-Glory-Hypothese*, dass die mit dem Leistungsniveau der Klasse zunehmend positivere Einschätzung der Klasse auf die einzelnen Schüler ausstrahlt – auch unabhängig von deren individueller Leistung. Die hier präsentierten Ergebnisse sprechen eindeutig für die *Reflected-Glory-Hypothese*. Lehrer orientieren sich bei der Einschätzung einzelner Schüler an einem klasseninternen Maßstab. Aber das bedeutet nicht, dass in einer leistungsstarken Klasse die individuell für eine positive Beurteilung durch den Lehrer zu erbringenden Leistungen im Vergleich zu den Leistungen in leistungsschwächeren Klassen besonders hoch sein müssen. Vielmehr sprechen die Daten dafür, dass das Leistungsniveau der Klasse auf die Beurteilung der Leistung der einzelnen Schüler in Form eines Halo-Effektes ausstrahlt. Dies gilt auch bei Kontrolle der aktuellen Leistungen und der kognitiven Leistungsfähigkeit auf Individualebene. Bei gleicher Leistung erhalten Schüler in guten Klassen eher eine positive Beurteilung, während sie in schlechteren Klassen eher negativ beurteilt werden. Offenbar übertragen die Lehrer ihre Erwartungen, die sie an die Klasse als Ganzes haben auf die einzelnen Schüler.

Drittens wurde durch Cross-Level-Interaktionen untersucht, ob mit zunehmender Leistungsfähigkeit der Klasse die jeweiligen Individualvariablen bei der Erklärung von Lehrerurteilen an Bedeutung verlieren und andere Prädiktoren wie die soziale Herkunft oder die Aspirationen der Schüler stärker in den Vordergrund rücken. Darauf geben die vorliegenden Daten aber keinen Hinweis. Vielmehr scheint die Relevanz der individuellen Noten in einem schulleistungsstarken Klassenverband weiter zuzunehmen.

Zusammenfassend ist festzustellen, dass Lehrer sich bei solch allgemeinen Beurteilungen von Schülern mit einem prognostischen Gehalt nicht nur an meritokratischen Kriterien, also an den aktuellen Leistungen und der langfristigen kognitiven Leistungsfähigkeit orientieren, sondern auch der sozioökonomische Status der Eltern und die individuellen Aspirationen eine signifikante Rolle spielen. Das ist nicht weiter überraschend und bestätigt nur einmal mehr die eingangs diskutierten Untersuchungen zu den Übergangsempfehlungen von der Grundschule in die Sekundarstufe I. Hervorzuheben ist dagegen die Tatsache, dass die kognitive Leistungsfähigkeit als langfristig wirksamer Leistungsindikator für das prognostische Lehrerurteil keine Rolle mehr spielt, wenn die aktuellen Leistungen, das Leistungsniveau der Klasse und die soziale Herkunft kontrolliert werden. Dadurch wird eine grundlegende Frage von Lehrerurteilen mit prognostischem Gehalt angesprochen: Können Lehrer das Potenzial der Schüler überhaupt unabhängig von deren aktuellen Leistungen und dem Leistungsniveau der Klasse als Referenzrahmen einschätzen? Die Ergebnisse legen zumindest Zweifel nahe. Dies gilt insbesondere, wenn man sich noch einmal vor Augen führt, in welcher Form das Leistungsniveau der Klasse die Lehrerurteile beeinflusst: Die Erwartungen, die Lehrer an eine Klasse als Ganzes haben, strahlen auf die Beurteilungen der einzelnen Schüler aus – auch unabhängig von deren individuellen Leistungen und ihrem Leistungsvermögen. Solche Beurteilungen haben Folgen im weiteren Bildungsverlauf, wie an anderer Stelle (Birkelbach 2009) gezeigt werden konnte. Mangels anderer Informationsquellen orientieren die Schüler ihr Selbstkonzept an den in der alltäglichen Kommunikation der Schule direkt oder indirekt vermittelten Einschätzungen der Lehrer. Diese fließen in die folgenden Bildungsentscheidungen als Erfolgserwartungen der Schüler mit ein und können so in Form einer *self-fulfilling prophecy* (Merton 1948) den Bildungs- und Berufsverlauf und damit den gesellschaftlichen Statuszuweisungsprozess beeinflussen.

Literatur

Amthauer, Rudolf (1953): Intelligenz-Struktur-Test (2. erw. Auflage). Göttingen: Hogrefe.
Arnold, Karl-Heinz/Bos, Wilfried/Kichert, Peggy/Tobias C. Stubbe, Tobias C. (2007): Schullaufbahnpräferenzen am Ende der vierten Klassenstufe. In: Bos et al. (2007): 271-297.
Baumert, Jürgen/Brunner, Martin/Lüdtke, Oliver/Trautwein, Ulrich (2007): Was messen internationale Schulleistungsstudien? – Resultate kumulativer Wissenserwerbsprozesse. Eine Antwort auf Heiner Rindermann. In: Psychologische Rundschau 58. 2. 118-128.
Becker, Dominik/Birkelbach, Klaus (2009): Teacher evaluations and the definition of the social situation in the classroom. Arbeitspapier Nr. 3 der Projektgruppe „Lehrerurteile im Lebensverlauf". Essen: Universität Duisburg-Essen.
Becker, Dominik/Birkelbach, Klaus (2010): Lehrerurteile im Klassenkontext. Eine Mehrebenen-Analyse von Lehrerurteilen. In: Birkelbach/Dobischat (2010): 57-85.
Becker, Rolf (Hrsg.) (2009): Lehrbuch der Bildungssoziologie. Wiesbaden: VS Verlag für Sozialwissenschaften.

Becker, Rolf/Lauterbach, Wolfgang (Hrsg.) (2007): Bildung als Privileg? Erklärungen und Befunde zu den Ursachen der Bildungsungleichheit. Wiesbaden: VS Verlag für Sozialwissenschaften.
Becker, Rolf/Hadjar, Andreas (2009): Meritokratie - Zur gesellschaftlichen Legitimation ungleicher Bildungs-, Erwerbs- und Einkommenschancen. In: Becker (2009): 35-59.
Birkelbach, Klaus (1998): Berufserfolg und Familiengründung. Lebensläufe zwischen institutionellen Bedingungen und individueller Konstruktion. Opladen: Westdeutscher Verlag.
Birkelbach, Klaus (2009): Lehrerurteile im Lebensverlauf: Valide Prognose oder Self-Fulfilling Prophecy? Zur Veröffentlichung eingereicht bei der Kölner Zeitschrift für Soziologie und Sozialpsychologie.
Birkelbach, Klaus/Dobischat, Rolf (Hrsg.) (2010): Lehrerurteile im Lebenslauf. Endbericht eines von der DFG geförderten Berichtes. Essen: Universität Duisburg-Essen.
Birkelbach, Klaus/Hellwig, Jörg Otto/Hemsing, Werner/Meulemann, Heiner (Hrsg.) (2000a): Lebenserfolg und Erfolgsdeutung im frühen Erwachsenenalter. Eine Wiederbefragung ehemaliger Gymnasiasten im 43. Lebensjahr. Teil 1: Arbeitsbericht. Projektbericht zur Vorlage bei der DFG (Az. 577/7-1). Köln: Institut für Angewandte Sozialforschung.
Birkelbach, Klaus/Hellwig, Jörg Otto/Hemsing, Werner/Meulemann, Heiner (Hrsg.) (2000b): Lebenserfolg und Erfolgsdeutung im frühen Erwachsenenalter. Eine Wiederbefragung ehemaliger Gymnasiasten im 43. Lebensjahr. Teil 2: Ergebnisbericht. Projektbericht zur Vorlage bei der DFG (Az. 577/7-1). Köln: Institut für Angewandte Sozialforschung.
Bolder, Axel/Witzel, Andreas (Hrsg.) (2003): Berufsbiographien. Beiträge zur Theorie und Empirie ihrer Bedingungen, Genese und Gestaltung. Opladen: Leske+Budrich.
Bos, Wilfried/Hornberg, Sabine/Arnold, Karl-Heinz/Faust, Gabriele/Fried, Lilian/Lankes, Eva-Maria/Schwippert, Knut/Valtin, Renate (Hrsg.) (2007): IGLU 2006. Lesekompetenzen von Grundschulkindern in Deutschland im internationalen Vergleich. Münster u.a.: Wachsmann.
Bos, Wilfried/Lankes, Eva-Maria/Prenzel, Manfred/Schwippert, Knut/Valtin, Renate/ Walther, Gerd (Hrsg.) (2004): IGLU. Einige Länder der Bundesrepublik Deutschland im nationalen und internationalen Vergleich. Münster u.a.: Wachsmann.
Bos, Wilfried/Pietsch, Marcus (2004): Erste Ergebnisse aus KESS 4. Kurzbericht. Hamburg. Freie und Hansestadt Hamburg.
Bos, Wilfried/Voss, Andreas/Lankes, Eva-Maria/Schwippert, Knut/Thiel, Jürgen/ Valtin, Renate (2004): Schullaufbahnempfehlungen von Lehrkräften für Kinder am Ende der vierten Jahrgangsstufe. In: Bos et al. (2004): 191-228.
Boudon, Raymond (1974): Education, opportunity, and social inequality: Changing prospects in Western Society. New York: Wiley.
Bourdieu, Pierre (1987): Die feinen Unterschiede. Kritik der gesellschaftlichen Urteilskraft. Frankfurt/M.: Suhrkamp.
Bourdieu, Pierre/Passeron, Jean-Pierre (1971): Die Illusion der Chancengleichheit. Untersuchungen zur Soziologie des Bildungswesens am Beispiel Frankreichs. Heilbronn: Klett.

Brattesani, Karen A./Weinstein, Rhona S./Marshall Hermine H (1984): Student Perceptions of Differential Teacher Treatment as Moderators of Teacher Expectation Effects. In: Journal of Educational Psychology 76. 2. 236-247.
Breen, Richard/Goldthorpe, John H. (1997): Explaining Educational Differentials. Towards a Formal Rational Action Theory. In: Rationality and Society 9. 3. 275-305.
Breslow, Norman E./Clayton, David G. (1993): Approximate Inference in Generalized Linear Mixed Models. In: Journal of the American Statistical Association 88. 421. 9-25.
Brophy, Jere E./Good, Thomas L. (1974): Teacher - Student Relationships. Causes and Consequences. New York u.a.: Holt, Rhinehart and Winston.
Bryk, Anthony S./Raudenbush, Stephen W. (1992): Hierarchical Linear Modell. Applications and Data Analysis Methods. Thousand Oaks, CA: Sage.
Chanal, Julien P./Marsh, Herbert W/ Sarrazin, Philippe G./Bois, Julien E. (2005): Big-Fish-Little-Pond Effects on Gymnastics Self-concept. Social Comparison Processes in a Physical Setting. In: Journal of Sport and Exercise Psychology 27. 1. 53-70.
Dai, David Yun/Rinn, Anne N. (2008): The Big-Fish-Little-Pond Effect. What Do We Know and Where Do We Go from Here? In: Educational Psychological Review 20. 3. 283-317.
Dalbert, Claudia/Stöber, Joachim (2008): Forschung zur Schülerpersönlichkeit. In: Helsper/Böhme (2008): 905-925.
Ditton, Hartmut/Krüsken, Jan (2006): Der Übergang von der Grundschule in die Sekundarstufe I. In: Zeitschrift für Erziehungswissenschaft 9. 3. 348-372.
Erikson, Robert/Goldthorpe, John H./ Jackson, Michelle/ Yaish, Meir/Cox, D. R. (2005): On class differentials in educational attainment. In: Proceedings of the National Academy of Sciences of the USA (PNAS) 102. 27. 9730-9733.
Esser, Hartmut (1999): Soziologie. Spezielle Grundlagen. Band 1: Situationslogik und Handeln. Frankfurt/M./New York: Campus.
Fickermann, Detlef (1999): Grundschulzeugnis und Schulformwahlverhalten. Untersuchungen zur Leistungsselektivität beim Übergang in die Sekundarstufe I. In: Weishaupt (1999): 113-155.
Geißler, Rainer (2006): Die Sozialstruktur Deutschlands. Zur gesellschaftlichen Entwicklung mit einer Bilanz zur Vereinigung (4., überarbeitete und aktualisierte Auflage). Wiesbaden: VS Verlag für Sozialwissenschaften.
Goldstein, Harvey (1995): Multilevel statistical models. London: Arnold.
Goldthorpe, John H. (1996): Class Analysis and the reorientation of class theory: the case of persisting differentials in educational attainment. In: British Journal of Sociology 47. 3. 481-505.
Good, Thomas L./Brophy, Jere E. (2003): Looking in Classrooms. New York u.a.: Pearson Education.
Heid, Helmut (2003): Eliteförderung oder Chancengleichheit im Bildungswesen? In: Bolder/Witzel (2003): 35-50.
Helsper, Werner/Böhme, Jeanette (Hrsg.) (2008): Handbuch der Schulforschung (2., durchgesehene und erweiterte Auflage). Wiesbaden: VS Verlag für Sozialforschung.
Hillmert, Steffen (2007): Soziale Ungleichheit im Bildungsverlauf: zum Verhältnis von Bildungsinstitutionen und Entscheidungen. In: Becker/Lauterbach (2007): 72-98.

Hox, Joop (2002): Multilevel-Analysis: Techniques and Applications. Mahwah, NJ: Lawrence Erlbaum.
Ingenkamp, Karlheinz (1968): Untersuchungen zur Übergangsauslese (Theorie und Praxis der Schulpsychologie, Band VIII). Weinheim und Berlin: Beltz.
Ingenkamp, Karlheinz (Hrsg.) (1971): Die Fragwürdigkeit der Zensurengebung. Weinheim und Basel: Beltz.
Ingenkamp, Karlheinz (Hrsg.) (1977): Schüler und Lehrerbeurteilung. Empirische Untersuchungen zur pädagogischen Diagnostik. Weinheim und Basel: Beltz.
Ingenkamp, Karlheinz (1977): Einige Ergebnisse einer Untersuchung zur Übergangsauslese. In: Ingenkamp (1977): 66-84.
Ingenkamp, Karlheinz (1989): Diagnostik in der Schule. Beiträge zu Schlüsselfragen der Schülerbeurteilung. Weinheim: Beltz.
Ingenkamp, Karlheinz (1990): Geschichte der pädagogischen Diagnostik in Deutschland on 1885-1933. Weinheim.
Ingenkamp, Karlheinz (1993): Der Prognosewert von Zensuren, Lehrergutachten, Aufnahmeprüfungen und Tests während der Grundschulzeit für den Sekundarschulerfolg. In: Olechowski/Persy (1993): 68-85.
Jäger, Reinhold S./Horn, Ralf/Ingenkamp, Karlheinz (Hrsg.) (1989): Tests und Trends 7. Jahrbuch der pädagogischen Diagnostik. Weinheim: Beltz.
Jussim, Lee/Harber, Kent D (2005): Teacher Expectations and Self-Fulfilling Prophecies: Knowns and Unknowns, Resolved and Unresolved Controversies. In: Personality & Social Psychology Review 9. 2. 131-155.
Klafki, Wolfgang (Hrsg.) (1994): Neue Studien zur Bildungstheorie und Didaktik. Zeitgemäße Allgemeinbildung und kritisch-konstruktive Diadaktik. Weinheim: Beltz.
Klafki, Wolfgang (1994): Sinn und Unsinn des Leistungsprinzips in der Erziehung. In: Klafki (1994): 209-247.
Klauer, Karl Josef (1989): Zensierungsmodelle und ihre Konsequenzen für die Notengebung. In Jäger et al. (1989): 40-68.
Köller, Olaf/Baumert, Jürgen/Schnabel, Kai U. (1999): Wege zur Hochschulreife. Offenheit des Systems und Sicherung vergleichbarer Standards. In: Zeitschrift für Erziehungswissenschaft 2. 3. 385-422.
Kreft, Ita G. G./de Leeuw, Jan/Aiken, Leona S. (1995): The Effect of Different Forms of Centering in Hierarchical Linear Models. In: Multivariate Behavioral Research 30. 1. 1-21.
Kristen, Cornelia (2006): Ethnische Diskriminierung in der Grundschule? Die Vergabe von Noten und Bildungsempfehlungen. In: Kölner Zeitschrift für Soziologie und Sozialpsychologie 58. 1. 79-97.
Langer, Wolfgang (2004): Mehrebenenanalyse: Eine Einführung für Forschung und Praxis. Wiesbaden VS Verlag für Sozialwissenschaften.
Lehmann, Rainer H./Peek, Rainer/Gänsfuß, Rüdiger (1997): LAU 5 - Aspekte der Lernausgangslage und der Lernentwicklung von Schülerinnen und Schülern, die im Schuljahr 1996/97 eine fünfte Klasse an Hamburger Schulen besuchten. Bericht über die Erhebung im September 1996. Hamburg.
Maas, Cora J./Hox, Joop (2005): Sufficient sample sizes for multilevel modeling. In: Methodology 1. 3. 86-92.

Maaz, Kai/Hausen, Cornelia/McElvany, Nele/Baumert, Jürgen (2006): Stichwort: Übergänge im Bildungssystem. Theoretische Konzepte und ihre Anwendung in der empirischen Forschung beim Übergang in die Sekundarstufe. In: Zeitschrift für Erziehungswissenschaft 9. 3. 299-327.

Marsh, Herbert W.(1987): The big-fish-little-pond effect on academic self-concept. In: Journal of Educational Psychology 79. 3. 280-295.

Marsh, Herbert W./Parker, John W. (1984): Determinants of student self-concept: Is it better to be a relatively large fish in a small pond even if you don't learn to swim as well? In: Journal of Personality & Social Psychology 47. 1. 213-231.

Marsh, Herbert W./Hau, Kit-Tai (2003): Big-fish-little-pond effect on academic self-concept. A cross-cultural (26-country) test of the negative effects of academically selective schools. In: American Psychologist 58. 5. 364-376.

Marsh, Herbert W./Kong, Chit-Kwong/Hau, Kit-Tai (2000): Longitudinal Multilevel Models of the Big-Fish-Little-Pond Effect on Academic Self-Concept: Counterbalancing Contrast and Reflected-Glory Effects in Hong Kong Schools. In: Journal of Personality & Social Psychology 78. 2. 337-349.

Marsh, Herbert W./Trautwein, Ulrich/Lüdtke, Oliver/Köller, Olaf/Baumert, Jürgen (2005): Academic Self-Concept, Interest, Grades, and Standardized Test Scores: Reciprocal Effects Models of Causal Ordering. In: Child Development 76. 2. 397-416.

Marsh, Herbert W. ./Trautwein, Ulrich/Lüdtke, Oliver/Baumert, Jürgen/Köller, Olaf (2007): The Big-Fish-Little-Pond Effect: Persistent Negative Effects of Selective High Schools on Self-Concept After Graduation. In: American Educational Research Journal 44. 3. 631-669.

Marsh, Herbert W./Seaton, Marjorie/Trautwein, Ulrich/Lüdtke, Oliver/Hau, Kit-Tai/ O'Mara, Alison J./Craven, Rhonda G. (2008): The Big-fish–little-pond-effect Stands Up to Critical Scrutiny: Implications for Theory, Methodology, and Future Research. In: Educational Psychological Review 20. 3. 319-350.

Mayer, Karl Ulrich (Hrsg.) (1990): Lebensverläufe und sozialer Wandel. Sonderheft 31/1990 der Kölner Zeitschrift für Soziologie und Sozialpsychologie. Opladen: Westdeutscher Verlag.

Merton, Robert K. (1948): The Self-Fulfilling Prophecy. In: The Antioch Review 8. 193-210.

Meulemann, Heiner (1979): Soziale Herkunft und Schullaufbahn. Arbeitsbuch zur sozialwissenschaftlichen Methodenlehre. Frankfurt/M./New York: Campus.

Meulemann, Heiner (1990): Schullaufbahnen, Ausbildungskarrieren und die Folgen im Lebensverlauf. Der Beitrag der Lebensverlaufsforschung zur Bildungssoziologie. In: Mayer (1990): 89-117.

Meulemann, Heiner (1995): Die Geschichte einer Jugend. Lebenserfolg und Erfolgsdeutung ehemaliger Gymnasiasten zwischen dem 15. und 30. Lebensjahr. Opladen: Westdeutscher Verlag.

Meulemann, Heiner (1999): Stichwort: Lebenslauf, Biografie und Bildung. In: Zeitschrift für Erziehungswissenschaft 2. 3. 305-324.

Meulemann, Heiner/Birkelbach, Klaus/Hellwig, Jörg Otto (Hrsg.) (2001): Ankunft im Erwachsenenleben. Lebenserfolg und Erfolgsdeutung in einer Kohorte ehemaliger Gymnasiasten zwischen 16 und 43. Opladen: Leske+Budrich.

Meulemann, Heiner/Hummel, Hans-Joachim/Wieken-Mayser, Maria/Wiese, Wilhelm/Ziegler, Rolf (Hrsg.) (1987): Lebensplanung und Lebenserfolg in privilegierten Lebensläufen. Abschlußbericht eines DFG-Projektes. Köln: Zentralarchiv für empirische Sozialforschung Universität zu Köln.

Müller-Benedict, Volker (2007): Wodurch kann die soziale Ungleichheit des Schulerfolgs am stärksten verringert werden? In: Kölner Zeitschrift für Soziologie und Sozialpsychologie 59. 4. 615-639.

Muthén, Bengt O./Satorra, Albert (1995): Complex sample data in in structural equation modeling. In: Sociological Methodology 25. 267-316.

Olechowski, Richard/Persy Elisabeth (Hrsg.) (1993): Frühe schulische Auslese. Weinheim und Basel: Beltz.

Paulus, Christoph/Lauermann, Petra (2004): Schulische Übergangsentscheidung mittels Lernfähigkeitsdiagnose. Arbeitsberichte aus der Fachrichtung Erziehungswissenschaft der Universität des Saarlandes. Saarbrücken: Universität des Saarlandes.

Raudenbush, Stephen W. (1984): Magnitude of Teacher Expectancy Effects on Pupil IQ as a Function of the Credibility of Expectancy Induction: A Synthesis of Findings From 18 Experiments. In: Journal of Educational Psychology 76. 1. 85-97.

Rauh, Hellgard (1977): Schulleistungen und Übertrittsempfehlungen am Ende des 4. Schuljahres in ihrer Beziehung zur Entwicklung während der Grundschulzeit - Empirische Längsschnittanalyse eines komplexen Begabungsurteils. In: Ingenkamp, Karlheinz (1977): 14-64.

Rindermann, Heiner/Heller, Kurt A. (2005): The Benefit of Gifted Classes and Talent Schools for Developing Students' Competences and Enhancing Academic Self-Concept. In: Zeitschrift für Pädagogische Psychologie 19. 3. 133–136.

Rosenthal, Robert/Jacobson, Leonore (1968): Pygmalion in the Classroom: Teacher expectation and pupils' intellectual development. New York: Holt, Rinehart & Winston.

Rost, Detlef H. (Hrsg.) (2001): Handwörterbuch Pädagogische Psychologie (2. Auflage). Weinheim: Beltz/PVU.

Sauer, Joachim/Gamsjäger, Erich (1986): Ist Schulerfolg vorhersagbar? Die Determinanten der Grundschulleistung und ihr prognostischer Wert für den Sekundarschulerfolg. Göttingen: Hogrefe.

Schelsky, Helmut (1957): Schule und Erziehung in der industriellen Gesellschaft. Würzburg: Werkbund.

Schlemmer, Elisabeth/Gerstberger, Herbert (Hrsg.) (2008): Ausbildungsfähigkeit im Spannungsfeld zwischen Wissenschaft, Politik und Praxis. Wiesbaden: VS Verlag für Sozialwissenschaften.

Schrader, Friedrich-Wilhelm/Helmke, Andreas (2001): Alltägliche Leistungsbeurteilung durch Lehrer. In: Weinert (2001): 45-58.

Smith, Mary Lee (1980): Meta-analysis of research in teacher expectation. In: Evaluation in Education 4. 53-56.

Snijders, Tom A.B./Bosker, Roel J. (2004): Multilevel analysis: An introduction to basic and advanced multilevel modeling. London et. al: Sage.

Stocké, Volker, (2007): Explaining Educational Decisions and Effects of Families' Social Class Position: An Empirical Test of the Breen-Goldthorpe Model of Educational Attainment. In: European Sociological Review 23. 4. 505-519.
Tent, Lothar (2001): Zensuren. In: Rost (2001): 580-584.
Thorndike, Edward L. (1920): A Constant Error on Psychological Rating. In: Journal of Applied Psychology 4. 25-29.
Trautwein, Ulrich/Lüdtke, Oliver (2005): The Big-Fish-Little-Pond Effect. Future Research Questions and Educational Implications. In: Zeitschrift für Pädagogische Psychologie 19. 3. 137-140.
Trautwein, Ulrich/Lüdtke, Oliver/Becker, Michael/Neumann, Marko/Nagy, Gabriel (2008): Die Sekundarstufe I im Spiegel der empirischen Bildungsforschung: Schulleistungsentwicklung, Kompetenzniveaus und die Aussagekraft von Schulnoten. In: Schlemmer/Gerstberger (2008): 91-107.
Weinert, Franz E. (Hg.) (2001): Leistungsmessungen in Schulen. Weinheim und Basel: Beltz
Weishaupt, Horst (Hrsg.) (1999): Zum Übergang auf weiterführende Schulen. Statistische Analysen und Fallstudien. Erfurt: Pädagogische Hochschule.
Ziegenspeck, Jörg W. (1999): Handbuch Zensur und Zeugnis in der Schule. Historischer Rückblick, allgemeine Problematik, empirische Befunde und bildungspolitische Implikationen. Bad Heilbrunn: Verlag Julius Klinkhardt.

Primäre und sekundäre Herkunftseffekte beim Übergang in das gegliederte Schulsystem: Welche Rolle spielen soziale Klasse und Bildungsstatus in Familien mit Migrationshintergrund?

Ilona Relikowski, Thorsten Schneider und Hans-Peter Blossfeld[*]

1 Einleitung

Vor über 30 Jahren führte Boudon (1974) die Unterscheidung zwischen primären und sekundären Effekten der sozialen Herkunft ein. Diese theoretische Unterscheidung prägt bis heute die empirischen Analysen zur Erforschung herkunftsbedingter Bildungsungleichheiten. Mit den primären Herkunftseffekten wird die Bedeutung der sozio-ökonomischen Ressourcen der Familie für die Leistungsentwicklung des Kindes bezeichnet. Doch selbst wenn sich diese Effekte z.B. durch ein leistungsstarkes Primarschulsystem nivellieren ließen, würde die anschließende Bildungsbeteiligung klassenspezifisch verlaufen. Denn Nutzen und Kosten alternativer Bildungswege variieren klassenspezifisch und somit auch die Bildungsentscheidungen. Diesen Teil der ungleichen Bildungschancen bezeichnet Boudon als sekundären Herkunftseffekt.

Während die Theorieentwicklung im Hinblick auf die Erklärung sekundärer Herkunftseffekte beachtliche Fortschritte aufweist (Breen & Goldthorpe 1997; Erikson & Jonsson 1996), stellte sich lange Zeit die Frage nach einer adäquaten Methode, die Größenordnung der primären und sekundären Effekte zu schätzen. Meulemann (1985) verwendete pfadanalytische Modelle und konnte somit partielle direkte und indirekte Effekte sozialer Herkunft bestimmen. Erst vor kurzem entwickelten Erikson et al. (2005) eine kontrafaktische Methode, die zusätzlich einen direkten Vergleich relativer Effektstärken zwischen verschiedenen sozialen

---

[*] Die vorliegende Arbeit entstand im Rahmen der von der Deutschen Forschungsgemeinschaft geförderten interdisziplinären Forschergruppe BiKS („Bildungsprozesse, Kompetenzentwicklung und Selektionsentscheidungen im Vor- und Grundschulalter") im soziologischen Teilprojekt 7, in dem die Bildungsverläufe von Kindern mit Migrationshintergrund untersucht werden (Leitung: Prof. Dr. Hans-Peter Blossfeld). Für hilfreiche Hinweise und Anregungen zu früheren Fassungen bedanken wir uns bei Prof. Robert Erikson (Universität Stockholm), Dr. Michelle Jackson (Nuffield College), unseren Kollegen der BiKS-Forschergruppe und den Teilnehmern des wöchentlichen Doktorandenseminars zu „Social Stratification in Modern Societies".

Herkunftsgruppen ermöglicht. Zwar findet die Methode in den Sozialwissenschaften verstärkt Anwendung, jedoch wurde sie bislang noch nicht eingesetzt, um den Einfluss verschiedener Dimensionen sozialer Herkunft auf die Bildungsentscheidungen zugewanderter und einheimischer Familien vergleichend zu untersuchen. Obwohl empirische Befunde darauf hinweisen, dass insbesondere der Entscheidungsprozess beim Übertritt in die Sekundarstufe in allochthonen und autochthonen Familien unterschiedlich verläuft (Nauck et al. 1998), wird erst seit der jüngsten Vergangenheit das theoretische Konzept der primären und sekundären Effekte konkret auf den Spezialfall der Migranten übertragen und empirisch analysiert (Becker & Schubert 2009; Kristen & Dollmann 2009).

Daher untersuchen wir mithilfe aktueller Daten die Bedeutung primärer und sekundärer Effekte in Familien mit Migrationshintergrund in Relation zur Vergleichsgruppe einheimischer Familien am Beispiel des Übergangs von der Grundschule in das gegliederte Schulsystem in Hessen und Bayern.

Nach einer kurzen Einführung in Boudons (1974) theoretisches Konzept der primären und sekundären Herkunftseffekte werden wir auf soziale und ethnische Disparitäten im deutschen Bildungssystem eingehen. Anschließend werden die Forschungsfragen und Hypothesen formuliert und die verwendeten Daten, die im Rahmen der DFG-Forschergruppe BiKS erhoben werden, ausführlich beschrieben. Nach Darlegung der statistischen Methoden folgen die empirischen Ergebnisse. Der Beitrag endet mit einer Zusammenfassung und abschließenden Bemerkungen.

2 Boudons Unterscheidung von primären und sekundären Herkunftseffekten

Boudons (1974) Unterscheidung zwischen primären und sekundären Herkunftseffekten weist darauf hin, dass zwei verschiedene Mechanismen bei der Wirkung der sozialen Herkunft auf die Bildungschancen beteiligt sind: Herkunftsbedingte Leistungsunterschiede bestehen aufgrund klassenspezifischer Sozialisationsprozesse, kultureller Unterschiede in Familien, differenzieller schulischer Unterstützungspotenziale der Eltern sowie unterschiedlicher genetischer Begabung. Folglich haben Kinder aus den unteren sozialen Schichten häufiger schlechtere Schulleistungen als solche, deren Familien einen vergleichsweise höheren Sozialstatus und Bildungshintergrund aufweisen. Kinder aus unteren sozialen Klassen haben daher von vornherein schlechtere Startbedingungen im Bildungssystem. Diese Zusammenhänge bezeichnet Boudon als primären Herkunftseffekt. Über sozialschichtabhängige Leistungsniveaus hinaus wirkt ein zweiter Mechanismus, welcher als sekundärer Effekt bezeichnet wird. Dieser wird als klassenspezifisches

Entscheidungsverhalten beschrieben. Abhängig vom sozialen Hintergrund bewerten Familien Kosten und Nutzen höherer Schulzweige unterschiedlich. In diesem Sinne sind auch die Ausführungen von Meulemann zu verstehen:

> „Der Besuch einer Realschule oder eines Gymnasiums bedeutet in oberen Klassenlagen für die Eltern geringere materielle und persönliche Opfer; gleichzeitig ist der Besuch dieser Schulen in den oberen Klassen um der Konformität mit dem sozialen Milieu und um des Statuserhalts willen viel stärker erfordert" (Meulemann 1985: 96).

Ein Hauptaspekt in diesem Entscheidungsprozess ist damit das Motiv des Statuserhalts: Familien haben hinsichtlich der Schulbildung ihres Kindes ein großes Interesse daran, mindestens den eigenen sozialen Status zu erhalten. Folglich sind Familien mit höherem sozialem Hintergrund bestrebt, ihren Kindern die bestmögliche Schulbildung zu bieten, um einen intergenerationalen Statusverlust zu verhindern. In Arbeiterfamilien wird der Statuserhalt schon über den Besuch weniger anspruchsvoller Schulzweige erreicht. Dies mindert deren Motivation, ihren Kindern eine kostenintensivere und verlängerte Ausbildung zu bieten. Zudem ist davon auszugehen, dass Eltern mit niedriger Bildung die Wahrscheinlichkeit, einen akademischen Schulzweig erfolgreich zu durchlaufen, geringer einschätzen, da sie selbst mit diesem Schultyp nicht vertraut sind. Somit streben Eltern je nach sozialer Position unterschiedliche Schulformen für ihre Kinder an, selbst wenn diese ein vergleichbares Leistungsniveau aufweisen. Basierend auf Boudons (1974) theoretischen Konzepten kam es im vergangenen Jahrzehnt verstärkt zu einer differenzierten Entwicklung entscheidungstheoretischer Modelle elterlicher Bildungswahl. Insbesondere Erikson und Jonsson (1996), Breen und Goldthorpe (1997) wie auch Esser (1999) haben wichtige Beiträge zur Erklärung sekundärer Herkunftseffekte geleistet.

Die Reproduktion von Bildungsungleichheiten (Inequality of Educational Opportunity = IEO) ist damit ein Prozess zweier Wirkmechanismen. Die Intensität und relative Bedeutung der beiden Herkunftseffekte implizieren dabei ganz unterschiedliche politische Maßnahmen, weswegen sowohl eine theoretische als auch eine analytische Unterscheidung zwischen primären und sekundären Ungleichheiten unabdingbar ist. Beispielsweise könnten bei starken primären Effekten Kindergärten und Ganztagsschulen geringes elterliches Unterstützungs- und Förderpotenzial zumindest teilweise kompensieren. In Bezug auf die Migrantenpopulation könnten diese Maßnahmen einen wesentlichen Beitrag dazu leisten, sprachliche Defizite zu reduzieren und so die Startvoraussetzungen im Bildungssystem anzugleichen (Kratzmann & Schneider 2009). Bei hohen sekundären Effekten stehen dagegen Maßnahmen zur Reduktion der Bildungskosten für finanzschwache Eltern oder die bessere Vermittlung der Erfolgsaussichten zur Debatte.

3 Soziale und ethnische Disparitäten im deutschen Bildungssystem

Der Übergang von der Primar- in die Sekundarstufe stellt im deutschen Schulsystem eine der wichtigsten Weichenstellungen für die individuelle Bildungslaufbahn dar. In der Mehrzahl der Bundesländer wechseln die Schüler/-innen bereits im Alter von zehn Jahren nach der vierten Grundschulklasse in das gegliederte Schulsystem. Dieser Übergang kann als „sensible Phase" (Blossfeld 1988) bezeichnet werden, da mit ihm weitreichende Folgen für die Zuweisung von Bildungschancen im Lebensverlauf verbunden sind. Nach dem Übergang sind zwar in gewissem Umfang Abstiege in weniger anspruchsvolle Schularten zu verzeichnen, Aufstiege aber kaum (siehe z.B. Stubbe 2009). Folglich wird an diesem Bildungsübergang eine Entscheidung mit langfristigen Konsequenzen getroffen, die zugleich durch große Unsicherheit gekennzeichnet ist, da eine Abschätzung des zukünftigen Leistungspotentials eines Kindes zu einem solch frühen Zeitpunkt nur schwer möglich ist (Blossfeld & Shavit 1993). Die frühe Entscheidung selektiert all jene Kinder aus, die aus familialen und sozialen Gründen zu diesem Zeitpunkt noch nicht ihr optimales Leistungspotenzial entwickelt haben (Geißler 2006).

Nach Befunden aus international vergleichenden Studien ist insbesondere in Deutschland die soziale Herkunft eine wesentliche Determinante für Bildungschancen (Deutsches PISA-Konsortium 2001, 2006, 2007). Zum einen variieren die Schulleistungen systematisch in Abhängigkeit von der Sozialschichtzugehörigkeit (primäre Effekte), zum anderen sind deutliche sekundäre Effekte feststellbar, da sich auch unter Kontrolle der schulischen Leistungen nach wie vor gravierende Nachteile für Kinder aus unteren sozialen Schichten abbilden. Insbesondere für den Übergang in die Sekundarstufe I ist die Persistenz sozial ungleicher Bildungschancen mehrfach belegt (z.B. Meulemann 1985; Blossfeld & Shavit 1993; Müller & Haun 1994; Schimpl-Neimanns 2000; Schneider 2004; Ditton 2007).

Darüber hinaus lässt sich im deutschen Bildungssystem eine signifikante Benachteiligung von Kindern mit Migrationshintergrund feststellen (vgl. z.B. Alba et al. 1994; Kristen 2002; Esser 2006; Stanat 2006). In internationalen Studien schneiden Kinder mit Migrationshintergrund in Deutschland vergleichsweise schlecht ab (Stanat & Christensen 2006; Walter & Taskinen 2007). Schüler/-innen mit Migrationshintergrund brechen häufiger die Schule ab, sind überproportional in den Haupt- und Sonderschulen vertreten und weisen höhere (Jugend-)Arbeitslosenraten auf. Dabei stellt die türkische Bevölkerung gleichzeitig die zahlenmäßig größte und die am stärksten benachteiligte Zuwanderergruppe dar (z.B. Alba et al. 1994; Kristen 2002; Kristen & Granato 2004). Da in Deutschland die Bevölkerung mit Migrationshintergrund überproportional den unteren sozialen Klassen angehört, kann von einer doppelten Benachteiligung gesprochen werden. Neben den Auswirkungen der frühen Selektion in verschiedene Sekundarschulzweige stellt die schlechtere Performanz von Migranten möglicherweise ein Ergebnis defizitärer Integrationsmaßnahmen dar. Mangelnde Förderung hat zur Folge, dass Kinder mit Migrationshintergrund nach wie vor Sprachprobleme aufweisen (Esser 2006). Erst in den letzten Jahren kam es zu merklichen Bemühungen, den ethnischen Ungleichheiten im Bildungssystem entgegenzuwirken.

Interessanterweise scheinen soziale Herkunftseffekte bei Migranten und Einheimischen unterschiedlich zu wirken: Nach Nauck et al. (1998) hat in Familien mit Migrationshintergrund die soziale Klassenzugehörigkeit nur einen geringen Einfluss auf die Entscheidung für eine weiterführende Schule. Verschiedene Studien zeigen, dass bei gleichem Leistungsniveau Migranten stärker dazu neigen, auf das Gymnasium zu wechseln als autochthone Schüler/-innen (Lehmann et al. 1997; Baumert & Schümer 2002; Becker & Schubert 2009; Kristen & Dollmann 2009). Nach Kristen und Dollmann (2009) sind die höheren Übergangsraten auf anspruchsvollere Schulzweige in den ausgeprägteren Bildungsaspirationen von Migranten begründet, was die Autoren als positive sekundäre Effekte der ethnischen Herkunft interpretieren. Kao und Tienda (1995) zeigen in ihrer U.S.-amerikanischen Untersuchung, dass die Bevölkerung mit Migrationshintergrund, gleich welcher sozialen Schicht, außerordentlich hohe Bildungsaspirationen aufweist. Die Autorinnen stellen zur Erklärung dieses Phänomens die „Immigrant Optimism"-Hypothese auf, nach der ökonomisch motivierte Migration oft an die Hoffnung auf ein besseres Leben gekoppelt ist, was einen hohen Grad an Bildungsambitionen mit sich bringt. Migranten stellen eine hochselektive Gruppe dar, die trotz fremder Kultur und Sprache gewillt ist, in ein anderes Land zu ziehen, um ihren Lebensstandard zu verbessern. Diese Motivation, die Situation für die Familie zu verbessern, findet dann in einem erhöhten Bildungswunsch für die eigenen Kinder Ausdruck. Es ließe sich darüber hinaus argumentieren, dass höhere Bildungsaspirationen zum Teil darauf zurückzuführen sind, dass Migranteneltern Informationsdefizite haben, insbesondere wenn nur geringe Deutschkenntnisse vorhanden sind. Inwiefern dieser Mechanismus wirksam ist, könnte jedoch stark durch die unterschiedlichen Bildungssysteme der Herkunftsländer geprägt sein und dürfte vor allem bei Migranten aus Ländern ohne ausgeprägtes Berufsbildungswesen anzutreffen sein (vgl. auch die Literatur zu den höheren Studierquoten von Migranten innerhalb der Gruppe mit allgemeiner Hochschulreife; Kristen et al. 2008). Möglicherweise schätzen Migranten die Bildungschancen ihrer Kinder höher ein als autochthone Eltern, da sie über das Schulsystem und dessen Anforderungen weniger informiert sind.

4 Forschungsfragen und Hypothesen

Zunächst wollen wir der Frage nachgehen, inwiefern sich Familien mit und ohne Migrationshintergrund bezüglich des absoluten und relativen Einflusses primärer und sekundärer Herkunftseffekte unterscheiden. Wir nehmen an, dass aufgrund der hohen Bildungsaspirationen sekundäre Effekte in Migrantenfamilien nur zu einem geringen Grad oder gar im Sinne positiver ethnischer Herkunftseffekte anzutreffen sind (Kristen & Dollmann 2009). Dagegen sollte das Entscheidungsverhalten einheimischer Familien beim Übergang in die Sekundarstufe deutlich sozialschichtabhängiger geprägt sein, weswegen vergleichsweise hohe sekundäre Effekte zu erwarten sind. Außerdem sollte der Übergang bei Migranten aufgrund sprachlicher Defizite und daraus resultierender schlechterer Schulleistungen stärker durch primäre Effekte geprägt sein als dies bei einheimischen Familien der Fall ist (vgl. Becker & Schubert 2009).

Des Weiteren sind wir an unterschiedlichen Dimensionen sozialer Herkunft und deren Auswirkungen auf die Stärke primärer und sekundärer Effekte interessiert. Internationale Studien haben eine hohe Korrelation zwischen der elterlichen Bildung und den Ergebnissen in Leistungstests gefunden, während die Klassenposition der Eltern einen geringeren Zusammenhang mit den Testergebnissen aufweist (Bos et al. 2007). Wir nehmen an, dass sowohl die Klassenzugehörigkeit als auch der Bildungshintergrund einen wesentlichen Einfluss auf die Schulleistungen des Kindes und auf die Entscheidung für eine weiterführende Schule ausüben, jedoch sollte sich der Wirkmechanismus der zwei Dimensionen sozialer Herkunft voneinander unterscheiden. Auf der einen Seite reflektiert die Klassenzugehörigkeit die verfügbaren ökonomischen Ressourcen des elterlichen Haushalts und sollte sich deshalb auf die subjektive Einschätzung direkter und indirekter Bildungskosten auswirken. Auf der anderen Seite kann sich der Bildungsstand einer Familie auf die erwarteten Erfolgswahrscheinlichkeiten auswirken: Je nach eigenem Bildungsabschluss ist es den Eltern mehr oder minder möglich, ihr Kind bei den schulischen Anforderungen zu unterstützen. Dies beeinflusst wiederum die Einschätzung, wie hoch die Wahrscheinlichkeit des Bildungserfolgs in einem bestimmten Schultyp ist (vgl. Ditton 2007). Wir gehen davon aus, dass das Motiv des Statuserhalts als wesentlicher Mechanismus sekundärer Effekte sowohl bezüglich der sozialen Klassenposition als auch im Hinblick auf den Bildungshintergrund bedeutsam sein sollte. Neben dem Ziel, den ökonomischen Status zu erhalten, ist anzunehmen, dass Eltern ebenso danach streben, das in der Familie erreichte Bildungsniveau zu reproduzieren (Ditton 2007). Erikson und Jonsson (1996) liefern Befunde dafür, dass für Eltern Bildungskosten gerade in den ersten Jahren der Bildungslaufbahn noch von geringer Bedeutung sind (siehe auch Schneider 2004; Stocké 2007; Ditton 2007). Dies legt die Vermutung nahe, dass der Klassenhintergrund für die elterliche Bildungsentscheidung am Übergang von der Primar- in die Sekundarstufe möglicherweise eine geringere Rolle spielt als die verfügbaren Humankapitalressourcen.

Werden Bildung und soziale Klasse der Eltern in Relation gesetzt, kann dies für die Migrantenpopulation eine ganz andere Bedeutung haben als für die einheimische Bevölkerung. Aufgrund von Schwierigkeiten bei der Anerkennung von Bildungsabschlüssen und Ausbildungszertifikaten sind Migranten in Deutschland häufig mit Statusinkonsistenzen konfrontiert (Bauder 2006). Durch die Abwertung der im Herkunftsland erworbenen Bildungszertifikate ist es möglich, dass es zu einer verstärkten Diskrepanz zwischen dem erreichten Bildungsniveau und der Arbeitsmarktpositionierung kommt.

5 Daten

Für die Analyse primärer und sekundärer Herkunftseffekte verwenden wir Daten aus dem BiKS-Projekt. BiKS ist eine interdisziplinäre Forschergruppe von Soziologen, Pädagogen und Psychologen an der Universität Bamberg. Das Projekt führt in Bayern und Hessen zwei sowohl quantitative als auch qualitative Längsschnittstudien durch. Während die erste Längsschnittstudie (BiKS 3-8) Kinder vom Kindergarten bis in die Grundschule begleitet, liegt der Fokus der folgenden Analysen auf den Daten der zweiten Längsschnittstudie (BiKS 8-12) am Übergang von der Primar- zur Sekundarstufe (von Maurice et al. 2007). Beginnend in der dritten Klasse (März 2006) werden zuerst halbjährliche und später jährliche Erhebungswellen durchgeführt. Ein wesentlicher Grund für die Wahl der zwei untersuchten Bundesländer besteht in deren unterschiedlichen institutionellen Bedingungen beim Übergang in die Sekundarstufe. Während in Bayern für den Besuch der Realschule oder des Gymnasiums eine entsprechende Laufbahnempfehlung der Grundschullehrkraft vorliegen muss, können Eltern in Hessen die gewünschte Schulart frei wählen. Falls ihre Kinder aber eine Schulart besuchen, für die keine Empfehlung ausgesprochen wurde, ist für sie das erste Jahr auf Probe und sie können von den Lehrkräften – auch gegen den Willen der Eltern – an eine weniger anspruchsvolle Schulart querversetzt werden. In Bayern lässt sich der Besuch einer anspruchsvolleren Schulart ohne entsprechende Laufbahnempfehlung nur durch das erfolgreiche Absolvieren eines Probeunterrichts vor Beginn der 5. Jahrgangsstufe erzielen.

Anhand detaillierter Instrumente erhebt das Projekt Informationen von den wichtigsten Akteuren im Bildungsprozess. Die Schüler/-innen werden im Klassenkontext getestet und schriftlich befragt, mit den Eltern werden CATI-Interviews durchgeführt und Lehrer/-innen werden schriftlich zu den jeweiligen Schulklassen und speziell zu den teilnehmenden Kindern befragt.

In der ersten Welle umfasst die Stichprobe 2.215 Kinder. Davon können 1.700 Kinder als Einheimische definiert werden, da beide Elternteile gebürtige Deutsche sind. Fast ein Viertel der Stichprobe weist einen Migrationshintergrund auf. In der ersten Welle sind von 311 Kindern beide Elternteile im Ausland geboren und von 205 Kindern jeweils ein Elternteil. Die größte Migrantengruppe mit mehr als einhundert Fällen stammt aus der Türkei.

Aufgrund fehlender Werte sowohl bezüglich der Schulwahl als auch in Kovariaten sowie aufgrund von Panelmortalität verbleibt nach der dritten Erhebungswelle eine analysierbare Stichprobe von 1.609 Fällen. Bei der Gruppe mit Migrationshintergrund ist der Panelausfall über die Wellen hinweg vergleichsweise hoch: Nur etwa 65 Prozent der 516 Migranten können in die Auswertung einbezogen werden. Bei der Stichprobe einheimischer deutscher Familien ist die Panelstabilität etwas höher; hier können ungefähr 75 Prozent der Ausgangsstichprobe in die Analysen aufgenommen werden. In den multivariaten Modellen kontrollieren wir für die Selektivität der Ausfälle. Die Analysen beziehen sich auf die ersten drei Erhebungswellen, da zum Zeitpunkt der dritten Welle gegen Ende der vierten Jahrgangsstufe die Entscheidung für den Sekundarschultyp gefallen ist.

6 Variablen und Methoden

6.1 Abhängiger Prozess und erklärende Variablen

Der abhängige Prozess unserer Analysen ist der Übergang auf das Gymnasium im Vergleich zu allen anderen Sekundarschulformen (binäre Variable Gymnasium = 1, alle anderen Schultypen wie Hauptschule, Realschule und Gesamtschule = 0). Die Information zur gewählten Schulform entnehmen wir den Elterninterviews der dritten Erhebungswelle.[1] Die erklärenden Variablen sind wie folgt operationalisiert:

---

[1] In wenigen Fällen könnte dies eine vorläufige Entscheidung darstellen, da einige Familien die für Bayern spezifische Möglichkeit des Probeunterrichts genutzt haben könnten.

Die Schulleistung (aus Welle 3) geht in die Analysen primärer und sekundärer Effekte als rekodierter und z-standardisierter Notendurchschnitt in den Fächern Deutsch, Mathematik und Heimat-/Sachkunde aus dem Halbjahreszeugnis der vierten Klasse ein. In die multivariaten Probit-Modelle fließen die Schulnoten in den drei Fächern separat und unstandardisiert ein (von 1 = sehr gut bis 6 = ungenügend).

Die soziale Klasse der Eltern wurde nach dem EGP-Klassenschema gemessen (Erikson et al. 1979). Die Klassifizierung erfolgt in drei Hauptkategorien in Anlehnung an Erikson et al. (2005): „Salariat" = EGP I und II (obere und untere Dienstklasse); „Intermediate Class" = EGP III, IV und V (Routinedienstleistungen in Handel und Verwaltung, Selbständige und selbständige Landwirte, Techniker und leitende Arbeiter) und „Working Class" = EGP VI und VII (Facharbeiter, Angestellte in manuellen Berufen, un- und angelernte Arbeiter und Landarbeiter). Ausgewählt wurde jeweils die höchste soziale Klasse der Eltern.

Der Bildungsgrad der Eltern wurde entsprechend der sozialen Klasse dreistufig operationalisiert. Unter Verwendung der CASMIN-Klassifizierung (Müller et al. 1989) werden folgende Kategorien zusammengefasst: hohe Bildung = CASMIN 3a und b ((Fach-)Hochschulabschluss); mittlere Bildung = CASMIN 2a, b und c (Realschulabschluss und (Fach-)Abitur mit oder ohne beruflicher Ausbildung), niedrige Bildung = CASMIN 1a, b und c (kein Schulabschluss und Hauptschulabschluss mit oder ohne beruflicher Ausbildung). Auch hier wurde für die Analysen die höchste Bildung der Eltern herangezogen.

6.2 Dekompositionsmethode und kontrafaktische Analyse

Erikson et al. (2005) entwickelten eine Methode zur Berechnung der relativen Bedeutung primärer und sekundärer Herkunftseffekte. Der grundlegende analytische Ansatz besteht in der Dekomposition der klassenspezifischen Verteilung von Schulleistungen und der entsprechenden Wahrscheinlichkeitsfunktion, in den Gymnasialzweig überzutreten. Nach der Dekomposition wird eine kontrafaktische Analyse durchgeführt, wobei Leistungsverteilungen und Übertrittswahrscheinlichkeiten der verschiedenen sozialen Klassen in ihren faktischen und kontrafaktischen Kombinationen zueinander in Beziehung gesetzt werden. So können primäre und sekundäre Herkunftseffekte zwischen den sozialen Herkunftsgruppen berechnet und vergleichend analysiert werden (vgl. Erikson et al. 2005; Jackson et al. 2007 für eine detaillierte methodologische Beschreibung).

Zum einen verwenden wir diese Methode, um die Herkunftseffekte gruppenspezifisch für Einheimische und Migranten zu berechnen, zum anderen, um die Effektgrößen bei Differenzierung nach der sozialen Klasse (EGP) und nach dem Bildungsabschluss (CASMIN) zu vergleichen. Im Einzelnen wird wie folgt vorgegangen: Zunächst werden die Mittelwerte und Standardabweichungen der schulischen Leistungen für jede Gruppe ermittelt. Dann wird angenommen, dass innerhalb jeder Gruppe die Leistungen normalverteilt sind und die Leistungsverteilung durch die zuvor ermittelten Kennwerte (Mittelwert, Standardabweichung) eindeutig bestimmt ist. Anschließend werden für die verschiedenen Gruppen binäre logistische Regressionen unter Kontrolle der Schulleistungen separat berechnet, um die herkunftsspezifische Übertrittswahrscheinlichkeit auf das Gymnasium zu bestimmen. Im nächsten Schritt werden die aus der Multiplikation von Verteilungs- und Wahrscheinlichkeitsfunktionen – bei faktischer und kontrafaktischer Kombinationen – resultierenden Flächen mithilfe numerischer Integration bestimmt.

Abbildung 1: Beispiel für eine kontrafaktische Kombination der Schulleistung und Übertrittswahrscheinlichkeit (Stichprobe der autochthonen Familien, BiKS 8-12, Welle 3)

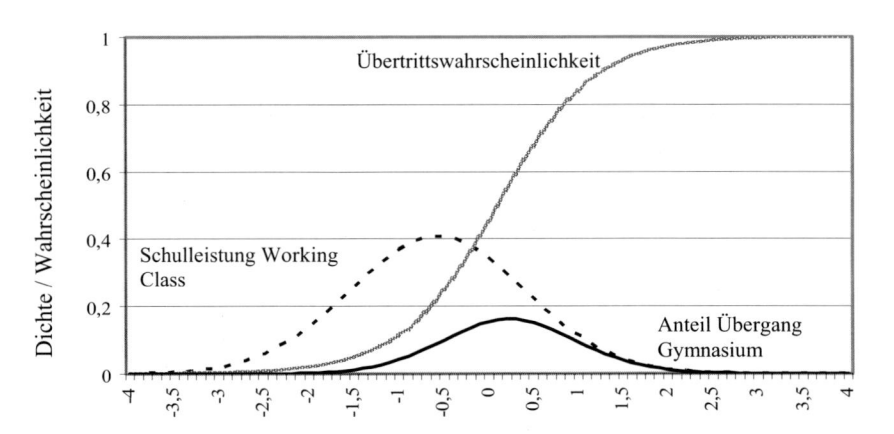

Abbildung 1 liefert ein Beispiel für eine kontrafaktische Kombination der Leistungsverteilung von Kindern aus der Arbeiterklasse („Working Class") und der Wahrscheinlichkeitsfunktion eines Gymnasialübergangs von Kindern aus der Dienstklasse („Salariat"). Nun wird berechnet, welcher Anteil einer sozialen Gruppe den Übergang auf das Gymnasium vollzöge, wenn sie die Verteilung der Schulleistungen einer anderen sozialen Klasse aufweise. Aus dieser Überlegung resultieren die primären Herkunftseffekte. Umgekehrt berechnen sich die sekundären Effekte durch die Bedingung, dass Kinder einer sozialen Klasse das eigene Leistungsniveau beibehalten, jedoch die Übergangswahrscheinlichkeiten einer anderen Gruppe annehmen würden. Auf diese Art lassen sich die erwarteten Anteile der Schüler/-innen bestimmen, die unter den angenommenen Bedingungen das Gymnasium besuchen würden. In Abbildung 1 wird dies durch die Fläche unterhalb der Kurve „Anteil Übergang ‚Gymnasium'" veranschaulicht, die sich aus der Multiplikation der zwei Kurven „Schulleistung Working Class" und „Übertrittswahrscheinlichkeit Salariat" ergibt.

Da wir nun die jeweils erwarteten Anteile der Kinder für einen Gymnasialbesuch kennen, können wir die log odds (L) ratios zwischen den sozialen Klassen berechnen und die relative Bedeutung primärer und sekundärer Effekte bestimmen. Beispielsweise berechnen sich primäre Effekte zwischen Working Class-Familien (Index $_W$) und Familien aus dem Salariat (Index $_S$) folgendermaßen:

$$\frac{(L_{SW} - L_{WW}) + (L_{SS} - L_{WS})}{2}$$

Der erste Index bezieht sich auf die Leistungsverteilung einer sozialen Klasse, der zweite Index auf die klassenspezifische Übergangswahrscheinlichkeit. Setzt man nun alle kontrafaktischen Kombinationen (z.B. L_{SW} und L_{WS}) in Beziehung zu den tatsächlichen (faktischen) Leistungsverteilungen (z.B. Lss und L_{WW}), werden die primären Herkunftseffekte messbar. Jackson et al. (2007) schlagen vor, den Durchschnitt der beiden möglichen log odds ratios zu verwenden. Umgekehrt werden sekundäre Effekte anhand der log odd ratios tatsächlicher und kontrafaktischer Übergangswahrscheinlichkeiten berechnet. Am Beispiel der Working Class und des Salariats lässt sich der sekundäre Effekte daher wie folgt ermitteln:

$$\frac{(L_{SS} - L_{SW}) + (L_{WS} - L_{WW})}{2}$$

6.3 Probit-Modelle mit Heckman-Korrektur

Im zweiten Teil unserer Analysen werden Probit-Modelle getrennt für Einheimische und Migranten und gemeinsame Modelle mit Interaktionseffekten geschätzt. Im letzten Schritt wenden wir eine Heckman-Korrektur an, um eine mögliche Verzerrung der Stichprobe aufgrund selektiver Panelausfälle zu kontrollieren (Heckman 1979). Wie bereits dargestellt, kam es im Verlauf der Längsschnittstudie zu einem erhöhten Ausfall der Migrantenpopulation, was möglicherweise auf Sprachprobleme und Kompositionseffekte, z.B. aufgrund eines höheren Anteils Geringqualifizierter in der Migrantenstichprobe, zurückzuführen ist. Um solche Verzerrungen auszugleichen, spezifizieren wir ein Selektionsmodell mit der abhängigen Variablen *Teilnahme in Welle 1 und 3 (versus Teilnahme nur in Welle 1)*. Dabei wird für die drei Indikatoren *höchste soziale Klasse (EGP)* und *höchster Bildungsabschluss (CASMIN) der Eltern* sowie für den *Migrationshintergrund* kontrolliert (Operationalisierung wie oben beschrieben). Darüber hinaus beziehen wir die folgenden Variablen zur Problematik der Interviewdurchführung in die Selektionsgleichung ein:

Geringe Antwortbereitschaft: Entsprechend der Angaben im Interviewerprotokoll wird dieser Indikator 1, wenn das interviewte Elternteil (mindestens zu einem Zeitpunkt während des Interviews) eine geringe Motivation zeigte, auf Fragen zu antworten. Bei einer mittleren oder guten Antwortbereitschaft wird der Wert 0 zugewiesen.

Schlechte Sprachkenntnisse: Ebenso auf Basis der Informationen im Interviewerprotokoll fließen zudem die Sprachkenntnisse der befragten Person als Indikator in die Analysen ein. Dieser wird 1, wenn die deutschen Sprachkenntnisse als sehr schlecht oder schlecht eingestuft wurden, bei mittleren bis sehr guten Sprachkenntnissen wird die Dummy-Variable 0.

Interview auf Türkisch: Da den türkischen Eltern in der Studie freigestellt wurde, ob sie die Interviews auf Deutsch oder Türkisch durchführen wollen, während alle anderen Migrantengruppen ausschließlich auf Deutsch befragt wurden, führen wir eine Dummy-Variable zur Kontrolle der türkischsprachigen Interviews ein.

7 Kontrafaktische und multivariate Analysen zum Übergang auf das Gymnasium

Tabelle 1 weist sowohl für Migranten und Einheimische als auch nach sozialem Hintergrund differenziert die beobachteten Gymnasialübergänge, die geschätzten Parameter der gruppenspezifischen Leistungsverteilungen und der Wahrscheinlichkeitsfunktionen für den Übergang auf das Gymnasium aus. Zudem wird der Wert in der Leistungsverteilung markiert, bei dem 50 Prozent einer Gruppe den Übergang auf das Gymnasium vollziehen bzw. an dem sich 50 Prozent für eine weniger anspruchsvolle Schulart entscheiden.

Tabelle 1: Zusammenfassung der Übergangsraten und geschätzten Parameter

Soziale Klasse	Beobachtete Übergänge auf das Gymnasium	Geschätzte Parameter der Schulleistung		Geschätzte Parameter für den Übergang auf das Gymnasium (unter Kontrolle der Schulleistung)			Fallzahlen
	Prozent	*Mittelwert*	*std*	α	β	*50%-Punkt*	*n*
Einheimische							
Alle	47,6	0,00	1,00				1.286
Salariat	57,8	0,28	0,87	-0,20	1,85	0,11	808
Intermediate	34,9	-0,20	0,99	-0,91	2,93	0,31	370
Working	14,8	-0,57	0,98	-2,32	3,98	0,58	108
Migranten							
Alle	43,2	0,00	1,00				345
Salariat	62,5	0,23	0,93	0,25	1,97	-0,13	120
Intermediate	39,4	-0,26	1,12	0,01	1,94	-0,01	127
Working	24,5	-0,95	1,00	0,43	2,94	-0,15	98
Bildung							
Einheimische							
Alle	47,9	0,00	1,00				1.354
Hoch	74,5	0,53	0,74	0,44	1,74	-0,25	447
Mittel	41,9	0,03	0,91	-0,70	2,04	0,34	623
Niedrig	19,0	-0,54	0,99	-1,82	3,64	0,50	284
Migranten							
Alle	42,9	0,00	1,00				361
Hoch	70,0	0,30	0,98	0,53	2,28	-0,23	100
Mittel	41,3	-0,29	0,97	-0,09	1,99	0,04	150
Niedrig	20,7	-0,85	1,13	-0,69	1,85	0,37	111

Anmerkung: Daten: BiKS 8-12, Welle 3.

Während die Mehrheit der einheimischen Stichprobe zum Salariat gehört (ca. 63 Prozent), sind die Migranten gleichmäßiger über die drei sozialen Klassen verteilt. Bei einer Differenzierung nach Bildungsabschlüssen zeigen sich in beiden Gruppen ähnliche Verteilungen, mit der höchsten Konzentration in der mittleren Bildungskategorie. Insgesamt besuchen 48 Prozent der Kinder aus einheimischen Familien das Gymnasium und 43 Prozent der Kinder mit Migrationshintergrund.

Eltern, deren Kinder schlechtere Schulleistungen aufweisen, nehmen etwas seltener an den Befragungen teil. Deshalb fallen die Quoten der Gymnasialübertritte insgesamt gesehen überdurchschnittlich hoch aus. In unseren Analysen kontrollieren wir für Noten, so dass die Aussagekraft der Befunde durch die selektive Teilnahme der Eltern nicht beeinträchtigt ist.[2]

Bei Kindern mit Migrationshintergrund, deren Eltern zur Arbeiterklasse gehören, wechselt ein höherer Anteil in das Gymnasium über (25 Prozent), als dies bei der Gruppe der einheimischen Schüler/-innen mit gleicher Klassenzugehörigkeit der Fall ist (15 Prozent). Dagegen sind die Verteilungen der Gymnasialübertritte nach dem Bildungshintergrund in beiden Bevölkerungsgruppen relativ ähnlich. Insgesamt zeigen die jeweiligen Chancenverhältnisse eines Gymnasialbesuchs insbesondere bei der einheimischen Bevölkerung soziale Ungleichheiten (Salariat vs. Working Class: Einheimische = 7,88, Migranten = 5,14; hohe vs. niedrige Bildung: Einheimische = 12,44, Migranten = 8,93).

Die standardisierten Mittelwerte der gruppenspezifischen Leistungsverteilungen (in den Daten liegen diese zwischen -3,62 und +1,87) weisen auf einen interessanten Befund in der Migrantenstichprobe hin: Während Migrantenkinder aus dem Salariat und der Intermediate Class ähnliche Noten erzielen wie die einheimischen Schüler/-innen aus der jeweils gleichen sozialen Klasse, so sind es besonders Migranten der Arbeiterklasse, die deutlich schlechter als ihre einheimische Vergleichsgruppe abschneiden. Somit konzentriert sich das Problem schlechterer Performanz von Schüler/-innen mit Migrationshintergrund auf die unteren sozialen Klassen und ist folglich kein verallgemeinerbares Phänomen. Dies trifft jedoch nicht auf das Leistungsniveau differenziert nach dem Bildungsgrad der Eltern zu: in allen drei Bildungskategorien schneiden hier Migrantenkinder signifikant schlechter ab als die entsprechenden einheimischen Kinder.

In einem zweiten Schritt werden separat für Migranten und Einheimische sowie differenziert nach dem sozialen Hintergrund logistische Regressionsmodelle unter Kontrolle der Schulleistungen geschätzt (siehe Tabelle 1). Nun kann das schulische Leistungsniveau berechnet werden, bei dem 50 Prozent der jeweiligen Gruppen den Übertritt auf das Gymnasium vollziehen. Hier zeigt sich, dass Migrantenkinder bei schlechteren schulischen Leistungen eher das Gymnasium besuchen als einheimische Kinder. Sie wagen diesen Übergang bereits bei Schulnoten, die unterhalb des Gruppenmittelwerts liegen. Dieses Bild ergibt sich vor allem bei Verwendung der EGP-Klasse als Indikator für die soziale Herkunft: Über alle drei sozialen Klassen hinweg besuchen Migranten das Gymnasium bei vergleichbaren Leistungsniveaus, während der Übergang einheimischer Kinder merklich nach dem sozialem Hintergrund stratifiziert ist. Einheimische

---

[2] Dies wird auch noch einmal durch das Heckman-Korrekturmodell in Tabelle 5 bestätigt.

Kinder aus unteren sozialen Klassen wechseln erst bei einem eher hohen Leistungsgrad auf das Gymnasium, während sich Angehörige des Salariats schon bei signifikant schlechteren Noten für den gymnasialen Schulzweig entscheiden; die Intermediate Class nimmt dabei eine Mittelstellung ein. Im Bezug auf den Bildungsabschluss der Eltern folgen sowohl Migranten als auch Einheimische einem deutlich ähnlicheren Muster sozial abhängiger Übergangsraten: Je höher die Bildung der Eltern, desto wahrscheinlicher wird bei vergleichbaren schulischen Leistungen auf das Gymnasium gewechselt.

Tabelle 2: Faktische und kontrafaktische Anteile von Gymnasialübertritten (in Prozent)

Soziale Klasse

	Sekundäre Effekte					
Einheimische						
Primäre Effekte	Salariat		Intermediate		Working	
Salariat	P_{ss} =	56	P_{si} =	49	P_{sw} =	38
Intermediate	P_{is} =	41	P_{ii} =	33	P_{iw} =	23
Working	P_{ws} =	31	P_{wi} =	22	P_{ww} =	14
Migranten	*Sekundäre Effekte*					
Primäre Effekte	Salariat		Intermediate		Working	
Salariat	P_{ss} =	61	P_{si} =	57	P_{sw} =	63
Intermediate	P_{is} =	46	P_{ii} =	43	P_{iw} =	47
Working	P_{ws} =	27	P_{wi} =	24	P_{ww} =	24

Bildung

Einheimische	*Sekundäre Effekte*					
Primäre Effekte	hoch		mittel		niedrig	
hoch	P_{hh} =	74	P_{hm} =	57	P_{hn} =	51
mittel	P_{mh} =	59	P_{mm} =	40	P_{mn} =	33
niedrig	P_{nh} =	42	P_{nm} =	25	P_{nn} =	17
Migranten	*Sekundäre Effekte*					
Primäre Effekte	hoch		mittel		niedrig	
hoch	P_{hh} =	67	P_{hm} =	58	P_{hn} =	48
mittel	P_{mh} =	48	P_{mm} =	40	P_{mn} =	31
niedrig	P_{nh} =	33	P_{nm} =	27	P_{nn} =	20

Anmerkung: Daten: BiKS 8-12, Welle 3. s = Salariat, i = Intermediate class, w = Working class, h = hohe Bildung, m = mittlere Bildung, n = niedrige Bildung. 1. Index: Leistungsverteilung; 2. Index: Übertrittswahrscheinlichkeit

Tabelle 2 zeigt die geschätzten faktischen und kontrafaktischen Anteile der Schüler/-innen, die tatsächlich auf das Gymnasium wechseln bzw. wechseln würden. Die geschätzten „faktischen" Übergangsraten (soziale Klasse: P_{ss}, P_{ii}, P_{ww}, Bildung: P_{hh}, P_{mm}, P_{nn}) unterscheiden sich kaum von den beobachteten Werten, wie sie in Tabelle 1 berichtet werden. Die Daten wurden aufgrund der getroffenen Annahmen also nur geringfügig modifiziert. Die Ergebnisse in Tabelle 2 lesen sich folgendermaßen: Die Zeilendifferenzen spiegeln die primären Herkunftseffekte wider. Ein Beispiel: Behielten einheimische Familien des Salariats ihre Übergangswahrscheinlichkeit auf das Gymnasium bei, nähmen allerdings die Leistungsverteilung der Arbeiterklasse an, dann würde der Anteil der Gymnasiasten von 56 (P_{ss}) auf 31 Prozent (P_{ws}) abfallen. Diese Reduktion der Gymnasialbesuche ist auf die geringeren Schulleistungen der Arbeiterkinder im Verhältnis zu Schüler/-innen des Salariats zurückzuführen und stellt daher die Auswirkungen primärer Herkunftseffekte dar. Entsprechend können sekundäre Effekte von den Spaltenunterschieden abgelesen werden, da diese die Differenzen im Entscheidungsverhalten zwischen den sozialen Herkunftsgruppen wiedergeben. Bliebe bei einheimischen Kindern aus dem Salariat die Verteilung der Schulleistungen konstant und würden sie das Übergangsverhalten von Familien aus der Arbeiterklasse annehmen, dann würde ihre Übertrittsrate von 56 auf 38 Prozent fallen. Es lässt sich also festhalten, dass soziale Klassenunterschiede in den Bildungsübergängen bei Autochthonen sowohl auf primäre als auch auf sekundäre Effekte zurückzuführen sind.

Zu einem völlig anderen Ergebnis führt dagegen die Analyse der Migrantenstichprobe. Vergleicht man innerhalb der Migrantengruppe das Salariat mit der Arbeiterklasse, so führen primäre Effekte zu einer Abnahme der Übergangsraten von 61 auf 27 Prozent, eine deutlich ausgeprägtere Differenz als bei der einheimischen Bevölkerung. Wenn nun aber Migrantenfamilien aus dem Salariat das Übergangsverhalten der Arbeiterklasse annähmen, so käme es sogar zu einem leichten Anstieg der Gymnasialübertritte (von 61 auf 63 Prozent). Die gleiche Tendenz finden wir im Vergleich der mittleren und unteren sozialen Klassen. Auch hier würde sich der Anteil der Gymnasialübergänge leicht erhöhen (von 43 (P_{ii}) auf 47 Prozent (P_{iw})), wenn die Übergangswahrscheinlichkeiten an die der Arbeiterklasse angeglichen würden. Während wir also bei Migranten Anzeichen für sehr hohe primäre Effekte finden, zeigen sich hier keinerlei Hinweise auf benachteiligende sekundäre Herkunftseffekte, die auf soziale Klassenunterschiede zurückgeführt werden könnten.

Betrachten wir nun die Anteilsdifferenzen verschiedener Bildungsgruppen. Die geschätzten Werte für die Autochthonen-Stichprobe ergeben ein ähnliches Bild wie bei Verwendung der sozialen Klassenzugehörigkeit, jedoch sind die Unterschiede zwischen den Gruppen deutlicher ausgeprägt. Entsprechendes gilt für primäre Effekte in der Migrantengruppe. Für beide Gruppen sind bei der Zuweisung von Bildungschancen an diesem frühen Übergang die Bildungsressourcen der Familien von größerer Bedeutung als die soziale Klassenposition, was bisherige Forschungsergebnisse bestätigt.

Allerdings finden wir ein deutlich kontrastierendes Ergebnis hinsichtlich der sekundären Effekte bei Migranten: Anders als beim Vergleich zwischen sozialen Klassen lassen sich hier in der Migrantenstichprobe deutlich stärkere sekundäre Effekte beobachten. Eine hypothetische Anpassung des Übergangsverhaltens in Familien mit hohem Bildungsniveau zu dem in Familien mit einem formal niedrigen Bildungsniveau führt zu einer Abnahme von 67 (P_{hh}) auf 48 Prozent (P_{hn}) der Gymnasialübertritte. Dieses Ergebnis lässt den Schluss zu, dass sekundäre Effekte innerhalb der Gruppe der Migranten ein Resultat elterlicher Bildungsressourcen und nicht der sozialen Klassenposition sind.

Tabelle 3: Primäre und sekundäre Effekte, IEO und Anteil sekundärer Effekte

	Primäre Effekte	Sekundäre Effekte	Gesamteffekte (IEO)	Anteile sekundärer Effekte am IEO
Soziale Klasse				
Einheimische				
Salariat/Intermediate	0,63	0,31	0,94	33 %
Intermediate/Working	0,59	0,51	1,09	46 %
Salariat/Working	1,17	0,86	2,02	42 %
Migranten				
Salariat/Intermediate	0,58	0,15	0,73	20 %
Intermediate/Working	0,94	-0,09	0,85	-10 %
Salariat/Working	1,56	0,01	1,57	1 %
Bildung				
Einheimische				
hoch/mittel	0,69	0,76	1,45	53 %
mittel/niedrig	0,77	0,40	1,16	34 %
hoch/niedrig	1,49	1,11	2,60	43 %
Migranten				
hoch/mittel	0,75	0,37	1,12	32 %
mittel/niedrig	0,59	0,37	0,96	38 %
hoch/niedrig	1,35	0,71	2,06	34 %

Anmerkung: Daten: BiKS 8-12, Welle 3.

Bei Berechnung der odds ratios werden die Tendenzen noch deutlicher sichtbar, da auf diese Weise sowohl der absolute als auch der relative Beitrag primärer und sekundärer Effekte bestimmt werden kann. Tabelle 3 veranschaulicht einerseits die absoluten Größen der Gesamteffekte, welche im Sinne Boudons als „total IEO" (inequality of educational opportunity) interpretiert werden können. Auffällig ist, dass dieser Gesamteffekt sozialer Herkunft sowohl nach sozialer Klasse als auch nach Bildung für die Migrantenfamilien durchweg kleiner ausfällt als für die Gruppe Einheimischer. Diese schwächeren Gesamteffekte sind im Wesentlichen ein Ergebnis der geringeren Relevanz sekundärer Effekte innerhalb der Migrantengruppe, was insbesondere für den Vergleich zwischen sozialen Klassen gilt: die hohen Anteile von Gymnasialübertritten in der Arbeiterklasse resultieren hier sogar in leicht negativen Werten der relativen sekundären Effekte.

Die unterschiedlichen Effektstärken nach sozialer Klasse und Bildung von Familien mit Migrationshintergrund könnte als eine Konsequenz von Statusinkonsistenzen interpretiert werden. Eine Berechnung der Korrelationen zwischen sozialer Klassenzugehörigkeit und Bildungsabschluss soll diese Annahme überprüfen. Wir stellen fest, dass sich die Korrelationen in beiden Gruppen auf einem vergleichbaren Niveau befinden (Einheimische: Spearman's rho = 0,44; Migranten: Spearman's rho = 0,50). Auch ein Vergleich der Bildungsabschlüsse innerhalb der Arbeiterklasse deutet in dieselbe Richtung: 38 Prozent der Einheimischen weisen einen mittleren und 0 Prozent einen hohen Bildungsabschluss auf; entsprechende Anteile in der Migrantengruppe liegen bei 40 Prozent mit mittlerem Abschluss und bei 5 Prozent mit hoher Bildung. Aufgrund der geringen Abweichungen zwischen Einheimischen und Migranten scheiden in unserer Stichprobe Statusinkonsistenzen als Erklärung für die identifizierten Differenzen in den sekundären Effekten innerhalb der Migrantenpopulation aus.

Die Diskrepanzen bei den sekundären Effekten nach der sozialen Klassenposition und dem formalen Bildungsniveau deuten vielmehr darauf hin, dass wirtschaftliche Ressourcen – und damit die aufzuwendenden Bildungskosten – für Migranteneltern kein relevantes Kriterium in der Umsetzung von Bildungszielen darstellen, wohingegen die eigenen Bildungsressourcen durchaus einen Stellenwert im Entscheidungsprozess haben, da hier immerhin etwa ein Drittel des gesamten IEO auf sekundäre Effekte zurückzuführen ist. Wir nehmen daher an, dass die elterliche Erwartung, dass das Kind auf dem Gymnasium erfolgreich sein wird, wesentlich durch das eigene Unterstützungspotenzial beeinflusst ist. Innerhalb der Migrantengruppe scheinen somit die Möglichkeiten der elterlichen Unterstützung sehr unterschiedlich zu sein, was auch ein Hinweis auf bildungsabhängige Kenntnisse der deutschen Sprache sein kann. Die ausgesprochen hohen primären Effekte bei Migranten im Vergleich zu den Einheimischen könnten

Tabelle 4: Übergang auf das Gymnasium vs. alle anderen Schulformen

	Substichprobe		Gesamtstichprobe	
	Migranten Modell 1	Einheimische Modell 2	Modell 3	Modell 4
Konstante	3,52 **	2,51 **	2,78 **	2,53 **
	(0,50)	(0,29)	(0,24)	(0,27)
Schulnoten				
Deutsch	-0,73 **	-0,58 **	-0,61 **	-0,61 **
	(0,16)	(0,74)	(0,07)	(0,07)
Mathematik	-0,57 **	-0,52 **	-0,53 **	-0,53 **
	(0,14)	(0,07)	(0,06)	(0,06)
Heimat-/Sachkunde	-0,19	-0,35 **	-0,31 **	-0,32 **
	(0,15)	(0,08)	(0,07)	(0,07)
Soziale Klasse				
Salariat	-0,16	0,48 *	0,18	0,48 *
	(0,27)	(0,21)	(0,16)	(0,21)
Intermediate	-0,19	0,40 +	0,11	0,40 +
	(0,24)	(0,40)	(0,15)	(0,22)
Working (Ref.)	-	-	-	-
Bildung				
hoch	0,70 **	0,83 **	0,82 **	0,81 **
	(0,27)	(0,15)	(0,13)	(0,13)
mittel	0,43 +	0,28 *	0,32 **	0,31 **
	(0,23)	(0,13)	(0,11)	(0,12)
niedrig (Ref.)	-	-	-	-
Migrationshintergrund				
Einheimische (Ref.)			-	-
Migranten			0,38 **	0,93 +
			(0,11)	(0,27)
Interaktionseffekte				
Salariat*Migranten				-0,70 *
				(0,31)
Intermediate*Migranten				-0,59 +
				(0,31)
N	333	1.276	1.609	1.609
Pseudo R²	0,44	0,39	0,39	0,40

Anmerkung: Daten: BiKS 8-12, Welle 3. Probit-Modelle (Regressionskoeffizienten, Standardfehler in Klammern).**signifikant bei p ≤ 0,01, *signifikant bei p ≤ 0,05, + signifikant bei p ≤ 0,1.

sich aus unzureichenden Deutschkenntnissen der Kinder ergeben, was gezielte bildungspolitische Interventionen notwendig macht.

In einem nächsten Schritt werden die Ergebnisse aus den multivariaten Probit-Modellen dargestellt (Tabelle 4). Zuerst berechnen wir separate Modelle für Migranten (Modell 1) und Einheimische (Modell 2) für den Übergang auf das Gymnasium. Als erklärende Variablen fließen Schulnoten, soziale Klasse und Bildungsabschluss der Eltern ein. Die Modelle zeigen die erwarteten Ergebnisse: Beide Gruppen weisen starke Effekte für die Schulleistungen auf, bezüglich des sozialen Hintergrunds hat die Klassenzugehörigkeit nur in der einheimischen Stichprobe einen signifikanten Effekt, während der Bildungshintergrund für beide Gruppen von großer Relevanz ist. Das für beide Gruppen gemeinsam geschätzte Modell 3 bestätigt bestehende Forschungsbefunde: Migranten weisen unter Konstanthaltung des sozialen Hintergrunds und der Schulleistungen höhere Übergangsraten auf das Gymnasium auf als Einheimische. In Anlehnung an Kristen und Dollmann (2009) ließe sich dieser Effekt als positiver sekundärer Effekt ethnischer Herkunft interpretieren. Modell 4 beinhaltet die Interaktionseffekte zwischen dem Migrationshintergrund und der sozialen Klassenzugehörigkeit. Da die Interaktionseffekte signifikant sind und die Haupteffekte ausgleichen, unterstützt dieses Ergebnis die Befunde, die bereits in Modell 1 und 2 berichtet wurden.

Zum Abschluss wenden wir ein Heckman-Korrekturmodell an (Tabelle 5), um für selektive Panelausfälle zu kontrollieren. Hierfür spezifizieren wir ein Selektionsmodell mit der abhängigen Variable, Teilnahme in Wellen 1 und 3 vs. Teilnahme nur in Welle 1. Wie eingangs erwähnt, ist die Panelmortalität bei Migranten in BiKS 8-12 höher als bei den Autochthonen. Dies spiegelt sich deutlich in dem geschätzten Selektionsmodell wider. Während kein signifikant höherer Ausfall nach sozialer Klassenzugehörigkeit feststellbar ist, stellt der Bildungshintergrund eine wichtige Determinante für selektiven Ausfall dar: Familien mit niedriger Bildung steigen signifikant häufiger aus der Studie aus als Familien höherer Bildung. Zudem wurden zwei migrantenspezifische Indikatoren herangezogen, um einen selektiven Ausfall innerhalb der Migrantengruppe zu korrigieren: Schlechte Deutschkenntnisse (Interviewerprotokoll) stellen einen wichtigen Indikator für erhöhten Ausfall dar. Da es türkischen Migranten freigestellt war, die Interviews auf Türkisch zu führen, während diese Option auf muttersprachliche Interviews für andere Migrantengruppen nicht gegeben war, kontrollieren wir diesen speziellen Interviewmodus zusätzlich. Der negative Haupteffekt für Migranten (-0,42**) wird vollständig ausgeglichen, wenn die Eltern auf Türkisch antworteten (+0,41**). Dieses Ergebnis zeigt, dass das Angebot für Migranten, die Interviews in der Muttersprache zu führen, einen Beitrag zu höherer Panelstabilität leistet. Ein weiterer Indikator für geringe Antwortbereitschaft während des Interviews in der Vorwelle (Interviewerprotokoll) liefert keinen zusätzlichen Erklärungsbeitrag.

Es kann festgehalten werden, dass sich die Effekte im korrigierten Modell (Tabelle 5) kaum von denen im vorangegangenen Modell 4 (Tabelle 4) unterscheiden. Die hohe Effektstabilität untermauert unsere Analysemodelle und schließt eine Verzerrung der Ergebnisse aufgrund selektiver Panelmortalität weitgehend aus.

Tabelle 5: Übergang auf das Gymnasium vs. alle anderen Schulformen mit Heckman-Korrektur für Panelausfälle

	Modell 5			
	Selektionsmodell [a]		korrigiertes Modell	
Konstante	0,79**	(0,10)	2,36**	(0,10)
Schulnoten				
Deutsch			-0,57**	(0,07)
Mathematik			-0,52**	(0,06)
Heimat-/Sachkunde			-0,32**	(0,07)
Soziale Klasse				
Salariat	0,03	(0,11)	0,42*	(0,21)
Intermediate	-0,08	(0,11)	0,33[+]	(0,21)
Working (Ref.)	-		-	
Bildung				
hoch	0,37**	(0,10)	0,82**	(0,13)
mittel	0,29**	(0,08)	0,32**	(0,12)
niedrig (Ref.)	-		-	
Migrationshintergrund				
Einheimische (Ref.)	-		-	
Migranten	-0,42**	(0,09)	0,74*	(0,29)
Interaktionseffekte				
Salariat*Migranten			-0,53[+]	(0,31)
Intermediate*Migranten			-0,47[+]	(0,32)
geringe Deutschkenntnisse	-0,53**	(0,14)		
Interview auf Türkisch	0,41*	(0,19)		
geringe Antwortbereitschaft	-0,14	(0,10)		
N	1.880		1.506	
rho	0,32	(0,24)		

Anmerkung: Daten: BiKS 8-12, Welle 3. Probit-Modelle (Regressionskoeffizienten, Standardfehler in Klammern). Abhängige Variable: Teilnahme in Wellen 1+3 vs. Teilnahme nur in Welle 1; **signifikant bei $\alpha \leq 0{,}01$, *signifikant bei $\alpha \leq 0{,}05$, [+] signifikant bei $\alpha \leq 0{,}1$.

8 Zusammenfassung und abschließende Bemerkungen

Wir sind der Frage nachgegangen, ob und in welchem Ausmaß die individuelle soziale Herkunft den Übergang in das weiterführende Schulsystem beeinflusst. Unter Verwendung einer kontrafaktischen Analysemethode haben wir Familien mit und ohne Migrationshintergrund vergleichend untersucht. Ein Hauptinteresse bestand darin, mögliche Gruppenunterschiede in primären und sekundären Herkunftseffekten zu identifizieren, wobei die soziale Herkunft der Kinder anhand zweier Dimensionen gemessen wurde: der sozialen Klassenposition und dem formalen Bildungsniveau der Eltern.

Die Ergebnisse zeigen, dass Migrantenkinder aus der Arbeiterklasse und Familien mit niedrigem Bildungshintergrund in der Schule deutlich schlechter abschneiden als die entsprechenden einheimischen Kinder. Die kontrafaktische Analyse bestätigt die Hypothese, dass primäre Herkunftseffekte eine wesentliche Determinante der Benachteiligung von Migrantenkindern beim Übergang in die Sekundarstufe darstellen. Dagegen konnten beim Vergleich sozialer Klassen keine sekundären Effekte für Migrantenfamilien gefunden werden, wohingegen die Bildungsentscheidung einheimischer Familien stark durch sekundäre Effekte beeinflusst ist. Von wesentlich größerer Bedeutung ist bei Migranten das formale Bildungsniveau der Eltern: Unter Verwendung dieses Indikators lassen sich deutlich größere soziale Disparitäten sowohl bezüglich der primären als auch der sekundären Effekte beobachten. Ein Drittel der IEO (inequality of educational opportunity) beruht auf in Abhängigkeit vom familialen Bildungsniveau variierenden Übergangsentscheidungen. Die Ergebnisse legen die Interpretation nahe, dass aufzuwendende Kosten für höhere Bildungswege (reflektiert in der sozialen Klassenposition der Eltern) für Migranten eine untergeordnete Rolle spielen. Vielmehr sind es verfügbare Humankapitalressourcen, die eine wichtige Determinante bei der Bildungsentscheidung darstellen, da diese das differentielle elterliche Unterstützungspotenzial, etwa bei der Hausaufgabenunterstützung, widerspiegeln. Eine Interpretation der unterschiedlichen sekundären Effekte der Migrantengruppe aufgrund von Statusinkonsistenzen lässt sich nicht bestätigen.

Hervorzuheben ist, dass die absolute IEO von Migranten deutlich kleiner ausfällt als die der einheimischen Stichprobe, was auf die insgesamt geringere Bedeutung sekundärer Effekte zurückzuführen ist. Darüber hinaus stellen wir fest, dass Migranten höhere Übergangsraten auf das Gymnasium aufweisen, wenn die Schulnoten und die soziale Herkunft berücksichtigt werden. Diese Ergebnisse deuten auf eine besonders ausgeprägte, migrationsspezifische Bildungsmotivation, deren Verwirklichung in erster Linie durch die schlechtere schulische Performanz verhindert wird. Für die Förderung von Migrantenkindern bedeutet dies, dass sich politische Interventionen explizit auf die Mechanismen primärer Herkunftseffekte konzentrieren müssen. Eine Ausweitung des Vorschulbereichs könnte hier als zentrales Mittel gegen ungleiche Startchancen aufgrund von Sprachschwierigkeiten wirken.

Die erbrachten Befunde ungleicher Bildungschancen zwischen sozialen und ethnischen Herkunftsgruppen betonen die fortgesetzte Relevanz der Untersuchung primärer und sekundärer Herkunftseffekte. Gerade in Bezug auf die Migrantenpopulation besteht noch großer Forschungsbedarf in der spezifischen Analyse der Determinanten beider Wirkmechanismen.

Literatur

Alba, Richard D./Handl, Johann/Müller, Walter (1994): Ethnische Ungleichheit im deutschen Bildungssystem. In: Kölner Zeitschrift für Soziologie und Sozialpsychologie 46. 2. 209-237.

Bade, Klaus J./Bommes, Michael (Hrsg.) (2004): Migration - Integration - Bildung. Grundfragen und Problembereiche. Osnabrück: IMIS.

Bauder, Harald (2006): Labor Movement. How Migration Regulates Labor Markets. Oxford: Oxford University Press.

Baumert, Jürgen/Schümer, Gundel (2002): Familiäre Lebensverhältnisse, Bildungsbeteiligung und Kompetenzerwerb im nationalen Vergleich. In: Deutsches PISA-Konsortium (2002): 159-202.

Becker, Rolf/Schubert, Frank (2010): Die Rolle von primären und sekundären Herkunftseffekten für Bildungschancen von Migranten im deutschen Schulsystem. Erscheint in: Lauterbach/ Becker (2010).

Blossfeld, Hans-Peter (1988): Sensible Phasen im Bildungsverlauf. Eine Längsschnittanalyse über die Prägung von Bildungskarrieren durch den gesellschaftlichen Wandel. In: Zeitschrift für Pädagogik 34. 1. 45-63.

Blossfeld, Hans-Peter/Shavit, Yossi (1993): Dauerhafte Ungleichheiten. Zur Veränderung des Einflusses der sozialen Herkunft auf die Bildungschancen in dreizehn industrialisierten Ländern. In: Zeitschrift für Pädagogik 39. 1. 25-52.

Bos, Wilfried/Hornberg, Sabine/Arnold, Karl-Heinz/Faust, Gabriele/Fried, Lilian/Lankes, Eva-Maria/Schwippert, Knut/Valtin, Renate (Hrsg.) (2007): IGLU 2006. Lesekompetenzen von Grundschulkindern in Deutschland im internationalen Vergleich. Münster: Waxmann.

Bos, Wilfried/Schwippert, Knut/Stubbe, Tobias C. (2007): Die Kopplung von sozialer Herkunft und Schülerleistung im internationalen Vergleich. In: Bos et al. (2007): 225-247.

Boudon, Raymond (1974): Education, Opportunity, and Social Inequality. Changing Prospects in Western Society. New York/ London/ Sydney/ Toronto: John Wiley & Sons.

Breen, Richard; Goldthorpe, John H. /1997): Explaining Educational Differentials. Towards a Formal Rational Action Theory. In: Rationality and Society 9. 3. 275-305.

Deutsches PISA-Konsortium (Hrsg.) (2001): PISA 2000. Basiskompetenzen von Schülerinnen und Schülern im internationalen Vergleich. Opladen: Leske und Budrich.
Deutsches PISA-Konsortium (Hrsg.) (2002): PISA 2000. Die Länder der Bundesrepublik Deutschland im Vergleich. Opladen: Leske und Budrich.
Deutsches PISA-Konsortium (Hrsg.) (2006): PISA 2003. Untersuchungen zur Kompetenzentwicklung im Verlauf eines Schuljahres. Münster: Waxmann.
Deutsches PISA-Konsortium (Hrsg.) (2007): PISA 2006. Die Ergebnisse der dritten internationalen Vergleichsstudie. Münster: Waxmann.
Ditton, Hartmut (Hrsg.) (2007): Kompetenzaufbau und Laufbahnen im Schulsystem. Eine Längsschnittuntersuchung an Grundschulen. Münster: Waxmann.
Erikson, Robert/Goldthorpe, John H./Portocarero, Lucienne (1979): Intergenerational Class Mobility in Three Western European Societies: England, France and Sweden. In: British Journal of Sociology 30. 4. 415-441.
Erikson, Robert/Jonsson, Jan O. (1996): Can Education be Equalized? The Swedish Case in Comparative Perspective. Oxford: Westview Press.
Erikson, Robert/Goldthorpe, John H./Jackson, Michelle/Yaish, Meir/Cox, David R. (2005): On class differentials in educational attainment. In: PNAS 102. 27. 9730-9733
Esser, Hartmut (1999): Soziologie – Spezielle Grundlagen. Band 1: Situationslogik und Handeln. Frankfurt/M.: Campus Verlag.
Esser, Hartmut (2006): Sprache und Integration: Die sozialen Bedingungen und Folgen des Spracherwerbs von Migranten. Frankfurt/M./New York: Campus Verlag.
Geißler, Rainer (2006): Soziale Schichtung und Bildungschancen. In: Geißler (2006): 282-306.
Heckman, James (1979): Sample selection bias as a specification error. In: Econometrica 47. 1. 153-161.
Jackson, Michelle/Erikson, Robert/Goldthorpe, John H./Yaish, Meir (2007): Primary and Secondary Effects in Class Differentials in Educational Attainment. In: Acta Sociologica 50. 3. 211-229.
Kao, Grace/Tienda, Marta (1995): Optimism and Achievement: The Educational Performance of Immigrant Youth. In: Social Science Quarterly 76. 1. 1-19
Kratzmann, Jens/Schneider, Thorsten (2009): Soziale Ungleichheiten beim Schulstart. Empirische Untersuchungen zur Bedeutung der sozialen Herkunft und des Kindergartenbesuchs auf den Zeitpunkt der Einschulung. In: Kölner Zeitschrift für Soziologie und Sozialpsychologie 61. 2. 211-234.
Kristen, Cornelia: Hauptschule, Realschule oder Gymnasium? In: Kölner Zeitschrift für Soziologie und Sozialpsychologie 54(3). 2002. 534-552.
Kristen, Cornelia/ Granato, Nadia (2004): Bildungsinvestitionen in Migrantenfamilien. In: Bade/Bommes (2004): 123-141.
Kristen, Cornelia/Dollmann, Jörg (2009): Sekundäre Effekte der ethnischen Herkunft? Kinder aus türkischen Familien am ersten Bildungsübergang. In: Zeitschrift für Erziehungswissenschaft. Sonderheft 12-09. 205-229.
Kristen, Cornelia/Reimer, David/Kogan, Irena (2008): Higher Education Entry of Turkish Immigrant Youth in Germany. In: International Journal of Comparative Sociology 49. 2-3. 127-151.

Lauterbach, Wolfgang/Becker, Rolf (Hrsg.) (2010): Integration durch Bildung. Wiesbaden: VS Verlag für Sozialwissenschaften.
Lehmann, Rainer H./Peek, Rainer/Gänsfuß, Rüdiger (1997): Aspekte der Lernausgangslage und der Lernentwicklung von Schülerinnen und Schülern, die im Schuljahr 1996/97 eine fünfte Klasse an Hamburger Schulen besuchten – Bericht über die Erhebung im September 1996 (LAU 5). Hamburg: Behörde für Bildung und Sport, Amt für Schule.
Meulemann, Heiner (1985): Bildung und Lebensplanung. Die Sozialbeziehung zwischen Elternhaus und Schule. Frankfurt/M./New York: Campus Verlag
Müller, Walter/Lüttinger, Paul/König, Wolfgang/Karle, Wolfgang (1989): Class and Education in Industrial Nations. In: Journal of Sociology 19. 3. 3-39.
Müller, Walter/Haun, Dieter (1994): Bildungsungleichheit im sozialen Wandel. In: Kölner Zeitschrift für Soziologie und Sozialpsychologie 46. 1. 1-42.
Nauck, Bernhard/Diefenbach, Heike/Petri, Kornelia (1998): Intergenerationale Transmission von kulturellem Kapital unter Migrationsbedingungen. Zum Bildungserfolg von Kindern und Jugendlichen aus Migrantenfamilien in Deutschland. In: Zeitschrift für Pädagogik 44. 5. 701-722
Schimpl-Neimanns, Bernhard (2000): Soziale Herkunft und Bildungsbeteiligung: Empirische Analysen zu herkunftsspezifischen Bildungsungleichheiten zwischen 1950 und 1989. In: Kölner Zeitschrift für Soziologie und Sozialpsychologie 52. 4. 636-669
Schneider, Thorsten (2004): Der Einfluss des Einkommens der Eltern auf die Schulwahl. In: Zeitschrift für Soziologie 33. 6. 471-492.
Stanat, Petra (2006): Disparitäten im schulischen Erfolg: Forschungsstand zur Rolle des Migrationshintergrunds. In: Unterrichtswissenschaften 36. 2. 98-124.
Stanat, Petra/Christensen, Gayle (2006): Schulerfolg von Jugendlichen mit Migrationshintergrund im internationalen Vergleich. Eine Analyse von Voraussetzungen und Erträgen schulischen Lernens im Rahmen von PISA 2003. Berlin: Bundesministerium für Forschung und Bildung (BMBF).
Stocké, Volker (2007): Explaining Educational Decision and Effects of Families' Social Class Position: An Empirical Test of the Breen Goldthorpe Model of Educational Attainment. In: European Sociological Review 23. 4. 505-519.
Stubbe, Tobias C. (2009): Bildungsentscheidungen und sekundäre Herkunftseffekte: Soziale Disparitäten bei Hamburger Schülerinnen und Schülern der Sekundarstufe I. Münster et al: Waxmann.
von Maurice, Jutta/Artelt, Cordula/Blossfeld, Hans-Peter/Faust, Gabriele/Rossbach, Hans-Günther/Weinert, Sabine (2007): Bildungsprozesse, Kompetenzentwicklung und Formation von Selektionsentscheidungen im Vor- und Grundschulalter: Überblick über die Erhebungen in den Längsschnitten BiKS-3-8 und BiKS-8-12 in den ersten beiden Projektjahren. PsyDok [Online] 2007/1008, URL: http://psydok.sulb.uni-saarland.de/volltexte/2007/1008/, Stand: 25.06.2009
Walter, Oliver/Taskinen, Päivi (2007): Kompetenzen und bildungsrelevante Einstellungen von Jugendlichen mit Migrationshintergrund in Deutschland: Ein Vergleich mit ausgewählten OECD-Staaten. In: Deutsches PISA-Konsortium (2007): 337-366.

Erwerbssituation und Partnerschaft: Deutsche und türkische Paare im Vergleich

Michael Wagner und Bernd Weiß

1 Problem[1]

Es gibt eine lange Tradition in der soziologischen und demographischen Familienforschung, sich mit den Wechselwirkungen zwischen der Erwerbssituation einerseits und der Ehe und Familie andererseits zu befassen. Diese Forschung hat sich aber hauptsächlich darauf konzentriert, den Einfluss der Erwerbssituation von Männern und Frauen auf objektive oder strukturelle Merkmale von Ehen und Familien zu bestimmen. Dazu gehören beispielsweise die Fertilität und die Ehestabilität. Es liegen hingegen kaum Ergebnisse darüber vor, warum die Erwerbssituation einen Einfluss etwa auf die Partnerschaftsstabilität haben sollte. Das Paar beziehungsweise die Familie werden häufig als *black box* angesehen, es wird gewissermaßen nur der Ausgangs- und Endzustand partnerschaftsinterner Prozesse beobachtet. Weitgehend unbekannt ist hingegen, wie die Partner interagieren und kommunizieren. Hier setzt die vorliegende Studie an. Sie will auf der Ebene des Paares Mechanismen identifizieren, die den Einfluss der Erwerbssituation auf die Qualität und Stabilität einer Partnerschaft „vermitteln".

Bei dieser Untersuchung berücksichtigen wir geschlechtsspezifische sowie ethnische Unterschiede. Ein Beispiel dafür, dass es geschlechtsspezifische Auswirkungen der Erwerbssituation auf die Ehe geben könnte, stellt das Problem der Vereinbarkeit von Beruf und Familie dar, das immer noch weitgehend ein Problem der Frauen und nicht der Männer ist. Ethnische Unterschiede in Deutschland erfassen wir durch einen Vergleich zwischen den Ehen türkischer Zuwanderer und den Ehen der Deutschen. Obgleich es nicht auf der Hand liegt, dass die Erwerbssituation die Partnerschaften und Ehen von Türken anders prägen sollte als die Ehen von Deutschen, ist doch hervorzuheben, dass die Situation auf dem Arbeitsmarkt für Türken sehr viel schlechter ist als für die Deutschen (vgl. auch BMFSFJ 2000: 147). Auch ist bei den Türken in Deutschland der Anteil der Ehen, bei denen der Mann erwerbstätig ist, die Frau aber zu den Nichterwerbs-

---

[1] Für Hinweise und Kommentare danken wir den Herausgebern, Michael Blume, Imke Dunkake und Alexandra Nonnenmacher.

personen gehört, mit 45,3% (1995) sehr hoch und bedeutend höher als bei deutschen Ehepaaren (24,0%) (BMFSFJ 2000: 147).

Unser Untersuchungsthema hat in zweierlei Hinsicht eine gewisse Aktualität. Erstens widmen sich immer mehr Arbeiten den Folgen prekärer Beschäftigungsverhältnisse. Solche unsicheren und häufig schlecht bezahlten Tätigkeiten haben oft negative Folgen, zu denen nicht nur Krankheiten gehören, sondern auch psychischer Stress. Obwohl die Verbreitung prekärer Beschäftigung in Deutschland geringer sein dürfte als beispielsweise in den USA (Kalleberg 2009), stellt sich die Frage, welche Folgen ein weiterer Anstieg dieser Beschäftigungsverhältnisse auf Partnerschaften und Ehen hat.

Zweitens ist noch weitgehend unklar, ob und inwiefern sich der innere Zusammenhalt der Ehen bei Türken und Deutschen unterscheidet. Weder die Familiensoziologie noch die Migrationsforschung haben sich solcher Fragen bislang in angemessener Form angenommen (Nauck 2004), obwohl gerade auf diesem Gebiet zahlreiche stereotype Vorstellungen existieren dürften, die dringend einer sozialwissenschaftlichen Korrektur bedürfen.

Wenn es in diesem Beitrag um die Beziehung zwischen Erwerbssituation und Partnerschaft geht, dann richtet sich das Interesse auf den Zusammenhang zweier Lebensbereiche (Staines 1980). Allgemein lassen sich hier drei Möglichkeiten unterscheiden. Im ersten Fall besteht zwischen diesen Bereichen keine Beziehung, weder beeinflusst die Erwerbssituation die Partnerschaft noch ist das Umgekehrte der Fall. Die zweite Möglichkeit kann man als Spillover-Effekt bezeichnen. Zwischen beiden Bereichen besteht eine positive Korrelation, beispielsweise geht eine belastende Erwerbssituation mit einer belastenden Partnerschaft einher. Diese Sichtweise werden wir in diesem Beitrag in besonderer Weise verfolgen. Dabei nehmen wir an, dass der Spillover-Effekt auf sozialen Stress zurückgeht, der durch die Erwerbssituation entsteht und sich auf das partnerschaftliche Zusammenleben negativ auswirkt. Die dritte Möglichkeit wird als Kompensationseffekt bezeichnet. Demnach könnte auch eine negative Beziehung zwischen den beiden Lebensbereichen bestehen. So könnte man argumentieren, dass jedes Individuum nur über ein begrenztes Potential an Ressourcen (Zeit, Energie etc.) verfügt. Investitionen in einen der beiden Bereiche gehen dann zu Lasten des anderen. Schließlich könnte auch ein Kompensationseffekt derart bestehen, dass eine Partnerschaft oder Ehe an Qualität und Solidarität gewinnt, wenn die Erwerbsarbeit belastet. Negative Erfahrungen am Arbeitsplatz führen möglicherweise zu mehr Unterstützung durch den Partner, schlechte berufliche Aussichten erhöhen das Engagement für Partnerschaft und Familie.

Wir gehen nun wie folgt vor: In einem ersten Schritt widmen wir uns dem Vergleich von türkischen und deutschen Ehen und Partnerschaften. Wir fragen, ob aus theoretischer Sicht zu erwarten ist, dass sich die Partnerschaftsqualität sowie Ausmaß und Art der Partnerschaftskonflikte zwischen den beiden Gruppen unterscheiden. Erst in einem zweiten Schritt behandeln wir den Einfluss der Erwerbssituation auf die Ehe und Partnerschaft und gehen auf diesbezügliche Differenzen zwischen Deutschen und türkischen Zuwanderern ein.

2 Theorie

2.1 Partnerschaftsqualität und -konflikte

Warum sollten wir annehmen, dass türkische Ehen und Partnerschaften anders "funktionieren" als deutsche? Wir können hierbei zwei grundsätzliche Argumentationslinien unterscheiden. Zum einen kann man annehmen, dass es zwischen Deutschen und Türken große kulturelle Unterschiede gibt, beispielsweise im Hinblick auf die Religiosität, Werte, Geschlechtsrollen oder Verwandtschaftsstrukturen. Türkische Einwanderer in Deutschland erleben somit einen Kulturkonflikt, der nach der *Kulturkonfliktthese* auch die Familienbeziehungen negativ beeinflusst (Baykara-Krumme 2007). Kulturelle Unterschiede können auch darin bestehen, dass Angehörige unterschiedlicher ethnischer Gruppen unterschiedlich mit Konflikten umgehen (Sadri & Rahmatian 2003).

Die Gegenhypothese zur Kulturkonfliktthese könnte man als *Solidaritätsthese* bezeichnen. Hier wird vermutet, dass der Minoritätenstatus der Zugewanderten in der Aufnahmegesellschaft den familialen Zusammenhalt stärkt. Ehen und Familien von Angehörigen einer gesellschaftlichen Minderheit weisen demnach eine besondere innere Solidarität auf, weil die Familie als Rückzugsfeld aus einer fremd oder sogar feindlich empfundenen Umwelt dient und eine wichtige Ressource zur Bewältigung von Konflikten mit der Aufnahmegesellschaft ist (Baykara-Krumme 2007). Ähnlich argumentiert auch Nauck (2004), wenn er im Hinblick auf die familialen Beziehungen von Migranten zwischen der Familie als Eingliederungsalternative und als Eingliederungsopportunität unterscheidet.

Inwiefern sich die Partnerschaften und Ehen von türkischen Zuwanderern von den Partnerschaften und Ehen der Deutschen unterscheiden, ist nicht hinreichend geklärt. Einerseits wird die Auffassung vertreten, dass in türkischen Familien der Ehemann die oberste Autorität innehat sowie eine starke Differenzierung der Geschlechterrollen besteht (Kagitcibasi & Sunar 1997). Andererseits sprechen mehrere Befunde gegen die Annahme, die türkischen Ehen seien relativ zu den deutschen Familien traditioneller. So lässt sich dem 6. Familienbericht der Bundesregierung, der sich speziell mit den Familien ausländischer Herkunft in Deutschland befasst, entnehmen, dass die Polarisierung der Geschlechterrollen im Hinblick auf die Aufgabenverteilung im Haushalt bei den türkischen Familien keineswegs besonders hoch ist (BMFSFJ 2000: 93). Es wird sogar davon gesprochen, dass „die türkischen Familien unter allen Familien ausländischer Herkunft diejenigen mit der höchsten Kooperation zwischen den Ehepartnern sind" (BMFSFJ 2000: 93).

2.2 Der Einfluss der Erwerbssituation

Wie beeinflusst die Erwerbssituation von Männern und Frauen deren Partnerschaftszufriedenheit sowie Partnerschaftskonflikte? Und ist zu erwarten, dass dieser Zusammenhang zwischen deutschen und türkischen Partnerschaften variiert?

Die *social stress theory* (Aneshensel 1992; Hansen 2005) geht davon aus, dass sozialer Stress eine Folge der Positionierung in einem Sozialsystem ist. Kommt es nicht zu einer vollständigen Partizipation im Sozialsystem oder zu einer Partizipation, die nicht dem erwarteten Nutzen entspricht, dann kann die soziale Lage Stress auslösen. Auch eine mangelnde Vereinbarkeit sozialer Rollen (z.B. berufliche und familiale Rollen) kann zu sozialem Stress führen (Voydanoff & Kelly 1984). Sozialer Stress außerhalb der Partnerschaft vermindert Copingressourcen, führt zu psychischem Stress und kann Konflikte sowie ein weniger konstruktives Konfliktverhalten hervorrufen. Außerdem reduziert Stress die gemeinsam verbrachte Zeit und das Wir-Gefühl des Paares (Bodenmann 2003).

Auch das *vulnerability-stress-adaptation model of marriage* (Karney & Bradbury 1995) hebt Stress als einen Erklärungsfaktor für die Ehequalität hervor. Dieses Modell ist zwar das Ergebnis der Integration mehrerer Theorien, die sich auf die Funktionsweise von Ehen beziehen, sowie einer Meta-Analyse empirischer Befunde aus der Längsschnittforschung. Allerdings lassen sich die Ergebnisse der Meta-Analyse am besten durch eine Verhaltenstheorie (behavioral theory) verstehen. Diese richtet sich vor allem auf die interpersonalen Verhaltensweisen, also die Interaktion zwischen den Partnern. Führt eine Interaktion zu mehr Zufriedenheit, so wird sie wiederholt, was wiederum die Wahrscheinlichkeit erhöht, dass die Partner ihre Ehe als befriedigend erleben. Solche Verstärkungsprozesse können auch auf einem „negativen" Pfad ablaufen. Die mangelnde Fähigkeit der Partner mit Konflikten umzugehen erhöht die ehelichen Belastungen, dieses reduziert einen konstruktiven Umgang mit Konflikten, was wiederum zu mehr Belastungen führt (Karney & Bradbury 1995: 5; Weiß & Wagner 2008). „Konflikte können eine Anpassungsleistung eines oder beider Partner einleiten und damit langfristig die Zufriedenheit mit der Partnerschaft erhöhen. Dies setzt jedoch, wie Gottman (1993; 1994) beziehungsweise Gottman und

Notarius (2000) deutlich machen, voraus, dass die Partner einen problemlösenden Konfliktumgang wählen" (Weiß & Wagner 2008: 193). Demnach sollte das Konfliktverhalten den Zusammenhang zwischen Konflikthäufigkeit und Partnerschaftsqualität moderieren. Die zuvor dargelegten Überlegungen führen zu unseren ersten drei Hypothesen:

1. Je mehr Konflikte in einer Partnerschaft vorkommen, desto geringer ist die Partnerschaftsqualität.
2. Je konstruktiver das Konfliktverhalten ist, desto geringer ist der Einfluss der Konflikthäufigkeit auf die Partnerschaftsqualität (Moderatoreffekt).
3. Je konstruktiver das Konfliktverhalten ist, desto geringer ist die Anzahl der Konflikte.

Eine durch prekäre Beschäftigungsverhältnisse oder Arbeitslosigkeit gekennzeichnete Erwerbssituation erhöht den sozialen Stress. Das oben eingeführte Modell von Karney und Bradbury beschreibt, wie sozialer Stress, dessen Quelle außerhalb der Partnerschaft liegt, die Interaktion der Partner und die subjektive Qualität der Partnerschaft beeinflusst. Demnach bedingen sozialer Stress und dauerhafte Vulnerabilität (biographische Ereignisse, Persönlichkeitsmerkmale) adaptive Prozesse – nämlich die Art und Weise, wie Partner mit Meinungsverschiedenheiten, Konflikten und Eheproblemen umgehen. Diese adaptiven Prozesse wirken sich auf die Ehequalität – also die Ehezufriedenheit – aus. Die Ehequalität ist damit Folge davon, wie gut die Partner mit externem Stress umgehen können und wie „anfällig" sie externen Belastungen gegenüber sind. Die Stabilität einer Ehe wiederum wird von der Ehequalität bedingt. Damit lässt sich als vierte Hypothese formulieren:

4. Eine prekäre Erwerbssituation erhöht den sozialen Stress, dieser erhöht die Konflikthäufigkeit in Partnerschaften und führt zu einem weniger konstruktiven Konfliktverhalten der Partner.

Da in den Hypothesen 1 und 2 davon ausgegangen wird, dass die Zunahme partnerschaftlicher Konflikte beziehungsweise ein defizitäres Konfliktverhalten mit einer Reduktion der Partnerschaftszufriedenheit einhergeht, wird in Hypothese 4 angenommen, dass die Konflikthäufigkeit und das Konfliktverhalten den Zusammenhang zwischen Erwerbssituation und Partnerschaftszufriedenheit (vollständig) vermitteln (Mediationseffekt).

Dass die Qualität und Stabilität von Partnerschaften mit der Erwerbssituation der Partner zusammenhängt, ist empirisch hinreichend belegt. Negative Erfahrungen am Arbeitsplatz führen zu häuslichem Ärger und wenig konstruktivem Konfliktverhalten (Repetti 1989; Schulz et al. 2004). Auch erhöht Arbeitslosigkeit das Scheidungsrisiko (Hansen 2005; Jalovaara 2003; vgl. aber die Ausnahme Muszynska 2006). Kalmijn (2007) zeigt, dass in Europa eine höhere Rate der Frauenerwerbstätigkeit zu einer höheren Scheidungsrate führt. Aus mehreren Studien geht hervor, dass die Zufriedenheit mit der Partnerschaft von der Erwerbssituation und dem Erwerbseinkommen abhängig ist (Voydanoff 1990; White & Rogers 2000). Wenn Frauen ihre Einkommenssituation relativ zum Ehepartner verbessern, steigt ihre Zufriedenheit mit der Partnerschaft (Rogers & Deboer 2001). Offenbar führt die Wochenendarbeit von Vätern zu mehr Konflikten in der Partnerschaft (Ossyssek et al. 1995). Bei alledem muss berücksichtigt werden, dass die Qualität der Ehe auch die Zufriedenheit mit der Erwerbsarbeit beeinflussen kann (Rogers & May 2003). Umstritten ist auch, ob negative Erfahrungen im Erwerbsleben für Männer *und* Frauen psychische Belastungen hervorrufen und damit auch die Partnerschaft beeinflussen können (Barnett et al. 1993). Nach den Befunden von Wagner und Weiß (2005) führen externe Belastungen der Partner zu einer höheren Konflikthäufigkeit. Das gilt auch für Belastungen durch die Erwerbssituation. Warum sollte aber die Erwerbssituation und Partnerschaft bei Deutschen in anderer Weise verknüpft sein als es bei den Türken der Fall ist?

Wenn türkische Familien im Hinblick auf die Differenzierung der Geschlechtsrollen traditioneller organisiert sind, dann werden in türkischen Familien der Erwerbsbereich und die Ehe stärker entkoppelt sein, als es bei deutschen Familien der Fall ist. Beispielsweise müsste die Vereinbarkeitsproblematik bei den Türken geringer sein als bei den Deutschen. Dieses gilt besonders für die Türkinnen.

Sollten Unterschiede im Solidarpotential deutscher und türkischer Familien bestehen, dann werden sich die Familien auch hinsichtlich ihrer Copingressourcen unterscheiden. Es spricht einiges dafür, dass der Zusammenhalt der türkischen Ehen hoch ist.

Ferner kann man davon ausgehen, dass die Erwartungen türkischer Zuwanderer an die Qualität der Erwerbssituation und das erzielte Einkommen geringer sind als es bei den Deutschen der Fall ist. Möglicherweise orientieren sich die türkischen Zuwanderer an den Mitgliedern ihrer eigenen ethnischen Bezugsgruppe, die generell im Vergleich zu den Deutschen auf dem Arbeitsmarkt benachteiligt ist (Fischer & Wiswede 2002: 147ff, 587ff). Dieses müsste dann dazu führen, dass eine prekäre Erwerbssituation bei den türkischen Zuwanderern weniger Stress auslöst als bei den Deutschen und demnach weniger gravierende Auswirkungen auf die Interaktion in der Partnerschaft oder Ehe hat.

Eine traditionellere Aufteilung der Geschlechterrollen in türkischen Familien, eine hohe Solidarität der Partner sowie eine vermutlich starke Orientierung der türkischen Zuwanderer an ihrer eigenen ethnischen Bezugsgruppe führen zu unserer fünften Hypothese:

5. Eine prekäre Erwerbssituation wirkt sich bei türkischen Zuwanderern weniger stark auf die Konflikthäufigkeit und das Konfliktverhalten in Partnerschaften und Ehen aus als es bei den Deutschen der Fall ist.

Fassen wir die ersten vier Hypothesen zusammen, ergibt sich ein Kausalmodell, das in Abbildung 1 dargestellt wird. Nimmt man die fünfte Hypothese hinzu, dann müssten insbesondere die Zusammenhänge zwischen der Erwerbssituation und der Konflikthäufigkeit sowie zwischen der Erwerbssituation und dem Konfliktverhalten bei türkischen Ehen schwächer ausfallen als bei deutschen Ehen. Denn bei türkischen Ehen ist ein geringerer Spillover-Effekt als bei den deutschen Ehen zu erwarten, vielleicht sogar ein Kompensationseffekt.

Abbildung 1: Theoretisches Modell

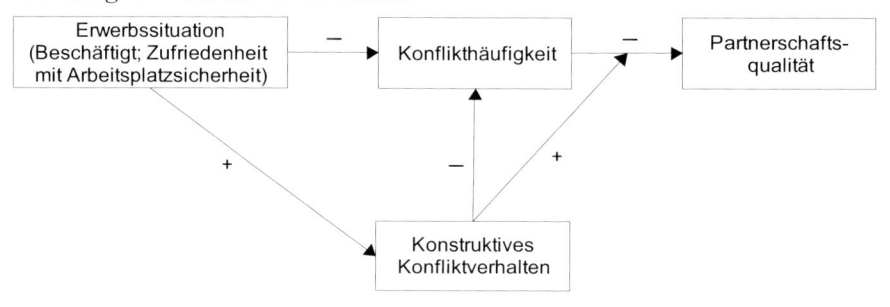

```
┌─────────────────────┐      ─      ┌─────────────────┐      ─      ┌─────────────────┐
│   Erwerbssituation  │─────────────▶│ Konflikthäufigkeit │◀────────────│ Partnerschafts- │
│ (Beschäftigt; Zufriedenheit │              │                 │              │    qualität     │
│ mit Arbeitsplatzsicherheit) │              │                 │              │                 │
└─────────────────────┘             └─────────────────┘             └─────────────────┘
            │                                ▲                                ▲
            │             +                  │            ─          +        │
            │                                │                                │
            └───────────────────────▶┌─────────────────────┐◀─────────────────┘
                                     │    Konstruktives    │
                                     │   Konfliktverhalten │
                                     └─────────────────────┘
```

3 Daten und Methoden

3.1 Beschreibung der Stichprobe

Die empirischen Analysen basieren auf zwei Stichproben, die in Deutschland im Rahmen des international vergleichenden *Generations and Gender Survey* (GGS) erhoben wurden. Die Grundgesamtheit der 2005 gezogenen Stichprobe umfasst *deutschsprachige*[2] Personen (GGS-D) im Alter zwischen 18 und 79 Jahren, die in Privathaushalten in Deutschland leben. Der Stichprobenziehung liegt ein mehrstufig geschichtetes Stichprobendesign zugrunde. Auf der untersten Stufe erfolgte die Auswahl der Haushalte mit Hilfe des random-route-Verfahrens (für eine ausführliche Darstellung des Stichprobendesigns vgl. Ruckdeschel

---

[2] In der ersten Stichprobe (GGS-DS) befinden sich somit auch Personen nicht-deutscher Staatsangehörigkeit.

2006). Die Ausschöpfungsquote beträgt 55,3% und insgesamt konnten 10.017 Personen interviewt werden.

Bei der zweiten Stichprobe handelt es sich um eine zwischen Mai und November 2006 durchgeführte Befragung von türkischen Migranten (GGS-T). Die Grundgesamtheit bilden hier Personen mit türkischer Staatsangehörigkeit im Alter zwischen 18 und 79 Jahren, die in Privathaushalten in Deutschland leben. Auch in diesem Fall liegt der Stichprobe ein mehrstufiges Design zugrunde. Im Unterschied zum GGS-D erfolgte die Auswahl der Befragungspersonen auf der letzten Stufe durch eine Zufallsauswahl aus den Melderegistern der jeweiligen Einwohnermeldeämter. Gegenüber dem GGS-D ist die Ausschöpfungsquote mit 34,1% wesentlich niedriger. Insgesamt wurden 4.045 Personen befragt (für eine ausführliche Darstellung des Stichprobendesigns vgl. Ette 2007).

Die weiteren Analysen basieren auf einem deutlich reduzierten Datensatz, der wie folgt erstellt wurde:

- Als „deutsch" werden Befragte mit deutscher Staatsangehörigkeit (keine doppelte) und Geburtsland Deutschland bezeichnet.
- „Türkische" Befragte besitzen die türkische Staatsangehörigkeit. Ihr Geburtsland kann Deutschland oder die Türkei sein.
- Alle Befragten befinden sich zum Zeitpunkt des Interviews auf dem Arbeitsmarkt oder stehen diesem potentiell zur Verfügung. Damit sind auch arbeitslos gemeldete Personen für die späteren Analysen relevant.
- Alle Befragten leben zum Zeitpunkt der Befragung in einer Partnerschaft. Darunter fallen Paare, die keinen gemeinsamen Haushalt haben („living apart together", LAT), unverheiratete Paare mit einem gemeinsamen Haushalt (nicht-eheliche Lebensgemeinschaften, NEL) oder verheiratete Paare.

Durch diese Entscheidungen reduzieren sich beide Datensätze auf 3.772 (GGS-D) beziehungsweise 1.632 (GGS-T) Fälle; die Gesamtfallzahl beträgt 5.404 Personen.[3]

In Tabelle 1 werden soziodemographische Merkmale des Datensatzes vorgestellt. Es fällt auf, dass die türkische Stichprobe viel weniger weibliche Befragte beinhaltet als die deutsche. Dieser Unterschied lässt sich auch bei den gewichteten Befunden beobachten. Abweichungen zwischen beiden Stichproben

---

[3] Für beide Stichproben liegen sowohl Haushalts- als auch Personengewichte vor, die eine Kombination aus Designgewicht (Korrektur für das mehrstufige Stichprobendesign) und redressment (Anpassung an die aus der amtlichen Statistik bekannte Sollstruktur für die Merkmale Bundesland, Altersgruppe, Geschlecht und Bildung) sind. In den uni- und bivariaten Analysen sind die Unterschiede zwischen gewichteten und ungewichteten Daten vernachlässigbar. Es kommt allerdings zu einer leichten Überschätzung der deutschen Frauen (50% vs. 44%). Multivariate Analysen werden ebenfalls ungewichtet durchgeführt (vgl. Empfehlung bei Winship & Radbill 1994).

lassen sich auch für die Altersverteilung feststellen. Die Befragten aus der GGS-D-Stichprobe sind im Mittel 44 Jahre alt, während sie in der zweiten Stichprobe (GGS-T) etwa 5 Jahre jünger sind. Weiterhin fällt auf, dass in der türkischen Stichprobe der Anteil der Befragten mit dem Abitur als höchstem Schulabschluss mit 14% deutlich niedriger ist als bei den deutschen Befragten mit 31%. Dieser Anteil von 14% entspricht Befunden, die auf Grundlage des Mikrozensus berechnet wurden (Woellert et al. 2009: 49). Auch die Verteilung der Partnerschaftsformen variiert zwischen GGS-D und GGS-T beträchtlich. Der Anteil nicht-ehelicher Partnerschaften beträgt in der GGS-D-Stichprobe 14% und der Anteil an Ehen liegt bei 72%. Hingegen leben gerade einmal 4% der türkischen Befragten in einer NEL, aber 90% sind verheiratet.

Tabelle 1: Deskriptive Statistiken für GGS-D und GGS-T

	M	SD	Min	Max	N	Fehlend N	%
GGS-D							
Frau	0,50	0,50	0,00	1,00	3772	0	0,00
Alter (Jahre)	43,57	10,50	18,08	74,92	3753	19	0,50
(Fach-)Hochschulreife	0,31	0,46	0,00	1,00	3733	39	1,03
Nichteheliche Partnerschaft	0,14	0,35	0,00	1,00	3770	2	0,05
Ehe	0,72	0,45	0,00	1,00	3734	38	1,01
GGS-T							
Frau	0,24	0,43	0,00	1,00	1632	0	0,00
Alter (Jahre)	38,48	9,93	18,17	65,67	1628	4	0,25
(Fach-)Hochschulreife	0,14	0,35	0,00	1,00	1256	376	23,04
Nichteheliche Partnerschaft	0,04	0,20	0,00	1,00	1631	1	0,06
Ehe	0,90	0,30	0,00	1,00	1625	7	0,43

3.2 Operationalisierung

In diesem Abschnitt wird die Operationalisierung der zentralen Konstrukte vorgestellt. Deskriptive Statistiken für sämtliche Partnerschaftsmerkmale finden sich in Abschnitt 4.1, während die übrigen Variablen im vorliegenden Abschnitt beschrieben werden.

Konflikthäufigkeit: Eine bedeutsame Stellung bei den obigen Überlegungen nimmt das (wahrgenommene) Ausmaß an Partnerschaftskonflikten ein. In den beiden Erhebungen des GGS wurde für insgesamt neun verschiedene Themenfelder die Konflikthäufigkeit erfasst. Konkret lautete die Frage: „Ich werde Ihnen jetzt eine Liste mit Dingen vorlesen, über die sich Paare streiten können. Wie oft hatten Sie in den letzten zwölf Monaten mit Ihrem(r) (Ehe-)Partner/in Streit über

[*Thema*]?" Die Häufigkeit wurde mit einer fünfstufigen Skala erfasst: 1 „nie", 2 „selten", 3 „manchmal", 4 „häufig", 5 „sehr oft". Die neun Konfliktthemen sind: „Hausarbeit", „Geld", „Freizeitgestaltung", „Sex", „Beziehung zu Freunden", „Beziehung zu Eltern und Schwiegereltern", „Erziehungsfragen", „Ob man Kinder haben soll" und „Alkoholkonsum". In zahlreichen Arbeiten (Hill 2004; Wagner & Weiß 2005; Weiß & Wagner 2008) wird auf Grundlage der einzelnen Konflikthäufigkeiten ein Summenindex konstruiert, der zusammenfassend das Konfliktausmaß in der Partnerschaft beschreibt. Dabei wird unterstellt, dass sich Konflikte in den einzelnen Themenbereichen in ihren Auswirkungen auf die Partnerschaft nicht unterscheiden. Von den insgesamt neun Konfliktbereichen können jedoch lediglich sieben in den Index aufgenommen werden. So werden die beiden Bereiche „Erziehung" und „Sexualität" ausgeschlossen. Auseinandersetzungen um Erziehungsfragen betreffen per se nur Paare mit Kindern und damit nur einen Teil der Stichprobe. Angaben über Konflikte zum Thema „Sexualität" werden wegen des hohen Anteils an fehlenden Werten ausgeschlossen. Es ist offensichtlich, dass hier die Intimsphäre der Befragten berührt wird; insbesondere die türkischen Befragten weisen mit 13% (Männer) beziehungsweise 18% (Frauen) hohe Anteile an fehlenden Werten auf. Der neugebildete Konfliktindex weist einen theoretischen Wertebereich von 7 (7x1) bis 35 (7x5) auf, doch der tatsächliche Wertebereich beträgt 7 bis 31. Insgesamt werden nur wenige Konflikte berichtet (M = 10,91). Knapp 20% geben sogar an, in keinem der sieben Bereiche einen Konflikt wahrgenommen zu haben. Mit einer Schiefe von 1,10 ist das Merkmal deutlich rechtsschief verteilt.

Partnerschaftsqualität: Die Partnerschaftsqualität setzt sich aus zwei Merkmalen zusammen, nämlich der Partnerschaftszufriedenheit sowie der subjektiven Partnerschaftsstabilität. Die Partnerschaftszufriedenheit wurde mittels der folgenden Frage ermittelt: „Wie zufrieden sind Sie mit Ihrer Beziehung zu [*Name*]?" Die 11-stufige Antwortskala reicht von „überhaupt nicht zufrieden" (0) bis „sehr zufrieden" (10). Die subjektive Partnerschaftsstabilität erfasst, ob sich der Befragte in den vergangenen zwölf Monaten mindestens einmal mit Trennungsgedanken befasst hat: „Auch Personen, die mit Ihrem(r) (Ehe-)Partner/in gut auskommen, fragen sich manchmal, ob Ihre Ehe oder Beziehung funktionieren wird. Haben Sie in den letzten zwölf Monaten darüber nachgedacht, Ihre Beziehung zu beenden?" Diese Frage konnte mit „ja" (1) oder „nein" (2) beantwortet werden. Auf Grundlage der beiden Merkmale „Partnerschaftszufriedenheit" sowie „subjektive Partnerschaftsstabilität" wurde durch Multiplikation eine neue Variable kreiert, die im Weiteren als Partnerschaftsqualität bezeichnet wird. Anders formuliert: Die Partnerschaftszufriedenheit wurde mit der subjektiven Partnerschaftsstabilität gewichtet. Befragte, die in den vergangenen zwölf Monaten an Trennung gedacht haben, erhalten einen maximalen

Zufriedenheitsscore von 10 (10 x 1). Ein Zufriedenheitsscore von maximal 20 (10 x 2) wird solchen Personen zugewiesen, die *nicht* in den vergangenen zwölf Monaten an eine Trennung gedacht haben. Dieser Index hat die Besonderheit, die natürlichen Zahlen zwischen 0 und 10 zu enthalten, während die Werte zwischen 10 und 20 einer Zweierreihe folgen, also 12, 14, 16, 18, 20. Im Mittel sind die Befragten sehr zufrieden mit ihrer Partnerschaft (M = 17,27); die Verteilung des Merkmals ist stark linksschief (Schiefe = -1,91).

Konfliktverhalten: Neben der Konflikthäufigkeit ist auch der Umgang mit Konflikten bedeutsam. Im GGS wurden insgesamt vier Verhaltensweisen erfasst, die durch die folgende Frage eingeleitet wurden: „Mit ernsthaften Meinungsverschiedenheiten gehen Paare in ganz unterschiedlicher Weise um. Wenn Sie eine ernsthafte Meinungsverschiedenheit mit Ihrem(r) (Ehe-)Partner/in haben, wie oft... (a) behalten Sie Ihre Meinung für sich; (b) diskutieren Sie die Meinungsverschiedenheit ruhig aus; (c) streiten Sie und werden laut; (d) endet es in Gewalttätigkeit."

Die fünfstufige Antwortskala reicht von „nie" (1) bis „sehr oft" (5). Das Konfliktverhalten wird jedoch nur erfasst, wenn für mindestens eines der neun Konfliktthemen in den vergangenen zwölf Monaten mindestens ein seltener Konflikt berichtet wurde. In Abschnitt 2.2 wird in den Hypothesen vor allem auf das *konstruktive* Konfliktverhalten Bezug genommen. Insofern liegt es nahe, das Item „Meinungsverschiedenheiten ruhig ausdiskutieren" zu verwenden. Hinzu kommt, dass es etwas niedrigere Anteile an fehlenden Werten als die übrigen drei Items aufweist und geringfügig bessere Verteilungseigenschaften besitzt. Im Mittel zeigen die Befragten das Verhalten „häufig" (M = 3,60). Das Merkmal ist tendenziell eher linksschief verteilt (Schiefe: -0,45). Wie oben bereits ausgeführt, wurden die Befragten nur nach ihrem Konfliktverhalten gefragt, wenn sie in mindestens einem Konfliktbereich mindestens einen seltenen Konflikt genannt haben. Dementsprechend beträgt der Anteil fehlender Werte im gesamten Datensatz knapp 16%. Unter den Befragten, die Meinungsverschiedenheiten angegeben haben, beträgt der Anteil fehlender Werte dagegen nur 0,56%.

Geschlechterrollenindex: Dieser Index wird in Anlehnung an Diehl et al. (2009) konstruiert. Insgesamt gehen fünf Items in die Konstruktion dieses Merkmals ein: 1. „Wenn Arbeitsplätze knapp sind, sollten Männer größere Anrechte auf eine Arbeit haben als Frauen". 2. „Alles in allem sind Männer bessere politische Führer als Frauen". 3. „Eine Frau braucht Kinder, um ein erfülltes Leben zu haben". 4. „Wenn eine alleinstehende Frau ein Kind, aber keine feste Partnerschaft will, so sollte das akzeptiert werden". 5. „Sich um Haushalt und Kinder zu kümmern ist genauso erfüllend wie eine bezahlte Arbeit". Die fünfstufige Antwortskala reicht von „stimme sehr zu" (1) bis „stimme überhaupt nicht zu" (5) Aussage 4 wurde recodiert, so dass niedrige Skalenwerte mit einer traditionellen Einstellung einhergehen. Der Wertebereich des Merkmals reicht von 5 bis 25 und der Mittelwert liegt bei 16,08.

Im GGS wurden verschiedene Merkmale der Erwerbstätigkeit und des Einkommens erfasst. So wurde etwa das individuelle Nettoeinkommen wie auch das Haushaltsnettoeinkommen erhoben. Weitere Variablen zur Erwerbssituation sind der wöchentliche Beschäftigungsumfang sowie die Befristung des Arbeitsvertrages. Um den Einfluss der Erwerbsarbeit zu erfassen, konzentrieren wir uns auf die Variablen Beschäftigungsstatus beziehungsweise Arbeitslosigkeit und die Zufriedenheit mit der Arbeitsplatzsicherheit. Zum einen war unsere Absicht, einen „objektiven" Indikator wie den Beschäftigungsstatus als eine Dimension der Erwerbssituation zu verwenden. Die Zufriedenheit mit der Arbeitsplatzsicherheit dagegen erfasst eine „subjektive" Komponente. Zum anderen weisen die nicht verwendeten Merkmale teilweise hohe Anteile an fehlenden Werten auf. Das betrifft vor allem die Erfassung des Einkommens.

Arbeitslosigkeit: Die Befragten wurden nach ihrer Beschäftigung befragt: „Welche der Aussagen zur Beschäftigung auf der Karte trifft am ehesten auf Sie zu?" Eine der insgesamt zehn Antwortkategorien lautet „arbeitslos". Da die beiden (Teil-)Stichproben so definiert wurden, dass nur Befragte berücksichtigt werden, die tatsächlich oder potentiell (= arbeitslos) dem Arbeitsmarkt zu Verfügung stehen, liegt der Anteil fehlender Werte bei 0%. Die Arbeitslosigkeit bei türkischen Männern und Frauen ist mit einem Anteil über 20% besonders hoch. Dagegen sind nur etwa 10% der deutschen Männer und Frauen arbeitslos.

Zufriedenheit mit der Arbeitsplatzsicherheit: Die Zufriedenheit mit der Arbeitsplatzsicherheit wurde mit der folgenden Frage erfasst: „Wie zufrieden sind Sie mit Ihrer Arbeitsplatzsicherheit?" Die Antwortskala umfasst insgesamt elf Antwortkategorien (0: „überhaupt nicht zufrieden" bis 10: „sehr zufrieden").

Tabelle 2: Zufriedenheit mit der Arbeitsplatzsicherheit

	Mittelwert	Median	95%-CI		Fehlend %	N
Deutsche Männer	7,40	8	7,29	7,52	0,88	1693
Türkische Männer	6,88	8	6,70	7,05	2,25	914
Deutsche Frauen	7,30	8	7,18	7,43	1,42	1670
Türkische Frauen	7,34	8	7,04	7,63	3,28	295
Gesamt	7,26	8	7,18	7,33	1,51	4572

Anmerkung: „Fehlend %" bezieht sich auf die in einem Beschäftigungsverhältnis stehenden Befragten. Arbeitslose Befragte werden nicht berücksichtigt.

Es sind vor allem die türkischen Männer, die eine besonders geringe subjektive Arbeitsplatzsicherheit aufweisen (Tabelle 2); gefolgt von den deutschen und türkischen Frauen. Die höchste Zufriedenheit mit der Arbeitsplatzsicherheit weisen mit 7,40 Skalenpunkten die deutschen Männer auf. Wie bereits die Partnerschaftsqualität, so ist auch die Zufriedenheit mit der Arbeitsplatzsicherheit ein stark linksschief verteiltes Merkmal (Schiefe: -1,03).

3.3 Analysestrategie

In methodischer Hinsicht weist unser Beitrag zwei Besonderheiten auf. In Abschnitt 3.1 wurde bereits auf das Stichprobendesign und die Gewichtungsfaktoren eingegangen. Dort wurde auch dargelegt, dass die Unterschiede zwischen ungewichteten und gewichteten deskriptiven Befunden unerheblich sind. Die bi- und multivariaten Analysen werden ebenfalls mit ungewichteten Daten durchgeführt.

Eine weitere Besonderheit betrifft das in Abschnitt 2.2 eingeführte theoretische Modell und dessen empirische Analyse mit Hilfe von Pfadmodellen. Die Hypothesen 1 und 4 nehmen an, dass die Merkmale Konflikthäufigkeit und Konfliktverhalten zwischen prekären Beschäftigungsverhältnissen und der Partnerschaftsqualität als *Mediatorvariablen* fungieren. Weiterhin wird in Hypothese 2 angenommen, dass das Konfliktverhalten den Zusammenhang zwischen Konflikthäufigkeit und Partnerschaftsqualität *moderiert*. Geschätzt wird also ein Pfadmodell mit dem sowohl Mediator- als auch Moderatoreffekte getestet werden. Vor allem sozialpsychologische Arbeiten befassen sich mit dieser Thematik (Edwards & Schurer Lambert 2007; Morgan-Lopez et al. 2003; Muller et al. 2005).

Die Modelle werden mit dem Programm Mplus (Version 5.1) geschätzt (Muthén & Muthén 1998-2008). Dabei verwenden wir einen robusten Maximum-Likelihood-Schätzer (MLR), da die zentrale abhängige Variable Partnerschaftsqualität deutlich von einer Normalverteilung abweicht. Abbildung 3 in Abschnitt 4.2.2 beschreibt die konkrete empirische Umsetzung des theoretischen Modells. Die dort abgebildeten sieben Pfade finden sich auch in der Tabelle 8 und der Tabelle 9 wieder. Nicht dargestellt werden sämtliche korrelativen Beziehungen (dargestellt durch Doppelpfeile), die zwischen der Konflikthäufigkeit, dem Konfliktverhalten sowie dem multiplikativen Term bestehen.

4 Empirische Analysen

4.1 Partnerschaften von Deutschen und Türken im Vergleich

Tabelle 3 gibt die Mittelwerte der Gesamtkonflikthäufigkeit wieder. Es wird deutlich, dass die mittlere Konflikthäufigkeit bei deutschen Männern und Frauen signifikant höher ist als bei den türkischen Männern und Frauen.

Tabelle 3: Gesamtkonflikthäufigkeit

	Mittelwert	95%-CI		Median	Fehlend %	N
Deutsche Männer	11,21	11,04	11,37	11	4,89	1789
Türkische Männer	10,33	10,14	10,51	10	5,08	1177
Deutsche Frauen	11,04	10,88	11,20	10	4,49	1806
Türkische Frauen	10,63	10,29	10,97	10	5,61	370
Gesamt	10,91	10,81	11,00	10	4,85	5142

Die Partnerschaftsqualität ist linksschief verteilt und im Mittel (17,27) sind die Befragten sehr zufrieden mit ihrer Partnerschaft (Tabelle 4). Es fällt auf, dass die türkischen Männer besonders zufrieden sind. Die türkischen Männer berichten die höchste (18,09), die deutschen Frauen die geringste Partnerschaftsqualität (16,95). Der Unterschied zwischen türkischen Männern und Frauen liegt bei 1,14 Skalenpunkten. Auch für die deutschen Männer gilt, dass sie eine höhere Partnerschaftsqualität angeben als die deutschen Frauen, doch hier beträgt der Abstand nur 0,54 Skalenpunkte.

Tabelle 4: Partnerschaftsqualität

	Mittelwert	95%-CI		Median	Fehlend %	N
Deutsche Männer	17,31	17,14	17,48	18	2,76	1829
Türkische Männer	18,09	17,90	18,27	20	2,74	1206
Deutsche Frauen	16,77	16,58	16,96	18	1,90	1855
Türkische Frauen	16,95	16,50	17,41	20	2,30	383
Gesamt	17,27	17,17	17,38	18	2,42	5273

Das konstruktive Konfliktverhalten wurde mit einer fünfstufigen Skala (1 „nie" bis 5 „sehr häufig") erfasst. Aus Tabelle 5 geht hervor, dass deutsche Männer und Frauen ruhiger ihre Meinungsverschiedenheiten austragen als es offenbar in türkischen Partnerschaften der Fall ist. Da sich die Konfidenzintervalle von deutschen und türkischen Befragten nicht überlappen, ist dieser Unterschied auf dem 5%-Niveau signifikant.

Tabelle 5: Befragte/r diskutiert Meinungsverschiedenheit ruhig aus

	Mittelwert	95%-CI		Median	Fehlend %	N
Deutsche Männer	3,73	3,68	3,77	4	0,31	1585
Türkische Männer	3,47	3,40	3,54	4	1,40	917
Deutsche Frauen	3,64	3,59	3,69	4	0,25	1565
Türkische Frauen	3,35	3,23	3,47	3	0,65	305
Gesamt	3,61	3,59	3,64	4	0,55	4372

In Tabelle 6 werden deskriptive Statistiken des Geschlechterrollenindex dargestellt. Je niedriger der Skalenwert, desto traditioneller das Geschlechterrollenbild. Es gibt sehr offensichtliche Unterschiede zwischen deutschen und türkischen Befragten, aber auch zwischen Männern und Frauen. So weisen die türkischen Männer den niedrigsten Wert auf (12,62), gefolgt von den türkischen Frauen (14,11). Türkische Männer sind damit die Gruppe mit dem traditionellsten Geschlechterrollenbild. Doch auch für die Gruppe der deutschen Befragten gilt, dass Männer (16,55) traditioneller sind als Frauen (18,19).

Tabelle 6: Geschlechterrollenindex (niedrig = traditionell)

	Mittelwert	95%-CI		Median	Fehlend %	N
Deutsche Männer	16,55	16,41	16,69	17	7,71	1736
Türkische Männer	12,62	12,43	12,81	12	8,31	1137
Deutsche Frauen	18,19	18,05	18,33	18	3,54	1824
Türkische Frauen	14,11	13,74	14,47	14	8,16	360
Gesamt	16,08	15,98	16,19	16	6,42	5057

4.2 Einflüsse der Erwerbstätigkeit auf die Partnerschaft

4.2.1 Bivariate Analysen

4.2.1.1 Arbeitslosigkeit und Konflikthäufigkeit

In den theoretischen Ausführungen (Abschnitt 2.2) haben wir dargelegt, dass Arbeitslosigkeit den sozialen Stress erhöht und dieser wiederum mit einem Anstieg der Konflikthäufigkeit einhergeht. Tabelle 7 vergleicht die Konflikthäufigkeit zwischen beschäftigten und arbeitslosen Personen, wiederum getrennt nach deutschen und türkischen Männern und Frauen. Da der Konfliktindex schief verteilt ist, werden neben dem Mittelwert auch die Medianwerte berichtet. Unterschiede in der Konflikthäufigkeit werden sowohl durch den Vergleich der Mittelwerte mit Hilfe eines t-Tests als auch durch den nichtparametrischen Wilcoxon-Rangsummentest auf statistische Signifikanz überprüft.

In Tabelle 7 finden sich die Ergebnisse der oben erläuterten Analysen. Nennenswerte Unterschiede in der Konflikthäufigkeit zwischen arbeitslosen und beschäftigten Befragten finden sich lediglich für Personen deutscher Nationalität (Spalte 8 enthält die Mittelwertsdifferenzen). Der Wilcoxon Rank-Summen-Test weist lediglich für deutsche Männer Unterschiede aus.

Tabelle 7: Konflikthäufigkeit nach Beschäftigungsstatus

	Beschäftigt			Arbeitslos					
	$\bar{x}_B$	$\tilde{x}_B$	N	$\bar{x}_A$	$\tilde{x}_A$	N	$\bar{x}_B - \bar{x}_A$	WRS	N
DM	11,13	11	1627	12,01	11	162	-0,89**	*	1789
TM	10,33	10	883	10,32	10	294	0,01	n.s.	1177
DF	10,99	10	1620	11,52	10	186	-0,54*	n.s.	1806
TF	10,62	10	287	10,66	10	83	-0,04	n.s.	370
G	10,88	10	4417	11,05	10	725	-0,16	n.s.	5142

Anmerkung: **: $p < 0{,}010$; *: $p < 0{,}050$; WRS: Wilcoxon Rangsummentest, DM: Deutsche Männer, TM: Türkische Männer DF: Deutsche Frauen, TF: Türkische Frauen, G: Gesamt.

Hier nicht vorgestellte weitere Analysen wurden auf Ebene der einzelnen Konfliktthemen vorgenommen. Auch in diesem Fall zeigen sich keine nennenswerten Unterschiede zwischen arbeitslosen und beschäftigten Befragten.

4.2.1.2 Arbeitslosigkeit und positives Konfliktverhalten

Nach unseren theoretischen Überlegungen sollen prekäre Beschäftigungsverhältnisse nicht nur das Ausmaß an Konflikten beeinflussen, sondern auch die Art und Weise, wie Konflikte ausgetragen werden. Das (positive) Konfliktverhalten wird hier durch das Item „Befragte/r diskutiert bei einer Meinungsverschiedenheit diese ruhig aus" operationalisiert. Die Antwortskala reicht von 1 („nie") bis 5 („sehr oft"), das heißt hohe Werte stehen für ein konstruktives Konfliktverhalten. Eine naheliegende Auswertungsmöglichkeit wäre ein Mittelwertvergleich beziehungsweise t-Test. Für alle vier Gruppen liegen die Unterschiede zwischen arbeitslosen und beschäftigten Befragten unter 0,20 Skalenpunkten. Die Unterschiede wurden auch mit Hilfe eines t-Tests untersucht. In allen vier Gruppen sind danach die Unterschiede statistisch nicht bedeutsam.

4.2.1.3 Zufriedenheit mit der Arbeitsplatzsicherheit und Konflikthäufigkeit

Abbildung 2 (links) veranschaulicht den Zusammenhang zwischen der Zufriedenheit mit der Arbeitsplatzsicherheit und der Konflikthäufigkeit bei Deutschen und Türken beziehungsweise Frauen und Männern. In der Abbildung wird für jeden Zufriedenheitswert in Form eines Boxplots die Verteilung der Konflikthäufigkeit abgetragen. Zusätzlich wird noch die Funktionsgerade eines robusten[4] linearen Modells eingezeichnet. In allen vier Gruppen lassen sich signifikant negative Zusammenhänge zwischen der Zufriedenheit mit der Arbeitsplatzsicherheit und der Konflikthäufigkeit zeigen. Dabei fällt auf, dass der Effekt für die türkischen Männer deutlich schwächer ausfällt als für die übrigen Gruppen, gleichwohl er noch (schwach) signifikant negativ ist.

Abbildung 2: Konflikthäufigkeit (linke Abbildung) und positives Konfliktverhalten (rechte Abbildung) nach Zufriedenheit mit der Arbeitsplatzsicherheit (Schätzer eines robusten linearen Modells mit 95%-Konfidenzintervallband)

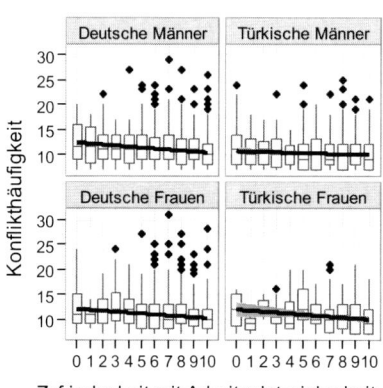

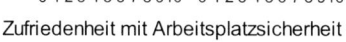

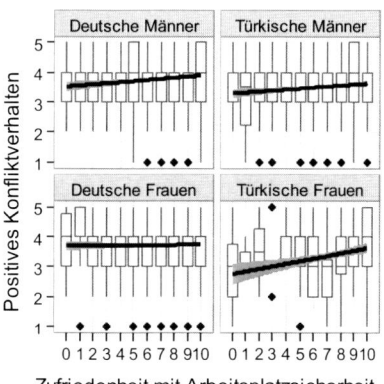

---

[4] Das Merkmal Konflikthäufigkeit verletzt eine Reihe von Annahmen, die das klassische lineare Modell (OLS-Schätzer) voraussetzt. Mit Hilfe eines robusten Regressionsmodells lassen sich einige Annahmeverletzungen kompensieren (Fox 2008).

4.2.1.4 Zufriedenheit mit der Arbeitsplatzsicherheit und Konfliktverhalten

Die bivariaten Analysen sollen ihren Abschluss mit der Untersuchung des Zusammenhangs zwischen positivem Konfliktverhalten und Zufriedenheit mit der Arbeitsplatzsicherheit finden. Abbildung 2 (rechts) veranschaulicht den genannten Zusammenhang getrennt für Geschlecht und Nationalität. Für jede der elf Zufriedenheitskategorien wurde ein Boxplot erstellt, der die Verteilung des Konfliktverhaltens wiedergibt. Vor allem bei den deutschen Männern und Frauen sowie den türkischen Männern gibt es, was die Variation des Medians angeht, wenig zu berichten; auch der Interquartilabstand und die Lage des 1. und 3. Quartils sind relativ invariant. Unter der Annahme, dass das Konfliktverhalten metrisch skaliert ist, wurde pro Gruppe zusätzlich ein bivariates Regressionsmodell geschätzt und die resultierende Regressionsgerade wurde ebenfalls graphisch abgetragen. Vor allem für die deutschen und türkischen Männer zeigt sich danach ein leicht positiver Effekt, der auf dem 5%-Niveau statistisch signifikant ist.

Ein deutlich stärkerer Einfluss der Zufriedenheit mit der Arbeitsplatzsicherheit auf das Konfliktverhalten ist bei den türkischen Frauen zu beobachten, wenn die Steigung der Regressionsgeraden zugrunde gelegt wird. Zusätzlich lassen auch die Boxplots und die Lage der Mediane eine positive Tendenz erkennen. Für die deutschen Frauen lässt sich kein Effekt feststellen.

4.2.2 Pfadmodelle

Die empirischen Analysen werden mit zwei Pfadmodellen abgeschlossen, mit denen das in Abschnitt 2.2 (Abbildung 1) vorgestellte theoretische Modell überprüft wird (für eine konzeptionelle Darstellung vgl. Abbildung 3). Diese beiden Modelle unterscheiden sich nur durch die unterschiedliche Operationalisierung der „Erwerbssituation". Im ersten Modell wird der Einfluss der Arbeitslosigkeit auf das partnerschaftliche Interaktionsverhalten untersucht (Tabelle 8), im zweiten Modell wird die Zufriedenheit mit der Arbeitsplatzsicherheit herangezogen (Tabelle 9). Die empirische Umsetzung der Pfadmodelle folgt den theoretischen Annahmen. Reinecke (2005: 3) spricht in diesem Zusammenhang auch von einer strikt konfirmatorischen Prüfung. Wenn in der nachfolgenden Darstellung der empirischen Ergebnisse der Eindruck einer Kausalbeziehung erweckt wird, dann gilt diese Annahme nur vor dem Hintergrund unseres theoretischen Modells. Mit den vorliegenden Querschnittsdaten ist eine empirische Überprüfung von Kausalbeziehungen nicht möglich. Mit Ausnahme der Partnerschaftsqualität wurden sämtliche metrischen Merkmale zentriert. Damit sollen Multikollinearitätseffekte reduziert werden, die beim Testen von Moderatoreffekten nicht auszuschließen sind (Frazier et al. 2004: 120).

Beide Modelle unterscheiden sich nicht im Hinblick auf die Modellierung der Zusammenhänge zwischen den Paarmerkmalen (Konflikthäufigkeit, -verhalten und Partnerschaftsqualität). In der ersten Hypothese wird unterstellt, dass eine Zunahme von Partnerschaftskonflikten mit einer Reduktion der Partnerschaftsqualität einhergeht. In der zweiten Hypothese wird die Stärke dieser Beziehung eingeschränkt. Es wird angenommen, dass die Art und Weise, wie die Partner miteinander streiten, diesen Zusammenhang moderiert. Sofern sich die Partner um ein konstruktives Konfliktverhalten bemühen, wird von einem positiven Interaktionseffekt ausgegangen, der damit den negativen Effekt der Konflikthäufigkeit auf die Partnerschaftsqualität verringert. Schließlich wird in der dritten Hypothese auch noch ein direkter Effekt des positiven Konfliktverhaltens auf die Konflikthäufigkeit postuliert. Einerseits verringert ein positives Konfliktverhalten also das Aufkommen von Konflikten. Andererseits führt es aber auch dazu, dass im Fall von Konflikten diese einen weniger starken negativen Einfluss auf die Partnerschaftsqualität haben. In Hinblick auf das gerade skizzierte Kausalverhältnis gibt es zwischen den beiden Modellschätzungen kaum Unterschiede, so dass sich die folgenden Ausführungen auf Tabelle 8 konzentrieren.

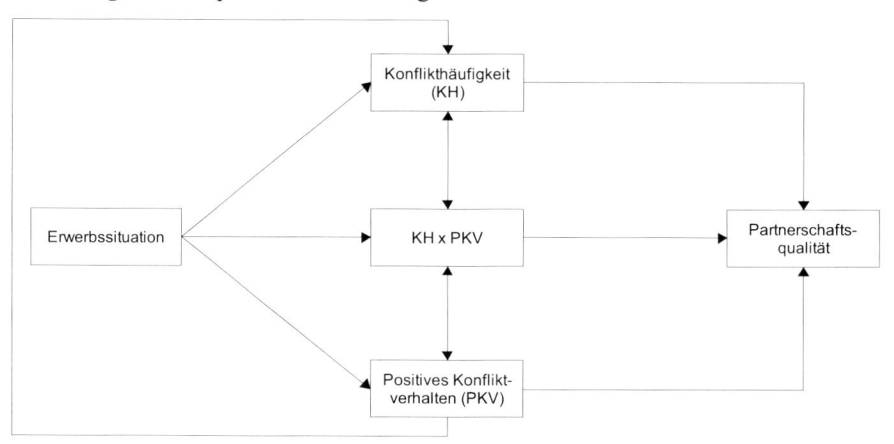

Abbildung 3: Empirische Umsetzung des theoretischen Pfadmodells

In der unteren Hälfte von Tabelle 8 sind verschiedene Modellgüteindizes aufgeführt, die belegen, dass die Modellanpassung gut ist (RMSEA = 0,04; CFI = 0,99, TLI = 0,90). Für deutsche Männer und Frauen finden sich empirische Belege für die Hypothesen 1 bis 3. Es zeigt sich, dass der eigentlich negative Effekt der Konflikthäufigkeit (KH) (-0,35*** und -0,34***)[5] auf die Partnerschaftsqualität teilweise durch einen positiven Interaktionseffekt (KH x PKV) kompensiert wird (0,07* und 0,11**). Mit anderen Worten: Je mehr Konflikte die Partner wahrnehmen, desto schlechter fällt die Bewertung der Partnerschaft aus. Sofern jedoch die Partner in der Lage sind, bei Meinungsverschiedenheiten ruhig zu bleiben, fällt der negative Effekt der Konflikthäufigkeit schwächer aus.

Bei den türkischen Paaren dagegen ist dieser Interaktionseffekt insignifikant, wenngleich Stärke und Richtung des Effektes bei den türkischen Männern denen der deutschen Befragten ähneln und nur aufgrund der geringeren Fallzahlen nicht statistisch signifikant sind. Die beiden Haupteffekte für die Konflikthäufigkeit und das Konfliktverhalten hingegen weisen den theoretisch zu erwartenden statistischen Einfluss auf. Danach kommt es sowohl bei den türkischen Männern (-0,23***) als auch den türkischen Frauen (-0,40***) zu einer Reduktion der Partnerschaftsqualität, wenn überdurchschnittlich viele Konflikte wahrgenommen werden. Umgekehrt führt ein überdurchschnittlich konstruktives Konfliktverhalten dazu, dass auch die Partnerschaftsqualität steigt (türkische Männer = 0,37**, türkische Frauen = 0,56*).

Schließlich haben wir in Hypothese 3 angenommen, dass ein positives Konfliktverhalten auch direkt das Aufkommen von Konflikten verhindern kann. Empirisch wird diese negative Beziehung vor allem bei den deutschen Paaren deutlich. Sowohl für die deutschen Männer (-0,80***) als auch die deutschen Frauen (-0,79***) lassen sich hochsignifikante negative Pfadkoeffizienten nachweisen. Auch bei den türkischen Männern lässt sich ein schwach signifikanter negativer Einfluss belegen (-0,29*). Keine empirischen Belege für diese dritte Hypothese finden sich bei den türkischen Frauen.

Kommen wir nun zur vierten und fünften Hypothese: H4 geht davon aus, dass prekäre Beschäftigungsverhältnisse den sozialen Stress erhöhen, was einerseits mit einer Erhöhung von Partnerschaftskonflikten und andererseits mit einem weniger konstruktiven Konfliktverhalten der Partner einhergeht. H5 präzisiert diesen Effekt in Hinblick auf die Gruppe der deutschen und türkischen Befragten und es wird angenommen, dass sich eine prekäre Erwerbssituation bei türkischen Zuwanderern weniger stark auf die Konflikthäufigkeit und das Konfliktverhalten in Partnerschaften und Ehen auswirkt als es bei den Deutschen der Fall ist. Mit Blick auf die *Arbeitslosigkeit* (Tabelle 8) zeigt sich lediglich für die

---

[5] Der Haupteffekt für Konflikthäufigkeit oder Konfliktverhalten lässt sich nur dann direkt interpretieren, wenn der jeweils andere Haupteffekt 0 ist und damit auch der Interaktionsterm den Wert 0 hat. Ein Effekt der Konflikthäufigkeit in Höhe von -0,35 (deutsche Männer) lässt sich also nur für Personen interpretieren, die ein durchschnittliches Konfliktverhalten aufweisen. Ebenso lässt sich der positive Einfluss des Konfliktverhaltens von 0,61 nur für Befragte interpretieren, die eine mittlere Konflikthäufigkeit aufweisen. In allen übrigen Fällen muss der jeweilige Haupteffekt mit dem Interaktionseffekt verrechnet werden.

deutschen Männer, dass Arbeitslosigkeit zu einer Erhöhung der Konflikthäufigkeit führt (0,78*). Für keine der vier Gruppen zeigen sich signifikante Effekte der Arbeitslosigkeit auf das Konfliktverhalten.

Das Verständnis des Pfades „Arbeitslosigkeit" auf den Interaktionsterm aus Konflikthäufigkeit und positivem Konfliktverhalten fällt schwer, da der Wertebereich des Interaktionsterms nicht klar zu interpretieren ist. Ein negativer Wert bedeutet, dass entweder eine unterdurchschnittliche Konflikthäufigkeit mit überdurchschnittlich konstruktivem Konfliktverhalten einhergeht oder umgekehrt. Für die Bildung von positiven Werten gilt, dass beide Merkmale unter- beziehungsweise überdurchschnittlich ausgeprägt sind. Dass dieser Pfad trotzdem in beide Modelle aufgenommen wird, hat vor allem zwei Gründe: Zum einen wird der Modellfit deutlich schlechter, wenn man ihn ausschließt. Zum anderen lässt sich argumentieren, dass es in gewisser Weise logisch ist, diesen Pfad zu modellieren. Wenn (a) ein Effekt der Erwerbssituation auf beide Paarinteraktionsmerkmale angenommen wird, (b) ein weiterer Effekt von Konfliktverhalten auf Konflikthäufigkeit unterstellt wird und (c) schließlich korrelierte Fehlerterme zwischen dem Produkt der beiden Paarinteraktionsterme und den beiden Einzeltermen angenommen werden, dann folgt aus (a) bis (c), dass in vielen (nicht allen!) Fällen auch eine Beziehung zwischen der Erwerbssituation und dem multiplikativen Term besteht.

In der unteren Hälfte von Tabelle 8 ist der Gesamteffekt von Arbeitslosigkeit auf die Partnerschaftsqualität aufgeführt. Dieser „totale Effekt" ergibt sich aus der Addition aller vier möglichen indirekten Effekte, die darunter aufgelistet werden. Für die deutschen Männer zeigt sich insgesamt, dass es einen relevanten (indirekten) Zusammenhang zwischen Arbeitslosigkeit und Partnerschaftsqualität gibt (-0,47**). Wenn Männer arbeitslos sind, dann führt dies auch zu einer schlechteren Bewertung der Partnerschaft. Eine genauere Betrachtung der Einzeleffekte zeigt, dass dabei vor allem der Pfad über die Konflikthäufigkeit eine zentrale Rolle spielt. Ein ähnlicher, etwas schwächerer Effekt lässt sich auch für die deutschen Frauen festhalten (-0,41*). Allerdings läuft hier der Pfad über den schwierig zu interpretierenden Interaktionsterm, was die Gesamtinterpretation erschwert. Bei den türkischen Paaren ist der totale Effekt der Arbeitslosigkeit auf die Partnerschaftsqualität statistisch nicht signifikant.

Obgleich die Darstellung einzelner Pfadkoeffizienten instruktiv ist, vermittelt sie nur ansatzweise einen Eindruck davon, für welche der vier Gruppen die geschätzten Modelle besonders erklärungskräftig sind. Eine Möglichkeit bietet hier der Determinationskoeffizient R^2, der den Anteil aufgeklärter Varianz wiedergibt. Da es drei inhaltlich interessante endogene Variablen gibt, kann für jede dieser drei Variablen der Determinationskoeffizient berichtet werden. Bezüglich der Partnerschaftsqualität unterscheiden sich deutsche Männer und Frauen kaum;

hier liegt der Anteil an erklärter Varianz bei etwa 17% beziehungsweise 18%. Für die türkischen Befragten hingegen zeigt sich, dass das Modell mit jeweils 10% (Männer und Frauen) weniger erklärungskräftig ist. Noch offensichtlicher sind die Unterschiede zwischen deutschen und türkischen Befragten, wenn es um den Anteil erklärter Varianz für die Konflikthäufigkeit geht. Liegt dieser bei den Deutschen immerhin bei etwa 5%, so werden bei den türkischen Paaren weniger als 1% erklärt. Da sich bereits der Zusammenhang zwischen positivem Konfliktverhalten und Arbeitslosigkeit nicht signifikant von Null unterscheidet, liegt auch der Anteil erklärter Varianz für alle vier Gruppen nahe 0%.

Mit Bezug auf die Hypothesen vier und fünf lässt sich zusammenfassend festhalten, dass nur für deutsche Männer ein direkter Zusammenhang zwischen Arbeitslosigkeit und Konflikthäufigkeit zu beobachten ist. Mit Ausnahme der deutschen Männer finden sich damit für die vierte Hypothese keine empirischen Belege. Fasst man alle Einflüsse von Arbeitslosigkeit auf Partnerschaftsqualität zusammen (totaler Effekt), dann lässt sich nur für die deutschen Männer und Frauen ein signifikant negativer Zusammenhang belegen. Dieser Befund stimmt mit Hypothese fünf überein, wonach eine prekäre Erwerbssituation bei türkischen Zuwanderern im Vergleich mit deutschen Befragten einen weniger gravierenden Effekt auf die Partnerschaft hat.

Deutlichere Zusammenhänge zwischen der Erwerbssituation und Merkmalen der Paarinteraktion lassen sich für die *Zufriedenheit mit der Arbeitsplatzsicherheit* anführen (Tabelle 9). Allerdings ist die Modellanpassung deutlich schlechter als im zuvor präsentierten Pfadmodell (RMSEA = 0,09, CFI = 0,95, TLI = 0,46). Wenn Befragte unzufrieden mit ihrer Arbeitsplatzsicherheit sind, dann führt dies in allen vier Gruppen zu einer Zunahme an Partnerschaftskonflikten. Dieser Befund steht in Übereinstimmung mit der vierten Hypothese. Ein Vergleich der unstandardisierten Koeffizienten ergibt, dass dieser Effekt (-0,09*) bei den türkischen Männern am schwächsten ausfällt.

Weniger eindeutig sind die Ergebnisse hinsichtlich des Einflusses der Zufriedenheit mit dem Arbeitsplatz auf das Konfliktverhalten. Signifikant positive Koeffizienten lassen sich für die deutschen Männer (0,04***) sowie die türkischen Frauen (0,07**) beobachten. Für beide Gruppen gilt, dass steigende Zufriedenheit mit der Arbeitsplatzsicherheit zu einer Zunahme von konstruktivem Konfliktverhalten führt.

Wiederum findet sich im unteren Teil von Tabelle 9 die Darstellung der indirekten Effekte. Mit Blick auf die „totalen Effekte" lassen die Ergebnisse den klaren Schluss zu, dass in allen vier Gruppen eine Zunahme der Zufriedenheit mit der Arbeitsplatzsicherheit mit einer Zunahme der Partnerschaftsqualität einhergeht. Allerdings unterscheiden sich die einzelnen Pfade zum Teil deutlich. So weisen die deutschen Männer (0,10***) und die türkischen Frauen (0,12**) die

Tabelle 8: Pfadmodell zur Überprüfung des Einflusses von Arbeitslosigkeit auf die Partnerschaftsqualität

Abhängige Variable	Unab. Variable	Deutsche Männer b[b]	se	beta[c]	Deutsche Frauen b	se	beta	Türkische Männer b	se	beta	Türkische Frauen b	se	beta
Direkte Effekte													
Partnerschaftsqual. (PQ)	← KH	-0,35***	0,03	-0,33	-0,34***	0,03	-0,29	-0,23***	0,05	-0,23	-0,40***	0,09	-0,30
	← PKV	0,61***	0,09	0,15	0,78***	0,10	0,19	0,37**	0,11	0,12	0,56*	0,24	0,13
	← KH x PKV	0,07*	0,03	0,06	0,11**	0,04	0,10	0,10	0,06	0,10	-0,06	0,10	-0,05
Konflikthäufigkeit (KH[a])	← Arbeitslos (AL)	0,78***	0,31	0,06	0,50	0,31	0,04	0,02	0,22	0,00	0,06	0,42	0,01
Pos. Konf.verhalt. (PKV[a])	← PKV	-0,80***	0,10	-0,21	-0,79***	0,10	-0,22	-0,29*	0,12	-0,09	-0,05	0,21	-0,02
	← Arbeitslos	-0,15	0,08	-0,05	-0,08	0,09	-0,03	0,09	0,08	0,04	0,00	0,14	0,00
KH x PKV		-0,86*	0,35	-0,08	-1,27**	0,38	-0,10	0,25	0,26	0,03	0,24	0,47	0,03
Totaler Effekt auf PQ	←Arbeitslosigkeit	-0,47**	0,15	-0,04	-0,41*	0,19	-0,03	0,06	0,07	0,01	-0,04	0,18	-0,00
Indirekte Effekte auf PQ													
PQ← KH←AL		-0,27**	0,11	-0,02	-0,17	0,11	-0,01	-0,00	0,05	-0,00	-0,03	0,17	-0,00
PQ← PKV←AL		-0,09	0,05	-0,01	-0,07	0,07	-0,01	0,03	0,03	0,00	0,00	0,08	0,00
PQ← KHxPKV←AL		-0,06	0,04	-0,01	-0,14*	0,07	-0,01	0,02	0,02	0,00	-0,02	0,03	-0,00
PQ← KH←PKV←AL		-0,04	0,02	-0,00	-0,02	0,02	-0,00	0,01	0,01	0,00	0,00	0,00	0,00
R² Partnerschaftsqualität		0,17			0,18			0,10			0,10		
R² Konflikthäufigkeit		0,05			0,05			0,01			0,00		
R² Positives Konfliktver.		0,00			0,00			0,00			0,00		
Chi-quadrat	11,56*; df = 4	3,21[d]			1,48			6,63			0,29		
CFI/TLI	0,99/0,90												
RMSEA	0,04												
N		1881			1891			1240			392		

[a]Das Merkmal wurde zentriert. [b]unstandardisierte Pfadkoeffizienten, [c]standardisierte Pfadkoeffizienten; [d]Beiträge der einzelnen Gruppen zum Gesamt-Chi-Quadrat; ***: p < 0,001; **: p < 0,010; *: p < 0,050

Tabelle 9: Pfadmodell zur Überprüfung des Einflusses von Zufriedenheit mit der Arbeitsplatzsicherheit auf die Partnerschaftsqualität

Abhängige Variable	Unab. Variable	Deutsche Männer			Deutsche Frauen			Türkische Männer			Türkische Frauen		
		b[b]	se	beta[c]	b	se	beta	b	se	beta	b	se	beta
Direkte Effekte													
Partnerschaftsqual. (PQ)	← KH	-0,35***	0,03	-0,33	-0,34***	0,03	-0,29	-0,23***	0,05	-0,23	-0,40***	0,09	-0,30
	← PKV	0,61***	0,09	0,15	0,78***	0,10	0,19	0,38***	0,11	0,12	0,55**	0,24	0,13
	← KH x PKV	0,07*	0,03	0,06	0,11**	0,04	0,10	0,10	0,06	0,10	-0,06	0,10	-0,05
Konflikthäufigkeit (KH[a])	← Arbeitsplatzsicherheit (AS)	-0,19***	0,04	-0,06	-0,21***	0,04	-0,06	-0,09*	0,05	-0,03	-0,20*	0,08	-0,06
Pos. Konf.verhalten (PKV[a])	← PKV	-0,76***	0,10	-0,20	-0,78***	0,10	-0,22	-0,27*	0,12	-0,08	0,01	0,21	0,00
	← AS	0,04***	0,01	0,04	0,01	0,01	0,01	0,03	0,01	0,03	0,07**	0,03	0,07
KH x PKV		0,06	0,04	0,02	0,14**	0,04	0,04	0,02	0,05	0,01	-0,05	0,09	-0,01
Totaler Effekt auf PQ	← AS	0,10***	0,02	0,07	0,10***	0,02	0,06	0,03*	0,02	0,03	0,12**	0,04	0,07
Indirekte Effekte auf PQ													
PQ←KH←AS		0,07***	0,02	0,04	0,07***	0,01	0,05	0,02	0,01	0,02	0,08*	0,04	0,05
PQ←PKV←AS		0,02**	0,01	0,02	0,01	0,01	0,01	0,01	0,01	0,01	0,04	0,02	0,02
PQ←KHxPKV←AS		0,01	0,00	0,00	0,02	0,01	0,01	0,00	0,01	0,00	0,00	0,01	0,00
PQ←KH←PKV←AS		0,01**	0,00	0,01	0,00	0,00	0,00	0,00	0,00	0,00	0,00	0,01	0,00
R² Partnerschaftsqualität		0,17			0,18			0,10			0,10		
R² Konflikthäufigkeit		0,06			0,07			0,01			0,03		
R² Positives Konfliktver.		0,01			0,00			0,01			0,03		
Chi-quadrat		22,63[d]			19,43			6,50			1,46		
CFI/TLI	50,01***, df = 4 0,95/0,46												
RMSEA	0,09												
N		1881			1890			1239			392		

[a]Das Merkmal wurde zentriert. [b]unstandardisierte Pfadkoeffizienten; [c]standardisierte Pfadkoeffizienten; [d]Beiträge der einzelnen Gruppen zum Gesamt-Chi-Quadrat;
***: p < 0,001; **: p < 0,010; *: p < 0,050

stärksten Effekte auf. Geringfügig niedriger ist der Koeffizient bei den deutschen Frauen (0,10***), wohingegen der schwache Effekt bei den türkischen Männern (0,03*) gerade noch auf dem 5%-Niveau signifikant ist. Die Befundlage bei türkischen und deutschen Männern steht in Übereinstimmung mit der fünften Hypothese. Bei den deutschen und türkischen Frauen sind dagegen kaum Unterschiede festzustellen.

Zum Schluss soll auch dieses Modell in Hinblick auf die Gesamterklärungskraft untersucht werden. Das R^2 für die Partnerschaftsqualität unterscheidet sich kaum vom ersten Pfadmodell. Hingegen erklärt die Verwendung der subjektiven Zufriedenheit mit der Arbeitsplatzsicherheit die Konflikthäufigkeit geringfügig besser. Während die Verbesserung bei den deutschen Befragten sowie den türkischen Männern ungefähr bei einem Prozentpunkt liegt, kommt es bei den türkischen Frauen zu einem deutlichen Anstieg von 0% auf knapp 3%.

5 Diskussion

Dieser Beitrag hat sich der Frage gewidmet, in welcher Weise die Qualität von nichtehelichen Partnerschaften und Ehen von den Konflikten zwischen den Partnern geprägt wird. Wir haben weiterhin untersucht, ob es hierbei Unterschiede zwischen deutschen und türkischen Paaren gibt. Schließlich haben wir uns mit den Spillover-Effekten zwischen dem Erwerbsbereich und der Partnerschaft beschäftigt. Wir sind genauer der Frage nachgegangen, ob sich Arbeitslosigkeit oder eine geringe subjektive Arbeitsplatzsicherheit negativ auf die Konflikte, das Konfliktverhalten und letztlich die Partnerschaftsqualität auswirken. Unsere Vermutung war, dass der Spillover-Effekt bei den türkischen Paaren schwächer ausfällt als bei den deutschen.

Angesichts der Tatsache, dass es bislang außerordentlich wenige Studien gibt, die deutsche Ehen mit türkischen vergleichen, ist es schon interessant, ob es diesbezügliche Unterschiede im *Niveau der Partnerschaftsqualität* – in unserem Fall ein Index aus der Partnerschaftszufriedenheit und der subjektiven Partnerschaftsstabilität – *und dem Niveau der Paarkonflikte* gibt. Die männlichen Zuwanderer aus der Türkei bewerten ihre Partnerschaften oder Ehen am besten. Dagegen weisen türkische und deutsche Frauen ähnliche und niedrigere Werte bei der Partnerschaftsqualität auf.

Weiterhin konnten wir feststellen, dass die deutschen Männer und Frauen ihre Partnerschaften und Ehen als konfliktreicher ansehen, als es bei türkischen Zuwanderern der Fall ist. Betrachtet man das Konfliktverhalten, dann sind die deutschen Männer im Vergleich aller vier Gruppen am konstruktivsten. Sie bleiben (ihrer eigenen Einschätzung nach) am ehesten bei Konflikten mit der Partnerin ruhig.

Betrachten wir nun die *Beziehungen, die zwischen der Partnerschaftsqualität, der Konflikthäufigkeit und dem Konfliktverhalten* bestehen (H1-H3). Die Analysen haben zunächst ergeben, dass die Partnerschaftsqualität, wie erwartet, in hohem Ausmaß von der Häufigkeit der Paarkonflikte abhängt (siehe zur Interpretation auch Fußnote 5 in Abschnitt 4.2.2). Darüber hinaus haben wir aber auch belegen können, dass dieser starke Zusammenhang durch konstruktives Konfliktverhalten signifikant reduziert werden kann. Mit anderen Worten: Ein positives Konfliktverhalten erhöht zwar auch direkt die Partnerschaftsqualität. Aber gemäß unserer Hypothese lässt sich zudem ein bedeutsamer Interaktionseffekt nachweisen: Wenn die Partner konstruktiv mit Konflikten umgehen, dann wird die subjektive Qualität ihrer Paarbeziehung von Konflikten, die zwischen ihnen auftreten, deutlich schwächer beeinträchtigt. Es lässt sich auch beobachten, dass ein positives Konfliktverhalten mit einer geringeren Anzahl von Konflikten einhergeht.

Diese Zusammenhänge sind allerdings nicht für alle der von uns untersuchten vier Gruppen – deutsche und türkische Männer sowie deutsche und türkische Frauen – gültig. Weder bei türkischen Männern noch bei türkischen Frauen konnte beobachtet werden, dass ein konstruktives Konfliktverhalten den Einfluss der Konflikthäufigkeit auf die Qualität der Partnerschaft abschwächt. Ebenso determiniert das Konfliktverhalten die Konflikthäufigkeit eher bei den deutschen Partnerschaften als bei den türkischen. Alles in allem sind die Zusammenhänge zwischen den Paarkonflikten, dem Konfliktverhalten und der Zufriedenheit mit der Partnerschaft beziehungsweise ihrer wahrgenommenen Stabilität bei den Türken schwächer als bei den Deutschen.

Widmen wir uns ferner der Frage, ob es einen *Spillover-Effekt zwischen dem Erwerbsbereich und der Partnerschaft oder Ehe* gibt (H4). Wir haben zwei Indikatoren verwendet, die Belastungen im Erwerbsbereich abbilden sollen: die subjektive Arbeitsplatzsicherheit sowie die Arbeitslosigkeit. Zunächst sei festgestellt, dass sich Spillover-Effekte beobachten lassen. So erhöht eine geringe Arbeitsplatzsicherheit die Anzahl der Paarkonflikte für alle der hier betrachteten Gruppen. Auf das Konfliktverhalten wirkt sich die Arbeitsplatzsicherheit dagegen nicht aus. Die Arbeitslosigkeit erhöht ebenfalls die Anzahl der Konflikte, allerdings gilt dieses nur für deutsche Männer. Die Ergebnisse deuten an, dass der hier betrachtete Spillover-Effekt bei deutschen Männern am stärksten ist. *Es spricht überhaupt einiges dafür, dass die Partnerschaften türkischer Zuwanderer durch eine belastende oder prekäre Erwerbssituation weniger stark belastet werden, als dies bei den deutschen Partnerschaften der Fall ist* (H5). Drei Erklärungen bieten sich hier an: möglicherweise sind die Copingressourcen und das

Solidarpotential in türkischen Partnerschaften höher als in deutschen. Denkbar ist auch, dass die traditionellere Geschlechtsrollendifferenzierung bei türkischen Paaren hierfür verantwortlich ist. Schließlich könnte eine Rolle spielen, dass türkische Zuwanderer geringere Erwartungen an die Qualität des Arbeitsplatzes haben als es bei den Deutschen der Fall ist. Alle drei Erklärungen könnten nach unseren Ergebnissen zutreffen, denn eine niedrigere Konflikthäufigkeit in türkischen im Vergleich zu deutschen Partnerschaften sprechen für ein höheres Solidaritätspotential bei den türkischen Zuwanderern. Außerdem konnten wir zeigen, dass die Geschlechtsrollenorientierung in den türkischen Partnerschaften stärker traditionellen Mustern folgt, als es bei den Deutschen der Fall ist.

Unser Beitrag weist eine Reihe von Schwächen auf. Eine erste Schwäche besteht darin, dass wir den Spillover-Effekt nur für die subjektive Arbeitsplatzsicherheit und die Arbeitslosigkeit analysieren konnten. Von uns nicht weiter präsentierte Ergebnisse zeigen aber, dass beispielsweise die Höhe des Erwerbseinkommens ebenfalls das partnerschaftliche Zusammenleben positiv beeinflusst. Auch hier sind es wiederum die deutschen Männer, für die dieser Zusammenhang am stärksten ist. Die Arbeitszeit (Vollzeit versus Teilzeit) ist offenbar für die Entstehung des Spillover-Effektes weniger bedeutsam.

Wir haben nicht genauer untersucht, warum die Interaktionsmuster zwischen deutschen und türkischen Paaren zum Teil voneinander abweichen. Wir haben zwar belegt, dass die Geschlechtsrollendifferenzierung in türkischen Partnerschaften deutlich traditioneller ist als in deutschen Partnerschaften, aber es bleibt einer weiteren Untersuchung überlassen, den geringeren Spillover-Effekt bei den türkischen Zuwanderern zu erklären.

Schließlich haben wir nicht zwischen der ersten und zweiten Generation der türkischen Migranten differenziert. Ob die Partnerschaften der zweiten Generation ein inneres Beziehungsgefüge aufweisen, das eher demjenigen der ersten Generation der türkischen Zuwanderer ähnelt oder aber den deutschen Partnerschaften, muss eine weitere Untersuchung zeigen.

Literatur

Aneshensel, Carol S. (1992): Social Stress: Theory and Research. In: Annual Review of Sociology 18. 15-38.

Barnett, Rosalind C./Marshall, Nancy L./Raudenbush, Stephen W./Brennan, Robert T. (1993): Gender and the Relationship Between Job Experiences and Psychological Distress: A Study of Dual-Earner Couples. In: Journal of Personality and Social Psychology 64. 5. 794-806.

Baykara-Krumme, Helen (2007): Gar nicht so anders: Eine vergleichende Analyse der Generationenbeziehungen bei Migranten und Einheimischen in der zweiten Lebenshälfte. WZB-Discussion Paper Nr. SP IV 2007-604.

BMFSFJ (2000): Sechster Familienbericht. Familien ausländischer Herkunft in Deutschland. Leistungen - Belastungen - Herausforderungen.

Bodenmann, Guy (2003): Die Bedeutung von Stress für die Partnerschaft. In: Grau/Bierhoff (2003): 481-504.

Diehl, Claudia/Koenig, Matthias/Ruckdeschel, Kerstin (2009): Religiosity and gender equality: comparing natives and Muslim migrants in Germany. In: Ethnic and Racial Studies 32. 1. 278-301.

Edwards, Jeffrey R./Schurer Lambert, Lisa (2007): Methods for Integrating Moderation and Mediation: A General Analytical Framework Using Moderated Path Analysis. In: Psychological Methods 12. 1. 1-22.

Ette, Andreas (2007): Generations and Gender Survey: Dokumentation der Befragung von türkischen Migranten in Deutschland. Wiesbaden: Bundesinstitut für Bevölkerungsforschung.

Feldhaus, Michael/Huinink, Johannes (Hrsg.) (2008): Neuere Entwicklungen in der Beziehungs- und Familienforschung: Vorstudien zum Beziehungs- und Familienentwicklungspanel (PAIRFAM). Würzburg: Ergon.

Fischer, Lorenz/Wiswede, Günter (2002): Grundlagen der Sozialpsychologie. München: Oldenbourg.

Fox, John (2008): Applied regression analysis and generalized linear models. Los Angeles u.a.: Sage.

Frazier, Patricia A./Tix, Andrew P./Barron, Kenneth E. (2004): Testing Moderator and Mediator Effects in Counseling Psychology Research. In: Journal of Counseling Psychology 51. 1. 115-134.

Gerhardt, Uta/Hradil, Stefan/Lucke, Doris/Nauck, Bernhard (Hrsg.) (1995): Familie der Zukunft. Opladen: Leske und Budrich.

Gottman, John M. (1993): The Roles of Conflict Engagement, Escalation, and Avoidance in Marital Interaction: A Longitudinal View of Five Types of Couples. In: Journal of Consulting and Clinical Psychology 61. 1. 6-15.

Gottman, John M. (1994): What Predicts Divorce? The Relationship Between Marital Processes and Marital Outcomes. Hillsdale, New Jersey: Lawrence Erlbaum Associates.

Gottman, John M./Notarius, Clifford I. (2000): Decade Review: Observing Marital Interaction. In: Journal of Marital and Family Therapy 62. 4. 927-947.

Grau, Ina/Bierhoff, Hans-Werner (Hrsg.) (2003): Sozialpsychologie der Partnerschaft. Berlin: Springer.

Hansen, Hans-Tore (2005): Unemployment and Marital Dissolution – A Panel Data Study of Norway. In: European Sociological Review 21. 2. 135-148.

Hill, Paul B. (Hrsg.) (2004): Interaktion und Kommunikation. Eine empirische Studie zu Alltagsinteraktionen, Konflikten und Zufriedenheit in Partnerschaften. Familie und Gesellschaft. Würzburg: Ergon.

Jalovaara, Marika (2003): The Joint Effects of Marriage Partners' Socioeconomic Positions on the Risk of Divorce. In: Demography 40. 1. 67-81.

Kagitcibasi, Cigdem/Sunar, Diane (1997): Familie und Sozialisation in der Türkei. In: Nauck/Schönpflug (1997): 145-161

Kalleberg, Arne L. (2009): Precarious Work, Insecure Workers: Employment Relations in Transition. In: American Sociological Review 74. 1. 1-22.

Kalmijn, Matthijs (2007): Explaining cross-national differences in marriage, cohabitation, and divorce in Europe, 1990-2000. In: Population Studies 61. 3. 243-263.

Karney, Benjamin R./Bradbury, Thomas N. (1995): The Longitudinal Course of Marital Quality and Stability: A Review of Theory, Method and Research. In: Psychological Bulletin 118. 1. 3-34.

Morgan-Lopez, Antonio A./Gonzalez Castro, Felipe/Chassin, Laurie/MacKinnon, David (2003): A mediated moderation model of cigarette use among Mexican American youth. In: Addictive Behaviors 28. 3. 583-589.

Muller, Dominique/Judd, Charles M./Yzerbyt, Vincent Y. (2005): When moderation is mediated and mediation is moderated. In: Journal of Personality and Social Psychology 89. 6. 852-863.

Muszynska, Magdalena (2006): Woman's employment and union disruption in a changing socio-economic context: the case of Russia. MPIDR Working Paper WP 2006-27.

Muthén, Linda A./Muthén, Bengt O. (1998-2008): Mplus User's Guide. Los Angeles, CA: Muthén & Muthén.

Nauck, Bernhard/Schönpflug, Ute (Hrsg.) (1997): Familien in verschiedenen Kulturen. Stuttgart: Enke.

Nauck, Bernhard (2004): Familienbeziehungen und Sozialintegration von Migranten. IMIS-Beiträge, Universität Osnabrück.

Ossyssek, Friedholf/Bröcker, Susanne/Giebel, Désirée (1995): Alltagsbelastungen, Ehebeziehungen und elterliches Erziehungsverhalten. In: Gerhardt/Hradil/Lucke/Nauck (1995): 245-260.

Reinecke, Jost (2005): Strukturgleichungsmodelle in den Sozialwissenschaften. München u.a.: Oldenbourg.

Repetti, Rena L. (1989): Effects of Daily Workload on Subsequent Behavior During Marital Interaction: The Roles of Social Withdrawal and Spouse Support. In: Journal of Personality and Social Psychology 57. 4. 651-659.

Rogers, Stacy J./Deboer, Danelle D. (2001): Changes in Wives' Income: Effects on Marital Happiness, Psychological Well-Being, and the Risk of Divorce. In: Journal of Marriage and the Family 63. 2. 458-472.

Rogers, Stacy J./May, Dee C. (2003): Spillover Between Marital Quality and Job Satisfaction: Long-Term Patterns and Gender Differences. In: Journal of Marriage and the Family 65. 2. 482-495.

Ruckdeschel, Kerstin (2006): Generations and Gender Survey: Dokumentation der ersten Welle der Hauptbefragung in Deutschland. Wiesbaden: Bundesinstitut für Bevölkerungsforschung.

Sadri, Golnaz/Rahmatian, Morteza (2003): Resolving Conflict: Examining Ethnic-Racial and Gender Differences. In: Equal Opportunities International 22. 2. 25-39.

Schulz, Marc S./Cowan, Philip A./Cowan, Carolyn P. /Brennan, Robert T. (2004): Coming Home Upset: Gender, Marital Satisfaction, and the Daily Spillover of Workday Experience into Couple Interactions. In: Journal of Family Psychology 18. 1. 250-263.

Staines, Graham L. (1980): Spillover Versus Compensation: A Review of the Literature on the Relationship Between Work and Nonwork. In: Human Relations 33. 2. 111-129.

Voydanoff, Patricia (1990): Economic Distress and Family Relations: A Review of the Eighties. In: Journal of Marriage and the Family 52. 4. 1099-1115.

Voydanoff, Patricia/Kelly, Robert F. (1984): Determinants of Work-Related Family Problems among Employed Parents. In: Journal of Marriage and the Family 46. 4. 881-892.

Wagner, Michael/Weiß, Bernd (2005): Konflikte in Partnerschaften. Erste Befunde der Kölner Paarbefragung. In: Zeitschrift für Familienforschung 17. 3. 217-247.

Weiß, Bernd/Wagner, Michael (2008): Stehen Konflikte einer guten Partnerschaft entgegen? Eine empirische Analyse auf Grundlage dyadischer Daten. In: Feldhaus/Huinink (2008): 187-227.

White, Lynn/Rogers, Stacy J. (2000): Economic Circumstances and Family Outcomes: A Review of the 1990s. In: Journal of Marriage and the Family 62. 4. 1035-1051.

Winship, Christopher/Radbill, Larry (1994): Sampling Weights and Regression Analysis. In: Sociological Methods & Research 23. 2. 230-257.

Woellert, Franziska/Kröhnert, Steffen/Sippel, Lilli/Klingho, Reiner (2009): Ungenutzte Potenziale. Zur Lage der Integration in Deutschland. Berlin: Berlin-Institut für Bevölkerung und Entwicklung.

Gleichberechtigung und Beziehungszufriedenheit

Ina Grau, Ravena Penning und Hans-Jürgen Andreß

1 Einleitung

Das Ziel der vorliegenden Untersuchung besteht darin, den Zusammenhang zwischen verschiedenen Aspekten der Gleichberechtigung in Paarbeziehungen und der Beziehungsqualität zu untersuchen. Dabei bieten sich in mehrfacher Hinsicht Vergleiche an. Es lassen sich die Partner einer Beziehung, Männer und Frauen auf Geschlechterebene sowie der Einfluss der verschiedenen Gleichberechtigungsaspekte auf die Beziehungsqualität vergleichen.

Angesichts steigender Trennungs- und Scheidungsquoten mit ihren vielfältigen gesellschaftlichen und psychologischen Konsequenzen (Fine & Harvey 2006) besteht ein primäres Anliegen der Beziehungsforschung in der Vorhersage der Beziehungsqualität. Bei dieser wird üblicherweise zwischen Beziehungszufriedenheit und Beziehungsstabilität unterschieden, wobei die subjektiv eingeschätzte Beziehungszufriedenheit neben fehlenden Alternativen und getätigten Investitionen den besten Prädiktor für die Beziehungsstabilität darstellt (Rusbult 1983). Somit ist die Beziehungszufriedenheit in den meisten Studien im Bereich der Paarbeziehungsforschung die zu erklärende Variable, und es werden Zusammenhänge mit demographischen Merkmalen, Persönlichkeitsmerkmalen und Merkmalen der Ähnlichkeit zwischen den Partnern untersucht, die alle einen substanziellen Beitrag zur Erklärung der Zufriedenheit leisten können (Kurdek 1993).

Weniger ist bekannt über den Zusammenhang zwischen Gleichberechtigung und Zufriedenheit, obwohl bereits in den 1970er Jahren festgestellt wurde, dass sich die meisten Paare Gleichberechtigung wünschen (Peplau 1978) und in unserer Gesellschaft eine starke Norm der Gleichberechtigung existiert (Hatfield & Rapson 1993). In einigen Studien konnte gezeigt werden, dass Paare, die ihre Beziehung als gleichberechtigt einschätzen, zufriedener sind als Paare, die ein Machtungleichgewicht wahrnehmen (Gray-Little et al. 1996; Gottman & Notarius 2000). Im folgenden Abschnitt 2 beschäftigen wir uns zunächst mit der Frage, wie sich Machtungleichgewichte in Partnerschaften theoretisch beschreiben lassen, um dann in einem zweiten Schritt zu zeigen, wie Machtungleichgewichte in einem allgemeinen Stress-Verarbeitungsmodell als Prädiktor von Beziehungsqualität und -stabilität verwendet werden können. Unsere These ist, dass erstens Partnerschaften, in denen beide Partner über gleich viel Macht verfügen, zu höherer Beziehungszufriedenheit führen, und dass zweitens entsprechende Maße der Gleichberechtigung in Partnerschaften die Erklärungskraft des Modells signifikant erhöhen, selbst wenn man klassische Prädiktoren der Beziehungsqualität berücksichtigt. Diese These wird mit Daten einer Befragung von in Partnerschaften lebenden Männern und Frauen überprüft. Datenerhebung und verwendete Methoden werden in Abschnitt 3 erläutert. Abschnitt 4 beschreibt die Ergebnisse der empirischen Analyse. Abschnitt 5 beschließt den Beitrag mit einer kritischen Würdigung der Untersuchungsergebnisse.

2 Theoretische Grundlagen

Im Folgenden sprechen wir dann von einer gleichberechtigten Partnerschaft, wenn beide Partner über gleich viel Macht verfügen. Diese Definition setzt umgekehrt voraus, dass man sich über den Begriff der Macht verständigt. In Abschnitt 2.1 argumentieren wir, dass dieser Begriff vieldimensional ist und dementsprechend in empirischen Untersuchungen durch unterschiedliche Indikatoren erfasst werden muss. Abschnitt 2.2 diskutiert dann, welchen Beitrag Indikatoren der Gleichberechtigung zur Erklärung von Beziehungsqualität und -stabilität liefern können und in welchem Wechselverhältnis sie zu anderen Prädiktoren der Beziehungsqualität stehen. Die sich aus diesen Überlegungen ergebenden Untersuchungshypothesen werden in Abschnitt 2.3 zusammengefasst.

2.1 Dimensionen der Gleichberechtigung

Macht wird in vielen Schriften definiert als die Fähigkeit einer Person, das Verhalten und/oder die Einstellungen des Partners zu kontrollieren und zu beeinflussen (Gray-Little et al. 1996; Held 1978; McCormick & Jesser 1982; Weber 1972). Dazu zählt auch das Treffen wichtiger gemeinsamer Entscheidungen (Huston 1983). Ein Partner, der den anderen mehr dahingehend beeinflusst, wie er etwa seine Arbeit oder Freizeit einteilt, mit welchen Menschen er Kontakt hat, welche Meinung er vertritt oder was beide gemeinsam unternehmen, kaufen und planen, befindet sich in einer Position relativer Macht, während der andere Partner sich in relativer Abhängigkeit befindet.

Es gibt allerdings eine weitere Definition von Macht, die bisher nicht empirisch untersucht worden ist. Dabei handelt es sich um den Einfluss auf die Interaktionsergebnisse, das sind die Belohnungen und Kosten, die die Partner durch die Paarbeziehung erfahren. Nach der Interdependenztheorie von Thibaut und

Kelley (1959; Kelley & Thibaut 1978; Rusbult & van Lange 1996) besteht eine „Beziehung" überhaupt nur dann, wenn das Verhalten eines Partners für den anderen Belohnungen und Kosten verursacht, da anderenfalls Gleichgültigkeit herrschen würde. Derjenige Partner, der die *Interaktionsergebnisse* des anderen durch seine individuellen Verhaltensweisen stärker beeinflusst, hat mehr Macht. Er kann für den anderen Belohnungen und Kosten verursachen und damit die Zufriedenheit des anderen mit der Interaktion sowie dessen Stimmung beeinflussen. Diese Form der Macht wird von Thibaut und Kelley als Schicksalskontrolle bezeichnet. Eine weitere Form von Kontrolle ist die Verhaltenskontrolle. Diese bezieht sich auf das Ausmaß, in dem die Ergebnisse vom Verhalten beider Partner wechselseitig beeinflusst werden. Ein Beispiel soll dies verdeutlichen: Ein Mann und eine Frau müssen zwischen zwei Verhaltensalternativen wählen (fernsehen oder ins Kino gehen). Beide möchten lieber etwas gemeinsam unternehmen als allein, so dass das Ergebnis jedes Partners nicht nur von seinem eigenen Verhalten (diese Form der Kontrolle nennen Thibaut und Kelley reflexive Kontrolle), sondern auch von dem des Partners abhängt. Eine Situation ungleicher Macht ergibt sich bei folgendem Beispiel: Der Mann möchte unabhängig von den Präferenzen der Frau lieber ins Kino gehen als fernsehen, während die Frau unabhängig von der Art der Aktivität lieber etwas mit dem Mann zusammen unternehmen möchte als allein. In dieser Situation ist ihr Interaktionsergebnis am besten, wenn sie sich seiner Entscheidung anschließt. Grundsätzlich hat ein Partner umso mehr Macht, je mehr er seine eigenen Ergebnisse selbst kontrollieren kann (reflexive Kontrolle) und je mehr er die Ergebnisse des anderen Partners (Schicksals- oder Verhaltenskontrolle) beeinflussen kann. Eine Person befindet sich demnach in einer Position relativer Abhängigkeit, wenn ihre Interaktionsergebnisse vor allem von ihrem Partner abhängig sind, und zwar mehr, als es umgekehrt der Fall ist.

Bei der Untersuchung der Frage, inwieweit Gleichberechtigung zur Beziehungszufriedenheit beiträgt, sind weitere Aspekte der relativen Macht zu berücksichtigen, die sich damit befassen, *warum* ein Partner in der Lage ist, das Verhalten oder die Interaktionsergebnisse des anderen Partners in besonderem Maße zu beeinflussen. Betrachtet man die Interaktion zwischen Partnern unter dem Aspekt, dass Güter ausgetauscht werden, so hat derjenige Partner die höhere Macht, der mehr Ressourcen kontrolliert, die für den anderen wichtig sind. Ein Austausch von Gütern (etwa ein Rat gegen Lob oder ein Mittagessen gegen einen Blumenstrauß) ist für beide Partner dann interessant, wenn die Belohnungen, die sich aus dem Austausch ergeben, für beide Partner größer sind, als wenn der Austausch unterlassen würde (Esser 2000). Ein Machtunterschied kommt dann zustande, wenn ein Beteiligter auf den Austausch in stärkerem Maße angewiesen ist als der andere, etwa weil der Gewinn aus der Transaktion besonders groß ist oder keine andere Möglichkeit existiert, die benötigte Ressource zu erhalten. Was den Machtunterschied zwischen Beziehungspartnern betrifft, wurde zur Erklärung insbesondere die unterschiedliche Verteilung von *Bildung, Berufsprestige und Einkommen* herangezogen. Demnach hat derjenige Partner die meiste Macht, der die meisten Ressourcen in die Partnerschaft einbringt (Blood & Wolfe 1965). Aufgrund der Ungleichverteilung dieser Statusvariablen zwischen den Geschlechtern bedeutet dies, dass Männer im Durchschnitt über mehr Macht verfügen als Frauen.

Diese einseitige Beschränkung auf bestimmte Ressourcen als Machtgrundlage birgt aber vor allem das Problem, dass die Fälle nicht erklärt werden können, in denen die Frau sehr wohl über Macht verfügt, aber dabei nicht das höhere Einkommen hat. Daher stellt das Konzept der Verhandlungsmacht von Gary Becker (Ott 1993; 1998; 1999) eine sinnvolle Ergänzung dar, in dem zusätzlich berücksichtigt wird, dass Macht auch aus der Spezialisierung auf eine bestimmte Tätigkeit, wie z.B. Hausarbeit, erwachsen kann. Allerdings erfreut sich das Verrichten von Hausarbeit keiner großen gesellschaftlichen Wertschätzung mehr. Dass Frauen den größeren Teil der Hausarbeit verrichten, stellt nicht zwangsläufig eine Grundlage für Macht dar, sondern kann auch so interpretiert werden, dass Hausarbeit eine unangenehme Belastung darstellt, die der machtlosere Partner nolens volens zu verrichten hat. Daher ist es sinnvoll, weitere Ressourcen persönlicher Art (wie Humor, Intelligenz, Attraktivität etc.) als möglichen Ausgleich zu geringen ökonomischen Ressourcen zu berücksichtigen. Demnach hat derjenige Partner die größere Macht, der über mehr *persönliche Ressourcen*, also über die größere Anziehungskraft verfügt (Peplau 1978).

Eine weitere Machtgrundlage stellt das Vorhandensein von Alternativen dar. Bereits Thibaut und Kelley (1959) weisen darauf hin, dass die Stabilität von Interaktionen, auch von Partnerschaften, davon abhängt, ob das Interaktionsergebnis (Belohnungen minus Kosten) in der aktuellen Beziehung besser ist als in der besten verfügbaren Alternativbeziehung (bzw. auch im Alleinsein). Eine Transaktion wird abgebrochen, wenn eine günstigere Alternative vorhanden ist, sofern nicht der Verlust bereits getätigter Investitionen als zu groß empfunden wird (Rusbult 1983). Derjenige Partner, der die *besseren Alternativen* zur Verfügung hat, hat größere Macht.

Ein letzter Machtaspekt bezieht sich darauf, welcher Partner das *geringere Interesse* an der Beziehung hat. Das Prinzip des geringeren Interesses (Kelley 1979; Waller 1937; Waller & Hill 1951) besagt, dass die mächtigere Person an der Beziehung weniger interessiert ist und eine Auflösung der Beziehung für sie den geringeren Verlust bedeuten würde. Die Situation des stärker interessierten Partners impliziert die Vorstellung, ohne den Partner nicht zurechtkommen zu können, und ein gering ausgeprägtes Gefühl persönlicher Identität (Mathes &

Severa 1981). Der interessiertere Partner wird als unsicher und eifersüchtig beschrieben (Rusbult & Buunk 1993), ist mehr involviert und engagiert (White 1981), liebt den Partner intensiver und leidenschaftlicher (Peplau 1978) und würde von sich aus keine Trennung initiieren (Kelley 1979).

Zusammengefasst lassen sich sechs Aspekte der Macht unterscheiden: Ein Partner hat Macht, wenn er das *Verhalten* und die *Interaktionsergebnisse* des anderen beeinflussen kann, wenn er über *ökonomische Ressourcen* und *persönliche Ressourcen* verfügt, wenn ihm *Alternativen* zur Verfügung stehen und wenn er ein *geringes Interesse* an der Partnerschaft zeigt. Er hat *relative Macht*, wenn all dies stärker ausgeprägt ist als es bei dem Partner der Fall ist; und er befindet sich in einer *gleichberechtigten* Beziehung, wenn diese Eigenschaften für beide Partner in gleichem Maße zutreffen. Dabei liegt die Einschätzung dieser Formen von Macht im Auge des Betrachters. Vertritt beispielsweise ein Partner die Meinung, dass er über wenige Ressourcen und keine Alternativen zur Partnerschaft verfügt, wird er sich auch dann abhängig fühlen, wenn dies objektiv nicht so ist. Ein möglicher Zusammenhang zwischen Gleichberechtigung und Zufriedenheit sollte sich daher vor allem auf die subjektiv eingeschätzte Gleichberechtigung beziehen und nicht nur auf Unterschiede in der Verteilung objektiver ökonomischer Ressourcen abstellen.

2.2 Weitere Determinanten der Beziehungszufriedenheit

Es wäre zu kurz gegriffen, lediglich einen Zusammenhang zwischen Gleichberechtigung und Zufriedenheit zu untersuchen, da die Beziehungszufriedenheit von einer Vielzahl von Variablen abhängig ist. Aussagekräftiger wäre ein entsprechender Befund dann, wenn Gleichberechtigung *über andere wichtige Variablen hinaus* noch Varianz der Zufriedenheit aufklären könnte. In einem Modell von Karney und Bradbury (1985) werden als Determinanten der Beziehungszufriedenheit drei Gruppen von Variablen unterschieden: überdauernde Vulnerabilitäten, Stressoren und adaptive Prozesse, wobei nach dem Modell die ersten beiden vermittelt über die adaptiven Prozesse nur indirekt Einfluss auf die Beziehungszufriedenheit nehmen. Die Beziehungszufriedenheit ihrerseits erklärt die Stabilität der Partnerschaft bzw. eine Trennung. Im Modell sind ferner Rückkopplungseffekte der Zufriedenheit auf die adaptiven Prozesse sowie von den adaptiven Prozessen zu den Stressoren vorgesehen, die aber im Folgenden außer Acht gelassen werden (Abbildung 1).

Abbildung 1: Modell der Beziehungsqualität und -stabilität nach Karney und Bradbury (1995) (vereinfacht)

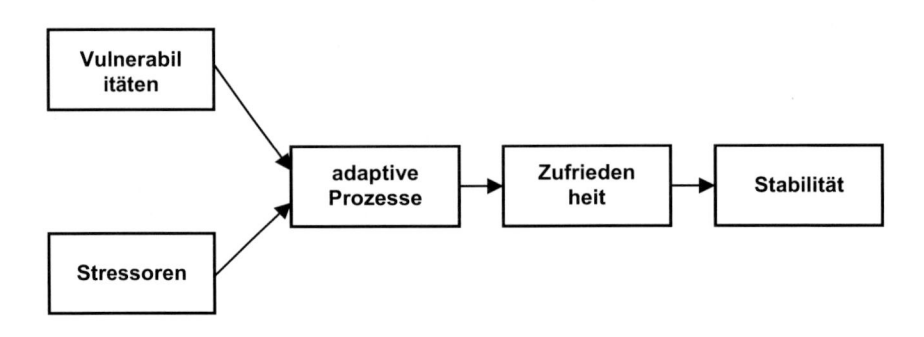

```
┌─────────────┐
│ Vulnerabil  │
│   itäten    │
└─────────────┘
             ╲
              ╲
               ▶ ┌─────────────┐     ┌─────────────┐     ┌─────────────┐
                 │  adaptive   │ ──▶ │  Zufrieden  │ ──▶ │  Stabilität │
               ▶ │  Prozesse   │     │    heit     │     │             │
              ╱  └─────────────┘     └─────────────┘     └─────────────┘
             ╱
┌─────────────┐
│  Stressoren │
└─────────────┘
```

Grundlage des Modells sind einerseits einflussreiche Theorien zur Erklärung des Beziehungserfolgs, andererseits eine umfangreiche Metaanalyse von 115 Längsschnittstudien, in denen eine Vielzahl einzelner Prädiktoren der Beziehungszufriedenheit untersucht wurde. Von der Interdependenztheorie (Thibaut & Kelley 1959) wird die Unterscheidung zwischen Zufriedenheit und Stabilität von Beziehungen übernommen. Die Bindungstheorie (Bowlby 1983) weist auf die Bedeutung der frühkindlichen Erfahrungen hin. Unsichere Bindung zählt zu den überdauernden Vulnerabilitäten. Die Krisentheorie von Hill (1949; McCubbin & Patterson 1982) befasst sich mit der Auswirkung stressreicher Ereignisse und geht somit über eine bloße persönlichkeitsorientierte Betrachtung hinaus. Während die bisher genannten Theorien die individuelle Sicht von Personen in den Vordergrund stellen, betrachten Theorien der Interaktion das Verhalten des Paares. Insbesondere das Verhalten im Konfliktfall steht im Fokus der Aufmerksamkeit (Gottmann 1994; Patterson & Reid 1970). In dem Modell von Karney und Bradbury (1995) werden diese Ansätze integriert. Das Modell ist in die Tradition klinisch-psychologischer Vulnerabilitäts-Stress-Adaptations-Modelle einzuordnen. Eine Stärke dieses Modells besteht darin, dass alle Prädiktoren, die sich in der Metaanalyse zur Erklärung der Beziehungsqualität als bedeutsam herausgestellt haben, in das Modell integriert werden können. Dazu zählen Persönlichkeitsmerkmale (z.B. Neurotizismus), Bindungsstile, Konflikte, externe Stressoren und der Umgang mit Stressoren. Fasst man den Begriff der überdauernden Vulnerabilitäten etwas breiter im Sinne überdauernder Eigenschaften, lassen sich auch demographische Variablen dort einordnen. In gleicher Weise ist es sinnvoll, die Variablengruppe „adaptive Prozesse" nicht ausschließlich im Sinne von Konfliktbewältigung aufzufassen, sondern verschiedene Aspekte der partnerschaftlichen Interaktion zu integrieren, zu denen auch die Machtstruktur in der Partnerschaft gezählt werden kann. Eine Schwäche des Modells besteht darin, dass lediglich indirekte Effekte der Vulnerabilitäten und Stressoren auf die Beziehungszufriedenheit angenommen werden. Eine vollständige Mediation dieser Variablen durch die adaptiven Prozesse ist nicht zu erwarten. Es ist auch unplausibel anzunehmen, dass Stressoren einen direkten Einfluss auf die adaptiven Prozesse haben. Das würde bedeuten, dass man erst im Falle von Stress beginnt, Bewältigungsmechanismen und Ressourcen zu entwickeln. Sinnvoller erscheint es, alle drei Prädiktorgruppen in ihrem relativen Einfluss auf die Beziehungszufriedenheit zu untersuchen. Die für diese Studie interessierende Fragestellung besteht darin zu überprüfen, ob die Gleichberechtigung zwischen den Partnern auch dann noch mit der Zufriedenheit zusammenhängt, wenn Vulnerabilitäten und Stressoren in die Analyse einbezogen werden.

Da es nicht möglich ist, alle relevanten Prädiktoren der Beziehungszufriedenheit zu untersuchen, werden für diese Untersuchung zwei Konzepte aus den Bereichen Vulnerabilitäten und Stressoren ausgewählt, die sich in früheren Studien als besonders aussagekräftig erwiesen haben, nämlich Bindungsdimensionen und Paarkonflikte.

Nach der Bindungstheorie von Bowlby (1975; 1983) entwickeln Kinder in Abhängigkeit von ihren Erlebnissen mit ihren primären Bezugspersonen eine sichere oder unsichere Bindung. Eine zentrale Annahme der Bindungstheorie besteht darin, dass diese frühkindlichen Erfahrungen das Erleben und Verhalten im Erwachsenenalter beeinflussen, so dass das Konzept auch auf Paarbeziehungen übertragen wurde (Hazan & Shaver 1987). Bartholomew und Horowitz (1991) unterscheiden vier Bindungsstile: Sicher gebundene Personen fühlen sich wohl, wenn sie Nähe und Intimität erleben, streben aber nicht obsessiv danach. Besitzergreifende Personen sind sehr abhängig von ihrem Partner und befürchten, nicht genügend geliebt oder gar verlassen zu werden. Vermeidende Personen ziehen es vor, ihre Probleme allein zu lösen und nicht viel Nähe zuzulassen. Ängstliche Personen vermeiden Intimität aus Angst vor Enttäuschung. Diese vier Bindungsstile lassen sich auf zwei Dimensionen abbilden und messen, nämlich Angst (vor Verlassenwerden) und Vermeidung (von Nähe) (Fraley et al. 2000). In zahlreichen Studien wurde festgestellt, dass beide Dimensionen der Bindungsunsicherheit mit Unzufriedenheit einhergehen und erhebliche Varianzanteile aufklären (Bradbury et al. 2000; Collins & Read 1990; Feeney & Noller 1990).

Stressoren wie Krankheiten, Erziehungsprobleme oder finanzielle Probleme belasten Partnerschaften. Sie wirken sich stärker auf die Beziehungszufriedenheit aus als auf die Beziehungsstabilität (Karney & Bradbury 1995). Nach der Krisentheorie von Hill (1949) ist nicht das Auftreten von Stress, sondern der Umgang damit entscheidend. Insbesondere gute Kommunikationsfähigkeiten tragen dazu bei, dass sich Stressoren nicht destabilisierend auf die Partnerschaft auswirken (Hahlweg et al. 1998). Bewältigungsmechanismen zählen jedoch nicht zu den Stressoren, sondern zu den adaptiven Prozessen. Zu den Stressoren, die die Beziehungszufriedenheit beeinträchtigen, gehören Überlastung bei der Arbeit, Schichtarbeit und Unsicherheit des Arbeitsplatzes (Roberts & Levenson 2001; Schulz et al. 2004). Ein weiterer Stressor sind gesundheitliche Probleme (Bolger et al. 1996). Allerdings ist es plausibel anzunehmen, dass Konflikte in der Partnerschaft den größten Einfluss auf die Beziehungszufriedenheit haben dürften. Dazu zählen Konflikte zum Umgang miteinander und mit anderen Personen, zur Freizeitgestaltung, zum Geld, zu persönlichen Freiheiten sowie zu persönlichen Gewohnheiten (Hahlweg et al. 1990).

2.3 Untersuchungshypothesen

Konkretisiert man also das Modell von Karney und Bradbury (1995), indem Bindungsunsicherheit, Paarkonflikte und Gleichberechtigung voneinander unabhängige Varianzanteile der Beziehungszufriedenheit erklären sollen, und verzichtet man auf die Annahme eines Mediatoreffekts, erhält man das in Abbildung 2 dargestellte Modell, das in der vorliegenden Studie zu Grunde gelegt wird. Die zu überprüfenden Hypothesen lauten wie folgt:

1. Je höher die Ausprägung in den Bindungsdimensionen Angst und Vermeidung sowie die Häufigkeit von Paarkonflikten ist, desto niedriger ist die Zufriedenheit.
2. Je höher die Gleichberechtigung eingeschätzt wird, desto größer ist die Zufriedenheit.
3. Die Gleichberechtigung hängt auch dann noch mit der Zufriedenheit zusammen, wenn die Bindungsdimensionen und die Konfliktbelastung in die Analyse einbezogen werden.

Abbildung 2: Modell zur Erklärung der Zufriedenheit

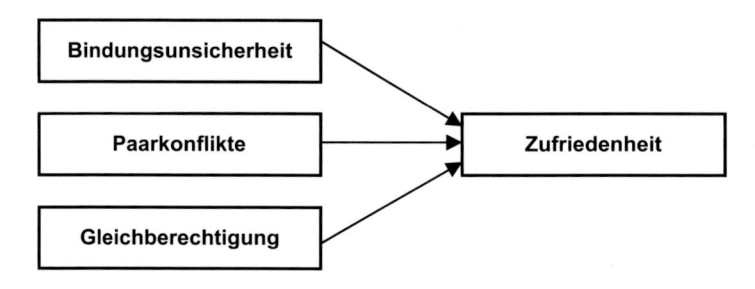

3 Methoden

3.1 Stichprobe und Datenerhebung

Die Untersuchung wurde vom Zentrum für Empirische Wirtschafts- und Sozialforschung der Universität zu Köln finanziert. Die Datenerhebung wurde vom infas Institut für angewandte Sozialwissenschaft GmbH durchgeführt. Aus der Grundgesamtheit aller in Deutschland lebenden Personen zwischen 25 und 64 Jahren, die in einer Partnerschaft und mit ihrem Partner zusammen in einem gemeinsamen Haushalt leben, sollte im Rahmen einer telefonischen Befragung eine nach Alter und Geschlecht geschichtete Zufallsstichprobe von Personen gezogen werden.

Bei Partnerbefragungen bestehen im Prinzip zwei Möglichkeiten der Datenerhebung: Um Daten von beiden in einer Partnerschaft lebenden Personen zu erhalten, können entweder beide direkt befragt werden oder einer von beiden wird um Auskunft über sich selbst und zusätzlich über seinen Partner (Proxy-Information) gebeten. Eine Befragung beider Partner hat den Vorteil, dass jede Person über sich selbst Auskunft gibt und die erhobenen Informationen daher größtmögliche Validität bieten. Allerdings ist eine doppelte Befragung kostspieliger, und es besteht die Gefahr, dass sich nicht beide Partner an der Erhebung beteiligen. Eine Beschränkung der Datenanalyse auf die Paare, bei denen beide Partner sich beteiligen, führt dann aller Voraussicht nach zu einer Stichprobenverzerrung zugunsten besonders zufriedener Paare. Die Befragung ausschließlich einer Person über beide Partner ist deutlich weniger aufwändig und dadurch kostengünstiger, so dass mit dem gleichen finanziellen Aufwand eine größere Personenstichprobe erzielt werden kann. Außerdem erscheinen die Angaben beider Partner hier nicht unbedingt notwendig, da sich die postulierten Untersuchungshypothesen nur auf die subjektive Sicht *eines* Partners beschränken, so dass diese Option gewählt wurde.

Insgesamt sollten 600 Haushalte ausgewählt werden, in denen jeweils ein Partner befragt werden sollte. Die Auswahl der Haushalte erfolgte mit einem erweiterten Random-Last-Digit-Verfahren, das gewährleistet, dass auch nicht im Telefonbuch eingetragene Haushalte erreicht werden. Die Schichtung der Grundgesamtheit nach Alter und Geschlecht erfolgte auf der Basis von Informationen aus dem Mikrozensus. Es wurden solange Telefonnummern angerufen, bis der Quotenplan erfüllt war. Dabei wurde in einem vorgeschalteten Screeninginterview die Zugehörigkeit zur Grundgesamtheit überprüft. Insgesamt wurden 646 Personen (davon 334 Frauen) befragt. Davon befanden sich zum Zeitpunkt der Befragung (2005) 54 Männer und 66 Frauen im Alter von 25 bis 34 Jahren, 91 Männer und 103 Frauen im Alter von 35-44 Jahren, 86 Männer und 89 Frauen im Alter von 45 bis 54 Jahren sowie 81 Männer und 76 Frauen im Alter von 55 bis 64 Jahren.

Die Befragten lebten zum Zeitpunkt der Befragung zwischen 5 Monaten und 49 Jahren mit ihrem Partner zusammen (M = 20.7, SD = 11.5). Verheiratet waren 566 Personen, 394 der Befragten hatten Kinder. Sechs der Befragten hatten keinen Schulabschluss, 138 Hauptschulabschluss, 208 mittlere Reife, 50 einen Abschluss der Polytechnischen Oberschule (10. Klasse), 49 Fachhochschulreife, 183 Abitur, sieben einen anderen Schulabschluss und zwei waren noch Schüler.

Bei den erhobenen Daten handelt es sich um eine Zufallsstichprobe, die aufgrund der Schichtungsvorgaben die Alters- und Geschlechterverteilung in der Grundgesamtheit exakt reproduziert. Weitere Prüfungen haben darüber hinaus ergeben, dass die Antwortverteilungen im Hinblick auf verschiedene Merkmale der Befragten (z.B. Ehedauer, Familienstand und Erwerbstätigenquoten) weitgehend den Angaben im Mikrozensus ähneln (Auswertungen von den Autoren erhältlich). Das weist grundsätzlich auf eine akzeptable Repräsentativität der Stichprobe hin, sagt aber natürlich nichts darüber aus, inwieweit Merkmale wie Beziehungszufriedenheit, Gleichberechtigung, Bindungssicherheit oder Partnerschaftskonflikte repräsentativ verteilt sind.

3.2 Methoden und Messinstrumente

Der verwendete Fragebogen, der die im Folgenden näher erläuterten Messinstrumente enthält, wurde von den Autoren entwickelt. Zur Erhebung der verschiedenen Dimensionen von Macht wurde insbesondere auf die Vorarbeiten von Grau (2001; 2004) zurückgegriffen. Sowohl die abhängige Variable Beziehungszufriedenheit als auch die erklärenden Variablen Gleichberechtigung, Bindungssicherheit und Partnerschaftskonflikte wurden jeweils mit mehreren Items gemessen. In einem ersten Analyseschritt werden diese Items jeweils zu einem additiven Index zusammengefasst, der das jeweilige Konstrukt (Beziehungszufriedenheit, Gleichberechtigung, Bindungssicherheit, Partnerschaftskonflikte) misst. Mit diesen Indizes wurden dann bivariate Korrelationen und multiple Regressionen geschätzt, um sowohl den Einzelbeitrag als auch den summarischen Einfluss der verschiedenen Determinanten der Beziehungsqualität (s. Abbildung 2) zu bestimmen. Ziel des multiplen Regressionsmodells ist es, die Dimensionen von Gleichberechtigung zu bestimmen, die – neben Bindungssicherheit und Partnerschaftskonflikten – einen signifikanten Beitrag zur Erklärung der Beziehungszufriedenheit liefern. Auf diese Weise soll ein möglichst sparsames Modell der Beziehungsqualität entwickelt werden. Sowohl die Messannahmen

(Indexbildung) als auch die Struktureffekte dieses Modells werden schließlich in einem Strukturgleichungsmodell überprüft.

3.2.1 Abhängige Variable: Beziehungszufriedenheit

Es liegen zahlreiche Fragebögen zur Messung der Beziehungszufriedenheit vor. Einige fokussieren auf allgemeine Fragen wie z.b. „Wie zufrieden sind sie insgesamt mit Ihrer Beziehung?" oder „Wie gut erfüllt Ihre Beziehung Ihre ursprünglichen Erwartungen?" (Hendrick 1988). Andere Fragebögen thematisieren spezifische Interaktionsmuster, die Hinweise auf Ursachen für Zufriedenheit oder Unzufriedenheit bieten, wie z.B. „Wir haben häufig Streit" (Spanier 1979). Bei solchen Fragebögen ist allerdings die Messung der Zufriedenheit mit der Messung ihrer möglichen Ursachen (in diesem Fall Paarkonflikte) konfundiert. Daher wird ein möglichst allgemeiner Fragebogen ausgewählt, nämlich der Fragebogen zur Zufriedenheit in Partnerschaften (ZIP) von Hassebrauck (1991), der sich an dem Instrument von Hendrick orientiert. Es werden fünf der sieben Items verwendet. Die Antwort kann jeweils auf einer 7-stufigen Skala von 1 (gar nicht) bis 7 (sehr) gegeben werden. Der Gesamtwert wird als Mittelwert der fünf Items gebildet. Die interne Konsistenz beträgt Alpha = .79.

3.2.2 Unabhängige Variablen: Gleichberechtigung

Im Folgenden wird zunächst erläutert, wie die unterschiedlichen Dimensionen der Macht (Einfluss auf Verhalten und Interaktionsergebnisse, sozialer Status, persönliche Ressourcen, Alternativen, Interesse) operationalisiert werden. In einem zweiten Schritt wird dann gezeigt, wie aus diesen Informationen Indikatoren für das Ausmaß der Gleichberechtigung abgeleitet werden. Für alle Indikatoren der Macht gilt, dass diese einmal für die befragte Person und einmal aus Sicht der befragten Person für deren Partner abgefragt werden. Aus diesen beiden Maßen lassen sich dann Indizes für die relative Macht und für die Gleichberechtigung bilden.

Einfluss

Die Schwierigkeit bei der Formulierung eines Fragebogens zum *sozialen Einfluss* besteht darin, dass die Items zur Bildung einer reliablen (d.h. intern konsistenten) Skala positiv miteinander korrelieren müssen. Dies ist aber nicht bei allen Items der Fall. Ein Paar kann z.B. eine gleichberechtigte Partnerschaft führen, indem sich beide Personen Einflussbereiche aufteilen, wenn etwa der eine über das Fernsehprogramm und der andere über das Abendessen entscheidet. In einem solchen Fall würden die Items zur Messung relativer Macht negativ miteinander korrelieren, was nach den Prinzipien der klassischen Testkonstruktion nicht erlaubt ist. In mehreren Pilotstudien (Grau 2001; 2004) hat sich aber gezeigt, dass die Items umso besser in der erwarteten Richtung korrelieren, je globaler und umfassender sie formuliert sind (z.B. „Wie stark beeinflussen Sie, was Sie beide zusammen unternehmen?"). Es werden sechs Items zum *Einfluss auf das Verhalten* des Partners (plus sechs Items zur Einschätzung des Einflusses des Partners auf das eigene Verhalten) abgefragt, die jeweils auf 7-stufigen Zustimmungsskalen zu beantworten sind. Die interne Konsistenz des Gleichberechtigungsindex (s.u.) beträgt Alpha = .65.

Bei der Formulierung von Items zum *Einfluss auf die Interaktionsergebnisse* kommt es darauf an, die Kontrolle, die der Partner über die eigenen Ergebnisse hat, in Beziehung zu setzen zu der Kontrolle, die man selbst hat oder die andere Personen haben. Eine hohe Abhängigkeit ist nämlich nicht bereits dann zu erwarten, wenn der Partner die eigenen Interaktionsergebnisse beeinflusst (Schicksals- bzw. Verhaltenskontrolle), sondern wenn gleichzeitig die reflexive Kontrolle niedrig ist, d.h. dass die eigenen Interaktionsergebnisse nicht selbst bzw. aus alternativen Quellen hergestellt werden können. Um die Befragung nicht zu kompliziert zu gestalten und trotzdem den relativen Einfluss des Partners bezogen auf andere Quellen von Belohnungen und Kosten zu erfassen, werden die Fragen wie in folgendem Beispiel formuliert: „Wenn es mir gut geht, hängt dies *vor allem* von meinem Partner/meiner Partnerin ab." bzw. „Wenn es meinem Partner/meiner Partnerin gut geht, hängt dies *vor allem* von mir ab.". Die interne Konsistenz dieser aus fünf Items bestehenden Skala (Gleichberechtigungsindex) beträgt .65, wobei die einzelnen Items ebenfalls auf 7-stufigen Zustimmungsskalen zu beantworten sind.

Sozialer Status
Die *Statusmerkmale* umfassen traditionelle sozioökonomische Variablen, die in ähnlicher Form in den meisten sozialwissenschaftlichen Bevölkerungsumfragen erfragt werden. Den Fragen nach dem persönlichen monatlichen Nettoeinkommen beider Partner und dem Haushaltseinkommen wird eine Liste aller möglichen Einkommensarten vorangestellt, um den Befragten ins Gedächtnis zu rufen, woraus das Einkommen bestehen kann, um auf diese Weise möglichst vollständige Einkommensangaben zu erhalten. Daneben wird aber auch allgemein gefragt, ob die Befragten und ihre Partner überhaupt ein Einkommen besitzen und wer das höhere Einkommen hat. Diese Angabe ist vor allem für die Fälle wichtig, in denen die Befragten keine Angaben zur Höhe des Einkommens machen.

Die Bildung wird über den höchsten erreichten allgemein bildenden Schulabschluss und den beruflichen Ausbildungsabschluss abgefragt. Aus der Kombination dieser beiden Angaben wird in Anlehnung an Brauns & Steinmann (1999) eine Bildungshierarchie von 1 (kein Abschluss) bis 9 (Hochschulabschluss) gebildet. Aus den Angaben der Befragten zu ihrer Stellung im Beruf wird nach dem Grad der Autonomie des Handelns eine Berufsprestige-Skala (Hoffmeyer-Zlotnik 2003) von 1 (un- und angelernte Arbeiter) bis 5 (Beamte im höheren Dienst, Angestellte mit Führungsaufgaben, Freiberufler oder Selbstständige mit 10 oder mehr Mitarbeitern) erstellt. Die Fragen zum Einkommen, zur Bildung und zur beruflichen Stellung werden vom Befragten einmal für sich selbst und einmal für den Partner beantwortet, so dass jeweils Differenzen gebildet werden können und ein Maß für Gleichberechtigung ermittelt werden kann.

Persönliche Ressourcen, Alternativen und Interesse
Für die Messung der subjektiven Machtaspekte soll die Befragungsperson eine Einschätzung ihrer persönlichen Ressourcen, ihrer eigenen Alternativen und ihres eigenen Interesses an der Beziehung vornehmen sowie die entsprechenden Merkmale des Partners einschätzen. Insgesamt werden ein Item zur Wahrnehmung der eigenen persönlichen Ressourcen (plus ein Item zur Einschätzung der persönlichen Ressourcen des Partners), sechs Items zum Interesse an der Beziehung (plus sechs Items zur Einschätzung des Interesses des Partners) und fünf Items zu den eigenen Alternativen zur Beziehung (plus fünf Items zur Einschätzung der Alternativen des Partners) abgefragt. Die folgenden drei Beispiele illustrieren die verwendeten Items:

- Persönliche Ressourcen: „Alles in allem bin ich ein anziehender Mensch mit vielen positiven Eigenschaften." bzw. „Alles in allem ist mein Partner ein anziehender Mensch mit vielen positiven Eigenschaften.".
- Interesse an der Beziehung: „Ich bin sehr an der Aufrechterhaltung der Beziehung interessiert." bzw. „Mein Partner/meine Partnerin ist sehr an der Aufrechterhaltung der Beziehung interessiert.".
- Alternativen zur Beziehung: „Wenn ich aus irgendwelchen Gründen nicht mit meinem Partner/meiner Partnerin zusammen wäre, würde ich leicht einen anderen Partner finden." bzw. „Wenn mein Partner/meine Partnerin aus irgendwelchen Gründen nicht mit mir zusammen wäre, würde er/sie leicht einen anderen Partner finden.".

Für die Antworten wird jeweils eine 7-stufige Skala mit den Endpunkten 1 (stimmt gar nicht) bis 7 (stimmt völlig) vorgegeben. Die relative Macht ergibt sich jeweils aus der Differenz des Mittelwerts aller selbstbezogenen Items und des Mittelwerts aller partnerbezogenen Items. Alle Werte sind so kodiert, dass größere Zahlen eine höhere relative Macht der Befragungsperson kennzeichnen. Die internen Konsistenzen der Gleichberechtigungsindizes betragen für das geringere Interesse an der Beziehung Alpha = .68 und für die Alternativen zur Beziehung Alpha = .53. Für die persönlichen Ressourcen kann keine Reliabilität bestimmt werden, da dieses Konstrukt lediglich mit einem Item gemessen wird.

Im Rückblick zeigen sich bei einigen Skalen Alpha-Werte, die unterhalb der üblicherweise als akzeptabel zu wertenden Grenzen liegen. Wir haben uns entschieden, zunächst mit diesen weiterzuarbeiten, um sie anschließend in einem Messmodell zu überprüfen und zu modifizieren.

Gleichberechtigung
Für alle genannten Machtdimensionen wird jeweils ein Index für Gleichberechtigung (Egalität) gebildet. Bei den subjektiven Skalen (Einfluss auf Verhalten und Interaktionsergebnisse, persönliche Ressourcen, Alternativen und Interesse) wird zunächst sowohl für die befragte Person als auch für die Partnerangaben über alle Items einer Skala der Mittelwert bestimmt. Dann wird die relative Macht aus der Differenz der eigenen Angaben und der für den Partner bestimmt. Diese kann also Werte von -6 bis +6 annehmen. Das Ausmaß der Gleichberechtigung ergibt sich aus dem Maximum einer Skala (in allen Fällen 7) abzüglich des Absolutbetrages des Wertes für die relative Macht. Er liegt also zwischen 1 und 7, wobei der Wert 7 den maximalen und der Wert 1 den minimalen Gleichberechtigungsgrad bezeichnet.

Für die Statusmerkmale wird die relative Macht jeweils durch die Differenz der Werte der Bildungsvariablen, der Berufsprestige-Skala und des Einkommens zwischen Befragungsperson und Partnerangaben operationalisiert. Daraus ergibt sich, dass die relative Bildung Werte zwischen -8 und +8, das relative Berufsprestige Werte zwischen -4 und +4 und das relative Einkommen Werte zwischen -9.900 und +15.920 annehmen kann. Die Spannweite der Einkommensdifferenz ist dabei abhängig von den Einkommensangaben der Befragten. Das Ausmaß der Gleichberechtigung, d.h. der Wert für die Egalität der objektiven Indikatoren zwischen den Partnern, ergibt sich aus dem Maximum der jeweiligen Skala abzüglich des Absolutbetrages der relativen Macht. Für den Indikator Bildung liegt das Ausmaß der Gleichberechtigung also zwischen 1 und 9, für den Indikator Berufsprestige zwischen 1 und 5 und für den Indikator Einkommen zwischen 4.000 und 16.000. Niedrige Werte stehen jeweils für ein geringes Ausmaß der Gleichberechtigung, hohe Werte für ein hohes Ausmaß.

3.2.3 Kontrollvariablen: Bindungssicherheit, Partnerschaftskonflikte

Zur Messung zweier Dimensionen der Bindungsunsicherheit wird der Fragebogen von Grau (1999) verwendet. Die Skala „Angst" misst mit 10 Items auf 7-stufigen Zustimmungsskalen, wie sehr man befürchtet, vom Partner nicht geliebt oder verlassen zu werden (Beispiel: „Ich frage mich manchmal, ob mein Partner/meine Partnerin mich genauso intensiv liebt wie ich ihn/sie liebe."). Die Skala „Vermeidung" erfasst das Ausmaß, in dem Nähe und Intimität vermieden bzw. als bedrohlich empfunden werden (Beispiel: „Ich fühle mich durch eine intensive Beziehung schnell eingeengt."). Die internen Konsistenzen betragen Alpha = .79 bzw. Alpha = .80.

Zur Messung der Paarkonflikte wird ein neu entwickelter Fragebogen eingesetzt, der mit 10 Items die Häufigkeit bestimmter Streitpunkte erfragt. Die Formulierung lautet: „Wie häufig kommt es in Ihrer Partnerschaft zu Konflikten bei dem Thema…"; die berücksichtigten Themen umfassen Freizeitgestaltung, Hausarbeit, Geld, Kindererziehung, Eifersucht, Umgang mit den Eltern, berufliche Dinge, Vertrauen, Sexualität und Freundeskreis. Die Liste der Themen wird aus einschlägigen Konfliktfragebögen übernommen, insbesondere der Problemliste von Hahlweg, Schindler und Revenstorf (1990). Alle Items werden auf einer Skala von 1 (nie) bis 5 (sehr häufig) beantwortet. Das Thema Kindererziehung wird wegen einer niedrigen Trennschärfe aus der Auswertung ausgeschlossen, der Gesamtindex aus den verbleibenden 9 Items hat eine interne Konsistenz von Alpha = .72.

4 Ergebnisse

Eine Grundauszählung aller Konstrukte (von den Autoren erhältlich) zeigt, dass sich die befragten Männer und Frauen weder in der Beziehungszufriedenheit noch in den Bindungsstilen oder wahrgenommenen Partnerschaftskonflikten signifikant unterschieden. Nicht ganz unerwartet verfügen die Männer in ihren Partnerschaften über durchschnittlich mehr Einkommen und Berufsprestige als ihre Partnerinnen. Bei den befragten Frauen verhält es sich genau umgekehrt. Erstaunlicherweise haben die Männer auch leicht höhere Bildungsabschlüsse als ihre Partnerinnen. Alle Befragungspersonen – Männer wie Frauen – schätzen ihre persönlichen Ressourcen leicht niedriger ein als die ihrer Partner bzw. Partnerinnen. Ansonsten verfügen die Männer bei allen subjektiven Indikatoren (Einfluss auf Verhalten und Interaktionsergebnisse, persönliche Ressourcen, Alternativen und Interesse) über etwas weniger Macht als ihre Partnerinnen.

Bei allen folgenden Zusammenhangsanalysen ist zu beachten, dass sich insbesondere bei multivariater Betrachtung die Anzahl der gültigen Fälle durch fehlende Werte je nach Anzahl der betrachteten Variablen verringern kann. Um die Auswertungen über verschiedene Modelle vergleichbar zu halten, werden im Folgenden zwei reduzierte Datensätze verwendet. *Datensatz 1* umfasst insgesamt $n = 453$ gültige Fälle und beinhaltet alle unabhängigen und abhängigen Variablen (ausgenommen die Gleichberechtigung beim Einkommen). *Datensatz 2* berücksichtigt zusätzlich noch die Gleichberechtigung beim Einkommen, für die allerdings aufgrund der vielen fehlenden Angaben beim Einkommen nur $n = 322$ gültige Fälle zur Verfügung stehen. Datensatz 2 hat im Wesentlichen die Funktion, die Gleichberechtigung beim Einkommen zu untersuchen und darüber hinaus zu prüfen, ob die in Datensatz 1 gefundenen Effekte unter Kontrolle des Einkommens bestehen bleiben.

Hypothese 1: Erhöhen eine sichere Bindung und seltene Konflikte die Beziehungszufriedenheit?

In Tabelle 1 sind sowohl für den (größeren) Datensatz 1 als auch für den (kleineren) Datensatz 2 zunächst die bivariaten Zusammenhänge der Kontrollvariablen mit der Zufriedenheit dargestellt. Je höher die beiden Dimensionen der Bindungsunsicherheit (Angst und Vermeidung) und je höher die Konflikthäufigkeit ausfallen, desto geringer ist die Zufriedenheit. Betrachtet man die multiple Regression der Zufriedenheit auf alle drei Variablen, so kann jede einzelne zur Varianzaufklärung beitragen und 53% der Varianz der Zufriedenheit werden erklärt (Tabelle 2, Modell 0; weiter unten). Häufige Konflikte verringern die Beziehungszufriedenheit am stärksten (Beta = -.408), gefolgt von vermeidender (Beta = -.293) und ängstlicher Bindungsdimension (Beta = -.227). Diese Ergebnisse bestätigen Hypothese 1.

Tabelle 1: Bivariate Zusammenhänge der Zufriedenheit mit Gleichberechtigung, Bindung und Konflikt (Korrelation nach Pearson)

	Zufriedenheit (Datensatz 1, n = 453)	Zufriedenheit (Datensatz 2, n = 322)
Ängstliche Bindung	-.525***	-.474***
Vermeidende Bindung	-.571***	-.581***
Konflikthäufigkeit	-.600***	-.625***
Gleiches Einkommen	–	-.062
Gleiche Bildung	-.037	-.031
Gleiches Berufsprestige	-.034	-.014
Gleiche persönliche Ressourcen	-.091	-.121**
Gleiches Desinteresse	.431***	.453***
Gleiche Alternativen	.163***	.203***
Gleicher Einfluss auf Verhalten	.240***	.183***
Gleicher Einfluss auf Ergebnisse	.272***	.233***

Anmerkung: Signifikanzniveau: * $p < 0.10$; ** $p < 0.05$; *** $p < 0.01$.

Hypothese 2: Führt Gleichberechtigung zu höherer Beziehungszufriedenheit?

Die zweite Hypothese thematisiert den Zusammenhang zwischen Gleichberechtigung und Zufriedenheit. Wir betrachten dazu erneut die bivariaten Korrelationen in Tabelle 1. Dabei fällt auf, dass weder die Egalität im Einkommen noch die im Berufsprestige oder in der Bildung zur Zufriedenheit beitragen. Es finden sich allerdings signifikante Zusammenhänge von 4 der 5 subjektiven Maße für Gleichberechtigung mit der Zufriedenheit in der erwarteten Richtung: Gleicher Einfluss auf das Verhalten ($r = .240$) und auf die Interaktionsergebnisse ($r = .272$) sowie gleiches (Des-)Interesse ($r = .431$) und gleiche Alternativen ($r = .163$) hängen mit Zufriedenheit zusammen. Somit scheinen die subjektiven Aspekte bessere Prädiktoren der Zufriedenheit zu sein als die objektiven. Erwartungswidrig fällt die negative Korrelation zwischen der Gleichheit in den persönlichen Ressourcen und der Zufriedenheit aus ($r = -.091$). Weitere Analysen zeigen, dass fehlende Gleichberechtigung in dieser Variable vor allem in der Form auftritt, dass viele Probanden ihrem Partner eine größere Anziehungskraft zuschreiben als sich selbst (s. oben). Diese Personen sind besonders zufrieden. Offenbar betrachten Personen, die ihre Partner als besonders attraktiv einschätzen, dies nicht als bedrohlich im Sinne von Ungleichgewicht, sondern als förderlich für die Beziehungsqualität.

Tabelle 2: Multiple Regressionen der Zufriedenheit auf Bindung, Konflikthäufigkeit und Machtdimensionen (standardisierte Regressionskoeffizienten)

	Modell 0	Modell 1	Modell 2	Modell 3	Modell 4	Modell 5	Modell 6	Modell 7	Modell 8	Modell 9	Modell 10	Modell 11
Ängstliche Bindung	-.227***	-.180***	-.230***	-.228***	-.225***	-.229***	-.220***	-.225***	-.219***	-.220***	-.176***	
Vermeidende Bindung	-.293***	-.297***	-.293***	-.292***	-.290***	-.226***	-.254***	-.284***	-.282***	-.232***	-.249***	
Konflikthäufigkeit	-.408***	-.440***	-.407***	-.408***	-.410***	-.315***	-.369***	-.397***	-.397***	-.358***	-.383***	
Gleiches Einkommen		.035									-.028	
Gleiche Bildung			.022							.019	.025	-.027
Gleiches Berufsprestige				.007						-.017	-.004	-.059
Gleiche persönliche Ressourcen					-.076**					-.101**	-.101**	-.133***
Gleiches Desinteresse						.240***				.143***	.199***	.364***
Gleiche Alternativen							.169***			.053	.041	.032
Gleicher Einfluss auf Verhalten								.069**		.049	.070*	.154***
Gleicher Einfluss auf Ergebnisse									.087**	.057*	.025	.155***
Korr. R-Quadrat	.53	.53	.53	.53	.53	.55	.54	.53	.53	.56	.56	.25
N	453	322	453	453	453	453	453	453	453	453	322	453

Anmerkung: Signifikanzniveau: * p < 0.10; ** p < 0.05; *** p < 0.01

Insgesamt kann die Gleichberechtigung multivariat 25% der Varianz der Zufriedenheit aufklären (Tabelle 2, Modell 11), wobei die Egalität im (Des-)Interesse (Beta = .364) sowie im Einfluss auf das Verhalten (Beta = .154) und auf die Interaktionsergebnisse (Beta = .155) signifikante positive Beiträge liefern. Gleiche persönliche Ressourcen haben weiterhin einen signifikant negativen Einfluss (Beta = -.133). Insgesamt stützen die Befunde Hypothese 2, wenngleich die objektiven Maße für die Gleichberechtigung (sozialer Status) die Zufriedenheit nicht erklären können.

Hypothese 3: Gleichberechtigung – Ein Effekt, der wichtige Determinanten der Beziehungszufriedenheit übertrifft?

Hypothese 3 postuliert, dass die Machtindikatoren auch dann noch signifikant zur Aufklärung der Zufriedenheit beitragen können, wenn die Kontrollvariablen in die Analyse einbezogen werden. Diese multivariate Fragestellung haben wir für jede Machtvariable anhand von Einzelregressionen, die in den Modellen 1 bis 8 in Tabelle 2 dargestellt sind, überprüft. Im Hinblick auf die einzelnen Machtdimensionen zeigt sich wiederum, dass nur die subjektiven Dimensionen einen signifikanten Einfluss haben. Auch nach Kontrolle der Bindungsunsicherheit und der Konflikthäufigkeit werden der Einfluss auf Verhalten und Ergebnisse, Desinteresse und Alternativen mit positivem Vorzeichen und die persönlichen Ressourcen mit negativem Vorzeichen signifikant. Gleiches Desinteresse hat mit Beta = .240 beispielsweise den höchsten einzelnen Einfluss (Modell 5). Diese Übereinstimmung mit den bivariaten Befunden bedeutet lediglich, dass keine Probleme der Multikollinearität zwischen Gleichberechtigung und den Kontrollvariablen vorliegen. Kontrolliert man zusätzlich für die Interkorrelationen zwischen den Machtindikatoren, resultiert daraus Modell 9, in dem alle Variablen außer dem Einkommen berücksichtigt sind. Hier zeigt sich, dass nur die Gleichberechtigung im Desinteresse (Beta = .199) und in den Ressourcen (Beta = -.101) einen signifikanten Einfluss hat (der positive Effekt der Gleichberechtigung bei den Interaktionsergebnissen ist nur schwach auf dem 10%-Niveau signifikant). In Modell 10 wird zusätzlich das Einkommen berücksichtigt (hier treten niedrigere Fallzahlen wegen fehlender Werte auf), das jedoch keine weitere Varianz erklärt. Insgesamt kann die Gleichberechtigung, wie in Hypothese 3 postuliert, zusätzliche Varianz der Zufriedenheit erklären, nachdem Bindungsunsicherheit und Konflikthäufigkeit auspartialisiert sind. Fügt man in zwei Schritten zunächst die Kontrollvariablen (Modell 0) und dann die Machtindikatoren (Modell 9) in eine multiple Regression ein, dann ergibt sich ein signifikanter Erklärungszuwachs ($F = 6.11$, $df_1 = 7$, $df_2 = 447$, $p < .001$). Die Varianzaufklärung steigt nach der Berücksichtigung der Gleichberechtigung von 53% auf 56%. Dieser Effekt geht ausschließlich auf subjektive Urteile zurück (gleiche Ressourcen und gleiches Desinteresse). Gleichberechtigung in Bezug auf objektive ökonomische Ressourcen (Bildung, Berufsprestige und in Datensatz 2 Einkommen) spielt für die Beziehungszufriedenheit keine Rolle. Gleichzeitig ist zu erkennen, dass Gleichberechtigung keinen mediierenden Einfluss auf den Zusammenhang zwischen Bindung bzw. Konflikt und Zufriedenheit hat, da deren Regressionskoeffizienten (gegenüber Modell 0) nur unwesentlich zurückgehen.

Da der Varianzerklärungszuwachs durch die Gleichberechtigungsmaße nur 3 Prozentpunkte beträgt und die Koeffizienten zudem eher niedrig ausfallen, stellt sich die Frage, ob man wirklich von einem Unterschied durch die Gleichberechtigung sprechen kann. Um dieser Frage nachzugehen, haben wir uns einzelne Werte angeschaut und in die Regressionsgleichung eingesetzt. Beispielsweise ergibt sich für das Paar mit der niedrigsten Gleichberechtigung im Desinteresse ein Zufriedenheitswert von 4,9. Dem gegenüber hat das Paar mit der höchsten Gleichberechtigung im Desinteresse eine Zufriedenheit von 6,0. Es zeigt sich also sehr wohl ein Unterschied von durchschnittlich 1.1 Skalenpunkten. Im Vergleich dazu wird noch einmal der insgesamt erklärungskräftigste Faktor Konflikthäufigkeit betrachtet. Für das Paar mit der höchsten Konflikthäufigkeit ergibt sich unter der Annahme, dass alle anderen Faktoren durchschnittlich ausfallen, ein Zufriedenheitswert von 4,1. Demgegenüber beträgt die Zufriedenheit für die Paare mit der niedrigsten Konflikthäufigkeit 6,6, eine auch nicht sehr viel größere Differenz von 2.5 Skalenpunkten.

4.1 Simultane Überprüfung des Mess- und Strukturmodells

Die Verwendung additiver Indizes in den bisherigen multivariaten Analysen unterstellt, dass die Fragebogenitems das jeweilige Konstrukt valide und mit gleicher Reliabilität messen. Dem muss jedoch nicht so sein. Beispielsweise weist die Item-Rest-Korrelation für das Item „Wie sehr würden Sie bzw. Ihr/e Partner/in darunter leiden, wenn die Beziehung einmal zu Ende wäre?" (glinter4) im Gleichberechtigungsindex für das (Des-)Interesse einen unterdurchschnittlichen Wert auf. Zusätzlich weisen einige der berechneten Indizes eine sehr niedrige interne Homogenität auf (siehe die oben dargestellten Alpha-Werte), die durch Weglassung der weniger reliablen Items noch verbessert werden kann. Weiterhin möchte man die Einflüsse der verschiedenen Determinanten der Beziehungszufriedenheit miteinander vergleichen, und dafür sollten die standardisierten Regressionskoeffizienten berücksichtigen, wie unterschiedlich reliabel die einzelnen Konstrukte gemessen wurden. Abschließend werden daher die Schätzungen eines Strukturgleichungsmodells (SEM) präsentiert, in dem simultan sowohl die Messeigenschaften der verwendeten Items als auch die entsprechend korrigierten Struktureffekte der Determinanten der Beziehungszufriedenheit überprüft werden. Um dieses SEM so sparsam wie möglich zu halten, werden lediglich die Konstrukte berücksichtigt, die in dem vorherigen Regressionsmodell 9 mindestens auf dem 5% Niveau signifikant waren. Konkret untersucht das SEM den Einfluss der Bindungsdimensionen, der Konflikthäufigkeit, der persönlichen Ressourcen und des Desinteresses auf die Beziehungszufriedenheit.

Zur Überprüfung der Messeigenschaften der erhobenen Fragebogenitems wird zunächst eine konfirmatorische Faktorenanalyse aller fünf Konstrukte und des abhängigen Konstruktes Beziehungszufriedenheit berechnet. Die geschätzten Faktorladungen dieses Modells A zeigt Tabelle 3, wobei unterstellt wird, dass die theoretischen Konstrukte frei miteinander kovariieren können[1].

Tabelle 3: Konfirmatorische Faktorenanalyse von Macht und Partnerschaftszufriedenheit (Standardisierte Pfadkoeffizienten, *T*-Werte)

		Modell A		Modell B	
Konflikthäufigkeit	konfl1	0.57		0.59	
	konfl2	0.49	(8.37)	0.50	(8.51)
	konfl3	0.60	(9.69)	0.61	(9.82)
	konfl4	0.16	(2.96)		
	konfl5	0.52	(8.73)		
	konfl6	0.24	(4.48)		
	konfl7	0.39	(6.94)	0.38	(5.83)
	konfl8	0.70	(10.24)	0.65	(10.38)
	konfl9	0.63	(9.94)	0.65	(10.22)
	konfl10	0.49	(8.30)	0.47	(8.06)
Vermeidende Bindung	vermeid1	0.59			
	vermeid2	0.51	(9.44)		
	vermeid3	0.51	(9.44)		
	vermeid4	0.44	(8.68)	0.55	
	vermeid5	0.64	(11.47)	0.64	(9.24)
	vermeid6	0.66	(11.78)	0.67	(9.45)
	vermeid7	0.51	(9.31)		
	vermeid8	0.51	(9.48)	0.53	(8.25)
	vermeid9	0.57	(10.39)	0.56	(8.55)
	vermeid10	0.51	(9.49)		

---

[1] Die Kovarianzmatrix ist auf Anfrage von den Autoren erhältlich.

Fortsetzung Tabelle 3

Ängst- liche Bindung	angst1	0.61		0.64	
	angst2	0.72	(12.49)	0.74	(12.95)
	angst3	0.56	(10.24)	0.55	(10.24)
	angst 4	0.61	(10.95)	0.57	(10.40)
	angst 5	0.54	(9.91)		
	angst 6	0.52	(9.67)	0.50	(9.42)
	angst 7	0.76	(12.99)		
	angst 8	0.76	(13.06)	0.78	(13.05)
	angst 9	0.74	(12.68)		
	angst 10	0.78	(12.18)	0.80	(13.70)
Gleiches Desinte- resse	glinter1	0.65			
	glinter2	0.67	(11.21)	0.61	(9.72)
	glinter3	0.61	(10.48)	0.69	(9.19)
	glinter4	0.48	(8.55)		
	glinter5	0.47	(8.35)	0.48	(7.76)
	glinter6	0.59	(10.22)	0.62	(9.31)
Gleiche persönliche Ressourcen		1.0		1.0	
Bezie- hungs- zufrie- denheit	zufpa1	0.76		0.81	
	zufpa2	0.88	(20.23)	0.91	(20.97)
	zufpa3	0.55	(11.80)		
	zufpa4	0.73	(16.22)	0.73	(16.50)
	zufpa5	0.58	(12.40)		
N		453		453	
Chi-Quadrat		2179.65		564.04	
df		806		310	
p		0.0000		0.0000	
RMSEA		0.061		0.043	

Anmerkung: 1) Sämtliche Koeffizienten sind hoch signifikant ($p < 0.001$). 2) Die Indikatoren der Machtkonstrukte geben jeweils das Ausmaß der Gleichberechtigung an. Beispiel-Items finden sich im Text

Während die Faktorladungen einzeln jeweils eine ausreichende Signifikanz aufweisen, erscheint das Gesamtmodell noch verbesserungsbedürftig (Chi-Quadrat = 2179.65, $df = 806$, $p = 0.0000$; RMSEA = 0.061). Insbesondere werden einige Modifikationsindizes ausgegeben, die darauf hinweisen, dass die entsprechenden Items auf mehreren Konstrukten gleichzeitig laden. Aus diesem Grund werden für jedes Konstrukt jeweils die Items, die sich nicht eindeutig einem Konstrukt zuordnen lassen, eliminiert. Das resultierende Messmodell B hat einen nach den üblichen Kriterien besseren Modell-Fit (Chi-Quadrat = 565.04, $df = 310$, $p = 0.0000$; RMSEA = 0.043).

Das Strukturgleichungsmodell auf der Basis dieses (reduzierten) Messmodells verwendet die Konstrukte Konflikthäufigkeit, vermeidende Bindung, ängstliche Bindung, gleiches Desinteresse und gleiche persönliche Ressourcen als erklärende Variablen des abhängigen Konstrukts Beziehungszufriedenheit (vgl. Tab. 4, Modell C).

Tabelle 4: Determinanten der Beziehungszufriedenheit (Modell C, standardisierte Regressionskoeffizienten des Strukturmodells)

Konstrukt	Standardisierter Regressionskoeffizient
Konflikthäufigkeit	-0.44^+
Vermeidende Bindung	-0.14^*
Ängstliche Bindung	-0.15^{**}
Gleiches Desinteresse	0.26^+
Gleiche persönliche Ressourcen	-0.08^{**}
N	453
Chi-Quadrat	564.04
df	310
p	0.0000
RMSEA	0.043

Anmerkung: Signifikanzniveau: $^+$ p = 0.10, * p < 0.10, ** p < 0.05, *** p < 0.01.

Modell C fasst gewissermaßen die wesentlichen Einflüsse unserer bisherigen Analysen zusammen und ist in Abbildung 3 noch einmal graphisch dargestellt. Interpretiert man die standardisierten Regressionskoeffizienten des Strukturmodells, lässt sich erkennen, dass zwischen den Partnern egalitär verteiltes Desinteresse (*Beta* = 0.26) den erwarteten positiven Effekt auf die Zufriedenheit zeigt, während vermeidende Bindung (-0.14), ängstliche Bindung (-0.15) und Konflikthäufigkeit (-0.44) den erwarteten negativen Effekt auf die Zufriedenheit haben (vgl. Abbildung 3 und Tabelle 4). Für die persönlichen Ressourcen ergibt sich bei egalitärer Verteilung ein negativer Effekt (-0.08) auf die Zufriedenheit, wie er bereits in den bisherigen Ergebnissen beobachtet wurde. Gemessen am Absolutbetrag der standardisierten Regressionskoeffizienten haben Konflikthäufigkeit und gleiches Interesse an der Beziehung den höchsten Einfluss auf die Beziehungszufriedenheit, gefolgt von Bindungsunsicherheit und gleichen persönlichen Ressourcen. Alle Effekte sind mindestens auf dem 10% Niveau signifikant.

Abbildung 3: Endgültiges Struktur- und Messmodell (Modell C, standardisierte Koeffizienten)

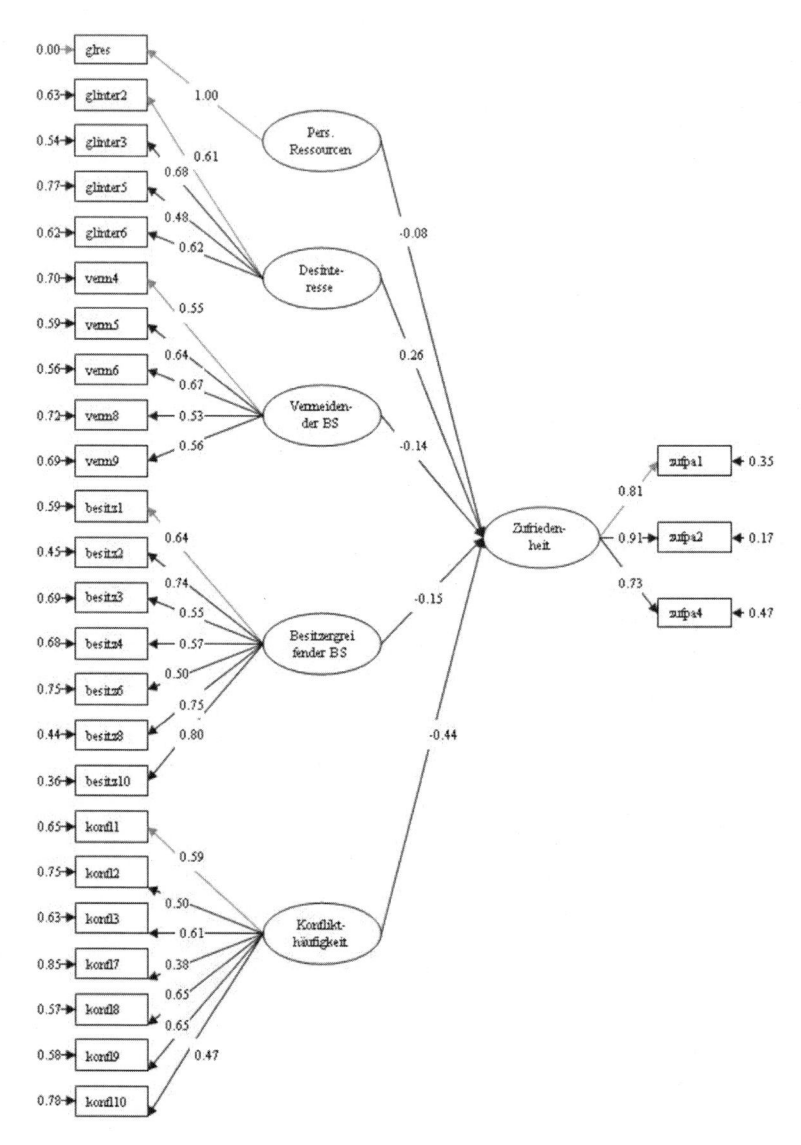

Chi-Square = 564.04, df = 310, p = 0.00000, RMSEA = 0.043.

5 Diskussion

Insgesamt kann das multidimensional erhobene Konstrukt der partnerschaftlichen Gleichberechtigung über einschlägige Variablen hinaus einen Anteil der Beziehungszufriedenheit erklären. Es hat sich aber gezeigt, dass nicht alle Indikatoren der Macht dies in gleichem Maße tun. Dass Gleichberechtigung im Einfluss auf das Verhalten mit Zufriedenheit einhergeht, wurde bereits früher festgestellt (Gray-Little et al. 1996). Ebenso zeigt sich eine Korrelation mit der Gleichberechtigung im Einfluss auf die Interaktionsergebnisse. Einige der anderen Machtaspekte sind bereits im Zusammenhang mit der Equity-Theorie untersucht worden. Die Equity-Theorie (Walster et al. 1978) besagt, dass es zwischen zwei Partnern gerecht zugeht, wenn der Quotient aus dem, was man bekommt, und dem, was man gibt, bei beiden Partnern gleich ist. Im Unterschied zum Machtkonstrukt geht es bei Equity nicht um den Besitz oder die Kontrolle, sondern um den Austausch von Ressourcen. In entsprechenden Erhebungsinstrumenten werden Emotionen, Attraktivität und Status thematisiert, und es wird gemessen, welcher Partner relativ zu seinen Erträgen mehr zur Beziehung beiträgt. Eine der wesentlichen Annahmen der Equity-Theorie, die häufig empirische Bestätigung gefunden hat, bezieht sich darauf, dass Gerechtigkeit im Sinne von Equity mit Zufriedenheit einhergeht (Hatfield et al. 1982). Grau (1997) weist allerdings darauf hin, dass zwischen personenbezogenen Beiträgen und partnerbezogenen Beiträgen zu differenzieren ist: Während Beiträge wie das Zeigen von Gefühlen vor allem dem Partner zu Gute kommen, kommen Beiträge wie Attraktivität und sozialer Status vor allem der Person zu Gute, die sie besitzt. Nach der Equity-Theorie ist eine Person mit höherer Attraktivität benachteiligt, weil sie mehr einbringt als der Partner. Da Attraktivität allerdings kein Beitrag in dem Sinne ist, dass man seine Attraktivität „dem Partner gibt", sondern selbst am meisten davon profitiert, ist die These der Benachteiligung anzuzweifeln. Plausibler ist die Definition von Equity für partnerbezogene Beiträge, da eine Person, die dem Partner überproportional viel Liebe, Akzeptanz oder Hilfe bietet, unzweifelhaft im Nachteil ist. Rohmann und Bierhoff (2007) untersuchten anstelle eines Gesamtwerts einzelne Aspekte von Equity getrennt voneinander. Sie stellten fest, dass die Hauptthese der Equity-Theorie, die den Zusammenhang zwischen Equity und Zufriedenheit betrifft, nur für partnerbezogene Beiträge (Gefühlsausdruck), aber nicht für personenbezogene Beiträge (Attraktivität und Status) empirische Unterstützung findet. Die vorliegenden Ergebnisse, nach denen die Gleichverteilung von Status und persönlichen Ressourcen nicht mit höherer Zufriedenheit einhergeht, bestätigen diesen Befund. Die in der vorliegenden Studie operationalisierte Gleichberechtigung im Interesse an der Partnerschaft lässt sich dagegen den partnerbezogenen Beiträgen zuordnen und hat sich dementsprechend als starker Prädiktor der Zufriedenheit herausgestellt. Die Alternativen zur Partnerschaft nehmen eine Zwischenstellung ein. Einerseits sprechen gute Alternativen für gute personenbezogene Ressourcen, andererseits richtet sich die Betonung alternativer Möglichkeiten direkt gegen die Partnerschaft. Empirisch zeigt sich ein erwarteter positiver Zusammenhang zwischen Gleichberechtigung in diesem Merkmal und Zufriedenheit, der allerdings nach der Kontrolle der anderen Machtfaktoren nicht mehr signifikant ist.

Im Hinblick auf zukünftige Untersuchungen lässt sich wünschen, dass die beschriebenen Ergebnisse mit weiteren, größeren Stichproben repliziert werden können. Interessant wäre auch die Validierung der hier als Proxy-Informationen erhobenen Partnerangaben durch eine Befragung beider Partner. Wenn sich die Erklärungskraft der hier einflussreichsten Konstrukte Konflikthäufigkeit, Bindungsdimensionen und Gleichberechtigung im Desinteresse bestätigen lässt, bietet sich der Einsatz in größeren sozialwissenschaftlichen Untersuchungen an.

Literatur

Allegier, Elizabeth R./McCormick, Naomi B. (Hrsg) (1982): Changing boundaries: Gender roles and sexual behaviour. Palo Alto, CA: Mayfield.
Bartholomew, Kim/Horowitz, Leonard M. (1991): Attachment styles among young adults: A test of a four-category model. In: Journal of Personality and Social Psychology 61. 2. 226-244.
Blood, Robert O./Wolfe, Donald M. (1965): Husbands and wives. The dynamics of married living. New York: Free Press.
Bolger, Niall/Foster, Mark/Vinokur, Amiram/Ng, Rosanna (1996): Close relationships and adjustment to a life crisis: The case of breast cancer. In: Journal of Personality and Social Psychology 70. 2. 283-294.
Born, Claudia/Krüger, Helga (Hrsg.): Ehepartnerliche Erwerbsverläufe: Auf der Suche nach Strukturgebern im Modernisierungsprozess weiblicher Lebensführung. Weinheim: Studienverlag.
Bowlby, John (1983): Verlust, Trauer und Depression. Frankfurt: Fischer.
Bowlby, John (1969/1975): Bindung. Frankfurt: Fischer.
Bradbury, Thomas/Fincham, Frank/Beach, Steven (2000): Research on the nature and determinants of marital satisfaction: A decade in review. In: Journal of Marriage and the Family 62. 4. 964-980.
Brauns, Hildegard/Steinmann, Susanne (1999): Educational Reform in France, West-Germany and the United Kingdom. Updating the CASMIN Educational Classification. In: ZUMA-Nachrichten 44. Jg. 23. 7-44
Collins, Nancy/Read, Stephen (1990): Adult Attachment, Working Models, and Relationship Quality in Dating Couples. In: Journal of Personality and Social Psychology 58. 4. 644-663.

Dausien, Bettina/Herrmann, Martina/Oechsle, Mechthild/Schmerl, Christiane/Stein-Hilbers, Marlene (Hrsg.) (1999): Erkenntnisprojekt Geschlecht. Feministische Perspektiven verwandeln Wissenschaft. Opladen: Leske Budrich

Esser, Hartmut (2000): Soziologie. Spezielle Grundlagen 3. Frankfurt: Campus Verlag.

Feeney, Judith A./Noller, Patricia (1990): Attachment styles as a predictor of adult romantic relationships. In: Journal of Personality and Social Psychology 58. 2. 281-291.

Fine, Mark A./Harvey, John H. (Hrsg.) (2006): Handbook of divorce and relationship dissolution. Mahwah, NJ, US: Lawrence Erlbaum

Fraley, R.Chris/Waller, Niels G./Brennan, Kelly A. (2000): An item response theory analysis of self-report measures of adult attachment. In: Journal of Personality and Social Psychology 78. 2. 350-365.

Jo Freeman (Hrsg.) (1978): Women: A feminist perspective. Palo Alto: Mayfield.

Gottman, John M. (1994): What predicts divorce? Hillsdale, NJ: Lawrence Erlbaum.

Gottman, John M./Notarius, Cliff (2002): Marital research in the 20th century and a research agenda for the 21st century. In: Family Process 41. 2. 159-197.

Grau, Ina (1997): Equity in der Partnerschaft. Meßprobleme und Ursachen für Ungerechtigkeit. In: Witte (1997): 139–153).

Grau, Ina (1999): Skalen zur Erfassung von Bindungsrepräsentationen in Paarbeziehungen. Zeitschrift für Differentielle und Diagnostische Psychologie 20. 2. 142-152.

Grau, Ina (2001): Fünf Formen der Macht in Partnerschaften. In: Bielefelder Arbeiten zur Sozialpsychologie, Nr. 197.

Grau, Ina (2004): Subjektive und objektive Macht in Paarbeziehungen. Vortrag auf dem 44. Kongress der Deutschen Gesellschaft für Psychologie in Göttingen vom 26. - 30. 9. 2004.

Gray-Little, Bernadette/Baucom, Donald H./Hamby, Sherry L. (1996): Marital power, marital adjustment, and therapy outcome. In: Journal of Family Psychology 10. 3. 292-303.

Hahlweg, Kurt/Baucom, Donald H./Bastine, Reiner/Markman, Howard J. (1998): Prävention von Trennung und Scheidung. Internationale Ansätze zur Prädiktion und Prävention von Beziehungsstörungen. Stuttgart: Kohlhammer.

Hahlweg, Kurt/Schindler, Ludwig/Revenstorf, Dirk (1990): PL - Problemliste. In: Hank et al. (1990): 93-115.

Hank, Gertrud/Hahlweg, Kurt/Klann, Notker (Hrsg.) (1990): Diagnostische Verfahren für Berater. Materialien zur Diagnostik und Therapie in Ehe-, Familien- und Lebensberatung. Weinheim: Beltz Test.

Hassebrauck, Manfred (1991): ZIP – Ein Instrumentarium zur Erfassung der Zufriedenheit in Paarbeziehungen. In: Zeitschrift für Sozialpsychologie 22. 4. 256-259.

Hatfield, Elaine/Greenberger, David/Traupmann, Jane/Lambert, Philip (1982): Equity and sexual satisfaction in recently married couples. In: Journal of Sex Research 18. 1. 18–32.

Hatfield, Elaine/Rapson, Richard (1993): Love, Sex, and Intimacy. New York: Harper Collins College Publishers.

Hazan, Cindy/Shaver, Phil (1987): Romantic love conceptualized as an attachment process. In: Journal of Personality and Social Psychology 52. 3. 511-524.

Held, Thomas (1978): Soziologie der ehelichen Machtverhältnisse. Darmstadt: Luchterhand.
Hendrick, Susan S. (1988): A generic measure of relationship satisfaction. In: Journal of Marriage and the Family 50. 1. 93-98.
Higgins, Edward Tory/Kruglanski, Arie W. (Hrsg.) (1996): *Social Psychology: Handbook of basic principles* (pp. 564-596). New York: Guilford.
Hill, Reuben (1949): Families under stress. New York: Harper.
Hoffmeyer-Zlotnik, Jürgen H.P. (2003): „Stellung im Beruf" als Ersatz für eine Berufsklassifikation zur Ermittlung von sozialem Prestige. In: ZUMA-Nachrichten 53. Jg. 27. 114-127.
Huston, Ted L. (1983): Power. In: Kelley et al. (1983): 169-219.
Karney, Benjamin R./Bradbury, Thomas N. (1995): The longitudinal course of marital quality and stability: A review of theory, methods, and research. In: Journal of Psychological Bulletin 118. 1. 3-34.
Kelley, Harold H./Thibaut, John W. (1978): Interpersonal relations: A theory of interdependence. New York: Wiley.
Kelley, Harold H. (1979): Personal relationships: Their structures and processes. New York: Lawrence Erlbaum.
Kelley, Harold H./Berscheid, Ellen/Christensen, Andrew/Harvey, John H./ Huston, Ted L./Levinger, George/ McClintock, Evie/ Peplan, Letitia Anne/Peterson, Donald R. (1983): Close relationships. New York: W.H. Freeman and Co.
Kurdek, Lawrence A. (1993). Predicting marital dissolution: A 5-year prospective longitudinal study of newlywed couples. In: Journal of Personality and Social Psychology 6. 2. 221-242.
Mathes, Eugene W./Severa, Nancy (1981): Jealousy, romantic love and liking: Theoretical considerations and preliminary scale development. In: Psychological Reports 4. 1. 23-31.
McCormick, Naomi B./Jesser, Clinton J. (1982): The courtship game: Power in the sexual encounter. In: Allegier/McCormick (1982):64-86.
McCubbin, Hamilton I./Patterson, Joan M. (1982): Family adaption to crises. In: McCubbin et al. (1982): 26-47.
McCubbin, Hamilton I./Patterson, Joan M. (Hrsg.) (1982): Family stress, coping, and social support . Springfield, IL: Charles C Thomas.
Neuringer Charles/Michael, Jack L. (Hrsg.) (1970): Behavior modification in clinical psychology. New York: Appleton.
Ott, Notburga (1993): Zum Rationalverhalten familialer Entscheidungen. In: Born/Krüger (1993): 22-51.
Ott, Notburga (1998): Der familienökonomische Ansatz von Gary S. Becker. In: Pies /Leschke (1998): 63-90.
Ott, Notburga (1999): The Economics of Gender. Der neoklassische Erklärungsansatz zum Geschlechterverhältnis. In: Dausien et al. (1999): 167-196.
Patterson, Gerald R./Reid, John B. (1970): Reciprocity and coercion: To facets of social system. In: Neuringer/Michael (1970): 133-177.
Peplau, L. Anne (1978): Power in dating relationships. In Jo Freeman (Hrsg.) (1978), *Women: A feminist perspective* (pp. 106-121). Palo Alto: Mayfield.

Pies, Ingo/Leschke, Martin (Hrsg.) (1998): Gary Beckers ökonomischer Imperialismus. Tübingen: Mohr.
Roberts, Nicole A./Levenson, Robert W. (2001): The remains of the workday: Impact of job stress and exhaustion on marital interaction in police couples. In: Journal of Marriage and the Family 63. 4. 1052-1067.
Rohmann, Elke/Bierhoff, Hans Werner (2007): Skalen zur Erfassung der Equity in Partnerschaften (SEEP). In: Zeitschrift für Sozialpsychologie, 38. 3. 217–231.
Rusbult, Caryl E./Buunk, Bram P. (1993): Commitment processes in close relationships: An interdependence analysis. In: Journal of Social and Personal Relationships 10. 2. 175-204.
Rusbult, Caryl E./van Lange, Paul A.M. (1996): Interdependence processes. In: Higgins/Kruglanski (1996): 564-596.
Rusbult, Caryl E. (1983): A longitudinal test of the investment model: The development (and deterioration) of satisfaction and commitment in heterosexual involvements. In: Journal of Personality and Social Psychology 45. 1. 101-117.
Schulz, Marc S./Cowan, Philip A./Cowan, Carolyn/Brennan, Richard T. (2004): Coming home upset: Gender, marital satisfaction, and the daily spillover of workday experience into couple interactions. In: Journal of Family Psychology 18. 1. 250–263.
Spanier, Graham B. (1979). Measurement of Marital Quality. In: Journal of Sex & Marital Therapy 5. 3. 288-300.
Thibaut, John W./Kelley, Harold H. (1959): The social psychology of groups. New York: Wiley.
Waller, Willard (1937): The rating and dating complex. In: American Sociological Review 2. 5. 727-734.
Waller, Willard/Hill, Reuben (1951): The family: A dynamic interpretation. New York: Dryden.
Walster, Elaine/Walster, G. William/Berscheid, Ellen (1978): Equity. Theory and research. Boston: Allyn and Bacon.
Weber, Max (1972). Wirtschaft und Gesellschaft (5.Aufl.). Tübingen: Mohr-Siebeck. (Erstausgabe 1921).
White, Gregory L. (1981). Relative involvement, inadequacy, and jealousy. In: Alternative Lifestyles 4. 3. 291-309.
Witte, Erich H. (Hrsg.) (1997): *Sozialpsychologie der Paarbeziehungen*. Lengerich: Pabst.

Teil III:

Varianten und Strategien internationaler Vergleiche

Welchen Einfluss hat Kultur auf die Einstellungen zu Moral, Gleichheit und Demokratie in christlichen europäischen Gesellschaften und in der Türkei?

Wolfgang Jagodzinski und Hermann Dülmer

1 Einleitung

In öffentlichen Diskussionen gewinnt man bisweilen den Eindruck, dass ältere Theorien vom Nationalcharakter unter dem farblosen Etikett der Kultur unverändert fortleben. Kulturelle Gegensätze markieren dauerhafte, unüberbrückbare Konflikte, die eine Kooperation und Integration erschweren, wenn nicht unmöglich machen. Die Diskussion um den EU-Beitritt der Türkei ist dafür ein gutes Beispiel. Die Werte des Islams oder des asiatischen Kulturkreises seien, so wird oft öffentlich argumentiert, mit abendländisch-christlichen Werten nicht vereinbar. Weil sie in Kulturen verankert seien, ließen die Werte sich auch nicht von heute auf morgen ändern. Ein Wandel sei – wenn überhaupt – eine Frage von Generationen. Es liegt auf der Hand, dass Integrationsprozesse dann zu langwierigen Unternehmen werden.

Wir wollen in diesem Beitrag untersuchen, inwieweit die Einstellungen zu einigen zentralen sozialen und politischen Fragen fortgeschrittener Gesellschaften auf kulturelle Einflüsse zurückgeführt werden können. Im Anschluss an einige allgemeine Überlegungen zu Kultur und Kulturabhängigkeit im nächsten Abschnitt präsentieren wir die konkreten Einstellungen, die Gegenstand dieser Arbeit sind (3. Abschnitt). Dabei greifen wir auf einige der Orientierungen zurück, die Jagodzinski et al. (2006) in einem deutsch-türkischen Vergleich untersucht haben: die Einstellung zur Homosexualität, die berufliche Gleichbehandlung von Mann und Frau, die Einstellung zu Demokratie und Autokratie, sowie die soziale Distanz zu Minderheiten.

Jagodzinski et al. (2006) haben in bivariaten Aggregatanalysen gezeigt, dass die durchschnittlichen Einstellungen der Türken und der Bürger der ökonomisch fortgeschrittenen westeuropäischen Gesellschaften recht stark differieren, dass sich aber die Türkei von anderen europäischen Ländern auf vergleichbarem ökonomischen Entwicklungsniveau vielfach gar nicht sonderlich unterscheidet. Zwei deskriptive, multivariate OLS-Regressionen für Deutschland und die Türkei standen im Einklang mit der These von Esmer (2003), demzufolge Bildung in der Türkei einen starken Effekt auf eine Reihe von sozialen und politischen Einstellungen hat. Wir wollen in dieser Arbeit der Frage nachgehen, in welchen Fällen es sich um kulturabhängige und kulturunabhängige Einflüsse handelt. Wir formulieren dazu im 4. Abschnitt einige Hypothesen, die wir dann im 5. Abschnitt in einer Mehrebenenanalyse mit Daten aus der europäischen Wertestudie 1999 empirisch testen.

2 Kultur und kulturabhängige Determinanten

Wer an kulturelle Unterschiede glaubt, findet in aller Regel sehr schnell punktuelle Belege für seine These. Im Falle der Türkei beispielsweise bestärken Ehrenmorde (vgl. etwa von Bullion 2005 oder Stock 2009), Hasspredigten von islamischen Geistlichen (vgl. etwa Bakirdögen 2004 oder Scherer 2002), die symbolische Bedeutung des Kopftuchs (vgl. etwa Oestreich 2004; Heinig 2005; Karakasoglu 2005 oder Knieps 2005) wie auch manche Textstellen im Koran den Eindruck, es mit einer völlig anderen Kultur zu tun zu haben. Durch selektive Wahrnehmung wird der Blick auf das Trennende gelenkt, was natürlich die Gefahr in sich birgt, all jenes zu übersehen, was nicht ins Bild passt (vgl. dazu Schiffer 2005).

Aber noch aus anderen Gründen ist diese Form der Beweisführung höchst bedenklich. Wir wollen dabei zwei Arten von kulturellen Erklärungen unterscheiden. Die eine schließt aus dem gehäuften Auftreten eines bestimmten Verhaltens V oder einer Einstellung E auf das Vorliegen einer Norm N[1], die dann als Eigenart dieser Kultur ausgegeben wird. Formal gesehen ist die Behauptung, dass diese Norm N in einer bestimmten Gesellschaft gilt, die Randbedingung einer Erklärung. Die allgemeine Hypothese, die benötigt wird, um diese Randbedingung zu einem Explanans zu ergänzen, könnte lauten: Wenn eine Norm N von den anderen Gesellschaftsmitgliedern als verbindlich anerkannt wird, dann ist die Wahrscheinlichkeit groß, dass die Person ihr Verhalten V oder ihre Einstellung E an dieser Norm ausrichtet.

Der Vorteil dieses Erklärungstyps ist, dass Normen und Werte gemeinhin als konstitutive Elemente von Kulturen angesehen werden. Es werden also Merkmale genannt, die tatsächlich charakteristisch für eine Kultur sein könnten. Häufig zeigt eine genauere Prüfung allerdings, dass die konkrete Norm N nicht nur in einer Kultur gilt, sondern in vielen Kulturen, so dass die Behauptung einer kulturspezifischen Eigenschaft in sich zusammenbricht. Außerdem muss nachgewiesen werden, dass N in der Gesellschaft tatsächlich *allgemein akzeptiert* ist

---

[1] oder eines Wertes

oder *gilt*, denn sonst wäre die Randbedingung nicht wahr. Der Verweis auf die Bibel, den Koran oder andere heilige Texte reicht dazu in Anbetracht der Vielzahl der Auslegungen solcher Texte nicht aus. Auch aus einem Gesetzestext allein erfährt man nichts über die tatsächliche Geltung von Normen[2]. Ein Gesetz, das passive und/oder aktive Bestechung unter Strafe stellt, garantiert noch lange nicht die Abwesenheit von Korruption in einer Gesellschaft; und ein Gesetz, das die Ehescheidung vereinfacht, schafft damit noch nicht die gesellschaftliche Ächtung der Scheidung ab[3]. Und wenn man modale Einstellungen oder durchschnittliche Orientierungen als Indikatoren für Werte und Normen benutzt[4], so belegt auch dies noch nicht die tatsächliche Geltung von Normen.

Nicht zuletzt wohl wegen dieser Schwierigkeiten verzichtet der zweite Erklärungstyp auf die explizite Erwähnung von Normen. Stattdessen benutzt sie Begriffe, die ganze Bündel von Normen, Weltsichten oder sonstigen Eigenschaften nur vage andeuten. Die allgemeine Hypothese H, die jetzt in der kulturellen Erklärung verwendet wird, lautet: Wenn eine Person der Kultur K angehört, dann ist die Wahrscheinlichkeit groß, dass sie das Verhalten V oder die Einstellung E aufweist. Die Probleme dieser Form der Erklärung resultieren alle aus der Verschwommenheit des Kulturbegriffs. So kann man die Erklärung leicht in eine Tautologie verwandeln, indem man V oder E zum definitorischen oder essentiellen Bestandteil der Kultur erklärt. Wenn die Kultur ohne das Vorkommen von V oder E überhaupt nicht existiert, dann ist der allgemeine Satz H keine Hypothese sondern eine unwiderlegbare analytische Aussage. Selbst wenn H aber den Status einer empirischen Behauptung behält, kann man durch nachträgliche Modifikation des Kulturbegriffs diese Hypothese gegen Erfahrung weitgehend immunisieren. Und schließlich ist Kultur nach unseren allgemeinen theoretischen Vorstellungen niemals eine statistische Ursache von Verhalten und Einstellungen. Als solche kämen internalisierte Normen, Sanktionen für abweichendes Verhalten oder vielleicht auch ererbte Eigenschaften in Betracht, nicht aber die Zugehörigkeit zu einer Kultur.

---

[2] Juristen konstruieren das Verhältnis von Recht und Wirklichkeit häufig als eine Art Regel-Ausnahme-Verhältnis: Grundsätzlich folge die Wirklichkeit dem Recht und nur in besonderen Ausnahmefällen weiche sie davon in so starkem Maße ab, dass umgekehrt das Faktische normative Kraft gewinnt.

[3] Um die *Geltung* einer Norm zu ermitteln, müsste man wissen, in welchem Prozentsatz der Fälle eine Norm befolgt und in welchem Prozentsatz eine Normverletzung geahndet wird (vgl. zur Wirksamkeit von Normen Theodor Geiger 1947). Das gelingt auch in der Umfrageforschung nur eingeschränkt. Aber mit dem Instrument der Befragung kann man zumindest herausfinden, ob Normen in der Bevölkerung bekannt sind und wie bestimmte Verhaltensweisen bewertet werden.

[4] Z. B. durch Maße der zentralen Tendenz für Individualismus und Kollektivismus (Triandis et al. 1988; Hofstede 2001), Materialismus und Postmaterialismus, Traditionalismus und säkularen Rationalismus (Inglehart 1990) etc.

Wir wollen in diesem Beitrag von einer etwas prägnanteren Bestimmung des Kulturbegriffs ausgehen, indem wir Religionen und Quasi-Religionen als Abgrenzungsmerkmale heranziehen. So kann man die Kultur in Anlehnung an Huntington (1993: 25 sowie 1996/2003: 45-47) oder Norris und Inglehart (2004: 45-47) über die in einer Region dominante bzw. historisch prädominante Religion abgrenzen. Dabei verbleiben sowohl im Hinblick auf das Gebiet als auch im Hinblick auf die Klassifikation der Religionen erhebliche Gestaltungsspielräume.[5] Unterscheidet man nur zwischen den großen Weltreligionen, so fallen Kulturen weitgehend mit Huntingtons Zivilisationen zusammen, und die Welt wird in einige wenige Großkulturen gegliedert. Bildet man dagegen mit Martin (1978) bereits innerhalb der christlichen Religionen verschiedene Typen des Katholizismus oder Protestantismus, so entstehen zwar noch immer länderübergreifende Kulturen, sie erstrecken sich aber über sehr viel kleinere Gebiete. Mit dem Argument, dass jede Nation eine spezifische Form der Religion hervorgebracht hat, kann man kulturelle und nationale Grenzen in Übereinstimmung bringen. Geht man schließlich noch eine Ebene tiefer, so kann man beispielsweise in Deutschland zwischen der katholischen bayrischen Kultur und der protestantischen Kultur Norddeutschlands unterscheiden, und man könnte schließlich, noch stärker differenzierend, innerhalb Bayerns protestantische und innerhalb Norddeutschlands katholische Enklaven identifizieren.

Immerhin: Sobald sich ein Autor auf eine Definition von Religion und deren Verbreitungsgebiet festgelegt hat, wird die These, dass Kultur in diesem Sinne einen Einfluss auf bestimmte (nicht-religiöse) Einstellungen hat, eine empirische Behauptung – ganz sicher keine Kausalbehauptung[6], vielleicht eine Hypothese mittlerer Reichweite, vielleicht aber nicht einmal dieses. Wir wollen momentan nicht ausschließen, dass in einem erweiterten sozialwissenschaftlichen Erklärungsbegriff Behauptungen dieser Art an die Stelle von echten Hypothesen treten dürfen. Eines wird man aber ganz sicher verlangen müssen, dass solche Behauptungen empirisch belegt sind. Genau dies wollen wir in unserer

---

[5] Im Unterschied zu Huntington (1996/2003: 45-47) unterscheiden Norris und Inglehart (2004: 45-47) beispielsweise auch zwischen einer protestantischen und einer katholischen Kultur. Während Huntington eine sinische, eine japanische und eine hinduistische unterscheidet, gehören die entsprechenden Länder bei Norris und Inglehart dem östlichen Kulturkreis an. Länder südlich der Sahara bilden nach Huntington einen Kulturkreis, werden bei Norris und Inglehart dem Kulturkreis früherer Kolonialmächte zugerechnet.

[6] In der Literatur wird zwar oft behauptet, dass Religion einen Einfluss auf Einstellungen habe, die Probleme der Kausalität werden aber nicht thematisiert (vgl. z. B. Norris & Inglehart 2004). Statistische Kausalität könnte man höchstens den in einer Religion enthaltenen Werten und Orientierungen zu schreiben, aber auch hier erscheint zweifelhaft, ob sie allein oder in Interaktion mit Umweltfaktoren die Einstellungen beeinflussen. In jedem Fall ist die Kausalkette von den in einer Gesellschaft verbreiteten Werten und Orientierungen zu individuellen Einstellungen sehr lang. Die Religion selbst ist kein Wert, obwohl dies auch in der Forschung bisweilen behauptet wird.

Untersuchung klären. Wir lassen uns bei der Operationalisierung der kulturellen Faktoren von folgenden Gesichtspunkten leiten:

Wenn religiöse Einflüsse – wie vielfach angenommen wird – auch noch in säkularen Gesellschaften wirksam sind, dann ist es sinnvoll, sich bei der Bestimmung einer Kultur an den religiösen und weltanschaulichen Traditionen zu orientieren. Kultur wird zunächst einmal als eine Makrovariable eingeführt, die anhand des Kriteriums Religion und Weltanschauung in Europa drei Regionen unterscheidet, die islamische Türkei, die vormals kommunistischen Gesellschaften Mittel- und Osteuropas und die christlich geprägten, westlichen Länder[7]. Dabei lassen wir dahingestellt, ob der Kommunismus als Quasireligion eine eigene Kultur hervorgebracht hat. Denkbar ist zumindest, dass er die Entstehung bestimmter moralischer und autokratischer Einstellungen befördert hat.

Wie wichtig räumlich abgrenzbare Kontexte für die Vermittlung von Werten und Normen in einer globalen Welt noch sind, bleibt eine offene Frage. Es wird aber zugelassen, dass kulturelle Einflüsse auch dadurch wirksam werden können, dass sich eine Person zu der für diese Kultur maßgeblichen Religion oder Weltanschauung bekennt und sie praktiziert. Neben den Makrovariablen sehen wir daher auf der Individualebene die Zugehörigkeit zu einer der großen Religionsgemeinschaften zur Erfassung kultureller Einflüsse vor. Dabei ist es wegen der größeren Fallzahlen auf der Mikroebene auch möglich, nochmals innerhalb der christlichen Religionen zu differenzieren.

Einen kulturellen Einfluss wollen wir also dann nicht ausschließen, wenn die Kulturindikatoren auf der Makroebene oder die Zugehörigkeit zu einer bestimmten Religion auf der Mikroebene einen Effekt auf die Einstellungen haben. Theoretisch wäre noch eine dritte Möglichkeit in Betracht zu ziehen, dass nämlich exogene Variablen in Interaktion mit einer Kultur spezifische Effekte auf Einstellungen haben. *Wir lassen solche Interaktionseffekte in dieser Arbeit außer Betracht*, weil deren Spezifikation sehr häufig zu Schätzproblemen führt, zugleich aber die Prozente der erklärten Varianzen in aller Regel nur marginal steigen.

Wenn die genannten Mikro- und Makrovariablen einen Effekt auf die von uns untersuchten Einstellungen haben, dann ist das ein gewisses Indiz für kulturspezifische Einflüsse, aber keineswegs ein Beweis. Auf der Makroebene ist die Gefahr von Fehlzuschreibungen besonders groß. Wenn wir die islamische Kultur durch eine Dummyvariable für die Türkei repräsentieren, dann können über diese Variable viele Faktoren wirksam werden, die für die Türkei charakteristisch sind, Eigenarten des politischen Systems ebenso wie solche des Wirtschafts- oder Rechtssystems. Genauer gesagt hängt die Trennbarkeit von Effek-

---

[7] als Basiskategorie.

ten von der Verfügbarkeit der Indikatoren, deren Messniveau und der Art der Hypothesen ab. Sämtliche dichotomen Eigenschaften, die nur zwischen der Türkei und den übrigen Gesellschaften unterscheiden, werden durch die Dummy-Variable Türkei repräsentiert mit der weiteren Folge, dass deren Effekte nicht separierbar sind. Bei metrischen Variablen und quantitativen Hypothesen ist die Gefahr einer Effektkonfundierung vielleicht etwas geringer, doch völlig ausgeschlossen ist sie auch hier nicht. So reflektieren ökonomische Indikatoren wie das Bruttoinlandsprodukt per capita zumindest in Europa häufig nicht nur die ökonomische Entwicklung eines Landes, sondern in hohem Maße auch den Zustand des Gesundheits- oder Bildungssystems. Wir werden uns in den folgenden empirischen Analysen dennoch auf diesen ökonomischen Indikator sowie auf Dummy-Variablen zur pauschalen Messung sonstiger Einflüsse beschränken. Unberücksichtigt bleibt in Ermangelung geeigneter Indikatoren auch der politische Kontext[8].

Auf der Individualebene ist die Gefahr von Scheinbeziehungen etwas geringer, aber sie ist auch hier vorhanden. Möglich ist, dass wir eine Wirkung fälschlich einer bestimmten Religion zuschreiben, obwohl sie in allen Religionen, oder zumindest in allen monotheistischen Religionen, gleichermaßen zu beobachten ist. Jagodzinski und Manabe (2009) haben kürzlich im Religionsmodul 1992 des ISSP die Korrelationen von Religiosität mit soziodemographischen Variablen, moralischen Einstellungen und Volunteering in weltweitem Maßstab untersucht und dabei erstaunliche Ähnlichkeiten zwischen den Ländern gefunden. Um Fehlinterpretationen in dieser Richtung zu verhindern, werden wir in unserer Untersuchung neben der Konfessionszugehörigkeit generelle Maße für die Zentralität der Religion und die Intensität der religiösen Praxis als Kontrollvariablen einführen. Nur wenn die Zugehörigkeit zum Islam oder zu einer anderen Religionsgemeinschaft daneben noch signifikante Effekte hat, werden wir von kulturspezifischen Einflüssen sprechen.

3 Die Einstellungen

Für unsere Untersuchung greifen wir uns vier der fünf Einstellungsbereiche heraus, die schon von Jagodzinski et al. (2006) untersucht worden sind: Nicht in unsere Untersuchung einbezogen wird die traditionale Familienorientierung, weil

---

[8] Der Versuch, autokratische Einstellungen auf das Fehlen von Demokratie zurückzuführen – wobei man als Makro-Indikator den Gastil-Index verwenden könnte –, führt zu dem bekannten Henne-Ei-Problem: Sind autokratische Einstellungen in der Bevölkerung eine Ursache dafür, dass demokratische Rechte nicht durchgesetzt werden oder verhält es sich umgekehrt? Der Versuch, soziale Distanz auf Nationalismus zurückzuführen, scheitert auch aus anderen Gründen (vgl. Schlussbemerkungen).

die dafür verfügbaren Indikatoren eine sehr geringe Messqualität haben. Davon abgesehen haben wir die Messinstrumente für diese Untersuchung danach ausgesucht, ob sie Bezüge zu Streitfragen haben, die in der aktuellen Auseinandersetzung um den EU-Beitritt der Türkei zur Diskussion standen. Die für diese Untersuchung ausgewählten Fragen zur Sexualmoral, zur Geschlechtergleichheit, zum Demokratieverständnis und zur Toleranz gegenüber Minderheiten in der Türkei erfüllen dieses Kriterium unseres Erachtens sehr gut, weil diese Themen in der der jüngsten Vergangenheit immer wieder Gegenstand der öffentlichen Auseinandersetzung waren.

Was zunächst die Sexualmoral anbelangt, so wollen wir nicht in eine generelle Diskussion darüber eintreten, wie restriktiv der Islam insoweit sei. Wir konzentrieren uns auf eine Norm, die im Westen in den letzten Jahrzehnten Gegenstand vielfältiger Debatten war und an der sich die Tendenz zur Selbstbestimmung in einem für die Menschen wichtigen Lebensbereich ablesen lässt: die gleichgeschlechtlichen Beziehungen. Ganz überwiegend wird angenommen, dass gleichgeschlechtliche Beziehungen nach dem Koran eine schwere Verfehlung seien[9], so dass man hier große Einstellungsdifferenzen zwischen den säkularen westeuropäischen Gesellschaften und der Türkei erwarten kann. Zur Messung dieser Einstellung greifen wir auf das folgende Item zurück: „Können Sie mir bitte für jeden der folgenden Punkte sagen, ob Sie das in jedem Fall für in Ordnung halten oder unter keinen Umständen, oder irgendetwas dazwischen": 1 „das darf man unter keinen Umständen tun" bis 10 „das ist in jedem Fall in Ordnung": „Homosexualität".

Die Befragten hatten sich hier also auf einer 10-Punkte-Skala zu positionieren. Wer Homosexualität unter keinen Umständen billigt, wählt den Wert 1, wer sie generell billigt, wählt den Wert 10. Mit numerischen Werten zwischen diesen Extremen kann man eine mehr oder minder restriktive Haltung zur Homosexualität zum Ausdruck bringen. Für die vorliegenden Analysen wurde die Antwortskala so rekodiert, dass der Wert 0 auf der 10-Punkte-Skala eine tolerante Einstellung zur Homosexualität widerspiegelt und der Wert 9 eine restriktive.

Die zweite uns interessierende Einstellung betrifft das Verhältnis von Mann und Frau im Berufsleben. Aus westlicher Sicht gibt es im Islam keine Geschlechtergleichheit. Vielmehr hat der Mann in der Öffentlichkeit wie auch im Beruf den Vorrang. Islamische Gelehrte bedienen sich hier einer Rechtsfigur, die auch in der deutschen Rechtswissenschaft der Nachkriegszeit eine gewisse Rolle spielte: Das Gleichheitsgebot – so wird argumentiert – verlange nicht überall Gleichbehandlung. Es verlange Differenzierungen dort, wo es rechtlich relevante Unterschiede zwischen den Menschen gebe. Islamische Gelehrte leiten nun aus

---

[9] Hagalil.com (2003), ausführlicher Beckers (2008; 2009).

der natürlichen Ungleichheit der Geschlechter ab, dass die Frau primär für die Erziehung der Kinder und die Familie zuständig sei und der Mann für den Beruf (vgl. etwa Brandenburgische Landeszentrale für Politische Bildung 2006). Dementsprechend würde man erwarten, dass zumindest gläubige Türken sich bei der folgenden Frage für die erste Alternative entscheiden: „Sagen Sie mir bitte, ob Sie der folgenden Aussage zustimmen oder nicht. Wenn die Arbeitsplätze knapp sind, haben Männer eher ein Recht auf Arbeit als Frauen": 1 „Stimme zu", 2 „Stimme nicht zu", 3 „Weder noch".

Für die vorliegenden Zwecke haben wir die Variable in der Weise umkodiert, dass die Zustimmung den höchsten Wert „2" erhält, die indifferente Alternative „weder noch" den Wert „1" und die Ablehnung den Wert „0".

Drittens wird häufig an der demokratischen Orientierung islamischer Gesellschaften gezweifelt. Um die demokratischen Einstellungen der Bevölkerungen zu messen, verwenden wir eine Itembatterie, an deren Entwicklung und Einbeziehung in die Europäische Wertestudie Klingemann (1998) einen wesentlichen Anteil hat. Die Batterie besteht aus den folgenden Items: „Ich werde Ihnen nun verschiedene Typen von politischen Systemen beschreiben. Sagen Sie mir bitte jeweils, ob Sie die Regierungsform als sehr gut, ziemlich gut, ziemlich schlecht oder sehr schlecht ansehen": „Man sollte einen starken Führer haben, der sich nicht um ein Parlament und Wahlen kümmern muss"; „Das Militär sollte regieren"; „Man sollte ein demokratisches politisches System haben". „Ich lese Ihnen jetzt einige Meinungen vor, die manchmal über Demokratien geäußert werden. Können Sie mir bitte sagen, ob Sie ihnen voll und ganz zustimmen, zustimmen, sie ablehnen oder stark ablehnen": „Die Demokratie ist besser als jede andere Regierungsform": 1 „Stimme voll und ganz zu" bis 4 „Lehne stark ab".

Der von uns verwendete Autokratieindex beruht auf diesen vier Items. Die ersten beiden messen den Wunsch nach einem starken Führer, die letzten beiden beziehen sich direkt auf die Demokratie. Zur Indexbildung werden die Werte der ersten beiden Items aufaddiert und von der Summe der letzten beiden Items subtrahiert. Der Demokrat wird die ersten beiden Items ablehnen und den letzten beiden zustimmen. Er erhält daher den Wert „-6" (= -4-4+1+1). Umgekehrt wird der Autokrat den ersten beiden Items zustimmen und die letzten beiden ablehnen. Er erhält daher den Wert „+6"(= -1-1+4+4). Zwischen diesen beiden Extremwerten variiert der Index, der daher als Autokratieindex bezeichnet werden kann.

Bleibt zum Schluss noch die Einstellungen zu Bevölkerungsminderheiten. Die verwendete Skala greift einen Vorschlag von Bogardus (1925) auf, die Distanz zu Minoritäten über die Bereitschaft zu messen, mit diesen Gruppen in mehr oder minder engen Kontakt zu treten. Dies soll auch die Gefahr sozial erwünschten Antwortverhaltens mindern, die bei der direkten Frage nach der Diskriminierung solcher Gruppen sehr hoch ist. In der Europäischen Wertestudie wird nur eine Form des Kontakts thematisiert, nämlich die Bereitschaft jemand als Nachbarn zu akzeptieren. Genauer wurde gefragt, wen man nicht als Nachbarn haben wolle, und dann wurde eine Liste mit negativ stereotypisierten Minderheiten vorgelegt. Wir haben aus dieser Liste für unseren Index die folgenden Items ausgewählt: „Auf dieser Liste stehen eine Reihe ganz verschiedener Personengruppen. Könnten Sie einmal alle heraussuchen, die Sie nicht gern als Nachbarn hätten?": 0 „Nicht genannt", 1 „Genannt": Item B „Menschen anderer Hautfarbe"; Item I „Ausländer/Gastarbeiter"; Item M „Juden"; Item N „Zigeuner".

Für jede Gruppe, die eine befragte Person nennt, wird ihr ein Punkt zugewiesen. Wer also im Interview keine der vier Gruppen als Nachbarn haben will, erhält 4 Punkte. Wer überhaupt keine Gruppe nannte, erhielt 0 Punkte. Hohe Werte indizieren also eine große Distanz zu diesen Minoritäten, niedrige Punktwerte eine geringe.

4   Thesen und Hypothesen

Jagodzinski et al. (2006: 37-40) haben untersucht, wie die türkische Bevölkerung auf diesen Skalen und Indizes im Vergleich zu anderen Europäern positioniert ist. Die Ergebnisse entsprechen weitgehend den Auffassungen, die auch bei uns in der Öffentlichkeit vertreten werden:

Die Einstellung der türkischen Bevölkerung zur Homosexualität ist deutlich restriktiver als die der Bevölkerung in den meisten westeuropäischen Gesellschaften. Allerdings unterscheidet sich der Durchschnittswert für die Türkei nicht gravierend von den Durchschnittswerten für Gesellschaften auf einem vergleichbaren Niveau der ökonomischen Entwicklung.

Dezidierter als die Bevölkerung aller anderen untersuchten europäischen Gesellschaften sind die in der Türkei lebenden Menschen der Ansicht, dass bei der Verknappung von Arbeitsplätzen Männer eher einen Anspruch auf Arbeit haben als Frauen. Auch in Ländern auf einem vergleichbaren Entwicklungsniveau findet man keine vergleichbaren Mittelwerte.

Was die Einstellungen zur Demokratie anbelangt, so ist die türkische Bevölkerung deutlich autokratischer eingestellt als die Bevölkerungen der meisten westeuropäischen Gesellschaften, aber sie unterscheidet sich nicht gravierend von Gesellschaften auf einem vergleichbaren Niveau der ökonomischen Entwicklung.

Die soziale Distanz zu anderen Bevölkerungsgruppen wiederum ist in der Türkei deutlich stärker ausgeprägt als in allen anderen untersuchten Ländern. Im

Durchschnitt nennen Türken mehr als zwei von den genannten vier Personengruppen, die sie nicht als Nachbar haben wollen. In allen anderen Gesellschaften wird nicht einmal der Wert 1,5 erreicht. Die Türkei ist also auf dieser Skala ein Ausreißer.

Was könnten lang- und mittelfristig wirksame mögliche Ursachen für diese Einstellungsunterschiede sein? Was zunächst die Kontexteinflüsse anbelangt, so sollte die *ökonomische und technologische Entwicklung* eines Landes einen direkten oder indirekten Einfluss auf die fraglichen Einstellungen haben. Knappe Ressourcen erzwingen restriktive Normen, wenn die gesellschaftliche Ordnung nicht zusammenbrechen soll. Die Zwangsbewirtschaftung von Wohnraum und Lebensmitteln in Krisenzeiten sind Beispiele für solche Maßnahmen. Solange das Stellenangebot auf dem Arbeitsmarkt gering ist, besteht auch die Gefahr der Diskriminierung. Opfer solcher Tendenzen müssen nicht logisch notwendig Frauen sein, in Verbindung mit einem traditionalen Verständnis der Arbeitsteilung von Mann und Frau ist jedoch deren Diskriminierung wahrscheinlich. Probleme auf dem Arbeitsmarkt können auch zur ökonomischen Diskriminierung von Minderheiten führen, die dann auch die Distanz zu solchen Gruppen vergrößern. Umgekehrt könnten Globalisierungsprozesse in ökonomisch fortgeschrittenen Gesellschaften die friedlichen Kontakte mit anderen Bevölkerungen und Gruppen verstärken und dadurch zur Verringerung der Distanz zu Randgruppen beitragen.

Die mit einem niedrigen ökonomischen Entwicklungsniveau verbundenen wirtschaftlichen, sozialen und politischen Probleme können autokratische Tendenzen in einer Gesellschaft verstärken. Massenarbeitslosigkeit und hohe Inflationsraten werden oft der Regierung angelastet, und in jungen Demokratien wird dann sehr schnell der Ruf nach dem starken Führer laut. Nur indirekt hängt die ökonomische Entwicklung mit der Einstellung zur Homosexualität zusammen. Am wahrscheinlichsten ist, dass Demokratien auf hohem Entwicklungsniveau den Individuen mehr Freiraum zu selbst bestimmtem Handeln zugestehen, solange nicht schutzwürdige Rechte anderer Personen verletzt werden. Die Liberalisierung der Sexualmoral ist Ausfluss dieser Entwicklung. Insgesamt kommen wir damit zum Ergebnis, dass alle vier Einstellungsbereiche von der ökonomischen Entwicklung direkt oder indirekt beeinflusst werden.

H1: Je höher das ökonomische Entwicklungsniveau, desto
- geringer die Missbilligung von Homosexualität,
- weniger wird die Ungleichbehandlung von Männern und Frauen auf dem Arbeitsmarkt akzeptiert,
- negativer wird eine autokratische Herrschaft bewertet und desto
- geringer die soziale Distanz zu Minderheiten.

Neben dem ökonomischen Kontext könnten kulturspezifische Faktoren einen längerfristigen Einfluss auf die Einstellungen der Menschen haben. Wir erwarten, dass besonders in Mittel- und Osteuropa grundlegende moralische und politische Orientierungen aus dem Kommunismus fortleben. So war die Homosexualität als widernatürlich verpönt (vgl. Puhl 2006). Ferner dürfte in der Übergangsphase zu kapitalistischen Systemen die Sehnsucht nach dem starken Führer stärker ausgeprägt sein als in anderen Gesellschaften auf dem gleichen ökonomischen Entwicklungsniveau. Trotz hoher Erwerbsbeteiligung der Frauen konnte sich in kommunistischen Ländern die traditionelle Sicht der Familienrollen erstaunlich lange halten. Es ist jedoch nicht zu erwarten, dass dies Einstellungen zur Gleichbehandlung von Mann und Frau im Berufsleben negativ tangierte. Wir erwarten weder hier noch bei der sozialen Distanz zu Minderheiten einen signifikanten Effekt des Kommunismus:

H2: Personen in vormals kommunistischen Ländern
- missbilligen Homosexualität besonders stark,
- unterscheiden sich nicht signifikant von anderen Personen in vergleichbarer Lage hinsichtlich der beruflichen Gleichbehandlung von Männern und Frauen,
- befürworten in stärkerem Maße eine autokratischere Herrschaft, aber
- haben keine größere soziale Distanz zu Minderheiten als vergleichbare Personen mit der in anderen Ländern.

Ein besonderes Anliegen unserer Untersuchung ist die Frage, ob die Einstellungen der Bevölkerung in der Türkei einen anderen Ursprung haben als die Einstellungen in anderen europäischen Ländern. Sie können – wie vielfach unterstellt wird – im Islam wurzeln, sie können aber auch Erbe anderer kultureller und politischer Traditionen des Landes sein[10]. Wir führen, um solche Einflüsse zu erfassen, die bereits erwähnte Dummy-Variable „Türkei" als Kontextvariable ein, die sowohl die Effekte der dominanten islamischen Kultur als auch sonstige historische und politische Einflüsse erfasst. Politisches Erbe könnten insbesondere eine gewisse Vorliebe für autokratische Herrschaftsformen unter der Aufsicht des Militärs sowie die relativ große Distanz zu sozialen Minderheiten sein, während die Einstellung zur Homosexualität und zur Rolle der Frau eher religiöse Wurzeln haben könnte. Orientiert man sich an den öffentlichen Diskussionen, so sollte folgende Hypothese gelten:

---

[10] Beide Einflusskanäle sind kaum zu trennen, da die Türkei die einzige islamische Gesellschaft in unserem Datensatz ist. Einen größeren muslimischen Bevölkerungsanteil findet man nur noch in Bulgarien mit etwas über 12 Prozent. Sonst liegt der Anteil immer unter 5 Prozent.

H3: Personen, die in der vom Islam geprägten Türkei leben,
- missbilligen Homosexualität besonders stark,
- räumen Männern eine privilegierte Stellung auf dem Arbeitsmarkt ein,
- haben eine höhere Präferenz für eine autokratische Herrschaft und eine
- größere soziale Distanz zu Minderheiten als vergleichbare Personen mit der in anderen Ländern.

Zwar liegt es nahe, neben dem Effekt der ökonomischen Makrovariablen auch einen Effekt des individuellen Wohlstandes auf die Einstellungen zu erwarten, doch sind dessen Effekte auf solche, stark gruppenbezogene Einstellungen erfahrungsgemäß eher gering. Das mag auch eine Folge von Messproblemen bei der Ermittlung des Einkommens sein. Jedenfalls konzentrieren wir uns auf der Individualebene, was den sozioökonomischen Status betrifft, vollständig auf die *Bildung*. In der Regel indiziert Bildung zweierlei: Zum einen kommen die Hochgebildeten auch in offenen Gesellschaften überproportional häufig aus den gehobenen Schichten, so dass Bildung häufig auch als ein Indikator für individuellen Wohlstand in den formativen Jahren verwendet wird (vgl. etwa Inglehart 1997: 152). Zum andern werden Individuen umso besser in die Werte eines Systems sozialisiert, je länger sie im Bildungssystem verweilen.

Wir gehen davon aus, dass die Bildungssysteme in den von uns untersuchten Ländern die universellen Menschenrechte moderner Demokratien vermitteln. Das gilt auch für die Türkei. Yilmaz Esmer (2003) weist darauf hin, dass Kemal Atatürk in der Türkei ein im Vergleich zu anderen islamischen Staaten relativ säkulares Bildungssystem eingeführt hat, das die Erziehung aus der Hand der Religionsgemeinschaften nahm und zur staatlichen Aufgabe machte. Dieses Erziehungssystem ist an westlichen Werten orientiert. Daraus leitet Esmer ab, dass die Einstellungen der hoch gebildeten Türken zu den demokratischen Grundwerten sich von den Einstellungen in westlichen Gesellschaften weit weniger unterscheiden als die Einstellungen der Türken mit niedrigem Bildungsniveau.

Da Gleichbehandlung von Mann und Frau, Demokratie, die Anerkennung und Achtung von Minderheiten sowie die Selbstbestimmung des Menschen in privaten Belangen zu den universellen Rechten gehören, erwarten wir in allen vier Einstellungsbereichen einen negativen Zusammenhang:

H4: Je höher die Bildung einer Person, desto weniger
- missbilligt sie Homosexualität,
- akzeptiert sie die Ungleichbehandlung von Männern und Frauen auf dem Arbeitsmarkt,
- präferiert sie autokratische Herrschaftsformen und desto
- geringer ist ihre soziale Distanz zu Minderheiten.

Kulturspezifische Bildungseffekte sind bei unseren abhängigen Variablen nicht zu erwarten.

Der vielleicht interessanteste Faktor in unserer Untersuchung ist die *Religiosität*, weil sie immer wieder als Ursache für die Einstellungsunterschiede in europäischen und islamischen Gesellschaften verantwortlich gemacht wird. Wir erwarten zunächst einmal, dass in allen hier untersuchten monotheistischen Religionen der folgende Zusammenhang gilt:

H5: Je religiöser eine Person, desto
- stärker missbilligt sie Homosexualität und desto
- eher akzeptiert sie berufliche Ungleichheiten, die durch die traditionelle Arbeitsteilung von Männern und Frauen legitimierbar sind.

Darüber hinaus liegt es eigentlich nahe, Unterschiede nicht nur zwischen den christlichen Religionen und dem Islam, sondern auch innerhalb der christlichen Religionen zu erwarten. Vergleiche zwischen Protestanten und Katholiken zeigen jedoch, dass die Variationen in den moralischen Einstellungen der kirchlich stark gebundenen Mitglieder erstaunlich gering sind. Wir erwarten deshalb im Hinblick auf die in H5 erwähnten Einstellungen keine zusätzlichen kulturspezifischen Effekte. Die negativere Einstellung der Türken zur Homosexualität und zur Geschlechtergleichheit erklärt sich also aus dem vergleichsweise niedrigen ökonomischen Entwicklungs- und Bildungsniveau und der größeren Religiosität, nicht aber aus Besonderheiten des Islams.

Ähnliche Einstellungen der Anhänger unterschiedlicher Konfessionen in diesen Fragen bedeutet selbstverständlich nicht, dass auch die Lehren der Religionsgemeinschaften übereinstimmen müssen. Selbstverständlich vertreten evangelische Kirchen beispielsweise in Fragen der Homosexualität andere Positionen als die katholische Kirche. Aber die Herde folgt nicht immer dem Hirten! Diskrepanzen zwischen den Einstellungen der Gläubigen und den offiziellen Verlautbarungen der Religionsgemeinschaft werden gerade im Protestantismus häufig auftreten, weil viele moralische Entscheidungen dem Gewissen der Gläubigen überantwortet werden.

Solche Diskrepanzen scheinen auch beim Demokratieverständnis und bei den Einstellungen zu Minderheiten möglich. So kann man argumentieren, dass monotheistische Religionen zumindest solange eine Affinität zu hierarchischen Organisationsformen haben, als sie Priestern einen privilegierten Zugang zum Heiligen zuschreiben, den religiöse Laien nicht haben. Daraus mag generell eine Präferenz für autokratische Herrschaftsformen erwachsen.

Weiter kann man argumentieren, dass ungeachtet aller Gebote der Nächstenliebe Religionen dazu tendieren, Abweichler zu diskriminieren. Wer nicht den eigenen Glauben teilt, kann auch nicht der vollen Gnade teilhaftig werden. Es mag sein, dass Religionen daher eine Tendenz innewohnt, Gruppenidentität über die Diskriminierung von Minderheiten zu erzeugen. Dementsprechend scheint es möglich, dass die Anhänger der in einer Gesellschaft dominanten Religionen eine größere Distanz zu gesellschaftlichen Randgruppen haben.

Beide Argumentationen sind theoretisch nicht zwingend, geben aber doch Anlass, in dieser Untersuchung folgende Forschungsfragen zu klären:

Haben religiöse Menschen
- autokratischere Einstellungen und
- eine größere soziale Distanz zu Ausländern, Juden und Zigeunern als andere Menschen?

Man kann lange darüber diskutieren, in welchen Einstellungen sich die Anhänger der einzelnen Konfessionen in ihren Einstellungen unterscheiden: Wir werden diese Frage empirisch zu klären suchen, indem wir vier Konfessionsgruppen – Katholiken, Muslime, Orthodoxe und Protestanten[11] – mit Konfessionslosen kontrastieren.

Ob die größere Religiosität von Frauen eine Naturkonstante ist, war in letzter Zeit Gegenstand von Diskussionen (vgl. Jagodzinski & Manabe 2009 m. w. Nachw.). In der vorliegenden Untersuchung geht es allerdings um die Frage, ob Frauen in den vier Bereichen andere Einstellungen haben als Männer. Wir erwarten aufgrund der Analysen mit ISSP-Daten eine liberalere Einstellung von Frauen zur Homosexualität. Wir vermuten ferner, dass Frauen tendenziell eher gegen die Ungleichbehandlung von Frauen auf dem Arbeitsmarkt sind. Keine Unterschiede sollte es bei den autokratischen Einstellungen und den sozialen Distanzen geben:

H6: Frauen
- missbilligen Homosexualität in einem geringeren Maße als Männer,
- treten eher für die Gleichbehandlung der Geschlechter auf dem Arbeitsmarkt ein,
- haben vergleichbar autokratische Einstellungen wie Männer,
- haben eine vergleichbare soziale Distanz zu Minderheiten wie Männer.

Lang- und mittelfristige Kräfte kann man indirekt über Generationeneffekte erfassen. Zwar weiß man dann nicht, was genau die Ursachen für unterschiedliche Generationenerfahrungen sind, man kann aber erwarten, dass sich der Einstellungswandel mittelfristig in Form der Ersetzung älterer Generationen durch

---

[11] Dass dies eine sehr grobe Unterscheidung ist, steht außer Frage. Die geringen Fallzahlen lassen es nicht als sinnvoll erscheinen, innerhalb dieser Gruppen weiter zu differenzieren, z. B. zwischen griechisch-orthodox und russisch-orthodox oder zwischen evangelischen Freikirchen, Lutheranern und Calvinisten. Anglikaner wurden den Protestanten zugerechnet.

jüngere vollzieht. Bei Querschnittsuntersuchungen wie der vorliegenden tritt allerdings das Problem auf, dass sich Alters- und Generationseffekte nicht voneinander trennen lassen (vgl. schon Jagodzinski 1983; 1984). Zwar könnten Alterseffekte bei der Sexualmoral eine gewisse Rolle spielen, doch spricht der dramatische Wandel, der sich in Westeuropa auch bei diesbezüglichen Einstellungen vollzogen hat, klar dafür, dass sich auch die Einstellungen zwischen den Generationen nachhaltig verändert haben. Wir nehmen daher an:

H7: Jüngere Generationen
- missbilligen Homosexualität in einem geringeren Maße,
- treten eher für die Gleichbehandlung der Geschlechter auf dem Arbeitsmarkt ein,
- haben eine geringere Präferenz für autokratische Herrschaft und
- eine geringere soziale Distanz zu Minderheiten als ältere Generationen.

5 Empirische Analyse

Die Daten für unsere empirische Untersuchung stammen aus der European Values Study 1999. Daten und Dokumentation können über die Homepage der European Values Study oder direkt beim Datenarchiv der GESIS (www.europeanvaluesstudy.eu, http://zacat.gesis.org/webview/index.jsp) herunter geladen werden. Die Operationalisierung der abhängigen Variablen wurde im dritten Abschnitt kurz beschrieben. Als Makrovariablen wurden das logarithmierte Bruttoinlandsprodukt per capita 1999 gemessen in Kaufkraftparitäten (internationale Dollars in 1000)[12] sowie zwei Dummyvariablen verwendet. *Ex-Kommunismus* nimmt den Wert 1 dann an, wenn das Land nach dem Zweiten Weltkrieg kommunistisch war und sonst den Wert Null. Die andere Dummyvariable weist dem Land Türkei den Wert 1 zu und wird sonst immer Null.

---

[12] Der von der Weltbank (2002) ausgewiesene Gesamtwert für Deutschland wurde dabei für West- und Ostdeutschland der unterschiedlichen Wirtschaftsleistung beider Landesteile angepasst.

Tabelle 1: Einfluss der sozialstrukturellen Variablen auf lebensweltliche und politische Einstellungen: Mehrebenenanalyse der Europäischen Wertestudie 1999

	Missbilligung von Homosexualität	Berufliche Ungleichheit Frau/Mann	Autokratie-Index	Soziale Distanz zu Minderheiten [1]
Unterschiede Länderebene ρ	27,75%	9,19%	18,30%	11,03%
Länderebene (erklärt) R^2	71,56%	45,15%	57,52%	66,06%
Befragtenebene (erklärt) R^2	29,89%	10,66%	14,64%	9,04%
Zufallskomponente (random effect)	Varianzkomponente	Varianzkomponente	Varianzkomponente	Varianzkomponente
Interzept	,88*	,06*	,46*	,07*
Bildung				
- Mittel	,11*	,01*	-,-	,03*
- Hoch	,34*	,03*	,07*	,07*
Generation				
- 1946-65	,13*	,01*	,06*	,01*
- 1966-84	,28*	,02*	,15*	,02*
Geschlecht				
- Weiblich	,23*	,01*	,02*	-,-
Religion und Religiosität				
a) Zentralität				
- (Wichtigkeit Gottes)	,00*	,00*	,00*	,00*
b) Religiöse Praxis				
- Kirchgang	,01*	,00*	,00*	,00*
- Kirchgang: mind. 1x pro Woche	-,-			
c) Konfession				
- Protestant	,25*	,01*	,13*	-,-
- Katholik	,17*	,01*	-,-	-,-
- Orthodox	,46*	-,-	-,-	,05*
- Muslim	2,29*	,06*	-,-	-,-
Residualvarianz Befragtenebene	7,27	,61	3,46	1,07

Anmerkung: *) Signifikant auf dem 5%-Niveau; die Berechnung der Pseudo-R^2-Werte erfolgte nach der vereinfachten Formel von Snijders und Bosker (1999: 99-105). Schätzmethode: Restricted Maximum Likelihood; Iterationen bis zur Konvergenz für die vier Modelle (von links nach rechts): 56, 91, 46 und 66.

[1] ohne Ungarn (anderes Frageformat verwendet); Griechenland wurde aufgrund mangelnder Stichprobenqualität von allen Analysen ausgeschlossen. Da nicht in allen Ländern Angehörige aller Konfessionen in der jeweiligen Stichprobe vorhanden sind, basieren die Signifikanztests (Chi-Quadrat-Test) für die Zufallskomponenten der 4 Mehrebenenmodelle nur auf jeweils 16, 19, 31 bzw. 26 Ländern (für gefixte Zufallskomponenten fällt die Anforderung weg, dass in jedem Land genügend Angehörige in der Stichprobe eines Landes sein müssen; Grund: länderspezifische b-Koeffizienten müssen in diesen Fällen nicht mehr geschätzt werden). Befragte, die keiner der aufgeführten Konfessionen angehörten und auch nicht konfessionslos waren, wurden von den Analysen ausgeschlossen.

Referenzgruppe für die Variable Bildung sind Personen, die höchstens einen Hauptschulabschluss haben. Ein hohes Bildungsniveau haben Personen mit Hochschulabschluss. Die mittlere Bildungskategorie umfasst Personen, die einen höheren Bildungsabschluss als die Hauptschule erreichen, aber keinen Studienabschluss haben.

Was die Religiosität anbelangt, so hat sich in monotheistischen Religionen die Wichtigkeit Gottes als Maß für die Zentralität bewährt. Diese 10-Punkte-Skala läuft in unserer Kodierung von 0 (überhaupt nicht wichtig) bis 9 (sehr wichtig).

Als Maß für die religiöse Praxis verwenden wir die Häufigkeit, mit der Personen einen Gottesdienst besuchen, wobei wir davon ausgehen, dass in christlichen Religionen in Gottesdiensten auch eine Unterweisung in die religiöse Moral erfolgt: Häufige Kirchgänger sollten daher die christlichen Normen in noch stärkerem Maße verinnerlicht haben. Im Islam ist der Moscheebesuch weniger aussagekräftig, u. a. auch deshalb, weil für Frauen der regelmäßige Besuch einer Moschee nicht vorgeschrieben ist. Die Skala für den Besuch von Gottesdiensten läuft von „gehe nie in die Kirche" (0) bis „mehrmals in der Woche" (7).

Die letzte Variable in dieser Gruppe, die Einteilung nach Konfessionen, wurde bereits erwähnt. Die Kodierung dieser, wie auch der übrigen unabhängigen Variablen ergibt sich aus Tabelle 1. Bei der Generationsvariablen schienen uns zwei Zäsuren wichtig, zum einen das Ende des Zweiten Weltkriegs, das für viele europäische Länder eine Art Wasserscheide markiert, sodann die Mitte der sechziger Jahre, in der viele westliche Länder eine Welle von Protesten erleben. Forderungen nach stärkerer politischer Partizipation, einer Liberalisierung der Sexualmoral, mehr Umweltschutz und Abbau der Ungleichheit zwischen den Geschlechtern rücken nach und nach auf die politische Agenda. Kinder, die nach 1965 das Licht der Welt erblickt haben, sind daher in einer anderen Ära aufgewachsen.

Tabelle 2: Einfluss der sozialstrukturellen Variablen auf lebensweltliche und politische Einstellungen: Mehrebenenanalyse der Europäischen Wertestudie 1999

			Missbilligung von Homo- sexualität	Berufliche Ungleichheit Frau/Mann	Autokratie- Index	Soziale Distanz zu Minder- heiten [1]
Länderebene	n		33	33	33	32
Befragtenebene	n		35214	36522	30251	36245
			b	b	b	b
Interzept			8,02*	,95*	1,08	1,47*
H1:	BIPpK 1999		-,74*	-,04	-1,49*	-,23*
	(log (KKP in 1000))					
H2:	Ex-Kommunismus		,81*	,02	-,54	,07
H3:	Türkei		-,79	-,14	-,82	,50*
H4: Bildung						
- Niedrig			-	-	-	-
- Mittel			-,71*	-,24*	-,57*	-,18*
- Hoch			-1,47*	-,40*	-1,20*	-,31*
H5: Religion und Religiosität						
a) Zentralität						
- Zentralität (Wichtigkeit Gottes)			,09*	,01*	,03*	-,00
b) Religiöse Praxis						
- Kirchgang			,07*	,01	-,01	,01
- Kirchgang: mind. 1x pro Woche			,45*	-	-	-
c) Konfession						
- Konfessionslos			-	-	-	-
- Protestant			,38*	,02	-,13	,03
- Katholik			,01	,00	-,04	,05*
- Orthodox			,75*	-,01	-,16*	-,04
- Muslim			1,34*	,00	-,12	-,14*
H6: Geschlecht						
- Weiblich			-,75*	-,16*	,09*	-,02
H7: Generation						
- Geb. vor 1946			-	-	-	-
- Geb. 1946-65			-,71*	-,14*	,04	-,10*
- Geb. 1966-84			-1,34*	-,22*	,19*	-,14*

Anmerkung: [*)] Signifikant auf dem 5%-Niveau, wobei die Kontexteffekte einseitig getestet wurden; [1)] ohne Ungarn (anderes Frageformat verwendet)

Die Analysen der Daten aus 33 bzw. 32 Ländern wurden mit dem Mehrebenenprogramm HLM durchgeführt. Die Ergebnisse für die Mehrebenenmodelle sind in Tabelle 1 und 2 zusammengefasst. Um Anhaltspunkte für die relative Effektstärke zu gewinnen, wurden für die geschätzten Modelle auch die standardisierten Regressionskoeffizienten berechnet. Die standardisierten Effekte werden in Tabelle 3 berichtet. Bei der Interpretation werden wir uns vornehmlich auf diese Tabelle stützen.

Auch wenn wir auf der Länderebene keine Zufallsauswahl haben und daher die übliche statistische Inferenzstatistik nicht anwendbar ist, halten wir die Schätzung von Mehrebenenmodellen schon deshalb für sinnvoll, weil sie einen gewissen Schutz davor bieten, Kontexteffekte in ihrer Bedeutung zu überschätzen. Wer Kontexteffekte als Dummyvariablen oder metrische Variablen in OLS-Regressionen spezifiziert, lässt sich oft von der Stärke dieser Effekte blenden. Solche Effekte werden in Mehrebenenanalysen wegen der geringen Fallzahlen auf der Makroebene häufig nicht einmal signifikant. In einfachen OLS-Regressionen dagegen erscheinen sie oft als substantiell bedeutsam. Hier schützt die Mehrebenenanalyse vor Fehlschlüssen, auch wenn die Voraussetzungen für statistische Tests nicht erfüllt sind. Denn wenn die Effekte selbst unter den idealen Bedingungen einer Zufallsauswahl nicht einmal signifikant werden, dann sollte man sie nicht als bedeutsame Effekte interpretieren, wenn diese Voraussetzungen nicht vorliegen. Wer vorsichtig ist, der wird daher zur Interpretation der Ergebnisse die HLM-Schätzungen heranziehen.

Knapp 28 Prozent der Gesamtvarianz in der Einstellung zur Homosexualität sind auf Differenzen zwischen den Ländern zurückzuführen, bei der Einstellung zur autokratischen Herrschaft sind es rund 18 Prozent und bei den übrigen beiden abhängigen Variablen um die 10 Prozent. Von dieser Zwischenländervarianz wird ein erheblicher Teil in dem Modell aufgeklärt: Der Anteil der erklärten Varianz variiert zwischen ca. 45 Prozent bei der Einstellung zur beruflichen Gleichheit von Mann und Frau und rund 72 Prozent bei der Einstellung zur Homosexualität. Auf der Individualebene klären wir bei der letztgenannten Variablen mit unserem Modell immerhin noch fast 30 Prozent der Gesamtvarianz auf. Bei den anderen drei abhängigen Variablen fällt der Erklärungserfolg mit erklärten Varianzanteilen von rund 15 (Autokratieindex), 11 (Geschlechtergleichheit) und 9 Prozent (soziale Distanz zu Minoritäten) deutlich bescheidener aus.

Tabelle 3: Standardisierte Regressionskoeffizienten für die berichteten Mehrebenenanalysen

		Missbilligung von Homosexualität	Berufliche Ungleicheit Frau/Mann	Autokratie-Index	Soziale Distanz zu Minderheiten
		beta	beta	beta	beta
H1:	BIPpK 1999 (log (KKP in 1000))	-,13*	-,03	-,44*	-,13*
H2:	Ex-Kommunismus	,12*	,01	-,13	,03
H3:	Türkei	-,04	-,03	-,07	,08*
H4:	Bildung				
	- Niedrig	-	-	-	-
	- Mittel	-,10*	-,14*	-,13*	-,08*
	- Hoch	-,16*	-,18*	-,23*	-,11*
H5: Religion und Religiosität					
a) Zentralität					
	- Zentralität (Wichtigkeit Gottes)	,09*	,05*	,05*	-,00
b) Religiöse Partizipation					
	- Kirchgang	,05*	,02	-,01	,02
	- Kirchgang: mind. 1x pro Woche	,05*	-	-	-
c) Konfession					
	- Konfessionslos	-	-	-	-
	- Protestant	,04*	,01	-,02	,01
	- Katholik	,00	,00	-,01	,02*
	- Orthodox	,07*	-,00	-,02*	-,01
	- Muslim	,08*	,00	-,01	-,03*
H6: Geschlecht					
	- Weiblich	-,11*	-,09*	,02*	-,01
H7: Generation					
	- Geb. vor 1946	-	-	-	-
	- Geb. 1946-65	-,10*	-,08*	,01	-,04*
	- Geb. 1966-84	-,18*	-,12*	,04*	-,06*

Anmerkung: Vgl. die Anmerkungen und Fußnoten zu Tabelle 1

Unser Modell erfordert eine Zufallskomponente sowohl beim Interzept als auch bei den meisten Regressionskoeffizienten. Wir haben getestet, ob diese Varianz allein auf Stichprobenfehler zurückzuführen ist. Das Ergebnis fällt in den meisten Fällen negativ aus. Einzelheiten sind Tabelle 1 und den dortigen Anmerkungen zu entnehmen. Sowohl beim Interzept als auch bei fast allen Regressionskoeffizienten finden wir signifikante Varianzkomponenten. Praktisch bedeutet dies, dass die Regressionskoeffizienten in den einzelnen Ländern mehr oder minder deutlich voneinander abweichen, was sich sofort zeigen würde, wenn man die Regressionen für jedes Land separat rechnet. Wünschenswert ist sicherlich, dass diese Differenzen zwischen den Ländern in weiteren Analysen eine substantielle Erklärung finden und auf das Wirken von Variablen zurückgeführt werden können, die wir nicht berücksichtigen konnten.

Der Hypothesentest führt, was zunächst die kulturunabhängigen Determinanten anbelangt, zu folgenden Ergebnissen:

Ein Blick auf die Koeffizienten in den Tabellen 2 und 3 zeigt, dass Hypothese H1 fast durchgängig bestätigt wird. Je höher das (logarithmierte) Bruttoinlandsprodukt pro Kopf der Bevölkerung, desto eher tolerieren die Bürger Homosexualität, desto weniger treten sie für autokratische Verhältnisse ein und desto geringer ist ihre soziale Distanz zu Minderheiten. Betrachtet man einen standardisierten Effekt als bedeutsam, wenn er dem Betrag nach über 0,1 liegt und außerdem mindestens auf dem 5 Prozent-Niveau signifikant wird, so bleibt nur ein Regressionskoeffizient unterhalb der Schwelle, nämlich der Effekt auf Geschlechtergleichheit. Augenscheinlich differieren hoch entwickelte europäische Gesellschaften nicht mehr von den übrigen, wenn man für alle anderen Variablen kontrolliert.

Bildung hat durchgängig den theoretisch vorhergesagten Effekt. Im Vergleich zu Personen mit niedriger Bildung sind beide Bildungsgruppen in Sachen Homosexualität liberaler, haben mit Blick auf das berufliche Verhältnis von Mann und Frau die egalitärere Orientierung, sind weniger autokratisch und haben eine geringere Distanz zu Minderheiten. Dabei übertreffen die Hochgebildeten durchgängig Personen auf einem mittleren Bildungsniveau. H4 wird also im vollen Umfang bestätigt.

Etwas gemischter fallen die Ergebnisse bei der Religiosität aus. Die Zentralität der Religion hat bei drei der vier Variablen den theoretisch erwarteten Effekt, nicht aber bei der sozialen Distanz zu Minderheiten.

Anders als die soziale Distanz wird die Einstellung zur Homosexualität in relativ hohem Maße von Religion und Religiosität beeinflusst. Nicht nur die Zentralität der Religion, sondern auch der Kirchgang hat positive Effekte auf die Missbilligung der Homosexualität, wobei die Effektstärke jeweils an der Schwelle der substantiellen Bedeutsamkeit liegt.

Bei den beiden anderen Einstellungen hat die Zentralität einen Effekt in der theoretisch vorhergesagten Richtung: Religiöse Menschen treten weniger für die berufliche Gleichbehandlung von Männern und Frauen ein, was vermutlich mit ihren traditionellen Rollenbildern zusammenhängt. Sie sind auch etwas autokratischer als andere Personen. Der ohnehin nur recht schwache Effekt (ß = 0,05) schwächt sich bei Orthodoxen nochmals etwas ab.

Frauen sind, wie theoretisch erwartet, gegenüber Homosexualität etwas toleranter als Männer. H6 wird auch insoweit bestätigt, als Frauen stärker für die berufliche Gleichbehandlung eintreten. Wider Erwarten beobachten wir bei Frauen jedoch eine etwas autokratischere Haltung als bei Männern. Wie bei der sozialen Distanz zu Minderheiten sind auch hier die Unterschiede zwischen den Geschlechtern substantiell nicht bedeutsam.

Generationseffekte sind nur bei den ersten beiden abhängigen Variablen stärker ausgeprägt. Daraus ist zu schließen, dass wir die für die Generationendifferenzen ursächlichen Faktoren bei der Homosexualität und der Geschlechtergleichheit nicht vollständig identifiziert haben. In der Tat reflektieren die ökonomischen Variablen (Bildung und Bruttoinlandsprodukt pro Kopf) nicht die Situation in den formativen Jahren. Die Religionsvariablen geben darüber nur unter der Voraussetzung Aufschluss, dass im Erwachsenenalter keine wesentlichen Änderungen mehr eingetreten sind. Liegen die Generationseffekte für diese beiden abhängigen Variablen und für die sozialen Distanzen aber noch in der theoretisch erwarteten Richtung, so haben wir keine Erklärung dafür, weshalb die jüngste Generation autokratischer sein sollte als die älteren. Denkbar ist natürlich, dass sich bereits in diesem Datensatz eine gewisse Verdrossenheit der Jüngeren mit der Demokratie abzeichnet.

Die kulturspezifischen Effekte sind mit zwei Ausnahmen erstaunlich gering. Nachwirkungen des Kommunismus hatten wir in H2 bei zwei Einstellungen erwartet, zum einen bei Homosexualität und zum anderen beim Autokratieindex. So klar wie unsere Hypothese im ersten Fall bestätigt wird, so klar wird sie im zweiten widerlegt. Die Bevölkerung in vormals kommunistischen Staaten geht ungeachtet aller ökonomischen Probleme auch 1999 nicht davon aus, dass früher alles besser war, sie sehnt sich nicht nach autokratischen Herrschaftsformen zurück. Ganz im Gegenteil: vormals kommunistische Ländern sind weniger autokratisch als andere Länder auf einem vergleichbaren Entwicklungsniveau (aber nicht signifikant!). Bestätigt werden aber unsere anderen Teilhypothesen, dass der frühere Kommunismus keinerlei Effekte mehr auf die Einstellung zur Geschlechtergleichheit und auf die soziale Distanz zu Minderheiten hat.

H3 hatten wir pauschal mit dem Hinweis auf die öffentliche Meinung eingeführt. Wie sich jetzt in der empirischen Analyse zeigt, unterscheidet sich die Türkei nur in einem einzigen Fall, nämlich bei der sozialen Distanz zu Minderheiten, signifikant von anderen Ländern. Bei allen anderen abhängigen Variablen werden die Koeffizienten nicht nur nicht signifikant, sie haben zudem auch noch die falsche Richtung.

Wie kann man diese, im Vergleich zu anderen Ländern, sehr große soziale Distanz der türkischen Bevölkerung gegenüber Minderheiten erklären? Gegen einen Einfluss des Islams spricht, dass Muslime eher etwas toleranter als

Anhänger anderer Religionen sind, wie der signifikante negative Regressions koeffizient zeigt (ß = -0,03). Nach unserem Eindruck ist also die türkische Einstellung eher das Ergebnis einer nationalistischen Politik, die bereits unter Atatürk einsetzte und Minderheiten über lange Perioden hinweg massiv unterdrückt hat. Diese Politik ist von der EU wiederholt kritisiert worden[13]. Die Folgen dieser Politik schlagen sich in einem sehr starken Effekt der Dummy-Variablen Türkei nieder.

Im Übrigen sind die Effekte der Konfessionszugehörigkeit auf der Individualebene allesamt substantiell nicht bedeutsam. Einige wenige werden jedoch signifikant. Werden die anderen Religionsvariablen konstant gehalten, so missbilligen Protestanten, Orthodoxe und Muslime die Homosexualität in etwas stärkerem Maße. Orthodoxe sind etwas weniger autokratisch als Konfessionslose, wenn man die anderen Variablen konstant hält (ß = -0,02). Katholiken haben eine geringfügig größere soziale Distanz zu Minderheiten als Konfessionslose (ß = 0,02).

6 Abschließende Bemerkungen

Versuche, Einstellungen und Verhalten auf die Einflüsse einer Kultur zurückzuführen, bleiben in vielerlei Hinsicht unbefriedigend. Zunächst einmal ist der Kulturbegriff unscharf, so dass man alles und jedes als kulturelle Eigenart bezeichnen kann einschließlich der zu erklärenden Einstellungen und Verhaltensweisen selbst. Dann freilich wird die Erklärung zirkulär. Sodann schwingen im Kulturbegriff zwei Bedeutungen mit, die mit der Idee einer Kausalerklärung kaum zu vereinbaren sind. Zum einen versteht man unter Kulturen einmalige oder zumindest seltene Erscheinungen, zum anderen gelten kulturelle Eigenschaften als kaum veränderbar: Ob über die kulturelle Unterwerfung hinaus eine kulturelle Assimilation möglich ist, erscheint fraglich. Beides ist mit der Vorstellung raum-zeitlich unbeschränkter Hypothesen schwer zu vereinbaren.

Unsere Analyse hat gezeigt, dass man bei der Erklärung von Einstellungen auf kulturspezifische Faktoren weitgehend verzichten kann. Den mit Abstand stärksten Einfluss haben mit dem ökonomischen Entwicklungsniveau eines Landes, mit Bildung, Generation und Geschlecht Variablen, die in allen Ländern in die gleicher Richtung wirken. Was die Konfessionszugehörigkeit anbelangt, so sind Muslime in ihrer Einstellung zur Homosexualität etwas rigider als Christen, aber diese Differenz mag auch darauf zurückzuführen sein, dass das von uns

---

[13] Erdogan hat im Einklang mit diesen Überlegungen – allerdings wohl nicht zuletzt aufgrund des Drucks seitens der EU – jüngst davon gesprochen, dass die Jagd auf Minoritäten in der Türkei Ergebnis einer faschistischen Politik gewesen sei (Kalnoky 2009).

verwendete Maß für religiöse Partizipation die verschiedenen Stufen religiöser Integration in den christlichen Kirchen und ganz besonders im Katholizismus, besser erfasst als im Islam. Der Effekt, der – vereinfacht ausgedrückt – im Katholizismus dem Kirchgang zugeschrieben wird, erscheint im Islam als Effekt der Religionszugehörigkeit. So bleibt dann in unserer Analyse mit Blick auf die Türkei ein kulturspezifischer Effekt übrig, der zu den großen sozialen Distanzen zu den Minderheiten beigetragen hat. Aber auch hier zeigt die Diskussion der Ergebnisse schon, dass man nach *generellen* Gründen sucht, um das Phänomen zu verstehen. Der Verweis auf die jahrzehntelange Unterdrückung von Minderheiten eröffnet daher eine fruchtbarere Perspektive für weitere Forschung als der Verweis auf eine unbestimmte Eigenart des türkischen Charakters oder des Islams. Häufig ist die Rückführung auf eine Kultur nicht mehr und nicht weniger als ein Abbruch der Begründung. Man verzichtet darauf, nach den Bestimmungsgründen weiter zu suchen und verweist pauschal auf die Kultur. Würde man die Suche nicht vorzeitig abbrechen, so würde man sehr schnell feststellen, dass die erklärenden Faktoren allgemeiner Natur sind.

Allerdings wird es nicht ganz einfach sein, den Einfluss der türkischen Politik auf die soziale Distanz direkter zu messen. Die Strategie, durch Aggregation von Items zur nationalen Identität den Nationalismus einer Gesellschaft zu erfassen, scheint uns wenig viel versprechend, weil die einschlägigen Survey-Fragen nicht ausreichend zwischen verschiedenen Formen der Identifikation differenzieren. Identität kann mit und ohne Diskriminierung von Outgroups entstehen und nur die erste Form sollte einen Effekt auf die soziale Distanz zu Minderheiten haben. Wir haben wegen dieses Problems auf den Versuch verzichtet, den Nationalismus als zusätzliches Kontextmerkmal einzuführen.

Unsere Analysen legen allerdings auch den Schluss nahe, dass die Unterschiede zwischen Westeuropa und den übrigen Ländern nur mittelfristig abzubauen sind. Das ökonomische Entwicklungsniveau eines Landes ändert sich nicht über Nacht, das Bildungssystem auch nicht. Ob und gegebenenfalls mit welcher Geschwindigkeit sich die in der Religion verankerten sexualmoralischen Einstellungen ändern, ist ebenfalls ungewiss. Ehe man die Dinge jedoch für unabänderlich erklärt, sollte man sich daran erinnern, welch erstaunlichen Wandel die Bundesrepublik Deutschland in den letzten fünfzig Jahren durchgemacht hat. Besonders auffällig ist der Wandel bei Normen zur Geschlechtergleichheit und zur Sexualität, die ja häufig ein Gegenstand öffentlichen Interesses sind und die deshalb auch gerne als Maßstab für die Vereinbarkeit von Kulturen herangezogen werden. Wer heute dem Islam vorhält, dass er die Ungleichbehandlung der Frauen mit überholten Vorstellungen über die natürlichen Unterschiede von Männern und Frauen legitimiere, der sollte sich daran erinnern, dass man ähnliche Anschauungen auch heute noch in der katholischen Kirche findet und dass auch die Juristen in Deutschland in den fünfziger und sechziger Jahren noch lernten:

> „Träger familiärer Autorität ist der Mann und Vater, natürlicher Wirkungskreis der Frau der häusliche Bereich. Diese Ordnung ist ursprünglich und länger gültig als die Autorität des Staates, der sich dieser Ordnung bei seiner Gesetzgebung beugen muss" (Familienrechtler Bosch, zitiert nach Hohmann-Dennhardt 2008).

Konkreter – und deshalb vielleicht auch besser in Erinnerung – ist die Veränderung strafrechtlicher Sexualnormen, die weit über die Nachkriegszeit hinaus das private Leben der Bürger reglementierten: Erst im Zuge der großen Strafrechtsreform wurde der sog. Kuppelei-Paragraph des deutschen Strafgesetzbuchs in Westdeutschland abgeschafft und die Homosexualität unter Erwachsenen über 21 Jahren entkriminalisiert.

Literatur

Bakirdögen, Ayhan (2004): Bei Hasspredigten werden Imame zurückgeschickt. In: Welt Online, 20. Juni 2004. http://www.welt.de/print-wams/article112144/Bei_ Hasspredigten_werden_Imame_zurueckgeschickt.html (Stand: 18.02.2010).

Beckers, Tilo (2009): Islam and the Acceptance of Homosexuality: the Shortage of Socioeconomic Well-Being and Responsive Democracy. In: Habib (2009): 57-98.

Beckers, Tilo (2008): Homosexualität und Humanentwicklung: Genese, Struktur und Wandel der Ablehnung und Akzeptanz gleichgeschlechtlicher Sexualkontakte in einer international vergleichenden Kontextanalyse. Dissertation. Universität zu Köln.

Bogardus, Emory S. (1925): Measuring Social Distances. In: Journal of Applied Sociology 9. 299-308.

Brandenburgische Landeszentrale für politische Bildung (2006): Die religiösen Grundlagen des Islam. Zur Rolle der Frau. http://www.politische-bildung-brandenburg.de/ islam/religion/frauen.htm (Stand: 18.02.2010).

Bullion, Constanze von (2005): „Ehrenmord". In den Fängen einer türkischen Familie. In: Sueddeutsche.de, 25. Februar 2005. http://www.sueddeutsche.de/politik/118/ 358943/text (Stand: 18.03.2010).

Esmer, Yilmaz (2003): Is There an Islamic Civilization? In: Inglehart (2003): 35-68.

Geiger, Theodor (1947): Vorstudien zu einer Soziologie des Rechts. Aarhus/Kopenhagen.

Glasze, Georg/Thielmann, Jörn (Hrsg.) (2006): „Orient" versus „Okzident"? Zum Verhältnis von Kultur und Raum in einer globalisierten Welt. Mainz: Geographisches Institut der Universität Mainz.

Habib, Samar (Hrsg.): Islam and Homosexuality. Band 1. Santa Barbara: Praeger.

Hagalil.com (2003): Islam-online: Homosexualität im Islam, 27. Juni 2003. http://www.nahost-politik.de/islam/homosexualitaet.htm (Stand: 18.02.2010).

Haller, Max/Jowel, Roger/Smith, Tom. W. (Hrsg.) (2009): Charting the Globe. The International Social Science Programme 1984-2009. New York: Routledge.

Heinig, Hans Michael (2005): Religionsfreiheit oder Neutralitätsgebot? Das Kopftuch in der rechtsstaatlichen und juristischen Debatte. In: Bundeszentrale für politische Bildung, 28. Juni 2005. http://www.bpb.de/themen/SQH1C3.html (Stand 18.02.2010).

Hohmann-Dennhardt, Christine (2008): 90 Jahre Frauenwahlrecht – wo stehen wir heute? Festrede zur Jubiläumsveranstaltung „90 Jahre Frauenwahlrecht" am 12. November 2008 in Frankfurt/Main im Rahmen der frauenpolitischen Initiative „Ich bin mehr wert!" http://www.dgb-frauen.de/themen/dokumente/festrede-chohmann- dennhardt.pdf (Stand: 18.02.2010).

Huntington, Samuel P. (1993): The Clash of Civilizations? In: Foreign Affairs 72. 3. 22-49.

Huntington, Samuel P. (1996/2003): The Clash of Civilizations and the Remaking of World Order. New York: Simon & Schuster Paperbacks.

Hofstede, Geert (2001): Culture's Consequences. International Differences in Work-Related Values. Second Edition. London: Sage.

Inglehart, Ronald (1990): Culture Shift in Advanced Industrial Society. Princeton, N.J.: Princeton University Press.

Inglehart, Ronald (Hrsg.): Human Values and Social Change. Findings from the Value Surveys. Leiden: Brill.

Inglehart, Ronald (1997): Modernization and Postmodernization. Cultural, Economic, and Political Change in 43 Societies. Princeton, N.J.: Princeton University Press.

Jagodzinski, Wolfgang (1984): Identification of Parameters in Cohort Models. In: Sociological Methods & Research 12. 4. 375-389.

Jagodzinski, Wolfgang (1983): Materialism in Japan Reconsidered: Toward a Synthesis of Generational and Life-Cycle-Explanations. In: The American Political Science Review 77. 4. 887-894.

Jagodzinski, Wolfgang/Manabe, Kazufumi (2009): On the Similarity of Religiosity in Different Cultures. In: Haller et al. (2009): 313-336.

Jagodzinski, Wolfgang/Harzenetter, Karoline/Heinrich, Stefanie (2006): Die türkische Gesellschaft im Spiegel des European Values Survey 1999/2000. In: Glasze/Thielmann (2006): 31-46.

Kalnoky, Boris (2009): Erdogan provoziert mit Faschismus-Äußerung. In: Welt Online, 28. Mai 2009. http://www.welt.de/politik/article3822853/Erdogan-provoziert-mit-Faschismus-Aeusserung.html (Stand: 18.03.2009).

Karakasoglu, Yasemin (2005): Frau mit Kopftuch in Deutschland. Symbol der Religiosität, Zeichen von Unterdrückung, Ausdruck neuer Identitäten? In: Bundeszentrale für politische Bildung, 28. Juni 2005. http://www.bpb.de/themen/V1NOYB.html (Stand: 18.02.2010).

Klingemann, Hans-Dieter (1998): Mapping Political Support in the 1990s: A Global Analysis. In: Discussion Paper FS III. 98-202. Berlin.

Knieps, Claudia (2005): Schreibt der Koran das Kopftuch vor? Die religiöse Debatte. In: Bundeszentrale für politische Bildung, 15. Februar 2005 http://www.bpb.de/themen/0S0DT8.html (Stand: 18.02.2010).

Martin, David (1978): A General Theory of Secularization. Oxford: Basil Blackwell.

Norris, Pippa/Inglehart, Ronald (2004): Sacred and Secular. Religion and Politics Worldwide. Cambridge: Cambridge University Press.

Oestreich, Heide (2004): Das Kopftuch als Zeichen mangelnden Integrationswillens? Vorbehalte gegen muslimische Kopftücher gibt es überall in Europa. In: Bundeszentrale für politische Bildung, 20. Dezember 2004. http://www.bpb.de/themen/92MKIR.html (Stand 18.02.2010).

Puhl, Jan (2006): Minderheiten: Polens Retter. In: Der Spiegel 23: 116. Vgl. auch Spiegel Online, 3. Juni 2006. http://www.spiegel.de/spiegel/print/d-47134797.html (Stand: 18.02.2010).

Scherer, Peter (2002): Deutsche Behörden überwachen verstärkt Moscheen. In: Welt Online, 28. Mai 2002. http://www.welt.de/printwelt/article391261/Deutsche_Sicherheitsbehoerden_ueberwachen_verstaerkt_Moscheen.html (Stand: 18.02.2010).

Schiffer, Sabine (2005): Der Islam in deutschen Medien. In: Aus Politik und Zeitgeschichte 20. 23-30.

Snijders, Tom A. B./Bosker, Roel J. (1999): Multilevel Analysis. An Introduction to Basic and Advanced Multilevel Modeling. London: Sage.

Stock, Sigrun (2009): Ehefrau getötet: Staatsanwalt klagt „Ehrenmord" an. In: Welt Online, 25. August 2009. http://www.welt.de/die-welt/vermischtes/hamburg/article439 1687 /Ehefrau-getoetet-Staatsanwalt-klagt-Ehrenmord-an.html (Stand: 18.02.2010).

Triandis, Harry C./Bontempo, Robert/Villareal, Marcelo J./Asai, Masaaki/Lucca, Nydia (1988): Individualism and Collectivism: Cross-Cultural Perspectives on Self-Ingroup Relationships. In: Journal of Personality and Social Psychology 54. 323-338.

World Bank (2002): World Development Indicators Database, 08.02.2000. http://www.world-bank.org/data/databytopic/databytopic.html (Stand:18.02.2010).

Modes of citizens' participation: associations between and determinants of social, civic, and political participation in cross-national perspective

Tom van der Meer, Manfred te Grotenhuis and Peer Scheepers

1 Introduction

Citizens participate in various spheres of society. In this chapter we focus on social, civic, and political participation. *Social participation* takes place in the informal sphere and encompasses all social contacts and informal help relations with relatives, friends, and neighbors. *Civic participation* occurs in associational life, by being a member of, participating actively in, doing voluntary work for, and/or donate money to voluntary associations like sports clubs, trade unions, and human right organizations. *Political participation* covers all modes of participation that aim to influence the policy process and its outcomes, like campaigning, contacting politicians, and protesting (Verba et al. 1978).

Previous studies have shown that each of these three forms of participation is influenced by the institutional environment (e.g., Curtis et al. 2001; Schofer & Fourcade-Gourinchas 2001; van Oorschot & Arts 2005; Meulemann 2008; Gesthuizen et al. 2008; Karp & Banducci 2008; van der Meer et al. 2009a). However, only a small number of these cross-national studies have focused on more than one form of participation, like social and civic participation (cf. Pichler & Wallace 2007; Gesthuizen et al. 2008), or even social, civic, and political participation (van Oorschot & Arts 2005). These few authors made explicit in their study that these three forms of participation have something in common. Yet, the three forms of participation have not truly been analyzed in symphony. So, up to this point the three forms of participation (i.e., social, civic, and political) were effectively treated as independent from each other in cross-national studies.

However, social, civic, and political participation are likely to be related to each other. On the one hand, participation in one sphere provides citizens with social resources (social networks, social skills, social mindset) that may facilitate participation in other spheres (Lichterman 2005). On the other hand, resources (time, money) spent in one sphere of participation cannot be spent in the other two. Moreover, too intensive participation in a family or a voluntary association may induce isolationism (Banfield 1958). A third possibility is that relationships may be absent. We aim to assess the relationships between social, civic, and political participation simultaneously. Therefore our first research question is:

1. *To what extent are social, civic, and political participation related?*

Secondly, the relationship between social, civic, and political participation need not be the same in all countries. Recent studies have shown that the strength of the relationships indeed differs across countries (Bowler et al. 2003; van der Meer & van Ingen 2008). Yet, these country level differences in relationship strength remain unexplained. We hypothesize that the institutional setting may (very well) explain these differences. Specifically, two institutional explanations are examined. First, the relationships between social, civic, and political participation may be stronger in longstanding democracies than in former authoritarian and especially former communist countries, where citizens 'compartmentalized' their social lives (Völker & Flap 2001; Mars & Altman 1992; Howard 2003a). Second, different types of state bureaucracies may differently affect the entrance of citizens from civil society to the political sphere and vice versa (Jepperson 2000; 2002; Schofer & Fourcade-Gourinchas 2001). Our second research question therefore reads:

2. *To what extent does variation in state institutions condition the strength of the relationship between social, civic, and political participation?*

Finally, the relationships between the three forms of participation are likely to be spurious to some extent: selection effects might explain why citizens who are active in one sphere of society are also active in another one, while no direct causal relationship exists. Importantly, individual level resources like income and education increase the likelihood of social, civic, and political participation (c.f. van der Meer et al. 2008; Gesthuizen et al. 2008; van Deth 2008). Therefore, we expect that the associations between the three forms of participation are (at least partly) explained by these individual level resources. Country characteristics like economic development or social security expenditure might similarly explain the three forms of participation. Our third research question is:

3. *To what extent do individual and country level characteristics reduce the strength of the relationships between social, civic, and political participation?*

2 Theory and hypotheses

Social, civic, and political participation might reinforce each other (Bowlby 1988; Lichterman 2005), be unrelated, or even have an adverse relation with each other (Banfield 1958; Eliasoph 1998; Völker & Flap 2001). However, most of the literature argues that the three forms of participation are positively related, for which several mechanisms have been proposed (van Deth 1997).

2.1 Positive or negative relationship

The first rationale for a positive relationship is the „schools of democracy" theory that has been extensively applied to interpret for civic and political participation (van der Meer & van Ingen 2008). It is argued that civic participation leads to political participation through the acquisition of political skills and interest. This line of reasoning can be extended to the relationship between social and political participation: participation in the informal sphere (i.e., within the family) creates skills and willingness to participate in the wider world (Bowlby 1988).[1]

The schools of democracy theory is grounded in a causal scheme, in which social and civic participation determine political participation (e.g. Putnam 1993). Van der Meer and van Ingen (2008) and van Deth (2006) have shown that this strictly unidirectional causal scheme is unlikely. Moreover, theoretically, it is not plausible. The acquisition of social skills and pro-social attitudes takes place in (and consequently might benefit from) all aspects of social life. Informal contact with family and friends provides citizens with social skills and values that benefit associational or political life. Vice versa, skills and norms learned through civic and political participation can be used to manage and maintain informal ties. The „dynamic of selection socialization" (Hooghe 2003) might drive all forms of citizen participation. First, there is a selection effect: citizens with a pro-social attitude are more likely to engage in social, civic, and/or political participation. These participants engage others with pro-social attitudes, which would in turn reinforce the pro-social norms of all participants. Such selection-and-socialization effects are highly likely to be reciprocal: they should be apparent in each form of participation, spilling over to all others.

A second rationale for positive relationships is that all forms of participation generate social networks. And through these social networks, citizens are asked to participate in social events. Social networks thus appear to be self-reinforcing.

---

[1] See also Andeweg and Van den Berg (2003) who explain the overrepresentation of first-borns and singletons in politics by the sense of social obligation they develop in the relation with their parents.

On the one hand, they are an invaluable prerequisite for social, civic, and political participation (Ruiter & De Graaf 2006): often, citizens need to be asked to do voluntary work or to become politically active. On the other hand, citizens obtain social networks through social, civic, and political participation (Halpern 2005). All in all, this may result in a virtuous circle in which new contacts from one form of participation spill over and allow entrance to another form of participation. Participation does not only function as a means to obtain new social ties, but may also reinforce pre-existing ties. Shared activities (for instance joining a sports club with a good friend; protesting together with your family or peers) function to affirm already established relations. Again, there is no a-priori reason to assume a unidirectional causal scheme from one form of participation to another.

Yet, these mechanisms overlook „complications of a more practical nature" (van Deth 1997: 10): citizens suffer from a scarcity of resources, especially time. Social, civic, and political participation all consume resources like free time and money: time spent on one social activity cannot be spent on another. Consequently, the three forms of participation may very well function as alternatives. Given the scarcity of time, social, civic, and political participation are in fact rather likely to be negatively related.[2]

Hirschman (1979) extends this line of reasoning with his theory of shifting involvements. According to this theory, novice participants generally underestimate the time and effort they need to invest in their social activities, be it social, civic or political. The discrepancy between expectations and experiences leads to frustration among the participants and a re-evaluation of his or her activities. Increasingly frustrated, the participant will turn to another activity in which to engage. Due to these shifting involvements, social, civic, and political participation would be negatively related at each moment in time.

A second reason to expect a negative relationship is referenced as the „dark side of social capital" (Fiorina 1999). According to that line of reasoning, participation in specific groups (like sects or hate groups) breed anti-social norms, and limit the inclination to participate in other spheres. More generally, intense participation in any type of environment may lead to such anti-social attitudes. In Southern Italy, close (bonding) family ties due to intensive social participation may induce isolationism of the family (Banfield 1958), which consequently is negatively related to civic and political participation (Putnam 1993). Similarly, Eliasoph (1998) found that American citizens who did voluntary work (i.e., civic participation) reaffirmed their mutual distrust from politics, and refrained from political action.

---

[2] This would explain why at the macro-level, civic participation may be on the decline (Putnam 2000), while social participation is on the rise (Stolle & Hooghe 2003).

Therefore, two opposite hypotheses are formulated on the relationships between social, civic, and political participation:

H1a.   Social, civic, and political participation are all positively related.

H1b.   Social, civic, and political participation are all negatively related.

2.2   Conditional relationship

Societies differ in the extent to which the three forms of participation are associated. In previous studies, small but significant cross-national differences in the association between civic and political participation were found (Bowler et al. 2003; van der Meer & van Ingen 2008). We propose two explanations according to which the institutional environment conditions the relationship between social, civic, and political participation.

The first theory distinguishes between (former) democratic and former authoritarian and totalitarian regimes (Mars & Altman 1992; Gibson 2003; Howard 2003b; van der Meer et al. 2009b). It is argued that citizens in communist and authoritarian states refrained from voluntary associations and political life, seeking „refuge, a shelter, from the meddling by the government and political party into their private lives" (Völker & Flap 2001: 400). Broad, informal networks, voluntary associations and political communities were a liability, due to the high level of social distrust. As an overlap of several forms of participation would be dangerous, citizens „compartmentalized their lives into small social networks made up of people whom they know well" (Uslaner & Badescu 2003: 221), while retreating from more public forms of participation. Voluntary associations play a different role in communist and authoritarian states. They were either colonized and controlled by the state apparatus or functioned as opposition rather than a gateway to political life (Fung 2003). In these politicized and distrusted states, social participation and participation in leisure organizations might be a retreat from a distrusted political life (cf. Eliasoph 1998).

Consequently, social participation is less likely to breed civic or political participation, or vice versa, in communist and authoritarian states than in longstanding democracies. In communist and authoritarian states, citizens do not obtain pro-social attitudes that can spill-over in other forms of participation, because of the untrustworthiness of civil society and political life. Moreover, because social networks are segmented, they are less likely to be a common resource for all forms of participation: citizens are less likely to be triggered to participate in other forms if their social network is strictly segmented and specifically utilitarian.

Although authoritarian and communist regimes have been dissolved in most of Europe, decades of communist rule may still have its effects on social life (Howard 2003b). Despite the democratic transition, the established ways of life live on, at least among cohorts that were previously strongly socialized into these ways. In other words, it takes time for social and political trust to arise (Rose 1994): the longer countries have been democratic, the stronger the relationships between social, civic, and political participation have evolved. In other words, the relationships between social, civic, and political participation are stronger in longstanding democracies (i.e., countries with democratic rule since the Second World War) than in countries that had a democratic transition since the 1970s.[3] So our second hypotheses reads:

H2. The positive relations between social, civic, and political participation are stronger in established democracies than in former authoritarian and communist regimes.

The second conditional theory, specifically for the association between civic and political participation, finds it origins in the writings of De Tocqueville. De Tocqueville (2000 [1835–1840]) focuses on the relationship between civic and political participation, which – he claims – depends on the type of bureaucracy. He distinguishes between strong, extensive, centralized bureaucracies and weak, small, decentralized bureaucracies. In societies that have centralized bureaucracies, states need not involve voluntary associations in the policy process, neither for input nor for implementation. Vice versa, in societies with a small state bureaucracy, civic organizations are needed for policy input and for the implementation of state policy. Consequently, members of voluntary associations are more likely to develop political skills, political interests and a network of others who are involved in politics in countries with a small and localized state bureaucracy than in countries with a large and centralized state bureaucracy.

A similar reasoning is put forward by Schofer and Fourcade-Gourinchas (2001). Following Jepperson (2000), they distinguish between statist and nonstatist societies. Statist societies like France and Germany are characterized by autonomous and often centralized state bureaucracies.[4] „In such countries, the state constitutes a separate and superior order of political governance [...]. Civil society, on the other hand, is regarded as a source of chaos and anomie" (Schofer

---

[3] A further distinction between the former authoritarian countries that had a democratic transition in the 1970s (in the ESS data set: Spain, Portugal, and Greece), and the former communist countries that had a democratic transition in the late 1980s or early 1990s (in the ESS data set: East Germany, Poland, Hungary, and Slovenia) methodologically suffered from small n.

[4] The German federal system is politically decentralized, but is considered to have strong and autonomous bureaucracies (cf., Jepperson 2000).

& Fourcade-Gourinchas 2001: 811). Consequently, civil society organizations are kept at bay by the state bureaucracy or subjected to some form of state control. Schofer and Fourcade-Gourinchas contrast this with the non-statist societies like the Anglo-Saxon countries, where the state apparatus derives its legitimacy from representing civil society. The state bureaucracy involves voluntary associations in the policy process more often in non-statist societies than in statist societies, where the bureaucracy discourages civic participation. The bottom-up approach towards voluntary associations of non-statist countries would therefore be more likely to induce spill-over effects between civic and political participation (Bowler et al. 2003).

These institutional differences impose differing constraints on citizens' activities. The Tocquevillian ideal is more likely in non-statist societies: because they interact with state institutions and state officials, association members obtain political skills, political values and a political network that stimulate political participation. Vice versa, because they interact with voluntary associations, political activists develop civic skills, civic values and a civic network that stimulate civic participation. By contrast, in statist countries association members are kept at bay from the state organization, thereby giving them fewer means and less incentives to participate politically. Consequently, we expect stronger relationships between civic and political participation in non-statist countries than in statist countries:

H3. *The positive relation between civic and political participation is stronger in non-statist societies than in statist societies.*

2.3 Spurious relationships

When we find significant relationships between the three forms of participation, we need to assert that they are not spurious due to selection effects. For instance, citizens with more resources have more means to engage in several forms of participation simultaneously: they have money and/or time to engage in family, associational and political life. Consequently, a relationship may be found, even if there is no actual (reciprocal) causal relationship. Once we take these selection criteria into account analytically, the relationships between the three forms of participation should be lower. At the individual level, characteristics like income, education, gender, age and religiosity affect all forms of participation. Therefore, we take these characteristics into account to control for possible spuriousness.

State level characteristics might also lead to an overestimation of the relationships between social, civic, and political participation: citizens are more likely to participate in several forms, because of characteristics of the country they live in. We focus on three aspects that have repeatedly been found to be relevant determinants (c.f. Curtis et al. 2001; Gesthuizen et al. 2008; van der Meer et al. 2009b): economic development, corruption and democratic rule. Citizens of developed, incorrupt and/or longstanding democratic countries are more likely to participate socially, civically and politically than citizens of opposite countries. Consequently, a cross-sectional study may very well show a positive individual-level relationship between the three forms of participation due to these contextual characteristics that weaken or even disappear once we control for them.

Spuriousness may hinder the actual test of hypotheses H1a and H1b. Therefore, to determine the extent to which social, civic, and political participation are causally related, these spurious effects should be taken out, both at the individual and at the country level. In a cross-sectional analysis we propose to only control for background characteristics. Otherwise, there is a risk of over-controlling the relationships by introducing intermediate factors, i.e., factors that in a causal scheme lie between two forms of participation. Therefore, the analyses below control only for those individual and contextual background characteristics that are theoretically highly unlikely to function as intermediate variables. In hypothesis H4 the effect of possible spuriousness is summarized:

H4. *The positive relations between social, civic, and political participation will become less strong by the inclusion of individual and contextual level characteristics.*

3   Data and measurement

Before we test the above mentioned hypotheses on the relationships between social, civic, and political participation, we need to construct variables that measure these three forms of participation. We choose to use confirmatory factor analysis to construct a measurement (or: factor) model, based on a large number of variables (paragraph 4). This factor model can be used to estimate, explain and condition the relationships between social, civic, and political participation in a structural equation model (paragraphs 5 and 6).

3.1 Data

The analytical design puts high demands on the data. First, the data set should obviously include valid measurements on all these modes of participation. Second, to test whether state institutions affect the individual level associations, the data set needs to be cross-national and contain a sufficient number of countries that also substantially differ from each other on these institutional characteristics. Unfortunately, such cross-national survey data are scarce. Some data sets contain respondents from a large set of countries, but lack (detailed) measures for all three forms of participation in a single wave (WVS, ISSP, Eurobarometer). Others are very rich and detailed, but are based on a set of countries that is too small and homogeneous for the purposes of this study (CID).

The demands are probably best met by the European Social Survey 2002 (ESS). It contains various measures for the three forms of participation. Furthermore, eighteen countries in the ESS have valid measures for all three forms of participation, although only seventeen are used in the analysis, as Luxembourg is an outlier on several characteristics (like economic development and share of foreigners). These seventeen countries also differ sufficiently on the key institutional characteristics. However, even the ESS does not fully meet our demands with respect to the measurement of social participation: although it includes several measures of participation in a broad, informal network, it does not contain specific information on participation in the primordial network of the (nuclear) family and the best friends. Nevertheless, the ESS is the best data set at our disposal for the purposes of this study. Therefore, when we speak of social participation, we strictly refer to participation in a broad, informal network.

3.2 Dependent variables: Eight modes of participation

To construct a three-factor model of social, civic, and political participation, we reduce a number of measures used in previous studies. Social participation is measured through three variables: ($y1$) meeting socially with friends, relatives or colleagues, ($y2$) having anyone to have intimate discussions with, and ($y3$) providing help to others, not counting (paid) work nor work for voluntary organizations (cf., van der Meer et al. 2008). Civic participation is measured by the three scalograms (hierarchical Mokken scales), based on type of organization: ($y4$) involvement in leisure organizations, ($y5$) involvement in interest organizations, and ($y6$) involvement in activist organizations (cf., van der Meer et al. *under review*). Lastly, political participation is measured through two variables: ($y7$) conventional political action (contacting a politician, working for a political party, wearing a campaign badge and/or donating money to a political organization), and ($y8$) non-conventional political action (participating in a lawful demonstration, product boycott, signing a petition, boycotts and/or illegal protests) (cf., van der Meer & van Ingen 2008).[5] We reduce these eight variables to three factors in paragraph 4.

3.3 Country level conditioning factors: former regime type and statism

Hypothesis H2 refers to regime type as a conditional factor. For former regime type we distinguish between two groups. On the one hand we group the established democracies that have been continuously democratic since at least 1950 (Austria, Belgium, West Germany, Denmark, France, Great Britain, Ireland, the Netherlands, Norway and Sweden). On the other hand we lump together the former authoritarian regimes that had a transition in the 1970s (Greece, Portugal and Spain) and the former communist regimes that became democratic in the late 1980s and early 1990s (East Germany, Hungary, Poland and Slovenia). Using this dummy variable does not harm our use of years of democracy as a control factor for possible spurious relationships.

The distinction between statist and non-statist societies is derived from the typology by Jepperson (2000; 2002) and Schofer and Fourcade-Gourinchas (2001). Jepperson (2000; 2002) classifies most countries in our data set on historical grounds: historically the Anglo-Saxon and Scandinavian countries have been non-statist, while continental Europe and former authoritarian regimes followed the statist design of a strong state bureaucracy. However, not all countries fit the typology that clearly (Jepperson 2000). Although considered a bit of a mixture, Belgium is in the end characterized as a statist country by both Jepperson (2000) and Schofer and Fourcade-Gourinchas (2001). According to Jepperson (2000), the Netherlands are a hybrid of the Anglo-Saxon and Scandinavian types, and therefore a non-statist regime. However, other studies show that the design of the Dutch polity also has continental characteristics (scp 2001; Gelissen 2001). We therefore alternated the Dutch case between the typology, finding no substantial differences. Finally, Greece is not mentioned by Jepperson (2000; 2002), and altogether left out of the analysis by Schofer and Fourcade-Gourinchas (2001). However, considering that Jepperson (2000) claims former authoritarian regimes to be statist, Greece is included as a statist regime in this study.

---

[5] We also do not include voting turnout. First, voting is often a rather ritualistic activity, needing little political skills. Second, it is strongly affected by the voting and party systems, which we are not able to pay proper attention to within the confines of this study. Countries like Belgium, Luxemburg, Italy, Greece, and Austria, for instance, know a system of compulsory voting that is in some cases actively sanctioned by law. Including *some* countries with compulsory voting would affect the relationships of turnout with social and civic participation. To control for this effect would not be possible within the methodological confines of this contribution (see paragraph 6).

3.4 Individual and contextual level determinants

To control for spurious effects, we include several background characteristics. These characteristics are theoretically highly unlikely to operate as intermediate variables, meaning they do not intermediate the relationships between social, civic, and/or political participation. To test hypothesis H4, we include the following determinants: sex, level of education, household income (ranked into 12 groups), the income source (salaries/profits, pensions, unemployment benefits, other social benefits, and other), age (as well as age-squared to capture non-linear tendencies), marital status (married, divorced, separated, widowed and those who did not marry), household size, religious denomination (non-religious, Catholic, Protestant, Orthodox, other), attendance to religious services, citizenship length of residence in a community, and level of urbanization. Moreover, we use three contextual determinants. As a measure of economic development we used gdp/capita pps (purchasing power standards), i.e., the national income per head of the population corrected for differences in price levels. This index (where the score of 100 represents the EU average) was provided by Eurostat. Perceived corruption was measured through the Corruption Perception Index (CPI) 2002, issued by Transparency International. It ranges from 0 (no corruption) to 10 (highly corrupt). Length of democratic rule indicates how long a country has been democratic without interruption (topping off in 1920, giving the oldest democracies a maximum score of 82 years of democratic rule).

3.5 Missing values

Respondents with missing values on one of the eight indicators of social, civic, and political participation (dependent variables) were left out of the analysis. Respondents with missing values on the individual level determinants were scarce, except for the variable income. Respondents with missing values on income were assigned the average score, and controlled for with an additional dummy variable (not displayed in the models). For the other background characteristics, respondents with one or more missing values were left out of the analysis. All subsequent models are based on the same set of respondents.

3.6 Multi-level data structure

The cross-national data in this analysis have a multi-level structure: individual citizens (at level 1) are nested in countries (at level 2). We need to take this multi-level structure into account. First, it is problematic to deal with the multi-level structure in constructing a measurement model, as a multi-level factor model with few higher level cases ran into converging problems. Therefore, we performed confirmatory factor analysis on the pooled data set first, and subsequently tested to what extent the measures were factorially invariant across all countries. Second, in the structural model we corrected for the multi-level data structure using the Huber-White sandwich estimator (Huber 1967; White 1982; Freedman 2006), which is robust to non-normality and clustering.

4 Measurement model

The test of the hypotheses requires data reduction of the eight above-mentioned variables of social, civic, and political participation. Both practically and methodologically, it is hardly feasible to relate these eight variables to each other. Without data reduction, these eight variables would produce no less than 28 unique relationships between pairs of variables, from which it is difficult to proceed. Moreover, the characteristics of the eight variables differ so strongly (with regards to scale and distribution), that these 28 relationships can not be compared to each other. To solve these issues, the number of variables is reduced through comfirmatory factor analysis (cfa). As an additional advantage the (until now assumed) distinction between three factors and the (similarly assumed) assignment of variables to these factors can be tested.

Lisrel 8.80 (Jöreskog & Sörbom 2006) was used for the construction of the factor model. The eight variables were used as indicators of the underlying factors, taking the non-normal, non-metric distribution of the indicators into account through the estimation of a polychoric correlation matrix.[6] A first set of analyses was based on the pooled data set. Several factor models were compared: a one-factor model, a two-factor model, and two separate three-factor models (see Figure 1). The latter two are most interesting.

The first three-factor model (Figure 1c; Model C in Table 1) distinguishes between the three spheres of society central in this study: the intimate sphere (social participation), civil society (civic participation) and the state (political participation). Following this distinction, the three modes of social participation

---

[6] Three of the eight indicators are dichotomous, three are ordinal, while only two are quasi-metric.

(y1-y3) should be related to one factor (f1), the three modes of civic participation (y4-y6) to a second (f2), and the two modes of political participation (y7-y8) to a third (f3), therefore assuming crossloadings to be absent. This model is represented in Figure 1c.

The second three-factor model (Figure 1d; Model D in Table 1) is an extension of the first, now allowing cross-loadings to differ from zero. In line with Cohen and Arato (1992), we can divide the sphere of civil society (i.e. civic participation) into three parts, reflecting the three corners of the triangle: leisure organizations (serving leisure interests, as it were, near the intimate sphere), interest organizations (serving predominantly economic interests, as it were, near the market sphere) and activist organizations (serving overarching societal interests, as it were, near the sphere of the state). From this distinction, participation in leisure organizations (y4) has some characteristics of social participation (f1), while participation in activist organizations (y6) has some characteristics of political participation (f3). Consequently, the second three-factor model also allows for two indicators to have crossloadings on two constructs. This model is represented in Figure 1d.

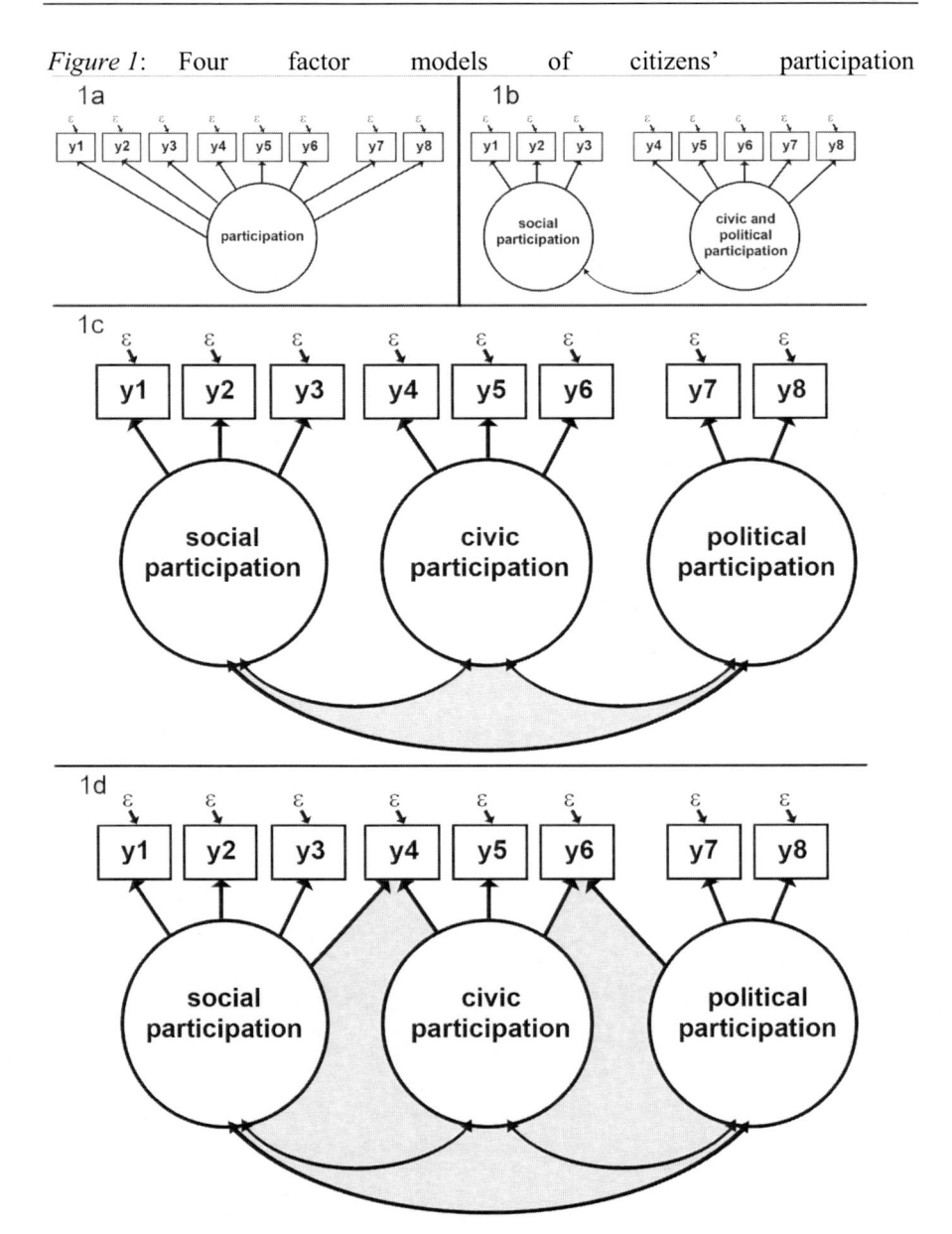

Figure 1: Four factor models of citizens' participation

Both three-factor models fit the data well, and have a significantly better fit than the one- and two-factor models. With a RMSEA of 0.044 the more extensive model (Model D) fits significantly better than the less extensive model (Model C) which has an RMSEA of 0.053 (see Table 1).[7] With two additionally estimated parameters, the Chi-square value of Model D is significantly lower than that of Model C. However, in the extensive model, several factor loadings are rather weak.

Next, a second set of analyses tested the robustness of the factor models over countries. The pooled data set was broken down into each of the seventeen countries to estimate the structure and the model fit for each country separately. Extensive analyses show that the configural invariance is rather good for Model C, but not for Model D. In Model D, in eight of the seventeen countries, one or more factor loadings (especially those of the cross-loadings) were either much stronger or much weaker, or even flipped sign, compared to the overall model. This was not the case for the less extensive Model C. This model is therefore used for the subsequent analyses.[8]

Table 1: Results: Measurement model fits

	One factor model (a)	Two factor model (b)	Three factor model (c)	Three factor model with cross-loadings (d)
RMSEA	0.079	0.064	0.053	0.044
Chi-Square	3595.63	2291.73	1373.33	858.86
Degrees of freedom	20	19	17	15
Change in Log-likelihood	-	1303.90	918.40	514.47
Number of parameters added	-	1	2	2
Significance	-	0.000	0.000	0.000

Note: Confirmatory factor analysis, eight indicators. Estimated through polychoric correlation matrix. Pooled data set.

---

[7] As a rule of thumb, below an RMSEA of 0.05 models are considered to fit the data very well, between .05 and .08 reasonably well, and below 0.03 there is a close fit.

[8] An additional test of measurement invariance was not done, because the large N within countries is very likely to produce significant results. Rather, we tested whether the use of the alternative factor model D would produce different results in the subsequent analyses. When comparing the results in paragraphs 5 and 6 (which builds on model C) with a similar analysis that builds on model D, substantially the same results were obtained, albeit with weaker associations between social and civic, and civic and political participation.

Finally, three latent variables were constructed using factorial regression scores and a standardization of the eight indicators on the pooled data set.[9] The three factors, constructed through the Lisrel analyses in line with Figure 1c, can now be used for further analysis.

5   Structural model: associations and spurious effects

The measurement model allowed the construction of the three factors; structural models allow the assessment of the individual level relationships between these factors. For that purpose, the hierarchical structure of the data should again be taken into account. Citizens are nested in countries, and the simultaneous inclusion of individual and country level characteristics necessitates a correction of the standard errors. We did this correction with the Huber-White sandwich estimator (Huber 1967; White 1982; Freedman 2006) in the software package MPlus 4 (Muthen & Muthen 2004). This estimation method is robust to non-normality and clustering, and suffices for the purposes of this study. The Satorra-Bentler scaled Chi-squared difference test (TRD) allows the comparison of the overall model-fit with this estimator (Satorra & Bentler 2001; Muthen & Muthen 2004).[10]

First, the model with the reciprocal relationships between the three factors is presented to test hypotheses H1a and H1b (see Model I in Table 2). Hypothesis H1a expects social, civic, and political participation to be positively related, whereas hypothesis H1b claims the opposite. Model I shows that social, civic, and political participation are all positively related, thereby supporting hypothesis H1a. The correlation between social and civic (0.37) and social and political participation (0.36) are moderately strong, whereas the correlation between civic and political participation (0.55) is strong.

---

[9] Using country specific regression scores and within country standardized indicators is not an option, as standardization within countries rules out any between-country variance and makes the cross-national analysis of the association between the three forms of participation relative and hard to interpret. Indeed, many individual and country level determinants were no longer significant in paragraph 5, when the country specific factor scores were used instead of the overall scores.

[10] Usually, the model fit improvement is conventionally tested for its significance by the change in the −2LogLikelihood (−2LL), which is Chi-square distributed with the number of additionally estimated parameters as the degrees of freedom. However, to compare models that are estimated with the robust maximum likelihood, it is necessary to take the difference test scaling correction (cd) into account. This is calculated by the scaling correction factors (SCF) and the degrees of freedom (df) with the formula: $cd=(df0*SCF0 - df1*SCF1)/(df0-df1)$. Next, the change in −2LL divided by the test scaling correction (TRD) is again chi-square distributed.

6 Structural model: conditional associations

Next, we assess whether these correlations are similar across groups of countries, in order to test hypotheses H2 and H3. According to these hypotheses the correlations between social, civic, and political participation differ across groups of countries: they should be stronger in longstanding democracies and non-statist countries than in newly established democracies and statist countries, respectively. Cross-level interaction effects are not an option to test these hypotheses, due to the reciprocal character of the relationships. Yet, they can be tested by multiple group analyses in structural models. In multiple group analysis the structural model is estimated for the (two) groups of countries separately, while only specific parameters are allowed to vary. If the model fit improves significantly compared to the original single model, the conclusion is justified that the countries differ with respect to these parameters. This technique is available in MPlus, which continues to take the nested data structure into account even within the groups of countries.

Table 2: Results: Structural model

	Model I. Basic model (determinants set at 0)
Model fit	
AIC	1801797.055
Log-likelihood	-900779.527
Scaling correction factor	75.187
Number of estimated parameters	9
Change in Log-likelihood	-
Number of parameters added	-
CD	-
TRD	-
Significance	-
Correlations	
Social and civic participation	0.37 (0.02)
Social and political participation	0.36 (0.01)
Civic and political participation	0.55 (0.02)

Note: Structural model, factor loadings set. Huber-White sandwich estimator.

There are two limitations to multiple group analysis here. First, although hypotheses H2 and H3 propose two institutional characteristics that might condition the relationships between social, civic, and political participation (namely former regime type and statism), these conditional effects cannot be estimated simultaneously as the classifications overlap empirically: all newly established democracies are also statist, while longstanding democracies are rather equally dispersed across types of bureaucracy. This calls for prudence in the interpretations of the findings. Second, when the correlations between the three forms of participation are allowed to vary over the groups of countries in the multiple group analyses in MPlus, *all* parameters are effectively released to vary. Especially when we take individual and contextual determinants into account below, it becomes more difficult to pinpoint a possible significant improvement of the model fit to single parameters. We cope with this issue by doing multiple group analyses both on Model I (Table 2) and on a model where we take these individual and contextual determinants into account. In multiple group analyses of Model I, changes in model fit are more clearly pinpointed to differences in correlation strength. However, these correlations are not controlled for individual and contextual characteristics. In multiple group analyses of the extensive model these controls have been inserted, but consequently differences in the correlation sizes are not considered in isolation across the two groups of countries and therefore cannot be tested for significance separately. However, the analyses do show the strength of the – controlled – correlations in the two groups of countries, which can be compared and post-hoc tested for significance by equality of correlation coefficients tests.

In hypothesis H2, the correlations between the three forms of participation were expected to be weaker in newly established democracies than in longstanding democracies. Model II in Table 3 shows that compared to Model I (Table 2), the distinction between longstanding and newly established democracies significantly improves the model fit: with only 9 additionally estimated parameters[11] the TRD decreases with 54835.75. The correlations are much lower for newly established than for longstanding democracies; especially for the relationship between civic and political participation this difference is striking (respectively 0.33 and 0.54, note that both correlations are positive). These findings support hypothesis H2 Similarly, according to hypothesis H3, the correlations between social, civic, and political participation are expected to be lower in statist than in non-statist countries. In Model III (Table 3), the results of the multiple group analysis on the basic model (Model I in Table 2) first show that the model fit improves significantly (df = 9; TRD = 9515.68). In line with expectations, only the correlation between civic and political participation is significantly smaller in statist countries (0.48) than in non-statist countries (0.54). This lends support to hypothesis H3 although the difference (0.06) is rather small.

---

[11] Next to the three correlations between the forms of participation the three group mean scores and the three within group variances are calculated resulting in 9 extra parameters.

Table 3: Results: Multiple group models, without controls for background characteristics

	Model I Basic model (Model I in Table 2)	Model II Multiple group regime type		Model III Multiple group statism	
Model compared to		Model I		Model I	
Model fit					
AIC	1801797.055	1627820.550		1570449.709	
Log-likelihood	-900779.527	-813892.275		-785206.854	
Scaling correction factor	75.187	39.178		49.739	
Number of estimated parameters	9	18		18	
Change in Log-likelihood	-				
Number of parameters added	-	9		9	
CD	-	3.169		24.291	
TRD	-	54835.754		9515.678	
Significance	-	0.000		0.000	
Correlations		Longstanding Democracies	New Democracies	Nonstatist regimes	Statist regimes
Social and civic participation	0.37 (0.02)	0.34 (0.01)	0.24 (0.02)	0.33 (0.01)	0.33 (0.03)
Social and political participation	0.36 (0.01)	0.33 (0.01)	0.24 (0.03)	0.31 (0.01)	0.33 (0.02)
Civic and political participation	0.55 (0.02)	0.54 (0.01)	0.33 (0.04)	0.54 (0.01)	0.48 (0.05)

Note: Structural model, factor loadings set. Huber-White sandwich estimator. Comparison to multiple group models

7 Structural model: conditional associations and background characteristics

In a final step, we build our most extensive models by including individual and contextual level determinants to test hypothesis H4. Hypothesis H4 emphasized the risk of spurious relationships: the correlations found above might be (partly) spurious due to individual or contextual level characteristics (like resources and incentives), while no direct causal relationship exists between the forms of participation. If hypothesis H4 holds, the inclusion of these characteristics should reduce the strength of the relationship between the three forms of participation considerably.

Model IV, V and VI in Table 4 show that the inclusion of individual and contextual level determinants indeed leads to a rather strong decline in the correlations between the three forms of participation compared to Models I, II and III, respectively. In Model IV, the correlation between social and civic participation drops significantly to 0.23, between social and political participation to 0.22 and between civic and political participation to 0.37. Additional analyses show that most of this drop is caused by individual level determinants. All in all, we find support for hypothesis H4. Note, however, that the correlations remain positive and moderately strong, and that the correlation between civic and political participation remains strongest. This still supports hypothesis H1a.

Finally, we turn to the multiple group analyses in which individual and contextual level determinants are taken into account (Models V and VI in Table 4). First, with regards to the two former regime types, we find that the model fit is significantly better in Model V than in Model IV (df = 90, TRD = 107172.34). This implies that the model is not similar for the two groups of countries. However, it is even more difficult to pinpoint this general significant dissimilarity to specific differences in correlations between the three forms of participation. Nevertheless, the correlations are weaker in newly established than in longstanding democracies by a wide margin. All differences in correlation size are significant, according to an equality of correlation coefficient test. These findings again support hypothesis H2.

Model VI in Table 4 shows that multiple group analysis of the extensive model improves the model fit significantly when we distinguish between statist and non-statist countries (df = 90; TRD = 133002.36). After the inclusions of all control factors, the correlations are lower in statist countries than in non-statist countries for all forms of participation. The correlation between civic and political participation is 0.33 in statist countries and 0.43 in non-statist countries.

Table 4: Results: Multiple group models, with controls for background characteristics

	Model IV	Model V		Model VI	
		Multiple group regime type		*Multiple group statism*	
Model compared to	Model I	Model IV		Model IV	
Model fit					
RMSEA					
AIC	1787931.236	1618267.228		1558869.602	
Log-likelihood	-893875.618	-808953.614		-779254.801	
Scaling correction factor	8.575	4.926		5.357	
Number of estimated parameters	90	180		180	
Change in Log-likelihood					
Number of parameters added		90		90	
CD		1.277		2.139	
TRD		133002.356		107172.339	
Significance		0.000		0.000	
		Longstanding	**New**	**Nonstatist**	**Statist**
Correlations		**Democracies**	**Democracies**	**regimes**	**regimes**
Social and civic participation	0.23 (0.02)	0.27 (0.01)	0.16 (0.01)	0.26 (0.01)	0.21 (0.02)
Social and political participation	0.22 (0.01)	0.26 (0.01)	0.17 (0.01)	0.25 (0.01)	0.21 (0.02)
Civic and political participation	0.37 (0.03)	0.44 (0.01)	0.25 (0.02)	0.43 (0.01)	0.33 (0.04)

Note: Structural model, factor loadings set. Huber-White sandwich estimator. Comparison to multiple group models.

Although a test for equality of correlation coefficients finds this difference to be significant, the difference remains rather small.

All in all, the analyses taking into account spuriousness fail to reject both hypothesis H2 and hypothesis H3: the positive relations between social, civic, and political participation tend to be stronger in established democracies than in former authoritarian and communist regimes (H2) and stronger in statist societies than in non-statist societies (H3). Methodologically, we find support for both. Effectively, we would argue that the distinction between democracies and authoritarian/communist has more relevance than the statist/non statist distinction, especially when we consider the empirical overlap between the clustering of countries by democratic history and by statism. Considering (a) the empirical overlap and (b) the strong differences reported in Models II and V, one would expect some of these differences to spill over to the analyses reported in III and VI.

8 Summary and discussion

This study focused on the relationships between social, civic, and political participation simultaneously and from a comparative perspective. In previous studies, they have been analyzed only separately. Although social, civic, and political participation were apparently considered to have something in common, their empirical relationships were not considered. To test hypotheses on contextual influences, it is very useful to keep different forms and modes of participation indeed unrelated – a necessity even when scholars refrain from structural modeling. However, this also clouds three questions. First, to what extent are social, civic, and political participation related? Second, to what extent are these relations conditioned by the institutional context? And third, to what extent are these relations spurious? These three research questions were central to this study.

First of all, this study shows that social, civic, and political participation are all positively related. This is rather surprising, as time and financial resources are scarce. Apparently, the positive effect of socialization is more important than scarcity of resources (even though both may be in play): through participation, citizens develop the mindset, the skills and a broader social network that incite or enable them to participate through a social spiral. Second, these positive relationships are explained for 30 to 40 percent by background characteristics like income, education, and religiosity, implying that the original relationships were to some extent spurious. Nevertheless, sizable, positive relationships remain between the three forms of participation. Third, these relations are conditioned by the institutional context. In longstanding democracies, the relations between social, civic, and political participation are stronger than in newly established democracies – although they are positive in both groups. In other words, citizens that participate in one sphere of society are more likely to participate in another sphere as well, but even more so when they live in a longstanding democracy. Again, in other words, the informal, associational and political communities show a stronger degree of overlap in longstanding than in newly established democracies.

We would expect that these differences between the longstanding and newly established democracies in Europe diminish over time. They might very much be a legacy of the former authoritarian and totalitarian regimes of Southern and Eastern Europe. Currently, the former authoritarian regimes of Southern Europe (until the 1970s) and the former totalitarian regimes of Eastern Europe (until the late 1980s or early 1990s) are very much in living memory, as several living generations have been socialized under these regimes. It will most likely take considerable time for this social legacy of authoritarian and totalitarian regimes to fully disappear: more than a decade after the fall of communism in Central and Eastern Europe and nearly three decades after the end of authoritarianism in Southern Europe we still find significant differences.

For social scientists these findings may stimulate further research. Cohort studies might reveal that the legacies of former regimes indeed play a smaller part amongst generations that were raised under democratic rule. Furthermore, longitudinal analyses can test whether cross-national differences become smaller as time progresses. For society as a whole our findings imply that democratic transition is only a starting point for societal changes in citizens' participation in various aspects of social life. It takes time for people to adapt socially to institutional changes, and social changes are slow at best.

Nevertheless, when countries make a successful transition to a democratic regime and are able to develop a stable and neutral public sphere, a liberal-democratic tradition may arise in which citizens do not need to segment their social networks, but rather step into the social spiral of citizen participation.

References

Andeweg, Rudy B./van den Berg, Steef B. (2003): Linking birth order to political leadership: the impact of parents or sibling interaction?. In: Political Psychology 24. 3. 605-623.
Badescu, Gabriel/Uslaner, Eric M. (Hrsg.) (2003): Social capital and the transition to democracy. London: Routledge.
Banfield, Edward C. (1958): The moral basis of a backward society. Glencoe: The Free Press.

Bowlby, John (1988): A secure base: Clinical applications of reflexive sociology. Chicago: University of Chicago Press.
Bowler, Shaun/Donovan, Todd/Hanneman, Robert (2003): Art for democracy's sake? Group membership and political engagement in Europe. In: The Journal of Politics 65. 4. 1111-1129.
Curtis, James/Baer, Douglas/Grabb, Edward (2001): Nations of joiners: Explaining voluntary association membership in democratic societies. In: American Sociological Review 66. 6. 783-805.
Eliasoph, Nina (1998): Avoiding politics: How Americans produce apathy in everyday life. Cambridge: Cambridge University Press.
Fiorina, Morris P. (1999): Extreme voices: A dark side of civic engagement. In: Skocpol/Fiorina (1999): 395-425.
Freedman, David A. (2006): On the so-called „Huber Sandwich Estimator" and „Robust Standard Errors". In: American Statistician 60. 4. 299-302.
Fung, Archon (2003): Associations and democracy: Between theories, hopes, and realities. In: Annual Review of Sociology 29. 1. 515-539.
Gelissen, John P.T.M. (2001): Worlds of welfare, worlds of consent? Public opinion on the welfare state. Amsterdam: Thela Thesis.
Gesthuizen, Maurice/van der Meer, Tom W.G./Scheepers, Peer (2008): Education and dimensions of social capital: do educational effects differ due to educational expansion and social security expenditure?. In: European Sociological Review 24. 5. 617-632.
Gibson, James L. (2003): Social networks, civil society and the prospects for consolidating Russia's democratic transition. In: Badescu/Uslaner (2003): 61-80.
Halpern, David (2005): Social Capital. Malden: Polity Press.
Hirschman, Albert O. (1979): Shifting involvements. Princeton: Princeton University Press.
Hooghe, Marc (2003): Value congruence as a causal mechanism for the generation of social capital. In: Hooghe/Stolle (2003): 89-112.
Hooghe, Marc/Stolle, Dietlind (Hrsg.) (2003): Generating social capital. New York: Palgrave.
Howard, Marc M. (2003a): The weakness of civil society in post-communist Europe. Cambridge: Cambridge University Press.
Howard, Marc M. (2003b): Why post-communist citizens do not join voluntary associations. In: Badescu/Uslaner (2003): 165-183.
Huber, Peter J. (1967): The behavior of maximum likelihood estimates under nonstandard conditions. In: Proceedings of the 5th Berkeley Symposium on mathematical statistics and probability (1967): 221-233.
Jepperson, Ronald L. (2000): Institutional logics: on the constitutive dimensions of the modern nation-state polities. EUI working papers RSC 2000/36.
Jepperson, Ronald L. (2002): Political modernities: disentangling two underlying dimensions of institutional differentiation. In: Sociological Theory 20. 1. 61-85.
Jöreskog, Karl G./Sörbom, Dag (2006): LISREL 8.80. Chicago: Scientific Software International.

Karp, Jeffrey A./Banducci, Susan A. (2008): Political efficacy and participation in twenty-seven democracies: how electoral systems shape political behaviour. In: British Journal of Political Studies 38. 2. 311-334.
Lichterman, Paul (2005): Elusive togetherness: How religious Americans create civic ties. Princeton: Princeton University Press.
Mars, Gerald/Altman, Yochanan (1992): A case of a factory in Uzbekistan: Its second economy activity and comparison with a similar case in Soviet Georgia. In: Central Asian Survey 11. 2. 101-112.
Meulemann, Heiner (Hrsg.) (2008): Social capital in Europe: similarity of countries and diversity of people? Multi-level analyses of the European Social Survey 2002. Leiden: Brill.
Muthén, Linda K./Muthén, Bengt O. (1998-2004): Mplus user's guide. Third edition. Los Angeles, CA: Muthén and Muthén.
Pichler, Florian/Wallace, Claire (2007): Patterns of formal and informal social capital in Europe. In: European Sociological Review 23. 4. 423-36.
Proceedings of the 5th Berkeley Symposium on mathematical statistics and probability. vol. I. Berkeley: University of California Press.
Putnam, Robert D. (1993): Making democracy work: civic traditions in modern Italy. Princeton: Princeton University Press.
Putnam, Robert D. (2000): Bowling alone: The collapse and revival of American community. New York: Simon and Schuster.
Rose, Richard (1994): Post-communist democracies and the problem of trust. In: Journal of Democracy 5. 3. 18-30.
Ruiter, Stijn/De Graaf, Nan D. (2006): National context, religiosity and volunteering: results from 53 countries. In: American Sociological Review 71. 2. 191-210.
Ruiter, Stijn (2008): Association in context and association as context: Causes and consequences of voluntary association involvement. Nijmegen: ICS.
Satorra, Albert/Bentler, Peter M. (2001): A scaled difference chi-square test statistic for moment structure analysis. In: Psychometrika 66. 4. 507-514.
Schofer, Evan/Fourcade-Gourinchas, Marion (2001): The structural contexts of civic engagement: voluntary association membership in comparative perspective. In: American Sociological Review 66. 6. 806-828.
Skocpol, Theda/Fiorina, Morris P. (Hrsg.) (1999): Civic engagement in American democracy. Washington, DC: Brookings.
Social and Cultural Planning Office of the Netherlands (2001): On worlds of welfare: institutions and their effects in eleven welfare states. Den Haag: SCP.
Stolle, Dietlind/Hooghe, Marc R.J. (2003): Conflicting approaches to the study of social capital: competing explanations for causes and effects of social capital. In: Ethical Perspectives 10. 1. 22-44.
Tocqueville, Alexis de (2000 [1835–1840]): Democracy in America. Chicago: University of Chicago Press.
Torcal, Mariano/Montero, José R. (Hrsg.) (2006): Political disaffection in contemporary democracies. Social capital, institutions, and politics. London: Routledge.
Uslaner, Eric M./Badescu, Gabriel (2003): Legacies and conflicts: the challenges to social capital in the democratic transition. In: Badescu/Uslaner (2003): 219-32.

van der Meer, Tom W.G./Scheepers, Peer/Te Grotenhuis, Manfred (2008): Does the state affect the informal connections between its citizens? New institutionalist explanations of social participation in everyday life. In: Meulemann (2008): 41-72.
van der Meer, Tom W.G./Scheepers, Peer/Te Grotenhuis, Manfred (2009b): States as molders of informal relations? A multilevel test on social participation in 20 Western countries. In: European Societies 11. 2. 233-255.
van der Meer, Tom W.G./Te Grotenhuis, Manfred/Scheepers, Peer (under review): Three types of voluntary associations in comparative perspective: applying a typology of associations to associational involvement research in 21 European countries.
van der Meer, Tom W.G./van Deth, Jan W./Scheepers, Peer (2009a): The politicized participant: ideology and political action in twenty democracies. In: Comparative Political Studies 42. 11. 1426-1457.
van der Meer, Tom W.G./van Ingen, Erik J. (2009): Schools of democracy? Disentangling the relationship between civic participation and political action in 17 European countries. In: European Journal of Political Research 48. 2. 281-308.
van Deth, Jan W. (1997): Private groups and public life: social participation, voluntary associations and political involvement in representative democracies. London: Routledge.
van Deth, Jan W. (2006): Democracy and involvement: the benevolent aspects of social participation. In: Torcal/Montero (2006): 101-129.
van Deth, Jan W. (2008): Social capital and political involvement. In: Meulemann (2008): 191–218.
van Oorschot, Wim J.H./Arts, Wil A. (2005): The social capital of European welfare states: the crowding out hypothesis revisited. In: Journal of European Social Policy 15. 1. 5-26.
Verba, Sidney/Nie, Norman H./Kim, Jae-on (1978): Participation and political equality: a seven-nation comparison. Cambridge: Cambridge University Press.
Völker, Beate/Flap, Henk (2001): Weak ties as a liability: the case of East Germany. In: Rationality and Society 13. 4. 397-428.
White, Halbert (1982): Maximum likelihood estimation of misspecified models. In: Econometrica 50. 1. 1-25.

Leistung und Zuschreibung in der Wissensgesellschaft

Daniela Rohrbach-Schmidt

1 Wissensgesellschaftliche Entwicklung und Meritokratisierung in internationaler Perspektive

Die Diffusion der Informations- und Kommunikationstechnologien, die durchschnittliche Erhöhung der Bildungsbeteiligung und -dauer sowie die Bedeutungszunahme der Wissensökonomie in industrialisierten und demokratischen Nationalgesellschaften sind jene historischen Trends, die Anlass für die These der Entstehung einer als Wissensgesellschaft bezeichneten Gesellschaftsform geben. In der Tat bildet sich ein solcher Wachstumstrend der Wissensökonomie in zahlreichen OECD-Ländern auf der Ebene von wirtschaftlichen Aktivitäten als kontinuierliche Bedeutungszunahme – jedoch (noch) nicht Dominanz – von Industrien ab, die auf die systematische Wertschöpfung von Wissen ausgerichtet sind (Rohrbach 2007; 2008). Angesichts der Textur dieses Wandels sieht mancher das Harakiri der Wissensgesellschaftsdebatte: Die Bedeutung für Beschäftigung, die von Industrien zur Produktion neuen Wissens heute ausgeht, ist gegenüber der Bedeutung von Industrien zur Herstellung der Wissensinfrastruktur (Herstellung der IuK-Technologien u.a.), dem Wissensmanagement (Beratungsdienstleistungen, Vermittlungs-, Kommunikationsdienstleistungen) und vor allem der Vermittlung von Wissen (v.a. Medien- und die Bildungsindustrien) marginal. Vor allem ist die Entwicklung aber auch durch z.T. erhebliche Unterschiede in dem quantitativen sowie qualitativen Verlauf der Wissensökonomie zwischen Ländern und innerhalb von Ländern über die Zeit gekennzeichnet.

Das Vorhandensein von quantitativen und qualitativen Unterschieden zwischen Nationalgesellschaften und innerhalb von Nationalgesellschaften über die Zeit im Hinblick auf ein zentrales Merkmal ist insbesondere dann von inhaltlicher und gleichsam methodisch-statistischer Bedeutung, wenn diese Varianz in den Zusammenhang zu Änderungen in anderen Merkmalen des nationalgesellschaftlichen Kontextes oder zu den Beziehungen zwischen Merkmalen der darin lebenden Personen gestellt werden kann. Konkret: Ändert sich mit dem Wandel in den produzierten Gütern und Dienstleistungen der Wert der hierfür eingesetzten Ressourcen und welche Konsequenzen für das Ausmaß in der Ungleichheit der Verteilung hätte dies (s.a. Rohrbach 2009)?

Tatsächlich ist die These einer Entwicklung zur Wissensgesellschaft eng mit der Annahme verbunden, dass diese stärker durch meritokratische Prinzipien organisiert sei als frühere Gesellschaften. Hinsichtlich der Angemessenheit dieser Annahme ist zunächst deshalb Skepsis angebracht, weil empirische Belege hierfür kaum vorliegen (Breen & Luijkx 2004b; Wolbers et al. 2001; Jonsson 1996; Goldthorpe & Jackson 2006; Ganzeboom & Treiman 2007; für eine ausführliche Besprechung deskriptiver Ergebnisse im Zeit- und Ländervergleich siehe Rohrbach 2008). Wenn die deskriptiven Ergebnisse von Verlaufsdaten nicht für eine Meritokratisierung sprechen, ist damit jedoch nicht ausgeschlossen, dass zwischen wissensgesellschaftlicher Entwicklung und Meritokratisierung ein positiver Zusammenhang besteht. Im Gegensatz zu den zahlreichen deskriptiven Ergebnissen liegen Arbeiten zur systematischen Erklärung von Zeit- und Länderunterschieden in den Determinanten des Zielstatus vergleichsweise selten vor. Weniger noch wird die Generaldiagnose Meritokratisierung auch statistisch in den Kausalzusammenhang zur Wissensgesellschaft gebracht.

Dieser Beitrag hat zum Ziel, Antworten auf die Frage nach einer ursächlich mit der Wissensgesellschaft in Zusammenhang stehenden Meritokratisierung zu liefern. Dabei wird in Ergänzung der Ergebnisse an anderer Stelle (Rohrbach 2008) auch der Frage nach einer Änderung in der Bedeutung herkunftsbezogener Merkmale nachgegangen.

Die Beantwortung dieser Fragen verlangt zunächst einen längsschnittlichen Vergleich über einen angemessen langen Zeitraum. Zudem bezieht sich die These einer mit der Wissensgesellschaft verbundenen Meritokratisierung nicht nur auf die Entwicklung der letzten Jahrzehnte in einer, sondern in mehreren oder sogar in allen modernen Gesellschaften. Der Beitrag trägt dem Rechnung, indem zusätzlich zu der zeitlichen auch die räumliche Dimension in den Analysen berücksichtigt wird. Hierbei wird eine „Variablen orientierte Methode des Vergleichs" (Ragin 1987) angegangen. Nicht das Herausarbeiten (weniger) spezifischer historischer Fälle, sondern die Überprüfung der Hypothesen in möglichst vielen Fällen von Ländern ist das Ziel. Aufgrund der Datenlage und der besseren Kontrollierbarkeit relevanter Faktoren wird zudem die Strategie eines „most-similar system designs" (Pzerworski & Teune 1970) verfolgt. Die Prüfung der Hypothesen erfolgt für insgesamt neun OECD Länder von 1985 bis 2000.

Der Beitrag ist wie folgt gegliedert: Im folgenden Abschnitt wird diskutiert, auf welche Weise das mikrosoziologische Erklärungsmodell des Stratifikationsprozesses zu einem Mehrebenenmodell so erweitert werden kann, dass der Frage von Wissensgesellschaft und Meritokratisierung anhand von Personen- und Länderdaten empirisch nachgegangen werden kann. Hiermit können schließlich Hypothesen über die Individualeffekte von Bildung und Herkunftsstatus auf den Zielstatus und Effekthypothesen zum moderierenden Einfluss von Landes- auf

Personenmerkmale formuliert werden. Im dritten Abschnitt werden Daten, Variablen und Methoden erläutert, die für den Versuch einer Falsifizierung der Hypothesen verwendet werden. Schließlich werden im vierten Abschnitt die Ergebnisse der Analysen präsentiert. Der letzte Abschnitt bewertet die Ergebnisse vor dem Hintergrund des Forschungsstandes und leitet Aufgaben für zukünftige Forschung ab.

2 Ein-Ebenenmodell des Stratifikationsprozesses

Aus der *intra*generationalen (Lebens-)verlaufsperspektive kann das Einnehmen einer sozialen Zielposition als zweistufiger Prozess von der sozialen Herkunft zum Bildungsabschluss (OE) und von diesem zur beruflichen Position bzw. ihrer Entlohnung (ED) betrachtet werden (das sogenannte „OED Dreieck" oder die „Meritokratische Triade", Blau & Duncan 1967).

Die intragenerationale Perspektive muss hier durch eine *inter*generationale ergänzt werden, insofern, als dass nicht die Beziehungen in der Triade als solches, sondern die historische und nationalstaatliche Varianz zur Debatte steht: Mit dem Wandel in den produzierten Gütern und Dienstleistungen in Richtung einer vom Wissenssektor dominierten Wirtschaft soll sich der Wert der dabei eingesetzten leistungsmäßigen und leistungsunabhängigen Merkmale der Individuen verändern, und zwar zu Gunsten der leistungsmäßigen Merkmale.

Eine Reihe von Autoren erwarten eine zunehmende Assoziation zwischen Bildung und Arbeitsmarkterfolg (erzielter Status, Einkommen etc.) und eine Abnahme bildungsferner Merkmale oder einen Wandel von „Achievement over Ascription" (Blau & Duncan 1967) mit der Modernisierung von Gesellschaften (Parsons 1951, 1954; Kerr et al. 1966; Smelser & Lipset 1966; Lipset & Zetterberg 1954; Bendix & Lipset 1954; Treiman 1970; Husén 1974). In den frühen Arbeiten (insbesondere Bell 1972; 1973) ist die These eines berufsstrukturellen *Upgradings* und der damit einhergehenden Bildungsexpansion und Wohlstandsmehrung enthalten: Die Tätigkeiten in den Wachstumsindustrien würden sich durchschnittlich durch hohe Anforderungen an theoretisches Wissen und technische Expertise und folglich durch höhere Produktivität auszeichnen. Diese wachsenden Anforderungen seien nur in hohen Bildungsinstitutionen und bei hohen kognitiven Fähigkeiten erwerbbar. Insofern, als dass das Bildungssystem zur Deckung der steigenden Nachfrage nach solchen durch Bildungsabschlüsse formal nachweisbaren Fähigkeiten mit Hilfe politischer Intervention deutlich expandiere, realisiere das Bildungswesen stärker als zuvor Chancengleichheit[1]: Da der Herkunftseffekt in höherer Bildung geringer sei, führe eine Expansion in der Bildungsbeteiligung und -dauer insgesamt zu einer Abnahme der Bedeutung askriptiver Eigenschaften im Zielstatus (vgl. Bell 1973: 242[2]). Gleichzeitig sinke auch mit der Abnahme von (v.a. agrarischen) Familienunternehmen der direkte Herkunftseinfluss auf sozialen Status (vgl. ebd.: 361). Die Vergabe von Stellen finde dann seitens der Arbeitgeber nach der Maßgabe eben des „educated talent" statt, um die nötigen Anreize für die Begabtesten zu setzen und in der Folge den technischen und wirtschaftlichen Fortschritt so effizient wie möglich zu gestalten. In der Wissensgesellschaft könne der erreichte Status damit als in fairem Leistungswettbewerb erworben und somit als gerecht gelten („earned status ... of rational authority by competence"; ebd.: 453). Kurz: Sowohl aus funktionalen als auch normativen Gründen nehme mit steigendem Ausbau der Wissensgesellschaft der Einfluss von Bildung für das Erreichen einer sozialen Position und das Erzielen von Einkommen absolut zu und der Einfluss zugeschriebener Merkmale ab (Meritokratiehypothese).

In jüngster Zeit sind die modernisierungstheoretischen Annahmen einer stärker leistungsbezogenen Schließung[3] in verschiedener Hinsicht angegriffen worden. Im Hinblick auf die intergenerationale Assoziation zwischen Bildungsstatus und Zielstatus zeichnet sich keine Zunahme in der Bedeutung von leistungsbezogenen Merkmalen ab (vgl. Hout & DiPrete 2006: 8). Zudem ist die relative Konstanz von Herkunftseffekten für die Schulleistung in ländervergleichenden Arbeiten trotz Bildungsexpansion demonstriert worden (Shavit &

---

[1] Insbesondere ist die egalisierende Wirkung der Bildungsexpansion aufgrund sinkender privater Kosten für Bildung und damit der Reduzierung sekundärer Effekte der Bildungsungleichheit besprochen worden (vgl. Shavit & Blossfeld 1993). Wenn auch neuere Arbeiten zur herkunftsbedingten Ungleichheit im Bildungssystem Anzeichen für eine Zunahme von Chancengleichheit in einigen Ländern liefern, so ist der Fortbestand von Herkunftseffekten für die Schulleistung in allen untersuchten Ländern bis heute jedoch eine Tatsache (Breen & Jonsson 2005; Shavit et al. 2007).

[2] Bell diskutiert ausführlich, inwieweit es plausibel ist, eine mit der Expansion verbundene Abnahme von Herkunftseffekten zu vermuten (ebd., S. 232-242). Wenn er letztlich einer solchen Annahme zustimmt, so macht er jedoch auf die Gefahr eines Fortbestandes der Herkunftsunterschiede durch das System unterschiedlich angesehener Bildungsinstitutionen aufmerksam (v.a. private vs. öffentliche Universitäten, vgl. ebd.. 242 ff.)

[3] Unter diesen Autoren ist zwischen denjenigen zu unterscheiden, die einen absoluten Bedeutungsgewinn von Bildung behaupten und solchen, die einen relativen Zuwachs erwarten. Gegenüber Bell betonen einige Arbeiten als Ursache für den Wandel von „achievement over ascription" stärker das Wachstum bürokratischer Institutionen und die Verbreitung universalistischer Werte (Blau & Duncan 1967; Parsons 1951; Treiman 1970) oder das bei höherem Wachstum erreichte geringere Einkommensgefälle (Kerr 1966; Lenski 1966) als die sich aus dem sektoralen und beruflichen Wandel ergebende funktionale Notwendigkeit (auch Davis & Moore 1945; Smelser & Lipset 1966). Mithin steige die Bedeutung von Bildung zumindest relativ, nämlich zu Gunsten der Abnahme der askriptiven Eigenschaften, an (vgl. auch Jonsson 1996: 115; Goldthorpe 1996; DiPrete & Grusky 1990).

Blossfeld 1993, Pfeffer 2008)[4]. Im Gegensatz zu einer normativ-funktionalen Argumentation betrachten Matchingmodelle die Platzierung einer Person am Arbeitsmarkt und ihre Entlohnung als eine übereinstimmend getroffene rationale Entscheidung beider Akteure unter der Berücksichtigung von Gelegenheitsstrukturen und Präferenzen (Granovetter 1981; Kalleberg & Sørensen 1979, für eine stärker formalisierte Darstellung siehe Neal & Rosen 2000: 397 ff.). Aus Sicht des Bewerbers bzw. Stelleninhabers werden die Eigenschaften der Stelle im Hinblick auf präferierte Arbeitsbedingungen (wie Anforderungen, Aufstiegschancen und Einkommen) gegenüber alternativen Stellen oder Arbeitslosigkeit abgewogen. Die Entscheidung des Arbeitgebers ist darauf ausgerichtet, möglichst den produktivsten und gleichzeitig kostengünstigsten Bewerber für die Stelle gewinnen bzw. auf der Stelle halten zu können. Die Wahrscheinlichkeit für die Allokation hängt also negativ mit den erwarteten Kosten für die nötige Einarbeitung eines Bewerbers zusammen. Für die Einschätzung der Kosten wird der Bildungsabschluss als ein Signal für individuelle Fähigkeiten und Produktivität herangezogen (Spence 1973).

Es ist zudem anzunehmen, dass die Verfügung über von der Herkunftsfamilie vermittelte berufsrelevante Ressourcen wie berufliche Netzwerke (soziales Kapital) und Fachkenntnisse (z.B. bei Berufen der Landwirtschaft) die Wahrscheinlichkeit für eine Allokation bzw. Entlohnung erhöhen (vgl. Jonsson 2006). Daneben können andere Attribute wie das Geschlecht des (zukünftigen) Stelleninhabers, die soziale oder ethnische Herkunft insofern eine diskriminierende Rolle spielen, als dass sie als Signale für geringere Produktivität bzw. höhere Einarbeitungskosten gewertet werden (vgl. Arrow 1973; s. a. Franz 2006: 340ff.).

Nun lässt sich annehmen (vgl. Müller et al. 2002: 38-40), dass sich die strukturellen Bedingungen, unter denen die Individuen die Entscheidungen treffen, unterscheiden, während die individuellen Mechanismen, die zu einem Match führen, konstant sind. Dabei sollten sich die Unterschiede in den strukturellen Gegebenheiten der Arbeitsmärkte[5] zwischen Ländern bzw. im Zeitverlauf vor

---

[4] Ergebnisse der Analyse von Effekten sozialer Klasse auf den Bildungsstatus zeigen dagegen Anzeichen für eine Abnahme.
[5] Neben den Thesen zum Stratifikationssystem in der Perspektive der veränderten Arbeitsmarktstrukturen erklären einige Arbeiten eine Bedeutungsänderung von Bildung makrosoziologisch unter Rückgriff auf den institutionellen Kontext von Gesellschaften (siehe den Überblick in Beller & Hout 2006 sowie Birkelund 2006; Gangl 2003). Die Hypothesen zur politischen Intervention halten der Kritik einer fehlenden Mikrofundierung sicher eher stand als die nahezu rein makrosoziologisch argumentierenden Hypothesen der Theorien zur Wissensgesellschaft. Sie liefern wichtige Einsichten in die Variabilität der Effektstärke zwischen Bildung und sozialem Zielstatus, die durch länderspezifische Konfigurationen in den dominanten institutionellen Strukturen zu Stande kommen. Jedoch berücksichtigen sie abseits dessen die Veränderungen in der Nachfrage nach bestimmten Qualifikati-

allem auf das Verhalten der Arbeitgeber auswirken. Während der (zukünftige) Einkommensbezieher immer das bestmögliche Angebot wählen sollte, hängt die Einschätzung der erwarteten Kosten bei gegebenen bildungsmäßigen und anderen Signalen und deren Entlohnung durch den Arbeitgeber mindestens auch von dem Verhältnis von Angebot und Nachfrage nach Qualifikationen auf dem Markt ab (vgl. Kingston 2006; Birkelund 2006).

Dabei kann im Hinblick auf die Nachfrageentwicklung gegenüber den modernisierungstheoretischen Annahmen eines berufsstrukturellen *Upgradings*, also der Annahme einer in den Qualifikationen monoton steigenden Nachfrageentwicklung eine *Polarisierungsthese* formuliert werden (Autor et al. 2003; s.a. Kern 1998; Brose 1998; s.a. Esping-Andersen 2004: 116 ff.): Demnach begünstigt bzw. benachteiligt der technische Fortschritt nicht hohe gegenüber geringen Qualifikationen, sondern Nichtroutine- gegenüber Routinebeschäftigung. Aus der Perspektive der Qualifikationsverteilung bedeutet dies vor allem einen Rückgang in den mittleren Qualifikationsniveaus. Entwickelt sich die Nachfrage nach Qualifikationen tatsächlich in Richtung einer Polarisierung – und das legen Ergebnisse für die USA, das Vereinigte Königreich, Deutschland und andere europäische Länder nahe (u.a. Autor et al. 2006; Goos & Manning 2007; Goos et al. 2009) –, so kann vor dem Hintergrund des Matchingansatzes mit wissensgesellschaftlicher Entwicklung der durchschnittliche Wert von Bildung durchaus konstant bleiben bzw. absinken. Es ist vorstellbar, dass zwar die hohen Qualifikationen an relativem Wert gewinnen, die mittleren Bildungsniveaus und mithin die Mehrheit der Bevölkerung aber einen Wertverlust der eigenen Qualifikationen hinnehmen muss: Entweder durch den relativen Produktivitätsrückgang innerhalb der Routinetätigkeiten oder durch eine Verdrängung qualifizierter Personen in manuellen Nichtroutinetätigkeiten könnte der Wert der mittleren Qualifikationen aus Sicht der jeweiligen Arbeitgeber sinken. Aus Sicht der Stellenbewerber/ -inhaber kann der relative Einkommensverlust eben dadurch in Kauf genommen werden, dass sie die Verwertungschancen ihrer Qualifikationen in einer anderen Stelle als gering einschätzen und geringere Einkommen angesichts ihrer schlechten Verhandlungsmacht der Arbeitslosigkeit noch vorziehen. Im Mittel könnte dann entgegen der Meritokratiehypothese gelten, dass je höher der Anteil der im Wissenssektor Beschäftigten an allen Beschäftigten ist, desto geringer ist der Ertrag von Bildung für das Einkommen (*Entwertungshypothese*).

Schließlich wird das Meritokratieargument noch von Seiten klassentheoretischer Arbeiten in Frage gestellt: Viel mehr als die formalen Qualifikationen erhöhe der berufsstrukturelle Wandel die Bedeutung von nicht-formalen Qualifikationen, also den so genannten „soft skills" (Breen & Goldthorpe 2001, s.a.

---

onen nicht und können Veränderungen innerhalb von Ländern über die Zeit nicht ausreichend erklären (Müller & Shavit 1998: 42).

Castells 2001: 235). Insbesondere in manchen schnell expandierenden Branchen könne es durchaus rational sein, andere als bildungsmäßige Eigenschaften der Bewerber positiv zu bewerten. Dies entspricht der These einer Entkopplung von Bildungs- und Berufswesen (vgl. Müller 1998). Im Gegensatz zu einer Entwertung von Bildung durch relative Werteverluste einzelner Bildungsgruppen ist eine Entkopplung von formaler Bildung und Einkommen durch das Entstehen gänzlich neuer formaler und nicht-formaler Qualifikationsanforderungen denkbar: Wenn es zu relativ kurzfristigen, aber drastischen wirtschaftlichen Veränderungen kommt, können Arbeitgeber in expansiven Branchen darauf angewiesen sein, Personen ohne die formalen Berechtigungsnachweise einzustellen (*Entkopplungshypothese*). Entweder zeichnen diese Personen sich dadurch aus, dass sie diese Qualifikationsanforderungen nur formal nicht erfüllen, tatsächlich aber über die nachgefragten Fähigkeiten verfügen oder – und dies ist ähnlich plausibel – Arbeitgeber bewerten in solchen Situationen Merkmale der Individuen höher, die mit formaler Schulleistung nur bedingt zusammenhängen und sogar herkunftsbezogen sein können: es zählen dann stärker soziale und kommunikative Kompetenzen und Persönlichkeitsmerkmale (*Reproduktionshypothese*).

3 Daten, Variablen und Methode

Die Hypothesen beanspruchen Gültigkeit in vielen oder sogar allen ausgebauten Dienstleistungsgesellschaften. Der Aufsatz folgt demgemäß einer „variablenorientierten" Methode des Vergleichs (Ragin 1987: 30ff.) mit dem Ziel, so viele Länder wie möglich für die Analyse heranzuziehen. Darüber hinaus wird vor dem Hintergrund von Zeit, Kosten und Expertise die Strategie eines „most similar systems design" (Przeworski & Teune 1970: 32ff) verfolgt. Jedoch gilt es zu berücksichtigen, dass die Validität der Ergebnisse zuvorderst von der funktionalen Äquivalenz der Messungen abhängt, d.h. der räumlichen und zeitlichen Vergleichbarkeit der Daten (Hoffmeyer-Zlotnik, 2003; Harkness et al. 2003: 8). Vor diesem Hintergrund werden die Hypothesen mit Verlaufsdaten von 1985 bis 2000 und ländervergleichend für folgende neun Nationalgesellschaften einer Prüfung unterzogen: Australien (AUS), Österreich (AUT), Kanada (CAN), Frankreich (FR), Deutschland (GER), Neuseeland (NZ), Norwegen (NOR), Schweden (SWE) und die Vereinigten Staaten von Amerika (USA).

Die Personendaten stammen aus dem International Social Survey Programme 1985 bis 2000 (ISSP, 2009)[6]. Die funktionale Äquivalenz der Messung ist

---

[6] Die Daten wurden von GESIS - Leibniz-Institut für Sozialwissenschaften, Abteilung Datenarchiv für Sozialwissenschaften freundlicherweise zur Verfügung gestellt. Im Einzelnen enthielten diese die ZA-Studien mit den folgenden ZA-Studiennummern: ZA1490 (1985), ZA1620 (1986), ZA1680

beschränkt, nichtsdestotrotz führen Rekodierungsarbeiten und Aggregierungen zu einem weitgehend länder- und zeitvergleichenden Datensatz (für Details siehe Rohrbach 2008). Im Hinblick auf die zeitliche Dimension stellt sich die Frage nach der angemessen Vergleichsbasis für die kumulierten Daten. Anstelle des Vergleichs von Kohorten werden die Erhebungsjahre verglichen, d.h. es wird eine Periodenperspektive verfolgt[7].

Auf der Personenebene wird das persönliche, logarithmierte Nettostundeneinkommen in Kaufkraftparitäten als abhängige Variable verwendet, so dass das Sample auf die erwerbstätige Bevölkerung mit einem regelmäßigen Einkommen beschränkt wird. Im Hinblick auf die zentral interessierende Bildungsvariable wurden die direkt erhobenen Angaben zur Anzahl der absolvierten Schuljahre (trunkiert auf Werte bis 25) verwendet. Zudem wurden die Angaben zum höchsten nationalen Bildungsabschluss in eine kategoriale Variable rekodiert, die zwischen primären, sekundären und tertiären Abschlüssen unterscheidet (OECD 1999; UNESCO 2003b; zur Problematik mangelnder funktionaler Äquivalenz von Bildungsvariablen in internationalen Vergleichen s. Schneider 2008). Die Zusammenhangsstärke zwischen beiden Variablen beträgt $eta^2=.58$, mit 8,1 mittleren Bildungsjahren für höchstens einen primären Abschluss, 11,3 für einen sekundären und 15,9 für einen tertiären Abschluss.

Informationen zur sozialen Herkunft liegen in Form von dem Beruf des Vaters[8], seltener in Form der Bildung des Vaters bzw. Informationen zum Beruf oder der Bildung der Mutter in den Datensätzen vor. Aufgrund der Datenlage ist die Konzentration auf die Berufsinformation des Vaters ratsam. Die nach Ländern und Zeitpunkten variierenden Berufsklassifikationen wurden zunächst in die Internationale Standardklassifikation der Berufe (ISCO-88) und dann in den internationalen sozioökonomischen Index des beruflichen Status (ISEI) rekodiert. Die ISEI-Werte variieren zwischen 16 (niedrigster Status) und 90 (höchster Status). Neben diesen zentralen erklärenden Variablen wird in den Modellen für das Geschlecht (Referenz weiblich), Berufserfahrung (in Jahren,

---

(1987), ZA1700 (1988), ZA1840 (1989), ZA1950 (1990), ZA2150 (1991), ZA2310 (1992), ZA2450 (1993), ZA2620 (1994), ZA2880 (1995), ZA2990 (1996), ZA3090 (1997), ZA3190 (1998), ZA3430 (1999), ZA3562 (Dänemark 1999), ZA3440 (2000). Im Folgenden wird mit „ISSP 1985-2000" auf den kumulierten Datensatz verwiesen. Der erstellte kumulierte File wurde GESIS übergeben.

[7] Zunächst liegen nur Daten für das aktuelle Einkommen vor. Die Verwendung von Geburtskohorten würde bedeuten, dass Periodeneffekte nicht von generationalen oder Lebenslaufeffekten getrennt werden könnten. Der Vergleich von Umfragejahren minimiert das Problem, weil in etwa die gleiche Altersverteilung in jeder Stichprobe von Länderzeitpunkten enthalten ist. Zweitens werden in diesem Beitrag die Effekte von Arbeitsmarktstrukturen auf Personenmerkmale untersucht, von denen anzunehmen ist, dass sie alle Marktteilnehmer unabhängig von ihrer Kohorte oder Alter beeinflussen sollte (van de Werfhorst, 2007: 245).

[8] Leider wurde nur teilweise der Beruf des Vaters zum Zeitpunkt, als der Befragte 15 Jahre alt war, erfragt.

einfacher und quadrierter Term), eigener sozioökonomischer Status, höchster Bildungsabschluss, Aufsichtsfunktion, selbstständige Tätigkeit, Gewerkschaftsmitgliedschaft, Wohnort (Stadt/Land) und Familienstand kontrolliert. Die multivariaten Modelle basieren auf 14.406 (14.082[9]) Fällen in 24 (23[9]) Länderzeitpunkten.

Die deskriptiven Statistiken für die zentralen Variablen auf der Personenebene des ISSP-Samples sind den Tabellen 1 und 2 zu entnehmen[10]. Auf Grund der eingängigeren Darstellung wird hier im Unterschied zu den multivariaten Analysen nicht das logarithmierte Nettostundeneinkommen, sondern das monatliche Nettoeinkommen als abhängige Variable verwendet[11]. Tabelle 1 weist für die kontinuierlichen Merkmale die bivariaten Korrelationen, den Mittelwert, die Standardabweichung, Minimum und Maximum für das Sample aus, auf dem die geschachtelten Modelle der multivariaten Analysen (siehe Abschnitt 4) basieren. Die Kennziffern entsprechen in ihrer Höhe und ihren Vorzeichen den in der Literatur üblichen Werten[12].

Basierend auf dem gleichen Sample enthält Tabelle 2 geeignete deskriptive Statistiken für die kategorialen Merkmale: die prozentualen Anteile der Ausprägungen im Sample, die Mittelwerte im monatlichen Nettoeinkommen für die einzelnen Ausprägungen sowie die Zusammenhangsstärke der kategorialen Variablen mit dem Einkommen. Insofern, als dass die Kennziffern erwartungsgemäße Werte annehmen und der Fokus auf den multivariaten Analysen im folgenden Abschnitt liegt, wird wie gleichermaßen für die kontinuierlichen Maße auf eine detaillierte Besprechung verzichtet.

Den Mikrodaten des ISSP werden für die einzelnen Länderzeitpunkte Makrovariablen für die Nachfrage nach und dem Angebot an Qualifikationen zugespielt. Für Ersteres werden die mit harmonisierten volkswirtschaftlichen Gesamt-

---

[9] Fallzahlen für Modelle mit jährlicher Änderungsrate.

[10] Deskriptive Statistiken für Modelle mit der Wachstumsrate im Beschäftigungsanteil des Wissenssektors (Nj-1) weichen nur minimal von denjenigen in Tabelle 1 und 2 ab. Auf eine Darstellung wird verzichtet. Ergebnisse können bei der Autorin angefordert werden.

[11] Für einige bivariate Zusammenhänge ergeben sich gegenüber einem durch die Stundenanzahl dividierten Monatseinkommen dabei deutlich verschiedene Effektstärken und im Fall von Gewerkschaftsmitgliedschaft und Selbstständigkeit sogar eine umgekehrte Richtung des Zusammenhangs.

[12] Der ungewöhnlich niedrige Wert für das Minimum des Monatseinkommens geht auf (113) Fälle aus den USA-Stichproben zurück, bei denen im Gegensatz zu den meisten anderen Länderstichproben die jährlichen Bruttoeinkommen erfragt wurden. Es ist davon auszugehen, dass die niedrigen Werte zumindest teilweise der notwendigen, aber künstlichen Transformation in Monatseinkommen (Division durch 12) geschuldet sind. Aufgrund der zahlenmäßig geringen Bedeutung und einer der Gesamtstichprobe ansonsten entsprechenden Verteilung der Einkommensvariable in den USA wird darauf verzichtet, die Fälle nicht zu berücksichtigen. Weiterhin ist die bivariate Korrelation zwischen der Variable Bildungsjahre und ISEI Befragter (erwartungsgemäß) hoch, jedoch nicht in dem Maße, dass ein Multikollinearitätsproblem im beträchtlichen Umfang vorliegt. Das Ausmaß der Varianzinflation ist gering (VIF < 2).

rechungsdaten (OECD 2003, 2001) berechneten Beschäftigungsanteile im Wissenssektor an der Gesamtwirtschaft zur Prüfung der Entkopplungs- und Reproduktionshypothese und deren jährliche Änderungsraten verwendet (für die Abgrenzung der Industrien in die vier Sektoren siehe Rohrbach 2007). Daten für das Angebot an Qualifikationen – genauer die durchschnittliche Anzahl an Schuljahren in der Bevölkerung im Alter von 25 und älter bzw. ihre jährliche Änderungsrate – sind dem „Barro & Lee"-Datensatz (Barro & Lee 2001) entnommen. Die Wertebereiche und arithmetischen Mittel dieser Makrovariablen (wie auch der Level-1 Variablen) sind in der Ergebnistabelle 3 der multivariaten Analysen aufgeführt.

Die Frage nach Änderungen im Stratifikationssystem in Richtung Meritokratie wurde oben präzisiert als Frage danach, ob der Anteil der im Wissenssektor beschäftigten Personen an der Gesamtwirtschaft (unter Kontrolle des Arbeitskräfteangebots und anderer Variablen) die Beziehung zwischen Bildung und Einkommen bzw. sozialer Herkunft und Einkommen zu moderieren in der Lage ist. Allgemeiner formuliert besteht die Aufgabe also darin, zu prüfen, ob sich der Einfluss von Individualmerkmalen (auch) durch theoretische Systemmerkmale erklären lässt. Im Prinzip kann diese Fragestellung mit Querschnittdaten bearbeitet werden. Jedoch wird die Analyse in dieser Arbeit mit der Berücksichtigung kumulierter Querschnitte und somit einer Mehrzahl von Länderzeitpunkten auf eine solide Basis gestellt. Dies bedeutet für das statistische Modell jedoch, dass die Zugehörigkeit der Elemente der Individualebene sich aus einer Kombination aus Ländern und Zeitpunkten ergibt.

Leistung und Zuschreibung in der Wissensgesellschaft 295

Tabelle 1: Deskriptive Statistiken für die kontinuierlichen Merkmale in den multivariaten Analysen

	(1)	(2)	(3)	(4)	(5)	(6)
(1) Persönl. monatl. Nettoeinkommen	1,000					
(2) Jahr der Datenerhebung	,203***	1,000				
(3) Bildung in Jahren	,347***	,239***	1,000			
(4) Berufserfahrung in Jahren	-,016	-,056***	-,457***	1,000		
(5) ISEI Befragter	,376***	-,075***	,521***	-,161***	1,000	
(6) ISEI Vater des/r Befragten	,177***	,059***	,350***	-,190***	,310***	1,000
Mittelwert	1846,39	1992,37	12,32	23,30	47,23	41,09
Standardabweichung	1320,80	3,93	3,37	11,34	16,32	15,91
Minimum	41,67	1985	0,00	0,00	16,00	16,00
Maximum	21715,63	2000	25,00	58,00	90,00	90,00
n_i	14406	14406	14406	14406	14406	14406
n_j	24	24	24	24	24	24

Anmerkung: In US-Dollar-Paritäten, kaufkraftbereinigt. ISEI: Internationaler sozioökonomischer Index des beruflichen Status *: $p \leq 0{,}05$, **: $p \leq 0{,}01$; ***: $p \leq 0{,}001$ (zweiseitiger Test). Quelle: ISSP 1985-2000 (ungewichtet), eigene Berechnungen.

Jede Person ist sowohl einem Land und einem Zeitpunkt eindeutig zuzuordnen; im Prinzip können Abhängigkeiten zwischen Personen eines Landes zu unterschiedlichen Zeitpunkten, aber auch zwischen Personen mit gleichen Befragungszeitpunkten aus verschiedenen Ländern bestehen. Die Datenstruktur ist somit nicht rein hierarchisch. Im Fall einer solchen Datenstruktur können kreuzklassifizierte Modelle berechnet werden (vgl. Rabe-Hesketh & Skrondral 2009: 249; Raudenbush & Bryk 2002: 373 ff.). Aufgrund der geringen Fallzahlen für die beiden Ebenen, d.h. elf (zehn) Zeitpunkten und neun Ländern, werden jedoch einfache hierarchische Regressionen gerechnet. Die unabhängigen Variablen gehen dabei als um ihren Gesamtmittelwert zentrierte Werte ein. Im Gegensatz zu der Vorgehensweise in Rohrbach (2008) wird hier darauf verzichtet, die Daten demographisch und populationsmäßig (auf eine gleiche Stichprobengröße) zu gewichten. Gegenüber dem dort verwendeten (umfangreicheren) Ländersample sind die Unterschiede in der Bevölkerungsgröße zwischen den untersuchten Nationalgesellschaften deutlich geringer.[13]

Tabelle 2: Deskriptive Statistiken für die kategorialen Merkmale in den multivariaten Analysen

	Prozentanteile der Ausprägungen	Mittelwerte persönl. monatl. Nettoeinkommen	Eta^2
(7) Geschlecht Männlich	57,99	2180,8	,088***
R.kat.: *Geschlecht Weiblich*	*42,01*	*1384,8*	
(8) Tertiärer Bildungsabschluss	30,48	2453,0	,108***
Sekundärer Bildungsabschluss	56,93	1671,6	
R.kat.: *Primärer Abschluss*	*12,59*	*1168,0*	
(9) Aufsichtsfunktion	45,33	2263,4	,083***
R.kat.: *Keine Aufsichtsfunktion*	*54,67*	*1500,6*	
(10) Gewerkschaftsmitglied	37,96	1818,5	,0002*
R.kat.: *Kein Gewerkschaftsmitglied*	*62,04*	*1863,3*	
(11) Wohnhaft in der Stadt	71,57	1955,6	,017***
R.kat.: *Wohnhaft auf dem Land*	*28,43*	*1571,6*	
(12) Selbstständige Tätigkeit	12,95	2214,7	,012***
R.kat.: *Keine selbstständige Tät.*	*87,05*	*1791,6*	
(13) Verheiratet	74,80	1883,4	,002***
R.kat.: *Unverheiratet/geschieden.*	*25,20*	*1736,5*	

Anmerkung: In US-Dollar-Paritäten, kaufkraftbereinigt. *: p ≤ 0,05, **: p ≤ 0,01; ***: p ≤ 0,001 (zweiseitiger Test); R.Kat = Referenzkategorie. Quelle: ISSP 1985-2000 (ungewichtet), eigene Berechnungen.

4 Leistung und Zuschreibung in neun OECD-Ländern zwischen 1985 und 2000

Das leere Interzeptmodell informiert über die Varianzaufteilung in der Einkommensvariable zwischen der Personen- und der Länderzeitebene. Demnach sind knapp 19 Prozent der Unterschiede im kaufkraftbereinigten Befragteneinkommen auf Unterschiede zwischen den Länderzeitpunkten und damit etwa 81 Prozent auf Unterschiede zwischen Personen innerhalb dieser Kontexte zurückzuführen. Über alle Zeitpunkte und Länder hinweg beträgt das mittlere Stundeneinkommen umgerechnet knapp neun konstante US-Dollar.

---

[13] In dem hier verwendeten Ländersample sind die vergleichsweise wenigen Fälle für die in den Modellen verwendeten Variablen für die Niederlande, Belgien, Finnland, Spanien und Portugal nicht enthalten.

Tabelle 3: Hierarchisch-lineare Einkommensregressionen

	Leeres Interzept-Modell	Modell 1	Modell 2	Modell 3	Modell 4	Modell 3a	Modell 4a
LEVEL 1: Individuen							
Geschlecht:							
Männlich		0,1966***	0,1967***	0,1957***	0,1944***	0,1897***	0,1893***
		(0,0096)	(0,0096)	(0,0096)	(0,0096)	(0,0096)	(0,0096)
Berufserfahrung in Jahren [W: 0,0 - 58,0; M: 23,3][a]		0,0217***	0,0217***	0,0218***	0,0222***	0,0215***	0,0220***
		(0,0017)	(0,0017)	(0,0017)	(0,0017)	(0,0017)	(0,0017)
Berufserfahrung in Jahren quadriert (*10)		-0,0031***	-0,0031***	-0,0031***	-0,0032***	-0,0031***	-0,0032***
		(0,0003)	(0,0003)	(0,0003)	(0,0003)	(0,0003)	(0,0003)
Bildung in Jahren [W: 0,0 - 25,0; M: 12,3][a]		0,0213***	0,0214***	0,0214***	0,0223***	0,0204***	0,0272***
		(0,0024)	(0,0025)	(0,0025)	(0,0046)	(0,0025)	(0,0045)
Sozialstatus des Vaters in ISEI [W: 16,0 - 90,0; M: 41,1][a]		0,0015***	0,0015***	0,0015***	0,0016***	0,0019***	0,0015***
		(0,0003)	(0,0003)	(0,0005)	(0,0031)	(0,0005)	(0,0003)
Sozialstatus des Befragten in ISEI [W: 16,0 - 90,0; M: 47,2][a]		0,0081***	0,0081***	0,0081***	0,0080***	0,0079***	0,0079***
		(0,0003)	(0,0003)	(0,0003)	(0,0003)	(0,0003)	(0,0003)
LEVEL 2: Länderzeitpunkte							
Random intercept Effekt							
% WS Beschäftigte [W: 16,0 - 26,9; M: 20,9][a]			0,0910***	0,0913***	0,0940***	3,5178	3,9381
			(0,0123)	(0,0123)	(0,0120)	(3,9634)	(3,9522)
Random slope Effekt							
% WS Beschäftigte* ISEI Vater				-0,0003*		-0,0573*	
				(0,0002)		(0,0275)	
Random slope Effekt							
% WS Beschäftigte*Bildung in Jahren					-0,0047***		-0,5425*
					(0,0013)		(0,2584)
Random intercept Effekt							
D. Anzahl der Schuljahre [W: 7,9 – 12,3; M: 10,1][a]				0,1737***	0,1707***	-1,2917	-1,1689
				(0,0254)	(0,0248)	(1,4321)	(1,4280)
Interzept	2,1965***	2,1353***	2,0865***	2,0868***	2,0878***	2,0507***	2,0538***
	(0,0596)	(0,0593)	(0,0392)	(0,0391)	(0,0381)	(0,1180)	(0,1176)
Individualvarianz σ_e^2	0,3650	0,2983	0,2983	0,2974	0,2955	0,2918	0,2902
Länderzeitvarianz σ_{u0}^2	0,0842	0,0837	0,0214	0,0212	0,0202	0,0792	0,0787
Rand. slope Var. ISEI Vater (*1000)				0,0028*		0,0022	
Rand. slope Var. Bildung					0,0003***		0,0002**
Intraklassen-Korrelationskoeffizient ρ	0,1875	0,2190	0,0669				
R^2 Individualebene		0,1829	0,1829				
R^2 Länderzeitebene		0,0071	0,7462				
R^2 total		0,1444	0,2206				
Deviance (-2 Log-Likelih.)	26478,8	23573,5	23541,2	23516,8	23445,6	22747,4	22696,4
N, Individualebene	14.406	14.406	14.406	14.406	14.406	14.082	14.082
N_k Länderzeitebene	24[b] (9/11)	24[b] (9/11)	24[b] (9/11)	24[b] (9/11)	24[b] (9/11)	23[d] (9/10)	23[d] (9/10)

Anmerkung: Alle Modelle kontrollieren für höchsten Bildungsabschluss, Gewerkschaftsmitgliedschaft, Aufsichtsfunktion, Selbstständigkeit, städtische Wohnlage und Familienstand. Alle Kontrollvariablen sind jeweils statistisch signifikant mit erwartungsgemäßer Stärke und Richtung mit der abhängigen Variablen (sekundärer Abschluss ist in einigen Modellen nicht signifikant). Ergebnisse können bei der Autorin angefordert werden. [a]: W = Wertebereich, M = arithmetisches Mittel. [b]: AUS, AUT, CAN, GER, FR, NOR, NZ, SWE, USA; 1985, 1987-1993, 1998-2000. [c]: Multipliziert mit 1000. [d]: Ohne 1985. [e]: Modelle mit alternativen Level2-Variablen: Wachstumsrate % Beschäftigte im WS p.a.: [W: -0,005 – 0,066; M: 0,002]; Wachstumsrate durchschnittliche Schuljahre: [W: 0,000 – 0,169; M: 0,002]. Robuste Standardfehler in Klammern. *: p≤0,05; **: p≤0,01; ***: p≤0,001 (zweiseitiger Test). Quelle: ISSP 1985-2000, OECD STAN (OECD 2003), OECD "Services: Statistics on Value Added and Employment" (OECD 2001), Barro und Lee (2001); eigene Berechnungen.

Die Modelle 1 bis 4 sind geschachtelt und erweitern das Nullmodell sukzessive um Einkommensprädiktoren der Personen- und der Länderzeitebene. Modell 1 schätzt den Einfluss von Personenmerkmalen auf das Einkommen innerhalb der Länderzeitbeobachtungen. Dabei zeigt sich zunächst, dass unter Kontrolle von Geschlecht, leistungs- bzw. arbeitsplatzbezogenen Merkmalen und solchen des Familienstands der sozio-ökonomische Herkunftsstatus einen signifikanten, schwach einkommenserhöhenden Einfluss ausübt: Mit dem sozio-ökonomischen Status des Vaters steigt das Einkommen um 0,15 Prozent.

Personen, deren Väter den höchsten Status (Richter) innehaben, verdienen demnach rund 11 Prozent mehr als Personen mit dem niedrigsten Herkunftsstatus (landwirtschaftliche Hilfskräfte), unabhängig von ihrem eigenen erreichten beruflichen Status und der erworbenen Bildungsleistung. Gegenüber dem Herkunftseffekt übt die erworbene Bildungsleistung einen deutlich stärkeren Effekt auf das Einkommen aus. Zusätzlich zu dem Effekt eines tertiären Bildungsabschlusses erhöht sich mit jedem Bildungsjahr das Einkommen um rund 2 Prozent. Im Intervall von einer Standardabweichung vom Mittelwert (vgl. Tab. 1) besteht damit ein Lohnunterschied von etwa knapp 15 Prozent.

Der Intraklassenkorrelationskoeffizient (ICC) für das Modell 1 ist mit der Aufnahme von Personenmerkmalen gegenüber dem Nullmodell um den Betrag von 3,2 Prozentpunkten gestiegen. Rund 22 Prozent der Varianz im Einkommen sind über die unterschiedliche Verteilung der Personen in den Kontexten hinaus von Bestand. Gewichtet an der Varianzaufteilung zwischen den Ebenen erklärt Modell 1 rund 18 Prozent der Unterschiede auf Personenebene und rund 0,7 Prozent der Unterschiede zwischen den Länderzeitpunkten.

Modell 2 erweitert das vorangegangene Modell zunächst um die beiden Länderzeitmerkmale für das Angebot und die Nachfrage nach Qualifikationen: Unabhängig von Merkmalen des Befragten erhöht sich das Einkommen mit dem Anteil der Beschäftigten im Wissenssektor und der mittleren Anzahl der Bildungsjahre in einem Land um 9,1 bzw. 17,4 Prozent. Zwischen einem Länderzeitpunkt, in dem der Anteil der Beschäftigten im expandierenden Wissenssektor 16 Prozent (AUT im Jahr 1988) gegenüber 27 Prozent (Schweden 1999) beträgt, ist das mittlere Stundeneinkommen um 2,7 konstante US-Dollar höher. Eine entsprechende Erhöhung des mittleren Stundeneinkommens zwischen Länderzeitpunkten mit der niedrigsten bzw. höchsten durchschnittlichen Bildungsdauer in der Bevölkerung (7,9 in Frankreich 1999 und 12,3 in USA 2000) beträgt 2,1 konstante US-Dollar. Die Aufnahme der beiden Level2-Prädiktoren verringert die Varianz in den Einkommensunterschieden zwischen Länderzeitpunkten deutlich: Gewichtet am ICC klärt Modell 2 etwa 75 Prozent der Einkommensunterschiede zwischen Länderzeitpunkten. Die Personeneffekte sind in ihrem Betrag gegenüber dem Modell 1 nahezu unverändert.

In einem Zwischenschritt wurde für Modell 2 geprüft, ob der Personeneffekt der sozialen Herkunft und der Bildungseffekt signifikant zwischen den Kontexten variieren. Die Modelle mit einer zusätzlichen Zufallskomponente für die beiden Steigungskoeffizienten legen nahe, dass der Einfluss dieser Personenmerkmale von den Länderzeitpunkten abhängt: 95 Prozent der prozentualen Zuwächse für den Vaterstatus liegen demnach in einem Intervall zwischen 0,03 und 0,34 Prozent. Im Mittel variiert der Effekt der Bildungsjahre zwischen 1,1 und 4,3 Prozent.

Das Vorhandensein von kontextabhängigen Unterschieden in der Bedeutung von Herkunft und Bildung entspricht den zuvor formulierten Erwartungen und rechtfertigt die Aufnahme von Moderationseffekten in den Modellen 3 und 4. Zunächst wird in Modell 3 geprüft, ob der Herkunftseffekt tatsächlich mit der Bedeutung des Wissenssektors variiert. Akzeptiert man den Wissenssektor als Maß für wirtschaftlich-gesellschaftliche Entwicklung, so lässt sich sagen, dass gemäß den Erwartungen der Modernisierungstheorie der Einfluss des sozioökonomischen Herkunftsstatus mit fortschreitender Entwicklung zurückgeht. Entgegen der Erwartungen der Modernisierungstheorie, aber gemäß der Ergebnisse für eine größere Anzahl von Länder- und Zeitstichproben an anderer Stelle (Rohrbach 2008)[14] geht aber mit der beschäftigungsmäßigen Bedeutung des Wissenssektors auch der Einfluss der Bildungsjahre für das Einkommen statistisch signifikant zurück (Modell 4). Der geschätzte Unterschied im bildungsmäßigen (stündlichen) Einkommensertrag zwischen einem Land mit einem Beschäftigtenanteil im Wissenssektor von beispielsweise 27 Prozent gegenüber 16 Prozent beträgt demnach umgerechnet etwa einen US-Dollar. Dieses Ergebnis spricht gegen die Annahme einer mit fortschreitender Entwicklung zunehmenden Bedeutung formaler Bildung für das Einkommen und damit gegen die Modernisierungsthese.

Die Modelle 3a und 4a in Tabelle 3 geben die Ergebnisse für Modelle 3 und 4 mit den gleichen Individualmerkmalen, aber mit den Änderungsraten im Beschäftigtenanteil und Bildungsniveau auf Länderebene wieder[15]. Gegenüber den Ergebnissen in den Modellen oben fallen besonders folgende Gemeinsamkeiten und Unterschiede auf: Erstens ist die Erklärungsleistung der Änderungsraten geringer als diejenige der absoluten Größen bzw. üben die Wachstumsraten im Beschäftigtenanteil des Wissenssektors und die durchschnittliche Anzahl von Schuljahren in der Bevölkerung nur schwache bzw. keine statistisch signifikan-

---

[14] In Rohrbach 2008 werden schließlich getrennte Modelle für Personen mit und ohne tertiären Bildungsabschluss gerechnet. Aufgrund der geringen Fallzahl muss hier darauf verzichtet werden.
[15] Analog zu den Modellen 3 und 4 wurde vorab in separaten Modellen geprüft, ob Herkunft und Bildung signifikant zwischen den Länderzeitpunkten variieren. Die Varianzen in den Steigungskoeffizienten entsprechen in etwa denjenigen für die Modelle 3 und 4.

ten Effekte aus. Zweitens zeigt sich, dass die Rasanz des Wandels, also eine hohe jährliche Zuwachsrate in der Beschäftigung im Wissenssektor den partiellen Herkunfts- und den partiellen Bildungseffekt absenkt. Entgegen der Reproduktionsthese sinkt also der Einfluss der sozialen Herkunft. In Übereinstimmung mit den Erwartungen der Entkopplungsthese nimmt mit steigenden Wachstumsraten die Bedeutung von formalen Bildungsleistungen für das Einkommen ab.

Insgesamt belegen damit die obenstehenden Analysen, dass die Effekte bildungs- und herkunftsbezogener Personenmerkmale unter Kontrolle zahlreicher Individualmerkmale und dem Angebot an Bildungsqualifikationen zwischen Ländern bzw. Zeitpunkten variieren und zwar systematisch mit dem Ausbau der Wissensgesellschaft. Dieser geht mit einer Verringerung der Bedeutung des sozial-ökonomischen Herkunftsstatus einher, ist aber nicht verbunden mit einer Bedeutungszunahme von Bildung.

5 Bewertung und Ausblick

Dieser Beitrag thematisiert Ergebnisse zu der Frage einer ursächlich mit der Wissensgesellschaft in Zusammenhang stehenden wachsenden Bedeutung von Bildung und abnehmenden Bedeutung von sozialer Herkunft für den Zielstatus. Dafür wird die Struktur eines Mehrebenenmodells des Stratifikationsprozesses für elf Beobachtungszeitpunkte zwischen 1985 und 2000 in neun demokratischen Nationalgesellschaften geprüft. Insbesondere wird dabei das mikrosoziologische Erklärungsmodell des Statuserwerbs mit den Variablen Herkunftsstatus, Bildungsleistung und Zielstatus um den Einfluss von Personenmerkmalen moderierende Kontexteffekte erweitert.

Die oben stehenden Analysen sprechen dafür, dass die Effekte bildungs- und herkunftsbezogener Personenmerkmale unter Kontrolle zahlreicher Individualmerkmale und dem Angebot an Bildungsqualifikationen zwischen Ländern bzw. Zeitpunkten variieren und zwar systematisch mit dem Ausbau der Wissensgesellschaft. Dieser geht möglicherweise aufgrund von Kompositionseffekten erstens mit einer Verringerung der Bedeutung des sozioökonomischen Herkunftsstatus einher. Zweitens ist der Ausbau der Wissensökonomie nicht verbunden mit einer Bedeutungszunahme von formaler Bildung. Eine Erklärung hierfür liefern zum einen Überlegungen zur Entwertung von Bildung aufgrund einer mit dem Wachstum des Wissenssektors einhergehenden Polarisierung in der Nachfrage nach Qualifikationen und einer damit möglicherweise einhergehenden Zunahme von Mismatching. Zum anderen zeigen die Modelle mit den Wachstumsraten, dass allein die Dynamik des Wandels eine Entkopplung von Bildung und Beschäftigung begünstigen kann.

Die Validierung der vorliegenden Analysen kann erreicht werden, wenn zusätzlich zu der rein marktorientierten Perspektive von Angebot und Nachfrage stärker institutionelle Unterschiede in den untersuchten Länderzeitpunkten berücksichtigt werden. Es ist naheliegend anzunehmen, dass die nationalen Settings des Bildungs- und Beschäftigungssystems relevante Kontextstrukturen für den beruflichen Erwerbsprozess darstellen. Darüber hinaus sind die hier angegangenen Analysen von wissensgesellschaftlicher Entwicklung und Meritokratisierung auch aus der Perspektive der Methoden des Vergleichs erweiterungsfähig. Insofern, als dass mit Hilfe des „Variablen-orientierten" Vergleichs ähnlicher Nationalgesellschaften über die Zeit Hinweise für eine mit dem Ausbau der Wissensgesellschaft zusammenhängende Variation in den Beziehungen von Personenmerkmalen gefunden werden konnten, ist im nächsten Schritt erstens eine schärferen Überprüfung der Meritokratiehypothese anhand einer größeren und vor allem stärker unterschiedlichen Auswahl von Länderfällen („most-similar-system-design") anzugehen. Da der Vergleich über die Zeit in diesem Beitrag auf der Ebene der Nationalgesellschaften verbleibt, wäre eine schärfere Prüfung der Meritokratiehypothese und mithin der intra- und intergenerationalen Aspekte der meritokratischen Triade zweitens mit einer Analyse von wiederholten Messungen (auch) auf der Personenebene für verschiedene Länder gegeben. Der Vergleich von Änderungen innerhalb von Personen über die Zeit eingebettet in sich ändernde nationalgesellschaftliche Kontexte müsste dann mit hierarchischen Panelmodellen angegangen werden.

Literatur

Arrow, Kenneth J. (1973): The Theory of Discrimination. In: Ashenfelter/Rees (1973): 3-33.
Ashenfelter, Orley/Rees, Albert (Hrsg.) (1973): Discrimination in Labor Markets. Princeton: Princeton University Press.
Atkinson, Anthony B./Bourguignon, François (Hrsg.) (2000): Handbook of Income Distribution. Handbooks in Economics. 16. Amsterdam: Elsevier.
Autor, David H./Levy, Frank/Murnane, Richard J. (2003): The skill content of recent technological change: An empirical exploration. In: Quarterly Journal of Economics 118. 4. 1279-1334.
Autor, David H./Katz, Lawrence F./Kearney, Melissa S.(2006): The polarization of the U.S. labor Market. In: American Economic Review 96. 2. 189-194.
Barro, Robert J./Lee, Jong-Wha (2001): Data on educational attainment: Updates and implications. In: Oxford Economic Papers 53. 3. 541-563.
Bell, Daniel (1972): Meritocracy and equality. In: Public Interest 29. 29-68.
Bell, Daniel (1973): The coming of post-industrial society. New York: Basic Books.

Beller, Emiliy/Hout, Michael (2006): Welfare states and social mobility: How educational and social policy may affect cross-national differences in the association between occupational origins and destinations. In: Research in Social Stratification and Mobility 24. 4. 353-365.
Bendix, Reinhard/Lipset, Seymour M. (Hrsg.) (1954): Class, Status and Power. New York: Free Press.
Berg, Ivar E. (Hrsg.) (1981): Sociological Perspectives on Labor Markets. New York: Academic Press.
Birkelund, Gunn E. (2006): Welfare states and social inequality: Key issues in contemporary cross-national research on social stratification and mobility. In: Research in Social Stratification and Mobility 24. 4. 333-351.
Blau, Peter/Duncan, Otis D. (1967): The American occupational structure. New York: John Wiley and Sons.
Breen, Richard (Hrsg.) (2004): Social mobility in Europe. Oxford: Oxford University Press.
Breen, Richard/Goldthorpe, John H. (2001): Class, mobility and merit. In: European Sociological Review 17. 2. 81-101.
Breen, Richard/Luijkx, Ruud (2004): Conclusions. In: Breen (2004): 383-41.
Breen, Richard/Jonsson, Jan O. (2005): Inequality of Opportunity in Comparative Perspective. In: Annual Review of Sociology 31. 223-243.
Brose, Hanns-Georg (1998): Proletarisierung, Polarisierung oder Upgrading der Erwerbsarbeit? Über die Spätfolgen „erfolgreicher Fehldiagnosen" in der Industriesoziologie. In: Kölner Zeitschrift für Soziologie und Sozialpsychologie 50. Sonderheft 38. 130-163.
Castells, Manuel (2001): Das Informationszeitalter: Wirtschaft, Gesellschaft und Kultur. Band 1: Die Netzwerkgesellschaft. Opladen: Leske + Budrich.
Davis, Kingsley/Moore, Wilbert (1945): Some principles of stratification. In: American Sociological Review 10. 2. 242-249.
DiPrete, Thomas A./de Graaf, Paul M./Luijkx, Ruud/Tåhlin, Michael/Blossfeld, Hans-Peter (1997): Collectivist versus individualist mobility regimes? How welfare state and labor market structure condition the mobility effects of structural change in four countries. In: American Journal of Sociology 103. 2. 318-358.
DiPrete, Thomas A./Grusky, David B. (1990): Structure and trend in the process of stratification for American men and women. In: American Journal of Sociology 96. 1. 107-143.
Erikson, Robert/Jonsson, Jan O. (Hrsg.) (1996): Can education be equalized? The Swedish case in a comparative perspective. Boulder: Westview Press.
Esping-Andersen, Gøsta (2004): Untying the Gordian Knot of Social Inheritance. In: Research in Social Stratification and Mobility 21. 115-138.
Ganzeboom, Harry B. G./Treiman, Donald J. (2007): Ascription and achievement in occupational attainment in comparative perspective. Paper prepared for presentation at the Sixth Meeting of the Russell Sage Foundation/Carnegie Corporation University Working Groups on the Social Dimensions of Inequality UCLA, 25-26 January 2007.

Goldthorpe, John H. (1996): Problems of 'Meritocracy'. In Erikson/Jonsson (1996): 255-287).
Goldthorpe, John H./Jackson, Michelle (2006): Education based meritocracy: the barriers to its realisation. Paper presented at the Economic Change, Quality of Life & Social Cohesion (EQUALSOC) conference. Mannheim, 2-3 December 2005.
Goos, Maarten/Manning, Alan (2007): Lousy and lovely jobs: The rising polarization of work in Britain. In: The Review of Economics and Statistics 89. 1. 118-133.
Goos, Maarten/Manning, Alan/Salomons, Anna (2009): Recent changes in the European employment structure: the roles of technology and globalization. University of Leuven: mimeo.
Granovetter, Mark (1981): Towards a sociological theory of income differences. In: Berg (1981): 11-47.
Harkness, Janet A./Mohler, Peter P./van den Vijver, Fons J. R. (Hrsg.) (2003a): Cross-Cultural Survey Methods. Hoboken: John Wiley & Sons.
Harkness, Janet A./Mohler, Peter P./van den Vijver, Fons J. R. (2003b): Comparative research. In: Harkness et al. (2003a): 3-16.
Hoffmeyer-Zlotnik, Jürgen H. P./Wolf, Christof (Hrsg.) (2003a): Advances in crossnational comparison. New York, NY: Kluwer Acad./Plenum Publ.
Hoffmeyer-Zlotnik, Jürgen H. P./Wolf, Christof (2003b): Comparing demographic and socio-economic variables across nations. In: Hoffmeyer-Zlotnik/Wolf (2003a): 389-406.
Hout, Michael/DiPrete, Thomas D. (2006): What have we learned? RC28's contributions to knowledge about social stratification. Research in Social Stratification and Mobility 24. 1-20.
Husén, Torsten (1974): Talent, equality and meritocracy. The Hague: Nijhoff. ISSP (2009): ISSP. International Social Survey Programme. http://www.issp.org (Stand: 14.02.2010).
Jackson, Michelle (2001): Meritocracy, education and occupational attainment: What do employers really see as a merit? Nuffield College, Sociology Working Papers 03. Oxford: University of Oxford.
Jonsson, Jan O. (1996): Stratification in postindustrial society. Are educational qualifications of growing importance? In: Erikson/Jonsson (1996): 113-144.
Jonsson, Jan O. (2006): Comparative studies on inequality of opportunity: Recent research and future directions. Stockholm University: Swedish Institute for Social Research (SOFI). Unveröffentlichtes Papier, präsentiert auf der ECSR Summer School, Prag, August 2006.
Kalleberg, Arne L./Sørensen, Aage B. (1979): The sociology of labor markets. In: Annual Review of Sociology 5. 351-379.
Kern, Horst (1998): Proletarisierung, Polarisierung oder Aufwertung der Erwerbsarbeit? In: Kölner Zeitschrift für Soziologie und Sozialpsychologie 50. Sonderheft 38. 113-129.
Kerr, Clark/Dunlop, John T./Harbison, Frederick H./Myers, Charles A. (1966): Der Mensch in der industriellen Gesellschaft. Frankfurt/M.: Europäische Verlagsanstalt.
Kingston, Paul W. (2006): How meritocratic is the United States? In: Research in Social Stratification and Mobility 24. 2. 111-130.

Laumann, Edward O. (Hrsg.) (1970): Social stratification: Research and theory for the 1970s. Indianapolis: Bobbs Merrill.
Lipset, Seymour M./Zetterberg, Hans L. (1954): A Theory of Social Mobility. In: Bendix/Lipset (1954): 561-573.
Müller, Walter/Brauns, Hildegard/Steinmann, Susanne (2002): Expansion und Erträge tertiärer Bildung in Deutschland, Frankreich und im Vereinigten Königreich. In: Berliner Journal für Soziologie 12. 1. 37-62.
Müller, Walter/Gangl, Markus (2003a): Transitions from education to work in Europe. The integration of youth into EU labour markets. Oxford: Oxford University Press.
Müller, Walter/Gangl, Markus (2003b): The transition from school to work: a European perspective. In: Müller/Gangl (2003a): 1-19.
Müller, Walter (1998): Erwartete und unerwartete Folgen der Bildungsexpansion. Kölner Zeitschrift für Soziologie und Sozialpsychologie 50. Sonderheft 38. 81-112.
Müller, Walter/Shavit, Yossi (1998a): From school to work. Oxford: Clarendon Press.
Müller, Walter/Shavit, Yossi (1998b): The Institutional Embeddedness of the Stratification Process. In: Shavit/Müller (1998a): 1-48.
Neal, Derek/Rosen, Sherwin (2000): Theories of the Distribution of Earnings. In: Atkinson/Bourguignon (2000): 379-427.
OECD (1999): Classifying educational programmes: Manual for ISCED-97 implementation in OECD countries. Paris: OECD.
OECD (2001): Services. Statistics on value added and employment, database (2001 Ed.). Paris: OECD.
OECD (2003): Structural analysis (STAN), database (2003 Ed.). Paris: OECD.
Parsons, Talcott (1951): The social system. London: Tavistock.
Parsons, Talcott (1954a): Essays in Sociological Theory. New York: Free Press.
Parsons, Talcott (1954b): A revised analytical approach to the theory of social stratification. In: Parsons (1954a): 386-439.
Pfeffer, Fabian (2008): Persistent inequality in educational attainment and its institutional context. In: European Sociological Review 24. 5. 543-565.
Przeworski, Adam/Teune, Henry (1970): The logic of comparative inquiry. New York: Wiley.
Rabe-Hesketh, Sophia/Skrondal, Anders (2009): Multilevel and longitudinal modeling using stata (2. Aufl.). College Station, Tex.: Stata Press.
Ragin, Charles C. (1987): The Comparative Method: Moving beyond Qualitative and Quantitative Strategies. Berkeley: University of California Press.
Raudenbush, Stephen W./Bryk, Anthony S. (Hrsg.) (2002): Hierarchical linear models (2 Aufl.). Thousand Oaks: Sage Publications.
Rohrbach, Daniela (2007): The development of knowledge societies in 19 OECD countries between 1970 and 2002. In: Social Science Information 46. 4. 655-689.
Rohrbach, Daniela (2008): Wissensgesellschaft und soziale Ungleichheit. Ein Zeit- und Ländervergleich. Wiesbaden: VS Verlag für Sozialwissenschaften.
Rohrbach, Daniela (2009): Sector Bias and Sector Dualism: The Knowledge Society and Inequality. In International Journal of Comparative Sociology 50. 5-6. 510-536.

Schneider, Silke L. (Hrsg.) (2008): The international standard classification of education (ISCED-97). An evaluation of content and criterion validity for 15 European countries. Mannheim: MZES.

Shavit, Yossi/Blossfeld Hans-Peter (Hrsg.) (1993): Persisting Inequality. Changing Educational Attainment in Thirteen Countries. Boulder/San Francisco/Oxford: Westview Press.

Shavit, Yossi/Yaish, Meir/Bar-Haim, Eyal (2007): The Persistence of Persistent Inequality. In: Scherer et al. (2007): 37-57.

Scherer, Stefani/Pollak, Reinhard/Otte, Gunnar/Gangl, Markus (Hrsg.) (2007): From Origin to Destination. Trends and Mechanisms in Social Stratification Research. Frankfurt/M.: Campus Verlag.

Smelser, Neil J./Lipset, Seymour M. (1966): Social structure and mobility in economic development. Chicago: Aldine.

Spence, Michael A. (1973): Job Market Signaling. In: Quarterly Journal of Economics 87. 3. 355-374.

Treiman, Donald J. (1970): Industrialization and social stratification. In: Laumann (1970): 207-234.

UNESCO (2003): International standard classification of education, ISCED 1997. In: Hoffmeyer-Zlotnik/Wolf (2003a): 195-220.

van de Werfhorst, Hermann G. (2007): Scarcity and abundance: Reconciling trends in the effects of education on social class and earnings in Great Britain. In: European Sociological Review 23. 2. 239-261.

Wolbers, Maarten H. J./De Graaf, Paul M./Ultee, Wout C. (2001): Trends in the occupational returns to educational cedentials in the Dutch labour market: changes in structures and in the association? In: Acta Sociologica 44. 5-20.

And the Winner is ...
Ein Drei-Länder-Vergleich zum Einfluss der physischen Attraktivität von Direktkandidaten auf den Wahlerfolg bei nationalen Parlamentswahlen

Ulrich Rosar und Markus Klein

1 Einleitung und Problemstellung

Politische Wahlen tragen bis zu einem gewissen Grad Züge einer Schönheitskonkurrenz. Das bestätigen nicht nur experimentelle Untersuchungen und Survey-basierte Analysen (vgl. z.B. Budesheim & DePaola 1994; Klein & Ohr 2000; Klein & Rosar 2007; 2009; Sigelman et al. 1986; 1987). Es finden sich auch zunehmend Studien, die diesen Befund auf der Basis realer Wahlergebnisse erhärten. Bereits in den 1970er Jahren haben Efran und Patterson (1974) für die nationalen kanadischen Parlamentswahlen am Beispiel von 21 Wahlkreisen der Region Toronto nachgewiesen, dass der Stimmenanteil, den die Wahlkreiskandidaten erzielen konnten, deutlich von ihrer physischen Attraktivität beeinflusst wurde. In einer 2005 in *Science* veröffentlichten Studie zeigen Todorov und Kollegen (2005) indirekt, dass die physische Attraktivität der Kandidaten bei den Wahlen zum US-Senat von 2000, 2002 und 2004 sowie bei den Wahlen zum US-Abgeordnetenhaus von 2002 und 2004 die Siegchancen signifikant beeinflusst hat.[1] Im selben Jahr belegen Klein und Rosar am Beispiel der Bundestagswahl 2002, dass die physische Attraktivität der Wahlkreiskandidaten von

---

[1] Todorov et al. (2005) untersuchen eigentlich die Wirkung von Kompetenzurteilen, die auf der Basis von Portraitphotographien gefällt wurden. Sie können zeigen, dass bei den US-amerikanischen Senatswahlen der Jahre 2000, 2002 und 2004 der Gewinner in den verschiedenen Staaten auf der Grundlage dieser Kompetenzurteile mit einer Wahrscheinlichkeit von 71,6 Prozent korrekt vorhergesagt werden kann. Bei den US-Abgeordnetenhauswahlen der Jahre 2002 und 2004 beträgt diese Quote immerhin 66,8 Prozent. Die Autoren behaupten allerdings, dass sie „ruled out the possibility that the age, attractiveness, and/or familarity with the faces of the candidates could account for the relationship between inferences of competence and election outcomes" (Todorov et al. 2005: 1625). In einem Kommentar zu dieser Studie weisen Zebrowitz und Montepare (2005) darauf hin, dass die entscheidende Variable hinter den Kompetenzurteilen möglicherweise die „mature-" bzw. „babyfacedness" der Kandidaten ist. Aus Sicht der sozialpsychologischen Attraktivitätsforschung wären dies aber klassische Bausteine der Attraktivität bzw. der Unattraktivität bei Männern (vgl. Grammer 2002 und Braun et al. 2003).

CDU, CSU, SPD und PDS signifikant und substantiell bedeutsam den Erststimmenanteil beeinflusst, den die Direktkandidaten in ihrem Wahlkreis erringen (Klein & Rosar 2005). King und Leigh (2007) kommen für die australischen nationalen Parlamentswahlen des Jahres 2004 zu ganz ähnlichen Ergebnissen. Berggren, Jordahl und Poutvaara zeigen 2007 am Beispiel der finnischen nationalen Parlamentswahlen von 2003 und der Kommunalwahlen im Raum Helsinki von 2004, dass bei offener Listenwahl die Anzahl der Stimmen, die die Kandidaten einer Liste erhalten, deutlich von ihrer physischen Attraktivität beeinflusst wird (Berggren et al. 2007). Rosar, Klein und Beckers veröffentlichen im Folgejahr eine Untersuchung, die am Beispiel der nordrhein-westfälischen Landtagswahl 2005 dokumentiert, dass die physische Attraktivität von Direktkandidaten in Deutschland auch parlamentarische Mehrheitsverhältnisse beeinflussen kann (Rosar et al. 2008).

Obwohl die aufgezählten Studien die Wirkung der äußeren Anmutung von Politikern in sehr unterschiedlichen Kontexten untersuchen, lassen sie keine Rückschlüsse darauf zu, inwieweit politisch-kulturelle oder normativ-institutionelle Faktoren den Einfluss der physischen Attraktivität auf den Wahlerfolg moderieren können. Zu unterschiedlich sind die Ansätze und zu heterogen die genutzten Analyseverfahren. Selbst eine Meta-Analyse (vgl. zu den Verfahren Cooper & Hedges 1994) würde aus diesen Gründen und auf Grund der vergleichsweise geringen Anzahl an nutzbaren Studien nicht weiterhelfen. Um dieses Defizit zumindest ein Stück weit aufarbeiten zu können, haben wir uns entschlossen, den moderierenden Einflüssen politisch-kultureller und normativ-institutioneller Faktoren im Rahmen einer quasi-experimentellen Versuchsanordnung nachzugehen. In Anlehnung an Przeworski und Teune (1970) haben wir dazu ein *Most-Similar-Systems-Most-Different-Systems-Design* konzipiert, das durch den Vergleich dreier Staaten auf der Ebene der Direktkandidaten bei nationalen Parlamentswahlen Aufklärung darüber verschaffen kann, in welchem Umfang politisch-kulturelle und normativ-institutionelle Randbedingungen moderierend auf die Beziehung zwischen physischer Attraktivität und Wahlerfolg einwirken können. Die politisch-kulturelle Dimension wird dabei über die Persistenz der Demokratie – also die ununterbrochene Dauer der demokratischen Tradition – erfasst. Die normativ-institutionelle Dimension wird über die Bedeutung der Wahlkreisergebnisse für die parlamentarischen Mehrheitsverhältnisse erfasst. In die Untersuchung einbezogen werden die Bundesrepublik Deutschland, Frankreich und das Vereinigte Königreich von Großbritannien und Nordirland. Beide Kontextdimensionen lassen sich durch die Auswahl dieser Staaten dreistufig ordinal abbilden, und durch die spezifische Verortung der drei Staaten in der so generierten analytischen Neun-Felder-Tafel lässt sich gegebenenfalls klar die moderierende Wirkung des politisch-kulturellen Kontextes von dem moderierenden Effekt des normativ-institutionellen Kontextes trennen.

Im weiteren Fortgang gliedert sich die Abhandlung wie folgt: Zum besseren Verständnis wird zunächst kurz der bisherige Forschungsstand zu den Wirkungen der physischen Attraktivität von Politikern dargelegt, um anschließend die Erwartungen bezüglich der moderierenden Einflüsse des politisch-kulturellen und des normativ-institutionellen Kontextes aufzeigen zu können (Abschnitt 2). Nach einer kurzen Beschreibung des genutzten Datenmaterials (Abschnitt 3) folgt die Präsentation der Ergebnisse der empirischen Analysen (Abschnitt 4). Die Abhandlung endet mit einer Zusammenfassung der zentralen Befunde und einigen kurzen Schlussfolgerungen (Abschnitt 5).

2 Theoretische Erwartungen zur Wirkung der physischen Attraktivität von Direktkandidaten und zu moderierenden Kontexteinflüssen

Die generellen Auswirkungen der physischen Attraktivität auf soziale Ungleichheit sind bereits ausführlich beschrieben worden (vgl. Grammer 2002; Hatfield & Sprecher 1986; Naumann 2006; Renz 2006; siehe auch die Meta-Analysen von Eagly et al. 1991; Feingold 1988; 1990; 1992; Hosoda et al. 2003; Jackson et al. 1995; Langlois et al. 2000; Mazzella & Feingold 1994). Eine grundlegende Adaption der für die empirische Wahlforschung relevanten Aspekte der Attraktivitätsforschung ist von den Autoren dieses Beitrages bereits an anderer Stelle vorgenommen worden (Klein & Rosar 2005; Rosar et al. 2008). Hier sollen daher nur noch einmal die wichtigsten Bausteine der Wirkungskette, über die auch die physische Attraktivität von Kandidaten bei politischen Wahlen ihren Einfluss entfaltet, rekapituliert werden. Diese Bausteine sind der *Attractiveness Consensus*, der *Attractiveness Attention Boost*, das *Attractiveness Stereotype*, der *Attractiveness Glamour Effect* und der *Attractiveness Treatment Advantage* (Rosar et al. 2008: 67). Sie sorgen dafür, dass schöne Menschen gegenüber ihren weniger ansehnlichen Zeitgenossen grundsätzlich einen *Attractiveness Competition Advantage* haben (Rosar et al. 2008: 67).

Das Fundament der sozialen Wirksamkeit der physischen Attraktivität bildet der *Attractiveness Consensus*. Mit diesem Begriff wird die Erkenntnis umschrieben, dass die Schönheit eines Menschen nicht so sehr im Auge des Betrachters liegt, sondern vor allem auf äußere Merkmale einer betrachteten Person zurückzuführen ist und damit relativ eindeutig bestimmt werden kann (Köhler 1984: 140ff.). Interpersonell und interkulturell besteht daher auch eine große Übereinstimmung in den Urteilen unterschiedlicher Betrachter über die Attraktivität eines konkreten Menschen (Cross & Cross 1971; Cunningham 1986; Cunningham et al. 1990; 1995; 1997; Henss 1987; 1992; 1998; Iliffe 1960; Jones 1995; Jones & Hill 1993; Kowner & Ogawa 1995; Rhodes et al. 2002; 2005) und die Attraktivität lässt sich – wie die Ethnie oder das Geschlecht – als askriptives Merkmal dieses Menschen auffassen, das der objektiven Messung zugänglich ist.

Aufbauend auf den *Attractiveness Consensus* kann die physische Attraktivität eines Menschen eine Reihe klar beschreibbarer sozialer Konsequenzen entfalten. An erster Stelle ist dabei der *Attractiveness Attention Boost* zu nennen. Schöne Menschen ziehen die Aufmerksamkeit anderer Menschen auf sich. Sie werden eher wahrgenommen, intensiver betrachtet und das, was sie sagen und tun, wird besser memoriert (Maner et al. 2003, 2007; Mulford et al. 1998). Darüber hinaus profitieren schöne Menschen vom *Attractiveness Stereotype*. Ihnen werden nach der Formel „What is beautiful is good" von anderen Menschen a priori Persönlichkeitseigenschaften zugeschrieben, die sozial als höchst erwünscht angesehen werden (vgl. exemplarisch Chaiken 1979; Dermer & Thiel 1975; Dion et al. 1972; Eagly et al. 1991; Feingold 1992; Henss 1998; Miller 1970; Unger et al. 1982). So gelten sie beispielsweise als sympathischer, ehrlicher, zuverlässiger, kreativer und empathischer; aber auch als durchsetzungsfähiger, zielstrebiger, leistungsfähiger, fleißiger und intelligenter. Selbst ein offensichtliches Fehlverhalten muss diese Apotheose nicht unbedingt beeinträchtigen. Auf Grund des *Attractiveness Glamour Effect* (Bassili 1981; Dion et al. 1972; Grammer 2002: 169) dürfen schöne Menschen darauf bauen, dass sich ihre Verfehlung in der Wahrnehmung Dritter relativiert. Dies kann zum einen dadurch geschehen, dass die Schwere der Verfehlung bagatellisiert wird. Zum anderen kann es dadurch geschehen, dass die Ursachenattribuierung in der Bewertung durch Dritte weg vom Akteur und hin zu Gründen verschoben wird, die von ihm nicht zu verantworten sind. Schließlich dürfen schöne Menschen auch noch davon ausgehen, dass sie von ihrer sozialen Umwelt besser behandelt werden als ihre weniger ansehnlichen Zeitgenossen (Benson et al. 1976; Bian 1997; Dabbs & Stokes 1975; Dion & Berscheid 1974; Hartnet et al. 1974; Hatfield & Sprecher 1986; Langlois et al. 2000; Marwick 1988; McCabe 1988; Mulford et al. 1998; Ritter et al. 1991; Stephan & Langlois 1984; Wilson & Dovidio 1985; Wilson & Eckel 2006). Ihnen wird mit mehr Respekt und Zuversicht begegnet und sie erfahren mehr Hilfe und Unterstützung. Dies ist der *Attractiveness Treatment Advantage*.

Überträgt man diese allgemeinen Wirkungsmechanismen der physischen Attraktivität auf die Sphäre politischer Wahlen, so ergibt sich für Direktkandidaten folgender einfacher Kausalmechanismus: Auf Grund des *Attractiveness Consensus* gelangen die Wählerinnen und Wähler hinsichtlich der Attraktivität der Kandidaten ihres Wahlkreises zu sehr ähnlichen Einschätzungen. Durch den *Attractiveness Attention Boost* werden sie attraktive Direktkandidaten eher wahrnehmen und besser erinnern. Im Prozess der Herausbildung einer Wahlpräferenz dürfte das dazu führen, dass solche Direktkandidaten – und wohl auch deren Parteien – präsenter sind. Dies dürfte ein erster entscheidender Vorteil sein. Darüber hinaus kann das *Attractiveness Stereotype* dazu führen, dass attraktiven Direktkandidaten eine überlegene politische Leistungsfähigkeit und –bereitschaft zugeschrieben wird. Dies dürfte der zweite wichtige Vorteil sein. Dank des *Attractiveness Treatment Advantage* könnte es zudem sein, dass unentschlossene Wählerinnen und Wähler eher geneigt sind, ihnen schließlich ihre Stimme zu geben, als einem weniger ansehnlichen Kontrahenten. Dies dürfte ein dritter bedeutsamer Vorteil sein. Selbst offensichtliche Abweichungen zwischen den politischen Zielen eines potentiellen Wählers und eines attraktiven Direktkandidaten müssen sich dank des *Attractiveness Glamour Effect* nicht unbedingt negativ auswirken. Lassen sie sich doch durch die subjektive Diskontierung der Wichtigkeit widersprüchlicher politischer Ziele oder durch argumentative Verweise auf vermeintliche Zwänge der Parteiraison relativieren. Dies dürfte schließlich der vierte zentrale Vorteil sein. Im Ergebnis steigt so die Wahrscheinlichkeit, dass attraktive Direktkandidaten am Wahltag mehr Stimmen auf sich und ihre jeweilige Partei vereinigen können, als dies weniger ansehnlichen Konkurrenten möglich ist.

Allerdings ist es durchaus vorstellbar, dass diese Mechanismen, je nach den Rahmenbedingungen, unter denen eine Wahl abgehalten wird, unterschiedlich stark wirksam werden können. So ist etwa davon auszugehen, dass die Wählerinnen und Wähler – explizit, implizit oder gar intuitiv – umso eher geneigt sind, ihre Wahlentscheidung an einem solch oberflächlichen Kriterium wie der äußeren Anmutung auszurichten, je folgenloser ihnen das Resultat ihrer Entscheidung erscheint. Wenn beispielsweise die Entscheidung für oder gegen bestimmte Direktkandidaten letztlich irrelevant für die parlamentarischen Mehrheitsverhältnisse ist, dann mutet es sogar rational an, sich *nicht* näher mit den konkurrierenden Kandidaten auseinander zu setzen. Auf diese Weise lassen sich unnötige Informationskosten vermeiden. Umgekehrt sollte dann aber auch gelten, dass es immer irrationaler wird, die Entscheidung für oder gegen einen bestimmten Direktkandidaten von einem Kriterium wie der physischen Attraktivität abhängig zu machen, je zentraler die Bedeutung der Direktkandidaten für die Bildung parlamentarischer Mehrheiten ist.

Ein weiterer Kontextaspekt, der möglicherweise prominent den Einfluss der physischen Attraktivität moderieren kann, ist die demokratische Tradition einer Gesellschaft. Je länger die Mechanismen und Regeln der demokratischen Willensbildung in einer politischen Kultur verankert sind, desto selbstverständlicher mag es aus Sicht der Wählerinnen und Wähler sein, dass sie mit dem Aufruf zum Urnengang dazu aufgefordert sind, sich intensiv über die programmatische Ausrichtung und das personelle Angebot der zur Wahl angetretenen Parteien zu informieren. Dem durchschnittlichen Wähler und der durchschnittlichen Wählerin mag es erst gar nicht in den Sinn kommen, sich an einem Kriterium wie der äußeren Anmutung zu orientieren, weil er oder sie von klein auf gelernt hat, welche Aspekte bei der politischen Willensbildung wichtig sein sollten. Umgekehrt bedeutet das dann aber auch, dass Wählerinnen und Wähler in Gesellschaften ohne eine derartige demokratische Tradition bei der Entscheidungsfindung anfälliger für eine Beeinflussung durch die physische Attraktivität der Kandidaten sein dürften.

Mit Frankreich, dem wiedervereinten Deutschland und dem Vereinigten Königreich von Großbritannien und Nordirland gibt es drei politische Systeme, an denen die Möglichkeit der moderierenden Einflussnahme dieser normativ-institutionellen und politisch-kulturellen Randbedingungen auf die Wirkungsstärke der physischen Attraktivität geradezu idealtypisch überprüft werden kann. Sieht man einmal von möglichen Überhangmandaten ab, so sind die Direktkandidaten in der Bundesrepublik Deutschland bei nationalen Wahlen für die Herausbildung der parlamentarischen Mehrheitsverhältnisse völlig bedeutungslos. In Frankreich findet sich dank des dort angewandten absoluten Mehrheitswahlrechtes[2] ein Einfluss mittlerer und hoher Reichweite. Im ersten Wahlgang wird in der Regel nur eine Vorentscheidung getroffen. Im normalerweise erforderlichen zweiten Wahlgang fällt dann die endgültige Entscheidung. Da das französische Wahlrecht bei Wahlen zur Assemblée Nationale nur direkt gewählte Abgeordnete kennt, ist dies auch der Punkt, an dem über die parlamentarischen Machtverhältnisse entschieden wird.[3] Ähnlich sieht es im Vereinigten Königreich aus. Da hier aber traditionell nach dem Prinzip der relativen Mehrheitswahl gewählt wird, gibt es keinen zweiten Urnengang und der Kandidat, der am Wahltag die meisten Stimmen auf sich vereinigen kann, zieht direkt ins House of Commons ein – ganz gleich wie hoch sein Vorsprung vor dem Zweitplatzierten ist oder wie hoch sein Stimmenanteil insgesamt sein mag. Da auch das Vereinig-

---

[2] Genauer gesagt: des absoluten Mehrheitswahlrechts in der Variante des romanischen Wahlrechts.
[3] Das französische Wahlrecht sieht vor, dass ein Kandidat, der im ersten Wahlgang in seinem Wahlkreis über 50 Prozent der gültigen Stimmen erhält und dabei zugleich die Unterstützung von 25 Prozent der Wahlberechtigten des Wahlkreises hat, direkt in das nationale Parlament einzieht. Der zweite Wahlgang entfällt. Dies kommt jedoch nur in Ausnahmefällen vor. Ist ein zweiter Wahlgang erforderlich, so dürfen an ihm alle Direktkandidaten teilnehmen, die im ersten Wahlgang mindestens 12,5 Prozent der gültigen Stimmen erhalten haben, und das Abgeordnetenmandat wird dann nach dem Grundsatz der einfachen Mehrheitswahl vergeben (Kempf 2009). Theoretisch können so bis zu acht Kandidaten in die zweite Runde kommen. Faktisch schaffen das jedoch höchstens einmal drei Kandidaten. Zumeist sind die politischen Kräfteverhältnisse allerdings so eindeutig, dass im zweiten Wahlgang lediglich zwei Kandidaten zur Auswahl stehen. Hinzu kommt, dass sich Parteien, die einander ideologisch verwandt sind, für den zweiten Wahlgang oftmals auf einen gemeinsamen Kandidaten einigen, um sich nicht gegenseitig zu blockieren.

te Königreich bei Unterhauswahlen lediglich direkt gewählte Abgeordnete kennt, wird mit der Wahl der Direktkandidaten gleichzeitig über die parlamentarischen Mehrheitsverhältnisse der folgenden Legislaturperiode entschieden.

Hinsichtlich der Persistenz der demokratischen Tradition kann das Vereinigte Königreich auf die längste ununterbrochene Geschichte zurückblicken. Obwohl sich hier die demokratische Tradition bereits in einem Jahrhunderte währenden, weitgehend friktionsfreien Prozess herausgebildet und verfestigt hat, kann davon ausgegangen werden, dass sich das heute noch prägende Verständnis von Demokratie spätestens mit der Einführung des uneingeschränkten Frauenwahlrechts am 2. Juli 1928 etabliert hat.[4] Die politische Tradition der französischen IV. und V. Republik reicht hingegen nur bis 1946 zurück und weist damit lediglich eine mittlere Reichweite auf. Zwischen dem Ende der III. Republik und der Gründung der IV. Republik liegen die Schmach der deutschen Okkupation und die Schande von Vichy. Die Geburtsstunde der Bundesrepublik Deutschland wird in der Regel mit der Verkündung des Grundgesetzes am 23. Mai 1949 gleichgesetzt. Zwischen diesem Datum und dem Ende der Weimarer Republik liegt der Abgrund, an den das Deutsche Reich die Welt geführt hat. Die Persistenz der demokratischen Tradition Westdeutschlands entspricht damit in etwa der Frankreichs. Ostdeutschland kann hingegen erst auf eine sehr kurze demokratische Kontinuität zurückblicken. Selbst bei großzügiger Betrachtung hat die demokratische Tradition Ostdeutschlands ihren Ausgangspunkt erst bei der ersten Leipziger Montagsdemonstration vom 4. September 1989.

Abbildung 1 zeigt noch einmal schematisch, wie sich das Vereinigte Königreich, Frankreich, Westdeutschland und Ostdeutschland hinsichtlich der Wahlrechtsimplikationen und der demokratischen Persistenz gruppieren. Aus der Darstellung wird ersichtlich, dass nicht nur die Hauptdiagonale der analytischen Neun-Felder-Tafel abgedeckt wird, sondern dass durch die Kombination, in der die Nebenzellen besetzt sind, gegebenenfalls aus den Befunden der empirischen Analysen auch Unterschiede in der Wirksamkeit beider Dimensionen ablesbar sind. Sollten nur die normativ-institutionellen Rahmenbedingungen den Effekt der physischen Attraktivität moderieren, so sollte der Einfluss der äußeren Anmutung der Direktkandidaten in West- und Ostdeutschland gleichermaßen am stärksten ausfallen, in Frankreich sollte die physische Attraktivität im ersten Wahlgang von mittlerer Relevanz sein und am geringsten sollte ihr Einfluss in Frankreich im zweiten Wahlgang sowie im Vereinigten Königreich sein. Sollten nur die politisch-kulturellen Rahmenbedingungen moderierend wirksam sein, dann sollte der Einfluss der physischen Attraktivität in Ostdeutschland am stärksten sein. In Westdeutschland und beim ersten und zweiten Wahlgang in

---

[4] Die besonderen Probleme des Irland- bzw. Nordirlandkonfliktes bleiben bei dieser Deutung allerdings zugegebenermaßen ausgeklammert.

Frankreich sollte sich gleichermaßen eine mittlere Effektstärke einstellen und im Vereinigten Königreich sollte der Einfluss am schwächsten ausfallen. Sollten hingegen politisch-kulturelle und normativ-institutionelle Faktoren in gleicher Stärke den Einfluss der Kandidatenattraktivität moderieren und additiv oder multiplikativ die Wirkung der Attraktivität auf den Wahlerfolg der Direktkandidaten moderieren, dann sollte sich für Ostdeutschland der stärkste Effekt zeigen, in absteigender Rangfolge gefolgt von Westdeutschland, dem ersten Wahlgang in Frankreich, dem zweiten Wahlgang in Frankreich und schließlich dem Vereinigten Königreich.

Abbildung 1: Deutschland, Frankreich und das Vereinigte Königreich nach der Persistenz der Demokratie und nach der Relevanz der Wahlkreisergebnisse für die parlamentarischen Mehrheitsverhältnisse

		Persistenz der Demokratie		
		gering	*mittel*	*hoch*
Relevanz der Wahlkreisergebnisse für die parlamentarischen Mehrheitsverhältnisse	*hoch*		2. Wahlgang in Frankreich	Vereinigtes Königreich
	mittel		1. Wahlgang in Frankreich	
	gering	Ostdeutschland	Westdeutschland	

3 Datenbasis

Zur empirischen Überprüfung der theoretischen Erwartungen stützen wir uns auf die nationalen Parlamentswahlen, die im Vereinigten Königreich im Jahr 2001 und in Frankreich und Deutschland im Jahr 2002 stattgefunden haben. Da die Zahl der Direktkandidaten über alle drei Parlamentswahlen aufsummiert in die Tausende geht, mussten wir uns von vornherein darauf beschränken, nur die jeweiligen Wahlkreisgewinner und die bestplatzierten unterlegenen Direktkandidaten in die Analyse einzubeziehen. Andernfalls wären die Aufgabe der Datensammlung und die Bestimmung der Attraktivität der Direktkandidaten praktisch nicht lösbar gewesen. Wir haben aber darauf geachtet, nur solche Wahlkreise für die Analyse auszuwählen, bei denen wir sowohl den Sieger des Urnengangs als auch den zweitplatzierten Direktkandidaten berücksichtigen konnten. Das Wahlgebiet Ostdeutschlands war 2002 in 60 Wahlkreise untergliedert und das Wahlgebiet Westdeutschlands war in 239 Wahlkreise unterteilt.[5] Im Vereinigten Königreich wurde 2001 in 659 Wahlkreisen gewählt und das Wahlgebiet Frankreichs untergliederte sich 2002 in 577 Wahlkreise. Da in Frankreich bei der Parlamentswahl von 2002 insgesamt 58 Direktkandidaten bereits im ersten Wahlgang einen Parlamentssitz erringen konnten und in drei Wahlkreisen nur ein Direktkandidat zum zweiten Wahlgang antrat, reduziert sich hier die Zahl der relevanten Wahlkreise auf 516.[6] Für jeden der insgesamt 2.051 Wahlkreise wurde in einem ersten Schritt versucht, für die später durchzuführende Attraktivitätsbestimmung eine geeignete Portraitphotographie des Wahlkreis- bzw. Wahlgangsgewinners *und* des zweitplatzierten Direktkandidaten im Internet zu recherchieren. Dies ist uns leider nur begrenzt gelungen. Die Abdeckung der Wahlkreise ist dabei mit 40 Prozent (erster Wahlgang in Frankreich) bis 73 Prozent (Westdeutschland) aber dennoch sehr hoch (vgl. Tabelle 1). Parallel zu den Portraitphotographien wurde der von den beiden relevanten Kandidaten jeweils erzielte Stimmenanteil recherchiert.[7] Soweit möglich, wurden gleichzeitig auch

---

[5] Jeweils inklusive der Ost- bzw. Westberliner Wahlkreise.
[6] Leider war es uns nicht möglich herauszufinden, aus welchen Gründen in den drei Wahlkreisen nur ein Kandidat zum zweiten Wahlgang antrat. Auf Grund der Tatsache, dass der einzige potentielle Kontrahent für den zweiten Wahlgang einer Partei angehört, die der des verbliebenen Kandidaten ideologisch nahe steht, vermuten wir, dass Absprachen zwischen den Parteien dafür verantwortlich sind. Doch wie die tatsächlichen Gründe auch immer aussehen mögen, die Berücksichtigung dieser Wahlkreise bei den empirischen Analysen wäre unsinnig gewesen, da die drei Kandidaten automatisch 100 Prozent der gültigen Stimmen erhalten haben.
[7] Gegen die Verwendung von Photographien als Grundlage der Attraktivitätsbestimmung könnte grundsätzlich eingewandt werden, dass die Attraktivität der abgebildeten Personen durch kosmetische Maßnahmen sowie durch geeignete digitale oder manuelle Retuschen künstlich über das natürliche Maß hinaus erhöht werden kann, so dass die Attraktivitätsmessung verfälscht wird (vgl. Hergovich et al. 2002; Rosenberg & McCafferty 1987; Rosenberg et al. 1991). Hinzu kommt, dass bereits die Inszenierung der Photographie, Moden, Kleidungsstil, Ornamentik, Gestik und Mimik der abgebildeten Person oder die technische Qualität der Photographie die Attraktivitätseinstufung beeinflussen können (Elliot & Niesta 2008; Osborn 1996; Reis et al. 1990). All dies ist richtig, im Zusammenhang dieser Untersuchung aber von nachrangiger Bedeutung: alle kontradiktorischen Implikationen arbeiten gegen die Basishypothese, dass sich ein Einfluss der physischen Attraktivität auf den Wahlausgang nachweisen lässt. Insofern ergibt sich hier lediglich eine Verschärfung der Testbedingungen, die in allen fünf Untersuchungskontexten gegebenenfalls gleichermaßen wirksam sein sollte. Gegen die Verwendung von Portraitaufnahmen als Grundlage der Attraktivitätsbestimmung ließe sich darüber hinaus noch einwenden, dass sie die Gesamtanmutung einer Person nur unzureichend wiedergibt. Dieser Vorbehalt ist jedoch unbegründet. Es lässt sich nämlich zeigen, dass sich die Bewertung der Attraktivität einer Person kaum verändert, wenn statt einer Portraitphotographie eine Ganzkörperphotographie eingesetzt wird. Zudem stimmt die Bewertung der Attraktivität des Gesichts sehr gut mit der Bewertung der gesamten Person überein (vgl. exemplarisch Brunswik 1956; Grammer et al. 2002; Snyder et al. 1985). Und selbst wenn Videosequenzen oder die Beobachtung in natürlichen Settings die Bewertungsgrundlage bilden, ändert sich die Attraktivitätsbeurteilung ge-

demographische Angaben zu den beiden Kandidaten und weitere Daten, die später zusammen mit den demographischen Merkmalen als Kontrollvariablen Eingang in die empirischen Analysen finden sollten, im Rahmen der Online-Recherchen erfasst.[8]

Tabelle 1: In die Analyse einbeziehbare Wahlkreise

	Vereinigtes Königreich	Frankreich 1. Wahlgang	Frankreich 2. Wahlgang	Westdeutschland[1]	Ostdeutschland[2]
Wahlkreise (brutto)	659	577	577	239	60
Bereits im ersten Wahlgang entschieden			58		
Wahlkreise mit nur einem Kandidaten			3		
Wahlkreise (netto)	659	577	516	239	60
Wahlkreise ohne verwertbare Photographie für einen oder beide relevante Kandidaten	358	345	302	64	22
Wahlkreise in der Analyse	*301* (45,7%)	*232* (40,2%)	*214* (41,5%)	*175* (73,2%)	*38* (63,3%)

Anmerkung: (1) inklusive Westberlin; (2) inklusive Ostberlin.

Um aber den Einfluss der äußeren Anmutung der Direktkandidaten überhaupt untersuchen zu können, galt es nun noch, in einem zweiten Schritt die physische Attraktivität der Direktkandidaten zu messen. Diese Messung erfolgte gemäß der *Truth of Consensus Method* (Patzer 1985: 17). Hierbei beurteilt eine Gruppe so genannter Rater unabhängig voneinander die Attraktivität einer Person und durch Verrechnung der Einzelurteile zu einem Mittelwert ergibt sich dann ein Mess-

---

genüber einer Attraktivitätseinschätzung, die auf einer Portraitphotographie basiert, nicht (Brown et al. 1999).

[8] Im Vereinigten Königreich konnten wir leider nur für rund zwei Drittel der relevanten Direktkandidaten das Alter ermitteln. Anhand der gesammelten Portraitphotographien haben wir daher eine Gruppe von vier studentischen Probanden das Alter aller britischen und nordirischen Kandidaten schätzen lassen. Diese Altersschätzungen wurden für jeden Direktkandidaten durch Mittelwertbildung zusammengefasst und anschließend wurde mittels einer OLS-Regression überprüft, wie gut diese gemittelte Altersschätzung bei den Kandidaten, deren Alter recherchierbar war, das tatsächliche Alter vorhersagt. Dabei ergab sich ein R^2 von 0,74. Die Schätzungen bilden das tatsächliche Alter der Kandidaten also recht gut ab. Daher haben wir für alle britischen und nordirischen Direktkandidaten, die in der Analyse Berücksichtigung fanden, das durchschnittlich geschätzte Alter auf Basis der Konstante und des unstandardisierten Regressionskoeffizienten dieser OLS-Gleichung korrigiert. Die so bestimmte korrigierte Altersschätzung wurde bei allen Analysen für das Vereinigte Königreich dann als Proxyvariable des Kandidatenalters eingesetzt.

wert ihrer Attraktivität, der so genannte Attraktivitätsscore einer Person. Grundlage dieses Verfahrens ist der bereits thematisierte *Attractiveness Consensus*, also die Erkenntnis, dass es sich bei der physischen Attraktivität einer Person um ein Merkmal handelt, das verschiedene Betrachter sehr ähnlich wahrnehmen (vgl. Grammer et al. 2003; Henss 1987; 1992; 1998; Iliffe 1960). Variationen in der Attraktivitätsbeurteilung sind demnach weitgehend auf nachrangige Geschmacksunterschiede zwischen den Betrachtern zurückzuführen. Dies bedeutet gleichzeitig, dass bereits mit einer sehr kleinen Gruppe von Ratern eine reliable und valide Attraktivitätsmessung erreicht werden kann. In der Literatur wird es gemeinhin als ausreichend angesehen, wenn die Attraktivitätseinstufung auf den Urteilen von rund zwei Dutzend Personen aufbaut. Bereits dann sei der durchschnittliche Attraktivitätswert so stabil, dass man auch mit 10.000 Ratern kaum ein anderes Ergebnis erzielen würde (Henss 1992: 308).

Die in dieser Studie verwendeten Attraktivitätsmessungen der Direktkandidaten basieren auf Bewertungen, die von Studierenden der Universitäten Köln, Bremen und Bologna abgegeben wurden.[9] Die insgesamt zu bewertenden 1.492 Kandidatenphotographien[10] wurden dabei in zehn Teilpakete aufgeteilt, da die Bewertung einer solch großen Zahl von Photographien freiwillig kooperierenden Ratern nicht zugemutet werden konnte. Acht dieser Pakete wurden an der Universität zu Köln bewertet: Die Teilnehmer von acht verschiedenen soziologischen Lehrveranstaltungen bekamen die Bilder der Kandidaten per Beamer präsentiert. Alle Bilder waren dabei auf ein einheitliches Format skaliert und fortlaufend nummeriert. Angaben über die abgebildeten Personen wurden nicht gemacht. Die Veranstaltungsteilnehmer wurden gebeten, auf einem zuvor ausgeteilten schriftlichen Fragbogen neben der jeweiligen Identifikationsnummer die Attraktivität der präsentierten Personen zu bewerten. Die Bewertung erfolgte

---

[9] Um einem möglichen Einwand vorzubeugen: Bei dem in Bologna durchgeführten Rating wurde darauf geachtet, dass nur nicht-deutsche Gaststudierende bzw. italienische Ersthörer der Universität die Direktkandidaten bewertet haben. Gegen den Einsatz studentischer Rater lässt sich natürlich grundsätzlich einwenden, dass sie mit Sicherheit nicht die demographische Zusammensetzung der relevanten Elektorate widerspiegeln und dass ihre Attraktivitätsurteile nicht der Einschätzung des typischen Wählers oder der typischen Wählerin entsprechen. In der Tat können die Urteile der Studierenden auf Grund des so genannten Eigengruppen-Bonus (Reis et al. 1980, 1982) eine Verzerrung aufweisen. Folgt man den Untersuchungen von Henss (1987, 1992), so dürfte diese Verzerrung allerdings nicht besonders gravierend sein. Zudem würde eine verzerrte Attraktivitätsmessung die Chancen reduzieren, einen Zusammenhang zwischen der physischen Attraktivität der Direktkandidaten und ihrem Wahlerfolg nachweisen zu können. Die Verzerrung würde also gegen die zu prüfende Basishypothese arbeiten und insofern eine weitere Verschärfung der Testbedingungen darstellen.

[10] In Frankreich war die Gruppe der Direktkandidaten, die für die Analyse des ersten und zweiten Wahlgangs relevant waren, weitgehend deckungsgleich. Natürlich war es nicht erforderlich, für diese Kandidaten die physische Attraktivität zweimal zu messen, so dass die Zahl der zu bewertenden Personen von 1.920 auf 1.492 reduziert werden konnte.

dabei anhand einer siebenstufigen Skala mit den Polen „unattraktiv" (im Datensatz als „0" codiert) und „attraktiv" (im Datensatz als „6" codiert). Da damit gerechnet werden musste, dass einige der Rater die Direktkandidaten der vier Kölner Wahlkreise erkannt hätten und die betreffenden Attraktivitätsurteile dadurch womöglich verzerrt worden wären, wurden diese Kandidaten im Rahmen einer soziologischen Lehrveranstaltung an der Universität Bremen bewertet. Deutschlandweit prominente Direktkandidaten der Bundestagswahl wurden aus den gleichen Gründen von Studierenden der Universität Bologna bewertet.[11] Um eine vergleichbare Verankerung der Attraktivitätsurteile in den zehn Gruppen sicherzustellen, wurden zu Beginn der Datenerhebung in allen Gruppen jeweils die gleichen 15 Photographien von männlichen und weiblichen Personen gezeigt.[12]

Nach Abschluss der Erhebungen wurden die Attraktivitätsurteile der Rater manuell in einen SPSS-Datensatz überführt. Die Berechnung des Attraktivitätsscores für jeden einzelnen Direktkandidaten erfolgte schließlich durch Mittelwertbildung über die verfügbaren Einzelurteile der Rater. Pro Direktkandidat standen dabei im Durchschnitt 22 Attraktivitätsurteile zur Verfügung.[13] Eine Reliabilitätsanalyse der Einzelbeurteilungen bestätigte empirisch den erwarteten hohen Konsens in der Attraktivitätseinschätzung. Gemäß der in der Attraktivitätsforschung gängigen Vorgehensweise wurden dabei die Rater als Variablen und die präsentierten Personen als Fälle betrachtet. Cronbach's α ergab sich je nach Rating zu 0,77 bis 0,98. Der durchschnittliche Wert für Cronbach's α liegt über alle Ratings betrachtet bei 0,88.[14] In Tabelle 2 sind die durchschnittlichen Attraktivitätsscores differenziert nach Kontexten sowie unterteilt nach dem Geschlecht und dem Alter der Direktkandidaten abgebildet. Die geschlechts- und altersspezifischen Unterschiede entsprechen prinzipiell den aus der Literatur bekannten Befunden (vgl. exemplarisch Braun et al. 2003; Grammer 2002; Gründl 2004; 2007).

---

[11] Wir möchten uns an dieser Stelle bei unserer ehemaligen studentischen Hilfskraft Thomas Kiechle und bei unseren Kollegen Henning Best, Hermann Dülmer, Karl-Wilhelm Grümer, Heiner Meulemann, Manuela Pötschke, Daniela Rohrbach und Christof Wolf bedanken. Thomas Kiechle hat für uns die Erhebung in Bologna durchgeführt. Manuela Pötschke hat für uns die Erhebung in Bremen realisiert. Die anderen Kollegen haben es uns ermöglicht, die Erhebungen in Köln im Rahmen ihrer Lehrveranstaltungen durchzuführen. Ohne die großzügige Hilfsbereitschaft dieser Personen wäre diese Untersuchung gar nicht möglich gewesen – merci!

[12] Es handelte sich dabei um deutsche, französische und britische Direktkandidaten, die im Rahmen der Untersuchung nicht berücksichtigt werden konnten, da keine geeignete Photographie ihres jeweiligen Gegenkandidaten verfügbar war.

[13] Das Minimum liegt bei elf Beurteilungen, das Maximum bei 100 Beurteilungen. Die Standardabweichung beträgt 16,4.

[14] Bei einer Standardabweichung von 0,07.

Tabelle 2: Die physische Attraktivität der Direktkandidaten nach Wahlkontext, Geschlecht und Alter

		Arithmetisches Mittel	Standard-abweichung	Minimum	Maximum	N	η
Vereinigtes Königreich	*Alle*	1,83	0,72	0,33	4,75	602	
	nach Geschlecht						
	weiblich	2,21	0,82	0,36	4,75	155	,31**
	männlich	1,70	0,63	0,33	3,92	447	
	nach Alter						
	unter 35 Jahre	2,15	0,85	0,57	4,00	58	
	35 bis 44 Jahre	1,93	0,75	0,33	4,75	198	
	45 bis 54 Jahre	1,71	0,66	0,33	4,25	231	,20**
	55 bis 64 Jahre	1,73	0,63	0,36	3,20	105	
	65 Jahre und älter	1,65	0,42	1,07	2,22	10	
Frankreich, 1. Wahlgang	*Alle*	1,98	0,70	0,56	4,50	464	
	nach Geschlecht						
	weiblich	2,48	0,76	1,00	4,50	100	,37**
	männlich	1,85	0,62	0,56	4,14	364	
	nach Alter						
	unter 35 Jahre	2,94	0,76	1,86	4,50	11	
	35 bis 44 Jahre	2,04	0,74	0,71	4,50	64	
	45 bis 54 Jahre	2,10	0,68	0,64	3,67	180	,29**
	55 bis 64 Jahre	1,84	0,64	0,56	3,60	171	
	65 Jahre und älter	1,72	0,62	0,67	3,36	38	
Frankreich, 2. Wahlgang	*Alle*	1,98	0,69	0,56	4,50	428	
	nach Geschlecht						
	weiblich	2,51	0,71	1,00	4,50	85	,38**
	männlich	1,85	0,61	0,56	4,14	343	
	nach Alter						
	unter 35 Jahre	3,06	0,79	1,86	4,50	9	
	35 bis 44 Jahre	1,99	0,67	0,72	4,14	57	
	45 bis 54 Jahre	2,12	0,66	0,65	3,54	167	,32**
	55 bis 64 Jahre	1,84	0,65	0,56	3,60	162	
	65 Jahre und älter	1,65	0,57	0,67	2,92	33	

Fortsetzung Tabelle 2 auf Seite 320

Fortsetzung Tabelle 2

		Arithmetisches Mittel	Standard-abweichung	Minimum	Maximum	N	η
West-deutsch-land	Alle	2,10	0,71	0,50	4,75	350	
	nach Geschlecht						
	weiblich	2,53	0,82	0,50	4,75	104	,39**
	männlich	1,92	0,58	0,58	4,00	246	
	nach Alter						
	unter 35 Jahre	2,55	0,95	0,92	4,30	17	
	35 bis 44 Jahre	2,30	0,87	0,58	4,75	62	
	45 bis 54 Jahre	2,09	0,72	0,50	4,65	131	,22**
	55 bis 64 Jahre	1,96	0,54	0,58	3,77	135	
	65 Jahre und älter	2,23	0,74	1,22	3,08	5	
Ost-deutsch-land	Alle	2,31	0,58	1,11	3,67	76	
	nach Geschlecht						
	weiblich	2,39	0,43	1,75	3,17	26	,10
	männlich	2,26	0,65	1,11	3,67	50	
	nach Alter						
	unter 35 Jahre	2,38	0,77	1,17	3,65	12	
	35 bis 44 Jahre	2,26	0,68	1,17	3,67	17	
	45 bis 54 Jahre	2,32	0,49	1,33	3,15	29	,07
	55 bis 64 Jahre	2,28	0,52	1,11	3,55	18	
	65 Jahre und älter	-,-	-,-	-,-	-,-	-,-	

Anmerkung: -,-: Zelle nicht besetzt; **: $p \leq 0,01$.

Der dritte und letzte Arbeitsschritt der Datenvorbereitung bestand schließlich darin, die Attraktivitätsscores der Direktkandidaten mit den Wahlergebnissen und den vercodeten Merkmalen, die in den empirischen Analysen als Kontrollvariablen dienen sollten, in einer SPSS-Datei zusammenzuführen. Vorsorglich möchten wir darauf hinweisen, dass uns die Drei-Ebenen-Struktur der Daten – Kontext, Wahlkreis, Direktkandidat – bewusst ist. Entsprechend wäre für die empirischen Auswertungen, die im nachfolgenden Abschnitt berichtet werden, eigentlich eine hierarchisch-lineare Mehrebenenregression das angemessene Analyseverfahren gewesen. Da wir auf der dritten Ebene aber nur über fünf Untersuchungseinheiten verfügen und auf der ersten Ebene lediglich zwei Kandidaten pro Wahlkreis berücksichtigen, haben wir auf diesen beiden Ebenen zu wenig Untersuchungsfälle für eine zuverlässige Modellschätzung (vgl. Hox 2002). Aus diesem Grund haben wir uns dafür entschieden, alle anstehenden Analysen als kontextspezifische OLS-Regressionen durchzuführen und möglichen moderierenden Einflüssen der beiden fokussierten Kontextmerkmale durch einen Vergleich der Regressionskoeffizienten nachzuspüren.

4 Empirische Analysen

Abhängige Variable aller nachfolgend diskutierten Regressionsanalysen sind die Stimmenanteile des erfolgreichsten und des zweitplatzierten Direktkandidaten in den einzelnen Wahlkreisen. Erklärende Variable ist der jeweilige Attraktivitätsscore dieser Kandidaten. Als Kontrollvariablen wurden in den Regressionsmodellen zusätzlich das Geschlecht der Kandidaten,[15] das Alter der Kandidaten,[16] die Frage, ob ein Kandidat zum Wahlzeitpunkt bereits Mitglied des nationalen Parlamentes ist,[17] die Frage, ob ein Kandidat zum Wahlzeitpunkt eine bedeutende politische Position innehat,[18] das strategische Stimmenpotential der Parteien[19]

---

[15] Da Politik im allgemeinen Verständnis als männlich konnotiertes Handlungsfeld gelten dürfte, gehen wir davon aus, dass weibliche Direktkandidaten einen systematischen Wettbewerbsnachteil haben. Theoretisch ergibt sich hier sogar ein interessanter Anknüpfungspunkt für einen Interaktionseffekt zwischen dem Geschlecht der Direktkandidaten und ihrer physischen Attraktivität. Nach dem so genannten *Beauty Is Beastly Effect* ist nämlich davon auszugehen, dass mit steigender Attraktivität nicht nur die Zuschreibung sozial erwünschter Persönlichkeitseigenschaften ansteigt, sondern auch die Stereotypisierung nach Geschlechtsrollenklischees zunimmt (vgl. vor allem Heilman & Saruwatari 1979; siehe aber auch die weiterführenden Arbeiten von Gillen 1981; Friedman & Zebrowitz 1992; Heilman & Stopeck 1985; Sczesny 2003; sowie die kritischen Anmerkungen bei Podratz & Dipboye 2002). Für Frauen sollte das in der Sphäre der Politik bedeuten, dass ihnen mit zunehmender Attraktivität auch Eigenschaften zugeschrieben werden, die von den Wählerinnen und Wählern für diesen spezifischen Handlungskontext als kontraproduktiv bewertet werden. In der Konsequenz sollte das dazu führen, dass bei weiblichen Direktkandidaten die äußere Anmutung einen *negativen Effekt* auf den Stimmenanteil ausübt. Wir haben diese Möglichkeit natürlich empirisch überprüft, konnten jedoch keine entsprechenden Effekte nachweisen. Um die Komplexität der Abhandlung nicht unnötig zu vergrößern, haben wir daher auf die Diskussion des *Beauty Is Beastly Effect* und eine Erörterung der entsprechenden empirischen Analysen verzichtet.

[16] Wir gehen davon aus, dass das Alter der Direktkandidaten die Wahlchancen beeinflussen kann, da die Wählerinnen und Wähler zum einen wohl ein gewisses Mindestmaß an Lebenserfahrung von einem Abgeordneten erwarten und zum andern bei ihrer Entscheidungsfindung wohl auch die physische und kognitive Leistungsfähigkeit der Kandidaten, die mit zunehmendem Alter tendenziell abnehmen dürfte, mit verrechnen. Um diese gegenläufigen Effekte des Alters angemessen modellieren zu können, haben wir das Alter kategorisiert und in Dummycodierung in die Analysemodelle einbezogen.

[17] Analog zum so genannten Kanzlerbonus sollte auch für Direktkandidaten gelten, dass sie bei Wahlen einen taktischen Vorteil haben, wenn sie von der Position des Mandatsinhabers aus kandidieren.

[18] Wenn es so etwas wie einen Mandatsinhaberbonus gibt, dann sollten Direktkandidaten, die eine herausgehobene politische Position bekleiden, erst recht einen taktischen Vorteil haben. Als herausgehobene Position haben wir folgende politische Positionen definiert: Parteivorsitzender, Fraktionsvorsitzender, Parlamentspräsident, Minister und Bundeskanzler bzw. Premierminister.

und die logarithmierte Anzahl der in einem Wahlkreis angetretenen Direktkandidaten[20] berücksichtigt. Sollten die politisch-kulturellen Randbedingungen oder die normativ-institutionellen Implikationen des Wahlrechtes den Einfluss der physischen Attraktivität moderieren, so müssten sich zwischen der Unterhauswahl im Vereinigten Königreich von 2001, dem ersten und zweiten Wahlgang der Wahlen zur französischen Nationalversammlung von 2002 und den Bundestagswahlen 2002 in West- und Ostdeutschland deutliche Unterschiede der Effektstärke einstellen. Auf jeden Fall müsste der Effekt dabei im Vereinigten Königreich mit am schwächsten ausfallen und auf jeden Fall müsste Ostdeutschland mit den stärksten Effekt zeigen. Wie aus den in Tabelle 3 dokumentierten Befunden der Regressionsanalysen hervorgeht, ist dies auch tatsächlich der Fall. Während die physische Attraktivität der Direktkandidaten in Großbritannien und Nordirland überhaupt keinen Einfluss zu haben scheint, gilt für Ostdeutschland, dass mit jedem Punkt, um den der Attraktivitätsscore der Direktkandidaten ansteigt, der Erststimmenanteil im Durchschnitt um fast 2 Prozentpunkte zunimmt.

Darüber hinaus entsprechen die Befunde jedoch in keiner Weise den formulierten Erwartungen zu den moderierenden Kontexteinflüssen. Die Stärke des Effektes ist vielmehr bei beiden Wahlgängen in Frankreich sowie in Westdeutschland so hoch, dass nicht davon ausgegangen werden kann, dass hier ein substantieller Unterschied zu der Effektstärke besteht, mit der die physische Attraktivität in Ostdeutschland wirksam ist. Eigentlich kann auf der Grundlage

---

[19] Wenn der Einfluss der physischen Attraktivität im Zusammenhang mit politischen Wahlen analysiert werden soll, muss berücksichtigt werden, dass sich die Wählerpotentiale der Parteien, denen die Kandidaten angehören, deutlich voneinander unterscheiden können. Hinzu kommt, dass diese Potentiale wiederum regional stark differenzieren können. Aus diesen Gründen haben wir den durchschnittlichen Stimmenanteil der relevanten Parteien als erklärende Variable in die Analysemodelle eingeführt. Um dabei regionale Differenzen abbilden zu können, wurden die durchschnittlichen Stimmenanteile nach bestimmten, potentiell divergenten Regionen differenziert erfasst. Für die Bundesrepublik haben wir uns an den Bundesländern orientiert, wobei West- und Ostberlin als getrennte Einheiten betrachtet wurden. Für das Vereinigte Königreich haben wir nach den elf politischen Regionen Großbritanniens (South West, South East, London, East Anglia, East Midlands, West Midlands, North West, Yorkshire und Humberside, North, Wales, Scotland) und nach Nordirland differenziert. Für Frankreich haben wir nach den 22 Regionen des Mutterlandes (Aquitaine, Midi Pyrénées, Languedoc – Roussillon, Provence – Alpes-du-Sud, Côte d'Azur, Poitou – Charentes, Limousin, Auvergne, Rhône – Alpes, Pays de la Loire, Centre – Val de Loire, Bourgogne, Franche-Comté, Bretagne, Normandie, Picardie – Nord – Pas-de-Calais, Ile de France, Champagne – Ardenne, Lorraine – Vosges, Alsace, Corse) sowie nach den so genannten DOM-TOM (départements d'outre-mer et territoires d'outre-mer) differenziert.

[20] Nimmt die Zahl der Direktkandidaten, die in einem Wahlkreis antreten, zu, dann sollte tendenziell der Stimmenanteil abnehmen, den ein einzelner Direktkandidat erringen kann. Da wir aber davon ausgehen, dass sich die Potentiale, Stimmen zu absorbieren, zwischen den Kandidaten verschiedener Parteien sehr unterschiedlich verteilen, haben wir die Anzahl der Direktkandidaten logarithmiert in die empirischen Analysen einbezogen.

der empirischen Befunde nur für das Vereinigte Königreich eine klare Sonderstellung konstatiert werden. Dies könnte ein Hinweis darauf sein, dass die politisch-kulturellen und die institutionellen Randbedingungen in Form eines Konditionaleffektes die Stärke beeinflussen, mit der die physische Attraktivität der Direktkandidaten ihre Wirkung entfalten kann – dass eine lange demokratische Tradition *und* eine hohe Relevanz der Wahlkreisergebnisse erforderlich sind, damit die Kandidatenattraktivität ihre Wirksamkeit verliert. Wahrscheinlicher ist jedoch, dass die Wirkungslosigkeit der physischen Attraktivität auf eine singuläre Besonderheit der Unterhauswahlen von 2001 zurückgeht: Es gab so gut wie keine *Swinging Constituencies*.

Tabelle 3: Regressionsmodelle der Determinanten des Wahlerfolgs nach Wahlkontexten (unstandardisierte Regressionskoeffizienten)

	Vereinigtes Königreich	Frankreich, 1. Wahlgang	Frankreich, 2. Wahlgang	Westdeutschland	Ostdeutschland
Interzept	19,38**	23,29**	48,36**	3,11	1,23
Attraktivität	-,01	1,56**	1,86**	1,68**	1,94*
Geschlecht: weiblich	-,82	-3,39**	-3,95**	-4,41**	-,48
Alter					
35 bis 44 Jahre	2,36*	4,99*	3,68	,95	2,94
45 bis 54 Jahre	3,69**	4,04	2,65	,71	,25
55 bis 64 Jahre	4,26**	4,18	3,55	2,09	-,34
65 Jahre und älter	4,12	3,07	4,17	1,55	-,-
Kandidat ist Parlamentsmitglied	14,71**	4,19**	1,15	1,35	2,71*
Kandidat hat eine wichtige Position inne	2,79	8,49**	5,25**	1,46	6,87*
Stimmenanteil der Partei/Liste des Kandidaten in der Region	,38**	,33**	,15**	,85**	,66**
Log. Anzahl der Direktkandidaten im Wahlkreis	-1,48	-3,58**	-17,93**	-1,33	1,37
R^2 in %	67,0	26,9	23,8	58,1	63,7
N	602	464	428	350	76

Anmerkung: -,-: Prädiktor hat in diesem Sample keine Varianz; *: $p \leq 0{,}05$; **: $p \leq 0{,}01$.

Die Unterhauswahlen von 2001 zementierten den Wahlerfolg, den die Labour Party im Jahr 1997 unter der Führung Tony Blairs erringen konnte, für eine weitere Legislaturperiode. Bereits deutlich vor dem Wahltag stand für viele Beobachter fest, dass die Labour Party die Wahl von 2001 wieder mit deutlichem Vorsprung gewinnen würde, und nach der Stimmenauszählung stellte sich heraus, dass die Wahl von 2001 das Ergebnis von 1997 nahezu unverändert replizierte. Lediglich in 27 der insgesamt 659 Wahlkreise veränderten sich die Mehrheitsverhältnisse zwischen den Parteien in einem solchen Umfang, dass nun der Direktkandidat einer anderen Partei in das Unterhaus einziehen konnte. Dies ist die geringste Anzahl an *Swinging Constituencies* bei Unterhauswahlen seit 1955. Auf diese Weise werden die Stimmenpotentiale der Parteien in den Regionen und das Merkmal einer zum Wahlzeitpunkt bestehenden Mitgliedschaft im Parlament automatisch zu so erklärungsmächtigen Prädiktoren des Wahlausgangs, dass sie andere, potentiell relevante Einflussfaktoren völlig überlagern können.

Inwieweit diese Besonderheiten der Unterhauswahl von 2001 mögliche Einflüsse der Kandidatenattraktivität verwischt haben, lässt sich – zumindest indirekt – überprüfen, indem eine Subgruppenanalyse für die Wahlkreise durchgeführt wird, in denen keiner der beiden relevanten Direktkandidaten zum Zeitpunkt der Wahl Mitglied des Unterhauses war. Da hier zumindest das Merkmal der Parlamentsmitgliedschaft konstant ist, kann es in der statistischen Analyse keinen Einfluss ausüben. Insgesamt gab es 2001 73 Wahlkreise, in denen weder der letztendliche Gewinner noch der Zweitplatzierte zum Zeitpunkt der Wahl dem nationalen Parlament angehörte. Diese für das Vereinigte Königreich eher ungewöhnliche Konstellation lag in der Regel darin begründet, dass der bisherige Mandatsinhaber nicht mehr zur Wahl antrat und seine Partei einen neuen Kandidaten nominieren musste. Für 23 dieser Wahlkreise sind die relevanten Daten verfügbar, und aus der ersten Datenspalte in Tabelle 4 geht hervor, dass die physische Attraktivität 2001 auch im Vereinigten Königreich durchaus das Potential hatte, den von den Direktkandidaten erzielten Stimmenanteil positiv zu beeinflussen.

Dass der Regressionskoeffizient des Attraktivitätsprädiktors – wie der überwiegende Teil der übrigen Koeffizienten – nicht signifikant wird, dürfte vor allem mit der äußerst bescheidenen Zahl analysierbarer Fälle zu tun haben. Auf der anderen Seite decken die verfügbaren Fälle dieses Subsamples aber rund ein Drittel aller relevanten Wahlkreise ab, so dass der Standardfehler des Regressionskoeffizienten deutlich überschätzt wird. Wir haben daher die Standardfehler einer Endlichkeitskorrektur für finite Grundgesamtheiten unterzogen und die Signifikanzen neu berechnet (vgl. dazu Bortz 2005: 86, 92f.; siehe auch Böltken 1976; Cochran 1972; Menges 1959).[21]

---

[21] Eigentlich hätte bereits bei allen in Tabelle 3 berichteten Regressionskoeffizienten die Signifikanz auf der Grundlage endlichkeitskorrigierter Standardfehler berechnet werden müssen. Da diese Korrektur mit Blick auf den Effekt der physischen Attraktivität aber keinen Einfluss auf die komparativen Befunde gehabt hätte, haben wir uns den Aufwand an dieser Stelle gespart.

Tabelle 4: Regressionsmodelle der Determinanten des Wahlerfolgs in den Wahlkreisen des Vereinigten Königreiches, in denen keine Parlamentsmitglieder angetreten sind (unstandardisierte Regressionskoeffizienten)

	ohne Endlichkeitskorrektur der Standardfehler	nach Endlichkeitskorrektur der Standardfehler
Interzept	16,66	16,66*
Attraktivität	2,63	2,63*
Geschlecht: weiblich	5,63	-5,63**
Alter		
35 bis 44 Jahre	6,39	6,39*
45 bis 54 Jahre	10,62*	10,62**
55 bis 64 Jahre	-,59	-,59
65 Jahre und älter	-,-	-,-
Kandidat ist Parlamentsmitglied	-,-	-,-
Kandidat hat eine wichtige Position inne	-,-	-,-
Stimmenanteil der Partei/Liste des Kandidaten in der Region	,65**	,65**
Logarithmierte Anzahl der Direktkandidaten im Wahlkreis	-8,48	-8,48*
R^2 in %	63,5	63,5
N	46	46

Anmerkung: -,-: Prädiktor hat in diesem Sample keine Varianz *: $p \leq 0{,}05$; **: $p \leq 0{,}01$.

Die Ergebnisse dieser Neuberechnung finden sich in der zweiten Datenspalte von Tabelle 4. Nach Durchführung der Endlichkeitskorrektur erreichen fast alle Regressionskoeffizienten ein signifikantes Niveau – so auch der Einfluss der physischen Attraktivität. Sofern die Kandidatenattraktivität bei politischen Wahlen im Vereinigten Königreich nicht nur dann wirksam wird, wenn in einem Wahlkreis Neulinge gegeneinander antreten, ergibt sich damit ein starkes Indiz dafür, dass die Kandidatenattraktivität in Großbritannien und Nordirland bei nationalen Parlamentswahlen prinzipiell ebenso wirksam ist, wie in Frankreich und Deutschland.[22] Das bedeutet dann aber auch, dass sich mit den von uns genutz-

---

[22] Und selbst wenn die physische Attraktivität der Direktkandidaten lediglich wirksam würde, wenn in einem Wahlkreis nur Kandidaten ohne Abgeordnetenmandat antreten, wäre dies immer noch höchst bedeutsam: Zu irgendeinem Zeitpunkt treten in jedem einzelnen Wahlkreis des Vereinigten Königreiches nur Neulinge gegeneinander an. Wenn die physische Attraktivität der Direktkandidaten

ten Daten keine moderierenden Effekte politisch-kultureller oder normativ-institutioneller Randbedingungen nachweisen lassen, die den Einfluss der physischen Attraktivität dämpfen könnten.

Dieser Befund ist im Sinne wissenschaftlicher Grundlagenforschung sicherlich interessant genug. Aus Sicht der politischen Praxis stellt sich aber die Frage, welche Relevanz die physische Attraktivität der Direktkandidaten eigentlich für die parlamentarischen Machtverhältnisse hat. Um auch in diesem Punkt Antworten geben zu können, haben wir auf der Grundlage der uns zur Verfügung stehenden Wahlkreise und der Befunde der in Tabelle 3 und 4 berichteten Regressionsanalysen eine Reihe von Simulationsberechnungen durchgeführt. Im Grundsatz wurde dabei stets überprüft, ob sich die Kräfteverhältnisse in den Wahlkreisen verändert hätten, wenn an Stelle eines tatsächlichen Direktkandidaten – unter Konstanthaltung aller übrigen Bedingungen – ein attraktiverer Direktkandidat angetreten wäre. Der mögliche Attraktivitätszuwachs des imaginären Direktkandidaten war dabei stets durch die Differenz zwischen dem Attraktivitätsscore des tatsächlichen Direktkandidaten und dem theoretisch möglichen maximalen Attraktivitätsscore von 6 Skalenpunkten begrenzt.

Für den ersten Urnengang in Frankreich haben wir für die 217 analysierbaren Wahlkreise, in denen kein Kandidat nach dem Wahlgang die absolute Mehrheit errungen hat, überprüft, ob der bestplatzierte Kandidat des Urnengangs bei einer höheren physischen Attraktivität den Wahlkreis direkt hätte gewinnen können. Für den zweiten Urnengang in Frankreich sowie für West- und Ostdeutschland haben wir überprüft, ob der zweitplatzierte Direktkandidat bei einer höheren physischen Attraktivität den Wahlkreis hätte gewinnen können. Für das Vereinigte Königreich haben wir dieselbe Simulation durchgeführt. Hier haben wir uns aber auf die Wahlkreise beschränkt, in denen keiner der beiden Direktkandidaten zum Wahlzeitpunkt einen Parlamentssitz innehatte. Die Ergebnisse dieser Simulationsberechnungen sind in Tabelle 5 ausgewiesen. Sie zeigen nicht nur, dass in Frankreich deutlich mehr Wahlkreise bereits im ersten Wahlgang hätten entschieden werden können, sondern auch, dass sich hier im zweiten Wahlgang sowie in Deutschland und im Vereinigten Königreich attraktivitätsbedingt die Zusammensetzung des Parlaments deutlich ändern kann. Das gilt bereits dann, wenn man unterstellt, dass die Zugewinne des Zweitplatzierten nur zu Lasten sonstiger Direktkandidaten gehen und der Stim-

---

dann in erheblichem Umfang mit darüber entscheidet, wer den Sitz im Unterhaus erringen kann, und bei Folgewahlen dann stets das Merkmal der Parlamentsmitgliedschaft maßgeblich den Wahlausgang im Wahlkreis beeinflusst, dann ließe sich zwar nur einmal ein direkter Effekt beobachten, bei allen Folgewahlen wäre die physische Attraktivität aber stets mittelbar wirksam.

menanteil des eigentlichen Gewinners nicht tangiert wird.[23] Das gilt aber erst recht, wenn man bei der Simulationsberechnung annimmt, dass die Zugewinne voll zu Lasten des eigentlichen Siegers gehen.[24] Extrapoliert man das Veränderungspotential auf alle Wahlkreise einer der drei nationalen Parlamentswahlen, kann man sich für Frankreich und das Vereinigte Königreich leicht vorstellen, dass durch derartige Verschiebungen völlig andere Mehrheitsverhältnisse zustande kommen. Und selbst für die Bundesrepublik lässt sich imaginieren, dass sich das politische Kräfteverhältnis im Bundestag ändern kann. Dazu muss nur die Möglichkeit von Überhangmandaten und die Direktmandatsklausel in die Überlegungen mit einbezogen werden. Wie aus Tabelle 5 schließlich ebenfalls noch hervorgeht, ist der Attraktivitätszuwachs, der im Durchschnitt erforderlich ist, um diese Veränderungen herbei zu führen, nicht besonders hoch. An anderer Stelle haben wir aufgezeigt, dass Attraktivitätszuwächse in vergleichbarer Größenordnung bereits durch eine optische Aufwertung der tatsächlich angetretenen Direktkandidaten möglich sind (Rosar & Klein 2009).

Tabelle 5: Simulierte Effekte der physischen Attraktivität auf den Wahlausgang

		Swinging Constituencies	Durchschnittlich erforderlicher Attraktivitätszuwachs
Mögliche Entscheidung des Wahlkreises			
Frankreich, 1. Wahlgang	ohne Kompensation	26 von 217[(1)]	2,62
Möglicher Gewinnerwechsel			
Frankreich, 2. Wahlgang	mit voller Kompensation	166 von 214	1,64
Westdeutschland	ohne Kompensation	45 von 175	1,87
	mit voller Kompensation	89 von 175	1,92
Ostdeutschland	ohne Kompensation	12 von 38	2,33
	mit voller Kompensation	24 von 38	2,10
Vereinigtes Königreich[(2)]	ohne Kompensation	10 von 23	1,75
	mit voller Kompensation	15 von 23	1,46

Anmerkung:(1) 15 der 232 analysierbaren französischen Wahlkreise wurden bereits im 1. Wahlgang entschieden; (2) nur Wahlkreise, in denen kein Parlamentsmitglied zur Wahl angetreten ist.

---

[23] In Tabelle 5 sind das die Simulationsmodelle ohne Kompensation. Da in Frankreich im zweiten Wahlgang in der Regel nur zwei Direktkandidaten gegeneinander antreten, macht die Berechnung eines solchen Simulationsmodells hier keinen Sinn.
[24] In Tabelle 5 sind das die Simulationsmodelle mit voller Kompensation.

5 Zusammenfassung und Schlussfolgerungen

Ziel der hier vorgestellten Untersuchung war es zu überprüfen, ob politisch-kulturelle oder normativ-institutionelle Kontextbedingungen den aus der Literatur wohlbekannten Einfluss der physischen Attraktivität bei politischen Wahlen moderieren können. Zu diesem Zweck haben wir in einem kombinierten *Most-Similar-Systems-Most-Different-Systems-Design* überprüft, welchen Einfluss die äußere Anmutung von Direktkandidaten bei den nationalen Parlamentswahlen in Deutschland, Frankreich und dem Vereinigten Königreich 2002 bzw. 2001 auf den von ihnen erzielten Stimmenanteil hatte. Die politisch-kulturelle Dimension wurde dabei über die Persistenz der demokratischen Tradition konzeptioniert und die normativ-institutionelle Dimension wurde über die Relevanz erfasst, die die Wahlkreisergebnisse durch die Ausgestaltung des nationalen Wahlrechts für die parlamentarische Mehrheitsbildung haben. Die empirischen Ergebnisse unserer Analysen weisen jedoch darauf hin, dass keiner dieser beiden Kontextfaktoren den Einfluss der physischen Attraktivität zu moderieren vermag. Die Resultate der für Frankreich und für beide Teile Deutschlands durchgeführten Regressionsanalysen sind an dieser Stelle ganz eindeutig. Und für das Vereinigte Königreich lassen sich starke Indizien dafür aufzeigen, dass die mangelnde Wirksamkeit der physischen Attraktivität eher auf eine singuläre Besonderheit der Unterhauswahlen von 2001 zurückgeht, als dass sie eine kulturelle und normative Sonderstellung Großbritanniens und Nordirlands indiziert. Grundsätzlich scheint die Wirkung der physischen Attraktivität bei politischen Wahlen ubiquitär und – jenseits von spezifischen situativen Faktoren – frei von moderierenden Kontexteinflüssen zu sein.

Abschließend möchten wir jedoch darauf hinweisen, dass dieses Resultat auf der Grundlage einer eingeschränkten Datenbasis erzielt wurde. Frankreich, Deutschland und das Vereinigte Königreich sind zwar ideale Kandidaten, um die Wirksamkeit der thematisierten Kontexteffekte vergleichend überprüfen zu können, sie sind aber natürlich nicht die einzigen Staaten auf der Welt mit einer demokratisch verfassten Gesellschaftsordnung. Es mag daher sein, dass sich in anderen Demokratien sehr wohl entsprechende Kontexteinflüsse nachweisen lassen.[25] Auch zeigt der Fall des Vereinigten Königreichs, dass empirische sozialwissenschaftliche Befunde nicht unbedingt zeitunabhängig sein müssen. Ein Prädiktor, der beispielsweise bei der Bundestagswahl 2002 den Stimmenanteil beeinflusst, muss nicht unbedingt 2005 oder 2009 ebenfalls wirksam sein. Längsschnittliche Vergleiche zur Absicherung und Vertiefung der erbrachten Befunde tun also Not. Und schließlich muss berücksichtigt werden, dass wir in

---

[25] In diesem Fall wäre allerdings danach zu fragen, welche weiteren Kontexteinflüsse dafür verantwortlich sind, dass sie ein Mal wirksam sind und ein anderes Mal nicht.

unserer Untersuchung Wahlkreiskandidaten fokussiert haben. Bei Spitzenkandidaten, die sich unter vergleichbaren Randbedingungen um ein herausgehobenes Mandat oder Amt bewerben, können die Gründe, die den Wahlerfolg beeinflussen, ganz anders konfiguriert sein. Um in diesem Punkt eine Klärung herbeizuführen, müssten beispielsweise die britischen Unterhauswahlen mit US-amerikanischen Senatswahlen verglichen werden. – Doch wie auch immer, die genannten Aspekte lassen sich auf der Grundlage der hier genutzten Daten definitiv nicht untersuchen. Ihre Analyse muss in den Kontext zukünftiger und anders konzeptionierter Forschungsarbeiten eingeordnet werden.

Literatur

Alley, Thomas R. (Hrsg.) (1988): Social and Applied Aspects of Perceiving Faces. Hillsdale: Earlbaum.
Amelang, Manfred/Ahrens, Hans-Joachim (Hrsg.) (1984): Brennpunkte der Persönlichkeitsforschung. Band 1. Göttingen: Hogrefe.
Bassili, John N. (1981): The attractiveness stereotype: Goodness or glamour? In: Basic and Applied Social Psychology 2. 4. 235-252.
Benson, Peter L./Karabenic, Stuart A./Lerner, Richard M. (1976): Pretty Pleases: The effects of physical attractiveness on race, sex and receiving help. In: Journal of Experimental Social Psychology 12. 5. 409-415.
Berggren, Niclas/Jordahl, Henrik/Poutvaara, Panu (2007): The Looks of a Winner: Beauty, Gender and Electoral Success. München: CESifo.
Bian, F. (1997): The Effects of Attractiveness on Helping Behavior. Claremont: Harvey Mudd College.
Böltken, Ferdinand (1976): Auswahlverfahren. Eine Einführung für Sozialwissenschaftler. Stuttgart: Teubner Verlag.
Bortz, Jürgen (2005): Statistik für Human- und Sozialwissenschaftler. Berlin: Springer Verlag.
Braun, Christoph/Gründl, Martin/Marberger, Claus/Scherber, Christoph (2003): Beautycheck. Ursachen und Folgen von Attraktivität. Regensburg: Universität Regensburg.
Brettschneider, Frank/Niedermayer, Oskar/Pfetsch, Barbara/Wessels, Bernhard (Hrsg.) (2007): Die Bundestagswahl 2005. Analysen aus Sicht der Wahlforschung, der Kommunikationswissenschaft und der Parteienforschung. Wiesbaden: VS Verlag für Sozialwissenschaften.
Brown, Timothy A./Cash, Thomas F./Noles, Steven W. (1999): Perception of Physical Attractiveness among College Students: Selected Determinants and Methodological Matters. In: Journal of Social Psychology 126. 3. 305-316.
Brunswik, Egon (1956): Perception and the representative design of psychological experiments. Berkeley: University of California Press.
Budesheim, Thomas L./DePaula, Stephen J. (1994): Beauty or the beast? The effects of appearance, personality, and issue information on evaluations of political candidates. In: Personality and Social Psychology Bulletin 20. 4. 339-348.

Chaiken, Shelly (1979): Communicator Physical Attractiveness and Persuasion. In: Journal of Personality and Social Psychology 37. 8. 1387-1397.
Cochran, William, G. (1972): Stichprobenverfahren. Berlin: de Gruyter.
Cooper, Harris M./Hedges, Larry V. (Hrsg.) (1994): The Handbook of Research Synthesis. New York: Russel Sage Foundation.
Cross, John F./Cross, Jane (1971): Age, sex, race, and the perception of facial beauty. In: Developmental Psychology 5. 3. 433-439.
Cunningham, Michael R. (1986): Measuring the Physical in Physical Attractiveness: Quasi-Experiments on the Sociobiology of Female Beauty. In: Journal of Personality and Social Psychology 50. 5. 925-935.
Cunningham, Michael R./Barbee, Anita P./Pike, Carolyn L. (1990): What Do Women Want? Facialmetric Assessment of Multiple Motives in the Perception of Male Physical Attractiveness. In: Journal of Personality and Social Psychology 59. 1. 61-72.
Cunningham, Michael R./Druen, Perri B./Barbee, Anita P. (1997): Angels, Mentors, and Friends: Trade-offs among Evolutionary, Social, and Individual Variables in Physical Appearance. In: Simpson/Kenrick (1997): 109-140.
Cunningham, Michael R./Roberts, Alan R./Barbee, Anita P./Druen, Perri B./Wu, Cheng-Huan (1995): "Their ideas of beauty are, on the whole, the same as ours": Consistency and Variability in the Cross-Cultural Perception of Female Physical Attractiveness. In: Journal of Personality and Social Psychology 68. 2. 261-279.
Dabbs, James M./Stokes III, Neil A. (1975): Beauty is Power: The Use of Space on the Sidewalk. In: Sociometry 38. 4. 551-557.
Dermer, Marshall/Thiel, Darrel L. (1975): When beauty may fail. In: Journal of Personality and Social Psychology 31. 6. 1168-1176.
Dion, Karen K./Berscheid, Ellen/Walster, Elaine (1972): What is Beautiful is Good. In: Journal of Personality and Society Psychology 24. 3. 285-290.
Dion, Karen K./Berscheid, Ellen (1974): Physical attractiveness and peer perception among children. In: Sociometry 37. 1. 1-12.
Eagly, Alice H./Ashmore, Richard D./Makhijani, Mona G./Longo, Laura C. (1991): What is beautiful is good, but ...: A meta-analytic review of research on the physical attractiveness stereotype. In: Psychological Bulletin 110. 1. 109-128.
Efran, Michael G./Patterson, E.W.J. (1974): Voters Vote Beautiful: The Effect of Physical Appearance on a National Election. In: Behavioral Science 6. 4. 352-356.
Elliot, Andrew J./Niesta, Daniela (2008): Romantic red: Red enhances men's attraction to women. In: Journal of Personality and Social Psychology 95. 5. 1150-1164.
Feingold, Alan (1988): Matching for attractiveness in romantic partners and same-sex friends: A meta-analysis and theoretical critique. In: Psychological Bulletin 104. 2. 226-235.
Feingold, Alan (1990): Gender differences in effects of physical attractiveness on romantic attraction: A comparison across five research paradigms. In: Journal of Personality and Social Psychology 59. 5. 981-993.
Feingold, Alan (1992): Good-looking people are not what we think. In: Psychological Bulletin 111. 2. 304-341.

Friedman, Heidi/Zebrowitz, Leslie A. (1992): The Contribution of Typical Sex Differences in Facial Maturity to Sex Role Stereotypes. In: Personality and Social Psychology Bulletin 18. 4. 430-438.

Gabriel, Oscar W./Falter, Jürgen W./Weßels, Bernhard (Hrsg.) (2009): Wahlen und Wähler. Analysen aus Anlass der Bundestagswahl 2005. Wiesbaden: VS Verlag für Sozialwissenschaften (im Erscheinen).

Gillen, B. (1981): Physical Attractiveness: A Determinant of Two Types of Goodness. In: Personality and Social Psychology Bulletin 7. 277-281.

Grammer, Karl (2002): Signale der Liebe. Die biologischen Gesetze der Partnerschaft. Frankfurt/M.: dtv.

Grammer, Karl/Fink, Bernhard/Juette, Astrid/Ronzal, Gudrun/Thornhill, Randy (2002): Femal Faces and Bodies: N-Dimensional Feature Space and Attractiveness. In: Rhodes/Zebrowitz (2002): 91-126.

Grammer, Karl/Fink, Bernhard/Møller, Anders P./Thornhill, Randy (2003): Darwinian aesthetics: sexual selection and the biology of beauty. In: Biological Review 78. 3. 385-407.

Gründl, Martin (2004): Was ist Schönheit?. In: Hauner/Reichart (2004): 9-33.

Gründl, Martin (2007): Attraktivitätsforschung: Auf der Suche nach der Formel für Schönheit. In: Gutwald/Zons (2007): 49-70.

Gutwald, Cathrin / Zons, Raimar (Hrsg.) (2007): Die Macht der Schönheit. München: Wilhelm Fink Verlag.

Hartnett, John J./Balley, Kent O./Hartley, Craig S. (1974): Body height, position and sex as determinants of personal space. In: Journal of Psychology 87. 129-136.

Hatfield, Elaine/Sprecher, Susan (1986): Mirror, Mirror: The Importance of Looks in Everyday Life. Albany: State University of New York Press.

Hauner, Andrea/Reichart, Elke (Hrsg.) (2004): Bodytalk. Der riskante Kult um Körper und Schönheit. Frankfurt/M.: dtv.

Heilman, Madeline E./Saruwatari, Lois R. (1979): When Beauty Is Beastly: The Effects of Appearance and Sex on Evaluation of Job Applicants for Managerial and Nonmanagerial Jobs. Organizational Behavior and Human Performance 23. 360-372.

Heilman, Madeline E./Stopeck, Melanie H. (1985): Being attractive, advantage or disadvantage? In: Organizational Behavior and Human Performance 35. 202-215.

Henss, Ronald (1987): Zur Beurteilerübereinstimmung bei der Einschätzung der physischen Attraktivität junger und alter Menschen. In: Zeitschrift für Sozialpsychologie 18. 2. 118-130.

Henss, Ronald (1992): „Spieglein, Spieglein an der Wand ...". Geschlecht, Alter und physische Attraktivität. Weinheim: Psychologie Verlags Union.

Henss, Ronald (1998): Gesicht und Persönlichkeitseindruck. Göttingen: Hogrefe.

Hergovich, Andreas/Hasenegger, Silke/Koller, Katrin (2002): Eine empirische Studie zum Einfluss von Make-up auf die Beurteilung der Attraktivität. In: Hergovich (2002): 129-135.

Hergovich, Andreas (Hrsg.) (2002): Psychologie der Schönheit. Physische Attraktivität aus wissenschaftlicher Perspektive. Wien: WUV-Universitätsverlag.

Hosoda, Megumi/Stone-Romero, Eugene F./Coats, Gwen (2003): The Effects of Physical Attractiveness on Job-Related Outcomes: A Meta-Analysis of Experimental Studies. In: Personnel Psychology 56. 2. 431-462.
Hox, Joop J. (2002): Multilevel Analysis. Techniques and Applications. New Jersey und London: Lawrence Erlbaum Associates.
Iliffe, Alan H. (1960): A study of preferences in feminine beauty. In: British Journal of Psychology 51. 1. 267-273.
Ismayr, Wolfgang, (Hrsg.) (2009): Die politischen Systeme Westeuropas. Wiesbaden: VS Verlag für Sozialwissenschaften.
Jackson, Linda A./Hunter, John E./Hodge, Carole N. (1995): Physical Attractiveness and Intellectual Competence: A Meta-Analytic Review. In: Social Psychology Quarterly 58. 2. 108-122.
Jones, Doug (1995): Sexual Selection, Physical Attractiveness and Facial Neoteny: Cross-cultural Evidence and Implications. In: Current Anthropology 36. 5. 723-748.
Jones, Doug/Hill, Kim (1993): Criteria of facial attractiveness in five populations. In: Human Nature 4. 3. 271-296.
Kempf, Udo (2009): Das politische System Frankreichs. In: Ismayr (2009): 349-404.
King, Amy/Leigh, Andrew (2007): Beautiful Politicians. Working Paper. Adelaide: University of South Australia.
Klein, Markus/Ohr, Dieter (2000): Gerhard oder Helmut? ‚Unpolitische' Kandidateneigenschaften und ihr Einfluß auf die Wahlentscheidung bei der Bundestagswahl 1998. In: Politische Vierteljahresschrift 41. 199-224.
Klein, Markus/Rosar, Ulrich (2005): Physische Attraktivität und Wahlerfolg. Eine empirische Analyse am Beispiel der Wahlkreiskandidaten bei der Bundestagswahl 2002. In: Politische Vierteljahresschrift 46. 263-287.
Klein, Markus/Rosar, Ulrich (2007): Ist Deutschland reif für eine Kanzlerin? Eine experimentelle Untersuchung aus Anlass der Bundestagswahl 2005. In: Brettschneider/Niedermayer/Pfetsch/Wessels (2007): 271-291.
Klein, Markus/Rosar, Ulrich (2009): Sie, Sie, Sie oder Er? Angela Merkel im Spiegel der Daten einer experimentellen Befragung. In: Gabriel/Falter/Weßels (2009).
Köhler, Bernd (1984): Physische Attraktivität und Persönlichkeitsmerkmale. In: Amelang/Ahrens (1984): 139-153.
Kowner, Rotem/Ogawa, Toshiki (1995): The role of raters' sex, personality, and appearance in judgments of facial beauty. In: Perceptual and Motor Skills 81. 339-349.
Langlois, Judith H./Kalakanis, Lisa/Rubenstein, Adam J./Larson, Andrea/Hallam, Monica/Smoot, Monica (2000): Maxims or myths of beauty? A meta-analytic and theoretical review. In: Psychological Bulletin 126. 3. 390-423.
Maner, Jon K./Gailliot, Matthew T./Rouby, D. Aaron/Miller, Saul L. (2007): Can't Take My Eyes off You: Attentional Adhesion to Mates and Rivals. In: Journal of Personality and Social Psychology 93. 3. 389-401.
Maner, Jon K./Kenrick, Douglas T./Becker, Vaughn D./Delton, Andreas W./Hofer, Brian/Wilbur, Chris J./Neuberg, Steven L. (2003): Sexually Selective Cognition: Beauty Captures the Mind of the Beholder. In: Journal of Personality and Social Psychology 85. 6. 1107-1120.

Marwick, Arthur (1988): Beauty in History. Society, Politics and Personal Appearance: C. 1500 to the Present. London: Thames and Hudson.
Mazzella, Ronald/Feingold, Alan (1994): The Effects of Physical Attractiveness, Race, Socioeconomic Status, and Gender of Defendants and Victims on Judgments of Mock Jurors: A Meta-Analysis. In: Journal of Applied Social Psychology 24. 15. 1315-1344.
McCabe, Viki (1988): Facial proportions, perceived age, and caregiving. In: Alley (1988): 89-95.
Menges, Günter (1959): Stichproben aus endlichen Grundgesamtheiten. Theorie und Technik. Frankfurter wissenschaftliche Beiträge. Rechts- und wirtschaftswissenschaftliche Reihe. Band 17. Frankfurt/M.: Vittorio Klostermann.
Miller, Arthur G. (1970): Role of physical attractiveness in impression formation. In: Psychonomic Science 19. 4. 241-243.
Mulford, Matthew/Orbell, John/Shatto, Catherine/Stockard, Jean (1998): Physical Attractiveness, Opportunity and Success in Everyday Exchange. In: American Journal of Sociology 103. 6. 1565-1593.
Naumann, Frank (2006): Schöne Menschen haben mehr vom Leben. Die geheime Macht der Attraktivität. Frankfurt/M.: Fischer.
Osborn, Don R. (1996): Beauty is as beauty does? Make up and posture effects on physical attractiveness judgments. In: Journal of Applied Social Psychology 26. 1. 31-51.
Patzer, Gordon L. (1985): The Physical Attractiveness Phenomena. New York: Plenum.
Podratz, Kenneth E./Dipboye, Robert L. (2002): In Search of the "Beauty is Beastly" Effect. Paper presented at the 17th Annual Conference of the Society for Industrial and Organizational Psychology. Toronto, Canada. April 2002.
Przeworski, Adam/Teune, Henry (1970): The Logic of Comparative Social Inquiry. Comparative Studies in Behavioral Science. New York: John Wiley & Sons.
Reis, Harry T./McDougal Wilson, Ilona/Monestere, Carla/Berstein, Stuart/Clark, Kelly/Seidl, Edward/Franco, Michelle/Gioioso, Ezia/Freeman, Lori/Radoane, Kimberly (1990): What is smiling is beautiful and good. In: European Journal of Social Psychology 20. 259-267.
Reis, Harry T./Nezlek, John B./Wheeler, Ladd (1980): Physical attractiveness in social interaction. In: Journal of Personality and Social Psychology 38. 4. 604-617.
Reis, Harry T./Wheeler, Ladd/Spiegel, Nancy/Kernis, Michael H./Nezlek, John B./Perri, Michael (1982): Physical attractiveness in social interaction: II. Why does appearance affect social experience? In: Journal of Personality and Social Psychology 43. 5. 979-996.
Renz, Ulrich (2006): Schönheit – Eine Wissenschaft für sich. Berlin: Berlin-Verlag.
Rhodes, Gillian/Harwood, Kate/Yoshikawa, Sakiko/Nishitani, Miwa/McLean, Ian (2002): The Attractiveness of Average Faces: Cross-Cultural Evidence and Possible Biological Bias. In: Rhodes/Zebrowitz (2002): 35-58.
Rhodes, Gillian/Zebrowitz, Leslie A. (Hrsg.) (2002): Facial Attractiveness. Evolutionary, Cognitive, and Social Perspectives. Westport und London: Ablex Publishing.

Rhodes, Gillian/Lee, Kieran/Palermo, Romina/Weiss, Mahi/Yoshikawa, Sakiko/Clissa, Peter/Williams, Tamsyn/Peters, Marianne/Winkler, Chris/Jeffery, Linda (2005): Attractiveness of own-race, other-race, and mixed-race faces. In: Perception 34. 319-340.

Ritter, Jean M./Casey, Rita J./Langlois, Judith H. (1991): Adults' responses to infants varying in appearance of age and attractiveness. In: Child Development 62. 1. 68-82.

Rosar, Ulrich/Klein, Markus (2009): Physical Attractiveness and Electoral Success. An empirical Micro-Macro-Analysis at the Example of the Constituency-Candidates at the German Federal Election 2005. Köln und Hannover: Universität zu Köln und Leibniz Universität Hannover (unveröffentlichtes Manuskript, durch die Gutachter der Electoral Studies positiv evaluiert und derzeit in Überarbeitung).

Rosar, Ulrich/Klein, Markus/Beckers, Tilo (2008): The frog pond beauty contest. Physical attractiveness and electoral success of the constituency candidates at the North Rhine-Westphalia state election of 2005. In: European Journal of Political Research 47. 1. 64-79.

Rosenberg, Shawn W./Kahn, Shulamit/Tran, Thuy (1991): Creating a Political Image: Shaping Appearance and Manipulating the Vote. In: Political Behavior 13. 345-367.

Rosenberg, Shawn W./McCafferty, Patrick (1987): The Image and the Vote. Manipulating Voters' Preferences. In: Public Opinion Quarterly 51. 31-47.

Sczesny, Sabine (2003): A closer look beneath the surface: Various facets of the think-manager-think-male stereotype. In: Sex Roles 49. 7/8. 353-363.

Sigelman, Carol K./Thomas, Dan B./Sigelman, Lee/Robich, Frederick D. (1986): Gender, physical attractiveness, and electability: An experimental investigation of voter biases. In: Journal of Applied Social Psychology 16. 3. 229-248.

Sigelman, Lee/Sigelman, Carol K./Fowler, Christopher (1987): A Bird of a Different Feather? An Experimental Investigation of Physical Attractiveness and the Electability of Female Candidates. In: Social Psychology Quarterly 50. 1. 32-43.

Simpson, Jeffrey A./Kenrick, Douglas T. (Hrsg.) (1997): Evolutionary social psychology. Mahwah, NJ: Lawrence Erlbaum.

Snyder, Mark/Berscheid, Ellen/Glick, Peter (1985): Focusing on the Exterior and the Interior: Two Investigations of Personal Relationships. In: Journal of Personality and Social Psychology 48. 6. 1427-1439.

Stephan, Cookie White/Langlois, Judith H. (1984): Baby beautiful: Adult attributions of infant competence as a function of infant attractiveness. In: Child Development 55. 2. 576-585.

Todorov, Alexander/Mandisodza, Anesu N./Gorem, Amir/Hall, Crystal C. (2005): Inferences of Competence from Faces Predict Election Outcome. In: Science 308. 5728, 1623-1626.

Unger, Rhoda K./Hilderbrand, Marcia/Madar, Theresa (1982): Physical attractiveness and assumptions about social deviance: Some sex by sex comparisons. In: Personality and Social Psychology Bulletin 8. 2. 293-301.

Wilson, Midge/Dovidio, John F. (1985): Effects of perceived attractiveness and feminist orientation on helping behavior. In: Journal of Social Psychology 125. 4. 415-420.

Wilson, Rick K./Eckel, Catherine C. (2006): Judging a Book by Its Cover: Beauty and Expectations in the Trust Game. In: Political Research Quarterly 59. 2. 189-202.

Zebrowitz, Leslie A./Montepare, Joann M. (2005): Appearance DOES Matter. In: Science 308. 5728. 1565-1566.

Umweltbewusstsein und der Reichtum von Nationen: Ein Vergleich von WVS, ISSP und EVS

Axel Franzen und Dominikus Vogl

1 Einleitung

Die Übernutzung natürlicher Ressourcen und die Zerstörung der Natur sind seit den 1970er Jahren ein dominantes Thema in Öffentlichkeit und Politik. Zurzeit steht besonders die Sorge um den Klimawandel, verursacht durch anthropogen erzeugte CO_2-Emissionen und andere Gase, im Vordergrund. Seit das Intergovernmental Panel on Climate Change (IPCC) 1988 von der World Meteorological Organization (WMO) und den United Nations (UN) ins Leben gerufen wurde, hat das IPCC vier wissenschaftliche Berichte vorgelegt, in denen die bisherige Klimaerwärmung dokumentiert wird und vor den Folgen einer weiteren globalen Erwärmung gewarnt wird. So ist die globale Durchschnittstemperatur in den letzten hundert Jahren (von 1906 bis 2006) um 0,74 Grad gestiegen. Im letzten Report aus dem Jahr 2007 geht das IPCC darüber hinaus von einer weiteren Erhöhung der globalen Durchschnittstemperatur bei ungebremster Zunahme von CO_2-Emissionen von 4-6 Grad im Jahr 2100 aus (IPCC 2007). Diese Prognose und die damit einhergehenden Konsequenzen haben die EU und andere Staaten dazu veranlasst, drastische Maßnahmen anzukündigen. Die EU hat sich verpflichtet, die Kohlendioxid-Emissionen bis 2020 um 20% – bezogen auf das Niveau von 1990 – zu senken. Dieses Ziel soll durch die so genannte 20/20/20-Regel erreicht werden. Demnach sollen die Treibhausgase zum einen durch die Reduktion des Energiebedarfs um 20% gesenkt werden und zum anderen der Anteil an Energie aus regenerativen Quellen bis 2020 auf 20% erhöht werden. Die EU hat die Erhöhung des Reduktionsziels auf 30% angekündigt, falls sich andere Industrieländer diesem Ziel anschließen (Commission of the European Communities 2008). Viele Wissenschaftler (u.a. der Nobelpreisträger und Energieminister der USA Steven Chu) fordern sogar eine Halbierung der globalen CO_2-Emissionen bis 2050 und sowohl die G8- als auch die G5-Staaten stimmen diesen Reduktionszielen im Prinzip zu (G8-Erklärung vom 10. Juli 2009).

Die Umsetzung dieser Ziele erfordert von der Bevölkerung, aber auch seitens der Wirtschaft erhebliche Anpassungen und Verhaltensänderungen. Ohne eine nachhaltige Unterstützung durch die Wählerschaft werden demokratische

Regierungen nur geringe Chancen zur Umsetzung ihrer Umweltpolitik haben. Die Umweltsoziologie beschäftigt sich aus diesem Grund mit der Frage, wie die Umweltrisiken in der Bevölkerung wahrgenommen werden und in welchem Ausmaß sie die angestrebten umweltpolitischen Ziele unterstützt. Mit der Messung und Beobachtung von umweltrelevanten Einstellungen haben sich bisher mehrere international koordinierte Befragungsstudien beschäftigt. Einstellungen zur Umwelt wurden vom International Social Survey Programme (ISSP) 1993 und 2000 erhoben. Der World Values Survey (WVS) aber auch die European Values Study (EVS) enthalten Indikatoren, die Aussagen über das Umweltbewusstsein im internationalen Vergleich zulassen. Paradoxerweise kommen die Untersuchungen, die sich auf die drei genannten Datenquellen beziehen, zu sehr unterschiedlichen Ergebnissen bezüglich des Niveaus des beobachteten Umweltbewusstseins. Auch hinsichtlich der mutmaßlichen Einflussfaktoren, die das Niveau des Umweltbewusstseins bestimmen, herrscht in der einschlägigen Literatur keine Übereinstimmung (vgl. Dunlap & York 2008; Franzen & Meyer 2010; Gelissen 2007). Wir werden aus diesem Grund in diesem Beitrag alle drei Datenquellen nochmals analysieren und versuchen, die Gründe für die unterschiedlichen Befunde aufzudecken.

Der Beitrag ist in vier Abschnitte gegliedert. Der folgende zweite Abschnitt widmet sich zunächst den theoretischen Modellen und den bisher vorliegenden empirischen Befunden zum internationalen Umweltbewusstsein. Im dritten Abschnitt werden wir dann die Messung des Umweltbewusstseins so harmonisieren, dass Vergleiche zwischen den drei Datenquellen ermöglicht werden. Unsere Sekundäranalyse repliziert die unterschiedlichen Befunde, die auf der Grundlage der drei Datenquellen gefunden wurden, wenn diese separat analysiert werden. In einem weiteren Schritt verbinden wir alle drei Datenquellen und versuchen, dadurch eine Synthese der bis dato unterschiedlichen Befunde vorzulegen. Eine solche Verknüpfung der drei Datenquellen hat den Vorteil, dass erstmals der Kreis der in die Analyse einbezogenen Länder erheblich erweitert werden kann. Allerdings ist unser Verfahren auch mit einigen Annahmen verbunden, die durchaus kritisch diskutiert werden können.

2   Die Nachfrage von Umweltgütern

Aus mikroökonomischer Sicht nimmt die Nachfrage eines Individuums nach privaten Gütern mit steigendem Einkommen stetig zu. Betrachtet man etwa ein Bündel aus zwei privaten Gütern und trägt die Nachfrage nach Gut eins auf der Ordinate ab und die Nachfrage nach Gut zwei auf der Abszisse, dann lassen sich alle Konsumkombinationen durch eine Gerade darstellen, die die beiden Achsen verbindet. Die Schnittpunkte der Achsen stellen dabei das Konsumniveau eines Gutes dar, falls ein Individuum sein gesamtes Einkommen für dieses eine Gut aufwenden würde. Die verbindende Gerade ist in der Mikroökonomie als Budgetgerade bekannt (z.b. Varian 1994). Steigt nun das Einkommen eines Individuums, dann steigt ceteris paribus auch die Nachfrage nach Konsumgütern. Die Budgetgerade verschiebt sich vom Ursprung des Koordinatensystems nach außen. Individuen unterliegen nach mikroökonomischer Theorie zusätzlich einer zweiten Gesetzmäßigkeit. Der Konsum eines Guts ist mit fallendem Grenznutzen verbunden. Aus diesem Grund werden nicht alle Konsumbündel, die sich auf der Budgetgeraden befinden gleich stark präferiert, sondern Individuen konsumieren genau das Güterbündel, welches durch die Indifferenzkurve bezeichnet wird, die am nächsten an einer gegebenen Budgetgerade zu liegen kommt. Alles bisher Gesagte ist nichts anderes als die mikroökonomische Theorie der Nachfrage nach Konsumgütern. Sie impliziert, dass die Preiserhöhung eines Guts einen Rückgang an den Konsummöglichkeiten des Güterbündels nach sich zieht, weil die Preiserhöhung eines Guts die Budgetgeraden in Richtung des Ursprungs der beiden Achsen verschiebt.

Die mikroökonomische Theorie lässt sich nun auch auf die Nachfrage von öffentlichen Gütern anwenden. Dazu wird eines der beiden Güter durch die Nachfrage nach einem öffentlichen Gut ersetzt. Da sich öffentliche Güter durch die Nicht-Ausschließbarkeit vom Konsum auszeichnen, ist die Nachfrage nach dem öffentlichen Gut streng genommen auch unabhängig von der Budgetgeraden. Nehmen wir als Beispiel für ein privates Gut die Nachfrage eines Akteurs nach Kaffee und als Beispiel für ein öffentliches Gut die Nachfrage eines Akteurs nach dem Spazierengehen in einem Park. Fällt jetzt das Einkommen, dann fällt auch der Konsum von Kaffee, aber nicht das Spazieren im Park. Die Nachfrage im Sinne von Konsum ist also bei öffentlichen Gütern unabhängig von Verschiebungen der Budgetgeraden. Interpretiert man dagegen die Nachfrage nach dem öffentlichen Gut nicht im Sinne der tatsächlich konsumierten Menge, sondern als Zahlungsbereitschaft, dann würde die Zahlungsbereitschaft für ein öffentliches Gut mit zunehmendem Einkommen steigen. Akzeptiert man die Zahlungsbereitschaft als Indikator für die Wichtigkeit des öffentlichen Guts, dann wird deutlich, dass mit steigendem Einkommen nicht nur die Nachfrage nach privaten Gütern, sondern auch die Zahlungsbereitschaft für öffentliche Güter zunimmt. Dieser Zusammenhang ist in Abbildung 1 dargestellt, wobei auf der horizontalen Achse die Nachfrage nach allen privaten Gütern dargestellt wird und auf der vertikalen Achse die Nachfrage nach allen öffentlichen Gütern. Mit anderen Worten steigt mit zunehmendem Einkommen eines Individuums die Menge und Qualität der Nachfrage nach privaten und öffentlichen Gütern. Die Nachfrage von Quantität und Qualität der natürlichen Umwelt ist eines von vielen öffentlichen Gütern, die auch als Umweltbewusstsein bezeichnet werden kann.

Abbildung 1: Zahlungsbereitschaft für öffentliche Güter und die Nachfrage von privaten Konsumgütern

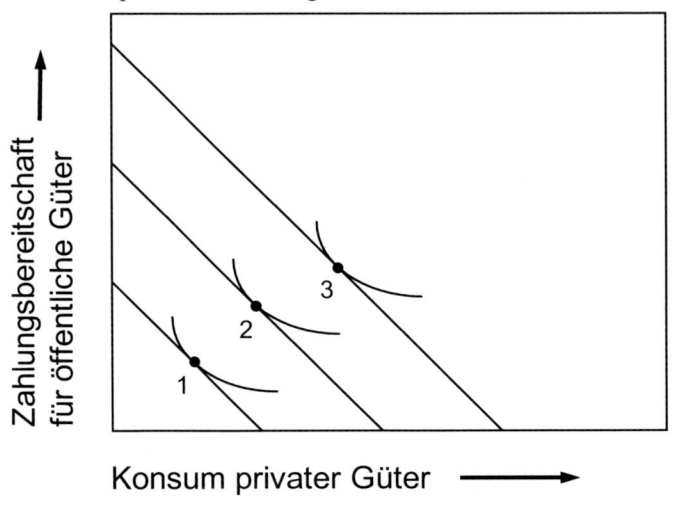

Dieser Zusammenhang zwischen Einkommen und Umweltbewusstsein gilt für alle Individuen einer Gesellschaft und durch simple Aggregation lässt sich damit sagen, dass die Nachfrage nach einer intakten Umwelt mit dem Wohlstand von Nationen zunimmt. Dieser postulierte Zusammenhang zwischen Einkommen von Individuen beziehungsweise Wohlstand von Nationen und dem Umweltbewusstsein lässt sich auf der Grundlage der beiden ISSP Erhebungen von 1993 und 2000 auch bestätigen und zwar nicht nur in Form von einfachen Korrelationen (Franzen 2003), sondern auch in Mehrebenenmodellen unter Kontrolle weiterer Merkmale auf der Mikro- und der Makroebene (Franzen & Meyer 2004, 2010).

Paradoxerweise kommen aber Studien mit dem World Values Survey (WVS) zu anderen Ergebnissen. So haben Dunlap und York (2008) die drei bestehenden Erhebungen des WVS aus den Jahren 1990-1993, 1995-1998 und 1999-2001 analysiert. In allen drei Erhebungen finden die Autoren negative Korrelationen zwischen dem aggregierten Umweltbewusstsein und dem Bruttoinlandsprodukt (BIP) der beteiligten Länder. In ärmeren Ländern ist, diesen Ergebnissen zufolge, die Zahlungsbereitschaft für einen verbesserten Umweltschutz also höher als in reicheren Nationen. Allerdings sind diese negativen Korrelationen statistisch nicht alle signifikant. Dennoch widersprechen diese

Ergebnisse natürlich der oben beschriebenen Theorie der Nachfrage nach Umweltgütern. Dunlap und York (2008) behaupten deshalb auch, dass ihre Befunde traditionelle soziologische oder ökonomische Ansätze in Frage stellen.

Neben dem ISSP und dem WVS gibt es eine dritte international koordinierte Erhebung, die European Values Study (EVS), in der sich Items zur Messung des Umweltbewusstseins finden. Gelissen (2007) hat die Daten aus dem WVS 1999-2001 mit Befragungsdaten der EVS 1999 kombiniert und eine Mehrebenenanalyse mit beiden Datensätzen durchgeführt. Auch nach seinen Analysen korreliert der Wohlstand von Nationen (gemessen am Bruttoinlandsprodukt pro Kopf) negativ mit dem Umweltbewusstsein. Allerdings zeigt sich eine positive Korrelation zwischen dem Wirtschaftswachstum und dem Umweltbewusstsein. Insgesamt vermitteln damit die Analysen und der Vergleich der drei Datenquellen (ISSP, WVS und EVS) einen heterogenen und widersprüchlichen Eindruck.

Diese unterschiedlichen Befunde lassen sich prinzipiell wenigstens auf drei Ursachen zurückführen: *Erstens* setzen sich die drei internationalen Befragungen aus unterschiedlichen Ländern zusammen. Am ISSP beteiligen sich in der Mehrzahl OECD-Staaten. Länder aus Asien oder Afrika sind dagegen im ISSP von 1993 und 2000 seltener vertreten. Der Anteil an ärmeren Ländern aus Afrika, Osteuropa und Asien ist dagegen im WVS erheblich höher, wohingegen sich die EVS nur auf europäische Länder bezieht. Die unterschiedlichen Befunde könnten damit auf die unterschiedliche Länderzusammensetzung zurückzuführen sein. *Zweitens* unterscheiden sich die Messungen des Umweltbewusstseins, die Franzen und Meyer (2010), Dunlap und York (2008) und Gelissen (2007) verwenden. Auf die unterschiedliche Messung und die möglichen Übereinstimmungen gehen wir im nächsten Abschnitt detaillierter ein. Schließlich könnten die unterschiedlichen Befunde *drittens* an der Art und Weise der Länderstichproben liegen. Die teilnehmenden nationalen Umfrageinstitute der ISSP-Erhebungen verpflichten sich zwar zur Einhaltung festgelegter Standards. Vor allem schreiben die koordinierenden Institutionen vor, dass Zufallsstichproben von etwa 1000 Personen im Alter von 18 bis 80 Jahren schriftlich oder mündlich befragt werden sollen. Aber diese Auflagen sind teilweise schwer zu erfüllen und die nationalen Methodenberichte enthalten Hinweise, dass davon abgewichen wird. So werden zum Beispiel nicht in allen Ländern Zufallsstichproben verwendet. Insbesondere in den weniger entwickelten Ländern ist es schwer vorstellbar, wie sich Zufallsstichproben realisieren lassen, wenn ein nicht unerheblicher Teil der Bevölkerung über keine amtlich eingetragene Wohnadresse verfügt. Selbst wenn die beteiligten Akteure sich an ein Zufallsverfahren gehalten haben, so können die Ergebnisse von den erreichten Ausschöpfungsquoten und der Art und Weise abhängen, wie die Interviews durchgeführt wurden.

Wir konzentrieren uns in diesem Beitrag auf die Untersuchung von zwei der drei möglichen Ursachen für die unterschiedlichen Befunde, nämlich auf die Länderzusammensetzung und die Messung des Umweltbewusstseins. Die Frage, wie die nationalen Stichproben gezogen wurden und in welcher Art und Weise die Interviews durchgeführt wurden, ist nicht in allen Ländern hinreichend dokumentiert und daher schwierig nachzuvollziehen.

3 Vergleiche von ISSP, WVS und EVS

Zunächst haben wir die drei Surveys in Bezug auf den Zeitpunkt der Datenerhebung verglichen und nach zeitlichen Übereinstimmungen gesucht. Der ISSP hat sich 1993 und 2000 mit dem Thema Umwelt beschäftigt (die nächste Umwelterhebung ist für 2010 geplant). Im WVS sind in den Erhebungen 1990-1993, 1995-1998 und 1999-2001 einige Items zur Messung von umweltrelevanten Einstellungen enthalten. Relativ zeitgleich zum ISSP 2000 fand die Erhebung der EVS 1999 statt, so dass ein Vergleich der drei Surveys für die Erhebungsjahre 1999 bis 2001 in Frage kommt. Der WVS und die EVS-Befragung enthalten zwei nahezu identische Items mit jeweils vier Antwortmöglichkeiten (siehe Tabelle 1). Beide Items aus dem WVS wurden von Dunlap und York (2008) analysiert und beide Items wurden von Gelissen (2007) für die kombinierte Analyse von WVS und EVS verwendet. Zwei ähnliche, aber leider nicht identische Items finden sich im ISSP 2000. Item 2 erfragt in sehr ähnlicher Weise die Bereitschaft der Befragten, höhere Steuern zu bezahlen, falls diese für einen verbesserten Umweltschutz verwendet werden. Die Formulierung von Item 1 unterscheidet sich dagegen etwas deutlicher von der Formulierung im WVS und EVS. Während WVS und EVS die Bereitschaft erfragen, ob die Teilnehmer einen Teil ihres Einkommens für einen verbesserten Umweltschutz abgeben würden, lautete die Formulierung im ISSP, ob die Befragten viel höhere Preise für einen verbesserten Umweltschutz bezahlen würden. Insbesondere die Formulierung „viel höhere Preise" dürfte die Befragten zu niedrigeren Zustimmungsquoten bewegen. Allerdings korrelieren beide Items in allen drei Erhebungen. Im ISSP ist die geringste Korrelation in Japan mit 0,53 zu beobachten und die höchste mit 0,82 in Bulgarien. Im WVS variieren die Korrelationen von 0,33 (Peru) bis zu 0,86 (Uganda) und in der EVS von 0,40 (Island) bis 0,75 in Großbritannien. Die für jedes Land separat berechneten Faktorenanalysen (explorative Hauptkomponentenanalyse mit Varimax-Rotation) ergeben für jedes Land ein eindimensionales Ergebnis. Das zeigt, dass beide Items im Prinzip das Gleiche messen und eine additive Indexbildung möglich ist.

Tabelle 1: Items zur Messung des Umweltbewusstseins im ISSP 2000, WVS 1999-2001 und EVS 1999

	Frageformulierung	Antwortkategorien
Item 1: WVS/EVS	I would give part of my income if I were certain that the money would be used to prevent environmental pollution.	(1) Strongly agree (2) Agree (3) Disagree (4) Strongly disagree
Item 2: WVS/EVS	I would agree to an increase in taxes if the extra money were used to prevent environmental pollution.	(1) Strongly agree (2) Agree (3) Disagree (4) Strongly disagree
Item 1: ISSP	How willing would you be to pay much higher prices in order to protect the environment?	(1) Very willing (2) Fairly willing (3) Neither willing nor unwilling (4) Fairly unwilling (5) Very unwilling
Item 2: ISSP	How willing would you be to pay much higher taxes in order to protect the environment?	(1) Very willing (2) Fairly willing (3) Neither willing nor unwilling (4) Fairly unwilling (5) Very unwilling

Anmerkung: Die Tabelle enthält die englische Formulierung der Basisfragebögen. In der Regel wird mit diesen Basisformulierungen eine Vor- und Rückübersetzung in die jeweiligen Landessprachen vorgenommen. Die Übersetzungen gelten nur dann als valide, wenn die Rückübersetzung ins Englische wieder zur Ausgangsformulierung führt.

Problematischer als die Frageformulierung ist dagegen die Verwendung von unterschiedlichen Antwortskalen. Die Verwendung von fünfstufigen Skalen im ISSP lässt im Vergleich zu vierstufigen Skalen geringere Zustimmungsquoten (strongly agree und agree bzw. very willing und fairly willing) erwarten. Diese Vermutung bestätigt sich, wenn wir uns zunächst die mittleren Zustimmungsquoten zu den beiden Items für die drei größten Volkswirtschaften der Erde – USA, Japan und China, die alle im WVS enthalten sind – anschauen (Tabelle 2). Den Ergebnissen des WVS zufolge stimmen in den USA 65% der Befragten im Durchschnitt beiden Items zu oder stark zu, in Japan sind es 66% und in China sogar 78%. Dies sind auffallend hohe Zustimmungsraten, die im ISSP von keinem der Länder auch nur annähernd erreicht werden. USA und Japan weisen im ISSP Zustimmungsraten von 38% und 45% auf und liegen damit rund 20 Prozentpunkte unter den Zustimmungsquoten des WVS. Im WVS reicht die Spannweite der Messwerte von 45% in Uganda bis zu 93% in Vietnam. Im ISSP werden dagegen „nur" Zustimmungen von 18% (Finnland) bis 54% (Niederlande) erreicht. Vergleicht man die sieben Länder, die im WVS und dem ISSP enthalten sind (Kanada, Chile, Japan, Mexiko, Philippinen, Spanien, USA), dann beträgt die mittlere Differenz der Ergebnisse aus WVS und dem ISSP in diesen sieben Ländern 31 Prozentpunkte.

Tabelle 2: Zahlungsbereitschaft für Umweltschutz im ISSP, WVS und EVS

		ISSP 2000		WVS 99-01		EVS 1999		Zustimmungsquotient	BIP pro Kopf (2000)
	Land	N	Zahlungsbereitschaft	N	Zahlungsbereitschaft	N	Zahlungsbereitschaft		
1	Albanien			883	66,36			0,66	3864
2	Argentinien			1192	54,02			0,62	9189
3	Bangladesch			1350	77,63			0,65	840
4	Belgien					1837	52,61	0,59	26795
5	Bosnien-Herzegowina			1149	73,01			0,61	4353
6	Bulgarien	927	20,05			913	53,96	0,58	6200
7	Chile	1430	33,28	1158	66,53			0,58	9479
8	China			860	78,17			0,68	2372
9	Dänemark	1033	35,51			965	71,99	0,48	28325
10	Deutschland (West)	930	28,99			983	29,43	0,47	26281
11	Estland					888	40,81	0,57	9894
12	Finnland	1420	17,56			975	52,32	0,45	24476
13	Frankreich					1554	41,50	0,60	25938
14	Griechenland					1091	73,49	0,59	18644
15	Großbritannien	941	38,12			887	50,19	0,45	25673
16	Indien			1458	59,99			0,68	1446
17	Irland	1174	43,81			945	47,42	0,49	28768
18	Island					939	60,32	0,52	26890
19	Israel	1201	36,36					0,49	20985
20	Italien					1863	54,20	0,62	24431
21	Japan	1151	45,12	1027	66,18			0,45	25274
22	Kanada	1072	32,92	1876	64,54			0,48	28910
23	Kirgisistan			1028	67,26			0,67	1335
24	Kroatien					948	69,94	0,61	10972
25	Lettland	967	19,33			888	57,89	0,55	7670
26	Litauen					870	26,56	0,61	8417
27	Luxemburg					1119	59,38	0,58	55151
28	Malta					983	54,08	0,62	18190
29	Mazedonien			980	71,67			0,63	6170
30	Mexiko	1216	33,14	1423	68,56			0,62	10647

dem WVS (Dunlap & York 2008). Dunlap und York erhalten mit den gleichen Daten und dem gleichen Index eine signifikante Korrelation von -0,32, wenn anstatt des BIP beziehungsweise des von uns verwendeten PPP der natürliche Logarithmus des BIP verwendet wird. Das Logarithmieren der BIP-Zahlen, für das sich gute Argumente anführen lassen, führt in unseren Berechnungen zu keinen wesentlichen Änderungen gegenüber der Berechnung von Pearsons Korrelationen ohne Logarithmierung. Auch die Verwendung des Spearman Rangkorrelationskoeffizienten führt für keinen der drei Surveys zu einer wesentlichen Änderung der Korrelationen oder der Signifikanzniveaus. Die Ergebnisse bleiben auch weitgehend konstant, wenn die Daten des ISSP 1993 (siehe Diekmann & Franzen 1999; Franzen 2003; Franzen & Meyer 2010) oder andere Wellen des WVS (vgl. Dunlap & York 2008) verwendet werden. Der Vergleich der drei internationalen Erhebungen führt damit unabhängig von der Berechnungsart (Spearman oder Pearson) oder dem Erhebungszeitraum zu dem paradoxen Ergebnis, dass bei vergleichbarer Messung mit dem ISSP ein signifikanter positiver Zusammenhang gefunden wird, mit den Daten des WVS ein signifikant negativer Zusammenhang und mit den Daten der EVS ein Null-Zusammenhang berechnet wird. Es liegen damit durch die drei Erhebungen kurioserweise alle drei möglichen Ergebnisse vor.

Ein naheliegender Syntheseversuch liegt nun darin, die drei internationalen Surveys zu einem gemeinsamen Datensatz zu poolen. Dabei stellt sich das Problem, dass die Zustimmung zu den beiden Umweltitems im WVS und der EVS zum einen aus methodischen Gründen über denjenigen des ISSP liegen. Zum anderen ist in der international vergleichenden Forschung auch bekannt, dass Länder mit einer eher kollektivistisch orientierten Kultur (dazu gehören vor allem asiatische Länder) im Vergleich zu Gesellschaften mit einer individualistischen Kultur (europäische und nordamerikanische Gesellschaften), tendenziell eine höhere Akquieszenz oder Zustimmungstendenz aufweisen (vgl. Bosau 2009; Hofstede 2001; Smith & Fischer 2008; van de Vijver & Leung 1997).

Abbildung 2: Der Zusammenhang zwischen Wohlstand und Umweltbewusstsein für den ISSP, WVS und EVS

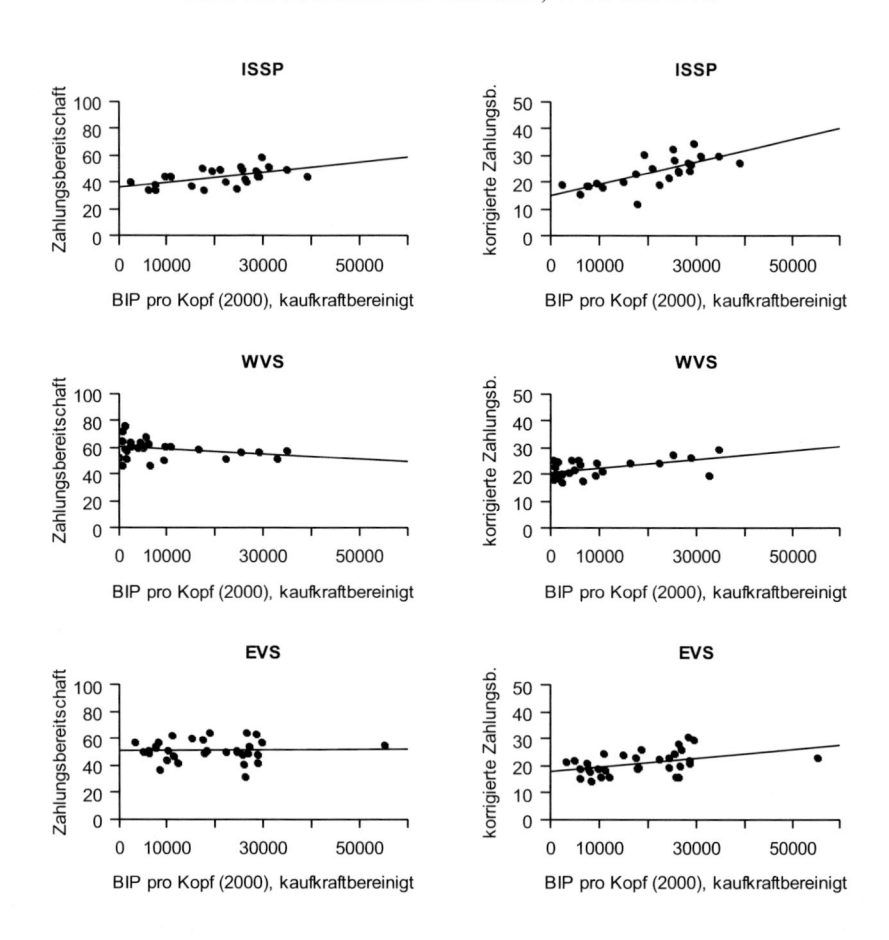

Wir haben deshalb für jedes Land in den drei Datensätzen den Zustimmungsquotient berechnet. Zu diesem Zweck haben wir in jeder Befragung möglichst viele Items ausgewählt, denen die Befragten auf vier oder fünfstufigen Likert-Skalen mehr oder weniger stark zustimmen konnten. Der ISSP 2000 enthält 28 Fragen (neben den zwei Umweltitems, die nicht in die Berechnung des Quotienten eingehen) zu unterschiedlichen Themen, denen die Befragten auf fünfstufigen Skalen zustimmen oder sehr zustimmen konnten. Diese beiden Zustimmungskategorien wurden für jeden Befragten zusammengefasst, summiert und durch die Anzahl der beantworteten Fragen dividiert. Auf diese Weise erhält man für jeden Befragten einen Zustimmungsquotient der zwischen 0 und 1 liegt. Ein Wert von 1 besagt, dass ein Befragter jedem beantworteten Item zustimmte, auch wenn die Items unterschiedlich formuliert sind. Den Wert 0 nimmt der Index an, wenn ein Befragter alle Items ablehnte. Durch Summierung und Division der Werte lässt sich für jedes Land ein durchschnittlicher Zustimmungsquotient berechnen (siehe vorletzte Spalte in Tabelle 2). Im ISSP hat Neuseeland mit einem Wert von 0,37 den geringsten Zustimmungsquotient und Portugal mit 0,65 den höchsten Wert.[3] Im Mittel erreichen die Länder des ISSP einen Zustimmungsquotienten von 0,46. Im WVS eignen sich 21 Fragen zur Berechnung des Quotienten. Dabei liegt der Zustimmungsquotient erwartungsgemäß mit einem Wert von 0,62 sehr viel höher als im ISSP. Der geringste Wert wird hier in den USA mit einem Wert von 0,49 beobachtet, die höchste Zustimmungstendenz auf den Philippinen mit 0,72. Aus der EVS sind schließlich 38 Items in die Berechnung der allgemeinen Zustimmungstendenz eingegangen. Unter den europäischen Ländern weisen die Befragten aus den Niederlanden die geringste Zustimmungstendenz (0,48) auf und die Teilnehmer aus der Türkei den höchsten Wert (0,69). Der Gesamtmittelwert für die Länder der EVS liegt bei 0,59. Ein Vergleich der Zustimmungstendenz aller Länder (siehe Tabelle 2) zeigt, dass hohe Zustimmungstendenzen vor allem in den asiatischen Ländern (China, Indien, Vietnam, die Ausnahme ist Japan), den osteuropäischen Staaten (Polen, Rumänien und Albanien) und in den afrikanischen Ländern (Tansania und Uganda) beobachtet werden.

---

[3] In Tabelle 2 ist immer das arithmetische Mittel der Zustimmungsquotienten angegeben, falls ein Land in mehr als einer Befragung enthalten ist. Die Werte in der Tabelle können deshalb von der Beschreibung im Text abweichen, die sich auf die umfragespezifischen Werte beziehen.

Abbildung 3: Der Zusammenhang zwischen Umweltbewusstsein und Wohlstand in 60 Ländern aus WVS, EVS und ISSP

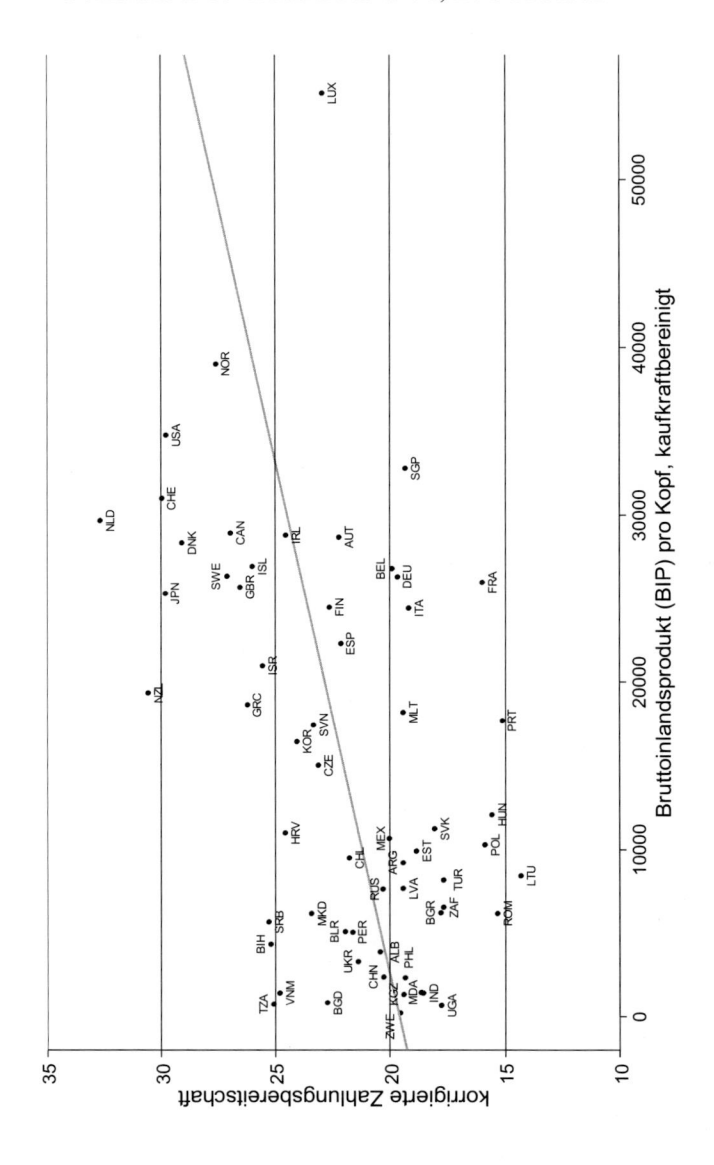

Für den Vergleich der Zustimmung zu den beiden Umweltitems haben wir schließlich den zwischen 0 und 1 normierten durchschnittlichen Skalenwert mit dem Umkehrwert des Zustimmungsquotienten gewichtet.[4] Deutschland hat zum Beispiel einen durchschnittlichen Skalenwert bei den Umweltitems von 0,37 (die Skalenwerte sind in der Tabelle im Anhang enthalten) und eine allgemeine Zustimmungstendenz von 0,47. Den Skalenwert haben wir dann mit dem Umkehrwert der Zustimmungstendenz (1 - 0,47 = 0,53) gewichtet (multipliziert), so dass sich für Deutschland ein um die Zustimmungstendenz bereinigter Skalenwert von 0,196 ergibt.[5] Die Zusammenhänge der auf diese Weise gewichteten Skalenwerte der Zahlungsbreitschaft und dem kaufkraftbereinigten Bruttoinlandsprodukt pro Kopf sind in Abbildung 2 (rechte Spalte) abgebildet.[6] Die Korrelationen sind nach dieser Korrektur in allen Befragungen positiv und statistisch signifikant. Für die Länder im ISSP beträgt die korrigierte Korrelation 0,71, für die Länder im WVS 0,51 und für die EVS 0,42. Werden alle 60 Länder aus den drei Befragungen zusammengefügt, so ergibt sich eine statistisch signifikante Korrelation von 0,46 (Abbildung 3).

Für diese 60 Länder liegen nicht nur Angaben über das Umweltbewusstsein, sondern auch Informationen zu einigen sozio-demographischen Merkmalen der Befragten vor. Zusätzlich können neben dem Bruttoinlandsprodukt weitere Merkmale der Länder berücksichtigt werden, die sich den internationalen Datenbanken (z. B. United Nations Development Program, Europäische Kommission) entnehmen lassen. Die so erweiterten Daten eignen sich für eine Mehrebenenanalyse (Snijders & Boske 1999; Rabe-Hesketh & Skrondal 2008).

Auf der Ebene der Befragten (Ebene 1) können neben dem Umweltbewusstsein das Alter der Befragten, ihr Geschlecht, die Bildungsabschlüsse und das Haushaltsäquivalenzeinkommen berücksichtigt werden. Ältere Personen sollten ein geringeres Umweltbewusstsein aufweisen als jüngere Befragte. Der Grund für diesen erwarteten Effekt ist ein Kohorteneffekt und weniger ein Alterseffekt. Jüngere Kohorten sind mit dem Umweltthema durch die Medien sehr viel stärker in Kontakt gekommen als die älteren Geburtskohorten und bei ihnen sollte das Bewusstsein für Umweltprobleme daher auch stärker ausgeprägt sein. Ferner sollten Befragte mit mehr Bildung über bessere Informationen und ein besseres

---

[4] Falls für ein Land mehr als eine Befragung vorliegt, so haben wir den Durchschnitt der beobachteten Zustimmungstendenz der Surveys verwendet.
[5] Für diejenigen Länder, die in mehr als einer der Befragungen enthalten sind, kann die Korrelation der aus den unterschiedlichen Erhebungen entnommenen Akquieszenz berechnet werden. Die Zustimmungsquotienten sind hoch korreliert, was für die Reliabilität der hier berechneten Akquieszenz spricht. Für die sieben Länder, die im ISSP und dem WVS enthalten sind, beträgt die Korrelation 0,7. Für die 15 Länder, die im ISSP und im EVS enthalten sind, ist r = 0,6.
[6] Zur besseren Darstellung wurden die Skalenwerte der Zahlungsbereitschaft für die Abbildungen 2 und 3 mit 100 multipliziert.

Verständnis für die Umweltprobleme verfügen als schlechter gebildete Personen. In der Literatur (u.a. Blocker and Eckberg 1997, Wilson et al. 1997) wird darüber hinaus auch öfter ein Geschlechtseffekt gefunden. Frauen weisen in Studien häufiger ein höheres Umweltbewusstsein auf als Männer. Schließlich müsste sich gemäß der Wohlstandshypothese auch ein individueller Einkommenseffekt zeigen. Wir haben hier das sogenannte Haushaltsäquivalenzeinkommen berechnet. In jedem der drei Datensätze wurden die Befragten nach ihrem Haushaltseinkommen befragt. Dieses haben wir durch die Wurzel der Anzahl der Personen geteilt, die in einem Haushalt zusammenleben. Dieses Haushaltsäquivalenzeinkommen kann nun in internationalen Studien nicht direkt verglichen werden, weil es für diesen Zweck an die Kaufkraft angepasst werden müsste. Anders als das kaufkraftbereinigte Bruttoinlandsprodukt sind kaufkraftbereinigte Einkommen aber nicht so ohne weiteres verfügbar. Wir haben deshalb das erfragte Haushaltseinkommen standardisiert und die Standardabweichungen vom jeweiligen Landesmittel berechnet. Diese Variable misst damit die relative Einkommensposition, die ein Befragter in einem Land einnimmt. Positive Abweichungen vom Mittelwert zeigen überdurchschnittliche Einkommen an, die mit einer höheren Nachfrage nach Umweltgütern einhergehen sollten.

Auf der Länderebene (Ebene 2) könnten neben dem Wohlstand von Gesellschaften auch andere Ländermerkmale einen Einfluss auf das Niveau des Umweltbewusstseins ausüben. Neben dem Wohlstand einer Gesellschaft gehört dazu die Frage, wie dieser in einer Gesellschaft verteilt ist. Ein hohes Ausmaß an Ungleichheit könnte die Aufmerksamkeit in einer Gesellschaft auf wirtschaftliches Wachstum und Umverteilung lenken. Diese Ziele könnten in Konkurrenz zum Umweltschutz stehen oder wenigstens so wahrgenommen werden. Wir haben daher aus dem erfragten und berechneten Haushaltsäquivalenzeinkommen den Gini-Koeffizienten berechnet und in den Analysen berücksichtigt. Die Hypothese lautet, dass ein höherer Gini-Koeffizient mit einem geringeren Umweltbewusstsein zusammenhängt.

Das Umweltbewusstsein eines Landes könnte auch mit der Umweltqualität zusammenhängen. Zur Messung der Umweltqualität verwenden wir den Nachhaltigkeitsindex 2001, der in Zusammenarbeit des Yale Center of Environmental Law and Policy (YCELP), dem Center for International Earth Science Information Network der Columbia University (CIESIN), dem World Economic Forum (WEF) und der Europäischen Kommission erstellt wird. Der Index enthält mehrere Teilkomponenten, von denen wir hier die Luft- und Wasserqualität sowie die Biodiversität und Erderosion eines Landes als Indikatoren der Umweltqualität verwenden. Eine schlechte lokale Umweltqualität in einem Land sollte die Bevölkerung für Umweltprobleme sensibilisieren und damit das Umweltbewusstsein erhöhen.

Die objektive Umweltqualität wie Luft- und Wasserqualität sind in einem Land natürlich nicht gleich verteilt, sondern können regional sehr unterschiedlich sein. In der Regel weisen Ballungsräume mehr Probleme auf als ländliche Gebiete. Zusätzlich sollte insgesamt die Bevölkerungsdichte eines Landes die Umweltqualität negativ beeinflussen. Wir haben deshalb beide Variablen, Bevölkerungsdichte und den Anteil der Bevölkerung, der in einer Stadt lebt, als Indikatoren in die Analysen aufgenommen. Eine hohe Bevölkerungsdichte und ein hoher Anteil an Menschen, die in einer Stadt leben, sollten auf größere Umweltprobleme hinweisen, die dazu führen, dass das Umweltbewusstsein in diesen Ländern ceteris paribus höher ist als in weniger dicht besiedelten Ländern.

Für die Berechnung verwenden wir ein so genanntes random intercept Model und schätzen die Koeffizienten mit dem Maximum-Likelihood-Verfahren. Auf Ebene 1 werden die individuellen Merkmale der Befragten berücksichtigt und auf Ebene 2 die länderspezifischen Faktoren. Die Zahlungsbereitschaft Y_{ij} hängt damit einerseits von den individuellen Eigenschaften der Personen i bis n ab. Zusätzlich werden die Makroeigenschaften der j bis k Länder in der Konstante β_{0j} berücksichtigt.

$$Y_{ij} = \beta_{0j} + \beta_1 x_{1ij} + \cdots + \beta_7 x_{7ij} + \varepsilon_{ij}$$
$$\beta_{0j} = \gamma_{00} + \gamma_{01} z_{1j} + \cdots + \gamma_{07} z_{7j} + \zeta_{ij}$$

Modell 1 (siehe Tabelle 3) unserer Mehrebenenanalysen verwendet zunächst nur die Daten des ISSP 2000. Die abhängige Variable ist der durchschnittliche Skalenwert aus den beiden Items zur Zahlungsbereitschaft. Die Ergebnisse auf der Individualebene replizieren frühere Befunde. Befragte mit einem überdurchschnittlichen Einkommen und höherer Bildung stimmen den beiden Items zur Zahlungsbereitschaft stärker zu als Personen aus unterdurchschnittlich verdienenden Haushalten oder Personen mit geringerer Bildung. Alter und Geschlecht wirken sich dagegen nicht auf die Zahlungsbereitschaft aus. Auf der Makroebene wird der Befund des Wohlstands der Länder bestätigt. Befragte in reicheren Ländern zeigen eine höhere Zustimmungstendenz und damit ein höheres Umweltbewusstsein als Befragte in ärmeren Ländern. Diese Befunde ändern sich nur unwesentlich, wenn auf der Makroebene weitere Ländermerkmale berücksichtigt werden (Modell 2). Die objektive Umweltqualität, der Anteil der Stadtbevölkerung oder die Ungleichheit der Einkommensverteilungen haben demnach keinen Einfluss auf das Umweltbewusstsein.

In Modell 3 werden als nächstes alle 59 Länder aus den drei Studien herangezogen.[7] Auf der Individualebene bleiben im Wesentlichen alle bisherigen Befunde erhalten. Auch in dem gepoolten Datensatz mit 59 Ländern und insgesamt 75.800 Befragten zeigen sich die erwarteten Effekte der relativen Einkommensposition und der Bildung. Zusätzlich wird unter Berücksichtigung aller Länder auch der Effekt der Altersvariable signifikant. Demnach zeigen ältere Befragte, wie erwartet, ein geringeres Umweltbewusstsein als jüngere Personen. Auf der Makroebene zeigt sich zunächst ein negativer Effekt des kaufkraftbereinigten Bruttoinlandsprodukts. Das Umweltbewusstsein ist demnach in ärmeren Ländern höher als in reicheren Nationen. Dieser negative Effekt wird aber zu einem signifikanten positiven Effekt, sobald die unterschiedlich hohe Akquieszenz nach Ländern und Datensatz berücksichtigt wird (Modell 4). Mit anderen Worten zeigt sich, dass die allgemeine Zustimmungstendenz einen wichtigen Einfluss auf die Zustimmung zur Zahlungsbereitschaft hat und dass bei gleicher Zustimmungstendenz Befragte aus reicheren Ländern eine höhere Zahlungsbereitschaft aufweisen. Diese Ergebnisse des Modells 4 bleiben auch hier erhalten, wenn weitere Makromerkmale der Länder berücksichtigt werden (Modell 5). So zeigt sich auch im letzten Modell, dass die Umweltqualität, die Bevölkerungsdichte oder die Ungleichverteilung der Einkommen in keinem signifikanten Zusammenhang mit der Zahlungsbereitschaft stehen.

---

[7] Kirgisistan konnte in den Analysen nicht berücksichtigt werden, weil Angaben zu den Haushaltseinkommen fehlen. Das Nullmodell weist einen Intraklassen-Korrelationskoeffizienten (ICC) von 0,089 auf und zeigt, dass die Kontexteffekte nur einen geringen Teil der Gesamtvarianz (9%) erklären.

Tabelle 3: Mehrebenenmodell zur Erklärung der Zahlungsbereitschaft für die Umwelt

	Modell 1 ISSP	Modell 2 ISSP	Modell 3 ISSP, WVS, EVS	Modell 4 ISSP, WVS, EVS	Modell 5 ISSP, WVS, EVS
Konstante	30,729***	11,815	49,424***	-14,501***	-11,776
	(3,081)	(8,681)	(1,704)	(2,4)	(6,892)
Variablen auf Länderebene					
BIP pro Kopf, kaufkraftbereinigt	0,319*	0,474**	-0,189*	0,258**	0,508**
	(0,129)	(0,156)	(0,084)	(0,095)	(0,158)
Umweltqualität		-2,48			0,826
		(3,046)			(2,844)
Anteil Stadtbevölkerung		0,06			-0,097
		(0,095)			(0,075)
Bevölkerungsdichte		0,028*			-0,002
		(0,011)			(0,001)
Gini-Koeffizient		25,826			-0,646
		(15,365)			(11,208)
Zustimmungsquotient				0,999***	1,000***
				(0,023)	(0,023)
Variablen auf Individualebene					
Relatives Einkommen eines Landes	2,512***	2,516***	1,151***	1,146***	1,149***
	(0,238)	(0,238)	(0,102)	(0,101)	(0,105)
Geschlecht (1 = weiblich)	-0,612	-0,611	0,058	0,105	0,103
	(0,366)	(0,366)	(0,185)	(0,182)	(0,188)
Alter in Jahren	-0,009	-0,009	-0,025***	-0,027***	-0,034***
	(0,012)	(0,012)	(0,006)	(0,006)	(0,006)
Primärbildung	5,037***	5,048***	3,584***	3,635***	3,607***
	(0,797)	(0,798)	(0,387)	(0,382)	(0,394)
Sekundärbildung	9,382***	9,389***	7,73***	7,36***	7,373***
	(0,857)	(0,857)	(0,401)	(0,396)	(0,409)
Universitätszulassung	11,857***	11,872***	10,473***	9,453***	9,401***
	(0,935)	(0,934)	(0,416)	(0,412)	(0,425)
Universitätsabschluss	16,321***	16,322***	13,204***	12,968***	12,938***
	(0,925)	(0,925)	(0,452)	(0,447)	(0,46)

Fortsetzung von Tabelle 3 auf Seite 356

Fortsetzung von Tabelle 3

	Modell 1 ISSP	Modell 2 ISSP	Modell 3 ISSP, WVS, EVS	Modell 4 ISSP, WVS, EVS	Modell 5 ISSP, WVS, EVS
Anzahl der Beobachtungen	20528	20528	75810	75810	70648
Anzahl der Länder	24	24	59	59	53
Intraklassen-Korrelationskoeffizient (ICC)	0,05	0,028	0,083	0,106	0,092
Standardabweichung auf Individualebene	25,967	25,967	25,207	24,891	24,832
Standardabweichung auf Kontextebene	5,963	4,39	7,596	8,572	7,908
Log-Likelihood	-96000	-96000	-352000	-351000	-327000

Anmerkung: Bei den berichteten Koeffizienten handelt es sich um unstandardisierte Koeffizienten. Angaben in Klammern bezeichnen die Standardfehler der Koeffizienten. * = $p < 0{,}05$; ** = $p < 0{,}01$; *** = $p < 0{,}001$.

4 Zusammenfassung und Diskussion

Wir gehen in diesem Beitrag der Frage nach, wie die unterschiedlichen Ergebnisse der Studien erklärt werden können, die sich mit dem Umweltbewusstsein im internationalen Vergleich befassen. Studien, die das ISSP als Datenbasis verwenden, ergeben jeweils eine deutliche Bestätigung der Wohlstandshypothese (Diekmann & Franzen 1999; Franzen 2003; Franzen & Meyer 2010). Dunlap und York (2008) und Gelissen (2007) arbeiten dagegen mit WVS und EVS und widerlegen regelmäßig die Wohlstandshypothese. Wir verwenden zwei Items zur Zahlungsbereitschaft, die in allen drei Studien in vergleichbarer Weise erhoben wurden, und analysieren zunächst die drei Datenquellen separat. Diese separaten Analysen replizieren zunächst die drei bekannten unterschiedlichen Befunde: Analysen mit dem ISSP ergeben eine positive Korrelation mit dem kaufkraftbereinigten Bruttoinlandsprodukt, Studien mit dem WVS eine negative Korrelation und Studien mit der EVS zeigen keinen Zusammenhang. Ein auffälliger Unterschied zwischen den Studien ist dabei allerdings die unterschiedlich hohe Zustimmungstendenz zu den Umweltitems. Diese wird zum einen vermutlich durch die unterschiedlichen Antwortskalen (vierstufige Skalen im WVS und der EVS und fünfstufige Skalen im ISSP) verursacht. Zum anderen lassen sich aber auch innerhalb der verschiedenen Studien auffällige Länderunterschiede beobachten. Wir haben deshalb anhand aller möglichen Zustimmungsitems im Erhebungsinstrument der drei Studien die allgemeine Zustimmungstendenz der Befragten in einem Land berechnet. Bereinigt man nun die aggregierten Zustimmungswerte der Länder um diese Zustimmungstendenz, dann zeigt sich eine statistisch positive Korrelation zwischen dem Wohlstand der berücksichtigten 60 Länder und ihrem durchschnittlichen Umweltbewusstsein. Dieses fundamentale Ergebnis lässt sich durch Mehrebenenanalysen bestätigen, in denen neben dem Wohlstand eines Landes auch die Einkommensverteilung, die Umweltqualität oder die Bevölkerungsdichte berücksichtigt werden. Auf der Individualebene lassen die Datenquellen die Berücksichtigung der relativen Einkommensposition, des Geschlechts, der Bildung und des Alters der Befragten zu. Zusätzlich kann der Einfluss der allgemeinen Zustimmungstendenz untersucht werden. Unsere Ergebnisse zeigen, dass ohne Berücksichtigung der allgemeinen Zustimmungstendenz der Wohlstand eines Landes tatsächlich einen negativen Effekt auf das Umweltbewusstsein ausübt. Interessanterweise wird dieser negative Effekt aber in einen positiven Effekt umgekehrt, sobald für die allgemeine Zustimmungstendenz kontrolliert wird.

Unsere Analysen der kombinierten Daten aus dem ISSP, WVS und der EVS bestätigen damit deutlich die Wohlstandshypothese und widerlegen ebenso deutlich die Schlussfolgerungen von Dunlap und York (2008) oder Gelissen (2007). Die Auflösung der bisherigen Widersprüche der Ergebnisse hängt damit zusammen, dass in ärmeren Gesellschaften generell eine höhere Zustimmungstendenz in Umfragen beobachtet werden kann. Diese hat vermutlich wenig mit dem Wohlstand an sich zu tun, sondern hängt mutmaßlich mit einer dominanteren kollektivistischen Orientierung in asiatischen und osteuropäischen Ländern zusammen. In reicheren westlichen Industrienationen ist dagegen der Individualismus als Wert stärker ausgeprägt. Auch die Befragten in westlichen Industrienationen unterliegen der Akquieszenz, aber insgesamt in einem geringeren Ausmaß. Berücksichtigt man diese kulturellen Unterschiede, dann zeigt sich der positive Effekt des Wohlstands einer Nation auf die durchschnittliche Zahlungsbereitschaft für Umweltgüter, wie es die Theorie erwarten lässt.

Es lässt sich nicht so eindeutig beurteilen, ob die vorgelegten Befunde eher eine gute oder eine schlechte Nachricht für den Schutz der Atmosphäre und der Umwelt darstellen. Auf der einen Seite stimmt der Befund optimistisch, dass Menschen dann eher bereit sind, Ressourcen für den Umweltschutz aufzuwenden, wenn sie reicher werden. In der Vergangenheit ist die Welt immer wohlhabender geworden und es sind keine Gründe in Sicht, warum der Reichtum von Nationen nicht auch in Zukunft zunehmen sollte. Diese Entwicklung sollte unseren Ergebnissen zufolge Bemühungen zum Schutz der Umwelt erleichtern. Auf der anderen Seite zeigen die Ergebnisse aber auch, dass die wirtschaftliche Entwicklung eine Voraussetzung für mehr Umweltschutz zu sein scheint. Bisher war wirtschaftliches Wachstum aber immer auch mit höheren Umweltbelastungen verbunden. Die Herausforderung einer erfolgreichen Umweltpolitik liegt deshalb darin, wirtschaftliches Wachstum und Umweltzerstörung zu entkoppeln.

Literatur

Blocker, T. Jean/Eckberg, Douglas L. (1997): Gender and Environmentalism: Results from the 1993 General Social Survey. In: Social Science Quarterly 78. 4. 841–858.
Bosau, Christian (2009): Arbeitszufriedenheitsmessungen im interkulturellen Vergleich. Dissertation. Universität zu Köln.
Commission of the European Communities (2008): 20 20 by 2020. Europe's Climate Change Opportunity. Brussels. http://ec.europa.eu/commission_barroso/president/ pdf/COM2008_030_en.pdf (Stand: 01.09.2009).
Diekmann, Andreas/Franzen, Axel (1999): The Wealth of Nations and Environmental Concern. In: Environment and Behavior 31. 4. 540-549.
Dunlap, Riley/York, Richard (2008): The Globalisation of Environmental Concern and the Limits of the Postmaterialist Values Explanation: Evidence from Four Multinational Surveys. In: The Sociological Quarterly 49. 3. 529-563.
Franzen, Axel (2003): Environmental Attitudes in International Comparison: An Analysis of the ISSP Surveys 1993 and 2000. In: Social Science Quarterly 84. 2. 297-308.
Franzen, Axel/Meyer, Reto (2004): Klimawandel des Umweltbewusstseins? Analysen mit dem ISSP 2000. In: Zeitschrift für Soziologie 33. 2. 119-137.
Franzen, Axel/Meyer, Reto (2010): Environmental Attitudes in Cross-National Perspective: A Multilevel Analysis of the ISSP 1993 and 2000. In: European Sociological Review 26. 2. 219-234.
G8-Erklärung (2009): Chair´s Summary of the G8 L'Aquila Summit. Presse- und Informationsamt der Bundesregierung. http://www.bundesregierung.de/Content/ DE/ Artikel/2009/G8/2009-07-08-dokumente.html (Stand: 01.09.2009).
Gelissen, John (2007): Explaining Popular Support for Environmental Protection: A Multilevel Analysis of 50 Nations. In: Environment and Behavior 39. 3. 392-415.
Hofstede, Geert H. (2001): Culture's Consequences: Comparing Values, Behaviors, Institutions and Organizations Across Nations. Thousand Oaks, CA: Sage Publications.
Intergovernmental Panel on Climate Change (2007): Climate Change 2007: The Physical Science Basis: Contribution of Working Group I to the Fourth Assessment Report of the Intergovernmental Panel on Climate Change. Cambridge: Cambridge University Press.
Rabe-Hesketh, Sophia/Skrondal, Anders (2008): Multilevel and Longitudinal Modeling Using Stata. (Zweite Auflage). College Station, Texas: Stata Press.
Smith, Peter B./Fischer, Ronald (2008): Acquiescence, Extreme Response Bias and Culture: A Multilevel Analysis. In: van de Vijver/Hemert/Poortinga (2008): 288-311.
Snijders, Tom A./Bosker, Roel J. (1999): Multilevel Analysis: An Introduction to Basic and Advanced Multilevel Modeling. London: Sage.
van de Vijver, Fons/Leung, Kwok (1997): Methods and Data Analysis for Cross-Cultural Research. Thousand Oaks: Sage Publications.

van de Vijver, Fon/van Hemert, Dianne/Poortinga, Ype (Hrsg.) (2008): Multilevel Analysis of Individuals and Culture. New York: Erlbaum.
Varian, Hal R. (1994): Mikroökonomie. (Dritte Auflage). München und Wien: Oldenbourg.
Wilson, Margo/Daly, Martin/Gordon, Stephen/Pratt, Adelle (1996): Sex Differences in Valuations of the Environment? In: Population and Environment 18. 2. 143–159.

Anhang

Tabelle 4: Skalenmittelwerte pro Datensatz

	Land	ISSP Skalenwert Zahlungsbereitschaft	WVS Skalenwert Zahlungsbereitschaft	EVS Skalenwert Zahlungsbereitschaft	Alle Datensätze Skalenwert Zahlungsbereitschaft
1	Albanien		59,80		59,80
2	Argentinien		50,70		50,70
3	Bangladesch		65,05		65,05
4	Belgien			48,96	48,96
5	Bosnien-Herzegowina		64,13		64,13
6	Bulgarien	33,92		51,10	42,53
7	Chile	44,42	61,00		51,86
8	China		63,18		63,18
9	Dänemark	48,92		63,42	55,98
10	Deutschland (West)	42,74		31,96	37,15
11	Estland			44,05	44,05
12	Finnland	34,98		49,52	40,94
13	Frankreich			40,44	40,44
14	Griechenland			64,12	64,12
15	Großbritannien	49,30		47,88	48,60
16	Indien		57,32		57,32
17	Irland	47,93		47,88	47,91
18	Island			54,10	54,10
19	Israel	49,85			49,85
20	Italien			50,84	50,84
21	Japan	51,85	56,90		54,25
22	Kanada	45,04	56,37		52,30

Fortsetzung von Tabelle 4 auf Seite 360

Fortsetzung Tabelle 4

23	Kirgisistan		58,45		58,45
24	Kroatien		62,39		62,39
25	Lettland	34,38	53,34		43,50
26	Litauen		36,72		36,72
27	Luxemburg		54,96		54,96
28	Malta		50,93		50,93
29	Mazedonien		62,77		62,77
30	Mexiko	44,63	60,08		53,07
31	Moldawien		51,61		51,61
32	Neuseeland	48,35			48,35
33	Niederlande	58,82		57,11	58,05
34	Norwegen	44,69			44,69
35	Österreich	44,45		42,08	43,03
36	Peru		60,00		60,00
37	Philippinen	40,03	60,41		50,32
38	Polen			50,90	50,90
39	Portugal	33,99		48,51	41,14
40	Rumänien			48,91	48,91
41	Russland	38,07		54,03	47,31
42	Schweden	40,39		64,77	52,62
43	Schweiz	51,92			51,92
44	Serbien		67,97		67,97
45	Simbabwe		52,22		52,22
46	Singapur		51,68		51,68
47	Slowenien	50,65		59,28	54,94
48	Slowakei			46,86	46,86
49	Spanien	40,47	51,39	49,92	47,72
50	Südafrika		45,95		45,95
51	Südkorea		58,89		58,89
52	Tansania		72,05		72,05
53	Tschechische Republik	37,16		60,01	50,97
54	Türkei			57,00	57,00
55	Uganda		46,31		46,31
56	Ukraine			56,81	56,81
57	Ungarn			41,56	41,56
58	USA	49,30	57,33		53,39
59	Vietnam		75,93		75,93
60	Weißrussland			50,22	50,22

Tabelle 5: Variablenliste

Variable	Min.	Max.	Beschreibung
Variablen auf Individualebene			
Geschlecht	0	1	0 = männlich, 1 = weiblich
Alter	18	80	Alter in Jahren
Bildung	1	5	Dummyvariable mit 5 Kategorien: 1 = keine Bildung, 2 = Primärbildung, 3 = Sekundärbildung, 4 = Universitätszulassung, 5 = Universitätsabschluss.
Relatives Einkommen	-1,98	13,62	Haushaltseinkommen, dividiert durch die Quadratwurzel der Haushaltsmitglieder, z-transformiert.
Variablen auf Länderebene			
BIP (PPP)	0,25	55,15	Bruttoinlandsprodukt pro Kopf, preisbereinigt, 2000, in tausend US-Dollar.
Bevölkerungsdichte	2,73	5883,4	Einwohnerzahl pro Quadratkilometer.
Stadtbevölkerung	12	100	Prozentanteil der Bevölkerung, die nach den Kriterien eines Landes in einer städtischen Region wohnen.
Umweltqualität	-0,81	1,36	Teil des Environmental Sustainability Index 2001. Die Umweltqualität wird gemessen mit: Luftqualität (air quality), Wasserqualität (water quality), Wassermenge (water quantity), Biodiversität (biodiversity) und terrestrische Systeme (terrestrial systems).
Gini-Koeffizient	0,21	0,69	Maß für die Einkommensungleichheit pro Land. 0 = keine Ungleichheit, 1 = maximale Ungleichheitsverteilung.
Zustimmungsquotient	36,76	71,51	Durchschnittlicher Anteil der positiven Nennungen (1. und 2. Kategorie) bei Einstellungsfragen pro Land und Datensatz.

Fortsetzung von Tabelle 5 auf Seite 362

Fortsetzung Tabelle 5

Variable	Datenquelle	Referenz
Variablen auf Individualebene		
Geschlecht	ISSP, WVS, EVS	
Alter	ISSP, WVS, EVS	
Bildung	ISSP, WVS, EVS	
Relatives Einkommen	ISSP, WVS, EVS	
Variablen auf Länderebene		
BIP (PPP)	Internationaler Währungsfonds (IMF) World Economic Outlook Database, April 2009	http://www.imf.org/external/pubs/ft/weo/2009/01/weodata/index.aspx (01.09.2009)
Bevölkerungsdichte	United Nations: World Population Prospects	http://data.un.org/Data.aspx?q=population+density&d=PopDiv&f=variableID%3a14 (01.09.2009)
Stadtbevölkerung	UN-DATA, WHO-Data	http://data.un.org/Data.aspx?q=urban+population&d=WHO&f=inID%3aSDEC06 (01.09.2009)
Umweltqualität	YCELP, CIESIN, WEF und das Joint Research Centre der Europäischen Kommission.	http://sedac.ciesin.columbia.edu/es/esi/archive.html (01.09.2009)
Gini-Koeffizient	Eigene Berechnungen mit ISSP, WVS und EVS Daten	
Zustimmungsquotient	Eigene Berechnungen mit ISSP, WVS und EVS Daten	

Comparing Comparisons for Cross-Validation (CC-CV): A Proposal for Applied Survey Research Using the Example of Attitudes towards Economic Liberalism

Tilo Beckers

1 Comparing countries and comparing comparisons

Comparative research that relies on sampling procedures has to deal with the problem of validity and reliability of estimates derived from a chosen sample. Social scientists are not only interested in level estimates such as mean values, but also in (causal) effects estimates as in regression type models. Thus, estimates based on these theoretical explanatory models also underlie the problems of validity and reliability. Usually researchers deal with one sample for each study of interest and implicitly rely on the adequacy of the reported parameters. In cases, where the researcher have the chance to control the whole sampling and data cleaning procedures, i.e. the field of primary data generating research, this paper will not add much at first hand. In other cases, where the researcher relies on secondary data sources that are available publicly or by other contracts, the researcher cannot control the sampling and data cleaning process ex posteriori. This problem becomes specifically important in cross-national research but may also be applied to other fields. This contribution is targeted at applied researchers to realize an easily accessible method for cross-validation based on actual empirical data, i.e. it does not make use of artificially created data and does not involve complex algorithms (cf. application in Beckers 2008). In cross-national survey research, which is the research field of application discussed here, the aim is to compare countries in order to gain knowledge about both similarities and differences and the generalities and specificities of social mechanisms (Meulemann 2002; 2008; 2009).[1]

---

[1] Cross-validation has been a topic of discussion and method development in psychology at least since the 1950s (e.g. Mosier 1951; Heron 1955; Wherry 1951). In "Educational and Psychological Measurement" alone, 420 articles have been published since 1879 that cover the topic in their titles (as of Oct. 20, 2009). Given this multitude of articles, it does not come as a surprise that the term itself is used to refer to a number of different techniques in methodological and statistical compari-

In order to avoid drawing wrong conclusions from cross-national data sets it may be useful to compare not just between countries but also between comparisons. This procedure requires that two independently drawn samples are available that offer a set of indicators relevant for the specified model that is (a) the same, (b) functionally equivalent or (c) at least similar. The procedure involves both comparisons of mean values and standard deviations (or other univariate measures) as well as comparisons of correlation coefficients and parameter estimates from regression models including hierarchical linear models. The procedure is particularly useful in cases where meta-analyses cannot be applied due to a lack of existing previous studies or more refined techniques of data analysis, such as structural equation modelling, are not available because there are not sufficient indicators for each theoretical concept (cf. Beckers 2008: 243-259; 332-338).

In this contribution, I will introduce the procedure and make the proposal to integrate it into the canon of techniques of survey data analysis (cf. Beckers 2010). I will illustrate this applied cross-validation strategy particularly for medium-N to large-N cross-national data analysis in the social sciences, i.e. for studies with a relatively big number of independently drawn samples using mean comparisons and multilevel modelling as examples. Despite the methodological intention of this contribution, I will present an example from cross-national attitude research to illustrate a practical application of the method (cf. Beckers 2010 for a different example with different survey data): the acceptance of economic liberalism using data from the International Social Survey Programme (ISSP) and the European Social Survey (ESS) in section 2. After a short theoretical introduction on liberalism, I will present the data sets, discuss the measurement issues involved and present comparisons of mean values and multilevel model estimates. In section 3, I will discuss the methodological results and propose general rules for a strategy of *comparing comparisons for cross-validation* (CC-CV).

---

sons (e.g. Hall et al. 2004 on conditional probability densities; Cantoni et al. 2005 on longitudinal variable selection; Li & Zhou 2005; Ouyang et al. 2006). The statistical literature in a number of research fields reports complex validation and cross-validation procedures (5-fold, 10-fold, k-fold, n-fold/"leave-one-out"; cf. Weiss & Kulikowski 1991 and Liang et al. 1995): e.g. in k-fold cross-validation, repeated (v) random samples are drawn from the data for the analysis, and the respective model or prediction method is then applied. In most applications of this procedure, summary indices of the accuracy of the predictions are computed over the k replications. Thereby, the researcher can evaluate the overall accuracy of the respective prediction model in repeatedly drawn samples. In cross-national research using secondary data sources with sample sizes between n = 1000 and 2500, this second step selection of samples is not immediately useful as the initial first step sampling procedure itself maybe flawed.

Using a quantitative research design and a variable-oriented approach implies that I do not deal with case related specificities of countries in the first place but rather want to test if a common two-level explanation can be found for a whole set of countries where individuals are nested in countries and two data sets are available to validate the results.

2 Comparing attitudes towards economic liberalism

2.1 Basic concepts and assumptions of liberalism in Europe

Liberalism has been an influential political ideology in Europe since the 18th century in philosophy and political theory. Its dogmas and norms have been implemented in practical politics. The general liberal principles of human and civil rights, the constitutional state and the separation of powers are important pillars of modern democracies and are taken for granted – often without recognizing them as liberal accomplishments (Göhler 2002: 211; cf. the earlier study on attitudes towards liberalism this and the following section are based on: Beckers 2004).

Although liberalism is not a closed theory and there have been different pathways of thinking and political realization, some common elements can be identified. All liberal principles are bound by a common theoretical core: freedom or liberty and the resulting societal openness. The individual freedom is the freedom from arbitrary coercion by others or at least the limitation of coercive elements to a minimum, i.e. the necessary enforcement of general rules of fair conduct in law (Hayek 1979: 22f.). This idea leads to the exchange model of the market as the primary paradigm of individual freedom (Homann 1983: 327; cf. Bouillon 1997). It is often overseen that liberalism has always stressed and still stresses the rules of conduct as important prerequisites for the maintenance of an order that is not constructed by a hegemonic force but builds itself spontaneously through the impact of different groups and individuals (cf. Hayek 1979: 26). The market is thus a shelter of freedom, i.e. only the general and accepted rules guarantee the freedom and fairness of the market.

The liberal conception of freedom in the sense of this exchange model of the market is closely linked with the idea of societal openness (Mill 1974) or the "open society" (Popper 1992). The idea is based on the conviction that access to free evolvement for all individuals following their personal interests will at the same time promote other supra-personal values and thus lead to a state of harmony and catalyze social progress in the sense of Adam Smith's theorem of the "invisible hand" (Smith 2002; cf. Hillmann 1994: 491). It is important to note that the general right of freedom implies the right of legal certainty and stability of law, the protection against arbitrariness, the right of life and at the centre of liberal ideology the right of ownership (over private property; *freehold and fee simple*). This steadfast right of ownership is considered a natural right besides political co-determination and the control of the owners in the theory of John Locke (cf. Göhler 2002: 216; Döhn 1974/75: 4ff.; von Humboldt 1995). Once the centrality of freedom and private ownership become clear, moral questions arise about the limits of ownership, the legitimacy of inequalities and implicitly the fairness of the assumptions of economic liberalism. In this study, I will thus link the central ideological dogmas of freedom and free ownership with the empirical problem of wage inequality and the role of the state.

2.2 Economic liberalism as an individual attitude of anti-paternalism

The assumptions of economic liberalism imply that civil independence only asks for the equality of opportunity but not for solidarity with the weak and the poor to realize social equality. These goals and the idea of distributive justice are more prominent in socialism and Christian conservatism and are initially not grounded in but extraneous to liberalism (Göhler 2002: 219; Hayek 1979: 33). Just on the opposite, in liberalism it is presumed that the unequal possession of property creates the prerequisite for the freedom, well-being and wealth for the many society members (cf. Döhn 1974/75: 6). In order to guarantee fairness, the state is asked to define the conditions for people's action equally for all and thus refrains from legal privileges and advantages for few society members. The struggle for formal equality thus is the feature of the liberal tradition (Hayek 1979: 34). Liberalism stresses the maximal economic freedom of private persons as well as enterprises and their independence from the state in the context of a fair, legally guaranteed order (cf. Leontovitsch 1980: 39f.). This liberal principle is the focus of this study which examines the non-interference of the state in free wage agreements. This non-interference is called anti-paternalism because the state is not made responsible for the individual allocation of wages, goods and property but shall only guarantee the equality of opportunity under the rule of law.

Besides this, economic liberalism as anti-paternalism is also concerned with arguments against other state interventions, e.g. the rejection of the responsibility of the state to provide jobs for all citizens and a full-fledged living standard for the unemployed, to control prices besides the necessities of the stability of currency and to help certain sectors of the economy to grow artificially through state subsidies. I will refer to these additional aspects of economic liberalism in the course of the analysis of the data from the ISSP 2006.

2.3 The individual determinants of economic liberalism

Economic liberalism is not analyzed as an overarching ideology but this study just picks attitudes which represent and measure the central ideological pillars taking standardized survey data as a source of knowledge. Political ideologies are a blue print for individual attitudes. This is also true for liberalism. The party preferences have lead to a well-developed cleavage structure in Western Europe. Parties on the left oppose economic liberalism while parties on the right, among them those who are liberal and conservative, have a stronger preference for promoting free markets and allowing for inequalities. Thus, *the political orientation of the respondent should have a positive effect on the support for economic liberalism* (H 1; this applies if "right" is coded with high values).

The interest in political affairs in general should increase the knowledge of macro-economic mechanisms and political decision making processes. On the one hand, the following hypothesis may be true: *The stronger the political interest of the respondent, the higher his or her support for economic liberalism should be* (H 2a). On the other hand, political interest also increases critical knowledge about the economy and may lead to a lower support: *The stronger the political interest of the respondent, the lower his or her support for economic liberalism should be* (H 2b). Similar arguments apply for education which also provides knowledge about the reasons for economic inequalities, the difference between equality of opportunity and social equality as a goal. Besides this, education is a resource in itself. Those who are well educated are more likely to profit themselves from this asset and will belong to a group in society that is likely to suffer less from inequalities in wages as they will be the winners of economic liberalism. On the one hand, I assume that *the higher the educational status, the stronger the support for economic liberalism should be* (H 3a). On the other hand, leaving aside the resource argument, the critical potential of education may also undermine the acceptance of economic liberalism: *The higher the educational status, the lower the support for economic liberalism should be* (H 3b).

The second part of the argument about education refers to resources. It is easier to accept material social inequalities including wage differences and it is less likely to vote for an interventionist paternalist state when a person is well equipped with those resources that give access to the important social, economic and cultural goods a society offers. Thus I assume that *the better the equipment with socio-economic resources, the higher the acceptance of economic liberalism should be* (H 4).

Economic resources are an important source of satisfaction in all modern societies that use money as a generalized medium of exchange. Still, life satisfaction may also be fed from other sources. Satisfaction is a socio-psychological condition that makes people feel more independent from the troubles of life, including inequalities and eventual injustice. I make the assumption that *satisfaction will have an independent positive effect on the support for economic liberalism* (H 5a). The same argument that applies to people's current and past situation should also govern their future expectations, i.e. their outlook. *The more positive the outlook of a respondent is, the higher his or her support for economic liberalism should be* (H 5b).

More specifically, the present and future situation is guided by the evaluation of one's own social position and its impact. Some people feel empowered to change the world, others are frustrated by the lack of influence they have. This also applies to the domain of politics. Some people feel that they are endowed with valuable democratic rights and that their vote and voice counts. Others are resigned and believe that they will not be able to influence politics in any way. This contrast becomes specifically pertinent when inequalities are concerned. The resigned will not accept inequalities because they believe this will never change and they are not able to change it. Therefore, I assume that *the higher a person's self-efficacy (or political efficacy), the higher his or her support for economic liberalism stronger should be* (H 5c).

It is easier to accept inequalities when one believes that those who earn and possess more than oneself does are honourable people who do not take an unfair advantage of their situation and do not damnify others. This attitude demands generalized social trust in one's fellow citizens, i.e. not just in family members but in anyone one meets to make an arrangement, to sign a contract etc. Thus, I assume that *the higher a person's generalized trust, the stronger his or her support for economic liberalism should be* (H 6).

Furthermore, trust is systematically undermined when people perceive their public officials and political representatives as corrupt. Subjectively perceived trust does not just undermine trust but has an independent effect on economic liberalism. Liberalism implies freedom of the markets and freedom of property. Yet, this freedom can only be tolerated when it does not lead to corruption which systematically misuses freedom to take advantage of it. Thus, I assume that *the lower the subjective perception of corruption, the higher the support for economic liberalism should be* (H 7).

Additionally, age is introduced as a variable to model hypothesized cohort effects. People in most Western and Eastern Europe have experienced conditions of rising economic prosperity after phases of rising economic liberalism. Despite temporal and country-wise exceptions from this general trend two depictions are made: on the one hand, younger respondents have experienced higher prosperity in their years of socialization at the time with expanding global trade exchange relations and a more flexible job market. On the other hand, older respondents have experienced the loss of old state controlled economies, social security and state intervention against unequal wages in Eastern Europe after the fall of the Iron Curtain but also in Western Europe after the economic high rise of the 1960s with extensive state subsidies and interventions in economy. Thus, I assume that in all societies, *younger respondents should show a stronger support for economic liberalism* (H 8).

2.4 The societal determinants of economic liberalism

This study is not limited to the analysis of individual or person level effects but also looks at the societal or country level determinants of economic liberalism. Despite a relatively strong convergence in social and economic developments, country differences in Europe remain and make it necessary to control for the impact of these characteristics when analyzing individual attitudes towards economic liberalism.

I make several assumptions related to the individual level arguments. As it is difficult to control for the impact of the dominating political ideology across nations taking into account both long term and short term effects, this dimension will not be introduced in detail but only captured indirectly by the regime type. Esping-Andersen's regime types (Esping-Andersen 1993) cannot be introduced due to the small number of countries included in the analyses presented here and the implied danger of invalid predictions. Therefore, I rely on a simple dichotomy of East and West referring back to the social history of the countries. As many people in post-socialist regimes grew up under political conditions that were strongly opposed to the idea of the free market and economic liberalism it is realistic to assume that *people in Western European countries are more likely to support economic liberalism than people in Eastern European countries and Russia* (H 10).

It may be the case that this effect is just a superficial identification of a more basic mechanism, i.e. the impact of the level of a free and vivid democracy as a symbol of an open society. Therefore, I will control for the level of responsive democracy, i.e. a system that has a transparent rule of law and a parliament and a government that can be made accountable for their decisions. Thus, I assume that *the higher the level of responsive democracy, the stronger the support for economic liberalism should be* (H 11).

Apart from the division of the old blocks, it is rather the resources and their distribution and the political climate that will be at the focus of interest and need to be controlled to avoid wrong conclusions. *A high level of socio-economic well-being should have a positive effect on economic liberalism* (H 12) as the society as a whole is well off and inequalities can be tolerated more easily while government interventions will be perceived more sceptically. Nevertheless further variables have to be introduced. Based on the positional idea and the concept of satisfaction, I assume that a high level of inequality is detrimental to the acceptance of liberal economic concepts. If a significant number of people does not profit from the society's overall well-being and wealth, and the range between the rich and the poor is large, satisfaction will be lower. Besides this, a bad outlook for the poor will raise doubts among all about the justification of unequal wages more likely than if differences between the social strata are minor. Therefore, I hypothesize that *the higher the degree of social inequality, the lower the support for economic liberalism should be* (H 13).

I have already discussed on the individual level that the subjective perception of corruption is detrimental for the support of economic liberalism. The same argument should also apply for country-level effects. It is likely that a generally high level of corruption that is known in the population creates an atmosphere of distrust and resentment among all citizens even if those with a lower status may be more affected by this than others with a higher status. For reasons of parsimony, I will not control for this additional possible cross-level interaction in the models presented here. Therefore, I assume that *the higher the country-level of corruption, the lower the support for economic liberalism should be* (H 14). I introduce the dominant religious group or denomination, i.e. protestant, catholic, mixed protestant-catholic or orthodox as control variables on the country level.

2.5 Data and measurement: ESS 2006 and ISSP 2006

For the analyses presented here, I refer to two cross-national large scale data sets that are both representative for all people who are 15 years or older in their respective country (table 1). The European Social Survey (ESS) is centrally coordinated by a team of European researchers and additional national coordinating teams guaranteeing the highest possible standards of survey and data quality today with respects to translation, cross-national equivalence, sampling and response rates. The ESS data are made freely available on the internet (www.europeansocialsurvey.org). The bi-annual survey series has published data from three rounds and I will refer to the most recent available data from round 3 that were collected in 2006 and 2007 in 27 European countries. The question of interest on economic liberalism is included in the general core modules of the questionnaire. The International Social Survey Programme (ISSP) was first conducted in 1985 and is an annual cross-national survey module that uses existing national surveys for cross-national add-on questionnaires. The ISSP is made available by the German social science infrastructure service GESIS Cologne (data archive www.gesis.org; for further information: www.issp.org). The survey has been conducted in countries across the world with a strong geographic focus on Western and Eastern Europe. The ISSP has changing thematic modules including one on the role of government including several questions on economic liberalism.

Table 1: Data sets and sample characteristics

ISO 2-alpha		ESS 2006	ISSP 2006
CH	Switzerland	1804	1003
DE	Germany	2916	1643
DK	Denmark	1505	1368
ES	Spain	1876	2517
FI	Finland	1896	1189
FR	France	1986	1824
GB	Great Britain	2394	930
HU	Hungary	1518	1010
IE	Ireland	1800	1001
LV	Latvia	3920	1069
NL	Netherlands	1889	993
NO	Norway	1750	1330
PL	Poland	1721	1293
PT	Portugal	2222	1837
RU	Russia	2437	2407
SE	Sweden	1927	1194
SI	Slovenia	1476	1003
Total		35037	23611

Note: all ESS samples are equal and design weighted to n = 2000, All ISSP samples are equal and design weighted to n = 1000.

2.5.1 Selection of countries and available indicators

The strict application of CC-CV involves a selection of exactly the same set of countries for the same year to be able to compare both mean values as well as regression effects coefficients between the two separate analyses of the surveys. Thereby, I realize a conservative cross-validation of research results which would otherwise only provide limited evidence, before adding further research steps such as the inclusion of more countries, other time-points etc. The cross-tabulation of the available countries in ESS and ISSP leads to a reduction of the number of countries to 17. This is some kind of a disadvantage as I lose country and eventually also individual level variance, but it provides a conservative test for the design I propose. With future rounds of the ISSP module on the "Role of Government" and the ESS it will be possible to test the model for a broader set of countries.

For reasons of parsimony I refrain from giving a detailed account of the availability of all questions and measurement options in the two survey series across time. I will shortly introduce the selected dependent variables in both ESS and ISSP and validate the one-shot measurement from the ISSP by introducing a battery of items and comparing the results of a simple measurement with this more extensive kind. This strategy is helpful in many practical research examples in order to test the validity of a simple vs. a more refined measurement.

2.5.2 Dependent variable in ESS and ISSP: measuring state paternalism as government intervention to reduce income inequalities

In the ESS, the respondents have been asked: "Using this card, please say to what extent you agree or disagree with each of the following statements: The government *should take measures* to reduce differences in income levels" (answer categories: 1 - Agree strongly, 2 - Agree, 3 - Neither agree nor disagree, 4 - Disagree, 5 - Disagree strongly; Don't know). The coding of this variable is in line with economic liberalism with high values indicating a rejection of state paternalism and government intervention. In the ISSP, the respondents have been asked: "On the whole, do you think it *should or should not be the government's responsibility* to reduce income differences *between the rich and the poor*" (answer categories: definitely should be, probably should be, probably should not be, definitely should not be; can't choose). I have underlined the main semantic deviations between the two questions. The ESS question simply presents neutral "statements" but gives a biased stimulus ("should take ...") the ISSP question uses the suggestive word "responsibility" but the question itself is unbiased (should or should not ...). Besides this, the ISSP question is more explicit in naming those who may profit (the rich) and those may have a disadvantage (the poor). Thus, the ESS question is more neutral and abstract as it does not include the target groups of interventionist policies. The ESS uses a five point balanced scale with a neutral middle category while the ISSP only uses a four point balanced scale. The empirical results for both measurement instruments and their interrelatedness are discussed in section 3.

2.5.3 Supplementary evidence from a dependent variable in ISSP: an index of government responsibilities in economic affairs

The ISSP includes a whole battery of items referring to economic liberalism as a neglection of government responsibilities and state interventionism. Table 2 documents the items (for complete question texts please refer to the questionnaire).

Table 2: Principal Component Analysis of ISSP items on government responsibility: economic liberalism (against state intervention) (= 1), post-modern (2) and modern (3) welfare state support.

	Component		
	1	2	3
v25 Gov. responsibility: Provide job for everyone	**.79**	.04	.16
v26 Gov. responsibility: Control prices	**.62**	-.02	.39
v27 Gov. responsibility: Provide health care for sick	.17	.19	**.83**
v28 Gov. responsibility: Provide living standard for the old	.22	.27	**.77**
v29 Gov. responsibility: Help industry grow	**.50**	.24	.26
v30 Gov. responsibility: Provide living standard for unemployed	**.59**	.43	.06
v31 Gov. responsibility: Reduce income differences betw. rich/poor	**.61**	.38	.00
v32 Gov. responsibility: Financial help to students	.27	**.71**	.15
v33 Gov. responsibility: Provide decent housing	.44	**.66**	.15
v34 Gov. responsibility: Laws to protect environment	-.07	**.68**	.29

Note: method of extraction: Principal Component Analysis; rotation method: Varimax with Kaiser-normalization; the Rotation has converged after 9 iterations; deliberate three-factor solution; 58,8 % of variance explained by the three factors.

I have conducted a principal component analysis with varimax rotation enforcing a three-factor solution. A reliability analysis of the five items on economic liberalism leads to a Cronbach's alpha value of 0.728. This value cannot be reduced by deleting items from the selected group. An index of liberalism correlates with Pearson's r of 0.71 for all 33 countries in the ISSP (n = 45952). The correlation value for the selected ESS countries that are found in the ISSP lies between r = 0.65 in Latvia and r = 0.76 in Poland and Sweden. Thus, one item on the reduction of income differences in the ISSP is strongly correlated with an index of five items. As the ISSP item is also strongly correlated with the ESS item, the ESS item can be perceived as a proper measurement of economic liberalism and I will subsequently predominantly compare the two items mentioned first hand.

2.6 CC-CV with mean comparisons and multilevel analyses of economic liberalism

2.6.1 Mean comparisons

The reported mean values (and also the standard deviations) are discussed in a comparison of comparisons, first in figure 1, by drawing the mean values of both ESS and ISSP in one diagram, and second, by doing the same for the standard deviations in figure 2. In order to account for the different scales the scale of the ISSP has been recoded to the scale from 1 to 5. The measurement instruments show astonishingly similar results. The differences in the analysis of variance (ANOVA) amount to exactly the same eta value of .25 (eta square = .06) as in the ESS. Furthermore, the mean values of the two survey series correlate across 17 countries with Pearson's r = .86, i.e. on a high level, even taking into account that these are aggregate values. The validation of the ESS measurement with the alternative ISSP measurement is successful. To a lower degree this is also true for the correlation of the standard deviations (r = .79). Here, I consistently find higher standard deviations for the ISSP measurement with the strongest deviations in Sweden and Denmark. This may be due to the semantic variation of naming the rich and the poor, but it is more likely an effect of the lack of a middle category pushing the respondents into either pro or contra positions. A typical effect is the correlation of higher mean values with higher standard deviations that is produced by the statistical formula, e.g. Denmark and Sweden as pro liberal countries also have the highest standard deviations.

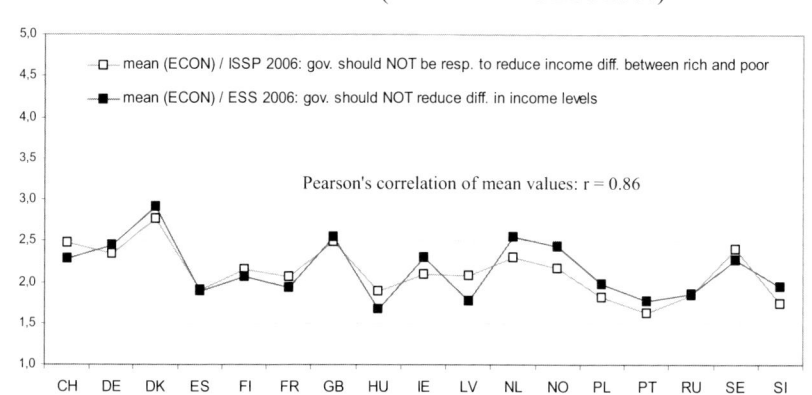

Figure 1: Comparing the mean values of two similar measurements of economic liberalism (ISSP 2006 and ESS 2006)

[Chart showing mean (ECON) / ISSP 2006: gov. should NOT be resp. to reduce income diff. between rich and poor; mean (ECON) / ESS 2006: gov. should NOT reduce diff. in income levels. Pearson's correlation of mean values: r = 0.86. Countries on x-axis: CH, DE, DK, ES, FI, FR, GB, HU, IE, LV, NL, NO, PL, PT, RU, SE, SI]

Figure 2: Comparing the standard deviations of two similar measurements of economic liberalism (ISSP 2006 and ESS 2006)

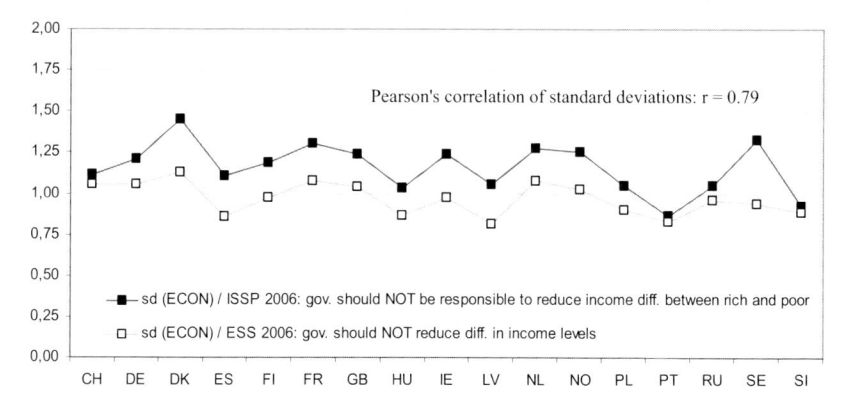

[Chart showing sd (ECON) / ISSP 2006: gov. should NOT be responsible to reduce income diff. between rich and poor; sd (ECON) / ESS 2006: gov. should NOT reduce diff. in income levels. Pearson's correlation of standard deviations: r = 0.79. Countries on x-axis: CH, DE, DK, ES, FI, FR, GB, HU, IE, LV, NL, NO, PL, PT, RU, SE, SI]

2.6.2 Individual level explanatory variables: measurements and effects

The individual level effects are first tested in a pooled cross-sectional regression across all countries for ESS and ISSP separately. Table 3 documents the applied measurements for the independent variables. Political orientation (PO) is measured using two indicators, first the left-right-scale that is applied with an 11-point scale in the ESS and a five-point scale in the ISSP. Political interest is measured with an index of three questions using a five-point scale in the ESS and with a five-point scaled item in the ISSP.

Socio-economic resources (SER) are measured with two variables in each survey, life satisfaction and future optimism in the ESS and self-efficacy in the ISSP. Clearly, these concepts are neither identical nor functionally equivalent but only similar. Thus, the application of CC-CV shows that practical problems may arise when using different survey series and there are necessary compromises. There are also deviations when it comes to the highest educational level which is measured on a seven point scale in the ESS and on a five point scale in the ISSP. The socio-economic status is operationalized as the subjective income with a five-point scale in the ESS and due to the lack of this indicator with a self-placement on a 10-point scale from bottom to top of society in the ISSP. The income variable is not used as the equivalence of power purchasing parities and household size is not considered more exact and meaningful than the subjective assessments. The supervision of others at work is well documented as a dummy variable in both surveys.

Table 3: List of predicted individual level effects, measurements of independent variables

	ESS 2006	ISSP 2006
Dependent variable		
Economic Liberalism (ECON)	gincdif: Government should reduce differences in income levels	v31: Gov. responsibility: reduce income differences between rich and poor
Independent variables		
Political orientation (PO)		
H 1: (Left -) right +	*lrscale* (0-10)	*party_lr* (0-5), *derived values*
H 2a/b: Political interest +/–	*i_polintr* (1-5), *index of 3 polintr:* How interested in politics; *polcmpl:* Politics too complicated to understand; *poldcs:* Making mind up about political issues	*polintr* (1-5) *v44:* How much interested in politics?
Socio-econ. Resources (SER)		
H 3a/b: Education level +/–	*edulvl* (0-6)	*degree* (0-4)
H 4: Subj. income +	*hincfel* (1-5) Feeling about hh's income nowadays	--/--
H 4: Subj. status +	--/--	*topbot* (0-10) Top Bottom self-placement

(Table 3 continued)

		ESS 2006	ISSP 2006
Perception of self & society (PSS)			
H 5a:	Life satisfaction +	*i_satisfac* (0-10), *index of 4 stflife:* How satisfied with life as a whole, *stfeco:* How satisfied with present state of economy in country, *stflfsf:* Satisfied with how life turned out so far, *stfsdlv:* Satisfied with standard of living (10 = satisfaction)	--/--
H 5b:	Future optimism +	*i_outlook* (1-5), *index of 2 nhpftr:* Hard to be hopeful about the future of the world, *lfwrs:* For most people in country life is getting worse (5 = positive outlook)	--/--
H 5c:	Self-efficacy +	--/--	*i_efficacy* (1-5), *index of 2 v45:* People like me have no say about what gov. does, *v46r:* Average citizen: influence in politics (*r* = recoded); 5 = efficacy
H 6:	Interpersonal trust +	*i_trust* (0-10), *index of 2 ppltrst:* Most people can be trusted or you can't be too careful, *pplfair:* Most people try to take advantage of you, or try to be fair (10 = trust)	*i_trust* (1-5), *index of 2 v54:* Only few people to trust, *v55:* People will take advantage (5 = trust)
H 7: Perception of corruption –		--/--	*i_corrupt* (1-5), *index of 2 v60:* Politicians involved in corruption, *v61:* Public officials involved in corruption
Age/Cohort (AGE)			
H 8:	Age (older cohorts) –	age *(15 and older)*	age *(15 and older)*

Note: --/-- variable or indicator not available in survey

Table 4: Explained variance in subsequent OLS-regression models of ESS and ISSP 2006

Model	ESS	ISSP	ESS corrected R^2	ISSP corrected R^2	ISSP *index* corrected R^2
H 1	base: pol. orientation	base: pol. orientation	.027	.051	.033
H 2	+ index pol. interest	+ pol. interest	.051	.062	.057
H 3	+ educational degree	+ educational degree	.075	.104	.106
H 4	+ subj. income	+ subj. status	.113	.129	.127
H 5a	+ index satisfaction		.130		
H 5b	+ index outlook		.146		
H 5c		+ efficacy		.133	.131
H 6	+ index trust	+ index trust	.148	.136	.142
H 7		+ perception of corruption		.145	.153
H 8	+ age	+ age	.148	.146	.154

Note: all models are computed for N = 17 countries equal and design weighted, except for Russia in ISSP and Latvia in ESS. All F-tests are significant on the level of p < .001.

All predicted individual effect directions are confirmed by both ESS and ISSP data. Effect sizes of the OLS model will not be discussed here but only when the complete multilevel models are analyzed.

2.6.3 Aggregate level explanatory variables: measurements and effects

Country level explanatory variables in table 5 are taken from Pippa Norris' public data file Democracy Crossnational Data (Release 3.0 Spring 2009; http://www.pippanorris.com/). *Postsocialist* is the dummy for former postsocialist states from the Soviet bloc and Russia. *Democracy* is the Kaufmann world governance indicator of "Voice and accountability", an extensive expert measure about the quality of actual and not just formal democracy. The *GDP* is divided by 1000 to provide readable coefficients in the regression models. The *Gini-Index* is the well-known measure for social inequality on a metric scale from 0 to 100, *CPI* is Transparency International's corruption perception index (0-10) which was reversed to indicate high corruption values at value 10 ("corrupt" is a similar index from the Worldbank). *Protestant, Mixed Protestant-Catholic* (Mixed P/C), *Catholic* and *Orthodox* are dummy variables for the dominant religion in the respective country adopted from the CIA World Factbook.

Table 5: Pearson correlations of mean economic liberalism and country-level variables

	econ_m		country-level explanatory variables							
	ESS	ISSP	postsoc	democ.	GDP	Gini	corrupt	CPI	prot	mixed	cath
postsocialist	-.561	-.440									
democracy	.515	.524	-.647								
GDP*1000	.764	.733	-.691	.725							
Gini-Index	-.270	-.364	.128	-.656	-.375						
corrupt	-.694	-.708	.706	-.879	-.900	.531					
CPI	-.693	-.713	.671	-.854	-.898	.503	.994				
Protestant	.583	.581	-.358	.381	.593	-.444	-.611	-.613			
Mixed P/C	.340	.381	-.257	.297	.293	-.009	-.318	-.318	-.299		
Catholic	-.570	-.701	.099	-.074	-.428	.087	.387	.396	-.540	-.387	
Orthodox	-.207	-.240	.451	-.891	-.397	.649	.605	.570	-.161	-.116	-.209

Note: all Pearson's correlations are based on aggregate-level data of 17 countries

The signs and sizes of the bivariate correlations of the country level explanatory variables with the mean values of economic liberalism in the ESS (econ_m, ESS) and in the ISSP (econ_m, ISSP) show that all results are consistent between the surveys and in line with the hypotheses. Differences in effect sizes between the two surveys are only large for the Gini-Index and for the Catholic dummy, both with a stronger negative effect on liberalism for the ISSP data. The opposite is true for the effect of the postsocialist dummy with a much stronger negative effect for the ESS.

While democracy and a high GDP are positive predictors of economic liberalism, corruption, post-socialism and to a lesser degree the inequality have a negative effect on people's average support for economic liberalism. Democracy is strongly positively correlated with GDP and negatively correlated with Gini and corruption indices. GDP itself has an extremely negative and Gini and corruption have a strong positive correlation.

Post-socialist regimes and countries with either a Catholic or an Orthodox tradition have much lower GDP values but much higher correlations with the corruption indices. The multilevel analyses will show in how far these effects are stable once other factors are controlled for. Due to the high correlations and the statistical problem of multi-collinearity in multivariate models it will not be possible to include all aggregate level variables at once. I also refrain from building aggregate level indices on the basis of high correlations as these indices would mesh together substantially different characteristics such as inequality and corruption.

2.6.4 Multilevel analyses

Multilevel analysis (Snijders & Bosker 1999; Raudenbush & Bryk 2002) allows to simultaneously control for effects from different levels from analysis, in this investigation: individual- or person-level and aggregate- or country-level effects. Standard errors in these models take this nesting structure into account and are reliable. Due to the small amount of country-level units I use full-maximum likelihood estimation. In a first step an *empty model* is computed with no variables included except for the dependent variable. The resulting intra-class correlation coefficient indicates how large the share of variance is that can be attributed to country-level differences. In the models documented in table 6, this share is very small (ESS: 11%; ISSP: 6%) and thus the application of multilevel models is not an absolute necessity. As I have found strong country-level correlations, the design is still justified. By introducing level-1 variables I control for possible compositional effects in the countries, e.g. a systematically higher level of education that corroborates simple bivariate results but is controlled for in multilevel models.

The unstandardized effects reported for the *level-1 full model* confirm most individual-level hypotheses with positive effects for education and show significant coefficients (most: $p > 0.001$) except for the effect of trust which has a negative effect direction in the ESS data ($p > 0.05$) and political interest in the ISSP data with a likewise inverse direction and a non-significant effect. Thus, there is no conclusive evidence for the effect of political interest. All effects will be described at the end of this section.

Subsequent models add country-level variables. I find consistent negative effects on economic liberalism for countries with a post-socialist tradition (H 10) even when controlling for responsive democracy (voice), well-being (GDP) and inequality (Gini). These variables do not show very strong effects. Especially GDP (H 12) and Gini (H 13) show effect sizes that are lower than expected. Therefore, I exclude these variables and compute two parsimonious models: one with post-socialism and democracy and the other one with post-socialism and the *Corruption Perception Index* of Transparency International. For both cases the effect directions are predicted following the hypotheses with more democratic countries being more liberal (H 11) and more corrupt countries being less liberal (H 14). The comparison of two multilevel comparisons also brings about differences. This mainly concerns effect sizes: while in the ESS models post-socialism is a predictor of equal size as democracy and corruption, in the ISSP the latter two variables are clearly much more powerful (cf. the right column with standardized coefficients for the model with CPI).

Table 6: Two-level hierarchical linear models of the support for economic liberalism across 17 countries in the ESS 2006 and in the ISSP 2006

LEVEL of analysis and variable (scale)	Hypo-thesis	grand mean ESS	grand mean ISSP	empty model ESS	empty model ISSP	level 1: full model ESS	level 1: full model ISSP	level 1+2: Postsoc, Demo, GDP, Gini ESS	level 1+2: Postsoc, Demo, GDP, Gini ISSP	level 1+2: Postsoc, Demo. ESS	level 1+2: Postsoc, Demo. ISSP	ESS Postsoc, CPI Coeff.	ESS Postsoc, CPI stand. Coeff.	ISSP Postsoc, CPI Coeff.	ISSP Postsoc, CPI stand. Coeff.
Intercept				2.17	2.16	2.13	2.12	2.12	2.11	2.12	2.11	2.12		2.12	
LEVEL 2 / country variables															
H 10: Post-socialist regime (0-1)	–		0.24					-0.13	-0.07	-0.24	-0.08	-0.16	-0.07	-0.01	-0.01
H 11: Responsive democracy (+/–2.5)	+		1.24					-0.01	0.03	0.06	0.17				
H 12: GDP/1000	+		21.15					0.01	0.01						
H 13: Gini-Index (0-100)	–		31.44					0.01	-0.01						
H 14: CPI (0-10)	–		7.19									-0.04	-0.08	-0.07	-0.13
LEVEL 1 / individual variables															
PO: Political orientation (scales, cf. table 2)															
H 1: left-right	+	5.14	2.83			0.08	0.25	0.08	0.25	0.08	0.25	0.08	0.17	0.25	0.22
H 2: political interest	+	3.05	2.82			0.08	*-0.01*	0.08	*-0.01*	0.08	*-0.01*	0.08	0.06	*-0.01*	-0.01
SER: Socio-economic resources															
H 3: educational level	+	3.02	2.68			0.05	0.12*	0.05	0.12*	0.05	0.12*	0.05	0.07	0.12*	0.15
H 4: subjective income	+	2.98	–/–			0.10		0.11		0.11		0.11	0.09		
H 4: subjective status	+	–/–	5.23				0.09		0.09		0.09			0.09	0.13
PSS: Perception of self and society															
H 5a: life-satisfaction	+	6.32	–/–			0.04		0.04		0.04		0.04	0.07		
H 5b: future optimism	+	2.67	–/–			0.17		0.17		0.17		0.17	0.15		
H 5c: self-efficacy	+	–/–	2.47				0.05**		0.05**		0.05**			0.05**	0.04
H 6: perception of corruption	–	–/–	3.14				-0.07		-0.07		-0.07			-0.07	-0.06
H 7: interpersonal trust	+	5.42	2.23			-0.01*	*0.02*	-0.01*	*0.02*	-0.01*	*0.02*	-0.01*	-0.02	*0.02*	0.02
H 8: age	–	47.46	48.09			-0.00	-0.01	-0.01	-0.01	-0.01	-0.01	-0.01	-0.18	-0.01	-0.15
Variance level 2				0.12	0.09	0.06	0.06	0.05	0.06	0.05	0.05	0.05		0.04	
Variance level 1				0.94	1.36	0.88	1.28	0.88	1.28	0.88	1.28	0.88		1.28	
ICC / conditional ICC (level 2)				0.11	0.06	0.06	0.04	0.05	0.04	0.05	0.04	0.05		0.03	
deviance				95383	70484	74848	32973	74860	32986	74847	32973	74849		32974	

Note: Units included: N_{L2} (number of countries) = 17, ESS: n_{L1} (number of individuals) = 27616, ISSP: n_{L1} (number of individuals) = 10649. All models are two-level hierarchical linear models computed with HLM 6.02 using robust standard error estimates; all level-1 coefficients are significant at the level of p<0.001 unless indicated: *: p<0.05. **: p<0.01; *italicized* numbers identify coefficients that are not significant at the p<0.05-level. Level-2 effects are often non-significant. As we are not referring to a higher order totality, i.e. no sampling of countries is involved statistical standard errors are not important for level-2 effects. **Bold** numbers are standardized effects in the final model. Standardized coefficients are computed as: *coeff.* * (s_x/s_y). Models use random intercept and fixed slope effects.

Multivariate multilevel models should be handled with caution. Once measurements slightly differ (here for both dependent and independent variables) the whole system of coefficients is in flux. When a comparative validation strategy is undertaken as in this investigation, effect sizes and effect size ranking are identified as a relatively unstable phenomenon. Much more important are effect directions. The models only show very few deviations as long as few country-level variables are included. In the first country-level model (level 1+2, to the left in the table), I observe a negative effect for democracy. This anomaly may be explained due to high inter-correlations of level-2 variables in this model. I have tested a few different combinations of level-2 variables and often find reversed effect directions for democracy but also GDP and the Gini-Index. Thus, the detected bundle of high correlations in bivariate correlation shows up as multi-collinearity in the level-2 explanation.

I have also controlled the dominant religion and have found strong negative effects for the Orthodox tradition as compared to the Protestant and strong negative effects for the Catholic countries. The denominationally mixed (Catholic/Protestant) countries do not differ significantly from Protestant countries in their support for economic liberalism. I have omitted this control variable in all subsequent models after I found that the effect directions are reversed for Orthodox – again for reasons of multi-collinearity as I suspect.

As I have opted for fixed level-1 effects for these work-in-progress models, I do not have further statistical irritations on level 1. To sum up, most-importantly and consistent between the two surveys, right-wing voters show more support for economic liberalism (H 1), the politically interested are sometimes more liberal (ESS only; H 2a), the well-educated show more liberal attitudes (especially in ISSP; H 3a) and those with higher socio-economic resources are more likely to support anti-paternalist economic ideologies (again especially in ISSP; H 4). And I also find very strong negative age effects in both surveys indicating that the young leave behind their parents' ideologies and socialization experiences (H 8).

Regarding perceptions of self and society, any positive evaluation and construction of social reality helps in respecting differences between income classes and deny the necessity for the state to intervene. To put it bluntly: those who are better informed and better off socio-economically and those who simply lead a life relieved from doubts and sceptical attitudes towards their fellow citizens and politicians (satisfaction, optimism, self-efficacy, perception of corruption, trust; H 5a – H 7) are more easy about income differences. If liberalism and a liberal economy would help get all people better off this would be a minor problem. Given the inequalities in European societies and the lack of democracy and well-being in some, it seems to be rather a major problem for the support for economic liberalism.

In line with my approach, I add some insights from a further cross-validation. CC-CV cannot just be used to compare identical measurements but also to compare a simple measurement with a more extensive one. In order to check the one-shot dependent variable measurement in ESS and ISSP against a more refined measurement, I have cross-validated the results with the index of an inventory of five items as a dependent variable for the ISSP. I find consistent results for effect directions and also for the relative importance of political orientation (left-right) and CPI with a much lower effect for post-socialism. Given this additional evidence, I conclude that, apart from people's political orientation and their age individual resources and perceptions matter a lot. But: the state and the politicians in power are responsible for reducing corruption if they want their citizens to acquire liberal economic attitudes.

3 Summary, evidence and conclusions: from simple cross-national survey analyses to the cross-validation of results

3.1 *Substantial results: lower support for economic liberalism under corruptive conditions and higher among conservatives*

To begin with, there is substantial evidence on economic liberalism: this study has taken the ideology of liberalism as the starting point for an empirical investigation of the reasons for liberal attitudes in economic affairs given the example of the non-interventionist, anti-paternalist state. The study has brought about a consistently low support for economic liberalism throughout the East and the West, with slightly higher support in the West but still relatively small country-level differences in mean support. Clearly, a conservative political orientation is most supportive for *and* corruption is most detrimental to liberal attitudes. The political orientation is a normative point of departure for any policy question. Corruption undermines trust, optimism and self-efficacy and thereby destroys an important basis for liberal attitudes in the economic sphere. I do expect younger generations to become more liberal but this will probably depend on the economic and social living conditions in the respective countries and the personal standard of living of anyone asked about his or her support for economic liberalism.

If one would be cynical, one could say: those who do not have material and social-psychological problems do not have to care and may simply live their lives as profiteers of social inequality. In the end, one would then feel inclined to say that well-being and a conservative political orientation are opium for the people, those people who are well off. This would be the stereotypical attack on liberalism. Yet, it should be acknowledged that liberal attitudes are strongly connected with democracy and non-corruptive societies. And these traits of societies may indeed be the outcome of liberal rules in society and economy. Countries where freedom is less limited are liberal and thereby increase the support even for those types of attitudes that demand more individual responsibility. It is not easy for everyone to achieve responsibility but it is a collective good that fuels civil society with ideas, innovations and the potential for progress without a predefined plan. If subsidiary ideas of the socio-economic sphere were not even well respected in 2006, how strongly will economic liberalism be rejected in 2008 and the years of the financial and market crisis? Will the young stay more liberal or be influenced by the shock of an economic downturn and doubts about the model of the free market? These will be the questions for a follow-up study.

Besides this, statistical improvements of the models have to be added: for reasons of simplicity and to ensure some stability, I have computed random intercept-only models without varying slope effects between the countries. Country-by-country analyses and tests for the randomness of the slopes tell us that the assumption of identical slope effects across countries is a simplification of reality. Thus, differences between country slopes need to be taken into account, e.g. I would feel inclined to test in a follow-up study if *the negative individual-level effect of the socio-economic status is the stronger, the higher the country-level of corruption should be*. This cross-level interaction and other variations will be analyzed in future research on this topic.

3.2 Methodological results: CC-CV as an instrument in applied survey research and a proposal of rules

Besides these substantial results, this study has brought about important methodological results following the proposal to use a cross-validation strategy for analyzing cross-national survey data that may help to circumvent the pitfalls of premature conclusions about coefficient sizes and rankings that often guide the work of survey researchers. I have demonstrated that variations in measurement instruments may lead to clear differences in effect sizes and in a few cases inconsistencies in directions. These results are in line with an earlier study (Beckers 2008). The consistent as well as the inconsistent results help us to evaluate the validity of the results and may improve the models. This study has used a limited set of countries and had to make some compromises regarding the measurement of the independent variables. As long as only mean comparisons of the dependent variable are involved, a sufficient equivalence or similarity of the measurements is sufficient. The number of countries or aggregate level units does not matter as long as no multilevel design is given.

Requirements
In an optimal CC-CV applied for a multilevel model the following prerequisites should be met given that the researcher has picked a survey to analyze a research question. As a supplement to his or her analyses he or she may then look for another survey data source offering the same or a sufficiently similar or equivalent measurement of the variables included in the model. Most importantly, the dependent variable(s) should meet this requirement. Besides this, a conservative strategy of validation demands the very same setoff countries being used for both set of analyses. Deviations from this rule are possible if a random sample of countries is selected from a larger universe or assumptions can be made that specific countries can be properly represented by others by means of substitution. Still, I would argue that this is not the best way to ensure that the comparisons of effect estimates in pooled and multilevel models can be interpreted correctly.

Steps
In a first step of analysis, the mean values and standard deviations should be compared and the correlation of the series of values can be computed across pairs of mean values and standard deviations across all the countries. In a second step, the individual and aggregate level correlations between independent and dependent variables can be compared to assess if the effect directions are identical and the effect sizes are similar. The third step can be used for an analysis of pooled country data. Thereby, overall patterns of (dis)similarity can be evaluated. The fourth step should consist of the multilevel model building procedure but can also be applied for other strategies of causal (or dimensional) analysis. It will be useful to keep track of the model parameters such as deviance and/or explained variance in order to assess how far the different independent variables contribute a similar amount of explanation in both models. Most importantly, the CC-CV will focus on the effect estimates of the models: the models should ideally reflect (a) identical effect directions, (b) the same order of effect sizes and (c) strongly similar effect sizes. While condition (a) should be met to gain clear evidence for the proposed causal model, condition (b) may show some noise due to different methods variables: clearly, many methodological parameters may be involved such as sample frame, mode effects and the whole array of measurement issues such as wording, question order and halo effects. It would be fruitful to statistically control for them across countries. But this task can only be sys-

tematically achieved with meta-analysis. The same problems apply to (c) as it will be rather rare to find strongly similar effect sizes across different survey series. Nevertheless, I argue that the strategy will improve the credibility of research results, especially for secondary data analysis for issues that have not received a lot of attention and thus have not produced a sufficient amount of research results to apply meta-analysis.

An important argument for the application of CC-CV as a middle range strategy in methodological research is also that researcher "B" in social science rarely replicates the very same model of another researcher "A" with different data sets but rather adds some variables or drops some variables from their explanatory models. Thus, the researcher "A" him- or herself should directly use different data sources to increase the degree of credibility of his or her research results. Again, this particularly applies to those fields in research that have not been researched very often or do not employ multiple items to measure a construct.

Despite the statistical and methodological limitations which CC-CV involves (such as the limited availability of comparative items and the reduction of country cases) I would like to propose it as a strategy for cross-validation once only one-shot measurements (just one dependent variable) are possible and more elaborate techniques of analysis such as meta-analysis and structural equation modelling cannot be employed. The technique may also be used for longitudinal studies or other purposes where multiple or even just two samples for a given universe are available.

The technique has to be developed further in order to develop proper parameters of cross-validation that objectify the criteria on which parameter comparisons are based (cf. the early study of Herzberg 1969). The increasing availability of secondary data sets in easily accessible archives has set the stage for the applicability of CC-CV. The applied researchers can step further now than in earlier days and test their results based on competing datasets and models. On the one hand, this will enhance the quality of analyses, on the other hand it also sheds light on the availability problems that guide the operationalization of theoretical concepts: by comparing comparisons and applying cross-validation techniques the researcher has to step back and is alerted to critically question in how far the results of complex statistical models are stable beyond the *one* proposed solution in his or her model.

References

Ackerman, Bruce A. (1980): Social Justice in the Liberal State. New Haven, London: Yale University Press.
Bouillon, Hardy (1997): Freiheit, Liberalismus und Wohlfahrtsstaat: Eine analytische Untersuchung zur individuellen Freiheit im Klassischen Liberalismus und im Wohlfahrtsstaat. Baden-Baden: Nomos Verlagsgesellschaft.
Beckers, Tilo (2005): Weltanschaulicher und ökonomischer Liberalismus. In: van Deth (2004): 103-130.
Beckers, Tilo (2008): Homosexualität und Humanentwicklung. Genese, Struktur und Wandel der Ablehnung und Akzeptanz gleichgeschlechtlicher Sexualkontakte in einer international vergleichenden Kontextanalyse. Köln: Inauguraldissertation der Wirtschafts- und Sozialwissenschaftlichen Fakultät der Universität zu Köln.
Beckers, Tilo (2010): Das Vergleichen von Vergleichen als Validierungstrategie. In: Sozialwissenschaftlicher Fachinformationsdienst soFiD, Methoden und Instrumente der Sozialwissenschaften (im Erscheinen).
Boettcher, Erik/Herder-Dorneich, Philipp/Schenk, Karl-Ernst (Hrsg.) (1983): Jahrbuch für Neue Politische Ökonomie. 2. Band. Tübingen: J.C.B. Mohr.
Bramsted, Ernest Kohn/Melhuish, K.J. (Hrsg.) (1978): Western Liberalism. A History in Documents from Locke to Croce. London u.a.: Longman.
Cantoni, Eva/Field, Chris/Mills Flemming, Joanna/Ronchetti, Elvezio (2005): Longitudinal variable selection by cross-validation in the case of many covariates. Genève: Univ., Faculté des Sciences Economiques et Sociales, Dép. d'Econométrie. http://www.unige.ch/ses/metri/cahiers/2005_01.pdf (Stand: 26:03.2010).
Cools, Eva/De Pauw, Ann-Sophie/Vanderheyden, Karlien (2009): Cognitive styles in an international perspective: cross-validation of the cognitive style indicator. Gent: Vlerick Leuven Gent Management School. http://www.vlerick.com/en/10786-VLK/version/default/part/AttachmentData/data/vlgms-wp-2009-11.pdf (Stand: 06.04.2010).
Döhn, Lothar (1974/75): Liberalismus. In: Neumann (1974/75): 1-44.
Dworkin, Ronald (1990): Bürgerrechte ernstgenommen. Frankfurt/Main: Suhrkamp.
Esping-Andersen, Gösta (1993): Changing Classes. Stratification and Mobility in Post-industrial Societies. London: Sage.
Evans, Geoffrey A./Heath, Anthony F. (1995): The Measurement of Left-Right and Libertarian-Authoritarian Values: A Comparison of Balanced and Unbalanced Scales. In: Quality and Quantity. 29. 191-206.
Evans, Geoffrey A./Heath, Anthony/Lalljee, Mansur (1996): Measuring Left-Right and Libertarian-Authoritarian Values in the British Electorate. In: British Journal of Sociology. 47.1. 93-112.
Gall, Lothar (Hrsg.) (1980): Liberalismus. Königstein/Ts.: Verlagsgruppe Athenäum u.a.
Göhler, Gerhard (2002): Liberalismus im 19. Jahrhundert – eine Einführung. In: Heidenreich (2002): 211-228.
Hall, Peter/Racine, Jeff/Li, Qi (2004): Cross-validation and the estimation of conditional probability densities. Journal of the American Statistical Association. 99. 1015-1026.
Hayek, Friedrich August von (1979): Liberalismus. Tübingen: J.C.B. Mohr.

Heidenreich, Bernd (Hrsg.) (2002): Politische Theorien des 19. Jahrhunderts. Berlin: Akademie Verlag.
Heron, Alastair (1955): Personality and occupational adjustment: a cross-validation study. Canadian Journal of Psychology. 9. 15-20.
Herzberg, Paul A. (1969): The parameters of cross-validation. Psychometrika, 34: Monograph Supplement.
Hillmann, Karl-Heinz (1994): Wörterbuch der Soziologie. Stuttgart: Kröner.
Homann, Karl (1983): Markt, Staat und Freiheit im Liberalismus. In: Boettcher et al. (1983): 325-350.
Humboldt, Wilhelm von (1995): Ideen zu einem Versuch, die Grenzen der Wirksamkeit des Staates zu bestimmen. Stuttgart: Reclam.
Inglehart, Ronald (1997): Modernization and Postmodernization: Cultural, Economic and Political Change in 43 Countries. Princeton, NJ: Princeton University Press.
Kymlicka, Will (1989): Liberalism, Community, and Culture. Oxford: Oxford University Press.
Leontovitsch, Victor (1980): Das Wesen des Liberalismus. In: Gall, Lothar (1980): 37-53.
Liang, Kun-Hsia/Krus, David J./Webb, James M. (1995): K-fold Crossvalidation in Canonical Analysis. In: Multivariate Behavioral Research: The Journal of the Society of Multivariate Experimental Psychology. 30.4. 539-546.
Meulemann, Heiner (2002): Perspektiven und Probleme der internationalen Umfrageforschung. In: Statistisches Bundesamt (2002): 13-38.
Meulemann, Heiner (Hrsg.) (2008): Social Capital in Europe: Similarity of Countries and Diversity of People? Multi-level analyses of the European Social Survey. Leiden: Brill.
Meulemann, Heiner (2009): Sozialordnungen und Lebenschancen im internationalen Vergleich: Graduiertenkolleg an der Wirtschafts- und Sozialwissenschaftlichen Fakultät der Universität zu Köln. In: Soziologie 38.2. 204-207.
Mill, John Stuart (1974): Über die Freiheit. Stuttgart: Reclam.
Mosier, Charles I. (1951) Problems and Designs of Cross-Validation. Educational Measuerement. 11.1. 5ff.
Neumann, Franz (Hrsg.) (1974/75): Politische Theorien und Ideologien. Baden-Baden: Signal-Verlag.
Nohlen, Dieter (Hrsg.) (1998): Wörterbuch Staat und Politik. München: Piper (licensed issue for Bundeszentrale für politische Bildung).
Norris, Pippa (2009): Democracy Crossnational Data. Release 3.0 Spring 2009. http://www.pippanorris.com/ (Stand 1010.2009).
Ouyang, Desheng/Li, Dong/Li, Qi, (2006): Cross-validation and non-parametric k nearest-neighbour estimation. The Econometrics Journal. 9.3. 448-471.
Poggi, Gianfranco (1990): The State. Its Nature, Development and Prospects. Stanford, CA: Stanford University Press.
Popper, Karl R. (1992): Die offene Gesellschaft. Stuttgart: UTB.
Raudenbush, Stephen W./Bryk, Anthony S. (2002): Hierarchical Linear Models. Applications and Data Analysis Methods. Newbury Park, CA: Sage.
Rawls, John (1992): Die Idee des politischen Liberalismus. Aufsätze 1978-1989. Frank-

furt/Main: Suhrkamp.
Ray, John (1982): Authoritarianism/Libertarianism as the Second Dimension of Social Attitudes. In: Journal of Social Psychology. 117. 33-44.
Rokeach, Milton (1960): The Open and the Closed Mind. Investigations Into the Nature of Belief Systems and Personality Systems. New York: Basic Books.
Rokeach, Milton (1973): The Nature of Human Values. New York: The Free Press.
Schiller, Theo (1998): Liberalismus. In: Nohlen (1998): 393-398.
Smith, Adam (2002): The theory of moral sentiments. Cambridge University Press.
Snijders, Tom A.B./Bosker, Roel (1999): Multilevel Analysis. London: Sage.
Statistisches Bundesamt (Hg.) 2002: Aspekte internationaler und interkultureller Umfragen. Band 20. Stuttgart: Metzler-Poeschel.
van Deth, Jan W. (Hrsg.) (2005): Deutschland in Europa. Ergebnisse des European Social Search Survey 2002-2003. Wiesbaden: Verlag für Sozialwissenschaften.
Weiss, Sholom M./Kulikowski, Casimir A. (1991): Computer Systems that Learn. Classifications and Prediction Methods from Statistics, Neural Nets, Machine Learning, and Expert Systems. San Mateo, CA: Morgan Kaufmann.
Wherry, Robert J. (1951): Comparisons of Cross-Validation with Statistical Inference Betas and Multiple R from Single Sample. Educational and Psychological Measurement. 11.1. 23ff.

A first draft of this contribution was also presented at the „X. International Conference of the State University Higher School of Economics Moscow" in a session chaired by V. Andreenkov and L. Harrison, on April 10, 2009: „Europe and Russia: Comparative Survey Analysis. The European Social Survey and Beyond".

Teil IV:

Raum und Zeit in Vergleichen mit Mediendaten

Analysen zur Zeitreihenfähigkeit der Media-Analyse

Jörg Hagenah und Henning Best

In der vergleichenden Sozialforschung zum sozialen Wandel werden als Datenbasis oft wiederholte Querschnittserhebungen genutzt, um Fragen im Zeitvergleich mit repräsentativen Erhebungen beantworten zu können. Dabei kommt es häufig zu Änderungen in der Erhebungsmethodik und in der Operationalisierung spezifischer Variablen. Daraus resultiert die Notwendigkeit, die unterschiedlichen Messungen zu prüfen, zu harmonisieren und hierdurch – soweit möglich – über die Zeit vergleichbar zu machen. Dieser Prozess ähnelt den Anpassungsprozeduren bei international vergleichenden Umfragen (Ehling 2003). Thema dieses Beitrages ist es, die daraus resultierende Problematik am Beispiel einer Untersuchung mit besonders vielen Erhebungszeitpunkten zu beschreiben. Exemplarisch soll aufgezeigt werden, wie der Umgang mit Methodeneffekten erfolgen kann. Quelle für die Untersuchungen sind die Media-Analysen (MA), die seit 1972 im Auftrag der Arbeitsgemeinschaft Media-Analyse die Nutzung von elektronischen Medien (d.h. Radio und Fernsehen) erheben, um die Werbewirksamkeit einzelner Sender zu ermitteln. Die MA dient hierdurch allen Programmanbietern und der Werbewirtschaft als zentrale Informationsquelle über die Nutzung der Medien Radio, Fernsehen, Zeitungen/Zeitschriften, Kino, Lesezirkel und – gesondert erhoben – von Plakaten und Onlineangeboten. Die jeweils aktuellen Daten des letzten Erhebungsjahres stehen zunächst nur den Mitgliedern der AG.MA für planungsrelevante Entscheidungen zur Verfügung. Nach einer Karenzzeit sind die Datensätze stets an die GESIS - Leibniz-Institut für Sozialwissenschaften (früher: Zentralarchiv für empirische Sozialforschung) zur wissenschaftlichen Verwendung weitergegeben worden. Das Medienwissenschaftliche Lehr- und Forschungszentrum (MLFZ) bereitet die ursprünglich für kommerzielle Zwecke erhobenen Daten technisch wie inhaltlich auf und ermöglicht es der wissenschaftlichen Community die MA-Daten für wissenschaftliche Sekundäranalysen des Wandels der Mediennutzung und der Sozialstruktur in Deutschland zu nutzen.[1]

Ziel dieses Beitrags ist es, in einem ersten Schritt die Media-Analyse als Quelle für Zeitreihen kurz zu beschreiben. Hauptgegenstand der Untersuchung

---

[1] Bei Interesse können die Daten kostenlos beim MLFZ bezogen werden: www.mlfz.uni-koeln.de

ist es jedoch, in einem zweiten Schritt die längsschnittliche Nutzbarkeit der MA zu überprüfen. Hierfür werden exemplarisch die Kennziffern der Radionutzung untersucht und über mehrere Methodenbruchstellen hinweg verglichen.

1 Untersuchung des sozialen Wandels mit Media-Analyse-Daten

Die Befragungen der MA bieten Informationen zur Mediennutzung von 1954 – 2006 und ermöglichen es, den sozialen Wandel und die Entwicklung der Mediennutzung umfassend zu untersuchen. Aufgrund der großen Stichprobengrößen mit bis zu 60.000 Befragten pro Erhebung bieten die MA-Daten vielfältige Analysemöglichkeiten. Mit ihnen können beispielsweise Alters-, Kohorten-, und Periodeneffekte mit vielen Personen auch in höheren Altersgruppen, mit 21 Fünfjahreskohorten und über einen Zeitraum von sechzig Erhebungsjahren untersucht werden. Da bis zu 100.000 Befragte pro Jahr vorhanden sind, können sich Untersuchungen auch auf einer kleinräumigen regionalen Ebene – auf der Ebene einzelner Kreise – bewegen (Bentlage & Rauh 2008) oder es können stadtsoziologische Fragestellungen beantwortet werden (für Analysen mit den MA-Daten siehe insbesondere die Aufsätze in Hagenah & Meulemann 2006; 2008).

Zwei Punkte müssen jedoch bei der längsschnittlichen Nutzung beachtet werden. *Erstens* gibt es Probleme mit der Verfügbarkeit von einzelnen Variablen, die nicht immer Bestandteil des Untersuchungsprogramms waren. *Zweitens* lassen sich zum Teil Methodenänderungen finden.

1.1 Aufbereitung und Publikationen

Die MA wurden bis 2002 nur selten von Kommunikationswissenschaftlern sekundär analysiert (Kubitschke & Trebbe 1992; Weiß & Hasebrink 1995; 1997; Schönbach et al. 1997; Lauf 1999). Längere Zeitreihen wurden bis dato nicht mit den MA erstellt, obwohl allein die MA seit 1954 durchgängig (zumeist) jährlich die Mediennutzung erheben.

Die geringe Nutzung ließ sich vor allem mit der binären Datenstruktur der an die GESIS gelieferten Originaldateien erklären, die nicht mit gängigen statistischen Analysesystemen kompatibel sind, so dass vor jeder Nutzung aufwändige Konvertierungsarbeiten notwendig sind (Hagenah et al. 2006). Diese Hürde hat das MLFZ zwischen 2003 und 2005 überwunden. In Zusammenarbeit mit der GESIS wurden die annähernd 200 binären MA-Originaldateien der Jahre 1972 bis heute und die 14 Dateien der Leser-Analyse seit 1954 ins SPSS-Format konvertiert. Die aktuellen Daten werden seitdem jährlich konvertiert – immer etwa 1,5 Jahre nach der ersten Veröffentlichung.

Unabhängig von der Analysefähigkeit, sind die MA aufgrund von zahlreichen und oft wechselnden Variablen schwer überschaubar. In diesem Sinne schrieb Scheler (1979: 1369) über die MA, dass „die möglichen Datenverknüpfungen und Auswertungen so zahlreich sind, dass die Erde längst nicht mehr stehen würde, wollte man alle bilden". Um die Nutzung zu vereinfachen, hat das MLFZ in einem aufwändigen Datensichtungsprojekt die Variablen aller bisherigen Erhebungen in der Datensynopse „*madatsyn.x.x*"[1] inventarisiert. Sie enthält auf über 40.000 Zeilen alle seit 1954 mindestens einmal erhobenen Einzelvariablen mit ihren Erhebungszeitpunkten und Speicherorten in einer EXCEL-Tabelle. Das MLFZ hat weiterhin zwischen 2006 und 2008 die Kernvariablen zur Mediennutzung und zur Soziodemographie gelabelt und über die Zeit harmonisiert, so dass diese als *Gesamtdatensätze* für die Zeit von 1954 bis 2006 für die Printtranche und von 1977 bis 2005 für die elektronische Tranche vorliegen.[2]

1.2 Daten

Der Wandel von Erhebungsform, Erhebungsdichte und erhobenen Medien der Leser-Analysen (LA) und der MA ist in Tabelle 1 dargestellt. Von 1954 bis 1958 wurde die Nutzung der Pressemedien in den LA alle 2 Jahre und dann bis 1971 jährlich erhoben. Seit 1972 wird in den MA auch die Nutzung der elektronischen Medien Radio und Fernsehen erhoben. Die Medienarten werden seit 1987 nicht mehr gemeinsam abgefragt, sondern getrennt für Pressemedien (MA-PM, Zeitungen und Zeitschriften) und elektronische Medien (MA-EM, Radio und Fernsehen). Seit 1997 wird die Fernsehnutzung nicht mehr senderspezifisch erhoben und der Schwerpunkt der MA-EM liegt auf der Radionutzung, so dass im Jahr 1998 die MA-EM in MA-Radio umbenannt wurde. Seit 1997 wird die MA-PM, seit 2000 auch die MA-Radio halbjährlich erhoben.

Die Erhebungsform war von 1972 bis 1999 das persönlich-mündliche Interview (Hoffmeyer-Zlotnik 1997; Behrens & Löffler 1999). Seit 2000 wird die

---

[1] Beispielsweise hatte die *madatsyn* im Jahr 2009 die Versionsnummer 2.2. Demnächst erscheint Version 2.3.

[2] Technische Aufbereitung und Datenservice haben die Auswertbarkeit der MA-Daten deutlich vereinfacht, wie unter anderem aus der Entstehung von zahlreichen Diplom- und Magisterarbeiten ersichtlich wird (z.B. Ehrenberg 2005; Frisch 2005; Risel 2005; Puleri 2009; Hake 2009; Dudzik 2009; Sarling 2009; Kirvel 2008; Bentlage 2008; Becker 2007). Einen Überblick über weitere Analysemöglichkeiten bieten zudem die Forschungsberichte aus einem zweisemestrigen Forschungspraktikum an der Universität zu Köln (Hagenah & Meulemann 2007a) und die Reihe „Medientrends und sozialer Wandel" auf der MLFZ-Homepage: www.mlfz.uni-koeln.de.

MA-Radio telefonisch durch Computer Assisted Telephone Interviews (CATI) erhoben (Müller & Mai 2006: 23ff.; Hoffmann & Müller 2003; Gabler & Häder 1997). Heute werden in jedem Jahr ca. 60.000 Personen telefonisch von mehreren Marktforschungsinstituten befragt.

Tabelle 1: Chronologie der Leser-Analysen (LA) und der Media-Analysen (MA)

Jahre	Studie	Erhebungsform	Erhebungsdichte	Erhobene Medienarten
1954-58*	LA		zweijährlich	Presse
1960-71				
1972-86	MA	persönlich	jährlich	Presse/Radio/TV
1987-96	MA PM			Presse
	MA EM			Radio/TV
1997-99	MA PM		halbjährlich**	
	MA Radio		jährlich**	Presse
Seit 2000	MA PM	persönlich***	halbjährlich	Radio
	MA Radio	telefonisch	halbjährlich****	

Anmerkung: PM = Pressemedien Tranche (Zeitungen, Zeitschriften); EM = Elektronische Medien Tranche (Radio, TV); * Die LA 1958 ist – laut Auskunft der AG.MA – „verschollen"; ** 1998 wurde die MA Radio halbjährlich und die MA PM nur einmalig durchgeführt; *** Seit der 2. Erhebungswelle PM 2004 wird eine 10%-Substichprobe mit der CASI-Methode (Computer Assisted Self-administered Interview) befragt (www.agma-mmc.de, 2005). Zukünftig soll der Anteil sukzessive gesteigert werden; **** Im Jahr 2000 wurde nur eine MA Radio erhoben.

2 Überlegungen zur Nutzung der MA-Tagesablaufdaten im Zeitvergleich

Ein großer Vorteil der MA ist es, dass die Nutzung elektronischer Medien im Kontext des Tagesablaufs des Befragten erfasst wird. Tagesablaufdaten ermöglichen es, das Ausmaß und die Struktur der Radio- und Fernsehnutzung detailliert zu erfassen. Sie erlauben es zudem, die Tageszeit und den Kontext der Mediennutzung einzuschätzen. Die Mediennutzung erscheint damit nicht mehr künstlich von anderen Tätigkeiten isoliert, sondern ist in den Tagesablauf der Befragten eingebettet.

Die Daten wurden bislang nur wenig ausgewertet, obwohl sie eine Vielzahl von Analysemöglichkeiten bieten. So stehen große Stichproben mit bis zu 60.000 Befragten zur Verfügung und die Befragung wird seit 1972 jährlich durchgeführt. Zudem wird auch die Nutzung spezifischer Sender erhoben, so dass ausgesprochen differenzierte Analysen möglich sind. Wie andere Studien ist jedoch auch die MA mit gewissen Problemen behaftet: Zum einen ist die Datenstruktur der Tagesablaufdaten recht komplex und unübersichtlich. Zum anderen haben sich über die Zeit die Operationalisierung und die Messung des Tagesablaufs geändert, was die Vergleichbarkeit verschiedener Zeitpunkte einschränken kann.

Im Folgenden wird zunächst die Messung des Radiohörens in der Tagesablaufabfrage der Media-Analyse ausführlich dargestellt und diskutiert. Der Schwerpunkt liegt hierbei auf einer Darstellung von Veränderungen der Messinstrumente (Abschnitt 2.1). Die so identifizierten Methodenbruchstellen werden in Abschnitt 2.2 genauer untersucht. Hierfür werden für verschiedene Zeitpunkte Tagesabläufe zur Mediennutzung exemplarisch ausgewertet und miteinander verglichen. Aufgrund der Ergebnisse der Zeitreihenanalysen (Abschnitt 2.3) kann beurteilt werden, welche Methoden-Effekte auftreten und inwieweit Analysen, die sich vergleichend auf mehrere Jahrzehnte beziehen, mit den Daten der MA sinnvoll durchgeführt werden können.

2.1 Die Messung des Radiohörens über die Zeit

Die senderspezifische Radionutzung wird in vier Schritten abgefragt. Erstens, ob der Sender schon einmal gehört wurde (*Generalfilter*). Zweitens, wann dies zuletzt geschehen ist (*Zeitfilter*). Hierbei werden diejenigen Befragten, die den Sender innerhalb der letzten zwei Wochen gehört haben, dem so genannten weitesten Hörerkreis zugeordnet. In einem dritten Schritt wird die Hörhäufigkeit zu bestimmten Tageszeiten abgefragt (*Frequenz*), um zu ermitteln, an wie vielen Tagen in einer typischen Woche ein bestimmter Sender gehört wird. Kernstück der Mediennutzungsabfrage ist jedoch die in einem vierten Schritt erhobene Mediennutzung am Vortag zu bestimmten Zeitabschnitten (*Tagesablauf*), die auch in diesem Beitrag im Vordergrund steht. In den folgenden Abschnitten wird dargestellt, auf welche Weise die Radio-Tagesablaufdaten erhoben wurden und welche Veränderungen über die Zeit zu beobachten sind (siehe Tabelle 2).

Tabelle 2: Vergleich der Radio Tagesablaufabfrage bei der Media-Analyse von 1977 bis heute

1977 bis 1986	1987 bis heute
Hörer gestern pro Zeitabschnitt: (Halbe-) Stunde (ja/ nein)	Hörer gestern pro Zeitabschnitt: Viertelstunde (ja/ nein)
5.00 – 22.00 Uhr (bis 1978: 6.00 – 20.00 Uhr)	5.00 – 24.00 Uhr
Leittätigkeiten nicht erfasst	Leittätigkeiten erfasst

1977-1986: Erfassung des Radiohörens in halben und ganzen Stunden
1977 und 1978 beschränkte sich die Tagesablaufabfrage Radio auf den Zeitraum von 6.00 bis 20.00 Uhr, von 1979 bis 1986 bezog sie sich auf den Zeitraum von 5.00 bis 22.00 Uhr. Abgefragt wurden halbe Stunden zur „Prime Time" am Morgen zwischen 5.00 und 8.00 Uhr. In der übrigen Zeit von 8.00 bis 22.00 Uhr wurde sie stundenweise erhoben. Bereits in den 1970ern wurde die Abfrage in einem freien Gespräch durchgeführt.

1986 bis dato: Erfassung des an Leittätigkeiten gekoppelten Tagesablaufs in Viertelstunden
Von 1987 bis 1996 wurde die Nutzung elektronischer Medien am detailliertesten erfasst (Buß 1998: 77ff.). 1987 erfolgte eine Erweiterung der Tagesablaufabfrage auf den gesamten Tag zwischen 5.00 und 24.00 Uhr. Gleichermaßen wurde die senderspezifische Nutzung sowohl vom Radio als auch vom Fernsehen erhoben. Zusätzlich wurde die Abfrage der Mediennutzungsaktivitäten gekoppelt an eine Abfrage von Leittätigkeiten im und außer Haus wie Schlafen, Essen oder Berufstätigkeit. Ebenso wie die Nutzung verschiedener Radio- und Fernsehsender wurden die Leittätigkeiten als „Dummy-Variablen" pro Viertelstunde kodiert. Es wurden also auch parallel stattfindende Aktivitäten erfasst: Der Befragte kann etwa gleichzeitig Radio hören und zu Abend essen. Auf diese Weise kann nicht nur das Hören unterschiedlicher Radiosender analysiert werden, sondern auch, welche Sender während welcher anderen Tätigkeiten gehört wurden (ausführlicher bei Hagenah 2006). Die Erfassung der Fernsehnutzung erfolgt seit 1997 nicht mehr senderspezifisch wie in den Vorjahren, sondern lediglich als pauschaler Nutzungskennwert (Fernsehen pro Viertelstunde: 1 = ja; 0 = nein).

Seit 2000: Umstellung vom persönlichen zum telefonischen Interview
Schließlich ist zu beachten, dass die MA-Radio seit dem Jahr 2000 nicht mehr persönlich-mündlich, sondern telefonisch durchgeführt wurden (Klingler & Mül-

ler 2000; Best & Hagenah 2006). Das Abfrageprogramm blieb jedoch weitgehend konstant. Frageform und Inhalte der Tagesablaufbefragung änderten sich nicht, d.h. auch hier wurde in einem freien Gespräch versucht, die Mediennutzung des Vortages gekoppelt an Leittätigkeiten zu erheben.

Während die beiden erstgenannten Methodenbruchstellen als Veränderungen der Befragungsinhalte zu beschreiben sind, beinhaltet die Umstellung auf das telefonische Interview eine Modifikation der Befragungstechnik. In den folgenden Abschnitten wird versucht, anhand empirischer Untersuchungen zur Radio-Abfrage abzuschätzen, inwieweit die eben beschriebenen Änderungen der Messmethode in den Jahren 1986/87, 1996/97 und 1999/2000 auch zu Änderungen in der Ergebnisstruktur geführt haben.

2.2 Methodenumbrüche bei der Radio-Abfrage und ihre Auswirkungen auf die Ergebnisstruktur

Anhand der Daten der Media-Analyse lassen sich – wie oben bereits ausgeführt – Angaben zur pauschalen wie senderspezifischen Radionutzung während des Tages (6-20 Uhr) durchgängig seit 1977 angeben. Es stehen Angaben zum Radiokonsum mindestens auf Halbstunden-, seit 1987 auf Viertelstundenbasis zur Verfügung. Die Daten ermöglichen es unter anderem, einen Minutenwert für die tägliche Hördauer zu schätzen. Abbildung 1 stellt die Entwicklung der Hördauer von 1977 bis 2005 dar.

Insgesamt lässt sich über die Zeit ein Wachstumstrend erkennen. Bis zum Jahr 2000 ist die Radionutzung mehr oder weniger kontinuierlich gestiegen. Während 1977 im Durchschnitt gut 130 Minuten Radio pro Tag konsumiert wurden, sind die Messwerte bis zur Jahrtausendwende um etwa eine Stunde auf gut 190 Minuten angestiegen. Seit dem Höhepunkt 2000 sinken die Messwerte jedoch leicht, aber kontinuierlich ab. Betrachtet man das Wachstum seit 1977 genauer, fällt auf, dass die Entwicklung keineswegs ohne Brüche war. So gab es trotz des langfristigen Wachstumstrends zeitweise kleinere Rückgänge im Radiokonsum oder beispielsweise eine Stagnation Mitte der 1990er Jahre. Besonders auffällig sind drei Stellen mit sprunghaften Entwicklungen: Ein deutliches Absinken der Messwerte von 1979 bis 1980, eine weitere deutliche Verringerung von 1986 bis 1987 und schließlich ein dramatischer Anstieg der gemessenen Hördauer von 1999 bis 2000. Zwei dieser drei Auffälligkeiten fallen mit den bereits weiter oben thematisierten Methodenbruchstellen zusammen.

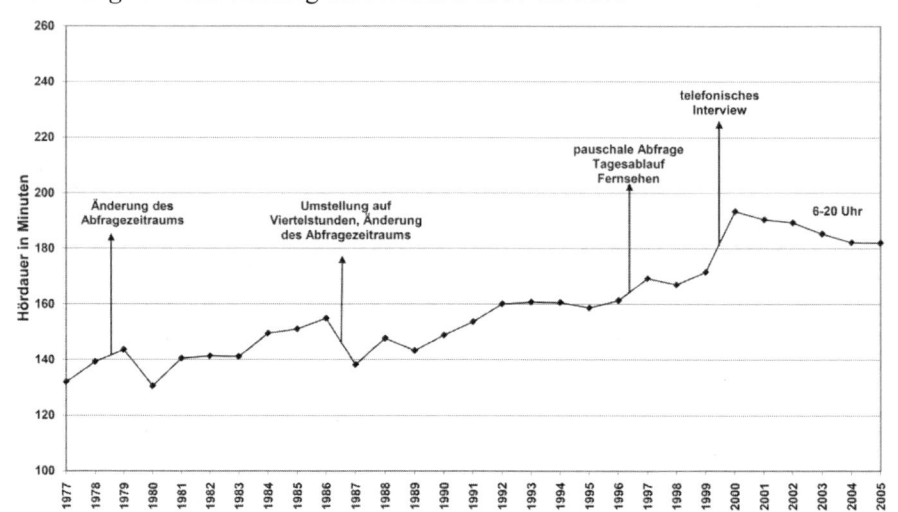

Abbildung 1: Entwicklung der Hördauer 1977 bis 2005

In den folgenden Abschnitten werden die drei genannten Methodenbruchstellen genauer untersucht. Für jeden der Zeitpunkte wird zunächst die Entwicklung der aggregierten Hördauer betrachtet (wie in Abbildung 1 dargestellt). In einem zweiten Schritt wird die Nutzung disaggregiert im Tagesverlauf untersucht, um einen genaueren Einblick in mögliche Methodeneffekte zu erhalten. Hierbei wird die Struktur der Radionutzung jeweils für die beiden Jahre vor und nach der Umstellung untersucht und miteinander verglichen. Abschließend wird mit Hilfe spezieller Verfahren der Zeitreihenanalyse untersucht, ob Verschiebungen der Ergebnisstruktur erklärt werden können.

1986/87: Viertelstundenwerte und Leittätigkeiten
Die Methodenänderung von 1986/87 ist insofern interessant, als dass das gesamte Messinstrument betroffen war. Einerseits wurde die Erhebung an Leittätigkeiten gekoppelt, um – wie oben in Abschnitt 2.1 genauer ausgeführt – die Erinnerung an die Mediennutzung zu erleichtern. Die zweite Veränderung betrifft die Zeittaktung des Tagesablaufs: Bis 1986 wurde – je nach Tageszeit – eine Kombination aus halben und ganzen Stunden verwendet, für die die Befragten angeben sollten, ob sie in diesem Zeitraum das Radio genutzt haben. Ab 1987 liegen nun durchgehend Viertelstundenwerte vor. Diese Viertelstundenwerte liefern zwar ein genaueres Abbild der Radionutzung, führen aber (eben aufgrund der höheren Genauigkeit) zu niedrigeren Werten als in den Vorjahren.

Unabhängig von möglichen Auswirkungen der Änderungen auf das Befragtenverhalten sind zwei Möglichkeiten denkbar, mit der Messung in feineren Zeiteinheiten umzugehen. Entweder werden die neuen Viertelstundenwerte zu der vorherigen Halbstunden-Skala aggregiert, oder es wird auf eine Anpassung der Skala verzichtet und mit den neueren, genaueren Werten gearbeitet. Da bei einer Rekodierung der Viertelstundenwerte in Halbstundenwerte zwei Daten zu einem Datum zusammengefasst werden, sind nach der Rekodierung höhere Schätzwerte für die Hördauer zu erwarten: Wenn ein Befragter beispielsweise von 15.00 Uhr bis 15.05 Uhr die Radio-Nachrichten gehört hatte, ergibt sich daraus eine Schätzung für die Hördauer von 15 Minuten nach der neuen Methode bzw. 30 Minuten nach der alten Methode. Dieses Prinzip gilt auch bei rekodierten Werten. Das Befragtenverhalten hingegen sollte durch die Umstellung auf eine feinere Zeittaktung an sich nicht beeinflusst werden, da im Rahmen des Interviews nicht jeder einzelne Viertel- oder Halbstundenwert abgefragt wird. Allerdings erfolgte gleichzeitig mit der Veränderung der Zeiteinheiten auch eine Umstellung auf die leittätigkeitsbasierte Abfrage. Durch die Koppelung des Interviews an Leittätigkeiten (etwa Autofahren, Essen im Haus) ist ein verstärktes Erinnern der Mediennutzung zu erwarten. Da nicht a priori entschieden werden kann, ob der Befragungseffekt stärker ist als die Verringerung der geschätzten Hördauer durch den Umstieg auf Viertelstundenwerte, ist zunächst unklar, wie sich die aus Viertelstunden geschätzte Hördauer zu den Vorjahreswerten verhält.

In Abbildung 2 sind daher für die Zeit ab 1987 Werte für die Hördauer eingetragen, die nach beiden Methoden berechnet wurden – also auf Basis der gemessenen Viertel- und der generierten Halbstundenwerte. Es zeigt sich, dass die generierten Halbstundenwerte zu konsistent höheren Angaben für die Hördauer führen als Viertelstundenwerte. Allerdings, und das ist beruhigend, ist der Verlauf beider Kurven ab 1988 parallel, so dass unabhängig von der gewählten Methode konsistente Aussagen über Tendenzen der Radionutzung gemacht werden können. Es ist zudem zu erkennen, dass ausgehend von Halbstundenwerten des Jahres 1987 eine Steigerung der Hördauer im Vergleich zu 1986 konstatiert würde, ausgehend von Viertelstundenwerten jedoch eine Verringerung. Dies kann einerseits auf die gesteigerte Aufmerksamkeit und bessere Erinnerung der Mediennutzung, wie oben beschrieben, zurückgeführt werden. Andererseits zeigt es, dass die Verringerung der Messwerte durch die genaueren Viertelstunden den Befragungseffekt überwiegt.

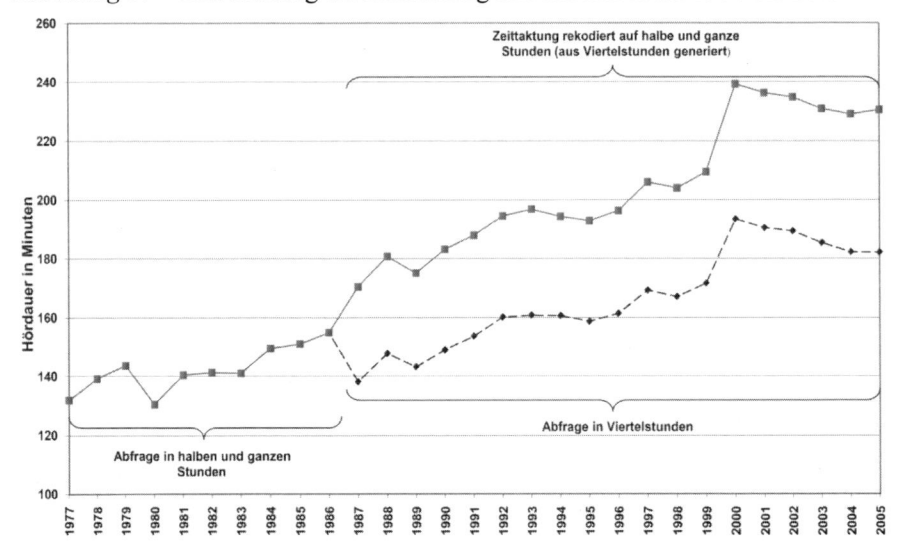

Abbildung 2: Entwicklung der Zeittaktung und der Hördauer 1977 bis 2005

Um zu überprüfen, ob sich der Methodeneffekt auch auf die Struktur des Tagesablaufes, d.h. die gemessene Radionutzung zu verschiedenen Uhrzeiten auswirkt, sind in Abbildung 3 die durchschnittlichen Einschaltquoten im Tagesverlauf für die beiden Jahre vor und nach dem Methodenwechsel eingetragen. Die Jahre vor dem Methodenwechsel sind durch graue, gestrichelte Linien gekennzeichnet, die beiden Jahre nach dem Wechsel durch eine durchgezogene schwarze Gerade. Insgesamt stellt Abbildung 3 die Radio-Einschaltquoten der Jahre 1985-88 von 6-20 Uhr dar; für die Berechnung wurden die original abgefragten Viertelstundenwerte und nicht die (generierten) Halbstunden- und Stundenwerte verwendet.

Man kann erkennen, dass die Einschaltquoten bei der neuen, durch Leittätigkeitsfragen unterstützten Messmethode in der Prime Time zwischen 06.00 und 08.00 Uhr um fünf Prozentpunkte unter denen der alten Methode liegen. Ansonsten werden tagsüber ähnliche und ab 17.00 Uhr nahezu identische Quoten erreicht. Doch der erste Eindruck täuscht ein wenig. Wenn der Blick auf einen Vergleich zwischen den Werten der Jahre 1986 und 1987 fokussiert wird, zeigt sich, dass der a priori erwartete Effekt der Hördauerverringerung durch die zeitgenauere Erfassung nicht nur in den frühen Morgenstunden, sondern auch am übrigen Tag durchschlägt. Dieser Methodeneffekt wird jedoch offensichtlich von einer Marktentwicklung, die zu einer verstärkten Radionutzung im Jahr 1988 geführt hat, überlagert.

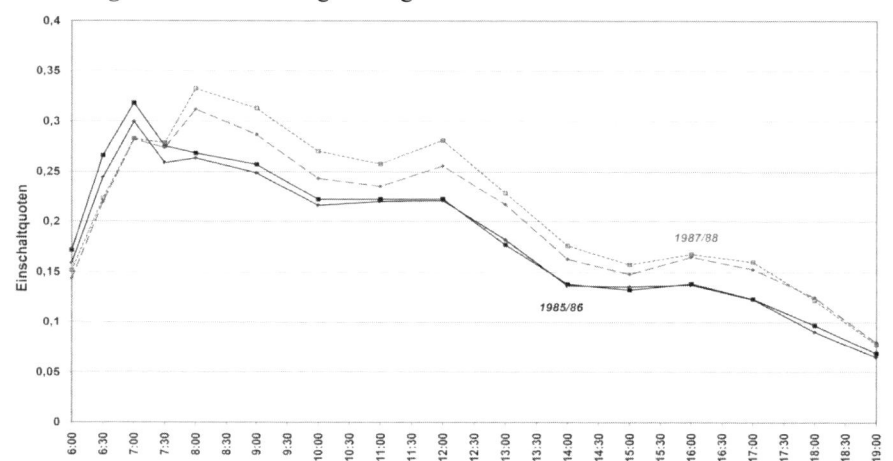

Abbildung 3: Radionutzung im Tagesverlauf 1985 bis 1988

Zusammenfassend kann festgehalten werden, dass zwar keine gravierenden, die Struktur des Tagesablaufes verzerrenden Methodeneffekte auftreten. Aber dennoch sind weder die aus (Halb-)Stunden[3]- noch die aus Viertelstundenwerten berechneten Hördauern ab 1987 mit den Vorjahren vergleichbar. Es muss immer bedacht werden, dass an dieser Stelle ein Methodenwechsel stattgefunden hat. Für eine Interpretation der Entwicklung ab 1988 ist es jedoch unerheblich, ob auf Halbstunden- oder Viertelstundenwerte zurückgegriffen wird.

1997: Pauschale TV-Abfrage
Der nächste Methodenwechsel wurde 1996/97 durchgeführt und war für die MA insgesamt recht weitgehend, für die Radio-Erhebung jedoch eher von untergeordneter Bedeutung: Unter anderem, da die Fernsehnutzung – parallel zu den MA – schon seit 1963 technisch (telemetrisch) erhoben wurde und sich aufgrund des wachsenden TV-Angebotsmarktes immer schwerer erinnerbar zeigte, wurde die Messung des TV-Konsums in der MA auf eine pauschale Abfrage ohne Einzelsender beschränkt. Da bei einer senderunspezifischen Abfrage weniger Aufmerksamkeit auf die Fernsehnutzung gelenkt wird, wäre a priori von höheren Messwerten für die Radionutzung auszugehen.
Wie man in Abbildung 1 erkennen konnte, bestätigt sich diese Annahme: Der Methodenwechsel führte zu einem leicht höher gemessenen Radiokonsum, der

---
[3] Bei Verwendung der generierten (Halb-)Stundenwerte zeigt sich der a priori formulierte Rekodierungseffekt, so dass die Werte 1987/88 fast durchgängig über denjenigen von 1985/86 liegen.

nicht durch einen zeitlichen Trend erklärt werden kann. In den Vorjahren gab es nur einen leichten Anstieg, in den Folgejahren sogar einen Rückgang. Von 1996 auf 1997 hingegen ist die durchschnittliche Hördauer um ca. 8 Minuten oder etwa 5% gestiegen. Da wie erwähnt, kein entsprechender Zeittrend vorliegt, ist zwar mit recht hoher Sicherheit davon auszugehen, dass die Veränderung artifiziell ist. Allerdings ist der Effekt auf die Messwerte recht gering und, wie man Abbildung 4 entnehmen kann, konstant über den Tag. Vergleicht man die grau dargestellten Einschaltquoten der Jahre 1997 und 1998 mit den schwarz gekennzeichneten Vorjahren, sieht man, dass die Messwerte nach der Methodenumstellung unabhängig von der Tageszeit leicht über den Vorjahreszeiten liegen.

Somit ist zwar auch an dieser Methodenbruchstelle von einer erhebungsbedingten Ergebnisänderung auszugehen, die Effekte sind jedoch geringfügig. Sie sollten daher zwar nicht ignoriert, aber auch nicht überbewertet werden.

Abbildung 4: Radionutzung im Tagesverlauf 1995 bis 1997

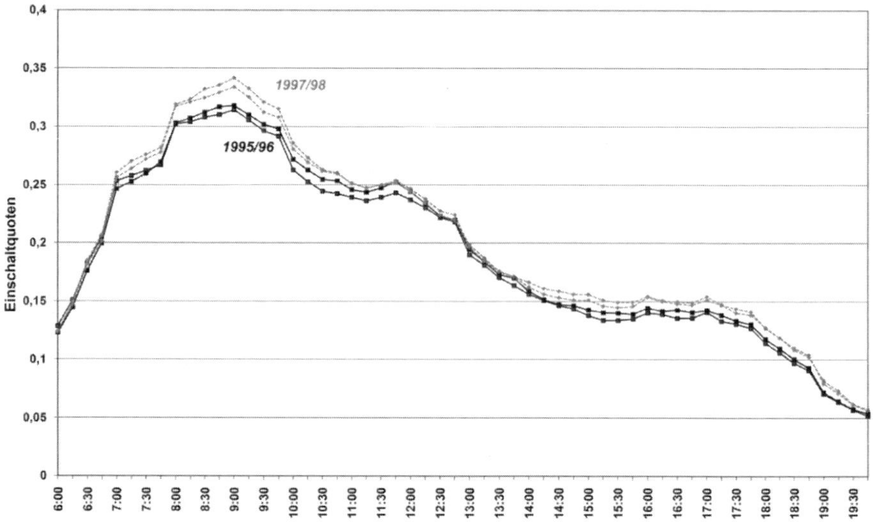

2000: Telefonisches Interview
Mit der MA-Befragung 2000 schließlich wurde die Interviewmethode von persönlich-mündlicher Befragung auf computergestützte Telefoninterviews (CATI) umgestellt. Wir haben bereits an anderer Stelle gezeigt, dass diese Umstellung schwerwiegende Effekte auf die demografische Zusammensetzung der Stichprobe hatte und die Neigung zu bestimmten Antworten beeinflusst wurde (siehe Hagenah & Best 2005; Best & Hagenah 2006).

An dieser Stelle wird nun untersucht, inwieweit durch die Methodenänderung auch Ergebnisunterschiede verursacht werden. Betrachtet man, wie sich die aggregierte Hördauer entwickelt hat (vgl. noch einmal Abbildung 1), ist bereits auf dieser Ebene ein deutlicher Ergebnissprung zu erkennen. Wurden im Jahr 1999 mit persönlich-mündlichen Interviews noch 172 Minuten Hördauer gemessen, stiegen die Messwerte im Folgejahr um mehr als 20 Minuten auf 193 Minuten an. Diese Entwicklung kann, wie man leicht sieht, nicht als Folge eines Trends erklärt werden (in den Vorjahren gab es nur ein leichtes Wachstum, in den Folgejahren ein kontinuierliches Sinken der Hördauer). Insofern ist mit großer Sicherheit von einem Methodeneffekt auszugehen. Zwar argumentieren die Verantwortlichen der MA, dass die telefonische Erhebungsmethode zu besseren, weniger verzerrten Ergebnissen führen würde (also die post 2000-Daten korrekt seien, siehe Klingler & Müller 2000), dies ist jedoch für die Fragestellung des vorliegenden Beitrages nicht relevant.

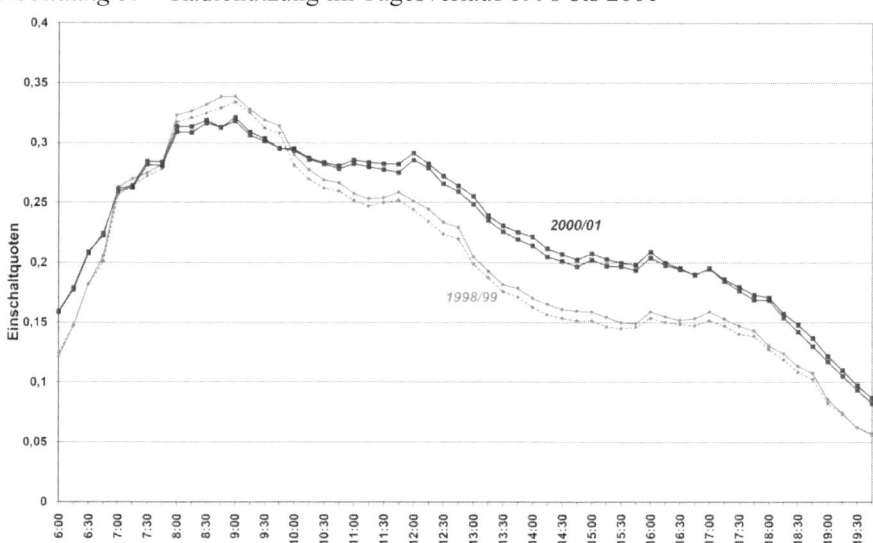

Abbildung 5: Radionutzung im Tagesverlauf 1998 bis 2001

Zur genaueren Beurteilung der Ergebnisveränderungen sind in Abbildung 5 die Radio-Einschaltquoten im Tagesverlauf eingetragen. Wie auch in den vorherigen Abbildungen kennzeichnen schwarze, durchgezogene Linien die Jahre vor dem Methodenwechsel (1998/1999), graue Linien dagegen die Jahre nach der Einführung des telefonischen Interviewverfahrens (2000/2001). Man kann erkennen, dass die Effekte über den Tag nicht stabil sind, sondern sich in Abhängigkeit von der Tageszeit verändern. Am frühen Morgen schwanken die Kurven: Zunächst messen CATI-Interviews höhere Einschaltquoten, und ab 8 Uhr liegen die Werte dann unter denen der persönlich-mündlichen Messung. Erst in der Zeit ab 10 Uhr werden durchgängig höhere Einschaltquoten ermittelt.

Da der Methodeneffekt insofern nicht nur zu einer konstanten Veränderung der Ergebnisse geführt hat, sondern vielmehr disproportional ist, erscheint es sinnvoll, eine weitere Disaggreggierung vorzunehmen. Aus anderen Auswertungen (etwa Klingler & Müller 2000) ist bekannt, dass insbesondere die Messwerte für Außer-Haus-Nutzung von Berufstätigen und Auszubildenden von 1999 auf 2000 gestiegen sind. Um diesen Effekt genauer abschätzen zu können, wird im Folgenden die Radionutzung im Tagesverlauf getrennt für Werktage und für das Wochenende dargestellt.

Abbildung 6 zeigt die Einschaltquoten am Wochenende. Interessanterweise ist der Methodeneffekt am Wochenende vergleichsweise schwach ausgeprägt, zeigt aber das schon von der Gesamtwoche bekannte Muster: CATI erzeugt leicht höhere Messwerte am frühen Morgen, niedrigere zur Frühstückszeit bzw. vormittags, und wieder höhere im weiteren Tagesverlauf. Beachtenswert sind hierbei insbesondere zwei Punkte: Erstens erreichen alle Kurven ihr Maximum um 9 Uhr morgens, was sicherlich durch Radiowecker und Radiohören beim Duschen bzw. Frühstücken verursacht wird. Hier sind die Ergebnisse durchaus konsistent und liefern über die Methodengrenzen hinweg gleichartige Ergebnisse. Allerdings erscheint dieses Verhalten – Verwendung von Radioweckern, Frühstücksradio etc. – bei den Befragten der Telefonstichprobe weniger ausgeprägt. Es ist nicht davon auszugehen, dass der doch deutliche Niveauunterschied durch Intervieweffekte wie etwa selektives Erinnern hervorgerufen wird, so dass davon ausgegangen werden kann, dass hier Effekte der veränderten Befragtenstruktur zum Tragen kommen. Zweitens sinken die Radio-Einschaltquoten unabhängig von der Erhebungsmethode im Verlauf des Nachmittags ab, der Rückgang ist in den Jahren 2000 und 2001 jedoch von 15-18 Uhr gebremst (zu erkennen am „Plateau" der Kurven). Auch hier könnte die unterschiedliche Befragtenstruktur eine Rolle spielen – etwa wenn davon ausgegangen wird, dass Berufstätige häufiger Wochenendausflüge mit dem Auto unternehmen (und im Auto Radio hören) oder verstärkt die Bundesliga-Livekonferenz von 15.30-17.15 Uhr hören (beispielsweise beim Autowaschen).

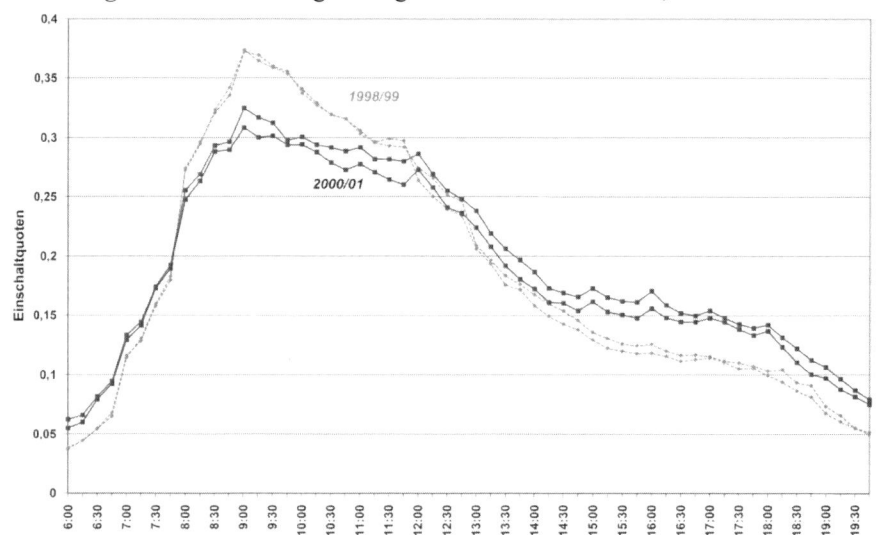

Abbildung 6: Radionutzung im Tagesverlauf 1998 bis 2001; nur Wochenende

An Werktagen wiederum kommen die Unterschiede zwischen persönlich-mündlicher und telefonischer Interviewweise wesentlich deutlicher zum Tragen als am Wochenende. Betrachtet man Abbildung 7 genau, lässt sich zunächst erkennen, dass die Befragten an Werktagen früher aufstehen als am Wochenende, so dass der Höhepunkt der Einschaltquoten schon um 8 Uhr erreicht wird. Im Gegensatz zum Wochenende sind am Morgen jedoch keine oder nur geringfügige Methodeneffekte zu erkennen. Erst ab ca. 10 Uhr gehen die Kurven deutlich auseinander und die face-to-face-Messwerte werden bei CATI sehr klar überschritten. Für sich genommen liefern zwar beide Methoden – persönlich wie telefonisch – recht sensitive Messungen, wie man z.B. an den kleinen Feierabend-Anstiegen erkennen kann: Um 16 und um 17 Uhr erfolgt jeweils ein kleiner Anstieg, da die Befragten Feierabend machen und auf dem Nachhauseweg teilweise Radio hören. Das Ausmaß der Ergebnisunterschiede macht jedoch einen direkten Vergleich der Hördauer oder der Einschaltquoten über die Methodenbruchstellen hinweg unmöglich. Dies gilt insbesondere, weil der Methodeneffekt auf die Ergebnisse erstens im Tagesverlauf uneinheitlich ist (ab nachmittags stärker als morgens) und sich zweitens zwischen Werktagen und dem Wochenende unterscheidet.

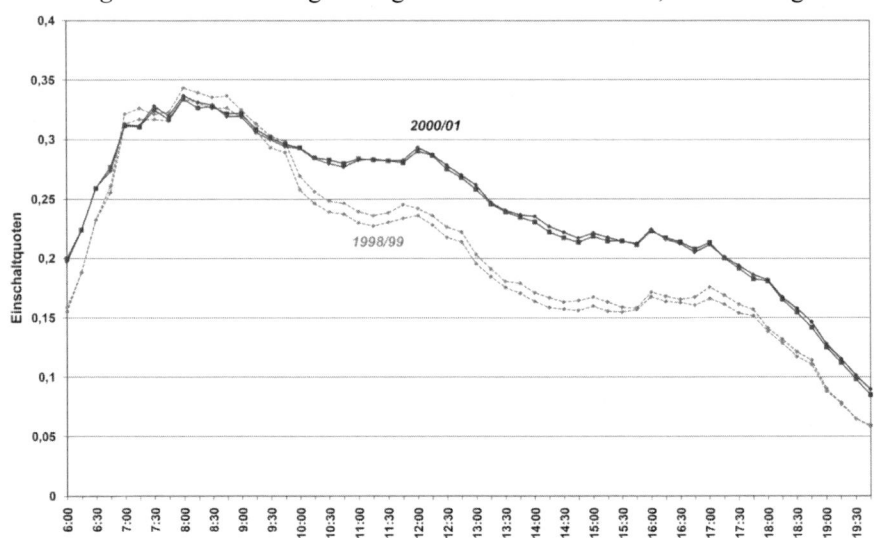

Abbildung 7: Radionutzung im Tagesverlauf 1998 bis 2001; nur Werktage

Alles in allem ist zu konstatieren, dass alle drei betrachteten Methodenwechsel zu gewissen Veränderungen im Ausmaß des gemessenen Radiokonsums geführt haben. Hierbei war insbesondere der Effekt der Umstellung auf telefonische Befragung im Jahr 2000 bedenklich, da er zu einem sprunghaften Anstieg der Messwerte und zudem zu Unterschieden in der Struktur des Tagesablaufs geführt hat.

2.3 Untersuchung methodischer Umbrüche mit zeitreihenanalytischen Verfahren

Um besser einschätzen zu können, ob und in welchem Umfang die Tagesablaufdaten der MA geeignet sind, um die Radionutzung über die Zeit hinweg vergleichen zu können, wenden wir im Folgenden Methoden der Zeitreihenanalyse an (vgl. für eine Einführung in die Zeitreihenanalyse z.B. Hamilton 1994 oder Metz 2002. Ein Anwendungsbeispiel aus der Medienforschung findet sich bei Krause & Fretwurst 2007). Üblicherweise werden in der Zeitreihenanalyse inhaltliche Fragestellungen studiert; so könnte man beispielsweise untersuchen, inwieweit die über die Zeit gestiegene Internetnutzung zu einer Veränderung des Fernsehkonsums geführt hat. Die Zeitreihenanalyse erlaubt es jedoch auch, methodische Fragestellungen zu bearbeiten und, im vorliegenden Fall, Art und Ausmaß möglicher Verzerrungen durch Änderungen in der Erhebungs- und Messmethode zu bestimmen (eine sog. *irreguläre Komponente* der Zeitreihe).

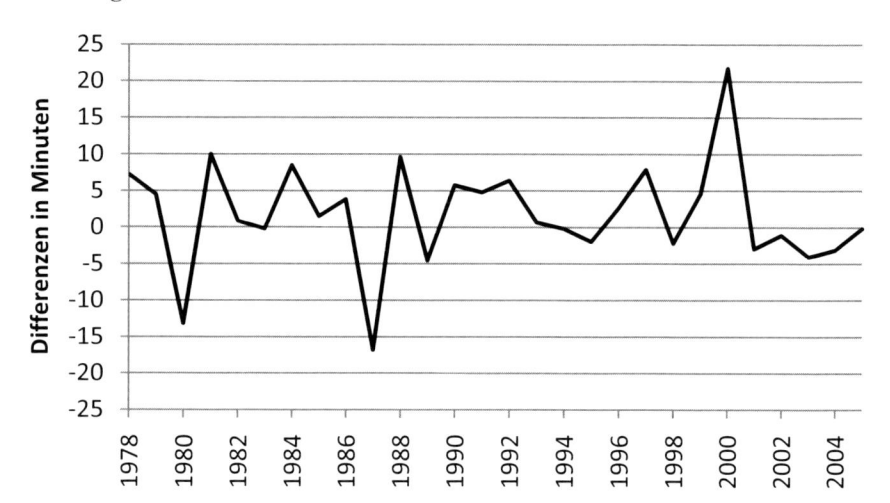

Abbildung 8: Erste Differenzen der Zeitreihe zur Hördauer 1977 bis 2005

Analysen mit Zeitreihen stehen generell vor dem methodischen Problem, dass allgemeine Trends in den untersuchten Zeitreihen zu Scheinkorrelationen zwischen den Reihen führen können. Ein zweites Problem wird durch Autokorrelation innerhalb einer Zeitreihe verursacht. Autokorrelation bedeutet, dass die einzelnen Werte der Zeitreihe eng mit umliegenden Werten zusammenhängen, die Werte also seriell korreliert sind. Dies bedeutet jedoch gleichzeitig, dass auch die seriellen Schätzfehler korreliert sind und mit verzerrten Standardfehlern gerechnet werden muss. Beide Probleme lassen sich recht einfach nach der von Box & Jenkins (1970) vorgeschlagenen Methode vermeiden. Hierbei wird vor der eigentlich interessierenden Analyse zunächst versucht, die Zeitreihe durch Differenzierung von ihrem Trend zu bereinigen und sie damit in einen so genannten „stationären Prozess" zu überführen ($x_{t\_diff} = x_t - x_{t-1}$). Bei Vorliegen von Autokorrelation ist es zusätzlich notwendig, diese durch Autoregression oder Modellierung gleitender Mittelwerte zu berücksichtigen (ARIMA-Modelle).

Wie man in Abbildung 8 sehen kann, ist es in unserem Beispiel der Radionutzung ausreichend, die ersten Differenzen der Zeitreihe zu bilden, um Stationarität zu erreichen (also die Reihe von ihrem Zeittrend zu bereinigen). Eine Modellierung mit dem Programm zur Zeitreihenanalyse STAMP (Structural Time Series Analyser, Modeller and Predictor) zeigt, dass die ersten Differenzen white-noise Eigenschaften haben, also keine Autoregressions- oder moving-average Komponente benötigt wird. Zwar weist die Zeitreihe nun keinen Trend mehr auf, es sind jedoch noch deutliche Ergebnissprünge zu erkennen.

Zur Bereinigung der Ausreißer bzw. Interventionen wurde daher ein ARIMA (0,1,0)-Modell[4] geschätzt, das Niveauverschiebungen (level breaks) für 1987 und 2000 vorsieht, einen Ausreißer für 1980 und schließlich eine Trendänderung (slope break) für 2000.[5] Die Trendänderung wurde modelliert, da sie bereits bei Betrachtung der Zeitreihe augenfällig ist. Es ist möglich, dass diese Trendänderung durch kleinere, nicht-dokumentierte Veränderungen der Tagesablaufabfrage, der Stichprobenziehung oder der Feldarbeit verursacht wird, doch auch die Alternativerklärung – eine substanzielle Änderung des Trends – kann nicht ausgeschlossen werden.

Die Ergebnisse der Zeitreihenanalyse sind in Tabelle 3 dargestellt und in Abbildung 9 visuell veranschaulicht. Man sieht zunächst, dass der Ausreißer von 1980 eine einmalige Abweichung der Messergebnisse nach unten darstellt, die nicht zu einer Niveauverschiebung in der Zeitreihe führt. Der Methodenwechsel 1987 hingegen führte nicht nur zu einer singulären Abweichung, sondern vielmehr zu einer dauerhaften Verschiebung der Messung um ca. 17 Minuten nach unten. Der Effekt ist statistisch signifikant ($p \leq 0.01$) und von der Größenordnung her bedeutsam, so dass Messergebnisse aus den Jahren vor 1987 nicht ohne Korrektur mit den Ergebnissen späterer Jahre verglichen werden können. Gleiches gilt in noch stärkerem Ausmaß für die Umstellung auf telefonisches Interview im Jahr 2000. Auch hier ist eine statistisch signifikante Niveauverschiebung ($p \leq 0.001$) zu erkennen, und die Messwerte steigen artifiziell um ca. 19 Minuten an. Hinzu kommt die ab 2001 einsetzende Trendänderung, die von den Modellen ebenso bestätigt wird.

Tabelle 3: ARIMA(0,1,0)-Modellierung der Hördauer 1977 bis 2005, erste Differenzen

	B	t
Outlier 1980	-10.77***	-3.68
Level break 1987	-17.21***	-4.76
Level break 2000	19.48***	5.43
Slope break 2001	-4.86***	-3.55
T	29	
R^2	0,83	

---

[4] ARIMA(0,1,0) bedeutet, dass in der Analysen keine Autoregression verwendet wurde (0), die ersten Differenzen verwendet werden (1) und kein gleitender Mittelwert modelliert wurde (0).
[5] Für die Methodenänderung 1979 und 1997 konnte kein Effekt identifiziert werden.

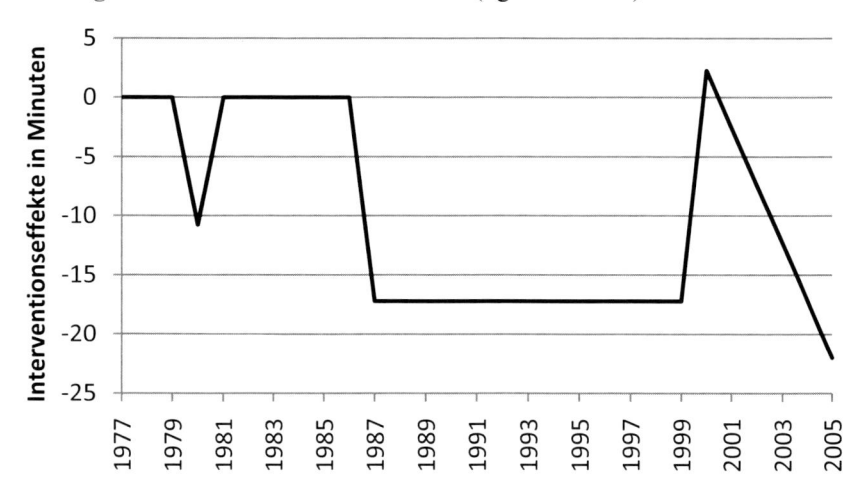

Abbildung 9: Identifizierte Interventionen (vgl. Tabelle 3)

Die Ergebnisse bedeuten, wie beschrieben, erstens, dass ein Vergleich der Hördauer über die Zeit nur bedingt möglich ist. Die Methodenänderungen der Jahre 1987 und 2000 haben zu statistisch signifikanten Niveauverschiebungen im Umfang von über 10% geführt. Hieraus folgt zweitens, dass die Zeitreihe der Hördauer auch den Trend der Radionutzung nur verzerrt wiedergeben kann. Sollen Vergleiche über Methodenbruchstellen hinweg erfolgen, sind die Daten entsprechend zu korrigieren (etwa anhand der Schätzergebnisse in Tabelle 3). Gleiches gilt, wenn der Trend der Radionutzung abgeschätzt werden soll. Um dies zu demonstrieren, stellt Abbildung 10 die Original-Zeitreihe und die korrigierte Zeitreihe einander gegenüber.

Die korrigierte Zeitreihe wurde hierbei von den Effekten der oben identifizierten Interventionen bereinigt. Die gestrichelte Linie stellt demnach die geschätzte Entwicklung der Radionutzung dar, wie sie ohne die Änderungen in der Erhebungsmethode hätte beobachtet werden sollen[6]. Zwischen 1987 und 1999 entspricht die Korrektur mit etwa einer Viertelstunde weitgehend den bereits in Abschnitt 2.1 prognostizierten Veränderungen. Die bereinigte Zeitreihe liegt nahezu exakt in der Mitte der in Abbildung 2 miteinander verglichenen umkodierten (Halb-)stunden und den tatsächlich abgefragten Viertelstundenwerte.

---

[6] Wir verfolgen dabei einen chronologischen Ansatz, in dem wir die neueren Erhebungen an die älteren vor 1987 anpassen. Denkbar wäre es auch, die älteren Erhebungen an die neueren anzupassen.

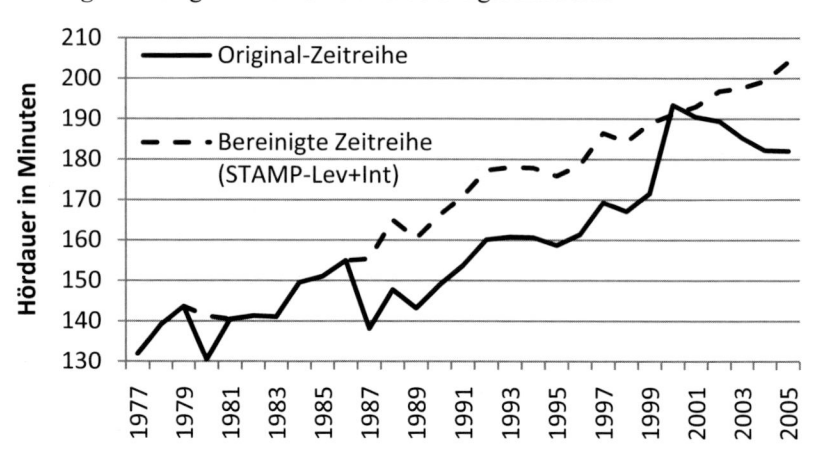

Abbildung 10: Original-Zeitreihe und bereinigte Zeitreihe

Aus exemplarischen Gründen haben wir an dieser Stelle die Trendumkehr ab 2001 mit modelliert und entsprechend auch korrigiert. Da jedoch nicht ausgeschlossen werden kann, dass das Absinken der Messungswerte die Realität wiederspiegelt – also tatsächlich das Ergebnis einer gesunkenen Radionutzung ist –, ist eine Korrektur des Trends um den slope-break ab 2001 kritisch zu sehen. Dies gilt umso mehr, da sich auch in den Folgejahren die Radionutzung weiter verringert hat. In diesem Sinne berichten Klingler und Müller (2006; 2008) auch für die Jahre 2006 bis 2008 eine tendenziell sinkende Hördauer. Im Gegensatz zur Korrektur der Niveauverschiebungen ab 1987 und 2000 könnte eine Korrektur somit einen weiteren Bias in die Daten einführen und historische Entwicklungen verdecken.

3 Zusammenfassung und Fazit

In diesem Beitrag wurde überprüft, inwieweit die Tagesablaufdaten der Media-Analyse Radio geeignet sind, Entwicklungen über die Zeit zu analysieren. Zu diesem Zweck wurden die Veränderungen, die an dem Messinstrument (also der Tagesablaufabfrage) vorgenommen wurden, dargestellt und in ihren Auswirkungen untersucht. Von 1977 bis 1986 beschränkten sich die Tagesablaufdaten auf die halbstündlich/stündlich erfassten Zeiten zwischen 5.00 und 22.00 Uhr (1977, 78: 6.00 bis 20.00 Uhr), seit 1987 wird die Zeit zwischen 5.00 und 24.00 Uhr viertelstundenweise erfasst.

Neben den sich hieraus ergebenden Problemen der *Datenverfügbarkeit* für die späten Abendstunden sind Probleme der *Datenvergleichbarkeit* zu beachten, da die methodischen Änderungen mitunter auch zu Veränderungen der Messwerte führen können. Die Untersuchungen dieses Beitrages haben ergeben, dass alle Methodenwechsel gewisse, wenn auch unterschiedlich starke Auswirkungen auf die Ergebnisse hatten, streng genommen also keine Vergleichbarkeit der Daten vor einem Methodenwechsel mit den Daten nach einem Methodenwechsel gegeben ist. Diese sehr harte Einschränkung gilt insbesondere, wenn tatsächlich Minutenwerte der Radionutzung über die Zeit verglichen werden sollen – sie unterliegt jedoch einem Interpretationsspielraum, zumal die meisten Veränderungen nur leicht und erklärbar sind. Auf alle Fälle müssen Änderungen des Erhebungsinstrumentes bei der Interpretation der Daten mit beachtet werden.

Mit der Umstellung des Radio-Tagesablaufes auf eine leittätigkeitsbasierte Abfrage und viertelstundengenaue Erhebung im Jahr 1987 entsteht für vergleichende Analysen das Problem, dass entweder Messungen mit unterschiedlicher Zeittaktung miteinander verglichen werden müssen, oder aus den Viertelstundenwerten Halbstundenwerte generiert werden müssen. Ist die eine Vorgehensweise mit niedrigeren Messwerten verbunden, führt die andere zu höheren Ergebnissen. Die Effekte des Wechsels von persönlicher auf telefonische Befragung im Jahr 2000 sind besonders deutlich: Es gab nicht nur Veränderungen in den Messwerten, sondern auch Verzerrungen in der Struktur des Tagesablaufes.

Anhand von Zeitreihen-Regressionen konnte schließlich gezeigt werden, dass die genannten Methodenänderungen zu überzufälligen, langfristig wirksamen Niveauverschiebungen in den Messergebnissen zur Radionutzung geführt haben. Untersuchungen über die Zeit sind demnach nur dann möglich, wenn die Berechnung, Darstellung und Interpretation mit der notwendigen Vorsicht erfolgt. Beispielsweise kann es hilfreich sein, die Messergebnisse – wie in Abschnitt 2.3 skizziert – zu korrigieren. Mitunter kann es außerdem sinnvoll sein, die inhaltlichen Analysen getrennt für Zeitabschnitte durchzuführen, in denen es nicht zu einem Methodenwechsel kam.

Zwar hat sich der vorliegende Beitrag nur mit den Daten einer Studie – der Media-Analyse – beschäftigt, doch die Ergebnisse lassen sich, zumindest teilweise, generalisieren. Zunächst einmal ist festzustellen, dass es essentiell ist, vor der Verwendung von Daten wiederholter Befragungen genau zu prüfen, ob und inwiefern sich Operationalisierung und Messung der Konstrukte, aber auch Stichprobenziehung und Befragungsmethode geändert haben. Dies kann mitunter ein zeitraubender Prozess sein. Werden Veränderungen über die Zeit gefunden, sollte genau untersucht werden, ob hieraus auch Ergebnisunterschiede resultieren. In diesem Beispiel haben wir vorgeschlagen, hierfür zunächst zwei Messzeitpunkte vor und nach den Methodenänderungen genau miteinander zu vergleichen. In einem zweiten Schritt mit Verfahren der Zeitreihenanalyse die gesamte Zeitreihe auf Ausreißer bzw. Niveauverschiebungen zu testen. Falls Ergebnisunterschiede gefunden werden, ist zu fragen, ob valide Vergleiche über die Zeit mit dem fraglichen Datenmaterial überhaupt möglich sind und ob gegebenenfalls eine Korrektur der Artefakte erfolgen kann bzw. soll. Unbedingt ist in Publikationen auf die methodischen Änderungen hinzuweisen.

Schließlich lässt sich konstatieren, dass die notwendigen Prüfungen nur dann möglich sind, wenn für die Daten entsprechende Informationen zugänglich sind. Im Idealfall sollten Auftraggeber von Studien mit mehreren Erhebungszeitpunkten bzw. Wissenschaftler in Forschungsdatenzentren Veränderungen in der Erhebungsstruktur oder im Variablenprogramm von Langfristuntersuchungen genauestens dokumentieren, und diese Dokumentationen den Nutzern zur Verfügung stellen. Es wäre zudem sinnvoll – wenn auch arbeitsaufwendig –, wenn gemeinsam mit den Daten und der Dokumentation auch eine Anleitung geliefert würde, wie mit Methodenunterschieden umgegangen werden sollte.

Literatur

ADM Arbeitskreis Deutscher Markt- und Sozialforschungsinstitute e.V./AG.MA Arbeitsgemeinschaft Media-Analyse e.V. (Hrsg.) (1999): Stichprobenverfahren in der Umfrageforschung. Opladen: Leske + Budrich.
Arbeitsgemeinschaft Media-Analyse e.V. (Hrsg.) (2003): Dokumentation der Experimente und Methoden zur Optimierung der media-analyse-Radio. Frankfurt am Main: AG.MA
Becker, Dominik (2007): Politische Homogenität oder Heterogenität der Leserschaft von Qualitätszeitungen? Eine Sekundäranalyse der Media-Daten 2005. Unveröffentlichte Magisterarbeit. Köln: Universität zu Köln.
Behrens, Kurt/Löffler, Ute (1999): Aufbau des ADM-Stichproben-Systems. In: ADM Arbeitskreis Deutscher Markt- und Sozialforschungsinstitute e.V./AG.MA Arbeitsgemeinschaft Media-Analyse e.V. (1999): 69-91.
Bentlage, Michael (2008): Polarisationstheoretische Betrachtungen in Zusammenhang mit der Mediennutzung in Deutschland. Unveröffentlichte Diplomarbeit. Würzburg: Julius-Maximilians-Universität Würzburg.
Bentlage, Michael/Rauh, Jürgen (2008): Räumliche Polarisation der Internetanwendung. In: Hagenah/Meulemann (2008): 267-279.
Best, Henning/Hagenah, Jörg (2006): Vom persönlichen zum telefonischen Interview: Probleme der Stichproben-Zusammensetzung und des Antwortverhaltens. In: Hagenah/Meulemann (2006): 35-56.
Box, Georg E./Jenkins, Gwilym M. (1970): Time Series Analysis: Forecasting and Control. San Francisco: Holden Day.
Buß, Michael (1998): Leistungsfähigkeit und Grenzen der Media Analyse. In: Lindner-Braun (1998): 77-82.

Dudzik, Dominika (2009): Senderexpansion und Programmtreue - Eine empirische Analyse zur Entwicklung der Radiosenderbindung nach Einführung des dualen Rundfunksystems. Unveröffentlichte Diplomarbeit. Köln: Universität zu Köln.

Ehling, Manfred (2003): Harmonising data in official statistics: development, procedures and data quality. In: Hoffmeyer-Zlotnik/Wolf (2003): 17-31.

Ehrenberg, Maria (2005): Mittagessen mit Moderator. Zum Zusammenhang von Zeitbudget, Tagesablauf und Parallelnutzung des Fernsehens. Unveröffentlichte Magisterarbeit. Jena: Friedrich-Schiller-Universität Jena.

Frisch, Anna-Linda (2005): Senderbindung im Hörfunk. Eine Sekundärauswertung der Media-Analyse 2000 zur Hörfunknutzung in Deutschland. Unveröffentlichte Magisterarbeit. Jena: Friedrich-Schiller-Universität Jena.

Gabler, Siegfried/Häder, Sabine (1997): Überlegungen zu einem Stichprobendesign für Telefonumfragen in Deutschland. In: ZUMA-Nachrichten 21. 41. 7-18.

Gabler, Siegfried/Hoffmeyer-Zlotnik, Jürgen H. P. (Hrsg.) (1997): Stichproben in der Umfragepraxis. Opladen: Westdeutscher Verlag.

Gehrau, Volker/Fretwurst, Benjamin/Krause, Birgit/Daschmann, Gregor (Hrsg.) (2005): Auswahlverfahren in der Kommunikationswissenschaft. Köln: Halem Verlag.

Hagenah, Jörg/Best, Henning (2005): Die Rolle von Auswahl- und Befragungsverfahren am Beispiel der Media-Analyse. Grundgesamtheit und Inhalte im Vergleich zwischen telefonisch und persönlich-mündlich erhobenen Daten. In: Gehrau et al. (2005): 223-250.

Hagenah, Jörg/Meulemann, Heiner (2006): Sozialer Wandel und Mediennutzung in der Bundesrepublik Deutschland. Münster: LIT Verlag.

Hagenah, Jörg/Meulemann, Heiner (2007a): Untersuchungen zum Fernsehen, zum Radio, zur Zeitung, zum Internet und zum sozialen Wandel. MLFZ-Onlinereihe Mediennutzung und sozialer Wandel: Sekundäranalysen mit Daten der Media-Analysen, 5 Online-Herausgeberbände. http://www.mlfz.uni-koeln.de (Stand Oktober 2007).

Hagenah, Jörg/Meulemann, Heiner (2008): Alte und neue Medien. Zum Wandel der Medienpublika in Deutschland seit den 1950er Jahren. LIT Verlag: Münster.

Hagenah, Jörg (2006): Möglichkeiten der Nutzung von Media-Analyse Radiodaten für Sekundäranalysen von 1972 bis heute. In: Medien- und Kommunikationswissenschaft 54. 3. 457-485.

Hagenah, Jörg/Meulemann, Heiner/Akinci, Haluk (2006): European Data Watch: German Media-Analyse (MA): A large scale commercial data source available for secondary analyses on media use and social change. In: Schmollers Jahrbuch. Journal of Applied Social Science Studies / Zeitschrift für Wirtschafts- und Sozialwissenschaften 126. 1. 129-137.

Hake, Sabine (2009): Kinobesuch im Wandel der Zeit. Eine sekundäranalytische Untersuchung auf Basis der Media-Analyse. Unveröffentlichte Masterarbeit. Düsseldorf: Heinrich-Heine-Universität Düsseldorf.

Hamilton, James D. (1994): Time series analysis. Princeton New Jersey: Princeton University Press.

Hoffmann, Henriette/Müller, Dieter K. (2003): Gelungener Umstieg von Face-to-Face zu CATI: Zuverlässiges Erhebungsinstrument zur Ermittlung der Radionutzung. In: Arbeitsgemeinschaft Media-Analyse e.V. (2003): 11-32.

Hoffmeyer-Zlotnik, Jürgen H. P. (1997): Random-Route-Stichproben nach ADM. In: Gabler/Hoffmeyer-Zlotnik (1997): 33-42.

Hoffmeyer-Zlotnik, Jürgen H. P./Wolf, Christof (Hrsg.) (2003): Advances in cross-national comparision. A European working book for demographic and socioeconomic variables. New York: Kluwer.

Kirvel, Sandra (2008): Internetnutzung und Alter. Einflussfaktoren der (Nicht-)Nutzung. Eine Sekundäranalyse der Media Analyse 2005. Unveröffentlichte Magisterarbeit. Köln: Universität zu Köln.

Klingler, Walter/Müller, Dieter K. (2006): ma 2006 Radio II: Radio behält zentrale Funktion Standardwährung im Markt. In: Media Perspektiven 9/2006. 478-489.

Klingler, Walter/Müller, Dieter K. (2008): ma 2008 Radio II: Stabile Nutzungsmuster auch bei erweiterter Grundgesamtheit. Radionutzung erstmals inklusive EU-Ausländer und Kinder ab zehn Jahren. In: Media Perspektiven 10/2008. 502-515.

Klingler, Walter/Müller, Dieter (2000). MA 2000 Radio: Erstmals mit Telefoninterviews erhoben. In: Media Perspektiven 2000/9. 414-426.

Krause, Birgit/Fretwurst, Benjamin (2007): Kurzfristige Agenda-Setting-Effekte von Fernsehnachrichten. Eine Zeitreihenanalyse am Beispiel Ausländerfeindlichkeit und Rechtsradikalismus. In: Krause et al.: 171-196.

Krause, Birgit/Fretwurst, Benjamin/Vogelgesang, Benjamin (Hrsg.) (2007): Fortschritte der politischen Kommunikationsforschung. Wiesbaden: VS-Verlag für Sozialwissenschaften.

Kubitschke, Lutz/Trebbe, Joachim (1992): Zur Ermittlung einer medienübergreifenden Nutzungstypologie. Eine explorative Sekundäranalyse der Media-Analyse 1988. In: Media-Perspektiven 1992/3. 199-212.

Lauf, Edmund (1999): Primär sekundäranalysiert: Tageszeitungsnutzung in der Media-Analyse, der Allensbacher Werbeträger Analyse und in der Langzeitstudie Massenkommunikation. www.dgpuk.de/fg_meth/abs14.htm (Stand: 03.08.2009).

Lindner-Braun, Christa (Hrsg.) (1998): Radioforschung – Konzepte, Instrumente und Ergebnisse aus der Praxis. Opladen: Westdeutscher Verlag.

Metz, Rainer (2002): Trend, Zyklus und Zufall. Bestimmungsgründe und Verlaufsformen langfristiger Wachstumsschwankungen. Stuttgart.

Müller, Dieter K./Mai, Lothar (2006): Das Erhebungsmodell der Media-Analyse Radio. In: Hagenah /Meulemann (2006): 18-34.

Puleri, Cristiana (2009): Diffusion öffentlich-rechtlicher und privater Informations- und Unterhaltungssendungen nach der Einführung des dualen Rundfunksystems in Deutschland. Eine Untersuchung der Media Analyse von 1987-1996. Unveröffentlichte Magisterarbeit. Köln: Universität zu Köln.

Risel, Maren (2005): Westdeutsche Lebensstile Ende des 20. Jahrhunderts. Eine empirische Untersuchung zum Zusammenhang von Sozialstruktur und Lebensstil. Unveröffentlichte Magisterarbeit. Tübingen: Universität Tübingen.

Sarling, Gunther (2009): Vernetzte Generationen. Alte und Junge im World Wide Web. Die Entwicklung der kohortenspezifischen Nutzung von Internetangeboten im Zeitverlauf. Eine Sekundäranalyse der Daten der Media-Analyse von 2001-2006. Unveröffentlichte Magisterarbeit. Köln: Universität zu Köln.

Scheler, Hans-Erdmann (1979): Modalitäten der MA-Berichterstattung – Umfang, Termine, Möglichkeiten. In: ZV + ZV. 36. 1369-1373.

Schönbach, Klaus (Hrsg.) (1997): Zeitungen in den Neunzigern: Faktoren ihres Erfolgs. 350 Tageszeitungen auf dem Prüfstand. Bonn: ZV Zeitungsverlag Service GmbH

Schönbach, Klaus/Lauf, Edmund/Stürzenbecher, Dieter/Peiser, Wolfgang (1997). Faktoren des Zeitungserfolgs. In: Schönbach (1997): 61-112.

Weiß, Ralph/Hasebrink, Uwe (1995): Hörertypen und ihr Medienalltag. Eine Sekundärauswertung der Media-Analyse 94 zur Radiokultur in Hamburg. Berlin: Vistas Verlag GmbH.

Weiß, Ralph/Hasebrink, Uwe (1997): Hörertypen und ihr Medienalltag. Plädoyer für eine hörerzentrierte Nutzungsanalyse. In: Publizistik. 42. 2, 164-180.

www.agma-mmc.de (2005). CASI-Methode. Frankfurt am Main: Arbeitsgemeinschaft Media-Analyse e.V. http://www.agma-mmc.de/ (Stand 18.10.2005).

Mediennutzung als raum-zeitliches Phänomen

Michael Bentlage und Jürgen Rauh

1 Einleitung

Medien sind in das tägliche Leben und das räumliche Umfeld ihrer Nutzer eingebettet. Die Möglichkeit, ein bestimmtes Angebot in der Medienlandschaft zu nutzen, ist stark von der Situation abhängig, in der sich die Nutzer befinden. Die Situation wiederum wird durch die räumliche und zeitliche Dimension bestimmt. Diese beiden Dimensionen geben eine Struktur vor, die das Nutzen von Medien ermöglicht bzw. erfordert.

Zwischen den 1950er und 1970er Jahren wurde von Hägerstrand und seinen Schülern an der schwedischen Universität Lund eine theoretische wie methodische Konzeption entworfen, die heute als klassische Zeitgeographie oder time geography bekannt ist. Damit hat der schwedische Geograph einen bis heute immer noch verlässlichen Grundstein der sozialwissenschaftlichregional-analytischen Forschung gelegt. Ein von der Lundschen Schule sowie von Parkes und Thrift (1978; 1980) entwickeltes Bündel an Definitionen und Methoden dient nach wie vor als analytischer Rahmen, um die Wechselwirkungen zwischen sozial bedingten Verhaltensweisen und raum-zeitlichen Strukturen zu erforschen. Die für die geographische Forschung relevanten Dimensionen sind demnach zum einen die Handlungen oder Verhaltensweisen von Menschen und zum anderen die räumliche Struktur und die zeitliche Ausstattung der involvierten Individuen. Seitens der Sozialwissenschaften wurden die Erkenntnisse Hägerstrands *„as a contribution to „spatializing" social theory"* wahrgenommen (Thrift 2005: 337). Bis heute kommen zeitgeographische Ansätze bevorzugt in der Verkehrsgeographie zur Anwendung (in jüngerer Zeit z.B. Kramer 2005). Jedoch liefern zeitgeographische Ansätze auch interessante Möglichkeiten der Einbindung in die Medienforschung, was bislang noch nicht geschehen ist.

Dieser Beitrag folgt dem Ziel, Mediennutzung als raum-zeitliches Phänomen zu vermitteln. Die Media-Analyse bietet dazu umfangreiche Informationen, die bisher innerhalb der Sozialgeographie kaum analysiert wurden. Im Besonderen wurden die Tagesablaufdaten noch nicht in geographischen Arbeiten verwendet. Deshalb wird hier der konzeptionelle Rahmen für das Arbeiten innerhalb des Themenkomplexes gesteckt. Diese Arbeit erscheint den Autoren als wichtig, um erste Hypothesen zu bilden und Fragen an die Datensätze der Media-Analyse zu stellen. Hierbei handelt es sich um ein Themengebiet, das bisher zwar Beachtung in geographischen Arbeiten gefunden hat, dort aber ausschließlich von seiner raumstrukturellen Voraussetzung aus diskutiert wurde (Gräf 1988; Rauh 1999). Die kontextbezogene Verwendung von Medien findet kaum Eingang in raumwissenschaftliche Analysen. Dabei ist die Bedeutung medialer Umgangsweisen durch die voranschreitende Durchdringung unserer Alltagswelten mit Medien sehr stark im Wachsen begriffen.

2 Die Zeitgeographie

Ein zentraler Aspekt der Zeitgeographie ist die Annahme, dass Menschen und deren Handeln im Verlauf eines Zeitabschnittes gewissen Einschränkungen oder Zwängen unterlegen sind. In der englischen Übersetzung der schwedischen Arbeiten Hägerstrands (1970: 11-13) findet sich die Formulierung *„constraints"* wieder. Drei Spezifizierungen dieser gibt es: *Capability, Coupling, Authority*.

Zum Ersten gibt es Einschränkungen, die sich aus physiologischen Bedürfnissen oder begrenzten Reichweiten von Verkehrsmitteln ergeben (*Capability constraints, Kapazitätsbeschränkungen*). Dazu gehören zeitbeanspruchende Tätigkeiten, die innerhalb eines Zeitabschnitts (Tag, Woche, Monat etc.) definitiv durchgeführt werden müssen. Darunter fallen Schlafen, Essen oder auch das Pendeln zum Arbeitsplatz. Während dieser Fahrt zum Beispiel kann das Individuum bestimmte Tätigkeiten nicht durchführen und somit wird die verfügbare Zeit um die Dauer dieser Tätigkeiten verkürzt.

Zum Zweiten wurden von Hägerstrand *Coupling constraints (Koordinationsbeschränkungen)* eingeführt, die dadurch entstehen, dass individuelle Handlungen oder Lebenspfade mit anderen Menschen abgestimmt werden müssen. Sie kommen dann zur Geltung, wenn sich Menschen verabreden oder ihre Handlungen koordinieren müssen. Die Teilnahme an einem Meeting oder einem gemeinsamen Mittagessen erfordern die Absprache und die freie Zeit der Beteiligten. Ähnliches gilt in Familien mit nur einem Fernsehgerät bei der Verständigung auf ein gemeinsam zu schauendes Fernsehprogramm.

Zum Dritten werden die *Authority constraints (Zulassungsbeschränkungen)* genannt. Gemeint sind Regulierungen, die den Zugang zu Orten auf bestimmte Personen, Zeiten oder durch Eintrittsgelder beschränken. Dies führt dazu, dass ein Individuum zu einer bestimmten Zeit an einem bestimmten Ort sein muss, um eine Tätigkeit auszuüben. Dazu gehören beispielsweise das Einkaufen, das nur während der Ladenöffnungszeiten möglich ist oder das Sehen der „Tagesschau", die eigentlich nur zu einer bestimmten Zeit ausgestrahlt wird. Durch das Internet sind jedoch beide Angebote zu jeder Zeit nutzbar.

An einem bestimmten Ort zu einer gegeben Zeit zu sein oder eine bestimmte Tätigkeit auszuführen wird vom Individuum durch das Aushandeln von Raum und Zeit ermöglicht (Raubal et al. 2007: 5). Die Prozesse entlang des Raum-Zeit-Pfades werden durch diese Abwägung gestaltet. Der Raum-Zeit-Pfad lässt sich durch eine geometrische Figur anhand von drei Achsen illustrieren (Abb. 1). Diese Art der Darstellung geht ebenfalls auf die Lundsche Schule zurück und wurde von Parkes und Thrift (1980) als „dynamic maps" weiter entwickelt sowie zuletzt von Miller und Bridwell (2009) aufgegriffen. Dabei wird Raum als zweidimensional gesetzt und durch geographische Koordinaten definiert. Die dritte Dimension wird durch die Zeit repräsentiert. Der Pfad beginnt unten in der Abbildung an einem fixen Punkt (first anchor). Zu Beginn des Tages ist dies meist das eigene zu Hause. Das Ende kann an einem anderen Ort liegen (second anchor). Im Verlauf des Tages muss ein Individuum unter Umständen weitere solcher Ankerpunkte aufsuchen. In der Abbildung verweilt es jedoch am Ort des ersten Ankerpunktes eine gewisse Zeit. Dann besteht die Möglichkeit oder der Zwang, eine Tätigkeit auszuüben, für die ein bestimmtes Zeitbudget und ein räumliches Umfeld zur Verfügung stehen. Hägerstrand (1970: 15) spricht hier von *„bundles"*. Diese werden als abgesteckte Räume bezeichnet, die um einen Standort liegen und deren Inhalte zur Handlung benutzt werden. Sie sind dem Individuum vorgegeben.

Weiterhin wirkt die Verfügbarkeit von Zeit bestimmend auf den Aktionsraum der Personen. Die daraus resultierende geometrische Form ist als Raum-Zeit-Prisma definiert. Die Fläche innerhalb eines solchen Prismas zeigt an, wohin sich die Person innerhalb eines begrenzten Zeitraumes bewegen könnte, um somit weitere Handlungsmöglichkeiten zu haben. Orte, die außerhalb dieser Prismen liegen, können innerhalb des Zeitbudgets nicht erreicht werden. Die potentielle Pfad-Fläche (potential path area) zeigt an, welche Orte innerhalb des Zeitverlaufes in möglicher Reichweite liegen.

Abbildung 1: Konzeptionelles Raum-Zeit-Prisma (Miller & Bridwell 2009: 52)

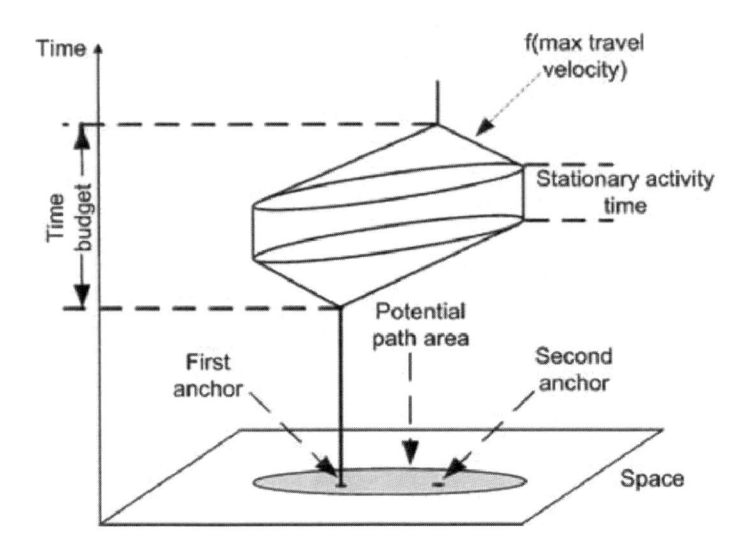

Der Vorteil dieser Methode besteht in der schnell zugänglichen Visualisierung der komplexen Zusammenhänge zwischen individuellen Tätigkeiten und raumzeitlichen Strukturen. Die Verfügbarkeit schneller Verkehrsmittel erweitert den Aktionsradius; die Verwendung von E-Commerce kann Raumüberwindung ersetzen. Gerade diese Möglichkeiten, das menschliche Handeln in Raum und Zeit sehr genau zu strukturieren, bewirkten eine jüngere Anwendung der Zeitgeographie innerhalb der Mobilitätsforschung (Kramer 2005; Raubal et al. 2007; Miller & Bridwell 2009).

Hägerstrand hat auch den besonderen Einfluss von Informations- und Kommunikationsmedien auf die Raum-Zeit-Konfigurationen hervorgehoben. Ein Telefon zum Beispiel wirkt direkt in die Beschaffenheit der coupling constraints hinein, indem es face-to-face-Kommunikation durch Telekommunikation ersetzen und dadurch eine Bewegung der Gesprächsteilnehmer im Raum erübrigen kann. Gerade in der Entwicklung von Informations- und Kommunikationstechnologien hat sich seit den Arbeiten Hägerstrands vieles getan. Durch Mobiltelefone oder location based services stehen den Menschen Informationen und Möglichkeiten der Kommunikation fast überall und jederzeit zur Verfügung (Raubal et al. 2004; Schwanen et al. 2008). Eine Neuorganisation der Raum-Zeitstrukturen erscheint logisch.

Die Media-Analyse (MA) mit den Daten zu den Tagesabläufen der Befragten ist, wie eingangs beschrieben, für bestimmte zeitgeographische Themen eine bisher ungenutzte Informationsquelle. In der Media-Analyse werden bestimmte Leittätigkeiten in einem viertelstündlichen Takt dahingehend differenziert, ob sie zu Hause (Schlafen, Körperpflege, Essen/Mahlzeit, Hausarbeit, Berufsarbeit, Sonstiges) oder außer Haus (unterwegs im Auto, mit Bus/Bahn, Einkaufen/Besorgungen, Berufsarbeit, Schule/Studium, Besuch von Freunden/Bekannten/Verwandten, Besuch in Kneipen/Gaststätten/Restaurants, Sonstiges) stattfinden. Die Mediennutzung wird sehr differenziert abgefragt und wurde hier (Datenbasis: Media-Analyse 2005) verdichtet zu Schallplatten/Tonband/Kassetten/CD, Radio hören, Fernsehen, Video sehen und mit PC beschäftigen. Zwar können durch die verfügbaren Angaben keine exakten Bewegungen im Raum nachgezeichnet werden, da Ortsangaben zu den durchgeführten Tätigkeiten nicht vorhanden sind und somit die Veranschaulichung von Raum-Zeit-Prismen im klassischen Sinne nicht möglich ist, dennoch erscheint es lohnend, Methoden der Zeitgeographie und Informationen der Media-Analyse zusammenzuführen. Dazu werden in diesem Beitrag in Form einer Illustration der Möglichkeiten nur Ansätze möglicher Analysen aufgezeigt. Eine erste Analysemöglichkeit soll auf der Ebene von Individuen in Form einer fallbezogenen explorativen Datenanalyse vorgestellt werden. Sie soll zeigen, wie Fragen nach dem raum-zeitlichen Kontext der Mediennutzung beantwortet werden können und ob sich die individuelle Nutzung von Medien durch die oben genannten constraints strukturieren lässt. Als zweite Art von Analysen können die Tagesabläufe auf einer räumlich aggregierten Ebene (Aggregation auf der Basis der Wohnorte der Befragten) betrachtet werden, um zu untersuchen, ob sich wohnortbedingte Unterschiede im Tagesablauf auch in der Mediennutzung widerspiegeln.

3   Individuelle Tagesabläufe

Ein Brückenschlag zwischen Zeitgeographie und den Tagesablaufdaten wird hier anhand ausgewählter Individuen vollzogen, die unter didaktischen Gründen selektiert wurden. Couclelis (2009: 1556) konstatiert:

> „Its signature notation, the space-time prism, provides a simple and effective means for visualizing and exploring a person's actual and potential trajectory from activity to activity – and from place to place – in the course of a day (or a week, a year, a lifetime)".

Um diese Aussage besser nachvollziehen zu können, werden anhand dreier Personenbeispiele, die zufällig aus der Media-Analyse entnommen wurden, individuelle Tagesabläufe dargestellt. Daraus werden Rückschlüsse auf die tatsächlichen und potentiellen Handlungen gezogen. Abbildung 2 illustriert den Tagesablauf dieser Personen werktags ab 14 Uhr. Die illustrierten Tätigkeiten unterscheiden sich zwischen den Personen. Die Personen selbst sollen hier kurz beschrieben werden. Genaue Angaben können über die ID aus der verwendeten Datei bezogen werden:

- Person 1 ist 39 Jahre alt, weiblich, verheiratet, hat ihre Schulausbildung mit der mittleren Reife abgeschlossen, verfügt über ein monatliches Haushaltsnettoeinkommen zwischen 1.000 und 1.500 € und ist teilweise berufstätig. Sie besitzt keine mobilen Medien. Die Person gab an, den Aktivitäten Fernsehen, Radio hören, Schallplatten/CDs/Kassetten hören, Zeitung und Bücher lesen mehrmals in der Woche nachzugehen.
- Person 2 ist 18 Jahre alt, männlich, ledig ohne Partner im Haushalt, hat ihre Schulausbildung mit der mittleren Reife abgeschlossen, lebt in einem Haushalt mit einem Haushaltsnettoeinkommen zwischen 2.000 und 2.500 € und befindet sich in der Lehre. Außerdem wohnt Person 2 im Gegensatz zu den anderen Personen außerhalb einer Kernstadt im Pendlerverflechtungsraum. Er besitzt ein mobiles Radio. Die Person gab an, den Aktivitäten Fernsehen, Radio hören, Schallplatten/CDs/Kassetten hören, Videos/DVDs ansehen, Zeitung, Zeitschriften, Bücher lesen, Fitness/Sport, Ausgehen in Restaurants etc. und stricken/heimwerken etc. mehrmals in der Woche nachzugehen.
- Person 3 ist 47 Jahre alt, männlich, verheiratet, machte einen Abschluss an der allgemeinbildenden polytechnischen Oberschule (ehem. DDR), verfügt über ein Haushaltsnettoeinkommen von über 4.000 € und ist im eigenen Betrieb tätig. Er besitzt ein mobiles Radio. Die Person gab an, den Aktivitäten Fernsehen, Radio hören, Schallplatten/CDs/Kassetten hören, Zeitung, Bücher lesen, Fitness/Sport, Ausgehen in Restaurants etc. und stricken/heimwerken etc. mehrmals in der Woche nachzugehen.

Die Tagesabläufe und die darin eingebettete Mediennutzung der Personen strukturieren sich wie folgt (Abb. 2):

Mediennutzung als raum-zeitliches Phänomen 425

Abbildung 2: Tagesablauf ausgewählter Individuen (MA EM I 05)

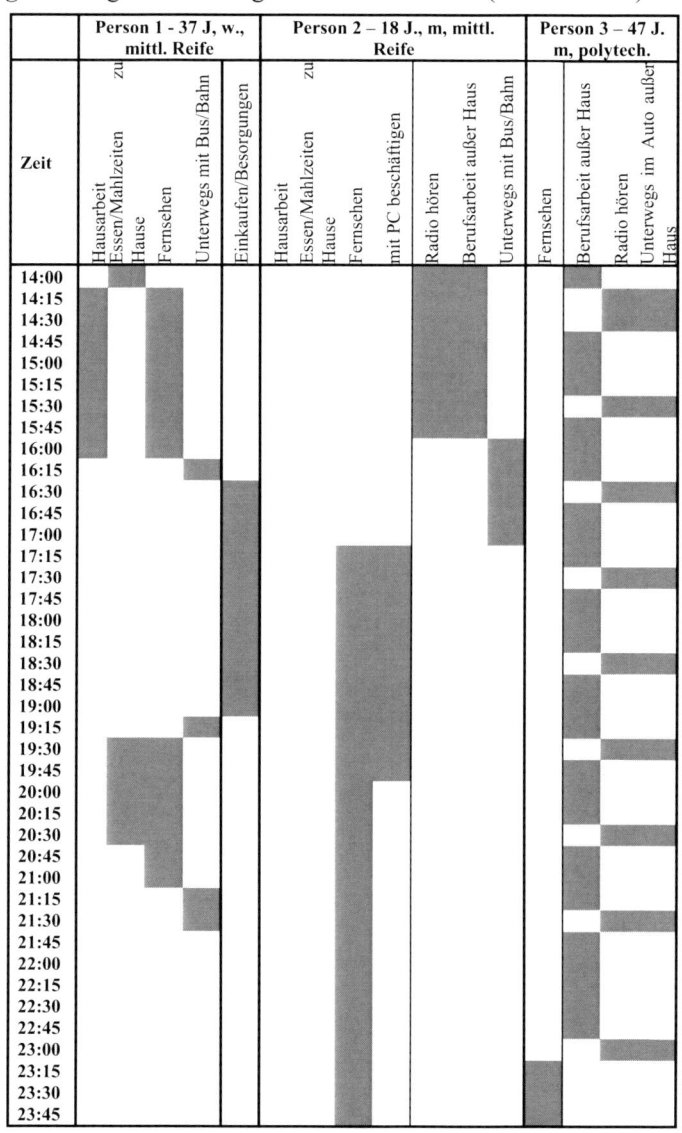

Zeit	Person 1 - 37 J, w., mittl. Reife					Person 2 – 18 J., m, mittl. Reife							Person 3 – 47 J. m, polytech.			
	Hausarbeit	Essen/Mahlzeiten zu Hause	Fernsehen	Unterwegs mit Bus/Bahn	Einkaufen/Besorgungen	Hausarbeit	Essen/Mahlzeiten zu Hause	Fernsehen	mit PC beschäftigen	Radio hören	Berufsarbeit außer Haus	Unterwegs mit Bus/Bahn	Fernsehen	Berufsarbeit außer Haus	Radio hören	Unterwegs im Auto außer Haus

Anmerkung: Tätigkeit wird ausgeübt.

- Person 1 geht an diesem Tag keiner Berufstätigkeit nach und verwendet ihre Zeit für Besorgungen und den Haushalt. Sie verlässt das Haus um 16.15 Uhr und kehrt gegen 19.30 Uhr zurück. Diese Zeitspanne kann nicht für die Nutzung von stationären Medien wie TV oder PC verwendet werden (capability constraints). Für mobile Medien hingegen besteht zur selben Zeitspanne eine mögliche Verwendung, scheitert aber am fehlenden mobilen Radiogerät.
- Person 2 hört während seiner beruflichen Tätigkeit Radio und fährt dann auf Grund seines Wohnortes außerhalb von Kernstädten relativ lange mit Bus oder Bahn, um nach Hause zu kommen. Dort nutzt er bis 20.00 Uhr PC und TV gleichzeitig. Dann widmet sich diese Person ausschließlich dem Fernsehprogramm. Geht man davon aus, dass die Berufsarbeit zu einem gewohnten Zeitpunkt endet und die Person gegen 20.00 Uhr eine bestimmte Fernsehsendung sehen möchte, bleibt ihr letztlich eine Zeitspanne von 2.15 Stunden, um anderen Tätigkeiten nachzugehen. Hier wird diese Zeit für den Konsum mehrerer Medien gleichzeitig genutzt. Da diese Tätigkeiten parallel verlaufen und deshalb unspezifisch zu sein scheinen, besteht die Möglichkeit, dass auch andere Beschäftigungen durchgeführt werden könnten.
- Im Tagesablauf der dritten Person ist ein mehrfacher Wechsel zwischen Berufsarbeit und Autofahren zu erkennen. Während der Autofahrt hört er immer auch Radio. Die berufliche Arbeit endet sehr spät, anschließend sieht Person 3 noch fern. Dieser Verlauf scheint straff organisiert zu sein und erstreckt sich bis in die späten Abendstunden. Die Möglichkeit einer Beschäftigung wie Einkaufen oder der Besuch von Freunden scheint kaum möglich zu sein.

Die Tagesabläufe zeigen, dass insbesondere die Radionutzung sehr individuell in die Tagesabläufe eingepasst wird, und unterstreichen auch die Bedeutung des Radios als Medium, das „weniger als andere Medien auf exklusive Nutzung angewiesen [ist]. Das Radio läßt sich [...] mit einer Fülle von Tätigkeiten im Arbeits- und Freizeitbereich kombinieren" (ARD-Werbung Sales & Services GmbH Radioforschung 2005, S. 5). Allerdings zeigt sich zugleich, dass diese Möglichkeit der Kombination mit anderen Tätigkeiten zunehmend auch für das Fernsehen gilt (Person 1: Kombination mit Hausarbeit, Person 2: Kombination mit PC).

Couclelis (2009: 1559) argumentiert weiterhin, dass der Einfluss von Informations- und Kommunikationstechnologien (IKT) eine Aufweichung der Raumbindung von Tätigkeiten ergeben hat. Wer in einem Einkaufszentrum ist, kauft ein. Dies konnte ihrer meiner Meinung nach vor der Einführung von IKT angenommen werden. Wer beim Einkaufen ein Mobiltelefon oder Smartphone mit sich führt, kann zudem telefonieren oder sogar E-Mails lesen. Einschränkungen wie capability constraints sind aus den Tagesabläufen dennoch ablesbar. Auch lassen sich Einschränkungen erkennen, die von Hägerstrand nicht explizit als constraints formuliert wurden, wie die fehlende Verfügbarkeit von Medien (Person 1 hat kein mobiles Radio) oder mangelnde Kompetenzen im Umgang mit bestimmten Medien. Auch gibt die Unterscheidung zwischen inner- und außerhäuslichen Tätigkeiten Aufschluss über die Art der Mediennutzung. Das Zeitfenster, das von Person 1 zum Einkauf genutzt wird, verhindert den Zugang zu stationären Medien und schränkt deren Nutzung also ein. Dies gilt auch für die berufliche Tätigkeit von Person 3, die offensichtlich aus Kontakten/Gesprächen mit Kunden/Geschäftspartnern besteht. Wie das Autoradio Hören bei dieser Person zeigt, besteht aber das Potenzial, an dieser Stelle mobile Medien zu platzieren. Insbesondere die Nutzung von neuen mobilen Endgeräten (MP3-Playern, Mobiltelefonen, Smartphones, PDAs, Laptops, Tablet-PCs etc.) könnte deren Bedeutung weiter heben.

Die Konzeption der Raum-Zeitprismen ist nicht nur wegen der mangelnden Ortsangaben schwierig auf die Daten der Media-Analyse zu übertragen. Hägerstrand (1970) greift in seinen Überlegungen auf einen zweidimensionalen Raum, der sich durch Koordinaten exakt abbilden lässt, zurück. Die situative Mediennutzung ist jedoch mit einer solchen Raumlogik nicht vereinbar. Spielen doch die Umweltwahrnehmung und damit das individuelle Empfinden des räumlichen Kontextes eine große Rolle. Dennoch kann der Aktionsraum, wie er in Abb. 1 als potential path area bezeichnet wird, eine Annäherung an den Raum der möglichen Mediennutzung sein. Dieser Raum kann über die MA durch die Leittätigkeiten operationalisiert werden. Das Fahren im eigenen Auto oder der Besuch einer Kneipe lassen Rückschlüsse auf den räumlichen Kontext zu. Genauer heißt dies, dass sich durch die Raum-Zeit-Strukturen und die Verfügbarkeit medialer Angebote mögliche Tätigkeiten ergeben können.

Die Raumüberwindung durch Telekommunikation fand bereits Eingang in die Arbeiten von Hägerstrand (1970: 15). Durch das Benutzen eines Telefons können verschiedene *bundles* zusammengeführt werden und erübrigen damit die Überwindung von Raum. Durch das Internet ist diese Form der Raumüberwindung um ein vielfaches komplexer geworden. Nicht mehr nur Telekommunikation ist möglich, sondern auch Einkauf, Unterhaltung oder Bankgeschäfte. Die MA stellt diesbezüglich weitere interessante Informationen über einen langen Zeitraum bereit und ermöglicht dadurch den Vergleich von individuellem Einkaufsverhalten, Mobilitätsmustern und Mediennutzung.

4 Tagesabläufe in verschiedenen Raumtypen

Die Untersuchung räumlich differenzierter Zeitstrukturen in der Mediennutzung kann mit Hilfe der Media-Analyse auf Basis der Variable Wohnort erfolgen. Eine sinnvolle räumliche Aggregation für die Betrachtung von Tagesabläufen stellen die Siedlungsstrukturellen Kreistypen des BBR dar (Abb. 3). Das Prinzip beruht auf der Bevölkerungsdichte der Gebietseinheiten und der zentralörtlichen Funktion der Kerne der Regionen[1]. Unter Letzterem versteht man die Ausstattung an Versorgungseinrichtungen wie Dienstleistungs- und Einkaufsmöglichkeiten, Ausbildungsstätten, Verkehrsknotenpunkte etc. Man sollte beachten, dass die Typen, die dabei entstehen, relativ heterogen sind (BBR 2005) und lediglich Schlüsse auf die Siedlungsstruktur zulassen, nicht jedoch auf soziodemographische und -ökonomische Unterschiede zwischen den einzelnen Raumeinheiten selbst. So gehören Berlin und München zwar zum selben Raumtyp (Kernstädte in Agglomerationsräumen), sie unterscheiden sich aber dennoch deutlich hinsichtlich der Einwohnerzahl, Bevölkerungs-, Wirtschafts-, Erwerbstätigenstruktur etc.

---

[1] Das BBR gibt für seine Regionsabgrenzung folgende Kriterien an (vgl. www.bbr.bund.de): **Agglomerationsraum:** Oberzentrum über 300.000 Einwohner oder Dichte um 300 Einwohner/km²; **Verstädterte Räume:** Dichte größer als 150 Einwohner/km² oder Oberzentrum über 100.000 Einwohner bei einer Mindestdichte von 100 Einwohner/km²; **Ländliche Räume:** Dichte über 150 Einwohner/km² und ohne Oberzentrum über 100.000 Einwohner; mit Oberzentrum über 100.000 Einwohner und Dichte unter 100 Einwohner/km². Die siedlungsstrukturellen Kreistypen differenzieren weiter nach "Kernstädten" und sonstigen Kreisen bzw. Kreisregionen. Als Kernstädte werden kreisfreie Städte mit mehr als 100 000 Einwohnern ausgewiesen. Kreisfreie Städte unterhalb dieser Größe werden mit ihrem Umland zu Kreisregionen zusammengefasst. Die Typisierung der Kreise und Kreisregionen erfolgt außerhalb der Kernstädte nach der Bevölkerungsdichte. Um den großräumigen Kontext zu berücksichtigen, wird dann weiter nach der Lage im siedlungsstrukturellen Regionstyp differenziert. Mit dieser Einordnung wird der Überlegung Rechnung getragen, dass die Lebensbedingungen in den Kreisen sowie ihre Entwicklung wesentlich auch von der Entwicklung und der Struktur der jeweiligen Region bzw. des Regionstyps abhängig sind. Es ergeben sich neun Kreistypen.

Mediennutzung als raum-zeitliches Phänomen 429

Abbildung 3: Siedlungsstrukturelle Kreistypen (BBR 2007)

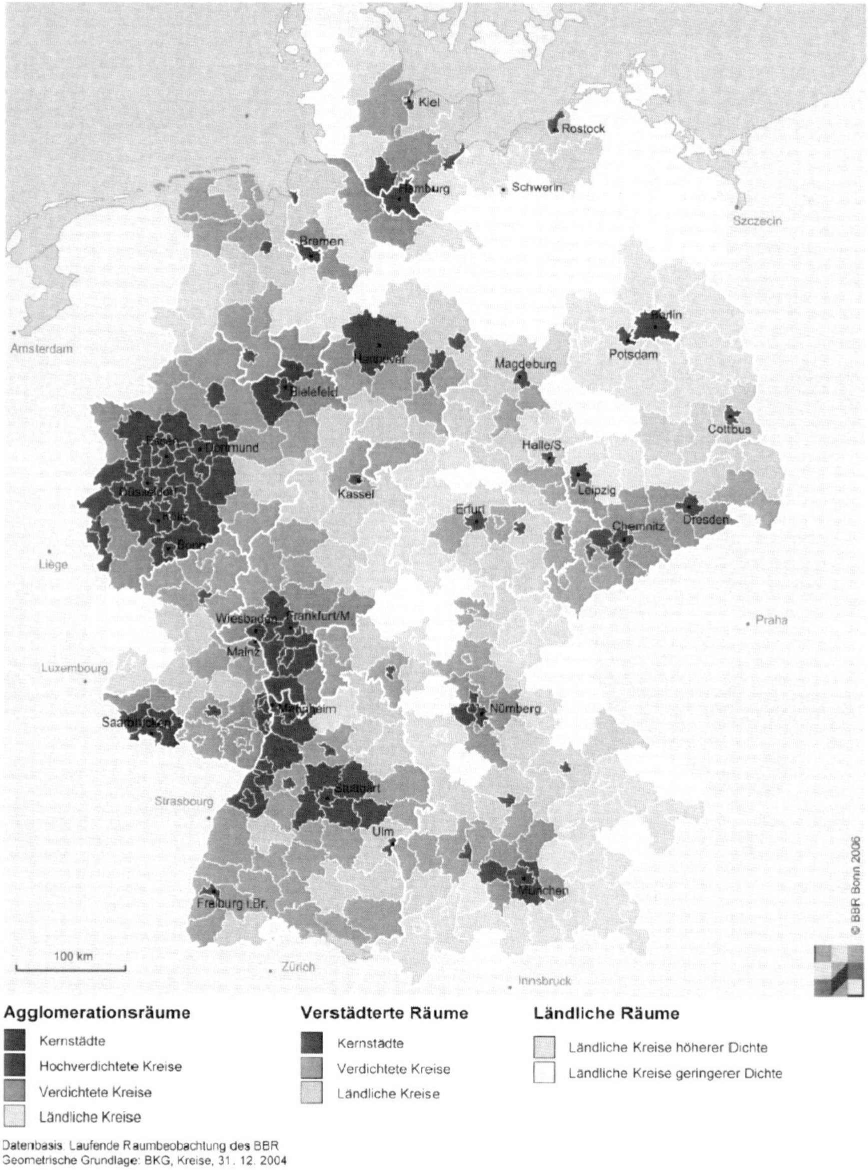

Agglomerationsräume
- Kernstädte
- Hochverdichtete Kreise
- Verdichtete Kreise
- Ländliche Kreise

Verstädterte Räume
- Kernstädte
- Verdichtete Kreise
- Ländliche Kreise

Ländliche Räume
- Ländliche Kreise höherer Dichte
- Ländliche Kreise geringerer Dichte

Datenbasis: Laufende Raumbeobachtung des BBR
Geometrische Grundlage: BKG, Kreise, 31. 12. 2004

Als ein Analysebeispiel werden in Abbildung 4 aggregierte Tagesablaufkurven an Werktagen von Befragten mit Wohnort in Kernstädten und ländlichen Kreisen in Agglomerationsräumen dargestellt. Augenfällig ist, dass die Befragten der ländlichen Kreise früher mit der Berufsarbeit anfangen und diese ebenfalls früher beenden. Die Mittagspause ist deutlicher erkennbar im Tagesablauf. Ebenso sind vor allem Unterschiede beim Radiohören festzustellen. Grundsätzlich ist der Anteil der Radiohörer in den ländlichen Kreisen dieses Regionstyps zu allen Tageszeiten größer als in den Kernstädten. Dies lässt sich u.a. auch dahin gehend deuten, dass in den Kernstädten alternative Medien- und Beschäftigungsformen das Radio Hören stärker substituieren als in den ländlichen Kreisen. Der Peak liegt für beide Kreistypen am Morgen, nach 8.30 Uhr ist ein deutlicher Rückgang zu verzeichnen. In den ländlichen Kreisen zeigt sich zu Zeiten der Mittagspause nochmals ein kleiner Anstieg, während in den Kernstädten am späten Nachmittag nochmals kleinere Peaks zu erkennen sind.

Abbildung 4: Berufsarbeit außer Haus und Radio hören in % aller Befragten nach LK-Typen an Werktagen (MA EM I 05)

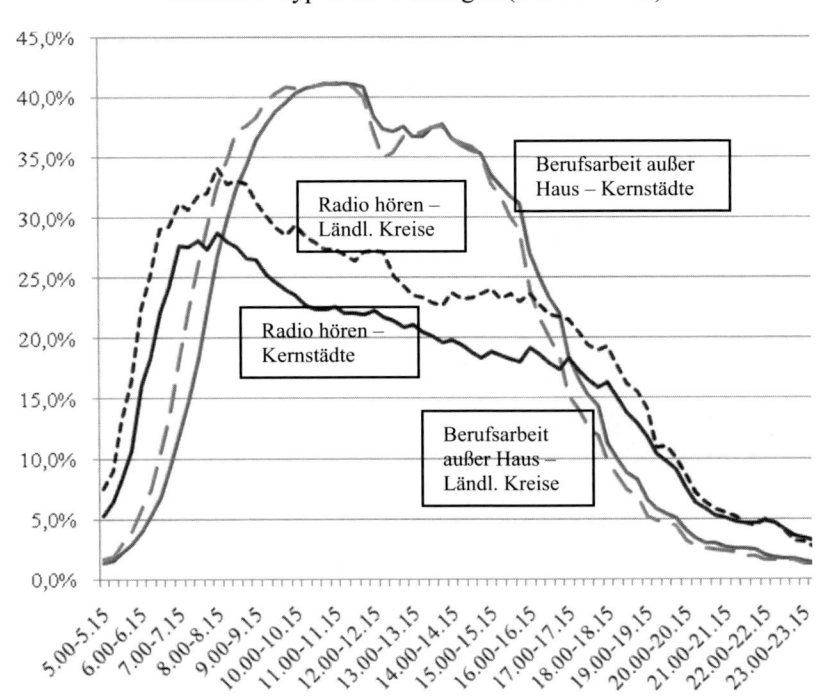

Abbildung 5 und 6 zeigen als zweites Beispiel die Unterscheidung der Tagesabläufe nach Kreistypen für einzelne Medien und Beschäftigungen an. Dabei wurde der Zeitraum von 20.00 Uhr bis 20.15 Uhr an Werktagen verwendet. Deutlich wird, dass neben dem Radio auch das Fernsehen in den verdichteten Gebietseinheiten weniger stark genutzt wird. Die Fixierung auf diesen markanten Programmzeitpunkt ist in den Kernstädten deutlich geringer als in ländlich strukturierten Regionen. Bei Betrachtung interaktiver bzw. selbstbestimmter Medien wie Video, Tonträger und PC deutet sich an, dass die Mediennutzung in Kernstädten variabler und flexibler ist. Die PC-Nutzung sowie das Musik Hören über Tonträger weisen deutliche Intensitätsunterschiede zwischen den Kernstädten und den ländlichen Kreisen auf. Da Medien in einer Linie mit anderen Beschäftigungen gesehen werden müssen (Meyen 2001: 11), wurden alternative Beschäftigungen wie das Besuchen von Freunden und von Gaststätten, Kneipen etc. betrachtet. Es zeigt sich, dass hier die verdichteten Räume besonders hohe Werte im betrachteten Zeitraum erzielen. Der Interpretationsspielraum ist vielfältig und reicht von Konkurrenz von Radio und TV mit den großstädtischen Angeboten bis zu Ausdruck gesellschaftlichen Wandels mit Ausdifferenzierung der Lebensstile und schließlich der Mediennutzer (Oehmichen 2007: 226). Eine räumlich bezogene Lebensweise, die sich in unterschiedlichen Tagesabläufen äußert, äußert sich nicht nur in der Mediennutzung, sondern wird auch begünstigt durch räumlich unterschiedlich verfügbare Medienangebote. Städte und Metropolen stellen fast immer den Ausgangspunkt von Diffusionsprozessen neuer Medien dar (z.B. früher Kabel-TV, heute Breitbandinternet in den Großstädten).

Es stellt sich also die Frage, ob eine Korrelation zwischen der Ausbreitungsform medialer Angebote und dem Lebenswandel besteht. Vielfach wurde bereits nachgewiesen, dass der ländliche Raum einen Entwicklungsrückstand in der Verfügbarkeit von leistungsstarken Internetzugängen aufweist. Dieses Angebot stellt die Grundlage für eine Reorganisation von Tätigkeiten in Raum und Zeit dar (Lenz & Nobis 2007: 191). Die These lautet also: Dort, wo moderne Angebote wie Internet, mobile Medien etc. verfügbar sind, erfährt die Lebensweise der Personen eine deutliche Wandlung. Die genaue Form dieser Veränderung lässt sich erst nach genaueren Analysen bestimmen.

Abbildung 5: Mediennutzung und alternative Beschäftigung von 20.00 Uhr - 20.15 Uhr in % aller Befragten nach Kreistypen (MA EM I 05)

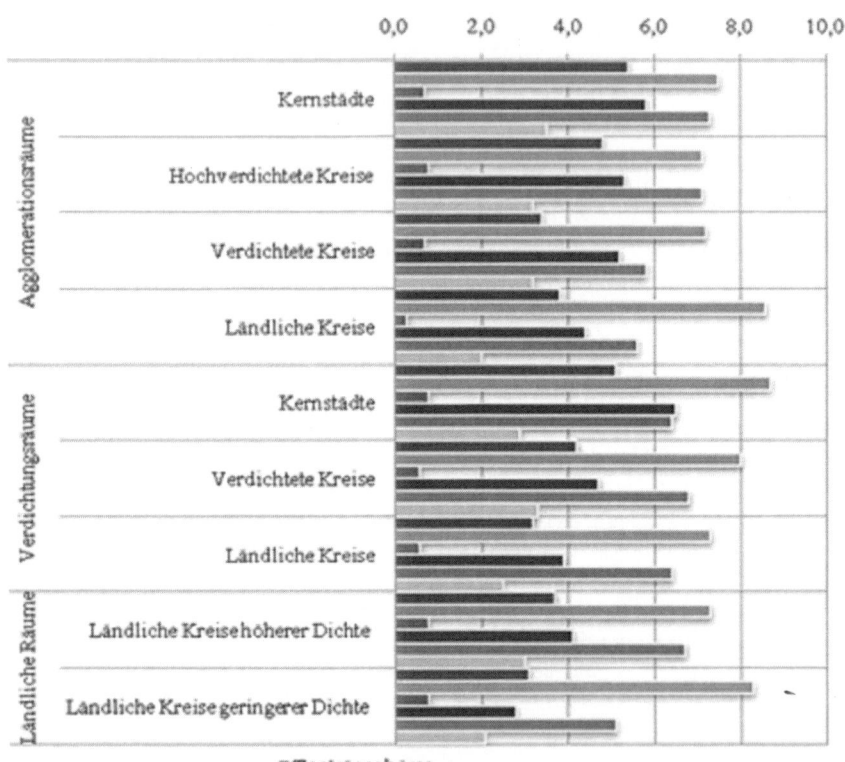

- Tonträger hören
- Radio hören
- Video
- Mit PC beschäftigen
- Besuch Freund, Bekannt, Verwandte
- Besuch Gastronomie

Abbildung 6: Fernsehen von 20.00 Uhr - 20.15 Uhr in % aller Befragten nach Kreistypen (MA EM I 05)

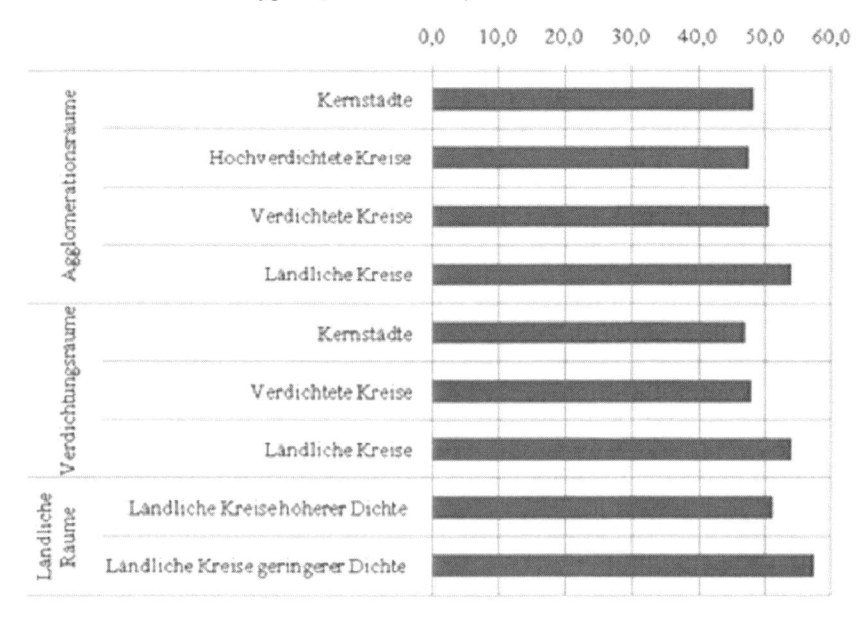

5 Ausblick

Die Konzepte der Zeitgeographie erscheinen aus mehreren Gründen heraus für eine Behandlung der Mediennutzung hilfreich. Mediennutzung ist individuell sowie kontextspezifisch und weist auch mehr oder weniger stark habitualisierte Züge auf – und sie kommt durch technische Neuerungen auch zunehmend für mobile Nutzungen in Frage. Die Situationen der Mediennutzung in ihrem raum-zeitlichen Kontext mit der Frage „Wer nutzt wann in welchen räumlichen und situativen Kontexten welche Medien?" zu erforschen, kann bislang nur ansatzweise beantwortet werden. Sich über „constraints" dem Sujet zu nähern, böte eine Perspektive. Die von Hägerstrand aufgezeigten Einschränkungen müssten dazu noch erweitert werden (z.B. Verfügbarkeit von Endgeräten, Kompetenzen im Umgang mit technischen Medien). Ebenso wäre wünschenswert, dass in den Tagesablauf-Erhebungen der Media-Analyse Ortsangaben aufgenommen werden, die über die bisherige Unterscheidung von „zu Hause" und „außer Haus" hinausgehen. Dies wird vor allem bei steigenden Angeboten und Nutzeranteilen von location-based Informationen und Medien auch von hoher praktischer Relevanz werden. Interessante Fragen dazu wurden unter anderem von Couclelis (2009) gestellt. Sie zeigt sehr eindrücklich, dass die Entwicklung der IKT direkten Einfluss auf die Fragmentierung von Tätigkeiten hat. Die Orts- und Zeitbindung einer Handlung löst sich durch die modernen Technologien stark auf. Viele Aktivitäten werden unterbrochen oder laufen gleichzeitig nebeneinander her.

Die Media-Analyse mit einer sehr großen Stichprobe von jährlich über 100.000 Personen, einem Erhebungszeitraum seit 1972 und den Tagesablaufdaten stellt eine auch für Geographen interessante Datenquelle dar, um nicht nur Wirkungen von IKT und Medien z.B. auf das Verkehrsverhalten (Nobis & Lenz 2009) und auf soziale Netzwerke zu untersuchen (Thulin & Vilhelmson 2005; Carrasco et al. 2008), sondern auch über Zeitreihenanalysen die Veränderung von Mediennutzung im raum-zeitlichen Kontext zu analysieren. Dabei werden die Durchdringung der Gesellschaft mit Medien und die Veränderung der Lebensweise der Bevölkerung in engem Bezug zueinander gesehen.

Literatur

ARD-Werbung Sales & Services GmbH Radioforschung (2005): Radio gehört dazu. Der Tagesbegleiter am Ohr des Konsumenten. In: Radio-Wissen 1, Februar 2005.
BBR (2005): INKAR 2005 - Indikatoren, Karten und Graphiken zur Raumentwicklung in Deutschland und Europa. Erläuterungen Siedlungsstrukturtypen. CD-ROM.
BBR (2007): Siedlungsstrukturelle Kreistypen. http://www.bbr.bund.de/cln_005/nn_ 21288/DE/Raumbeobachtung/Werkzeuge/Raumabgrenzungen/Siedlungsstrukturelle Gebietstypen/Kreistypen/download__karte__pdf,templateId=raw,property= publication File.pdf/download_karte_pdf.pdf (Stand: 20.4.2008).
Carrasco, Juan Antonio/Hogan, Bernie/Wellman, Barry/Miller, Eric J. (2008): Agency in social activity interactions: The role of social networks in time and space. Tijdschrift voor Economische en Sociale Geografie 99. 5. 562-583.
Carlstein, Tommy/Parkes, Don/Thrift, Nigel (Hrsg.) (1978): Timing Space and Spacing Time. London: E. Arnold.
Couclelis, Helen (2009): Rethinking time geography in the information age. In: Environment and Planning A 41. 7. 1556-1575.
Gräf, Peter (1988): Information und Kommunikation als Elemente der Raumstruktur. In: Müchner Studien zur Sozial und Wirtschaftsgeographie, Bd. 34, Kallmünz/Regensburg.
Hägerstrand, Torsten (1970): What about people in Regional Science? In: Papers of the Regional Science Association 24. 7-21.
Kramer, Caroline (2005): Zeit für Mobilität. Räumliche Disparitäten der individuellen Zeitverwendung für Mobilität in Deutschland. Stuttgart: Steiner.

Lenz, Barbara/Nobis Claudia (2007): The changing allocation of activities in space and time by the use of ICT – "Fragmentation" as a new concept and empirical results. In: Transportation Research Part A: Policy and Practise 41. 2. 190-204.

Meyen, Michael (2001): Mediennutzung – Mediaforschung, Medienfunktionen, Nutzungsmuster. Konstanz: UVK.

Miller, Harvey J./Bridwell, Scott A. (2009): A field based theory for time geography. In: Annals of the Association of American Geographers 99.1. 49-75.

Nobis, Claudia/Lenz, Barbara (2009): Communication and mobility behavior – a trend analysis of the correlation between mobile phone use and mobility. In: Journal of Transport Geography 17. 2. 93-103.

Oehmichen, Ekkehardt (2007): Die Neue Mediennutzertypologie MNT 2.0. In: Media Perspektiven 11. 5. 226-234.

Parkes, Don/Thrift, Nigel (1978): Putting Time in its Place. In: Carlstein/Parkes/Thrift (1978): 119-129.

Raubal, Martin/Miller, Harvey J./Bridwell, Scott. (2004): User-centered time geography for location-based services. In: Geografiska Annaler, Series B 86. 4. 245-266.

Raubal, Martin/Winter, Stephan/Teßmann, Sven/Gaisbauer, Christian (2007): Time geography for ad-hoc shared-ride trip planning in mobile geosensor networks. In: 7th International Conference on Mobile Data Management (MDM 06).

Rauh, Jürgen (1999): Telekommunikation und Raum. Informationsströme im internationalen, regionalen und individuellen Beziehungsgefüge. Münster: Lit.

Schwanen, Tim/Dijst, Martin/Kwan, Mei-Po (2008): ICTs and the decoupling of everyday activities, space and time. Introduction. In: Tijdschrift voor Economische en Sociale Geografie 99. 5. 519-527.

Thrift, Nigel (2005): Torsten Hägerstrand and social theory. In: Progress in Human Geography 29. 3. 337-339.

Thulin, Eva/Vilhelmson, Bertil (2005) Virtual mobility of urban youth. ICT-based communication in Sweden. In: Tijdschrift voor Economische en Sociale Geografie 96. 477-487.

How People Learned About the September 11 Terrorist Attack and How It Affected Them. A Study in News Diffusion and Psychosocial Reactions in Germany

Karl-Heinz Reuband

1 Introduction

The attack on the New York World Trade Center on September 11, 2001, represents an event that no one could have expected. It surpassed every human imagination and could only be conceived of in one's wildest dreams or in science fiction (or in a computer game, as was found out later). It brought a shock to the nation and disrupted normal patterns of daily activity. For a while nobody knew whether it was just the beginning of even more deadly attacks on New York, the USA, or even the Western world. And it was also unknown initially from where the attack had started and what it meant: was it an attack by Islamic terrorists, the Russians, or another superpower?

The attack created a situation where everything seemed possible and where all people could be affected one way or the other, directly or indirectly. In this respect the event was much more alarming than extraordinary or shocking events of the past – such as the assassination of John F. Kennedy or the assassination attempt on Ronald Reagan. In both these events the nation was devastated because the president of the USA himself had been the target and the question was how this would affect the running of the nation. But in the case of September 11 the event looked much more dramatic, with a much broader impact and threat. The very basis of American life and economy had become the target of terror. Personal security could no longer be taken for granted by the average citizen, and everyone – not just politicians – seemed to represent a potential victim of terror.

What makes the event rather singular, furthermore, is the fact that the nation could follow – and even watch – the events as they were developing after the first attack live with mass media. When the attack occurred all media channels began focusing on the same events. Regular programming was interrupted and up-to-date information was transmitted as soon as it reached the journalists. Especially TV instantly took the lead. Shortly after the first tower was attacked,

TV – as well as radio – stations in the USA started continuous reporting and transmitted live pictures from the scene. Outside the United States, television stations followed quickly, often – as in Germany – by taking over ongoing U.S. programs, foremost CNN broadcasts. When the first airplane hit the World Trade Center it was 8:46 am in New York. In Germany it was 2:46 pm. The first reports and pictures, as shown by CNN, were already conveyed to the German audience a few minutes later. At about 2:53 pm the German TV station n-tv interrupted its program and informed the audience. Other stations followed quickly and started continuous reporting.

How fast did the news spread, in which way and with what kind of effect? Questions such as these have repeatedly been dealt with in communication research, focusing on disasters, accidents, crimes or political events (see e.g. Greenberg 1964a, b; Schenk 2007: 360ff.). A major point in this debate has been the question regarding which channel plays the dominant role in the process of news diffusion: is it the mass media or interpersonal communication? All too often, mass media and interpersonal channels were seen as opposites. And all too often they were dealt with as if the question of mass media vs. interpersonal channels is a matter of "yes" or "no" and not one of conditions under which the various channels gain or lose relevance or interact with each other (Reardon & Rogers 1988).

Most of the research on news diffusion was conducted in the USA. Only rarely have studies been done in other nations (e.g. Wober 1995; Cohen 2002; Vowe & Wolling 2003). Especially lacking is knowledge about the effects of extraordinary events that happened outside one's own country: how does news diffusion take place in this case? Do events in foreign countries affect people at all and for how long? What is the role of the event, the country affected, and the relationship between one´s own country and the country in which the event took place? Apart from research on the assassination of Swedish Prime Minister Olof Palme (Rosengren 1987; Kepplinger et al. 1987; Gantz & Tokinoya 1987), little is known and little has been done within a comparative framework.

The fact that so little is known has to do with the nature of the events: if an event occurs completely unexpectedly and out of the blue, then social research is hardly able to deal with it. In many cases – including the 9/11 terror attack – researchers in the academic field had to turn to nonrepresentative samples such as college students or convenience samples to collect data on news diffusion. Local or nationwide representative surveys have remained scarce. "Standby research" capabilities (Biderman 1966) that allow an immediate response on a professional basis with representative samples usually do not exist in university social science departments.

Commercial survey institutes are in a much better position than the academic establishment when it comes to incorporating ad hoc new questions into their ongoing surveys (even more so when they do surveys regularly each week and the field period covers several days). But whether an issue is taken up or not and how well this is done depends on the availability of external funding and/or professional outlook and interest of the institute's staff. So the dynamic of surveying is very much removed from research questions that are prevalent in the social sciences. This has also been the case concerning news diffusion in the 9/11 event.[1]

The impact of sudden unexpected events on attitudes and feelings in the population is not well understood. Crises usually occur too suddenly for researchers to conduct interviews before an event, a necessarily prerequisite to study change over time. Thus, the majority of studies that deal with effects have been left with no baseline data or had to rely on baseline data that are only tangential to the respective issue (Sorrentino & Vidmar 1974: 271). But it is not the non-availability of baseline data alone that constitutes a problem. It is mostly unknown as well whether the change in attitudes and feelings due to the event remains stable or reverses itself and how quickly this is the case. What is also needed are data that allow assessing the sequences of changes after the event had occurred.

In the following we shall focus on Germany and will examine patterns of diffusion and the psychosocial effects of the 9/11 terrorist attack on the general population. We will do so for the city of Hamburg – one of the largest metropolitan areas in Germany and, moreover, the city where the attackers lived for awhile. The event happened while a state election campaign which focused on law and order issues was in full bloom in Hamburg and just 18 days before election day. In this election a party ("Schill Partei"), that had been founded just one year before and which made law and order its prime issue, gained an extraordinary amount of votes: 19.4% (Reuband 2002a).

What makes our study unique is the fact that we had a survey in the field when the terror attack occurred and that we were able to react instantly by adding additional questions on the process of news diffusion to the ongoing survey. Moreover, by partitioning the survey according to time of data collection we

---

[1] Even in the case of 9/11 it is noteworthy how little representative data are available for the USA. Whether this is due to a decreasing interest in processes of news diffusion in the social sciences within the last decades (see DeFleur 1987; DeFleur & Cronin 1991) or lack of available resources is not known. There seems to exist only one nationwide survey in the USA that allows inferences about sources of first information (Stempel & Hargrove 2002) – the other studies that contain information are local ones or nationwide ones which are restricted to internet users (e.g. Jones & Rainee 2002).

were able to make inferences about effects of the event on the psychosocial level immediately both before and after the event.[2]

In a first step of analysis we shall deal with the pattern of news diffusion in Hamburg. In a second step, will then compare the results with the little data that are available on that topic for Germany. These data include another local survey that we did in the city of Dresden in 2001 and a nationwide survey done by Emmer and coauthors in early 2002. The findings of the studies diverge in some important aspects and the question to be dealt with is why this is the case and what kind of problems exist when comparisons are made in social research. In a third step we shall then take our survey data and divide them according to time periods before and after the event. We shall do so in order to describe reactions on the psychological level, including perceptions of risks in daily life and interpersonal trust. By further partitioning the data in the post-event-phase we shall moreover try to assess which changes are short term and which are not.

2 Methods

The empirical basis of our study is a mail survey of the Hamburg general population that happened to be already underway when the event took place.[3] The survey is based on a random sample of the city register of German nationals 18 years and older. Mail surveys have several advantages, one of which is that compared to face-to-face and telephone surveys people are more willing to answer sensitive questions truthfully. Especially when it comes to emotional reactions, such as in the case we are discussing, they provide better results than other methods (Tourangeau et al. 2000: 289ff.). Low response rates that were once thought to be typical of mail surveys are no longer typical, if certain design features as elaborated by Don Dillman (2000) are implemented. Mail surveys in Germany might reach response rates as high or even higher than face-to-face or telephone surveys (Reuband 2001). This has not only been documented for the

---

[2] Other studies that took up the issue of news diffusion asked the question much later. In these cases, comparing feelings or attitudes involved long-term changes but did not allow an assessment of immediate effects. With regard to 9/11 only scarce data on how people dealt with it exists for Germany. Based on qualitative evidence stemming from a small sample, some evidence can be found in Roeser and Schaefer (2002). With regard to political interest and media use following 9/11 see Wiedemann (2001), and on changes in social and political attitudes see Noelle-Neumann (2002). The most extensive study on patterns of news diffusion is by Emmer et al. (2002). We shall discuss its findings somewhat later in this paper.

[3] The survey was part of an ongoing project that focused on drugs, deviance and social control, financed by the Volkswagen foundation and led by this author (AZ II 76571). An earlier version of the present paper was presented at the 57th annual meeting of the American Association for Public Opinion Research (AAPOR), St. Pete Beach, Florida, 2002.

general population but also for populations that have proven difficult to survey, such as older people and people in low-income areas (Reuband 2005; 2006). Even in these cases response rates of nearly 50% have been obtained.

The mailing in our study was done according to the Dillman design (Dillman 1978; 2000) and modified somewhat based on experience of our own (Reuband 1999; 2001). Up to three reminders were sent. Since the survey was conducted to collect data on the evolving election campaign, it was designed to encompass three subsequent periods, when whole new series of mailings based on subsamples were launched. The allocation of the sample members to the time slots was done at random. When the terrorist attack occurred an additional two-page questionnaire focusing on news diffusion was instantly included in the mailings. This questionnaire was sent both to those who got their first mailing as well as those who had already got mailings but had not responded yet, and now received an additional reminder. The overall response rate over the whole field period is 55%, which is well above average for highly respected German surveys.[4] 848 people took part in the survey that covered the whole period before and after the event, and 223 respondents filled out the additional questionnaire that was launched immediately after the event had occurred.

3 Patterns of news diffusion

Patterns of diffusion are determined by the available communication network and the news value of the event. To what extent interpersonal or media channels hereby predominate has been a matter of some dispute. In the first paper that was written on the topic by Delbert Miller (1945) taking Roosevelt's death as the topic of study, 85% of the college population learned about it first via interpersonal channels. A related nationwide survey by the National Opinion Research Center (NORC) found a somewhat lower rate of interpersonal communication as the primary source in the general population in the same event, but here, too, interpersonal contacts turned out to be more important than mass media (Sheatsley & Feldman 1965: 153).

Later studies have challenged this finding and showed that the mass media play the major role in news diffusion. The events that were covered concerned a broad spectrum of events: varying between politicians' health issues – such as

---

[4] Recent nationwide surveys with extremely high professional standards and elaborated efforts to gain high response rates – such as the ALLBUS or the SOEP, both based on face-to face interviews and on random samples from city registers – did not get rates higher than 40% (Wasmer et al. 2007; Schupp 2008). It can be assumed that the rates in these surveys are even lower in metropolitan cities (see Koch 1997).

Eisenhower suffering a stroke – and other events of political significance, such as the launching of the Sputnik by the Soviet Union (Deutschmann & Danielson 1960). Several authors have argued that the major role of the mass media in the more recent studies of news diffusion is no wonder given the fact that mass media, especially television, had meanwhile gained such a great prevalence in the population.

However, the thesis that mass media have become the primary source of news diffusion has been disputed. Research about the assassination of John F. Kennedy in 1964 became an important turning point as it demonstrated a major role of interpersonal communication as the first news source again: in a crisis situation that affected the nation as a whole. Most of the studies on this event found evidence for that (see e.g. Greenberg 1964a; Spitzer & Spitzer 1965; Sheatsley & Feldman 1965; Bonjean et al. 1965), with rare exceptions where mass media played the greater role (Mendelsohn 1964: 152).

Subsequent studies resulted in mixed findings, sometimes attributing a greater role to media, sometimes to interpersonal influences (see e.g. Rosengren 1973; Gantz 1983). At first sight the findings offer a rather bewildering picture without clear cut results. However, many of the divergent findings do not represent real contradictions per se once the year of the study and the time the event took place is taken into consideration (see also Greenberg et al. 2002: 4). Earlier years, when TV was less widespread than nowadays, naturally must have had had lower rates of news diffusion by TV compared to present times. Furthermore, time of occurrence and media reporting count: if the event takes place in the evening, when most people are at home and watching television, they will naturally have greater access through this medium than at other times during the day. When the event happens during working hours, interpersonal channels will have a greater weight.

But above all the nature of the event seems to be of crucial importance. The greater the salience and media coverage of the event and the greater its emotional impact on the population, such as in national crisis situations, the greater the speed of diffusion and the greater the role of interpersonal communication. When events are spectacular, shocking, and catastrophic, people get so agitated that they tend to inform others about the event and hereby create a situation where many people receive the first information from others (Westley 1971; Gantz 1983; Greenberg et al. 2002: 4).

In the studies reported in the literature, the event that trickles the news diffusion has nearly always been an event that occurred in the respondent´s country. What is scarcely known is how people react to a crisis situation in a country which is not their own. Do the media play a greater role here than interpersonal contacts simply because people do not feel affected and are consequently less emotionally upset? Or do similar reactions emerge at least when the crisis is of potential international importance and people might feel indirectly affected by it?

When the airplanes crashed into the World Trade Center in New York it was afternoon in Germany. The first attack occurred at 2:46 pm, the second followed at 3:04 pm, the second tower broke down at place at 4:29 pm. Given the fact that this time span covers the hours when most people who are employed are still working and are not actively using mass media, the process of news diffusion should have been relatively slow. It is thus all the more remarkable how quickly people became aware of the event.[5] As seen in *Table 1* the information spread rapidly. At 4 pm already 78% of our respondents had received the information, at 5 pm – two hours after the beginning of the attack – 90% had some knowledge of the event. This finding closely resembles US findings which show that about 90% knew about the attack less than two hours after the occurrence (Carey 2003: 9).

Table 1: Time when first heard about terror attack on the USA (in %)

	%	Cum %
2 pm	6	6
3 pm	40	46
4 pm	32	78
5 pm	12	90
6 pm	4	94
7 pm	4	98
8 pm and later	2	100
	100	100
(N=)	(195)	

Note: respondents who don't know the time anymore (= 5%) and those who date the event earlier than it happened (8%) were excluded. Most of the respondents – probably due to question wording – gave only approximate times in hours. Those who mentioned 2 pm might thus have meant not yet 3 pm (that is why they are included here). "Cum" = Cumulated percentages. *Question:* "Do you happen to know, when you heard first about it? At what time?"

---

[5] We leave aside people who mentioned times earlier than 2 pm. Either they misunderstood the question and referred to the local time in the USA or they were on holiday elsewhere with a different local time or they were simply mistaken.

Table 2: Chronology of events - German time

Time	Event
2:46 pm	First attack on WTC
3:04 pm	Second attack on WTC
3:43 pm	Third attack on Pentagon
4:00 pm	First WTC tower breaks down
4:29 pm	Second WTC tower breaks down
2:53 pm	First News and pictures are shown on German TV (n-tv). Since then continuous live reports by CNN

Note: Source: (www.mdr/de/online/nachrichten); www.rauschen.de/artikel/aktuell

How did communication about the event develop? Through which channels did people first get the news? When the respondents as a whole are taken – as shown in *Table* 3 ("Total") – roughly one third (35%) indicated that they got the news from other people, specifically predominantly from phone calls from relatives and acquaintances. In a number of cases people also became aware of the events when they ran into other people who had already got the news. A further third of the respondents (36%) received their first information from TV, a further fourth (24%) from radio – which altogether makes for more than 60% who got the news first through media cannels. Other channels of first information, including the internet, are negligent in size.

Table 3: Channel of communication through which people got the information first (in %)

	At home	At work	Elsewhere	Total
Got a call from family member	8	13	4	8
Got a call from acquaintances/ colleagues	9	29	6	14
Heard about it when I phoned someone	5	2	-	3
From personal conversation	3	16	16	10
First from Television	63	2	26	36
First from Radio	12	32	40	24
Other	1	7	9	5
	100	100	100	100
(N=)	(104)	(62)	(55)	(220)

Question: "Do you happen to know by whom you heard first about the attack?" [categories as listed above, for the German question wording see Table 4]

Some authors have shown some astonishment when realizing the negligent role the internet played as source of first information. They did so because internet use is so widespread nowadays. But as the first source of information one can hardly expect it to be important – unless one is just reading a news-online-page that updates its news permanently one cannot become aware of ongoing or recent events. The negligent role the internet played as the first source of information however does not preclude a greater role in news acquisition in later phases where selective news seeking is becoming prominent.[6]

Though mass media dominate, the high prominence of interpersonal news diffusion, especially by phone calls, is striking. And striking as well is the role of radio compared to TV. TV is usually considered the main source of information on public affairs nowadays in contrast to earlier times (Reitze & Ridder 2006). But in our data the radio figures prominently in not too far after TV. The clue to the described pattern is time of occurrence and the patterns of life at this time. As seen in the table, interpersonal news, especially phone calls from outside, play a major role for people at work. TV is the most important source for those who were at home. And the radio figures prominently for respondents who were in other places – on their way home from work, shopping or at other people's home. Driving a car and listening to the radio at the same time is a rather common activity.

Nonetheless it is noteworthy that the radio had some importance at the work place as well. The earlier people heard the news, the greater its role. In order to understand this, one has to realize that some people have a radio at their work place and switch it on during their lunch break. Under these conditions they might have stumbled upon the news. Radio use is spread out across various times of day, more so than the use of other media (cf. Klingler & Müller 2009)

4 Comparison with other German surveys

According to our Hamburg data, interpersonal contacts and TV were nearly equal in their role as primary media for information diffusion. In contrast to this finding a German nationwide survey done by Emmer, Kuhlmann, Vowe, and Wolling (2002) found that TV played the dominant role in making people aware of the event with interpersonal contacts playing a smaller role. This finding, which is also referred to and quoted in the general discussion about the role of media in the 9/11 event in other publications (Rogers 2003: 23; Haes 2003: 128), seems to tally nicely with a large part of the U.S. findings. However, one should not overplay these similarities, since due to time differences the local time of occurrence in Germany was not the same as in the United States, which naturally

---

[6] For Germany data about internet use in the context of the 9/11 event are to be found in: Schmitz 2002, for the USA see: Jones and Rainie 2002, Rappoport and Alleman 2003, Vengerfeld 2003, Kim et al. 2004, Dutta-Bergmann 2004

affected the opportunity structure of media usage. Moreover one should be aware of the fact that the U.S. studies are not as unambiguous in their findings as is often portrayed in the literature and that they are often methodologically problematic as well. Many are based on dubious sampling strategies and on convenience or student samples that do not allow inferences about the general population. Question wordings – that are essential for understanding and comparison – cannot be found.[7] And though overall TV shows up as playing a dominant role in many of these studies, there are also some studies which have been somewhat more systematic in nature which attributes the major role in news diffusion to interpersonal channels (e.g. Greenberg et al. 2002).

But leaving the U.S. findings aside – why, one must ask, do our findings for Hamburg differ from the German nationwide findings? There are no differences in time zones which might account for the difference as is the case in the USA where Western time is different from Eastern Time.[8] And there is no difference in the kind of population – in both cases it is the general population, albeit with somewhat different regional location: In one case it is a local one, in the other case a nationwide one.[9] Of course one could argue that local studies might be a special case and do not necessarily reflect nationwide patterns. But this is not necessarily so.

So the question is whether there is any other evidence to bolster up the Hamburg findings. Fortunately there is one more local German study that contains information about patterns of diffusion in the general population. It was conducted in the city of Dresden in East Germany. The fact that it was done in a place which is far away from Hamburg and with a different background – due to

---

[7] The review by Rogers (2003) for the U.S. is deficient: not all studies are listed and studies are moreover often described imprecisely. Thus the study by Jones and Rainee (2002) is not based on "U.S. adults" but on internet users. A serious problem in all the studies on channels of communication – as published in the volumes of Greenberg (2002) and Noll (2003) – is that question wordings are not listed. The exact wording of the questions are essential in order to understand results, and listing them has long been part of the standard recommendations by the American Association for Public Opinion Research (AAPOR). In neglecting these recommendations problems arise not only in terms of understanding the results but also with regard to comparisons across studies. It is noteworthy that the differences in findings also extend to populations which are similar in their background and setting, such as students (e.g. Ruggiero & Glascock 2002; Dodd 2003; Kanihan & Gale 2003). However, when pulling together the various sources it is evident that interpersonal sources play an important, albeit not always the decisive role.

[8] Time differences within the USA should not be overrated, however. The available evidence points to these affecting the findings on sources of first information only slightly (Stempel III & Hargrove 2002: 20).

[9] There is one difference in sampling: the Hamburg and Dresden studies were based on German nationals, the nationwide telephone survey was based on random digit dialing and naturally also included a few non-Germans. However, given their low proportions, it is unlikely that this should have affected the results.

the respondents having lived in a different social and political system and media culture for a long time – is of some importance in this respect: one could be more assured that a common pattern is found if the two local studies agree.

The Dresden survey is part of a panel study based on mail surveys. It was begun in 1995/96, focusing on Dresden citizens 18 years and older. It has since then led to several follow ups (Reuband 1998). The follow up panel studies have restricted themselves to respondents who were still living in Dresden.[10] The questions that were asked in Hamburg were included verbatim in the Dresden survey in late 2001.The field periods differed somewhat: in contrast to the Hamburg survey which asked questions regarding patterns of news diffusion only a few days after the events, the Dresden panel survey was conducted after a few weeks had passed. In the case of the telephone survey – mentioned above – even a few months had gone by.[11]

The findings for the three studies are listed in *Table* 4. This table shows that whereas in the two local surveys interpersonal contacts and TV contribute equally as sources of information, TV plays the dominant role in the nationwide survey. Given the fact that the Dresden and the nationwide survey – in contrast to the Hamburg study – were both conducted after more time had lapsed, it is unlikely that the time period is a sufficient explanation: Usually memory fades somewhat with time and the recollection of one concrete instance of media use in the past might be to some extent extrapolated from one's habits of daily media use (Greenberg 1991).[12] If this were the decisive factor it should also have affected the Dresden results somewhat. Moreover, an Austrian telephone survey that was done a few days after the event and hence without noteworthy delay showed a similar pattern to the German nationwide telephone survey.[13] There is

---

[10] Due to the time that passed the respondents in 2001 were 24 years and older. This is only a slight difference in age compared with the Hamburg survey. Apart from the difference in age, the social characteristics of the respondents including the percentage of people employed, is rather similar.

[11] The median date of data collection on news diffusion in the Hamburg survey was September 25, 2001. The median date of data collection in the Dresden panel survey was November 6, 2001. The nationwide telephone survey data by Emmer et al. (2002) were collected from January to February 2002.

[12] For a general discussion of the problems regarding making inferences about the past and the role of memory, see also Loftus (1996)

[13] The Austrian study took place between September 19 and October 2, 2001. 49% of the respondents gave the answer that they heard about the events directly from the TV, 26% mentioned the radio as a primary source, and interpersonal channels add up to a rate of 20% (Integral 2001: 6). The questionnaire, reprinted in Bauer (2009), suggests that the different channels of news diffusion were read aloud to the respondents. So the memory effect due to question wording should be minor or non-existent. The divergent finding is also not due to different lifestyles: Though differences exist, they are not great enough to explain the findings. In the Austrian study 56% of the respondents were at home when they heard about it first, and 17% were at their work place (Integral 2001). In the German

no reason to believe that the pattern of life in Austria is very much different from that in Germany.

Table 4: Channel of communication through which people got the first information according to study (in %)

	(1) Hamburg	(2) Dresden	(3) Nationwide
Interpersonal	35	32	23
Television	36	35	45
Radio	24	30	28
Others	5	3	2
	100	100	100
(N=)	(220)	(687)	(1447)

Note: Basis: (1) mail survey of population of Hamburg 18 years and older; (2) mail survey of population of Dresden 24 years and older, part of panel study, wave 3/4; (3) telephone survey, nationwide. Dates of data collection (main period): (1) September – November 2001; (2) October – December 2001; (3) January – February 2002. Don't know answers are excluded here. Source: (1, 2) study by author; (3) Emmer et al. (2002) *Question wordings*: (1, 2) "Wissen Sie noch, durch wen Sie das erste Mal etwas vom Anschlag gehört haben?" *Response categories*: "Von Familienangehörigen angerufen worden – Von Freunden, Bekannten bzw. Kollegen angerufen worden – erfahren, als ich selbst jemand angerufen habe – zuerst im persönlichen Gespräch erfahren – zuerst im Fernsehen erfahren – zuerst im Radio erfahren – Sonstiges, was? – Weiß nicht mehr" (3) "Wenn Sie an die Anschläge vom 11. September des vergangenen Jahres denken: Wissen Sie noch, wie Sie zuerst von diesen Ereignissen erfahren haben?" *Response categories* (only available to interviewer not read to respondent): Jemand ist zu mir gekommen und hat es mir erzählt – jemand hat mich angerufen – habe gehört, wie andere davon gesprochen haben – im Radio gehört – im Fernsehen gesehen – in Zeitung gelesen – E-Mail bekommen – im Internet-Chat erfahren – auf einer Internet Seite im WWW gesehen – in Newsgroup oder Forum im Internet gesehen – SMS bekommen – anderes – weiß nicht mehr – Ereignis ist nicht bekannt".

One of the questions that arises from the divergent findings is whether the differing modes of data collection could be a contributing factor: Do telephone surveys produce necessarily different results than mail surveys? One advantage of mail surveys is that respondents have time to answer the question, whereas during telephone surveys subjective time pressure may lead to quick responses. Under time pressure, short-cuts in memory search are not uncommon, and under

---

telephone survey 46% were at home and 23% at their work place. In the Hamburg survey 47% were at home and 28% at work.

these circumstances – so we assume – the recollected past is extrapolated from general patterns of media use, giving television a high prominence. But it is not only time pressure alone that might have contributed to the finding, an additional factor could have been the fact that we asked in a rather specific and elaborate way about interpersonal channels of news diffusion in the Hamburg and Dresden surveys. In the nationwide telephone survey on the other hand, elaborate response categories differentiating between different types of interpersonal channels, were only listed for the interviewer and not read out loud to the respondent. Being directly confronted with elaborate response categories listing multiple interpersonal channels should enhance memory and lead to a better recollection of the past. [14]

There is yet another difference in question wording between the studies that deserves mentioning: in Hamburg and Dresden it was asked from whom the respondent first "heard" about the terror attack ("…durch wen zum ersten Mal gehört"), in the nationwide survey it was asked how he or she had first "learned" about the event ("…wie zum ersten Mal erfahren"). Remarkably also in the Austrian survey – that resembles the German nationwide survey in its findings – the terminology used was "having learned" ("Wie haben Sie von den Terroranschlägen erfahren?"). One could argue that the wording "learned" ("erfahren") means more than "heard" ("gehört"): namely more knowledge, more visibility, more validation of rumors – characteristics that are usually provided by TV in case of ongoing events. [15]

---

[14] Whether the specification of interpersonal channels could also explain some of the divergences in the US findings is not known. Greenberg et al. (2002) who found in their local study that interpersonal communication plays a dominant role mentioned that they asked specifically about interpersonal channels. However, no question wordings are listed. In some studies that were done decades ago, on the other hand, researchers were apparently much more aware of the problem than nowadays and even asked those who cited the mass media as first source whether the information was obtained directly from the medium named or whether someone had told them about it (e.g. Deutschmann & Danielson 1960: 350; Greenberg 1964b: 491)

[15] The categories used for coding in the nationwide survey were rather differentiated, also in terms of hearing news from others, but these categories were not read aloud to the respondents. Hence they could only react to the wordings of "having learned" rather than "having heard." In this respect it is also noteworthy that findings from studies on recollection of the Nazi past based on a survey among people born 1928 and earlier also brought some evidence for possible effects of question wording. The question containing "having learned" seems to have evoked a somewhat more restrictive view: a view which we think is based on the availability of evidence rather than rumors or superficial impressions. Thus in a Berlin survey we did in 1999, the percentage of people who got information about the mass murder of Jews before the war was higher than in a survey done in 2005 where the wordings "heard or learned" was used rather than "learned" only ("Wann haben Sie zum ersten Mal vor Ende des Krieges von Massenerschießungen bzw. Massenmord an Juden etwas gehört oder erfahren?" vs. "Wann haben Sie zum allererersten Mal etwas davon erfahren, dass Juden in großer Zahl umgebracht wurden? War das vor Kriegsende oder erst danach?", unpublished findings). Of course the fact that the first survey (with the higher percentage figure) was done in 1999, whereas the second was con-

In fact survey data have shown (Emmer et al. 2002) that people in Germany – like their counterparts in the U.S. – turned above all to television next, after having received information about the terror attack. And there they then were able to see live the emerging drama (shown again and again): the towers being hit by the planes, the towers breaking down, the people fleeing from the area and the police and fire brigades trying to deal with the disaster. If so, it is possible that people mentioned the source that provided them with the most detailed and most impressive information, regardless whether the source was the first or second one in the flow of information.

Taken together – telephone mode, mode of question handling and question wordings – the Hamburg and Dresden mail surveys should give a more precise picture of the news diffusion process than the nationwide telephone survey. An indirect clue that this assumption is accurate shows up when we look in detail at the settings in which TV is mentioned as the primary news channel. In our Hamburg study, as listed in Table 2, about 2% of the respondents received their first information from television while at work (in Dresden the equivalent rate is 7%).[16] In the nationwide survey, however, the respective rate turns out to be 16% – which is rather improbably high given the fact that the survey was directed towards the general population and not towards people in the media business. Likewise, the Austrian survey that was mentioned earlier and which resembled so much in its findings the German nationwide survey yields rather dubious findings with regard to TV as the primary source at the work place. The respective rate there is 19% (Bauer 2009: 121, calculation by the author). Hence, both the nationwide telephone surveys in Germany and Austria seem to be somewhat problematic in their findings. TV without doubt played a lesser role in first news diffusion than these studies suggest.

---

ducted six years later in 2005 could theoretically explain the difference if forgetting exerts some influence. But given the fact that earlier studies done between the 60s and the 90s on this issue did not show a pattern of successive memory loss over a much longer time period (cf. Reuband 2002b: 57) makes this effect rather unlikely.

[16] The rate is somewhat higher than in the Hamburg survey, which could at least partially be attributed to the fact that the survey was done somewhat later than the Hamburg one and hence should be more influenced by memory bias, which produces an extrapolation from general media patterns to the past event. It is still far below the findings from the nationwide survey mentioned above.

5 Psychosocial reaction to the events

The attack on the World Trade Center was shocking news. And it was news that people could see live on TV. Perhaps no other major event has been covered in the past from so many angles in such a dramatic way by television as this one. But in what ways did it affect people and how long did these effects last? Asked whether they feared that Islamic terrorists might attack Germany in connection with the American reaction or other reasons, a majority felt personally threatened in some way: 62% of the respondents admitted very strong or strong fear (on a five point verbal scale with medium in between), a lesser proportion – 42% – feared it for Hamburg. The fact that the fear was more focused on Germany as a whole than on one's home city is not unique for this kind of fear. Similar patterns are usually observed for other fears, such as fear of crime. The distant environment seems always more dangerous than the local one.

When broken down according to time of answering the questionnaire the pattern of different local vs. national levels of fear persists. The only noteworthy finding is that fear increases slightly from September to November among the respondents (with reference to Germany from 57% to 65%, Hamburg from 39% to 43%) – probably due to the fact that new kinds of terrorist attacks, such as Anthrax bacteria sent by mail, had entered the scene in the USA and caused widespread scare. So it was in Germany as well: the number of reports to the police concerning anthrax increased rapidly, causing the police to seal off whole areas for investigation, but in each case nothing was found in the end.

Given the fact that what was once taken for granted could not be taken for granted anymore and given the threat of potential future terrorist action[17], people should have entered into some state of anomie and confusion. They might have even become somewhat depressed. Whether general trust in people should also be affected and in which way, is an open question. According to Robert Putnam (2000), wars are likely to strengthen solidarity among the people whose nation is involved in the conflict. Thus general trust in people should consequently increased. In terms of 9/11, this effect seems to have happened in the USA: people

---

[17] Respondents who expressed fear of Islamistic attacks in 2001 were also people who expressed somewhat greater feelings of anomie, but seen altogether the relationship is not very pronounced. In the case of the worries about Islamic attacks on Germany the correlation is $r = .20$ ($p < 0.01$) and in the case of worries about attacks on Hamburg the correlation is $r = .25$ ($p < 0.01$). A somewhat greater correlation evolves when anomie is linked with the fear that Germany might be drawn into military actions ($r = .31$, $p < 0.001$) – but even this heightened number is relatively low – which in turn means that at the time the anomie in those days was probably more related to the event itself than the military actions that were seen as possible in the future.

have stuck together more than before, and their generalized trust in other people increased (Putnam 2002; Skocpol 2002; Traugott et al. 2002; Perrin & Smolek 2009).

However, it is doubtful whether the event should have an equally strong impact in a country which has not itself been the target of terror. And besides that one could also argue the opposite: that terror possibly undermines trust, especially when the terrorists do not come from the outside, but live in one's own country (as was the case with the terrorists of 9/11 living as foreign students in Hamburg): If your next-door neighbor who looks like a friendly, helpful person, might be a terrorist then you don't know any more with whom you should enter into trustful interaction.

It is of further interest whether the event itself has heightened the general perception of dangers and risks in one's daily life. As research on generalization of risk assessment suggests, changes in the perceived risks in one domain might affect the perception of risks in other domains. It might do so even when no direct link exists to the risk that has entered into the frame of reference of the respondent. Thus, while swine flu was a pandemic, having another person sneeze near or on you shortly before you were interviewed, enhanced the assessment of risks in other domains. This would extend the expression of other sociopolitical attitudes during the interview itself as opposed to cases where the interviewer does not sneeze (Lee et al. 2010). If this hypothesis based on a generalization is true, it would be reasonable in our case to expect a heightened assessment of risks, including fear of crime, and even more so since personal safety concerns are reflected in it and crime was a prominent campaign issue during election time when the terror attack occurred.

We can test this hypothesis since our survey contains a number of indicators for anomie, life satisfaction, trust in people, and fear of crime and because the study was already underway when the event occurred. We can divide the sample into the time period before and after the event. In order to determine period effects we hereby have to control for differences in sample composition, due to the different stages of mailings (Blasius & Reuband 1996; Reuband 1999; 2001). We do so by Multiple Classification Analysis (see Andrews et al. 1975): by entering into the equation – together with time of response – the main relevant social characteristics of respondents (sex, age, education). We use the social characteristics solely as control variables and will therefore not discuss their impact on the respective variables. But there is no doubt that the findings reflect the relationships that have been shown frequently in substantive research. They do not indicate extraordinary patterns that deserve a special discussion in the context of the present analysis.[18]

Multiple Classification Analysis (MCA), which allows categorical (in addition to metric) independent variables, has the advantage of being obvious since the effects of the specific categories of the independent variables are expressed as the deviance from the overall mean. Using this one can compare the means of the specific categories (controlling for other factors) – what in turn might be rather instructive when the respective variables have substantive meanings and indicate level of agreement to the respective item. The overall effect of the respective variables is given by the eta coefficient that indicates effects without controls and the beta coefficient that indicates effects with control of the other variables in the model.

What we do not know, however, when using Multiple Classification Analysis is which specific categories of the respective variables are statistically significant. Thus it could be that a categorical variable – such as a period of data collection – has a number of peaks of different magnitude and turns out to be statistically significant. But which period matters most? We therefore supplemented our analysis using linear regression analyses where we used the same variables as in Multiple Classification Analysis with one important modification: we transformed the variable "period of data collection" into several dummy variables, whereby the period before 9/11 represents the reference category.[19]

The most direct impact of the events should have been on feelings of anomie. Anomie was measured in our survey by three indicators that are commonly used as indicators of anomie and which are part of a unidimensional scale as assessed by factor analysis. As can be seen in *Table 5*, anomie increases after 9/11 and then drops in the following month, not yet reaching the original value that was typical for the time before the event but approaching it. If we test the effect of the specific periods in a linear regression analysis (controlling for sex, age, and education) one can see that it is the first subsequent period that exerts the greatest and statistically significant effect.[20]

---

[18] Thus it has been rather typical in research that anomie is highest in the population with the lowest education level. Likewise, fear of crime has repeatedly been shown to be more widespread among women, the old, and people with low levels of education (see e.g. Reuband 2008; 2010).
[19] Another modification concerns age: we use age as a metric variable and not in the categorical version as in MCA. Since it represents a control variable we shall abstain from discussing the role of age in this paper.
[20] The beta coefficient for the period September 11-18 is .09 ($p < 0.001$)

Table 5: Effects of period and social characteristics of respondents on anomie, dissatisfaction with life, and interpersonal distrust (Multiple Classification Analysis)

	N	Anomie unadj. Dev'n	Anomie adj. Dev'n	Anomie Eta	Anomie Beta	Dissatisfaction with life unadj. Dev'n	Dissatisfaction with life adj. Dev'n	Dissatisfaction with life Eta	Dissatisfaction with life Beta	Interpersonal Distrust unadj. Dev'n	Interpersonal Distrust adj. Dev'n	Interpersonal Distrust Eta	Interpersonal Distrust Beta
Period				.11	.10*			.12	.10+			.06	.04
> Sept. 10	430-433	-.08	-.06			-.05	-.03			-.02	.00		
Sept. 11 - 18	57-59	.31	.29			.09	.09			.04	.06		
Sept.19 - 30	75-57	.12	.04			.22	.18			-.02	-.06		
Oct. 1 - Dec. 31	66-68	.08	.05			-.02	-.07			.08	.03		
Sex				.04	.03			.00	.02			.05	.03
Male	272-275	-.04	-.03			.00	.02			-.04	-.03		
Female	346-349	.03	.02			.00	-.01			.03	.02		
Age				.23	.17***			.16	.18***			.18	.25***
18-29	111-112	-.05	.08			-.02	-.00			.20	.25		
30-44	188-189	-.19	-.09			.17	.19			.08	.12		
45-59	135-136	-.16	-.23			-.04	-.06			-.09	-.12		
60 +	183-189	.33	.22			-.13	-.16			-.14	-.20		
Education Level				.38	.34***			.06	.10*			.16	.22***
Low	170-176	.45	.40			.01	.07			.07	.16		
Medium	163-166	.18	.19			.07	.07			.12	.12		
Intermediate	80-82	-.27	-.23			-.04	-.01			-.18	-.18		
High	194-228	-.42	-.40			-.07	-.11			-.09	-.17		
		Grand Mean -.02 $r^2 = .17$				Grand Mean 2.17 $r^2 = .05$				Grand Mean 2.54 $r^2 = .08$			

Note: + p < 0.10 * p < 0.05 ** p < 0.01 *** p < 0.001. The variables in table 4 were measured on the basis of the following question wordings (which were either combined into a scale or used as single indicators. Anomie: "So wie die Zukunft aussieht, kann man es kaum noch verantworten, Kinder auf die Welt zu bringen – In diesen Tagen ist alles so unsicher geworden, dass man auf alles gefasst sein muss – Das Leben ist heute so kompliziert geworden, dass ich mich fast nicht mehr zurechtfinde" Response categories: „Stimme voll und ganz zu – stimme eher zu – stimme eher nicht zu – stimme überhaupt nicht zu" Dissatisfaction with life: „Wie zufrieden sind Sie mit sich und dem Leben, das Sie führen?" Response categories: „sehr zufrieden – zufrieden – teils zufrieden, teils unzufrieden – unzufrieden – überhaupt nicht zufrieden" Interpersonal Distrust: „Den meisten Menschen kann man vertrauen" (response categories as in case of anomie). [For all the variables used here, the coding of the variables is conducted in such a way that the higher the number the more negative the attitude is]. Education, see table 6.

An in-depth analysis of the basis of the three single indicators that make up the scale reveals that not all indicators of anomie are affected to the same extent. It is the feeling that one lives in unsafe times that accounts for most of the findings. The indicator shows a strong increase in uneasiness due to the event and a drop afterwards – with still greater levels of insecurity than at the beginning, however. This is also born out when a linear regression analysis is performed with periods as dummy variables. According to this, the level of anomie is higher in all three periods after the 9/11 attack and all three periods reach statistical significance. The largest effect is found in the immediate days following the event.[21]

The fact that anomic feelings drop in the later observation periods might be somewhat astonishing at first sight given the findings mentioned before that the fear of an Islamic attack on Germany still increased during this same period. Further analysis of the relationship between fear of attacks and of anomie, however, reveals that the relationship does not stay invariant over time. The correlation decreases over time, making the feeling of anomie to some extent independent of the perception of Islamic threats.[22] Under these circumstances different paths of change might be the consequence.

A somewhat similar trend as in the case of anomie – however with some delay – can be observed when general dissatisfaction with life is taken as an indicator for feelings of depression: These feelings increase after the occurrence of the event and they even do so when feelings of anomie are already on the decline. At the end of the observation period, however, the original state of feeling is restored as it existed before the event – in contrast to feelings of anomie which still are not back to normal. Thus it seems that general affective states tend to normalize quickly, but a certain feeling of insecurity might nonetheless persist. The overall effect in MCA is rather small in this case and reaches significance only at $p < 0.10$. When specific period effects are assessed by means of linear regression analysis it is – as to be expected from the pattern over time – only the period

---

[21] The respective deviations from the mean in the MCA, according to period, as specified in the table are -.14, .45, .12, .16. The beta coefficient totals .21 in the MCA ($p < 0.001$). In linear regression analysis the beta for the period September 11-18 is .17 ($p < 0.001$), for September 19-30 is .11 ($p < 0.01$) and for October 1. - December 30 it is .13 ($p < 0, 01$). The question wording is "In diesen Tagen ist alles so unsicher, dass man auf alles gefasst sein muss." Thus it seems as if even indicators of anomie that have proven to be part of a factor might under certain circumstances go their own way.

[22] The correlation between the fear of Islamic attacks on Germany and anomie is $r = .26$ in the time period between September 19 and 30, in the subsequent period covering the time between October 1 and December 15 it drops to $r = .12$ Further analysis shows that the same drop in correlation occurs when the single indicators are looked at which are part of the scale. Even greater is the reduction when anomie is correlated with the fear that Germany will be drawn into a warlike conflict: from $r = .43$ to $r = .20$.

September 19-30 reaches statistical significance[23]. Thus depressive feelings constituted a rather fleeting phenomenon.

No effect was observed in terms of general trust in people. The fluctuations are minor – perhaps due to the fact that Germany was not the target of the terror attack and the terrorists, though they had been living in Germany, could not be seen as fellow countrymen but as "foreigners", alien to the general German population. Under these circumstances general trust in others might persist. [24] Moreover one could argue that any changes in such a basic variable such as general trust needs time to change. If it is a deep-seated attitude, it is unlikely to change quickly.

When it comes to the issue of generalization of risk perception as measured by affective personal fear of crime,[25] the effect is minor: Fear of crime increases slightly in the immediate aftermath of the event but drops again, so overall the beta coefficient in MCA does not reach significance (*Table 6*). Although in linear regression analysis the beta coefficient for the immediate post event period turns out to be strong enough to reach statistical significance, the size of the effect itself nonetheless is rather small.[26]

---

[23] The beta coefficient is .10 ($p < 0.05$).

[24] The terrorists might have been seen as foreigners, but as foreigners of a special type and not as typical foreigners in Germany. In the present paper we do not deal with the effect of 9/11 on sociopolitical attitudes. But it is worth mentioning that attitudes towards foreigners in Germany were only slightly affected in our Hamburg data and that the effect was not statistically significant: Regardless of whether we take the respective items on attitudes towards foreigners singularly or combine them into a scale, the result of minor irritations of no statistical significance stays the same. The indicators document a small increase in anti-foreigner attitudes in the period September 11-18, but a drop afterwards (overall beta in MCA = .08, n.s.; beta in linear regression for the periods is also non-significant). The indicators used are based on statements that too many foreigners are living in Germany, that foreigners are disproportionally involved in crime, and that most asylum seekers misuse the asylum laws. It might be that the terrorists living in Hamburg for a while were neither seen as the as the typical foreigners nor as asylum seekers since they were living there as students. The student background was figured out rather early in the post 9/11 days and was also portrayed in the press (see e.g. Hamburger Morgenpost 25.9.2001). The lack of a significant effect of course does not rule out the possibility that Arabs and the Islam itself might have increasingly been seen as a threat in the population. But on the other hand, Arabs do not represent a noteworthy part of the foreign population in Hamburg or other parts in Germany, so that the attitude towards foreigners must not be affected by it. With regard to Islam there is however, a tendency – also fed by subsequent events – of perceiving it as a problem and terrorism being somewhat linked to it (see e.g. Noelle & Petersen 2006: 5).

[25] For a discussion of the measurement of crime and the different types of fear see Reuband (2008).

[26] The beta coefficient is .07 ($p < 0.05$). The p value for the beta coefficient in MCA, referring to the variable "period" as a whole, is .107 and thus just misses the $p < 0.10$ level.

Table 6: Effects of period and social characteristics of respondents on fear of crime and risk assessment (Multiple Classification Analysis)

	N	Fear of crime				Crime risks			
		unadj. Dev'n	Eta	adj. Dev'n	Beta	unadj. Dev'n	Eta	adj. Dev'n	Beta
Period									
> Sept. 10	376-420	-.05		-.05		-.02		-.01	
Sept. 11- 18	51-57	.21		.24		.10		.11	
Sept.19-30	67-89	.11		.07		.15		.12	
Oct. 1-Dec.31	64-116	-.00		-.02		-.02		-.15	
			.10		.08		.07		.07
Sex									
Male	256-309	-.18		-.19		-.17		-.18	
Female	302-382	.15		.16		.15		.15	
			.17		.17***		.16		.17***
Age									
18-29	102-122	-.18		-.10		-.12		-.04	
30-44	182-218	-.32		-.24		-.22		-.14	
45-59	69-151	.01		.01		.02		-.01	
60 +	150-200	.43		.32		.33		.21	
			.30		.22***		.22		.14*
Education									
Low	143-195	.46		.34		.45		.37	
Medium	153-185	.23		.22		.24		.24	
Intermediate	69-81	-.36		-.31		-.30		-.27	
High	194-230	-.44		-.35		.41		.37	
			.44		.35***		.37		.33***
		Grand Mean -.01				Grand Mean .02			
		$r^2 = .23$				$r^2 = .18$			

Note: * p < 0.05** p < 0.01*** p < 0.001. Education: Low = Volks-/Hauptschulabschluss; Medium: Realschulabschluss (Mittlere Reife), Intermediate: Fachhochschulreife/Abschluss einer Fachoberschule; High: Abitur (Gymnasium). The variables were measured by scales based on the following question wordings – *Fear of crime*: "Ich mache mir Sorgen, dass …in meine Wohnung eingebrochen wird – ich mich abends nicht mehr allein auf die Straße trauen kann – ich überfallen werde" (Response categories:" sehr stark – stark – mittel – wenig – überhaupt nicht"; „Wie sicher fühlen Sie sich, wenn Sie abends bei Dunkelheit allein auf die Straße gehen?" Response categories: „sehr sicher – ziemlich sicher – ziemlich unsicher – sehr unsicher" *Crime risks*: „Geben Sie bitte für die folgenden Situationen an, wie groß Ihrer Meinung nach heutzutage in Hamburg im Allgemeinen die Gefahr ist, überfallen zu werden, wenn man: an Tag von der Bank Geld abholt – am Tag am Geldautomaten Geld abholt – bei Dunkelheit abends allein in der Innenstadt zu Fuß unterwegs ist – abends Bus oder Straßenbahn benutzt – nach Anbruch der Dunkelheit durch Park- oder Grünanlagen geht – in Ihrer Nachbarschaft abends bei Dunkelheit von der Bus-/Bahnhaltestelle nach Hause unterwegs ist" Response categories: „sehr groß – groß – mittel – gering – überhaupt nicht".

When it comes to an assessment of crime risks in general – regardless of the respondent himself – no effects can be found. If we had used other measures of self perceived risks – such as fear of health hazards[27] – the situation would not be different (data not shown here). Taken together, one may doubt the role of generalization of risks. Perhaps under the direct impact of threats such spill-over effect shows up in an interview, but in natural settings with some time having passed it seem to be less likely.

6 Conclusions

The news about the attack on the World Trade Center spread rapidly in Germany. By the end of the day virtually everybody was informed. In this respect our data for Hamburg are not unique – nationwide data for Germany and for Austria, where a few partial survey findings on this topic also exist, point in the same direction (Institut für Demoskopie 2001; Institut für Publizistik und Kommunikation 2001; Noelle-Neumann 2002a). Whatever the first source of information was, people were so agitated that they called relatives, friends, and acquaintances, and this made interpersonal communication an important source of first information.

Our data resemble some of the more elaborate U.S. studies that focused on the 9/11 event (such as Greenberg et al. 2002) and they also agree with studies that focused on unanticipated shocking events. In this respect they prove evidence that – under certain conditions – news might spread rapidly and heavily via interpersonal channels not only among the citizens of a country that is directly affected by an event but among citizens of other countries as well. Of course one could argue that our Hamburg findings represent a special case since the terrorists had lived in Hamburg for awhile. Given these circumstances, the Hamburg citizens could have felt especially emotionally upset. But the fact that the Dresden data show a very much related picture makes it likely that the reaction in Hamburg is not special at all.

Crisis situations that have an overall potential impact seem to affect large numbers of people and increase communication among them. Thus news diffusion might often take place through interpersonal contacts rather than via mass media directly. In this respect the processes resemble the two-step flow of communication as described in the pathbreaking treatise by Elihu Katz and Paul F. Lazarsfeld on personal influence (1955): from the media via interpersonal channels to other persons. However, in contrast to the original two-step-flow thesis, it

---

[27] "Ich mache mir Sorgen, dass ich dauerhaft krank werde". Response categories" „Sehr stark – stark – mittel – wenig – überhaupt nicht".

seems that ordinary citizens – rather than opinion leaders – have taken the lead in interpersonal communication. When events are unanticipated and shocking, everybody becomes part of the process of communication. This finding very much resembles the results of the first study on news diffusion, published in 1945 (Miller 1945) which showed that people who got the first news from the media were so agitated that they turned to others to spread this news.

Not all U.S. led studies agree with the finding of interpersonal sources being of primary relevance in the crises communication process of 9/11. We think that this is in part due to the fact that they focused on different geographical regions, different populations, and relied on an often poor survey methodology.[28] Moreover, as our comparisons to the situation in Germany suggest, the timing of the survey also seems to matter, the time pressure in the interview situation and the way the questions are worded. Studies need to be much more precise in specifying their question wordings than has often been the practice in research. Especially since it seems that one has to take into consideration the fact that processes of news diffusion involve several steps with varying degrees of novel information and validation. A rumor might be the starting point but not the decisive factor in giving people the feeling of having learned about the event.

Our study has documented once more the necessity to have "standby research" capabilities at one's disposal (Biderman 1966). Of course in case of some events one knows in advance that they will occur but not when. Under these circumstances one can at least plan for research ahead. But in other cases – especially crisis situations – the events occur without prior notice or knowledge. Therefore social scientists who want to address questions pertaining to the event must have the ressources to act instantly and implement their research – whether by relying on their own means of data collection or turning to others (such as survey institutes who do surveying on a daily basis).[29]

Apart from the need for "standby research" capabilities our study has made evident how important it is to have comparative survey data over time. In our study we relied on a relatively short time span, given the fact that the survey covered a limited time and we were above all interested in the immediate effects. The findings indicated a noteworthy immediate effect: Though Germany was not

---

[28] In a number of studies student samples were used, but given the different lifestyles of students, one can hardly generalize from them. What seems more important, as in the case of the German studies, is the methodology of data collection itself: the specifics of asking questions about the first channel of communication and the mode of data collection. Whenever past events have to be recollected in a survey it matters to what extent people are aided in searching their memory thoroughly.

[29] This of course also means to have enough financial resources. Applying for grants takes too much time, so universities or institutes must have their own funds for making "standby research" possible with little or no delay. In our case we were lucky enough to be in the midst of a survey project that allowed the use of the existing survey resources.

the direct target of the terrorist attack itself, the population's emotions were deeply affected – leading to an increase of anomic feelings. But this impact did not last long. Already in the following months a documented trend set in. Here, too, our data do not seem to be unique. Nationwide data collected by the "Institut für Demoskopie" for Germany point in the same direction (Noelle-Neumann 2002a) and Austrian data focusing on the hope for a better future in the next year document similar effects: though people reacted with pessimism shortly after the attack, they had regained their optimism only two months later (IMAS 2001).

In the U.S., being the target of the attack and undergoing a period of subsequent risks (in part fuelled by anthrax attacks) it naturally took longer to normalize.[30] Yet even there the feeling of uneasiness and psychic turmoil declined relatively soon and the perception of future attacks as being likely decreased shortly thereafter (see Snyder & Park 2002: 183ff.; Berinsky 2009: 194). But the feelings of safety that once existed could not be taken for granted any more, subsequent terror attacks and terror attempts unsettled confidence and have raised fear from time to time. This applies to Germany too, where homegrown Islamistic terrorists have entered the public stage and increased the fear of terrorism in the population sporadically. Thus in Germany the fear of terrorism reached a new height in 2007 after having been lower for some time. When compared to a time before 9/11, for instance in 1997, the rate of fear in 2007 was twice as high. Compared to 2001 it was lower (R+V 2007).[31] There is no doubt that 9/11, in connection with other subsequent events, will leave its imprint on people's minds and structure their perception of social reality.[32]

References

Andrews, M. Frank, James N. Morgan, John A. Sonquist and Laura Klem (1975): Multiple Classification Analyses. A report on a Computer Program for Multiple Regres-

---

[30] There are a number of studies which describe how in the immediate aftermath of the events, stress and depressive feeling increased and attitudes changed for a while, and how people tried to cope with it (see e.g. Cohen et al. 2003; Hoffner et al. 2002; Brown et al. 2002; Traugott et al. 2002; Huddy et al. 2002).

[31] Likewise Hamburg survey data we collected in 2008 showed a lower rate of worry than in 2001, that Islamic terror would occur in Germany (37% vs. 60% "very strong/strong"; response categories: "very strong, strong, medium, little, not at all")

[32] See for period effects of events on cohorts and their imprint Schuman and Rogers (2004). For changes in social and political attitudes and the perception of terror in Germany and the USA in connection with 9/11 see Institut for Demoskopie (2001, 2002), Kull (2003), Craft and Wanta (2004), Nail and McGregor (2009); on the framing of the terror events in the media in Germany see Junge (2003); on media and attitudes: Stempel III and Hargrove (2002).

sion using Categorical Prediction. Ann Arbor: Institute for Social Research, University of Michigan.
Bauer, Karina (2009): Die Verbreitung von Shocking News. Erkenntnisse aus der Diffusionsforschung. Mit empirischen Ergebnissen aus Österreich anhand der Terroranschläge in den USA (2001) und London (2005). Universität Wien: Magisterarbeit, Publizistik und Kommunikationswissenschaft.
Raymond Bauer (Hrsg.) (1967): Social Indicators. Cambridge: Mass.
Berinsky, Adam J. (2009): In times of war. Understanding American public opinion from world war II to Iraq. Chicago: University of Chicago Press.
Biderman, Albert D. (1966): Anticipatory studies and standby research capabilities. In: Bauer (1967): 272-301.
Blasius, Jörg/Reuband, Karl-Heinz (1996): Postalische Befragungen in der empirischen Sozialforschung: Ausschöpfungsquoten und Antwortmuster. In: Planung und Analyse. 1. 35- 41.
Bleicher, Joan K. (2003): Terror made in Hollywood. In: Hitzler/Reichertz (2003): 157-172.
Bonjean, Charles M./Hill, Richard/Martin, Harry W. (1965): Reactions to the Assassinations in Dallas. In: Greenberg/Parker (1965): 178-198.
Boomgaarden, Hajo G./de Vreese, Claes H. (2006): Dramatic real-world events and public opinion dynamics: media coverage and its impact on public reactions to an assassination. In: The International Journal of Public Opinion Research. 19.3. 355-366.
Brown, William J./Bocarnea, Mihai/Basil, Michael (2002): Fear, Grief, and Sympathy Responses to the Attacks. In: Greenberg (2002): 245-260.
Canino, Glorisa/Bravo, Milagros/Rubio-Stipec, Maritza (1990): The impact of Disaster on Mental Health: Prospective and Retrospective Analyses. In: International Journal of Mental Health. 19. 51-69.
Carey, John (2003): The Functions and Uses of Media during the September 11 Crisis and its Aftermath. In: Noll (2003): 1-16
Cohen, Yoel (2002): Broadcast News Diffusion in Crisis-Ridden Democracies. Israel and the Rabin Assassination. In: The Harvard International Journal of Press/Politics. 7.3. 14-33.
Cohen, Elisia L./Ball-Rokeach, Sandra J./Jung, Joo-Young/Kim, Yong-Chan (2003): Civic Actions after September 11: A Communication Infrastructure Perspective. In: Noll (2003): 31-44
Craft, Stephanie/Wanta, Wayne (2004): U.S. public concerns in the aftermath of 9-11: A test of second level agenda-setting. In: International Journal of Public Opinion Research. 16. 456-463.
DeFleur, Melvin L. (1987): The growth and decline of research on the diffusion of the news 1945-1985. In: Communication Research. 14. 109-130.
DeFleur, Melvin L./Cronin, Mary (1991): Completeness and Accuracy of Recall in the Diffusion of the News From a Newspaper vs. a Television Source. In: Sociological Inquiry. 61. 148-165.
Deutschmann, Paul/Danielson, Wayne (1960): Diffusion of knowledge of the major news story. In: Journalism Quarterly. 37. 345-355.
Dillman, Don (1978): Mail and Telephone Surveys. New York: John Wiley.

Dillman, Don (2000): Mail and Internet Surveys: The Tailored Design Method. New York: John Wiley.
Dodd, Carley H. (2003): Cultural Values and Interpersonal Similarity Influencing September 11 Emotions and Crisis Information Diffusion. In: Intercultural Communication Studies. 12.2. 1-15.
Dutta-Bergmann, Mohan J. (2004): Interpersonal communication after 9/11 via telephone and internet: a theory of channel complemantary. In: New Media and Society. 6.5. 659-673.
Emmer, Martin/Kuhlmann, Christoph/Vowe, Gerhard/Wolling, Jens (2002): Der 11. September - Informationsverbreitung, Medienwahl, Anschlusskommunikation. Ergebnisse einer Repräsentativbefragung zu einem Ereignis mit extremem Nachrichtenwert. In: Media Perspektiven. 4. 166-177.
Frevel, Bernd (Hrsg.) (2010): Demographischer Wandel und Polizei. Frankfurt: Verlag für Polizeiwissenschaft.
Fritz, Irina/Klingler, Walter (2006): Medienzeitbudgets und Tagesablaufverhalten. In: Media Perspektiven. 4. 222-234.
Gantz, Walter (1983): The Diffusion of News about the Attempted Reagan Assassination. In: Journal of Communication. 33. 56-66.
Gantz, Walter/Tokinoya, Hiroshi (1987): Diffusion of news about the assassination of Olof Palme: A trans-continental, two-city comparison of the process. In: European Journal of Communication. 2.2. 197-210.
Gestring, Norbert/Glasauer, Herbert/Hannemann, Christine/Petrowsky, Werner/Pohlan, Jörg (Hrsg.) (2005):, Jahrbuch StadtRegion 2004/05. Schwerpunkt: Schrumpfende Städte. Wiesbaden: VS Verlag für Sozialwissenschaften.
Greenberg, Bradley S. (1964a): Diffusion of news of the Kennedy assassination. In: Public Opinion Quarterly. 28. 225-232.
Greenberg, Bradley S. (1964b): Person-to-person communication in the diffusion of news events. In: Journalism Quarterly. 41. 489-494.
Greenberg, Bradley S. (1991): Wie die USA über den Krieg informiert wurden. In: Bertelsmann Briefe. 30-36.
Greenberg, Bradley S., (Hrsg.) (2002): Communication and terrorism. Public and media responses to 9/11. Cresskill, NJ: Hampton Press.
Greenberg, Bradley S./Hofschire, Linda/Lachlan, Ken (2002): Diffusion, Media Use and Interpersonal Communication Behaviours. In: Greenberg (2002): 3-16.
Greenberg, Bradley S./Parker, Edwin (Hrsg.) (1965): The Kennedy Assassination and the American Public. Social Communication in Crisis. Stanford, Cal.: Stanford University Press.
Haes, Joachim W.H. (2003): September 11 in Germany and the United States: Reporting, Reception and Interpretation. In: Noll (2003): 125-132.
Hill, Richard J./Bonjean, Charles M. (1964): News diffusion: A test of the regulatory hypothesis. In: Journalism Quarterly. 41. 336-342.
Hitzler, Ronald/Reichertz, Jo (Hrsg.) (2003): Irritierte Ordnung. Die gesellschaftliche Verarbeitung von Terror. Konstanz: UVK.

Hoffner, Cynthia, Yuki Fujioka, Amal Ibrahim, and Jiali Ye, 2002: Emotion and Coping with Terror, in: Bradley S. Greenberg (Hrsg.), Communication and terrorism. Public and media responses to 9/11, Cresskill, NJ: Hampton Press, 229-244

Huddy, Leonie/Khatib, Nadia/Capelos, Theresa (2002): The Polls-Trends. Reactions to the Terrorist Attacks of September 11, 2001. In: Public Opinion Quarterly. 66. 418-450.

IMAS: Trotz Wirtschaftsflaute mit Gelassenheit ins Jahr 2002. IMAS-report Nr. 25.

Institut für Demoskopie (2001): Terror in Amerika. Die Einschätzungen in Deutschland. Allensbacher Berichte Nr. 21.

Institut für Publizistik und Kommunikation (2001): Fernsehen Informationsquelle Nr.1. Presseinformation. Universität Wien. www.prtc.at/news/pr200111211.htm (Stand: 07.05.2002).

Institut für Demoskopie (2002): Spaß muss sein. Aber viele suchen inzwischen nach einer ernsthafteren Lebensorientierung. Eine Vorher-Nachher-Studie zum 11. September 2001. Allensbacher Berichte. 6. 2002.

Integral (2001): America under fire. Institut für Publizistik und Kommunikationswissenschaft, Studie 2170/01. Tables. Wien.

Jones, Steve/Rainie, Lee (2002): Internet use and terror attacks. In: Greenberg (2002): 27-37.

Junge, Matthias (2003): Die Deutungen des 11. September in ausgewählten Tageszeitungen. In: Hitzler/Reichertz (2003): 125-138.

Kanihan, Stacey F./Gale, Kendra L. (2003): Within 3 hours, 97% learn about 9/11 attack. In: Newspaper Research Journal. 24.1. 78-91.

Katz, Elihu/Lazarsfeld, Paul F. (1955): Personal influence. The part played by people in the flow of mass communication. Glencoe, Ill.: Free Press.

Kepplinger, Hans Mathias/Levendel, Adam/Livolsi, Marino/Wober, Mallory (1987): More Than Learning: The Diffusion of News on the Assassination of Olof Palme in England, Germany, Italy and Hungary. In: European Journal of Communication. 2. 185-195.

Kim, Yong-Chan/Jung, Joo-Young/Cohen, Elisia L./Ball-Rokeach, Sandra J. (2004): Internet connectedness before and after September 11 2001. In: New Media and Society. 6.5. 611-631.

Koch, Achim (1997): Teilnahmeverhalten beim ALLBUS 1994. Soziodemographische Determinanten von Erreichbarkeit, Befragungsfähigkeit und Kooperationsbereitschaft. In: Kölner Zeitschrift für Soziologie und Sozialpsychologie 49. 98–122.

Kosmala, Beate/Schoppmann, Claudia (Hrsg.) (2002): Überleben im Untergrund. Hilfe für Juden in Deutschland 1941-1945. Berlin: Metropol Verlag.

Kull, Steven (2003): Misperceptions, the Media and the Iraq War. In: The PIPA/Knowledge NetworkPoll. http://www.worldpublicopinion.org/pipa/pdf/oct03/IraqMedia_Oct03_rpt.pdf (Stand: 24.03.2010).

Lange, Hans-Jürgen/Ohly, Peter/Reichertz, Jo (Hrsg.) (2008): Auf der Suche nach neuer Sicherheit. Fakten, Theorien und Folgen. Wiesbaden: VS Verlag für Sozialwissenschaften.

Larsen, Otto N./Hill, Richard J. (1954): Mass Media and Interpersonal Communication in the Diffusion of a News Event. In: American Sociological Review. 19.4. 426-433.

Lee, Spike/Schwarz, Norbert/Taubman, Danielle/Hou, Mengyuan (im Erscheinen): Sneezing in times of a flu epidemic: public sneezing increases perception of unrelated risks and shifts preferences for federal spending. In: Psychological Science.

Loftus, Elisabeth (1996): Eyewitness testimony. Cambridge und London: Harvard University Press.

Mendelsohn, Harold (1964): Broadcast vs. Personal Sources of Information in Emergent Public Crises: The Presidential Assassination. In: Journal of Broadcasting & Electronic Media. 8.2. 147-156.

Miller, Delbert (1945): A Research Note on Mass Communication: How our Community heard about the Death of President Roosevelt. In: American Sociological Review. 10. 691-694.

Nail, Paul R./McGregor, Ian (2009): Conservative Shift among Liberals and Conservatives Following 9/11/01. In: Social Justice Research. 22. 231-240.

Noll, A. Michael (Hrsg.) (2003), Crisis Communications: Lessons From September 11, Laam/Boulder/New York/Toronto/Oxford: Rowman & Littlefield Publishers.

Noelle-Neumann, Elisabeth (2002a): Public Opinion Responses in Germany. In: Greenberg (2002): 305-316.

Noelle-Neumann, Elisabeth (2002b): Terror in America: Assessments of the Attacks and their Impact in Germany. In: International Journal of Public Opinion Research. 14.1. 93-98.

Noelle, Elisabeth/Petersen, Thomas (2006): Eine fremde, bedrohliche Welt. In: Frankfurter Allgemeine Zeitung (17.05.2006). 5.

Perrin, Andrew J./Smolek, Sondra J. (2009): Who trusts? Race gender, and the September 11 rally effect among young adults. In: Social Science Research. 38. 134-145.

Putnam, Robert D. (2000): Bowling alone. The Collapse and Revival of American Community. New York: Simon & Schuster.

Putnam, Robert D. (2002): Bowling together. In: The American Prospect (11.02.2002). 20-22.

R+V Info Center (2007): Die Ängste der Deutschen 2007. Pressemitteilung 2007.

Rappoport, Paul N./Alleman, James (2003): The Internet and the Demand for News: Macro- and Microevidence. In: Noll (2003): 149-166.

Reardon, Kathleen K./Rogers, Everett M. (1988): Interpersonal Versus Mass Media Communication. A false Dichotomy. In: Human Communication Research. 15.2. 284-303.

Reitze, Helmut/Ridder, Christa-Maria (2006): Massenkommunikation VII. Eine Langzeitstudie zur Mediennutzung und Medienbewertung 1964-2006. Baden-Baden: Nomos.

Reuband, Karl-Heinz (1998): Panelmortalität in postalischen Erhebungen und soziale Zusammensetzung der Befragten. Ergebnisse einer allgemeinen Bevölkerungsumfrage. In: Planung und Analyse. 3. 16-21.

Reuband, Karl-Heinz (1999): Postalische Befragungen in den neuen Bundesländern. Durchführungsbedingungen, Ausschöpfungsquoten und Zusammensetzung der Befragten in einer Großstadtstudie. In: ZA Information 45. 71-99.

Reuband, Karl-Heinz (2001): Möglichkeiten und Probleme des Einsatzes postalischer Befragungen. In: Kölner Zeitschrift für Soziologie und Sozialpsychologie. 53. 307-333.

Reuband, Karl-Heinz (2002a): „Law and Order" als neues Thema bundesdeutscher Politik? Wie es zum Wahlerfolg der Schill Partei in Hamburg kam und welche Auswirkungen dies hat. In: Neue Kriminalpolitik. Forum für Praxis, Politik und Wissenschaft. 1. 8-13.

Reuband, Karl-Heinz (2002b): Zwischen Ignoranz, Wissen und Nicht-Glauben-Wollen: Gerüchte über den Holocaust und ihre Diffusionsbedingungen in der Bevölkerung. In: Kosmala/Schoppmann (2002): 33-62.

Reuband, Karl-Heinz (2005): Lebenslagen und Sozialkapital in sozial deprivierten Stadtteilen. Eine vergleichende Analyse. In: Gestring et al. (2005): 131-148.

Reuband, Karl-Heinz (2006): Postalische Befragungen alter Menschen. Kooperationsverhalten, Beantwortungsstrategien und Qualität der Antworten. In: ZA Information 59. 100-127.

Reuband, Karl-Heinz (2008): Kriminalitätsfurcht: Erscheinungsformen, Trends und soziale Determinanten. In: Lange et al. (2008): 233-251.

Reuband, Karl-Heinz (2010): Kriminalitätsfurcht im höheren Lebensalter: Widerspiegelung von Viktimisierungserfahrungen, altersspezifischer Vulnerabilität oder psychosozialen Lebenslagen? In: Frevel (2010): 148-181.

Roeser, Jutta/Schaefer, Gudrun (2002): Media Use in Germany around the Attacks in the United States. In: Greenberg (2002): 85- 98.

Rogers, Everett M. (2003): Diffusion of News of the September 11 Terrorist Attacks. In: Noll (2003): 17-30.

Rosengren, Karl Erik (1973): News Diffusion: An Overview. In: Journalism Quarterly. 50. 83-91.

Rosengren, Karl Erik (1987): Introduction to a special Issue on News Diffusion. In: European Journal of Communication. 2.2. 135-142.

Ruggiero, Tom/Glascock, Jack (2002): Tracking Media Use and Gratifications. In: Greenberg (2002): 65-74 .

Schenk, Michael (2007): Medienwirkungsforschung. Tübingen: Mohr.

Schmitz, Jens (2002): Krieg als Medienereignis im Internet. Eine Fallstudie zur Krisenkommunikation in Online-Medien am Beispiel der Ereignisse vom 11. September 2001 und dem Konflikt in Afghanistan. Magister-Arbeit, Soziologie. Düsseldorf: Heinrich-Heine-Universität Düsseldorf.

Schupp, Jürgen (2008): 25 Jahre Umfragemethodik in der Längsschnittstudie Soziooekonomisches Panel (SOEP) zwischen Kontinuität, Anpassung und innovativer Weiterentwicklung. Bonn: Paper-Präsentation bei der Jahrestagung der Sektion Methoden der empirischen Sozialforschung (07./08.03.2008).

Schuster, Mark A./Stein, Bradley D. /Jaycox, Lisa H./Collins, Rebecca L./Marshall, Grant N./Elliott, Marc N. Zhou, Annie J./Kanouse, David E./Morrison, Janina L./Berry, Sandra H. (2001): A national survey of stress reactions after the September 11, 2001, terrorist attacks. In: New England Journal of Medicine. 345. 1507-1512.

Skocpol, Theda (2002): Will 9/11 and the War on Terror Revitalize American Civic Democracy? In: Political Science & Politics. 35. 537-540.

Sheatsley, Paul B./Feldman, Jacob J. (1965): A National Survey of Public Reactions and Behavior. In: Greenberg/Parker (1965): 149-177.

Snyder, Leslie B./Park, Crystal L. (2002): National Studies of Stress Reactions and Media Exposure to the Attacks. In: Greenberg (2002): 177-192.
Sorrentino, Richard M./Vidmar, Neil J. (1974): Impact on Events: Short- vs. Long-Term-Effects of a Crisis. In: Public Opinion Quarterly. 38. 271-279.
Spirek, Melissa M./Fitzpatrick, Colleen/Bridges, Constance R. (2002): Tracking Media Use and Gratifications. In: Greenberg (2002): 65-74.
Spitzer, Stephan P./Spitzer, Nancy S. (1965): Diffusion of News of the Kennedy and Oswald Deaths. In: Greenberg/Parker (1965): 99-111.
Stempel III, Guido H./Hargrove, Thomas (2002): Media sources of Information and Attitudes about Terrorism. In: Greenberg (2002): 17-26.
Tourangeau, Roger/Rips, Lance J./Rasinksi, Kenneth (2000): The Psychology of Survey Response. Cambridge: Cambridge University Press.
Traugott, Michael W./Brader, Ted/Coral, Deborah/Curtin, Richard/Featherman, David/Groves, Robert/Hill, Martha/Jackson, James/Juster, Thomas/Kahn, Robert/Kennedy, Courtney/ Kinder, Donald/Pennell, Beth-Ellen/Shapiro, Matthew/Tessler, Mark/Weir, David/Willis, Robert (2002): How Americans responded: A study of public reactions to 9/11/01. In: Political Science & Politics. 37. 511-516.
Vengerfeldt, Pille (2003): The Internet as a News Medium for the Crisis News of Terrorist Attacks in the United States. In: Noll (2003): 133-148.
Vowe, Gerhard/Wolling, Jens (2003): Der 26. April. Wann, wo und wie man davon erfuhr. Zur kollektiven Bedeutung von Ereignissen. Erfurt: Paper „Symposium in Erfurt" (25.04.2003).
Wasmer, Martina/Scholz, Evi/Blohm, Michael (2007): Konzeption und Durchführung der Allgemeinen Bevölkerungsumfrage der Sozialwissenschaften (ALLBUS) 2006. Working Paper. Mannheim.
Wober, J. Mallory (1995): The Tottering of Totems on TV. Some Implications of the Diffusion of News in Britain. In: Communications. 20. 7-23.
Westley, Bruce H. (1971): Communication and Social Change. In: American Behavioral Scientist. 14. 719-742.
Wiedemann, Joachim (2002): DeutschlandTrend 2001: 11. September, politisches Interesse und Mediennutzung. In: Media Perspektiven 6. 252-262.

Teil V:

Komparative empirische Sozialforschung, Kontexteffekte und Kontextualisierung

Welche Mechanismen erklären Konntexteffekte?

Jürgen Friedrichs und Alexandra Nonnenmacher

1 Einleitung

Die Abhängigkeit individuellen Handelns von den Bedingungen der sozialen oder sozialräumlichen Umgebung kann als eine der zentralen Fragen der Soziologie betrachtet werden. Menschen fällen zu keinem Zeitpunkt Entscheidungen, die vollständig unabhängig sind von den Optionen und Restriktionen, die ihnen ihre Umwelt bieten.

Die wahrscheinlich bekannteste Formulierung dieser Annahme leistet die Rational-Choice-Theorie, genauer gesagt das Coleman (1987; 1990: 6ff) zugeschriebene Makro-Mikro-Modell sozialen Handelns (eine frühere Version dieses Modells findet sich bei McClelland 1961: 47). Abbildung 1 zeigt eine schematische Darstellung dieses Modells. Die soziale Situation auf der Makroebene hat einen Einfluss auf die individuelle Definition der Situation (Mikroebene), d.h. auf die sich bietenden Handlungsalternativen. Die Frage, welche Merkmale der sozialen Situation auf welche Weise das Individuum beeinflussen, ist Gegenstand der Brückenhypothese (Esser 1999: 120), die Makro- und Mikroebene miteinander verbindet (Schritt a in Abbildung 1). Rational-Choice-Annahmen zufolge wählt das Individuum unter den sich bietenden Handlungsalternativen diejenige, die den größten Nutzen mit sich bringt (Schritt b). Die Aggregierung individueller Handlungen (Schritt c) führt abschließend zu einem kollektiven Ergebnis. In Abbildung 1 wird es als kollektives Explanandum bezeichnet, um einen Grundgedanken des strukturell-individualistischen Erklärungsansatzes zu verdeutlichen: Der Zusammenhang zwischen Ursache und Wirkung auf der Makroebene muss grundsätzlich über den „Umweg" der Individualebene erklärt werden.

Die vergleichende Sozialforschung, sei es der Vergleich von Stadtteilen, Städten, Regionen, Ländern oder anderen sozialen Einheiten, verfügt mit dem Makro-Mikro-Modell sozialen Handelns über ein leistungsfähiges Instrument. Es erlaubt, bei der Analyse von Zusammenhängen auf der Aggregat- oder Kollektivebene auf Makrotheorien zu verzichten, die aufgrund der Komplexität, Instabilität und Variabilität sozialer Phänomene unzureichend sind oder – mehr oder weniger explizit – handlungstheoretische „Anleihen" machen müssen (vgl. Esser 1991: 40; Kalter 1997: 38, Lindenberg 1983: 25).

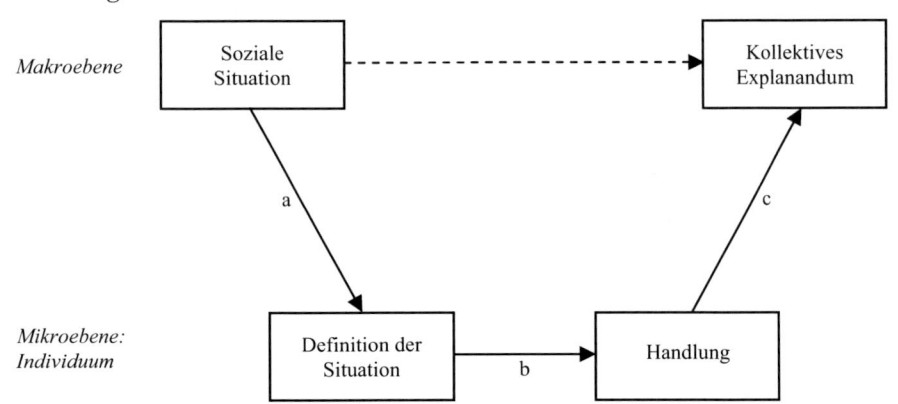

Abbildung 1: Makro-Mikro-Modell sozialen Handelns

```
Makroebene      [Soziale Situation] - - - - - - - - - - - - -> [Kollektives Explanandum]
                        \                                              ^
                         a                                             c
                          \                                           /
                           v                                         /
Mikroebene:         [Definition der Situation]  --b-->  [Handlung]
Individuum
```

Kontextanalysen sind als ein zweiter Forschungsschwerpunkt zu nennen, der mit dem Makro-Mikro-Modell arbeitet. Im Gegensatz zu vergleichenden Studien liegt das Explanandum in der Regel auf der Mikroebene des Individuums. Der abschließende Schritt des Modells, die Aggregierung, wird nicht explizit modelliert. Der Fokus solcher Analysen liegt auf der Annahme, dass individuelles Handeln nicht nur durch individuelle, sondern auch durch kollektive Einflüsse erklärt werden muss.

Der Unterschied zwischen vergleichenden und Kontextanalysen liegt somit ausschließlich im Erkenntnisinteresse: Die Erklärung individuellen Verhaltens auf der einen, die Erklärung von Unterschieden zwischen Ländern oder Regionen aufgrund von Unterschieden im individuellen Verhalten auf der anderen Seite. Beiden Perspektiven ist somit die Aufgabe gemein, Brückenhypothesen, die Makro- und Mikroebene miteinander verbinden, zu formulieren und zu prüfen.

Der vorliegende Beitrag beschäftigt sich mit dem ersten Schritt des Makro-Mikro-Modells, den Brückenhypothesen (Kelle & Lüdemann 1996; Lindenberg 1996a; 1996b; Opp & Friedrichs 1996). Dabei beschränken wir uns auf eine soziale Situation, die im Laufe der letzten Jahre immer stärkere Aufmerksamkeit erfahren hat: das Wohngebiet als sozialräumliche Umgebung, die individuelle Handlungen beeinflusst. Wohngebiete sind Kontexte, die auf die Einstellungen und das Verhalten der Bewohner Effekte im Sinne von Optionen und Restriktionen haben. Sie stellen eine „Gelegenheitsstruktur" (Galster & Killen 1995; Briggs 2005) dar. Die grundsätzliche Annahme eines Kontexteffektes des Wohngebietes (neighborhood effect) ist, ein gegebenes Verhalten der Bewohner ließe sich nicht nur durch die individuellen Merkmale der Bewohner erklären, sondern zusätzlich durch Merkmale des Gebietes (Atkinson & Kintrea 2001; Dietz 2002; Ellen & Turner 1997; Friedrichs 1998; Galster 2007; 2008; 2009; Oberwittler 2004).

Die Betrachtung von Wohngebietseffekten hat unserer Ansicht nach zwei Vorteile. Erstens stellen sie keine so enge sozialräumliche Umgebung wie z. B. eine Schulklasse oder ein soziales Netzwerk dar. Damit ist es für die Behandlung von Kontexteffekten notwendig, über Überlegungen zu den Auswirkungen direkter sozialer Interaktion hinauszugehen. Hieraus ergibt sich zweitens, dass Hypothesen über die Wege, auf denen sich das Wohngebiet auf seine Bewohner auswirkt, auch für größere soziale oder sozialräumliche Einheiten wie Regionen oder Länder anschlussfähig sind – oder zumindest sein können.

Grundsätzlich können zwei Wege unterschieden werden, auf denen das Wohngebiet einen Einfluss auf seine Bewohner hat: direkte und indirekte Effekte. Unter direkten Effekten wird im Folgenden verstanden, dass Merkmale des Gebiets (Makroebene) die Handlungsalternativen des Individuums (Mikroebene) beeinflussen. Dieser Einflussmechanismus entspricht Schritt a in Abbildung 1. Er wird im folgenden Abschnitt behandelt. Indirekte Effekte bestehen dann, wenn sich Gebietsmerkmale auf die Mesoebene auswirken und ausschließlich die Bedingungen der Mesoebene einen Einfluss auf das Individuum haben. Solche indirekten Effekte werden im Abschnitt 3 behandelt. Im Abschnitt 4 gehen wir nach einer Zusammenfassung auf offene Fragen und Probleme der Analyse von Kontexteffekten des Wohngebiets ein.

2 Direkte Effekte

In der Literatur sind mehrere Kontexteffekte oder „Modelle" unterschieden worden. Jencks und Mayer (1990) führen fünf solcher Modelle an: 1. Institutionelle Ressourcen/Ausstattung des Gebiets, 2. Kollektive Sozialisation und Rollenmodelle, 3. Ansteckungsmodelle (contagion models oder epidemic models), 4. Wettbewerb um knappe Ressourcen, 5. relative Deprivation. Obgleich in der Literatur noch weitere Unterscheidungen von Kontexteffekten getroffen werden (u.a. Erbring und Young 1979; Galster 2003; 2008), lassen sich die Gruppierungen der Effekte auf drei wesentliche Modelle reduzieren:

1. Ausstattung des Gebiets: Der Effekt des Wohngebietes besteht darin, Alltagsaktivitäten oder „routine activities" (Sampson et al. 2002: 458) zu ermöglichen, zu erleichtern oder zu verhindern, weil einzelne Einrichtungen, z.B. Schulen, Jugendtreffs, öffentlicher Verkehr, vorhanden oder nicht vorhanden sind. Fehlen solche Einrichtungen, dann müssen die Bewohner entweder auf die entsprechenden Aktivitäten verzichten oder aber zeitliche und finanzielle Kosten auf sich nehmen, um die Aktivität in anderen Teilen der Stadt auszuüben. Zu diesen Defiziten kann bereits die Lage des Wohngebietes gehören, wenn das Gebiet schlecht an den öffentlichen Personen-Nahverkehr angeschlossen ist und die Bewohner/innen dann Arbeitsplätze in anderen Teilen der Stadt schlecht oder gar nicht erreichen können, wie z.B. Schwarze in innenstadtnahen Wohngebieten der nordamerikanischen Großstädte, die nicht über einen PKW verfügen und die Arbeitsplätze im Umland der Städte nicht erreichen können. Wie stark Unordnung und Schmutz im Wohngebiet auf die Bewohner/innen wirken, zeigt eine qualitative Studie in sechs problematischen und acht nicht-problematischen Wohngebieten in England und Schottland: Die städtischen Reinigungskräfte tun im problematischen Gebiet nur das Nötigste, und die Bewohner sind demoralisiert und fühlen sich machtlos (Hastings 2009).

2. *Kollektive Sozialisation und Rollenmodelle:* Hier wird davon ausgegangen, der Effekt des Kontextes käme über die Sozialisation durch die Bewohner des Gebiets zustande, speziell durch Rollenmodelle. Eine häufig getestete Hypothese ist, der Anteil von Personen, die erwerbstätig sind und/oder der Anteil der Personen, die höheren Angestelltenberufen oder den Freien Berufen angehören („managerial and professional"), habe einen positiven Einfluss auf das Erwerbsverhalten der Bewohner und einen negativen Effekt auf abweichendes Verhalten.

Crane (1991: 1233; vgl. Brooks-Gunn et al. 1993; South and Baumer 2000) berichtet, dieser Anteil von Personen mit hohem sozialen Status habe einen negativen Effekt auf die abhängigen Variablen „Schulabbrecher" und „Teenager-Schwangerschaften", obgleich die Ergebnisse sich darin unterscheiden, ob die Effekte stärker für weiße oder für schwarze Mädchen sind. Untersucht man jedoch sowohl die Effekte des Wohngebiets als auch der Schule auf das Alter beim ersten Geschlechtsverkehr, dann ist die Varianz zwischen den Schulen mit .38 erheblich höher (und signifikant) als die zwischen den Wohngebieten mit .11, wie die Studie von Teitler und Weiss (2000: 119) in Philadelphia zeigt. Wie zu erwarten, hatte das Alter einen positiven Effekt, Schülerinnen sind später sexuell aktiv als Schüler. Die Unterschiede treten vor allem bei den weißen Jugendlichen auf, und bei ihnen zwischen öffentlichen und privaten Schulen. Diese Ergebnisse widersprechen den Befunden von Crane.

Dem Anteil wohlhabender Personen wird ein größerer Effekt als andere Variablen, wie z.B. die Arbeitslosenquote, der Anteil alleinerziehender Frauen oder der Anteil der Erwerbstätigen, zugeschrieben. Unterstellt wird hier ein soziales Lernen (Bandura & Walters 1963; vgl. Friedrichs 1998). In Abbildung 2 wird ein solcher Prozess beispielhaft dargestellt.

Abbildung 2: Beispiel für Anwendung des Makro-Mikro-Modells zur Erklärung von Kontexteffekten des Wohngebiets

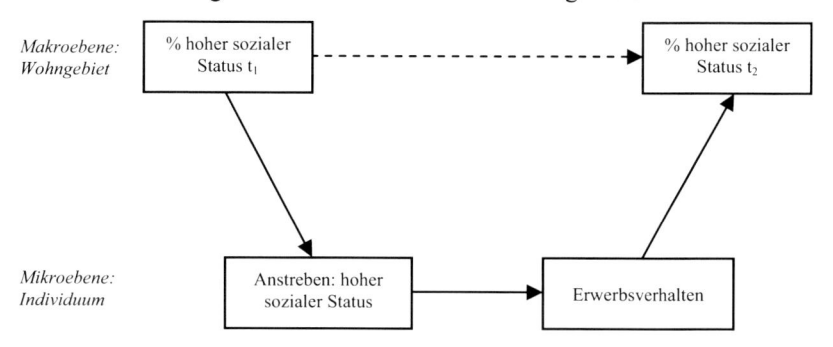

```
Makroebene:      [% hoher sozialer]  - - - - - - - - - - - - >  [% hoher sozialer]
Wohngebiet       [   Status t_1   ]                              [   Status t_2   ]


Mikroebene:      [  Anstreben: hoher ]  ------------------>  [ Erwerbsverhalten ]
Individuum       [  sozialer Status  ]
```

Es ist jedoch keineswegs gesichert, von welchem Anteil solcher Rollenmodelle in einer Nachbarschaft an die vermuteten positiven Effekte auftreten. Es ist ebenso möglich, dass bei einem Teil der Bewohner eine relative Deprivation auftritt, weil die Standards nicht erreicht werden können – was zu einem Rückzug („retreatism" im Sinne von Merton 1957: Kap. IV und V) führen kann. (Vgl. hierzu die Ausführungen zu Schwellenwerten weiter unten.)

Kollektive Sozialisation kann sich nicht nur wie bisher beschrieben auf diejenigen auswirken, die gegenwärtig in benachteiligten Wohngebieten leben, sondern auch auf die Effekte eines früheren Wohngebiets. Die Ergebnisse von Vartanian (1999a, b; Vartanian & Buck 2005) weisen auf die Möglichkeit hin, dass das Aufwachsen von Kindern und Jugendlichen in einem Armutsgebiet negative Effekte auf das Einkommen und die Erwerbstätigkeit sowie positive Effekte auf die Wahrscheinlichkeit des Bezugs von Transfereinkommen im Erwachsenenalter hat. Allerdings kontrolliert er in den genannten Studien nicht die Bedingungen des Wohngebiets, in dem die Befragten als Erwachsene leben. Es ist somit nicht möglich zu entscheiden, ob eine lebenslange Wirkung der im Kindes- und Jugendalter vorgefundenen Wohnumgebung unabhängig von den Merkmalen des Wohngebiets im Erwachsenenalter vorliegt. Eine Studie britischer Wohngebiete von Feinstein et al. (2008: 32ff.) ist in diesem Zusammenhang aufschlussreicher: Personen, die bis zum 26. Lebensjahr in einer Sozialwohnung gelebt haben, weisen im Vergleich zu Wohnungseigentümern – bei Kontrolle zahlreicher individueller Merkmale – ein hohes Risiko auf, im Alter von 36 Jahren mehrfach benachteiligt zu sein (bei Frauen ist dieses Risiko sechs mal höher). Diese Effekte sind noch stärker, wenn man nur jene Personen in Sozialwohnungen betrachtet, die unter schlechten ökonomischen Bedingungen aufgewachsen sind. Kontrolliert man nach Wohngebiet, so verringern sich diese Effekte – das Wohngebiet hat demnach einen zusätzlichen Kontexteffekt.

Vartanian, Gleason und Buck (2007) zeigen darüber hinaus, dass das Aufwachsen in einem Armutsgebiet die Wahrscheinlichkeit steigert, im Erwachsenenalter ebenfalls in einem solchen Gebiet zu leben. Dieser Zusammenhang kann teilweise dadurch erklärt werden, dass Kinder in Armutsgebieten ein vergleichsweise geringes Bildungsniveau erreichen und entsprechend eingeschränkte Arbeitsmarktchancen haben. Darüber hinaus prägt das Wohngebiet der Kindheit aber unabhängig von den objektiven Lebenschancen die Wahl des späteren Wohnstandorts: „In addition, adult residential choice is a function of the preferences and perceptions that are shaped by the social processes of childhood neighborhood experience" (Vartanian et al. 2007: 203).

Zusammenfassend weisen die beschriebenen Befunde darauf hin, dass kollektive Sozialisation eine Reihe von Kontexteffekten des Wohngebiets verursacht, vor allem auf Kinder und Jugendliche: Sowohl das Verhalten im Kindes- und Jugendalter als auch die späteren Lebenschancen werden durch das Aufwachsen in einem benachteiligten Gebiet beeinflusst. Zusätzlich steigt die Wahrscheinlichkeit, im Erwachsenenalter ebenfalls in einem solchen Gebiet zu leben, und damit auch die Wahrscheinlichkeit, durch Ansteckungseffekte (siehe den folgenden Abschnitt) verursachten Kontexteinflüssen zu unterliegen.

3. *Ansteckungseffekt:* Hier wird davon ausgegangen, ein höherer Anteil abweichenden Verhaltens in einem Wohngebiet erhöhe auch die Bereitschaft, abweichendes Verhalten zu akzeptieren und zu übernehmen. Dies ist insbesondere für Jugendliche nachgewiesen worden (vgl. Browning et al. 2004: 508; Haynie 2001). Diese Annahme gehört aber auch zu den zentralen Hypothesen von Wilson (1987) über die Ausbreitung abweichender Verhaltensmuster.

Ein weiterer Einflussmechanismus, der wenig expliziert ist, aber immer stärkere Aufmerksamkeit erfährt, ist die Wahrnehmung von „Disorder" und deren Auswirkungen auf das Individuum. Disorder kann sich sowohl auf den Zustand der Wohnumgebung (z. B. leerstehende und/oder vernachlässigte Häuser, Abfall auf den Straßen, Zeichen von Vandalismus) als auch auf Verhaltensweisen der Bewohner (z. B. öffentlicher Alkohol- oder Drogengebrauch, Streite oder Schlägereien) beziehen. Die Ergebnisse empirischer Studien zeigen, dass es einen negativen Zusammenhang zwischen Disorder im Wohngebiet und dem individuellen physischen und geistigen Gesundheitszustand (z.b. Stress, Lebenszufriedenheit, Depressionen) gibt (z. B. Galea et al. 2005; Gary et al. 2007; O´Campo et al. 2009; Poortinga et al. 2008). Eine Erklärung für diesen Einfluss ist, dass von der wahrgenommenen Unordnung auf eine mangelnde soziale Kontrolle geschlossen wird. Deren Fehlen führt dazu, die Umgebung als bedrohlich oder gefährlich wahrzunehmen, und dies wiederum führt zu Stress und einer geringeren mentalen Gesundheit.

2.1 Probleme der Spezifizierung direkter Effekte

Obgleich zu den Nachbarschaftseffekten eine umfangreiche und zunehmende Zahl von Studien vorliegt (vgl. Dietz 2002; Ellen & Turner 2003; Galster 2003; 2007; Friedrichs 1998; Friedrichs et al. 2003; Jencks & Mayer 1990; Leventhal & Brooks-Gunn 2000; 2003; Sampson et al. 2002), ist für die beiden letztgenannten „Modelle" nicht hinreichend expliziert, worin genau der Effekt besteht. Mit anderen Worten: In vielen Fällen werden lediglich empirische Zusammenhänge zwischen Merkmalen des Wohngebiets und individuellem Verhalten festgestellt. Worin der Einflussmechanismus oder die Mechanismen bestehen, durch die sich das Wohngebiet auf seine Bewohner auswirkt, wird selten thematisiert. Auch sind die direkten Effekte relativ gering, sie erklären höchstens 8% der Varianz.

Ein Beispiel: In mehreren Studien werden negative Effekte des Anteils der „managerial/professional" in einem Wohngebiet auf abweichendes Verhalten wie Jugendkriminalität, Teenager-Schwangerschaften, Schulabbruch festgestellt. Unklar bleibt jedoch, wie dieser Effekt zustande kommt: Reicht es, das abweichende Verhalten zu beobachten, oder muss auch eine Interaktion vorliegen (Beobachtung vs. Interaktion)?[1] Wie also geht es vor sich, dass der Anteil von Personen mit höheren Positionen sich auf das Verhalten auswirkt? Wie können die unterstellten positiven Effekte solcher „Rollenmodelle" präziser formuliert werden? Es ist sinnvoll, hierzu auf die neueren Überlegungen zu „sozialen Me-

---

[1] Wir können davon ausgehen, dass auch die Beobachtung von Sachverhalten im Wohngebiet das Handeln der Bewohner/innen beeinflusst. Ein Beispiel für einen solchen Effekt erbringt die Studie von Hoffmann (2008). Sie untersuchte, ob sich die Merkmale von Stadtteilen in Hamburg, Kiel, München und Stuttgart auf die Wahlentscheidung (sozial vs. konservativ) bei der Sonntagsfrage zur Bundestagswahl 2002 ausgewirkt hat. In ihrer Mehrebenenanalyse findet sie a) sehr niedrige ICC-Werte und b) nur sehr geringe Effekte der Stadtteile. Wohl aber wirken sich der wahrgenommene Ausländeranteil und die Kriminalitätsfurcht auf die Wahlentscheidung aus.

chanismen" zurückzugreifen (Hedström & Swedberg 1998; Mayntz 2005; Opp 2004). Dieser Ausdruck wird auch in einigen Arbeiten zu Nachbarschaftseffekten verwendet (z.b. Atkinson & Kintrea 2001; Sampson 2006, Sampson et al. 2002), aber ohne ihn mit Inhalten (Hypothesen) zu füllen.

Unter einem Mechanismus versteht Opp (2004: 362) „kausale Prozesse" oder „Wirkungsketten". Es wird also nicht *eine* Hypothese formuliert, sondern eine Kette aufeinander bezogener Hypothesen, die spezifizieren, wie eine Bedingung (Input) mit einem Ergebnis (Output) – auf plausible Weise – verbunden ist (Hedström & Swedberg 1998: 9). Den Kontexteffekt solcherart zu modellieren hat den Vorteil, präziser zu bestimmen, welche Bedingungen gegeben sein müssen, damit ein Merkmal auf der Kontextebene sich auf die Handlungen der Individuen auswirkt.

Nehmen wir das Beispiel der Rollenmodelle. Die Kontexthypothese lautet: Wenn mehr Personen in höheren Angestelltenpositionen in einem Gebiet wohnen, dann ist die Rate abweichenden Verhaltens geringer. Fasst man dies genauer, so lautet der unterstellte Mechanismus: Personen der Gruppe A mit dem Verhalten V(A) sehen Personen der Gruppe B mit dem Verhalten V(B). Das Verhalten V(B) wird als abweichend vom eigenen Verhalten wahrgenommen und positiv von der Gruppe A bewertet. Diese positive Bewertung führt Personen der Gruppe A nun dazu, eher das Verhalten V(B) als das Verhalten V(A) auszuführen. So schreibt Crane (1991: 1227), arme männliche Jugendliche seien mehr für die Einflüsse von peer groups empfänglich, weshalb es zu stärkeren (delinquenten) jugendlichen Subkulturen käme.

Wie man an diesem Beispiel erkennen kann, machen wir die zusätzliche Annahme, Personen der Gruppe A würden das Verhalten V(B) dem Verhalten V(A) vorziehen, weil sie es positiver bewerten. Einen solchen Maßstab müssen die Personen der Gruppe A sich jedoch ungeachtet der Neigung, V(A) auszuführen, bewahrt oder erarbeitet haben. Das ist nun keineswegs zwingend, denn z.B. Wilson (1987) lässt sich so interpretieren, dass mit dem Überwiegen von V(A) über V(B) in einem Wohngebiet auch die Maßstäbe der Bewertung sich zugunsten von V(A) verschoben haben und sich die Bewohner daran als dem dominanten Verhaltensmuster orientieren. Das bedeutet: Wenn Wilson empirisch belegt, die Bewohner von Armutsgebieten wichen von den Normen der „mainstream society" ab, so dürfte dies auch einschließen, die Bewohner würden die Werte der Mehrheit nicht (mehr) akzeptieren. Wir müssen demnach die zusätzliche Hypothese formulieren, die Beobachtung allein reicht nicht aus, ein Verhalten zu ändern, sondern erst die Verbindung von Beobachtung von abweichendem Verhalten und der Übernahme der Legitimation hierfür führt dazu, ein anderes (hier: abweichendes) Verhalten zu übernehmen. Das gilt auch für die Übernahme positiver oder mit dem mainstream konformer Verhaltensmuster.

Dies entspräche den Hypothesen von Sutherland (1968) über abweichendes Verhalten, denen zufolge man nicht nur die Techniken abweichenden Verhaltens lernt, sondern auch die Legitimationen dafür. Wenn das zutreffend ist, stellt sich die weitere Frage, ob Legitimationen (wie in der Theorie von Sutherland angenommen) auch bei „Ausbreitung" erlernt werden können oder ob es dazu persönlicher Kontakte mit Personen im Gebiet bedarf. Wie es also genau zur Übernahme oder Ablehnung abweichenden Verhaltens kommt, lässt sich nur aufklären, wenn die Wahrnehmung und Bewertung der Personen empirisch erfasst werden.

Noch schwieriger ist es, den „Ansteckungseffekt" empirisch zu bestimmen. Er kann sowohl auf der bloßen Wahrnehmung des Verhaltens anderer Bewohner/innen als auch auf der Interaktion der Bewohner/innen beruhen. Für beide Formen liegen Studien vor. So untersuchen Ross, Mirowsky und Pribesh (2001) die wahrgenommene „disorder" in Wohngebieten (darauf aufbauend: Blasius & Friedrichs 2007) und finden einen signifikanten Effekt auf das Gefühl der Hilflosigkeit bei den Bewohnern. Andererseits zeigen die Studien von Sampson u.a. (Sampson, Morenoff & Gannon-Rowley 2002: 465, Sampson & Raudenbush 1999), dass die Wahrnehmung physischen Verfalls (vgl. „broken windows"-Hypothese von Wilson & Kelling 1982; dazu: Xu et al. 2005) nicht direkt zu höherer Kriminalität führt, sondern durch das Ausmaß sozialer Kontrolle als intervenierender Variable bestimmt wird. Dennoch ist damit noch nicht hinreichend geklärt, wie sich die Wahrnehmung von physischem Verfall (Skogan 1990; Wilson & Kelling 1982) oder die Beobachtung von Drogenhandel im Wohngebiet auf die Einstellungen und das Verhalten der Bewohner auswirkt: Vermutlich nimmt man gelockerte Normen wahr und verhält sich – abhängig vom individuellen Schwellenwert (Granovetter 1978) – dann ebenfalls abweichend. Ein eindrucksvolles Beispiel für solche Effekte zitieren Massey und Denton (1993: 133): Wenn in einem Wohngebiet 3-6% der Gebäude aufgegeben sind, beginnen auch die anderen Hausbesitzer, nicht mehr in ihre Häuser zu investieren.

Häufig werden Aggregatmerkmale aus Individualmerkmalen konstruiert. Ein gutes Beispiel hierfür ist die Sozialkapital-Hypothese von Sampson et al. (Sampson & Groves 1989; Sampson et al. 1997). Als Sozialkapital messen sie zwei Konzepte: a) die Supervision von Jugendlichen (intergenerational closure) und b) die kollektive Wirksamkeit (collective efficacy) im Wohngebiet, gemessen durch soziale Kontrolle und Kohäsion. Ihre zentrale Hypothese ist, dass die Desorganisation in einem Wohngebiet nicht direkt auf (Indikatoren der) Devianz führt (wie Shaw & McKay vermuteten), sondern vermittelt über mangelnde Kohäsion und soziale Kontrolle im Wohngebiet. Ihr Modell ist in Abbildung 3 wiedergegeben.

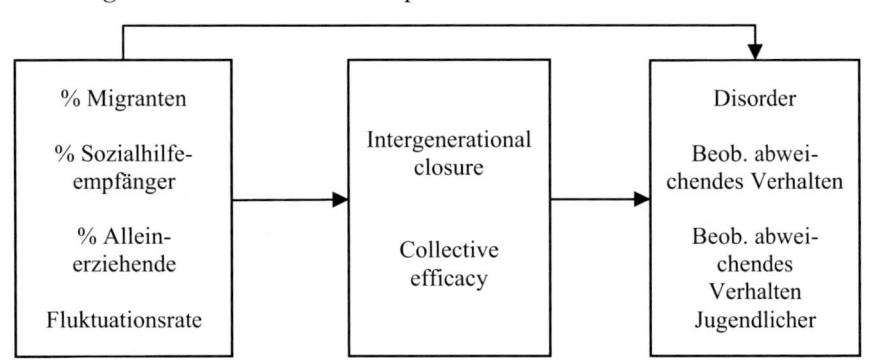

Abbildung 3: Das Modell von Sampson u.a.

```
┌─────────────────┐      ┌─────────────────┐      ┌─────────────────┐
│ % Migranten     │      │                 │      │ Disorder        │
│                 │      │ Intergenerational│     │                 │
│ % Sozialhilfe-  │      │    closure      │      │ Beob. abwei-    │
│ empfänger       │─────▶│                 │─────▶│ chendes Verhalten│
│                 │      │                 │      │                 │
│ % Allein-       │      │   Collective    │      │ Beob. abwei-    │
│ erziehende      │      │    efficacy     │      │ chendes         │
│                 │      │                 │      │ Verhalten       │
│ Fluktuationsrate│      │                 │      │ Jugendlicher    │
└─────────────────┘      └─────────────────┘      └─────────────────┘
```

Es ist offenkundig, dass die intervenierenden Konzepte individuell wahrgenommene Zustände auf der Makroebene des Wohngebietes sind. Hier stellt sich die Frage, worin genau die Brückenhypothese besteht: Wird ein Einfluss der kollektiven Wirksamkeit auf die individuelle Kriminalitätsneigung (und damit auf die Kriminalitätsrate) oder ein Effekt der *Wahrnehmung* kollektiver Wirksamkeit postuliert? Man kann argumentieren, dass dieser Unterschied bedeutungslos ist, da Individuen nach dem Thomas-Theorem (Thomas & Thomas 1928) meistens so handeln, als ob ihre Wahrnehmungen der Realität entsprächen. Dann stellt sich aber die Anschlussfrage, unter welchen Bedingungen einem Gebiet von seinen Bewohnern ein hohes Maß an kollektiver Wirksamkeit zugesprochen wird.

2.2 Das Problem nicht-linearer Effekte und Schwellenwerte

In empirischen Untersuchungen werden Kontexteffekte des Wohngebiets in der Regel als lineare Effekte modelliert, d.h., es wird implizit von einem gleichmäßigen Einfluss der Gebietsmerkmale ausgegangen. Diese Annahme kann, wenn sie falsch ist, nicht nur zu ungenauen Befunden führen, sondern die Aufdeckung der Mechanismen verhindern, die Kontexteffekte produzieren. In der Literatur gibt es eine Reihe von Beispielen, die zeigen, dass Einflüsse des Wohngebiets nicht linear sein müssen.

Die erste hier zu behandelnde Annahme geht von einem Schwellenwert aus. Schon Wilson (1987) nimmt an, erst wenn das abweichende Verhalten in einem Wohngebiet eine bestimmte (von ihm nicht spezifizierte) Schwelle überschritten habe, breite sich dieses Verhalten in einem Ansteckungsprozess aus. Hiermit übereinstimmend fand Crane (1991: 1236, 1241), dass die Schulabbrecher-Quote in einem Wohngebiet erst dann deutlich ansteigt, wenn der Anteil der Gebietsbewohner mit hohem sozialen Status (managerial/professional) 7,7% unterschreitet. Einen ähnlich hohen Schwellenwert von etwa 7% fand er für die Wahrscheinlichkeit von Teenager-Schwangerschaften. Buck (2001) untersucht mit Hilfe der ersten acht Wellen der British Household Panel Study, welche Effekte die Armut oder Deprivation eines Gebietes (gemessen über die Townsend-Skala) auf die (Wieder-)Aufnahme einer Erwerbstätigkeit hat. Es ergaben sich deutliche Effekte des Wohngebietes, selbst wenn zahlreiche Individualmerkmale kontrolliert wurden. In den armen Gebieten waren sowohl die subjektiven Erwartungen als auch die objektiven Chancen, in den nächsten zwölf Monaten eine neue Arbeitsstelle zu erhalten, geringer als in nicht-armen Gebieten. Diese Effekte sind nicht linear: Liegt die Arbeitslosenrate im Gebiet über 28%, so sinkt die Wahrscheinlichkeit der Arbeitsaufnahme steil ab. Diese Schwelle erreichen 5% der untersuchten Wohngebiete (ibid.: 2271f.).

Eine zweite Gruppe von Studien, die nicht-lineare Kontexteffekte nachweisen, findet U-förmige Zusammenhänge. Oberwittler (2007) untersucht Schüler in Freiburg und Köln. Er findet nur für die deutschen Jugendlichen einen U-förmigen Zusammenhang zwischen dem Anteil der Sozialhilfequote in der Nachbarschaft und dem Ausmaß relativer Deprivation, das von den Jugendlichen berichtet wird. Hierbei ist relative Deprivation am höchsten in Nachbarschaften mit dem niedrigsten Anteil von Sozialhilfeempfängern. Höhere Deprivation tritt bei Schwellenwerten von unter 3% und über 18% Sozialhilfeempfängern auf.

Einen ähnlichen Effekt stellt auch Gibbons (2002: 31f.) fest. Er untersucht anhand der Daten der British National Child Development Study den Einfluss des Anteils der Personen mit hoher Schulbildung (Level A und höher) im Wohngebiet auf die schulischen Erfolge von Jugendlichen. Er findet zunächst eine lineare Beziehung zwischen beiden Merkmalen. Kontrolliert man jedoch Merkmale der Familien, so zeigt sich, dass Jugendliche in den 10% der Wohngebiete, die den höchsten Anteil an Bewohnern mit hohem Schulabschluss haben, eine um 5-6 Prozentpunkte höhere Wahrscheinlichkeit aufweisen, einen hohen Schulabschluss zu erzielen als diejenigen Jugendlichen, die in den letzten 10% der Wohngebiete leben. Dies gilt bei Kontrolle des familiären Hintergrunds, d.h. des Effektes des elterlichen Bildungsabschlusses. Zudem beenden Jugendliche aus den besten Nachbarschaften seltener die Schulausbildung ohne Abschluss. Entscheidend ist hier, dass der Nachbarschaftseffekt auf die Abschlüsse der Jugendlichen im dritten Quartil der Verteilung am stärksten ist, d.h. bei einem Anteil von 10-15% höher Gebildeter. Er war vier Mal höher als der durchschnittliche Anstieg. Galster (2003: 902) vermutet auf der Basis der vorliegenden nordamerikanischen Befunde, der Anteil der Armen in einem Wohngebiet habe keine linearen Effekte auf das Ausmaß abweichenden Verhaltens, sondern erst von einem

Anteil von etwa 20% an, dann linear ansteigend bis etwa 40%, danach mit nur marginalen zusätzlichen Effekten.

Bedeutsam sind auch die Befunde von Galster, Quercia und Cortes (2000). Sie gelangen in einer Studie von 34.705 U.S. Zensus-Distrikten (census tracts) für die Jahre 1980 und 1990 zu folgenden Ergebnissen:

1. Endogene Prozesse der Selbstverstärkung: Census tracts mit einer Armutsrate von unter 6,9% im Jahre 1980 wiesen 1990 nur eine sehr geringe Zunahme der Armut auf. In Gebieten mit Armutsraten zwischen 6,9 und 38,8% nahmen die Armutsquoten stark zu, bei solchen über 38,8% wurden die Quoten der Zunahme negativ, und ab einer Ausgangsquote von 53,3% im Jahre 1980 war die Zunahme extrem hoch.
2. Exogene Prozesse: Der Anteil der Wohnungs- und Hauseigentümer im Gebiet (im Gegensatz zu Mietern) hat bis zu einem Schwellenwert von etwa 60% einen positiven, d.h. steigernden Einfluss auf die Arbeitslosenquote, zwischen 60 und 85,5% einen negativen und über 85,5% erneut einen positiven Einfluss (ibid.: 724).

Diesen Ergebnissen zufolge gibt es *mindestens* zwei Schwellenwerte (vgl. Abbildung 4 auf der nächsten Seite): Erst wenn der erste Schwellenwert überschritten ist, haben die Bedingungen des Wohngebiets überhaupt einen Einfluss auf das Individuum. Bei Überschreiten eines zweiten, wesentlich höheren Schwellenwerts steigt der Einfluss des Wohngebiets exponentiell an. Dieser zweite Schwellenwert dürfte nach den Ergebnissen von Galster, Quercia und Cortes bei ca. 85% liegen. Aufschlussreich ist die Annahme, dass die Schwelle der Armutsquote, von der an die positiven (prosozialen) Verhaltensmuster abnehmen, geringer ist als die Schwelle, von der an negative Verhaltensmuster zunehmen. Um solche Beziehungen im Rahmen von Regressionsanalysen zu modellieren, reichen quadratische oder kubische Effekte oft nicht aus. Es ist erforderlich, die Verteilung in Segmente zu unterteilen und getrennte („Spline"-) Regressionen zu berechnen.

Die wichtigste Folgerung aus diesen Ergebnissen ist, dass Kontexteffekte sehr wahrscheinlich oft nur dann vorliegen, wenn eine nicht-lineare Beziehung besteht. Wenn mehr Personen Akte abweichenden Verhaltens begehen, dann wirkt sich diese Zunahme nicht gleichmäßig auf die anderen Bewohner aus, sondern von einem Schwellenwert an überproportional. Nun sind es nicht mehr ein oder zwei weitere, sondern zehn Personen, die das Verhalten (plötzlich) übernehmen.

Abbildung 4: Ein Modell von Schwellenwerten in Wohngebieten (Quelle: Galster 2003).

Summary of Observed Relationships Between Neighborhood Poverty Rates and Individual Behavioral Outcomes in U.S.

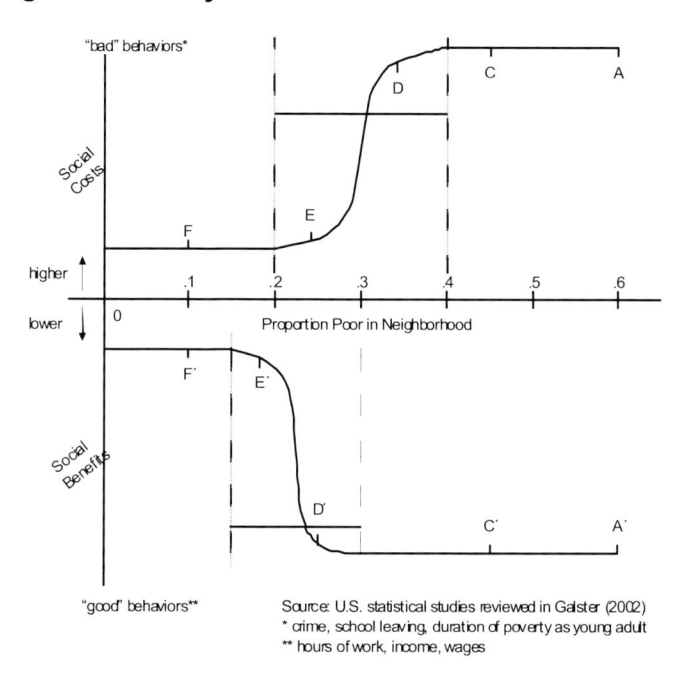

"bad" behaviors*
* crime, school leaving, duration of poverty as young adult
"good" behaviors**
** hours of work, income, wages

Source: U.S. statistical studies reviewed in Galster (2002)

Wie nicht-lineare Effekte und Schwellenwerte zustande kommen, ist bislang unklar. Der erste Schwellenwert, bei dessen Überschreiten Kontexteffekte des Wohngebiets erst auftreten, lässt sich vermutlich durch einen exponentiellen Zusammenhang erklären: Eine Möglichkeit ist die Theorie des Tropfens, der ein Fass zum Überlaufen bringt. Ein Problem besteht seit langem, wird also wahrgenommen und führt zu einer latenten Handlungsbereitschaft. Diese schlägt in Verhalten um, wenn noch ein weiteres Ereignis eintritt, das in der Linie der bereits wahrgenommenen liegt. Am Beispiel von sozialen Bewegungen lässt sich dies nachweisen. Ein Beispiel: In einem gemischten Wohn- und Gewerbegebiet in Hamburg, durch das eine sehr befahrene Bundesstraße geht, ereigneten sich zwischen 1984 und 1991 zahlreiche Unfälle, darunter fünf tödliche. Nach dem letzten Unfall forderten die Bewohner/innen eine Geschwindigkeitsbegrenzung.

Im Jahre 1991 ereignete sich erneut ein tödlicher Unfall, bei dem ein neunjähriges Mädchen starb. Nun reagierten die Bewohner mit der Besetzung der Straße und tagelangen Protesten (Friedrichs 1994). Der in Abbildung 4 dargestellte zweite Schwellenwert, nach dessen Überschreiten eine Veränderung der Gebietsmerkmale (z.B. eine Steigerung der Armutsquote) keinen zusätzlichen Effekt mehr hat, wurde bisher nicht thematisiert. Gewiss kann dieser Sachverhalt nicht mehr durch die „Tropfen"-Hypothese erklärt werden. Vielmehr kann er durch eine Hypothese erklärt werden, die Galster für den ersten Schwellenwert heranzieht: Mit jeder Person, die zusätzlich ein bestimmtes Verhalten aufweist, nimmt exponentiell die Wahrscheinlichkeit zu, dass andere das Verhalten ebenfalls aufweisen (oder übernehmen). Diese Überlegung führt Galster (2007: 26) in einem neueren Beitrag aus:

> "It is only when a group reaches some critical mass of density or power over a predefined area that it is likely to become effective in shaping the behaviours of others. Past this threshold, as more members are recruited, the group's power to sanction non-conformity probably grows nonlinearly. This is especially likely when the position of the group becomes so dominant as to become normative in the area".

Es handelt sich um eine Art von Sättigung. Hierzu können wir auf die Modelle von Granovetter (1978) und Schelling (1978) zurückgreifen. Ihnen ist die Annahme gemeinsam, Individuen hätten Schwellenwerte der Toleranz oder allgemeiner: der Handlungsbereitschaft. Im Beispiel des Wohngebietes von Galster würde nun fast die Hälfte der Bewohner/innen ein spezifisches Verhalten ausüben, das negative Externalitäten für die anderen Bewohner hat. Sie müssten vermutlich sogar nicht einmal zögern, es öffentlich zu zeigen, denn zu diesem Zeitpunkt dürfte der Legitimitätsnachweis nicht mehr bei ihnen, sondern bei dem Rest liegen. Operational definiert: Die Rechtfertigung des Verhaltens schlägt also um. Es müssen sich nicht mehr diejenigen rechtfertigen, die sich abweichend verhalten, sondern diejenigen, die es nicht tun. Nun muss sich rechtfertigen, wer sich nicht in dieser Form abweichend verhält. Weiter können wir annehmen, die restlichen Bewohner seien keine homogene Gruppe. Mit den von Popitz (2004) analysierten Prozessen der Machtbildung gehen wir von drei gleich großen Gruppen aus: Deviante, dezidert Normenkonforme und Normenkonforme, die jedoch nicht dafür eintreten – bei Popitz die Neutralen. Wie Popitz nun überzeugend belegt, ist es die zuschauende Gruppe der Neutralen, die begünstigt, dass sich die abweichenden Verhaltensmuster weiter ausbreiten, nicht ahnend, dass dieser Prozess auch sie erreichen und als Gruppe auflösen wird.

U-förmige Zusammenhänge zwischen Gebietsmerkmalen und individuellem Verhalten können möglicherweise dadurch erklärt werden, dass Teilgruppen innerhalb des Gebiets in unterschiedlicher Richtung beeinflusst werden. So ist zum Beispiel denkbar, dass sich der Ausländeranteil im Wohngebiet auf Ausländer und Deutsche unterschiedlich auswirkt. Ein empirisches Beispiel ist die Studie von McCulloch (2001) mit den Daten der ersten acht Wellen der British Household Panel Study. Benachteiligte Nachbarschaften weisen signifikante Effekte bei Männern und Frauen u.a. auf die Gesundheit, die Erwerbstätigkeit, niedrige Einkommen und soziale Unterstützung auf, wenn individuelle Effekte kontrolliert werden. Wird die Benachteiligung auf der Ebene des Wohngebiets aber mit der individuellen Benachteiligung (gemessen durch Leben in einer Sozialwohnung) und dem Geschlecht kombiniert, zeigt sich, dass Männer in Sozialwohnungen die stärksten negativen Auswirkungen erfahren, wenn sie in benachteiligten Gebieten leben, während bei Frauen die stärksten negativen Auswirkungen in Gebieten mit reicheren Bewohnern auftritt. Bei Männern tritt somit eine doppelte Benachteiligung auf, während Frauen von einer wohlhabenden Umgebung nicht profitieren oder sie ihnen sogar schadet. McCulloch (2001: 681) gibt hierfür zwei Erklärungen:

> „… that the impact of a given level of deprivation is greater for an individual living in a generally more affluent district: perhaps because a sense of relative deprivation is more marked and has a more acute impact on the psychological state, because community support for disadvantaged individuals is less in affluent areas, or perhaps because the resources needed to achieve a reasonable standard of living are greater so that the disadvantaged suffer particularly marked material hardship in predominantly wealthy areas".

Solche Interaktionseffekte zwischen Gebiets- und Individualmerkmalen können sich dann als nicht-lineare Zusammenhänge darstellen, wenn die Individualmerkmale ungleich über die Gebiete verteilt sind. Ein einfaches Beispiel macht dies deutlich: Angenommen sei, dass die Bevölkerung einer Stadt anhand eines Individualmerkmals in die Gruppen A und B aufgeteilt werden kann. Weiter sei angenommen, dass die reichsten 50% aller Wohngebiete in der Stadt fast ausschließlich von Gruppe A bewohnt werden und die ärmsten 50% der Gebiete von Gruppe B. Wenn nun der Reichtum des Wohngebiets einen negativen Einfluss auf ein beliebiges Verhalten von Gruppe A hat und einen positiven Einfluss auf das Verhalten von Gruppe B, ergibt sich bei einer gemeinsamen Analyse beider Gruppen ein U-förmiger Zusammenhang. Erst die getrennte Betrachtung der Teilgruppen würde zeigen, dass es sich um unterschiedlich gerichtete Einflüsse (und möglicherweise auch um unterschiedliche Einflussmechanismen) handelt.

3 Indirekte Effekte

Im vorangegangenen Abschnitt wurde ausgeführt, dass es notwendig ist, Kontexteffekte des Wohngebiets zu spezifizieren, wenn über die Feststellung von empirischen Zusammenhängen hinaus eine Erklärung für den Einfluss des Wohngebiets gesucht wird. Ein spezieller Fall der kausalen Prozesse oder Wirkungsketten, die es zu finden gilt, sind die nun beschriebenen *indirekten Kontexteffekte des Wohngebiets*. Hierbei werden in einem ersten Schritt Einflüsse des Wohngebiets (Makroebene) auf die Mesoebene und in einem zweiten Schritt die Effekt der Mesoebene auf die Mikroebene des Individuums modelliert. In Bezug auf den ersten Schritt der Kausalkette, die Verbindung zwischen der Makro- und der Mesoebene, können wiederum zwei unterschiedliche Mechanismen unterschieden werden: Selektionseffekte auf Netzwerke und Institutionen sowie Mediatoreffekte.

3.1 Netzwerke

Die Netzwerkforschung unterscheidet bei der Modellierung der Aufnahme sozialer Beziehungen zwei Schritte: *meeting* und *mating* (Verbrugge 1977). *Meeting* bezeichnet den ersten Kontakt zwischen zwei Individuen, *mating* die Weiterführung und Intensivierung dieses Kontaktes in Form einer sozialen Beziehung (Partnerschaft, Freundschaft, Bekanntschaft). Hinsichtlich der Frage, welche Mechanismen Kontexteffekte erklären, sind beide Schritte von Interesse.

In Bezug auf den ersten Schritt, das *meeting*, stellt die Sozialstruktur eines Wohngebiets gleichzeitig eine Gelegenheitsstruktur dar. Je größer der Anteil einer Bevölkerungsgruppe – eines sozialen Kreises in Simmels Terminologie – im Gebiet ist, desto größer ist die Wahrscheinlichkeit, eines ihrer Mitglieder kennenzulernen, und desto größer ist somit der Anteil dieser Gruppe in einem sozialen Netzwerk (vgl. Blau 1994: 29f.). In Abbildung 5 wird diese Annahme in Schritt a exemplarisch dargestellt: Je höher der Anteil an Sozialhilfeempfängern im Stadtteil ist, desto mehr Gelegenheiten bestehen, mit Sozialhilfeempfängern in Kontakt zu kommen, und desto größer ist folglich ihr Anteil im individuellen sozialen Netzwerk. Empirische Studien bestätigen, dass es einen solchen Einfluss des Wohngebiets gibt. Huckfeldt (1983) zeigt, dass die Wahrscheinlichkeit, dass Arbeiter zum Kernnetzwerk gezählt werden, vom Arbeiteranteil im Wohngebiet abhängig ist. Nonnenmacher (2009) weist nach, dass es einen Zusammenhang zwischen dem Anteil verschiedener Gruppen im Wohngebiet (z.B. Arbeitslose, Personen ohne Schulabschluss, Universitätsabsolventen, Personen in leitender Position) und dem entsprechenden Anteil in den Netzwerken der Bewohner gibt. Für beide Befunde gilt, dass der Einfluss individueller Merkmale auf die Zusammensetzung des Netzwerks kontrolliert wird, Selektionseffekte also ausgeschlossen sind.

Abbildung 5: Makro-Mikro-Modell indirekter Kontexteffekte

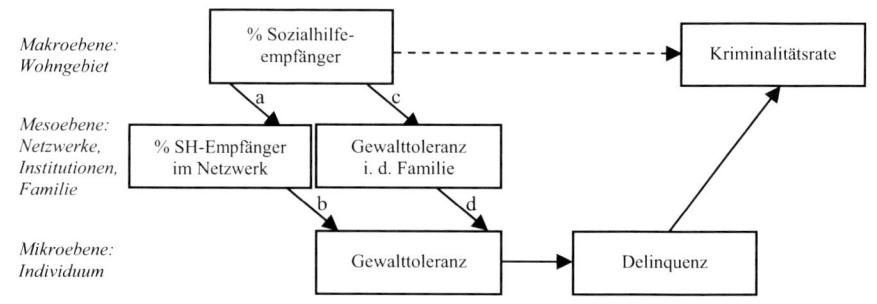

```
Makroebene:        % Sozialhilfe-
Wohngebiet         empfänger  - - - - - - - - - - - - - - - ->  Kriminalitätsrate
                        a          c

Mesoebene:
Netzwerke,      % SH-Empfänger      Gewalttoleranz
Institutionen,  im Netzwerk         i. d. Familie
Familie
                           b              d

Mikroebene:
Individuum                    Gewalttoleranz  ------>   Delinquenz
```

Der Frage, welche Faktoren den Grad der Übereinstimmung zwischen der Sozialstruktur des Wohngebiets und des sozialen Netzwerks beeinflussen, wovon also das *mating* abhängt, wurde bisher nur selten nachgegangen. Grundsätzlich weisen soziale Netzwerke eine Tendenz zur Homophilie auf, d. h. die Wahrscheinlichkeit der Aufnahme sozialer Beziehungen ist größer, je ähnlicher sich zwei Personen in Bezug auf ihren sozialen Status, ihre Präferenzen, ihre Werte etc. sind (vgl. McPherson et al. 2001; Verbrugge 1977; Wolf 1996). Der Auswahlprozess wird demnach von Individualmerkmalen beeinflusst. In einem Gebiet mit hohem Ausländeranteil sollte z.B. der Ausländeranteil im Netzwerk eines Deutschen trotz der häufigen Kontaktgelegenheiten geringer sein als im Netzwerk eines Ausländers (vgl. Blasius et al. 2008). Dass diese Annahme aber zu einfach ist, zeigen die Befunde von Nonnenmacher (2009). Sie weist nach, dass a) Gebietsbewohner mit hohem sozialen Status mit größerer Wahrscheinlichkeit in das soziale Netzwerk aufgenommen werden als Personen mit niedrigem sozialen Status und b) die Aufnahme sozialer Beziehungen zu Personen mit hohem sozialen Status in geringerem Maße von Individualmerkmalen abhängt. Eine mögliche Erklärung ist, dass Personen mit hohem Status attraktiver sind. Eine ähnliche Verzerrung berichtet Verbrugge (1977) für Freundschaftsbeziehungen. Bei Personen mit niedrigem Status wird dagegen eine stärkere Selektion vorgenommen.

Die Arbeiten von Tobias und Boettner (1992) sowie Engel und Keim (2001) weisen in eine ähnliche Richtung. Interviews mit den Bewohnern benachteiligter Gebiete zeigen, dass die im Wohngebiet verfügbaren sozialen Kontakte aufgrund ihres sozialen Status oder ihrer Verhaltensweisen als inakzeptabel angesehen werden können. Soziale Beziehungen werden in diesem Fall auf einen Teil der Bevölkerung des Wohngebiets beschränkt. Dies kann zu einer vollständigen sozialen Isolation führen, wenn die individuellen Ressourcen keine sozialen Beziehungen außerhalb der nahen Wohnumgebung zulassen.

Zusammenfassend: Die Einflüsse des Wohngebiets auf die Zusammensetzung individueller sozialer Netzwerke unterliegen einer Kombination aus Gelegenheitsstruktur und Selektionseffekten. Die Netzwerke wirken sich ihrerseits auf individuelle Einstellungen und Verhaltensweisen aus. In Abbildung 5 wird diese Annahme in Schritt b dargestellt. Um diesen Einfluss zu erklären, können nun Theorien herangezogen werden, die keinen Bezug zum Wohngebiet haben müssen. Als Beispiele seien hier die Theorie der differentiellen Assoziation oder Verstärkung (Akers 1977; Burgess & Akers 1966; Sutherland 1968) oder allgemeiner die soziale Lern-Theorie (Bandura 1979) angeführt. Die Bedeutung des Netzwerks im Wohngebiet für individuelles Verhalten wurde in zahlreichen Studien nachgewiesen, z. B. für abweichendes Verhalten (u.a. Haynie 2001; Messner et al. 2004; Oberwittler 2007), für die Bindung an das Wohngebiet (Livingston et al. 2008), für die Möglichkeit, einen Job zu finden (Gestring et al. 2006; sowie die Ergebnisse zu „bridging vs. bonding social capital", Woolcock & Narayan 2000) oder zur sozialen Unterstützung (Forrest & Kearns 2001; Pinkster & Völker 2009). Die Netzwerke haben keineswegs nur positive Effekte. Es können auch Netzwerke krimineller Jugendlicher sein oder solche, die nur lokale Alteri aus dem Wohngebiet enthalten, die somit die Normen und Defizite des Gebiets verstärken (Galster 2007: 639; Pong & Hao 2007: 235).

3.2 Institutionen

Zentral für die Frage der Mechanismen, mit denen Kontexteinflüsse des Wohngebiets indirekt wirken, sind Institutionen, hier verstanden als „normativ geregelte Verbindung bestimmter Formen des sozialen Handelns bestimmter Akteure" (Meulemann 2006: 224). Hierunter fassen wir u.a. Schulen und Schulklassen, Vereine und andere Arten von Organisationen. Wir nehmen an, dass sich – ähnlich wie bei den sozialen Netzwerken – die Sozialstruktur des Wohngebiets in solchen Institutionen widerspiegelt. Mit steigendem Ausländeranteil im Stadtteil nimmt z.B. auch der durchschnittliche Ausländeranteil in der Schule oder Schulklasse zu. Die Bedingungen in den Institutionen der Mesoebene wirken sich dann im zweiten Schritt auf das Individuum aus. Für Schulklassen kann Kristen (2002) beispielsweise zeigen, dass mit steigendem Ausländeranteil die individuelle Chance sinkt, nach der Grundschule auf eine weiterführende Schule

(Realschule oder Gymnasium) statt auf die Hauptschule zu wechseln, und dies unabhängig von schulischen Leistungen.

Nordamerikanische Studien, in denen die Effekte von Wohngebiet und Schule auf die schulischen Leistungen oder Abschlüsse untersucht wurden, weisen keine oder nur sehr geringe Effekte des Wohngebietes nach (Jencks & Mayer 1990; Leventhal & Brooks-Gunn 2000; 2003). Wenn man die Effekte der Schule kontrolliert, so bleiben positive Effekte des hohen sozialen Status des Wohngebiets auf die schulischen Leistungen (Ainsworth 2002; South et al. 2003). Wir behandeln die Effekte von Wohngebiet, Schule und Familie auf die schulischen Leistungen in zwei neueren Studien.

Pong und Hao (2007) untersuchten die Leistungen von 14 ethnischen Gruppen im Alter von 7-12 Jahren. Die Datenbasis war eine Längsschnittstudie mit 17.262 Schüler/innen in 127 Schulen in den USA. Sie testen – zurückgreifend auf Jencks und Mayer (1990) – die Ansteckungs-, die kollektive Sozialisations- und die Deprivations-Hypothese. Abhängige Variable ist ein Index aus den Schulnoten in vier Fächern. Die Leistungen der einzelnen Gruppen unterschieden sich beträchtlich, am höchsten sind sie bei den Chinesen und Weißen, am niedrigsten bei den Latinos und nicht-hispanischen Schwarzen. Auch die Wohnbedingungen weisen erhebliche Unterschiede auf: Wohngebiete der Hispanier (Mexikaner, Kubaner, Puerto-Ricaner) haben einen niedrigen SES, viele Jugendliche, die nicht zur Schule gehen *und* arbeitslos sind, sowie einen hohen Anteil von Migranten (foreign-born), die schlecht Englisch sprechen. Asiaten hingegen wohnen in Wohngebieten mit hohem SES, aber ebenfalls einem hohen Anteil von Migranten.

Die Mehrebenenanalyse erbringt sehr geringe Effekte des Wohngebiets (hoher Migrantenanteil und niedriger SES) und etwas stärkere der Schule, insbesondere des Schulklimas (gemessen über die Urteile, ob man sich als Teil der Schule und den Personen in der Schule nahe fühlt) und der Größe der Klasse. Die negativen Effekte des Wohngebietes bestehen vor allem in dem Anteil der Migranten, nur geringfügig im Bildungsstatus. Diese Effekte bleiben erhalten, wenn die Variablen der Schule eingeführt werden – allerdings nur bei den Migranten, nicht bei den einheimischen Schüler/innen. (Leider differenzieren die Autoren ihre Ergebnisse nicht nach Geschlecht.) Für alle Gruppen waren die Effekte der Merkmale der Familie erheblich stärker. Die Merkmale der Familie sind bei den Einheimischen für die schulischen Leitungen erheblich wichtiger als für die Migranten; deren Leistungen werden auch durch die Bedingungen im Wohngebiet und in der Schule beeinflusst: „the school achievement of immigrants's children depends more on successful neighborhood adults and less on immigrant parents' resources" (ibid.: 234). Von den drei Gebietseffekten bewährt sich am stärksten der des Anteils von Migranten mit schlechten Englisch-

Kenntnissen, also ein negativer Effekt der peer group, sodann derjenige der relativen Deprivation.

In einer Sekundäranalyse der Daten des National Education Longitudinal Study (NELS) 1988-2000 untersuchte Goldsmith (2009) 10.827 Personen in der High School (1990/92 und 2000) im Alter von 26 Jahren. Die räumlichen Einheiten waren Postleitzahlbezirke, die abhängige Variable war der Schulabschluss, Merkmale der Familie dienten als Kontrollvariablen. Der erste Befund war eine hohe Korrelation zwischen dem Anteil Schwarzer (Latinos) im Wohngebiet und in der Schule von .82 (.92). Das Wohngebiet hat keinen (auch nicht negativen) Effekt auf die erreichten Abschlüsse bei Schwarzen und Latinos. Hingegen hat die Schule einen negativen Effekt, und zwar der Anteil der jeweiligen Gruppe in der Schule. Von den benachteiligten Schülern, die überwiegend „weiße" Schulen besuchen, haben im Alter von 26 Jahren nur sechs kein Diplom; von denjenigen, die eine überwiegend „schwarze" oder „Latino"-Schule besuchen, sind es hingegen 30 resp. 40 (ibid.: 1933). Demnach ist die Segregation in der Schule bedeutsamer als die in der Nachbarschaft (ibid.: 1929). Aber auch in dieser Studie sind die Effekte der Familie erheblich stärker, u. a. diejenigen des SES, der Familiengröße oder der Alleinerziehenden.

Diesen Ergebnissen zufolge verschwindet der direkte Wohngebiets-(Nachbarschafts-) Effekt weitgehend, wenn man die Effekte der intermediären Institution berücksichtigt. Allerdings hat die Zusammensetzung des Wohngebiets einen Einfluss auf die Institution, hier: die Schule.

Die Bedeutung der Sozialstruktur von Vereinen und anderen Organisationen zeigen die Befunde von Togeby (2004), die darauf hinweisen, dass die politische Partizipation von Migranten durch die Mitgliedschaft in Migrantenvereinen stärker gefördert wird als durch die Mitgliedschaft in gemischten *(cross-ethnic)* Vereinen.

Die in Abschnitt 2 beschriebene „Ausstattung des Gebiets" als eine Erklärung für Kontexteffekte muss mit den hier angeführten Beispielen teilweise den indirekten Einflüssen zugerechnet werden. Direkte Effekte liegen nur dann vor, wenn das bloße Vorhandensein infrastruktureller Einrichtungen individuelle Handlungen beeinflusst. Diese Überlegung kann an einem Beispiel deutlich gemacht werden: Der Zusammenhang zwischen der Ausstattung eines Wohngebiets mit Kinderbetreuungseinrichtungen und der Erwerbstätigkeit alleinerziehender Mütter (und somit deren Unabhängigkeit von Transferleistungen). Hier kann ein direkter Kontexteffekt vorliegen, weil Kinderbetreuungseinrichtungen Müttern die zeitliche Gelegenheit zur Erwerbstätigkeit geben. Ein – eventuell zusätzlicher – indirekter Kontexteffekt läge dann vor, wenn in der Kinderbetreuungseinrichtung Kontakte mit anderen Müttern geknüpft werden können, die Informationen über freie Arbeitsstellen geben oder Empfehlungen bei ihrem

Arbeitgeber aussprechen können und somit die Wahrscheinlichkeit der Erwerbsaufnahme fördern.

Wie bei den sozialen Netzwerken muss allerdings davon ausgegangen werden, dass Vereine, Organisationen und Schulen im Wohngebiet nicht die gesamte Sozialstruktur abbilden. Auch sie unterliegen Selektionsprozessen, die zu einer spezifischen Zusammensetzung der Mitglieder bzw. Schüler führen. So ist denkbar, dass in Gebieten mit hohem Ausländeranteil diejenigen deutschen Eltern, die über die notwendigen Informationen sowie zeitlichen und/oder finanziellen Ressourcen verfügen, für ihre Kinder eine Schule außerhalb des Gebiets wählen. Das Ergebnis dieser individuellen Wahlen wäre ein überproportional hoher Ausländeranteil in der Schule im Wohngebiet.

Darüber hinaus ist denkbar, dass bestimmte infrastrukturelle Einrichtungen erst dann entstehen (oder fortbestehen), wenn in der Bevölkerung eines Wohngebiets eine kritische Masse überschritten ist (Fischer 1975). Kulturvereine für Migranten werden erst dann gegründet, wenn eine genügend große Zahl an Migranten im Gebiet lebt. Weiterführende Schulen im Gebiet, die leicht erreichbar sind, werden geschlossen, wenn die Zahl der Anmeldungen eine Schwelle unterschreitet. Es wäre lohnenswert zu prüfen, ob die im vorherigen Abschnitt beschriebenen Schwellenwerte bei Kontexteffekten zum Teil auf die zur Erhaltung von infrastrukturellen Einrichtungen notwendige kritische Masse zurückgeführt werden können.

4 Zusammenfassung und Folgerungen

Unsere Ausführungen haben gezeigt, dass es Kontexteffekte des Wohngebiets gibt. Jencks und Mayer (1990) geben den Anteil der durch Merkmale des Wohngebiets erklärbaren Varianz für Kinder und Jugendliche mit ca. 15% an; die Ergebnisse neuerer Studien führen eher auf Werte unter 10%. Demnach sind Einstellungen und Verhalten nur zu einem geringen Teil von der sozialräumlichen Umgebung abhängig. Dabei sind die direkten Effekte meist gering, die indirekten sehr wahrscheinlich höher, aber beide erheblich geringer als die Individualeffekte. Insofern gibt es gegenwärtig zahlreiche offene Fragen hinsichtlich der Spezifizierung von Einflussmechanismen des Wohngebiets und für den Vergleich von Wohngebieten und anderen Kontexteinheiten untereinander.

Die erste und hier zentrale Frage betrifft das Verhältnis von direkten zu indirekten Kontexteffekten. Eine mögliche Hypothese ist, dass das Wohngebiet in vielen Fällen „nur" indirekte Effekte über das soziale Netzwerk hat, weil die soziale Interaktion mit oder Beobachtung von Personen, zu denen eine relativ enge Beziehung besteht, das Individuum stärker beeinflusst als andere soziale

Kontakte. Eine solche Hypothese formuliert Wilson (1996). Er nimmt an, dass die mangelnde Verfügbarkeit von Erwerbstätigen in Gebieten mit hohen Arbeitslosenquoten die Arbeitssuche erschwert, da der Anteil Erwerbstätiger im sozialen Netzwerk zu gering ist, um Informationen über oder Empfehlungen für freie Arbeitsstellen zu erhalten. Darüber hinaus lernen die Bewohner solcher Gebiete vor allem in ihrem Netzwerk, dass Arbeitslosigkeit und der Bezug von Transferleistungen akzeptable Wege sind, den Lebensunterhalt zu bestreiten: „The degree of exposure to culturally transmitted modes of behavior in any given milieu depends in large measure on the individual's involvement in or choice of social networks, including networks of friends and kin" (Wilson 1996: 71).

Unabhängig davon, ob diese Hypothese zutrifft, ist es für die weitere Forschung notwendig, Kontexteffekte und Einflussmechanismen genauer zu spezifizieren. Dies gilt beispielsweise für die Literatur zum „Social Mix", d.h. der Annahme, dass ein hohes Ausmaß an sozialer Mischung in Wohngebieten positive Auswirkungen auf deren Bewohner hat (auf diese umfangreiche Literatur konnten wir hier nicht eingehen).

Das zweite Problem besteht darin, dass ein erheblicher Forschungsbedarf besteht, *gleichzeitig* direkte und indirekte Effekte zu untersuchen und deren Stärke zu bestimmen. Das kann nur in Studien mit einer größeren Zahl von Einheiten auf der Makro- und auf der Meso-Ebene geschehen. Dabei müssen wir zunächst bestimmen, wie das Wohngebiet (oder allgemeiner: die Makroebene) auf die Institutionen auf der Mesoebene wirkt. Sodann sind die Mechanismen, durch die die Institutionen (die Mesoebene) auf die Individuen (die Individualebene) wirken, zu bestimmen. Zur Generierung von Hypothesen über den Einfluss des Wohngebiets im Gesamten (direkte Effekte) im Verhältnis zu Netzwerken und Institutionen (indirekte Effekte) können qualitative Studien erforderlich sein, die den standardisierten Befragungen vorgeschaltet werden.

Das dritte Problem ist, dass bisher implizit davon ausgegangen wurde, die Analyse von Kontexteffekten des Wohngebiets reduziere sich „nur noch" auf die Frage, welche Faktoren die Sozialstruktur von individuellen sozialen Netzwerken, Schulklassen, Vereinen usw. beeinflussen. Dabei wurde ausgeblendet, dass das Individuum nicht nur Einflüssen des Wohngebiets unterliegt. Soziale Netzwerke beschränken sich in der Regel räumlich nicht auf das Wohngebiet, sondern gehen darüber hinaus (u.a. Friedrichs & Blasius 2000; Nonnenmacher 2009). Dies kann bedeuten, dass die meisten Wohngebiete für einen großen Teil ihrer Bewohner eine geringe Bedeutung haben. Eine Ausnahme stellen Armutsgebiete dar, in denen ein großer Anteil der Bewohner durch einen Mangel an individuellen Ressourcen sozial isoliert ist (vgl. Friedrichs & Blasius 2000; Tobias & Boettner 1992; Wilson 1996). Eine weitere bedeutsame Ausnahme sind Kinder und Jugendliche. Ihre Aktionsräume sind häufiger auf die nahe Wohnumgebung beschränkt, so dass die Gelegenheitsstruktur dieses Gebiets einen stärkeren Einfluss ausübt. Die Befunde von Oberwittler (2007) zeigen dies deutlich: Er weist nach, dass die Quote jugendlicher Sozialhilfeempfänger im Stadtviertel nur bei denjenigen Jugendlichen einen Zusammenhang mit der Delinquenzneigung aufweist, deren Netzwerk auf das Viertel beschränkt ist. Ältere Menschen sind nach den Befunden von Fischer (1982: 184) eine weitere Gruppe, deren Aktionsraum tendenziell auf das Wohngebiet beschränkt ist.

Viertens besteht das Problem, dass sich die Studien fast ausschließlich auf die Kontexteffekte *armer* Wohngebiete auf die Bewohner richten. So wird schon in der Einleitung des Reviews von Sampson, Morenoff und Gannon-Rowley (2002) von Gebieten mit „concentrated poverty" gesprochen, auf die sich der Bericht über den kumulativen Forschungsstand dann auch richtet. Wie aber sind die Kontexteffekte in gemischten Gebieten? Haben arme Haushalte bessere Chancen in weniger armen Gebieten? Welche Kontexteffekte treten in „reichen" Wohngebieten auf?

Unsere Studie legt einige generelle Folgen für die theoretische und empirische Behandlung von Kontexteffekten nahe, seien es Effekte des Wohngebiets, einer Region, eines Landes oder einer anderen sozialen bzw. sozialräumlichen Einheit. Unsere Ausführungen haben gezeigt, dass das Makro-Mikro-Modell in seiner ursprünglichen Form nicht mehr als eine erste Orientierung bieten kann. Einfache Brückenhypothesen, die von einem direkten, linearen Einfluss der sozialen Situation auf das Individuum ausgehen, stellen nur eine von vielen Möglichkeiten dar – und zudem nicht immer die plausibelste Möglichkeit. Uns ist bewusst, dass unsere Forderung, indirekte Kontexteffekte zu spezifizieren, diese zusammen mit direkten Effekten zu überprüfen und zudem die Einflüsse anderer Kontexte einzubeziehen, schon für die Analyse von Wohngebieten ein nur schwer überschaubares Forschungsfeld darstellt. Für vergleichende Länderstudien ist das Problem womöglich noch größer. Für die Weiterentwicklung des Verständnisses von Kontexteffekten ist dies aber notwendig.

Literatur

Ainsworth, James W. (2002): Why Does it Take a Village? The Mediation of Neighborhood Effects on Educational Achievement. In: Social Forces 81. 1. 117-152.

Akers, Ronald L. (1977): Deviant Behavior: A Social Learning Approach (2. Auflage). Belmont: Wadsworth.

Alexander, Jeffrey C./Giesen, Bernhard/Münch; Richard/Neil J. Smelser, Neil J. (Hrsg.) (1987): The Micro-Macro Link. Berkeley: University of California Press.

Andreß, Hans-Jürgen (Hrsg.) (1998): Empirical Poverty Research in Comparative Perspective. Aldershot: Ashgate.

Atkinson, Rowland und Keith Kintrea (2001): Disentangling Area Effects: Evidence from Deprived and Non-deprived Neighbourhoods. In: Urban Studies 38. 12. 2277-2298.
Bandura, Albert (1979): Sozial-kognitive Lerntheorie. Stuttgart: Klett-Cotta.
Bandura, Albert/Walters, Richard H. (1963): Social Learning and Personality Development. New York: Holt, Rinehart and Winston.
Blasius, Jörg/Friedrichs, Jürgen (2007): Internal Heterogeneity in a Deprived Urban Area and its Impact on Resident's Perceptions of Deviance. In: Housing Studies 22. 5. 753-780.
Blasius, Jörg/Jürgen Friedrichs, Jürgen/Klöckner, Jennifer (2008): Doppelt benachteiligt? Leben in einem deutsch-türkischen Stadtteil. Wiesbaden: VS Verlag.
Blau, Peter M. (1994): Structural Contexts of Opportunities. Chicago: University of Chicago Press.
Bornstein, Marc H./Bradley, Robert H. (Hrsg.) (2003): Socioeconomic Status, Parenting, and Child Development. New Jersey: Lawrence Erlbaum Associates.
Briggs, Xavier de Souza (Hrsg.) (2005): The Geography of Opportunity. Washington, DC: The Brookings Institution.
Brooks-Gunn, Jeanne,/Duncan, Greg J./Klebanov, Pamela K./Sealand, Naomi (1993): Do Neighborhoods Influence Child and Adolescent Development? In: American Journal of Sociology 99. 2. 353-395.
Browning, Christopher R./Feinberg, Seth L./Dietz, Robert D. (2004): The Paradox of Social Organization: Networks, Collective Efficacy, and Violent Crime in Urban Neighborhoods.In: Social Forces 83. 2. 503-534.
Buck, Nick, 2001: Identifying Neighbourhood Effects on Social Exclusion. In: Urban Studies 38. 12. 2251-2275.
Burgess, Robert L./Akers, Ronald L. (1966): A Differential Association-Reinforcement Theory of Criminal Behavior. In: Social Problems 14. 2. 128-147.
Coleman, James S. (1987): Microfoundations and Macrosocial Behavior. In: Alexander et al. (1987): 153-173.
Coleman, James (1990): Foundations of Social Theory. Cambridge, MA: Belknap Press.
Crane, Jonathan (1991): The Epidemic Theory of Ghettos and Neighborhood Effects on Dropping Out and Teenage Childbearing. In: American Journal of Sociology 96. 5. 1226-1259.
Dietz, Robert D. (2002): Estimation of Neighborhood Effects in the Social Sciences. An interdisciplinary approach. In: Social Science Research 31. 4. 539-575.
Ellen, Ingrid G./Turner, Margery A. (1997): Does Neighborhood Matter? Assessing Recent Evidence. In: Housing Policy Debate 8. 4. 833-866.
Engel, Alexandra/Keim, Rolf (2001): "Problemquartiere". Vom Ort der Ausgrenzung zur Ressource der Lebensbewältigung. In: Blätter der Wohlfahrtspflege 148. 5/6. 116-119.
Erbring, Lutz/Young, Alice A. (1979): Contextual Effects as Endogenous Feedback. In: Sociological Methods & Research 7. 4. 396-430.
Esser, Hartmut (1991): Alltagshandeln und Verstehen. Zum Verhältnis erklärender und verstehender Soziologie am Beispiel von Alfred Schütz und „Rational Choice". Tübingen: Mohr.

Esser, Hartmut (1999): Soziologie. Allgemeine Grundlagen (2. Aufl.). Frankfur/M./New York: Campus.
Fischer, Claude S. (1975): Toward a Subcultural Theory of Urbanism. In: American Journal of Sociology 80. 6. 1319-1341.
Fischer Claude S. (1982): To Dwell Among Friends. Personal Networks in Town and City. Chicago-London: Chicago University Press.
Forrest, Ray/Kearns, Ade (2001): Social Cohesion, Social Capital and the Neighbourhood. In: Urban Studies 38. 12. 2125-2143.
Friedrichs, Jürgen (1994): Stresemannstraße. Eine Fallstudie zur Dynamik sozialen Protests. In: Neidhardt (1994): 359-374.
Friedrichs, Jürgen (1998): Do Poor Neighborhoods Make Their Residents Poorer? Context Effects of Poverty Neighborhoods on Residents. In: Andreß (1998): 77-99.
Friedrichs, Jürgen/Blasius, Jörg (2000): Leben in benachteiligten Wohngebieten. Opladen: Leske + Budrich.
Friedrichs, Jürgen/Blasius, Jörg (2003): Social Norms in Distressed Neighborhoods. Testing the Wilson Hypothesis. In: Housing Studies 18. 6. 807-826.
Friedrichs, Jürgen/Galster; George C./Musterd, Sako (2003): Neighborhood Effects on Social Opportunities: The European and American Research and Policy Context. Housing Studies 18:6. 797-806.
Galea, Sandro/Ahern, Jennifer/Rudenstine, Saha/Wallace, Zachary/Vlahov, David (2005): Urban Built Environment and Depression: A Multilevel Analysis. In: Journal of Epidemiology and Community Health 59. 10. 822-827.
Galster, George C. (2003): Investigating Behavioral Impacts of Poor Neighborhoods: Towards New Data and Analytic Strategies. In: Housing Studies 18. 6. 893-914.
Galster, George C. (2007): Neighborhood Social Mix as a Goal of Housing Policy: A Theoretical Analysis. In: European Journal of Housing Policy 7. 1. 19-43.
Galster, George C. (2008): Quantifying the Effects of Neighbourhood on Individuals: Challenges, Alternative Approaches, and Promising Directions. In: Schmollers Jahrbuch 128. 1. 7-48.
Galster, George C./Quercia, Roberto/Cortes, Alvaro (2000): Identifying Neighborhood Thresholds: An Empirical Exploration. In: Housing Policy Debate 11. 3. 701-732.
Galster, George C./Killen, Sean P (1995): The Geography of Metropolitan Opportunity. In: Housing Policy Debate 6. 1. 7-43.
Gary, Tiffany L./Stark, Sarah A./LaVeist, Thomas A. (2007): Neighbourhood characteristics and mental health among African Americans and whites living in a racially integrated urban community. In: Health & Place 13. 2. 569-575.
Gestring, Norbert/Janßen, Andrea/Polat, Ayça (2006): Prozesse der Integration und Ausgrenzung. Türkische Migranten der zweiten Generation. Wiesbaden: VS Verlag.
Gibbons, Steve (2002): Neighbourhood Effects on Educational Achievement: Evidence from the Census and National Child Development Study. London: Centre for the Economics of Education, London School of Economics and Political Science.
Goldsmith, Pat Rubio (2009): Schools or Neighborhoods or Both? Race and Ethnic Segregation and Educational Attainment. In: Social Forces 87. 4. 1913-1942.
Granovetter, Mark (1978): Threshold Models for Collective Behavior. In: American Journal of Sociology 83. 6. 1420-1443.

Haynie, Dana L. (2001): Delinquent Peers Revisited: Does Network Structure Matter? In: American Journal of Sociology 106. 4. 1013-1057.

Hastings, Annette (2009): Neighbourhood Environmental Services and Neighbourhood 'Effects': Exploring the Role of Urban Services in Intensifying Neighbourhood Problems. In: Housing Studies 24. 4. 503-524.

Haynie, Dana L. (2001): Delinquent Peers Revisited: Does Network Structure Matter? In: American Journal of Sociology 106. 4. 1013-1057.

Hedström, Peter /Swedberg, Richard (Hrsg.) (1998): Social Mechanisms: An Analytical Approach to Social Theory. Cambridge: Cambridge University Press.

Hedström, Peter /Swedberg, Richard (1998): Social Mechanisms. An Introductory Essay. In: Hedström/Swedberg, Richard (1998): 1-31.

Hoffmann, Hanna (2008): Hat das Wohngebiet einen Einfluss auf die Wahlentscheidung? Köln: Forschungsinstitut für Soziologie. Unveröff. Diplomarbeit.

Huckfeldt, R. Robert (1983): Social Contexts, Social Networks, and Urban Neighborhoods: Environmental Constraints on Friendship Choices. In: American Journal of Sociology 89. 3. 651-669.

Jencks, Christopher/Mayer, Susan E (1990): The Social Consequences of Growing Up in a Poor Neighborhood. In: Lynn./McGeary (1990): 111-186.

Kalter, Frank (1997): Wohnortwechsel in Deutschland. Opladen: Leske + Budrich.

Kecskes, Robert/Wagner, Michael und Wolf, Christof (Hrsg.) (2004): Angewandte Soziologie. Wiebaden: VS Verlag für Sozialwissenschaften.

Kelle, Udo/Lüdemann, Christian (1996): Theoriereiche Brückenannahmen? Eine Erwiderung auf Siegwart Lindenberg. In: Kölner Zeitschrift für Soziologie und Sozialpsychologie 48. 3. 542-545.

Kristen, Cornelia (2002): Hauptschule, Realschule oder Gymnasium? Ethnische Unterschiede am ersten Bildungsübergang. In: Kölner Zeitschrift für Soziologie und Sozialpsychologie 54. 3. 534-552.

Leventhal, Tama/Brooks-Gunn, Jeanne (2000): The Neighborhood They Live in: The Effects of Neighborhood Residence on Child and Adolescent Outcomes. In: Psychological Bulletin 126. 2. 309-337.

Leventhal, Tama/Brooks-Gunn, Jeanne (2003): Moving on Up: Neighborhood Effects and Children and Families. In: Bornstein/Bradley (2003): 209-230.

Lindenberg, Siegwart (1983): The New Political Economy: Ist Potential and Limitations for the Social Sciences in General and for Sociology in Particular. S. in: Sodeur (1983): 7-66.

Lindenberg, Siegwart (1996a): Die Relevanz theoretischer Brückenannahmen. In: Kölner Zeitschrift für Soziologie und Sozialpsychologie 48. 1.126-140.

Lindenberg, Siegwart (1996b): Theoriegesteuerte Konkretisierung der Nutzentheorie. Eine Replik auf Kelle/Lüdemann und Opp/Friedrichs. In: Kölner Zeitschrift für Soziologie und Sozialpsychologie 48. 3. 560-565.

Livingston, Mark/Bailey, Nick/Kearns, Ade (2008): The Influence of Neighbourhood Deprivation on People's Attachment to Places. York: The Joseph Rowntree Foundation.

Lynn, Laurence E./McGeary, Michael G. H (Hrsg.) (1990): Inner-City Poverty in the United States. Washington: National Academic Press.

Neidhardt, Friedhelm (Hrsg.) (1994): Öffentlichkeit, öffentliche Meinung und soziale Bewegungen. Opladen: Westdeutscher Verlag. (Sonderheft 34 der Kölner Zeitschrift für Soziologie und Sozialpsychologie)

Massey, Douglas S./Denton, Nancy A. (1993): American Apartheid. Segregation and the Making of the Underclass. Cambridge, MA: Harvard University Press.

Mayntz, Renate (2005): Soziale Mechanismen in der Analyse gesellschaftlicher Makro-Phänomene. In: Schimank/Greshoff (1993): 204-227.

McClelland, David C. (1961): The Achieving Society. Princeton: van Nostrand.

McCulloch, Andrew (2001): Ward-level Deprivation and Individual Social and Economic Outcomes in the British Household Panel Study. In: Environment and Planning A 33. 4. 667-684.

McPherson, Miller/Smith-Lovin, Lynn A./Cook, James M. (2001): Birds of a Feather: Homophilie in Social Networks. In: Annual Review of Sociology 27. 415-444.

Merton, Robert K. (1957): Social Theory and Social Structure. Rev. and enl. ed. Glencoe, IL: Free Press.

Messner, Steven/Baumer, Eric/Rosenfeld, Richard (2004): Dimensions of Social Capital and Rates of Criminal Homicide. In: American Sociological Review 69. 6. 882-903.

Meulemann, Heiner (2006): Soziologie von Anfang an. 2. überarb. Aufl.. Wiesbaden: VS Verlag.

Nonnenmacher, Alexandra (2009): Ist Arbeit eine Pflicht? Normative Einstellungen zur Erwerbsarbeit, Arbeitslosigkeit und der Einfluss des Wohngebiets. Wiesbaden: VS Verlag für Sozialwissenschaften.

Oberwittler, Dietrich, 2004: Stadtstruktur, Freundeskreise und Delinquenz. Eine Mehrebenenanalyse zu sozialökologischen Kontexteffekten auf schwere Jugenddelinquenz. In: Oberwittler/Karstedt (2004): 135-170

Oberwittler, Dietrich (2007): Urban Poverty and Adolescent Adjustment: A Multilevel Analysis of Neighborhood Effects on Adolescent Problem Behavior Differentiated by Gender and Ethnicity. In: Housing Studies 22. 5. 781-803.

Oberwittler, Dietrich/Karstedt, Susanne (Hrsg.) (2004): Soziologie der Kriminalität. Wiesbaden: VS Verlag für Sozialwissenschaften. (Sonderheft 43 der Kölner Zeitschrift für Soziologie und Sozialpsychologie).

O´Campo, Patricia,/Salmon, Christina/Burke, Jessica (2009): Neighbourhoods and Mental Well-Being: What are the Pathways? In: Health & Place 15. 1. 56-68.

Opp, Karl-Dieter (2004): Erklärung durch Mechanismen: Probleme und Alternative. In: Kecskes et al. (2004): 361-379.

Opp, Karl-Dieter/Friedrichs, Jürgen (1996): Brückenannahmen, Produktionsfunktionen und die Messung von Präferenzen. In: Kölner Zeitschrift für Soziologie und Sozialpsychologie 48. 3. 546-559.

Pinkster, Fenne M./ Völker, Beate (2009): Local Social Networks and Social Resources in Two Dutch Neighbourhoods. In: Housing Studies 24. 2. 225-242.

Pong, Suet-ling/Hao, Lingxin (2007): Neighborhood and School Factors in the School Performance of Immigrants' Children. In: International Migration Review 41. 1. 206-241.

Poortinga, Wouter/Dunstan, Frank D./Fone, David L. (2008): Neighbourhood Deprivation and Self-Rated Health: The Role of Perceptions of the Neighbourhood and of Housing Problems. In: Health & Place 14. 3. 562-575.
Popitz, Heinrich (2004): Phänomene der Macht. Tübingen: Mohr.
Ross, Catherine S./Mirowsky, John/Pribesh, Shana (2001): Powerlessness and the Amplification of Threat: Neighborhood Disadvantage, Disorder, and Mistrust. In: American Sociological Review 66. 4. 568-591.
Sack, Fritz/König, René (Hrsg.) (1968): Kriminalsoziologie. Frankfurt/M.: Akademische Verlagsgesellschaft.
Sampson, Robert J./Raudenbusch, Stephen W (1999): Systematic Social Observation of Public Spaces: A New Look at Disorder in Urban Neighborhoods. In: American Jornal of Sociology 105. 3. 603-651.
Sampson, Robert J./Groves, W. Byron (1989): Community Structure and Crime: Testing Social Disorganization Theory. In: American Journal of Sociology 94. 4. 774-802.
Sampson, Robert J./Morenoff, Jeffrey D./Gannon-Rowley, Thomas (2002): Assessing „Neighborhood Effects": Social Processes and New Directions in Research. In: Annual Review of Sociology 28. 1. 443-478.
Sampson, Robert J./Raudenbusch, Stephen W./Earls, Felton (1997): Neighborhoods and Violent Crime: A Multilevel Study of Collective Efficacy. In: Science 277. 5328. 918-924.
Sampson, Robert (2006): How does Community Context Matter? Social Mechanisms and the Explanation of Crime Rates. In: Wikström/Sampson, (2006): 31-60.
Schelling, Thomas C. (1978): Micromotives and Macrobehavior. New York-London: Norton.
Schimank, Uwe/Greshoff, Rainer (Hrsg.) (1993): Was erklärt die Soziologie? Berlin: LIT Verlag.
Simmel, Georg (1923 [1908]): Soziologie. Leipzig: Duncker & Humblot.
Skogan, Wesley G. (1990): Disorder and Decline: Crime and the Spiral of Decline in American Neighborhoods. New York: Free Press.
Sodeur, Wolfgang (Hrsg.) (1983): Ökonomische Erklärungen sozialen Verhaltens. Duisburg: Sozialwissenschaftliche Kooperative.
South, Scott J./Baumer, Eric P. (2000): Deciphering Community and Race Effects on Adolescent Premarital Childbearing. In: Social Forces 78. 4. 1379-1408.
South, Scott J./Baumer, Eric P./Lutz, Amy (2003): Interpreting Community Effects on Youth Educational Attainment. In: Youth & Society 35. 1. 3-36.
Sutherland, J. (1968): Die Theorie der differentiellen Kontakte. In: Sack/König (1968): 394-399.
Teitler, Julien O./Weiss, Christopher C. (2000): Effects of Neighborhood and School Environments on Transitions to First Sexual Intercourse. In: Sociology of Education 73. 2. 112-132.
Thomas, William I./Thomas, Dorothy S.(1928): The Child in America. New York: Alfred A. Knopf.
Tobias, Gertrud/Boettner, Johannes (1992): Von der Hand in den Mund. Essen: Klartext.

Togeby, Lise (2004): It depends... How Organisational Participation Affects Political Participation and Social Trust Among Second-Generation Immigrants in Denmark. In: Journal of Ethnic and Migration Studies 30. 3. 509-528.

Verbrugge, Lois M. (1977): The Structure of Adult Friendship Choices. In: Social Forces 56. 2. 576-597.

Wikström, Per-Olof H./Sampson, Robert J. (Hrsg.) (2006): Crime and Its Explanation: Contexts, Mechanisms and Development. Cambridge: Cambridge University Press.

Wilson, James Q./Kelling, George L (1982): Broken Windows. In: The Atlantic Monthly 249. 3. 29-38.

Wilson, William J. (1996): When Work Disappears. The World of the New Urban Poor. New York: Vintage Books.

Wilson, William J. (1987): The Truly Disadvantaged. Chicago-London: The University of Chicago Press.

Wolf, Christof (1996): Gleich und gleich gesellt sich. Individuelle und strukturelle Einflüsse auf die Entstehung von Freundschaften. Hamburg: Dr. Kovac.

Woolcock, Michael/Narayan, Deepa (2000): Social Capital: Implications for Development Theory, Research, and Policy. The World Bank Observer 15. 2. 225-249.

Xu, Yili/Fiedler, Mora L./Flaming, Karl H. (2005): Discovering the Impact of Community Policing: The Broken Windows Thesis. Collective Efficacy, and Citizens' Judgment. In. Journal of Research in Crime and Delinquency 42. 2. 147-18.

Soziologie von Anfang an

Hermann Strasser

In Köln, Verzeihung: in Kölle oder noch besser in Colonia Agrippina werden seit 2000 Jahren Laudationes, Lobreden bei festlichen Anlässen gehalten. Übrigens nicht nur zu Ehren des Kaisers und im Karneval, auch wenn im Karneval der Verriss als das höchste Loblied gilt. Darin werden dann das Leben, die Fähigkeiten und die Tugenden des zu Ehrenden gelobt.

Wissenschaftler wie Heiner Meulemann, die die Phase des Jung-Alt-Seins ansteuern, leisten den Schwur „Entfalten statt liften" oder trösten sich einfach damit, dass man alt erst ist, wenn die eigenen Studenten emeritiert werden. Das Alter raubt dem geistreichen Menschen nur die für die Weisheit zwecklosen Eigenschaften, wie Joseph Joubert meinte.

1   Soziologie von Anfang an

Heiner Meulemann studierte zunächst, was ihn intellektuell anzog, nämlich Philosophie, Geschichte und Germanistik an der Ludwig-Maximilian-Universität München. Germanistik wurde schnell als „metaphysischer Privatklatsch" beiseite gelegt und Soziologie als mögliche Alternative ins Visier genommen – die Soziologie, die Beziehungen misst, aber damals noch mit ihrem Anspruch, Zusammenhänge aufzudecken und damit die Welt zu entzaubern, als skandalös galt.

Wenn nicht Soziologe oder Lehrer, dann Architekt, könnte sein Motto gewesen sein. Denn schon damals schien er gefühlt zu haben, dass der Mensch nicht nur Konstrukteur der Gesellschaft, sondern ein genialer Architekt obendrein ist: Er schafft es, sein Leben durch Sinn zu ordnen, aber gleichzeitig für den Wandel offen zu gestalten. Nur er, der Mensch, nicht nur der Kölner, bringt es fertig, in den Ablauf seines Alltags kulturelle Sicherheitsventile einzubauen, die ein Dampfablassen unter zeitweiliger Aufhebung der Disziplin ermöglichen – für Heiner Meulemann allemal Wert, von Anfang an genauer unter die Lupe genommen zu werden.

Heiner Meulemann hat Soziologie nicht an irgendeiner Uni studiert, sondern an der Johann-Wolfgang-Goethe-Universität Frankfurt, die damals wie kaum eine andere als Symbol für eine bestimmte Richtung in der Soziologie galt. So war es auch nicht verwunderlich, dass Theodor Adorno, auch für ihn, so etwas wie eine Leitfigur wurde, der man gerne zuhörte und dessen Sprachduktus man schnell erlernte. Mit Adorno, für den die Empiriker „Fliegenbeinezähler" waren, konnte man allerdings keine Projekte machen und schon gar nicht empirische Sozialforschung betreiben.

Neben Ludwig Friedeburg und Friedrich Tenbruck war es vor allem Ulrich Oevermann, der ihm die harte Arbeitswelt der empirischen Sozialforschung nahe brachte. Dieser hatte gerade sein bedeutendes Werk über Sprache und soziale Herkunft bei Suhrkamp veröffentlicht. Sozusagen auf der empirischen Seite des Frankfurter Instituts für Sozialforschung, wo Heiner Meulemann inzwischen als Wissenschaftlicher Assistent tätig war, entstand auch seine Dissertation über das Sprachverhalten der Menschen unter dem Titel „Wortbedeutungsverständnis und Wortbedeutungserklärung". 1974 promovierte er zum Dr. phil. Seine Begeisterung für die Soziologie von Anfang an bleibt auch bestehen, als er 1975 als Wissenschaftlicher Assistent nach Köln ans Zentralarchiv für empirische Sozialforschung geht, wo er bis 1986 seinen wissenschaftlichen Anker auswirft. Das Bewerbungsgespräch mit Erwin K. Scheuch soll angeblich zwischen Tür und Angel verlaufen sein, umso mehr muss Herr Scheuch von den Qualitäten des Neulings überzeugt gewesen sein. Trotz mancher Differenzen hat er den *power man* Erwin K. Scheuch bewundert und von ihm das große Interesse an internationalen Vergleichsstudien übernommen. An seiner Seite wurde ihm klar, was es heißt, nicht nur Lehrer-Sein-Wollen, sondern auch Wissenschafter und Forscher-Sein-Können. Es reiche nicht, wie er sich einmal ausdrückte, innerlich die Welt im Kopf zu haben, man müsse dies auch nach außen zeigen. Es gibt nicht nur eine innere Berufung, sondern auch eine äußere, die sich in Publikationen und Reputation niederschlägt. Und fortan gab es kein Halten mehr, auch was die Bewerbungen um eine Professur betrifft. Heute weist sein Schriftverzeichnis mehr als 20 Monographien und Herausgeberschaften aus, an die 50 Artikel in begutachteten Zeitschriften, weit über 100 Artikel in anderen Zeitschriften und Sammelbänden, von den unzähligen Rezensionen, Forschungsberichten und Zeitungsartikeln gar nicht zu reden.

Heiner Meulemann vertrat in dieser Zeit Professuren in Duisburg und Frankfurt und ging im Wintersemester 1985/86 ans Institute for Advanced Study nach Princeton, nachdem er sich 1983 an der Johann-Wolfgang-Goethe-Universität Frankfurt mit einer Untersuchung über die Beziehung zwischen Elternhaus und Schule habilitierte und die Venia für Soziologie erhielt. Für lange Zeit wurde das Thema Lebensplanung-Werte-Bildung zu seinem zentralen Arbeitsgebiet. Nicht zuletzt sah er darin die Chance, nicht als „Professor für Prozentrechnung" wahrgenommen zu werden, sondern als Wissenschafter, der zeigt, wie die soziale Welt gestaltet wird und zu erklären ist. Diese Verbindung von gesellschaftlichen Werten und Bildung im Lebenslauf der Menschen ließ

Heiner Meulemann zeitlebens nicht mehr los, auch dann nicht, als er in den 90er Jahren den zweiten Arbeitsschirm aufspannte und sich mit Religion und Medien beschäftigte – auch im vergangenen Jahrzehnt nicht, als er sich auf Fragen des sozialen Kapitals und des bürgerschaftlichen Engagements im europäischen Vergleich einließ. Über diesen inhaltlichen Schwerpunkten schwebte immer sein äußerst erfolgreiches Bemühen, in der Lehre, in der Forschung und in den Publikationen die Methoden der empirischen Sozialforschung zur Geltung zu bringen und nie die Gesamtkonzeption der Soziologie aus den Augen zu verlieren. Wie sein Vorgänger Erwin K. Scheuch hat er immer wieder die großen Fragen der Soziologie zum Zusammenhalt und zum Wandel der Gesellschaft ins Blickfeld gerückt und zum Thema empirischer Projekte gemacht.

Mit anderen Worten, von Anfang an die Welt soziologisch zu betrachten, sich mit der Gesellschaft als einem Produkt sozialen Handelns zu befassen – darum ist es ihm nicht nur biografisch, sondern auch wissenschaftlich gegangen, wie wir gleich noch sehen werden.

2 Jenseits des Professors für Prozentrechnung: Von Eichstätt über Düsseldorf nach Köln

Nach diversen Vertretungsprofessuren und dem Ruf ans Institute for Advanced Study in Princeton war es nur mehr eine Frage der Zeit, wann und wo der professorale Meulemann-Anker ausgeworfen würde.

Erlauben Sie mir an dieser Stelle, noch eine persönliche Beobachtung einzufügen, die die Person und den Soziologen Meulemann von einer anderen Seite beleuchtet. Ich lernte Heiner Meulemann näher kennen, als Hartmut Esser 1980 Duisburg verließ und er die Methoden-Professur an der damaligen Universität-Gesamthochschule Duisburg vertrat. Gemeinsam interessierte uns das Warum und Wie des individualisierenden Wandels der Gesellschaft. Damals trieb uns beide die Idee einer angeblich zunehmenden Statusinkonsistenz als Auflockerung der engen Verbindung von Herkunfts- und Zielstatus, von Bildung und Beruf um. Damit wurden m. E. Teile der Individualisierungsthese, wie sie Ulrich Beck in seinem Hauptwerk *Die Risikogesellschaft* Mitte der 80er Jahre dargelegt hatte, vorweg genommen.

Der Weltkongress für Soziologie führte uns 1982 nach Mexico City, über den wir beide für die *Kölner Zeitschrift für Soziologie und Sozialpsychologie* (Heft 4/1982) einen ausführlichen Bericht ablieferten. Hier lernte ich eine andere Seite Heiner Meulemanns kennen, nicht die des quantitativ ausgerichteten Methodikers, sondern die des zeitweiligen Ethnomethodologen, der garfinkelnd die Grenzen der Gesellschaft auslotet. Zusammen mit Thomas Herz von der Uni

Siegen bereisten wir nämlich das Land der Mayas und Azteken, und Heiner Meulemann fing an, mit Blick auf das Verhalten der Einheimischen und seiner mitreisenden Freunde zu garfinkeln. Sie wissen schon: Methoden *light*, Ethnomethodologie *hard core*.

Dieser methodologische Seitensprung beweist einerseits seine Methodenvielfalt, aber ebenso seine klare Präferenz für quantitative Methoden mit qualitativen Inhalten, für den standardisierten Fragebogen und die quantitative Auswertung über Kausalhypothesen. Vor allem ist es sein Prinzip „Soziologie von Anfang an", das er nicht müde wird, den Studierenden einzuimpfen. Denn am Anfang steht immer eine Fragestellung, die zu einer Hypothese führt. Oder wie er den Paragraphen 1 dieses Prinzips gegenüber Studierenden zu beschreiben pflegt: „Eine (Forschungs-)Frage ist: Ein Satz mit einem Fragezeichen." Auch gegenüber den Lesern seiner Bücher betont er immer wieder, dass es nicht auf die Autorität des Schreibers ankomme, sondern auf die rational nachvollziehbaren Hypothesen. Er ist vor allem an Strukturähnlichkeiten und nicht so sehr an Einzelbiografien interessiert. Seine Betrachtungsweise ist daher eher makrosoziologisch als mikrosoziologisch. Es wird nie nacherzählt, sondern stets systematisch ein Argument aufgebaut.

Er vertraut daher jenen Theorien, die für die empirische Sozialforschung fruchtbar gemacht werden können, wie viele Beispiele aus seinen Lieblingsthemen demonstrieren – vom Bildungs- und Berufserfolg im Lebenslauf über Säkularisierung, Leistungsstreben und die Auswirkung von Religiosität auf freiwilliges Engagement bis hin zum Wertewandel. Denn das Handeln des Menschen wird nach Meulemann durch die Erwartung geleitet, wie das eigene Interesse auf dem Hintergrund erworbener Werteinstellungen am besten erfüllt werden könne. Deshalb liegt ihm auch der methodologische Individualismus so nahe.

Zur Überraschung vieler verschlug es ihn zunächst im Sommersemester 1986 an die Katholische Universität Eichstätt. Nach drei Jahren in Eichstätt nahm er einen Ruf an die Heinrich-Heine-Universität Düsseldorf an. Dort hielt es ihn, bis er 1995 nach Köln ging: die Kombination Zentralarchiv, Forschungsinstitut und Nachfolge Scheuch sowie die Größe und die Bedeutung der Universität zu Köln übten eine starke Anziehungskraft auf ihn aus.

Das lässt sich nicht zuletzt an den vielen Forschungsprojekten im Hause, aber auch an den vielen Funktionen ablesen, die Heiner Meulemann seit Mitte der 90er Jahre in verschiedenen Wissenschaftsinstitutionen des In- und Auslandes ausgeübt hat. Um nur ein paar Beispiele zu nennen: 1992, noch in Düsseldorf, war er Organisator des 26. Deutschen Soziologentages. Heute ist er nicht nur Mitglied des ALLBUS-Ausschusses, der alle zwei Jahre die „Allgemeine Bevölkerungsumfrage der Sozialwissenschaften" plant. Er ist seit 2002 auch Vorsitzender der Arbeitsgemeinschaft sozialwissenschaftlicher Institute (ASI) und des Verwaltungsrats des Informationszentrums Sozialwissenschaften in Bonn. Seit 2002 ist er Mitglied des nationalen Koordinationsteams des *European Social Survey* und seit 2004 Vorsitzender des Ausschusses des Preises der Fritz Thyssen Stiftung für deutschsprachige sozialwissenschaftliche Aufsätze.

Schließlich ist er seit 2004 Mitglied des Rates für Sozial- und Wirtschaftsdaten beim Bundesministerium für Bildung und Forschung, der das Ministerium berät und die Verbesserung der Datenlage in Deutschland zum Ziel hat. Dabei geht es sowohl um die Qualität von Mikrodaten als auch um die Gestaltung von dauerhaften Datenerhebungen. Nicht ohne Stolz kann Heiner Meulemann in einem Beitrag über Erwin K. Scheuch 2004 verkünden, dass nicht nur die empirische Sozialforschung eine Selbstverständlichkeit geworden sei, sondern auch ihre Infrastruktur, was Lehre und Forschung erheblich erleichtere.

Nicht zuletzt durch seine methodische Ausrichtung und seine inhaltlichen Schwerpunkte hat sich Heiner Meulemann zum idealen Vermittler zwischen wissenschaftlichem Anspruch und den Interessen der Markt- und Meinungsforschung gemausert. Denn die Soziologie bildet nicht nur die Handwerker in der Markt- und Meinungsforschungsbranche aus; sie ist auch deren Kunde und interessiert sich für den gleichen Gegenstand, nämlich die öffentliche Meinung.

In Köln nahm Heiner Meulemann u. a. den roten Faden zur Soziologie des Lebenslaufs mit der zweiten Wiederbefragung der Kölner Gymnasiasten wieder auf. 1969/70 hatte die schriftliche Befragung von 3240 Schülerinnen und Schülern des 10. Schuljahrs zu deren sozialer Herkunft und schulischen Plänen in 68 nordrhein-westfälischen Gymnasien begonnen. Das Projekt wurde damals von Hans Joachim Hummell, Michael Klein, Maria Wieken-Mayser und Rolf Ziegler geleitet und fand unter dem Dach des von René König geleiteten Kölner Forschungsinstituts für Soziologie statt.

1981/82 fand dann die erste Auswertung und Ergänzungsbefragung statt, an der Heiner Meulemann bereits maßgeblich beteiligt war. 1985/86 folgte dann die erste Wiederbefragung, gefolgt von einer zweijährigen Auswertungsphase zwischen 1991 und 1993. Die zweite Wiederbefragung unter seiner Leitung fand von 1996 bis 2000 statt. Schließlich folgt jetzt eine dritte, wieder von der Deutschen Forschungsgemeinschaft unterstützte Wiederbefragung, die Heiner Meulemann auf jeden Fall bis ins Jahr 2012 bei der Kölner Stange halten wird. Im Mittelpunkt dieser Befragung stehen die ehemaligen Gymnasiasten, die sich bereits in ihrem sechsten Lebensjahrzehnt befinden. Jetzt geht es retrospektiv um die Identität durch beruflichen Erfolg und Familie und prospektiv um die Frage nach der Lebensplanung in der späten Lebensmitte.

Die Fragestellungen dieser Langzeitstudie haben nicht nur die deutsche Diskussion um den Wertewandel der Nachkriegszeit begleitet. Sie haben auch die Frage in den Vordergrund gerückt, was den privaten und beruflichen Erfolg ausmache, woran die Menschen noch glaubten und welchen Einfluss die Medien auf unsere Werthaltungen hätten. Dabei blieben in den begleitenden Diskussionen auch solche Detailfragen nicht ausgespart, warum die Ostdeutschen durch die DDR nicht proletarisiert worden seien, sondern eher durch Anpassung zu moralischer Striktheit bei gleichzeitigem Verlust des Gespürs für religiöse Fragen gekommen seien. Der Wertewandel und Heiner Meulemanns unermüdliches Interesse an der Frage, ob er Faktum oder Fiktion sei, entpuppt sich mehr und mehr als roter Faden seines Gesamtwerks.

Die Ergebnisse dieser Langzeitstudie bestätigen übrigens auch viele Einzelfallstudien bis hin zur PISA-Studie, dass nämlich die soziale Herkunft eine entscheidende Rolle beim schulischen und beruflichen Erfolg spiele. Die Auswertung der jüngsten Befragung zeigt aber auch, dass Erfolg immer relativ sei, weil er sowohl im beruflichen wie im privaten Leben nicht von Dauer sein könne. Die Schlussfolgerung, dass Erfolg und Zufriedenheit deutlich zusammenhängen, lässt immer öfter die Frage aufkommen, wie sie am besten verbunden werden könnten – nicht zuletzt weil das Individuum im Privatleben weitgehend selbstbestimmt ist, während sich im Beruf und in den diversen Organisationen jenseits der Familie die Chancen zur Selbstverwirklichung ergeben.

Die Befragungsergebnisse bestätigen allerdings auch den Befund, dass sich die Familie zwar nicht aufgelöst, aber in Struktur und Perspektive gelockert habe. Das familiäre Paket von früher werde heute, wie es an einer Stelle bei Meulemann (2006: 14) heißt, „Schritt für Schritt konstruiert", weil die Wege vielfältig geworden seien, aber das Ziel gleich geblieben sei. Zweifellos besteht die zentrale Aussage darin, dass die Karrieremuster für Partnerschaft und Beruf nicht mehr so verbindlich wie früher seien, aber Elternschaft als Erfolgskriterium für die Identitätsfindung zwischen Jugend und Lebensmitte erhalten geblieben sei.

Bei den Projekten und Publikationen von Heiner Meulemann fällt auf, dass immer wieder der Vergleich in den Vordergrund tritt. Schließlich gilt in den Sozialwissenschaften der Vergleich mit der eigenen Gesellschaftsgeschichte oder mit anderen Gesellschaften als die Methode, die dem naturwissenschaftlichen Experiment am nächsten kommt. Das demonstriert er z. B. in der Untersuchung, was die Identität der geteilten und wieder vereinten deutschen Nation ausmache, aber ebenso in seinen Studien über den Wertewandel in Deutschland seit 1949 und über die Folgen der Säkularisierung sowie über die Formen und das Ausmaß des bürgerschaftlichen Engagements in Europa. Und er scheut sich auch nicht, den Deutschland-Vergleich vor und nach der Wiedervereinigung auf Länder wie Nord- und Südkorea anzuwenden und den Koreanern Mut zu machen, was ihre Vereinigungsbestrebungen anbelangt.

3 Endspurt: Von der zappenden Mediengesellschaft zu den ehrenamtlichen Silberfüchsen

Pünktlich zur Jahrtausendwende beginnt Heiner Meulemann, sich mit zwei neuen Themen intensiv und systematisch zu beschäftigen, und zwar mit der Frage nach der Struktur und Nutzung der Medien angesichts der Einführung des dualen Rundfunks in Deutschland und der Frage nach den Formen und dem Ausmaß des freiwilligen Engagements in Deutschland und Europa.

Es kommt 2002 zur Gründung des Medienwissenschaftlichen Lehr- und Forschungszentrums an der WiSo-Fakultät der Universität zu Köln, dessen Leitung er übernimmt. In dessen Rahmen wird eine Reihe von Drittmittelprojekten durchgeführt. Seit 2008 sitzt er auch im Vorstand des Instituts für Rundfunkökonomie der Wirtschafts- und Sozialwissenschaftlichen Fakultät. Heiner Meulemann geht es vor allem darum, die Infrastruktur der Mediendaten in Deutschland zu verbessern. Auch hier entstehen wieder viele Publikationen, die sich sowohl mit dem Wandel der Gewohnheiten in den alten und neuen Medien als auch mit dem Wandel des Publikums selbst befassen – Themen, die angesichts des wachsenden Anteils der Massenmedien am Lebensalltag der Menschen nicht nur die Mediennutzer interessieren. So geht er, zusammen mit seinem Mitarbeiter Jörg Hagenah, auch der Frage nach, ob mit dem privaten Rundfunk das Unterschichtfernsehen in unsere Welt gekommen sei (vgl. Meulemann et al. 2009).

Das Ergebnis, dass die Einführung des dualen Rundfunks das Fernsehpublikum nicht differenziert habe, mag manche überraschen. So habe sich die Rekrutierung des Publikums nach Bildung zwischen 1988 und 2004 nicht geändert, auch wenn die senderspezifische Sehdauer sich nach Bildung durchaus unterscheide. Überdies blieben ältere Kohorten eher den öffentlich-rechtlichen Sendern treu, während Jüngere schneller zu den Privaten wechselten. Letztlich können sich aber auch Meulemann & Co nicht der Variable Zeit entziehen, die für den gesellschaftlichen und technologischen Wandel wie dem Aufbau eines Kabelnetzes, der Verbreitung von Satellitenschüsseln usw. steht. Damit wird nun der eigentliche Wechsel von Zuschauern, Programmpräferenzen und Sehdauer erklärt.

In einem Forschungspraktikum mit Tilo Beckers und einem Forschungsprojekt der Universitäten Köln, Düsseldorf und Duisburg über die Gemeinschaftsorientierung in Deutschland begann schließlich Heiner Meulemann, sich mit der aktuellen Frage, wer warum über welches Sozialkapital verfüge und es wie einsetze, zu beschäftigen. Den Meinungsforscher Meulemann hat schon lange die Frage beschäftigt, ob die handlungsleitenden Motive der Menschen eher selbst- oder gemeinschaftsorientiert seien.

So bestand er in der damaligen Telefonbefragung mit guten Gründen darauf, die Ehrenamtler offene Nennungen ihrer Tätigkeiten vornehmen zu lassen. In einer aufwändigen Kodierungsarbeit gelangte man dann zu einer Einteilung in Dienstleistungsvereine wie Sportclubs und Wohlfahrtsvereine wie Hilfsorganisationen. In ihnen unterscheiden sich die Motivlagen deutlich. Deren Kenntnis ist aber für die künftige Rekrutierung von Freiwilligen von großer Bedeutung, wie wir z. B. in einer Studie von freiwillig Engagierten in der Altenhilfe herausgefunden haben (vgl. Strasser & Stricker 2008a; 2008b; Strasser 2008).

Auch hier ist wieder die Meulemann'sche Gesamtkonzeption der Analyse sozialer Tatsachen in Verbindung mit internationalen Vergleichen zu erkennen: Ausgehend von der inhaltlichen Definition von sozialem Kapital über soziale Beziehungen, gemessen auf der Personen- und der Landesebene, folgt eine Sozialkapitaltheorie, die Hypothesen darüber liefert, wie der Landeskontext die Ursachen und Folgen des sozialen Kapitals beeinflusst. Die Landesunterschiede werden wiederum durch eine Reihe von Fragen methodisch getestet, um die Ländereffekte gegen die Personeneffekte abzuwägen. Schließlich geht es um die Datenquelle und das Forschungsdesign, indem er sich auf den *European Social Survey* stützt (vgl. Meulemann 2002: Kap. 1).

Folgerichtig verweist er in seinen Studien zum sozialen Kapital in den europäischen Ländern auf die Bedeutung der Kontexteinflüsse. Mit anderen Worten, die Dauer demokratischer Verhältnisse und die religiösen Traditionen sowie die Gelegenheitsstrukturen über Einkommen und Bildung, also gesellschaftliche Ordnung und Lebenschancen, beeinflussen das Ausmaß und die Nutzung des sozialen Kapitals ganz entscheidend.

Aus diesen Überlegungen ergibt sich auch seine Schlussfolgerung, dass sich in Europa nicht so sehr die Länder nach Ursachen und Folgen des bürgerschaftlichen Engagements unterschieden, sondern vielmehr die Unterschiede innerhalb der einzelnen Länder viel größer seien – ein Ergebnis, das auf das Erneuerungspotenzial der modernen Gesellschaft ebenso verweist wie auf ihren gesellschaftspolitischen Sprengsatz, der in dieser Gesellschaft schlummert. Wie das nötige Ausmaß und die richtigen Formen des Sozialkapitals in einer alternden Gesellschaft geschaffen werden, ist nämlich die soziale Frage des 21. Jahrhunderts.

Die Folgen des demografischen Wandels werden in Verbindung mit dem Wandel zu einer globalen Netzwerkgesellschaft das Zusammenleben der deutschen Gesellschaft in den kommenden Jahrzehnten prägen. Für die Bewältigung des Übergangs von der wohlfahrtsstaatlich organisierten Gesellschaft der Vergangenheit zur aktiven Bürgergesellschaft der Zukunft werden die Teilhabe am sozialen Miteinander und neue Formen des freiwilligen Engagements entscheidend sein. Dazu stellt die Bildung von Vertrauen und sozialen Netzwerken nicht nur den Kitt her, der die Gesellschaft zusammenhält, sondern liefert auch die entscheidenden Anstöße für neues Sozialkapital. Nur so wird diese Gesellschaft die überfällige „Gemeinwohlmodernisierung" (Priddat 2006) schaffen. Vielleicht kommen dann auch die Statistiker und Ökonomen darauf, dass gesellschaftliches Wohlbefinden und Reichtum nicht nur durch Produktion, also durch das Bruttoinlandsprodukt (BIP), zu messen sind. Wie lange will man noch rechtfertigen, dass sich im BIP die Menge der Autos eher niederschlägt als die Qualität der Autos; der Müll, der auf die Straße geworfen und von der Müllabfuhr weggeräumt wird, darin berücksichtigt wird, nicht aber die Umweltzerstörung? In diese Statistik müssen unbezahlte Tätigkeiten wie Ehrenamt, Kindererziehung und private häusliche Pflege ebenso eingehen wie bezahlte Arbeit.

Um dieses Potenzial unserer Gesellschaft zu nutzen, müssen wir mehr wissen über warum sich wer, wann, wo und in welchem Ausmaß freiwillig engagiert. Wir wissen nicht genug, was Menschen motiviert, um sich in Führungspositionen oder in Freiwilligenarbeit ehrenamtlich zu engagieren. Ist es Selbstverwirklichung, Freude an freiwilliger Arbeit oder die Gelegenheit, mehr über einen interessanten Job zu erfahren, was sie letztlich antreibt?

Heiner Meulemann hat es fertig gebracht, den empirischen Beweis anzutreten, dass auch dem soziologischen Anfang ein Zauber inne wohnt. Und in diesem Sinne, lieber Heiner, habe ich zusammen mit dem Auditorium einen letzten Wunsch: Bleib' stets ein Fragender, denn Fragen sind ansteckend. Und was ist schöner als eine ansteckende Gesundheit?

Literatur

Meulemann, Heiner (Hrsg.) (2002): Social Capital in Europe: Similarity of Countries and Diversity of People? Multi-level Analyses of the European Social Survey. Leiden: Brill.
Meulemann, Heiner (2006): Soziologie von Anfang an. Eine Einführung in Themen, Ergebnisse und Literatur. Wiesbaden: VS-Verlag für Sozialwissenschaften.
Meulemann, Heiner/Hagenah, Jörg/Gilles, David (2009): Neue Angebote und alte Gewohnheiten. Warum das deutsche Publikum zwischen 1987 und 1996 vom öffentlich-rechtlichen auf das private Fernsehen gewechselt hat. In: Publizistik 54. 2. 240-264.
Priddat, Birger (2006): Gemeinwohlmodernisierung. Social capital, Moral, Governance. Marburg: Metropolis.
Strasser, Hermann (2008): Helfer der Nation? Bürgerschaftliches Engagement zwischen Nutzen, Anerkennung und Selbstlosigkeit. In: soziologie heute 1. 2. 14-18.
Strasser, Hermann/Stricker, Michael (2008a): Bürgerinnen und Bürger als Helfer der Nation? In: Aus Politik und Zeitgeschichte (Beilage der Wochenzeitung Das Parlament). 12-13. 33-38.

Strasser, Hermann/Stricker, Michael (2008b): Bürgerschaftliches Engagement und Altersdemenz: Welche Helfer hat das Land? In: Zeitschrift für medizinische Ethik. 54. 3. 275-284.

Heiner Meulemann: Zur Person

Univ.-Prof. Dr. Heiner Meulemann

                Geboren am 26. Oktober 1944 in Wörth an der Donau

1971	Diplom im Fach Soziologie an der Johann Wolfgang Goethe-Universität Frankfurt am Main
1971-1975	Wissenschaftlicher Assistent an der Universität Frankfurt
1974	Promotion zum Dr. phil. an der Universität Frankfurt
	Wortbedeutungsverständnis und Wortbedeutungserklärung. Eine empirische Analyse zweier Aspekte des Sprachverhaltens und ihrer Determinanten im Rahmen der Theorie der linguistischen Codes. Berlin: Max-Planck-Institut für Bildungsforschung 1976, 493 Seiten plus Tabellenband (Dissertation).
1975-1986	Wissenschaftlicher Assistent am Zentralarchiv für empirsche Sozialforschung der Universität zu Köln
1980-1981	Vertretung einer Professur für Soziologie an der Universität-Gesamthochschule Duisburg
1983	Habilitation an der Universität Frankfurt
	Bildung und Lebensplanung. Untersuchungen der Sozialbeziehung zwischen Elternhaus und Schule. Frankfurt: Campus Verlag 1985, 309 Seiten (überarbeitete Fassung der Habilitationsschrift).
1983-1985	Vertretung einer Professur für Soziologie an der Universität Frankfurt
1985-1986	Mitglied der School of Social Science des Institute for Advanced Study, Princeton, New Jersey
1986-1989	Professor für Soziologie an der Katholischen Universität Eichstätt

1989-1995	Professor für Soziologie an der Heinrich-Heine-Universität Düsseldorf
1997	Gastprofessor an der Università Trento, Italien
Seit 1995	Professor für Soziologie an der Universität zu Köln

Wichtige Ämter

1996-2001	Mitglied des Vorstands der Arbeitsgemeinschaft Sozialwissenschaftlicher Institute, des Trägervereins des Informationszentrums für Sozialwissenschaften
1996-2001	Mitglied der Kölner Gesellschaft für Sozialforschung, des Trägervereins des Zentralarchivs für empirische Sozialforschung der Universität zu Köln
Seit 1998	Mitglied des Vorstands der René-König-Gesellschaft
2000-2006	Mitglied des ALLBUS-Ausschusses, der alle zwei Jahre die Allgemeine Bevölkerungsumfrage der deutschen Bevölkerung plant
2001-2002	Mitglied des Normierungsausschusses Gebrauchstauglichkeit und Dienstleistungen (NAGD-AA 4.12) „Markt- und Sozialforschung" des Deutschen Instituts für Normung e.V. in Berlin, der eine Norm für „Markt- und Sozialforschung" erstellt hat
2002-2008	Vorsitzender der Arbeitsgemeinschaft sozialwissenschaftlicher Institute (ASI)
2002-2004	Mitglied des Beschwerderats für Markt- und Sozialforschung des Arbeitskreises Deutscher Marktforschungsinstitute [ADM, der ASI und des Berufsverbands deutscher Marktforscher (BVM)]

Seit 2004	Vorsitzender des Ausschusses des Preises der Fritz Thyssen Stiftung für deutschsprachige sozialwissenschaftliche Aufsätze
2004-2008	Vertreter der empirischen Sozial- und Wirtschaftsforschung im Rat für Sozial- und Wirtschaftsdaten (RatSWD)
2005-2008	Mitglied des Rats für Markt- und Sozialforschung des Arbeitskreises Deutscher Marktforschungsinstitute (ADM, der ASI und des BVM)

Auswahl zentraler Veröffentlichungen

Die vollständige Publikationsliste sowie weitere Angaben zum wissenschaftlichen Werdegang und laufenden Forschungsprojekten finden Sie unter http://www.fis.uni-koeln.de/meulemann.html.

Zentrale Monografien:

Soziologie von Anfang an. Eine Einführung in Themen, Ergebnisse und Literatur. Wiesbaden: Westdeutscher Verlag 2001, 428 Seiten. 2. Auflage 2006, 421 Seiten.

Die Geschichte einer Jugend. Lebenserfolg und Erfolgsdeutung ehemaliger Gymnasiasten zwischen dem 15. und 30. Lebensjahr. Opladen: Westdeutscher Verlag 1995, 669 Seiten.

Werte und nationale Identität im vereinten Deutschland. Erklärungsansätze der Umfrageforschung. Opladen: Leske und Budrich 1998, 320 Seiten.

Werte und Wertewandel. Zur Identität einer geteilten und wieder vereinten Nation von Heiner Meulemann von Juventa 1996, 467 Seiten.

Soziale Herkunft und Schullaufbahn. Arbeitsbuch zur sozialwissenschaftlichen Methodenlehre. Frankfurt/New York: Campus, 1979, 202 Seiten.

Zentrale Herausgeberschaften:

Social Capital in Europe: Similarity of Countries and Diversity of People? Multi-level analyses of the European Social Survey. Leiden, Boston: Brill, 2008, 328 Seiten.

Zusammen mit Jörg Hagenah: Alte und neue Medien - Zum Wandel der Medienpublika in Deutschland seit den 1950er Jahren. Berlin: LIT Verlag, 2008, 396 Seiten.

Zusammen mit Jörg Hagenah: Sozialer Wandel und Mediennutzung in der Bundesrepublik Deutschland. Berlin: LIT Verlag, 2006, 248 Seiten.

Zusammen mit Klaus Birkelbach und Jörg Otto Hellwig: Ankunft im Erwachsenenleben. Lebenserfolg und Erfolgsdeutung einer Kohorte ehemaliger Gymnasiasten zwischen 16 und 43. Opladen: Leske + Budrich Verlag, 2001, 427 Seiten.

Zusammen mit Karl-Heinz-Reuband: Soziale Realität im Interview: empirische Analysen methodische Probleme. Frankfurt/Main, New York: Campus Verlag, 1984, 327 Seiten.

Zentrale Aufsätze in begutachteten Zeitschriften und Sammelbänden:

Chanceneröffnung und Chancenausgleich - die Akzeptanz von Gesamt- und Ganztagsschule in der deutschen Bevölkerung. In: Soziale Welt: Zeitschrift für sozialwissenschaftliche Forschung und Praxis 60, 2009. 2. 139-162.

Self-Concern, Self-transcendence, and Well-Being. In: European Sociological Review. Advance Access published on June 5, 2009. doi:10.1093/esr/jcp027.

Is Altruism More Effective Where it is Required More? Collectivity-Orientation and Involvement in Interest, Issue and Religious Associations. In: Heiner Meulemann (ed.), Social Capital in Europe: Similarity of Countries and Diversity of People? Multi-level analyses of the European Social Survey. Leiden: Brill 2008: 73-102.

Enforced Secularization - Spontaneous Revival? Religious Belief, Unbelief, Uncertainty and Indifference in East and West European Countries 1991-1998. In: European Sociological Review 20, 2004. 1. 47-61.

Zusammen mit Tilo Beckers: Das sichtbare und das verborgene Engagement - Häufigkeiten und Hintergründe von Ehrenamt und privater Hilfe in Deutschland im Jahre 2002. In: Soziale Welt 55, 2004. 1. 51-74.

Life Satisfaction from Late Adolescence to Mid-Life. The Impact of Life Success and Success Evaluation on the Life Satisfaction of Former Gymnasium Students between Ages 30 and 43. In: Journal of Happiness Studies 2, 2001. 4. 445-465.

Zusammen mit Klaus Birkelbach: Biographische Erfahrungen und politische Einstellungen zwischen der Jugend und Lebensmitte. Die Entwicklung von Wertansprüchen an die Politik bei ehemaligen Gymnasiasten im 16., 30. und 43. Lebensjahr zwischen 1969-1997. In: Politische Vierteljahreszeitschrift 42, 2001. 1. 30-50.

Beyond Unbelief - Religious uncertainty and religious indifference in countries with self-induced and enforced secularization. In: European Societies 16, 2000. 2. 167-194.

Die Implosion einer staatlich verordneten Moral. Moralische Bewertungen in West- und Ostdeutschland 1990-1994. In: Kölner Zeitschrift für Soziologie und Sozialpsychologie 50, 1998. 3. 411-441.

Value changes in Germany after Unification: 1990-95. In: German Politics 6, 1997. 1. 122-139.

Value Change in West Germany 1950-1980: Integrating the Empirical Evidence. In: Social Science Information 22, 1983. 4/5. 777-800.

Autorenverzeichnis

Hans-Jürgen Andreß, Prof. Dr., ist Inhaber des Lehrstuhls für Empirische Sozial- und Wirtschaftsforschung an der Wirtschafts- und Sozialwissenschaftlichen Fakultät der Universität zu Köln. Seine *Forschungsschwerpunkte* liegen im Bereich der Arbeitsmarktforschung, Armutsforschung, Sozialpolitik und multivariaten statistischen Methoden. *Aktuelle Veröffentlichungen*: zusammen mit Hummelsheim, Dina (2009): When marriage ends: Economic and social consequences of partnership dissolution. Cheltenham. UK: Edward Elgar; zusammen mit Lohmann, Henning (2008): Working Poor in Europe: Employment, poverty and globalisation. Cheltenham, UK: Edward Elgar. *Kontakt*: hja@wiso.uni-koeln.de

Dominik Becker, M.A., ist Doktorand an der Cologne Graduate School in Economics, Management and Social Sciences. *Forschungsgebiete*: Soziale Ungleichheit im Bildungsverlauf, Medienrezeption, Politische Soziologie, Methoden. *Aktuelle Veröffentlichungen*: (2009): Dahinter steckt meistens ein kluger Kopf. Mehr und dissonantere Leitmedienlektüre infolge der Bildungsexpansion? In: Müller, Daniel/Ligensa, Annemone/Gendola, Peter (Hrsg.): Alte und neue Leitmedien. Bielefeld: Transcript Verlag: 199-224; (2008): Qualitätszeitungen – regionale Bindungseffekte trotz überregionaler Ausrichtung? Ein Längsschnittvergleich der Media-Analyse-Daten 1985, 1995 und 2005. In: Hagenah, Jörg/Meulemann, Heiner (Hrsg.): Alte und neue Medien. Zum Wandel der Medienpublika in Deutschland seit den 1950er Jahren. Münster: Lit Verlag: 61-78. *Kontakt:* dominik.becker@wiso.uni-koeln.de

Tilo Beckers, Dr. rer. pol., ist im Sommersemester 2010 beurlaubt zur Verwaltung der Professur „Sozialstrukturanalyse und Methoden der empirischen Sozialforschung" an der Universität Osnabrück. Er ist seit Oktober 2009 Akademischer Rat für Soziologie und Methoden der empirischen Sozialforschung am Institut für Sozialwissenschaften der Heinrich-Heine-Universität Düsseldorf. Er hat 2008 an der Universität zu Köln mit einer international vergleichenden Kontext- und Mehrebenenanalyse über Einstellungen zur Homosexualität promoviert. In seinem laufenden Habilitationsprojekt analysiert er u.a. die Einstellungen zur Sterbehilfe und zu Patientenverfügungen. *Aktuelle Veröffentlichungen:* (2009): Islam and the Acceptance of Homosexuality: the Shortage of Socio-Economic Wellbeing and Responsive Democracy. In: Habib, Samar (Hrsg.): Islam and Homosexuality (in two volumes). Praeger/ABC-Clio; (im Erscheinen): Ökonomische Moral im europäischen Vergleich. In: van Deth, Jan/Keil, Silke (Hrsg.):

Deutschlands Metamorphosen. Analysen mit dem European Social Survey. Baden-Baden: Nomos Verlag. (erscheint voraussichtlich im Herbst 2010). *Kontakt:* tilo.beckers@uni-duesseldorf.de

Michael Bentlage, Dipl. Geograph, ist Wissenschaftlicher Mitarbeiter am Lehrstuhl Raumentwicklung der TU München/Fakultät für Architektur/Institut für Entwerfen Stadt und Landschaft/Lehrstuhl für Raumentwicklung). *Forschungsschwerpunkte:* Regionalentwicklung, Globalisierung, Unternehmensnetzwerke, Geographie der Telekommunikation, Geographische Handelsforschung, Quantitative Methoden, GIS. *Wichtigste Veröffentlichungen*: zusammen mit Rauh, Jürgen (2008): Räumliche Polarisationen der Internetanwendung. In: Hagenah, Jörg/Meulemann, Heiner (Hrsg.): Alte und neue Medien. Zum Wandel der Medienpublika in Deutschland seit den 1950er Jahren (Schriften des Medienwissenschaftlichen Lehr- und Forschungszentrums Köln Bd. 2): 267-281; (2009): Kausale Zusammenhänge zwischen der Internetnutzung und der Raumstruktur. In: Koch, Andreas (Hrsg.): MENSCH – UMWELT – INTERAKTION – Überlegungen zum theoretischen Verständnis und zur methodischen Erfassung eines grundlegenden und vielschichtigen Zusammenhangs. Salzburg: Salzburger Geographische Arbeiten 45. 5-18. *Kontakt:* bentlage@tum.de

Henning Best, Dr. rer. pol., ist Privatdozent an der Universität Mannheim. *Forschungsgebiete*: Entscheidungstheorie, Umweltsoziologie, Methoden der empirischen Sozialforschung, Mediensoziologie. *Veröffentlichungen*: (2009): Organic farming as a rational choice. Empirical investigations in environmental decision making. In: Rationality and Society 21. 2. 197-224; (2009): Kommt erst das Fressen und dann die Moral? Eine feldexperimentelle Überprüfung der Low-Cost-Hypothese und des Modells der Frame-Selektion. In: Zeitschrift für Soziologie. 38. 2. 113-130. *Kontakt:* best@uni-mannheim.de

Klaus Birkelbach, PD Dr. phil. habil., Privatdozent an Universität Duisburg-Essen, z.Z. Vertretung eines Lehrstuhls für Soziologie und empirische Sozialforschung an der Heinrich-Heine-Universität Düsseldorf. *Forschungsgebiete*: Bildungssoziologie und empirische Bildungsforschung, Soziologie des Lebenslaufes, Soziologie des Alters, Methoden der empirischen Sozialforschung. *Aktuelle Veröffentlichungen*: (2007): Schule als Notlösung. Die Entwicklung der Entscheidung zwischen einer Berufsausbildung und einem weiteren Schulbesuch im Verlauf des letzten Schuljahres der Sekundarstufe I bei Haupt-, Real- und Gesamtschülern. In: Zeitschrift für Berufs- und Wirtschaftspädagogik 103. 7. 248-263; (2008): Zwischen Wunsch und Wirklichkeit. Prozesse beruflicher Orientierung im letzten Schuljahr an Haupt-, Gesamt- und Realschulen. In: Die berufsbildende Schule 60. 1. 11-16; zusammen mit Bolder, Axel (2010): Lebensläufe in der Lebensmitte: Anpassung, Gestaltung und Beharrung in regionalen Lebenswelten. In: Bolder, Axel/Epping, Rudolf/Klein, Rosemarie/Reutter, Gerhard/Seiverth, Andreas (Hrsg.): Neue Lebenslaufregimes - Neue Konzepte der Bildung Erwachsener? Wiesbaden: VS-Verlag; (2010): Lehrerurteile in der Leistungsgesellschaft. Ergebnisse einer Längsschnittstudie 1969-1997. In: Birkelbach, Klaus/Bolder, Axel/Düsseldorff, Karl (Hrsg.): Berufliche Bildung in Zeiten beschleunigten Wandels. Hohengehren: Schneider. *Kontakt:* klaus.birkelbach@uni-due.de

Hans-Peter Blossfeld, Prof. Dr. rer. pol., ist seit August 2008 Geschäftsführender Direktor des Instituts für bildungswissenschaftliche Längsschnittforschung (INBIL) in der Universität Bamberg und Leiter des Nationalen Bildungspanels (NEPS). Er ist darüber hinaus seit 2002 Inhaber des Lehrstuhls für Soziologie I an der Otto-Friedrich-Universität Bamberg und seit 2003 Leiter des Staatsinstituts für Familienforschung an dieser Universität. *Forschungsschwerpunkte:* Bildungssoziologie, Sozialstrukturanalyse, Globalisierungsforschung, Arbeitsmarktforschung, Familiensoziologie, Bevölkerungssoziologie, Soziologie des internationalen Vergleichs, Statistik (insbesondere Anwendung moderner Längsschnittverfahren im Rahmen der Lebenslaufforschung), empirische Sozialforschung. *Wichtigste Veröffentlichungen:* Blossfeld hat 26 Bücher und über 190 Artikel veröffentlicht, darunter z.B.: zusammen mit Golsch, Katrin/Rohwer, Götz (2007): Event history analysis with Stata. Mahwah (NJ) und London: Erlbaum; zusammen mit Buchholz, Sandra/Bukodi, Erzsébet/Kurz, Karin (2008): Young workers, globalization and the labor market: Comparing early working life in eleven countries. Cheltenham (UK) and Northampton (MA, USA): Edward Elgar. *Kontakt:* soziologie1@uni-bamberg.de

Eldad Davidov, Prof. Dr., ist außerordentlicher Professor für Soziologie an der Universität Zürich. Seine *Forschungsschwerpunkte* sind Anwendungen von Strukturgleichungsmodellen auf Umfragedaten, insbesondere in der interkulturellen und der Längsschnittforschung. Seine Arbeiten beschäftigen sich mit menschlichen Werte, nationaler Identität und Einstellungen gegenüber Immigranten und anderen Minderheiten. *Aktuelle Veröffentlichungen* erscheinen in Political Analysis, Social Science Research, Public Opinion Quarterly, Sociological Methods and Research, European Sociological Review, Survey Research Methods, Journal of Social Issues und International Journal of Comparative Sociology. *Kontakt:* davidov@soziologie.uzh.ch

Hermann Dülmer, Dr., ist Wissenschaftlicher Mitarbeiter an der Wirtschafts- und Sozialwissenschaftlichen Fakultät der Universität zu Köln. Seine inhaltlichen *Forschungsschwerpunkte* umfassen Kultursoziologie (Wertewandel, moralischer und religiöser Wandel) und Wahlforschung. Schwerpunkt seines methodischen Interesses bilden die Mehrebenenanalyse und der faktorielle Survey (Vignettenanalyse). Zu seinen *jüngeren Veröffentlichungen* gehören: (im Erscheinen 2010): A Multilevel Regression Analysis on Work Ethic as a Two-Level Latent Dependent Variable. In: Davidov, Eldad/Schmidt, Peter/Billiet, Jaak (Hrsg.): Cross Cultural Data Analysis. Methods and Applications. New York: Routledge; (2009): Moralischer Universalismus, moralischer Kontextualismus oder moralischer Relativismus? Eine empirische Untersuchung anhand der Europäischen und der Weltwertestudie. In: Ernst, Gerhard (Hrsg.): Moralischer Relativismus. Paderborn: Mentis: 55-79; (2007): Experimental Plans in Factorial Surveys: Random or Quota Design? In: Sociological Methods & Research 35.3. 382-409. *Kontakt*: hduelmer@uni-koeln.de

Axel Franzen, Prof. Dr., ist Professor für Methoden der empirischen Sozialforschung am Institut für Soziologie der Universität Bern. Zu seinen Lehr- und *Forschungsschwerpunkten* gehören neben den Methoden der empirischen Sozialforschung die experimentelle Spieltheorie, Sozialkapital und Netzwerke sowie die Umweltsoziologie. *Aktuelle Veröffentlichungen*: zusammen mit Freitag, Markus (2007): Sozialkapital: Grundlagen und Anwendungen. In: Kölner Zeitschrift für Soziologie und Sozialpsychologie. Sonderheft 47. *Kontakt:* axel.franzen@soz.unibe.ch

Jürgen Friedrichs, Prof. Dr., Studium der Soziologie, Philosophie, Psychologie und Volkswirtschaftslehre. Nach der Promotion Assistenstelle im Institut für Soziologie der Universität Hamburg, dort 1974 Berufung auf eine Professur für Soziologie; 1983 auf einen Lehrstuhl für Soziologie. Seit 1991 Lehrstuhl für Soziologie an der Universität zu Köln, Direktor des Forschungsinstitutes für Soziologie und Mitherausgeber der „Kölner Zeitschrift für Soziologie und Sozialpsychologie". Seit 2007 emeritiert, aber weiterhin im Forschungsinstitut tätig und Herausgeber der Kölner Zeitschrift. *Wichtigste Veröffentlichungen:* zusammen mit Blasius, Jörg/Klöckner, Jennifer (2008): Doppelt benachteiligt? Leben in einem deutsch-türkischen Stadtteil. Wiesbaden: VS Verlag; zusammen mit Triemer, Sascha (2008): Gespaltene Städte? Soziale und ethnische Segregation in deutschen Großstädten. Wiesbaden: VS Verlag; zusammen mit Blasius, Jörg/Galster, George G. (Hrsg.) (2009): Quantifying Neighbourhood Effects. London-New York: Routledge; zusammen mit Blasius, Jörg (2007): Internal Heterogeneity of a Deprived Urban Area and it's Impact on Residents' Perception of Deviance. In: Housing Studies 22. 5. 753-780; zusammen mit Blasius, Jörg (2009): Attitudes of Owners and Renters in a Deprived Neighborhood. In: European Journal of Housing Policy 9. 4. 435-455; (2008): Ethnische Segregation. In: Kalter, Frank (Hrsg.): Migration und Integration. Wiesbaden: VS Verlag: 380-411; zusammen mit Klöckner, Jennifer (2009): Social Capital in Deprived Neighbourhoods. In: Boyser, Katrien de/Dewilde, Caroline/Dierckx, Danielle/Friedrichs, Jürgen (Hrsg.): Between the Social and the Spatial. Exploring Multiple Dimensions of Poverty and Social Exclusion. Farnham: Ashgate: 167-182. *Kontakt:* friedrichs@wiso.uni-koeln.de

Ina Grau, PD Dr. ist wissenschaftliche Mitarbeiterin am Lehrstuhl für Sozial- und Rechtspsychologie des Instituts für Psychologie an der Universität Bonn. Ihre *Forschungsschwerpunkte* sind Paarbeziehungen, Gerechtigkeit, Bindungstheorie und Fragebogenkonstruktion. Ihre *wichtigsten Veröffentlichungen* sind: zusammen mit Doll, Jörg (2003): Effects of attachment styles on the experience of equity in heterosexual couples relationships. In: Experimental Psychology 50. 4. 289-310; zusammen mit Bierhoff, Hans-Werner (2003): Sozialpsychologie der Partnerschaft. Berlin: Springer; zusammen mit Mummendey, Hans Dieter (Hrsg.) (2008): Die Fragebogenmethode. Göttingen: Hogrefe. *Kontakt:* igrau@uni-bonn.de.

Jörg Hagenah, Dr., phil., Geschäftsfüher des Medienwissenschaftlichen Lehr- und Forschungszentrums (MLFZ) und Dozent am Seminar für Soziologie der Universität zu Köln. *Forschungsgebiete:* Mediensoziologie, Methoden der empirischen Sozialforschung, Sekundäranalysen mit MA-Daten, medialer und sozialer Wandel, Sport und Medien. *Veröffentlichungen:* zusammen mit Meulemann, Heiner/Gilles, David (2009): Neue Angebote und alte Gewohnheiten. Warum das deutsche Publikum zwischen 1987 und 1996 vom öffentlich-rechtlichen auf das private Fernsehen gewechselt hat. In: Publizistik 54. 2. 240-264; zusammen mit Meulemann, Heiner (2006): Alte und neue Medien - Zum Wandel der Medienpublika in Deutschland seit den 1950er Jahren. Münster: LIT Verlag; (2006): Möglichkeiten der Nutzung von Media-Analyse Radiodaten für Sekundäranalysen von 1972 bis heute. In: Medien- und Kommunikationswissenschaft 54. 3. 457-485. *Kontakt:* hagenah@wiso.uni-koeln.de

Wolfgang Jagodzinski ist Professor für Soziologie an der Universität zu Köln. Er war Direktor des Zentralarchivs für Empirische Sozialforschung und Präsident der GESIS. Seine *Forschungsschwerpunkte* sind Religion und vergleichende Kulturforschung. *Neueste Publikationen*: (im Erscheinen 2010): Economic, Social, and Cultural Determinants of Life Satisfaction: Are there Differences between Asia and Europe? In: Social Indicators Research; (2009): The Impact of Religion on Values and Behavior. Kwansei Gakuin University: School of Sociology Journal. 107. 19-32; zusammen mit Manabe, Kazufumi (2009): On the Similarity of Religiosity in Different Cultures. In: Haller, Max/Jowell,

Roger/Smith, Tom W. (Hrsg.): The International Social Survey Programme, 1984-2009. New York: Routledge: 313-336. *Kontakt*: jagodzinski@za.uni-koeln.de

Markus Klein, Dr. rer. pol., ist Professor für Politische Soziologie an der Leibniz Universität Hannover. *Forschungsgebiete:* Wahl- und Werteforschung, Attraktivitätsforschung, Methodenforschung. *Veröffentlichungen:* (2006): Jenseits von Distanz und Richtung. Die Verbundmessung von Politikpräferenzen im Vergleich mit dem Distanz- und dem Richtungsmodell des Wählens – empirische Befunde eines Methodenexperiments. Politische Vierteljahresschrift 47.4. 595-617; zusammen mit Beckers, Tilo/Rosar, Ulrich (2008): The Frog Pond Beauty Contest. Physical Attractiveness and Electoral Success of the Constituency Candidates at the North Rhine-Westphalia State Election 2005. In: European Journal of Political Research 47. *Kontakt:* m.klein@ipw.uni-hannover.de.

Steffen Kühnel, Prof. Dr., Lehrstuhl für quantitative Methoden, Methodenzentrum Sozialwissenschaften, Georg-August-Universität Göttingen. *Forschungsschwerpunkte:* Quantitative Methoden, insbesondere multivariate Analysemodelle, politische Soziologie, Rational-Choice-Theorie. *Wichtigste Veröffentlichungen:* (1993): Zwischen Boykott und Kooperation. Frankfurt/Main: P. Lang; zusammen mit Andreß, Hans-Jürgen/Hagenaars, Jacques A. (1997): Analyse von Tabellen und kategorialen Daten. Berlin u.a.: Springer; zusammen mit Krebs, Dagmar (2007): Statistik für die Sozialwissenschaften. Reinbek: Rowohlt. *Kontakt*: steffen.kuehnel@sowi.uni-goettingen.de

Karl Ulrich Mayer ist Stanley B. Resor Professor of Sociology an der Yale University und zur Zeit Chair des dortigen Departments of Sociology. Er ist ferner Ko-Direktor des Yale Center for Research on Inequalities and the Life Course (CIQLE) und emeritierter Direktor des Max-Planck-Instituts für Bildungsforschung in Berlin. Zu seinen neueren Publikationen zählen u.a.: zusammen mit Schulze, Eva (2009): Die Wendegeneration. Frankfurt/Main: Campus; zusammen mit Cortina, Kai S./Baumert, Jürgen/Leschinsky, Achim/Trommer, Luitgard (Hrsg.) (2008): Das Bildungswesen der Bundesrepublik Deutschland. Hamburg: Rowohlt; zusammen mit Solga, Heike (2008): Skill Formation. Interdisciplinary and Comparative Perspectives. Cambridge: Cambridge University Press; zusammen mit Diewald, Martin/Goedicke, Anne (2006): After the Fall of the Wall: Life Courses in the Transformation of East Germany. Stanford: University Press; zusammen mit Hillmert, Steffen (Hrsg.) (2004): Untersuchungen zum Wandel von Ausbildungs- und Berufschancen. Wiebaden: VS Verlag; zusammen mit Baltes, Paul B. (Hrsg.) (1999): The Berlin Aging Study: Cambridge: University Press; zusammen mit Huinink, Johannes (Hrsg.) (1995): Kollektiv und Eigensinn. Berlin: Akademie-Verlag. Professor Mayer ist Fellow bzw. Mitglied der American Association for the Advancement of Science, der American Academy of Arts and Sciences, der British Academy of Sciences, der European Academy of Sociology, der Leopoldina — Deutsche Akademie der Naturforscher sowie der Berlin-Brandenburgischen Akademie der Wissenschaften. *Kontakt:* karl.mayer@yale.edu

Anja Mays, Dr., ist Wissenschaftliche Angestellte am Lehrstuhl für quantitative Methoden, Methodenzentrum Sozialwissenschaften, Georg-August-Universität Göttingen. *Forschungsschwerpunkte:* Politische Sozialisation, Analyse politischer Einstellungen und politischen Verhaltens, empirische Wahlforschung. *Wichtigste Veröffentlichungen:* zusammen mit Becker, Rolf (2003): Soziale Herkunft, politische Sozialisation und Wählen im Lebensverlauf. In: Politische Vierteljahresschrift 44. 1. 19-40; (2008): Bundespolitische Effekte oder regionale Besonderheiten? Zum Einfluss der Bundespolitik auf die sächsischen Landtagswahlen. In: Völkl, Kerstin/Schnapp, Kai-Uwe/Holtmann, Everhard/Gabriel, Oscar W. (Hrsg.): Wähler und Landtagswahlen in der Bundesrepublik Deutschland. Baden-Baden: Nomos: 361-380; (2009): Beeinflusst Anomia politische Orientierungen? In: Kühnel, Steffen/Niedermayer, Oskar/Westle, Bettina: Wähler in Deutschland. Sozialer und politischer Wandel, Gender und Wahlverhalten. Wiesbaden: VS Verlag: 68-81; zusammen mit Kühnel, Steffen/Fernàndez, Esther Ochoa (2009): Der Einfluss jugendlicher Sozialisationserfahrungen auf ausgewählte Aspekte der politischen Identität im Erwachsenenalter. Dissertationsschrift. Georg-August-Universität Göttingen. *Kontakt:* anja.mays@sowi.uni-goettingen.de

Alexandra Nonnenmacher, Dr. rer. pol., vertritt derzeit die Professur für Empirische Sozialforschung im Fachbereich Gesellschaftswissenschaften, Fachgruppe Soziologie, der Universität Kassel. Als *Forschungsschwerpunkte* sind neben den Methoden der Empirischen Sozialforschung die Stadtsoziologie und soziale Ungleichheit zu nennen. *Aktuelle Veröffentlichungen:* (2009): Ist Arbeit eine Pflicht? Normative Einstellungen zur Erwerbsarbeit, Arbeitslosigkeit und der Einfluss des Wohngebiets. Wiesbaden: VS Verlag; (erscheint 2010): Zur Nachweisbarkeit von Kontexteffekten der sozialräumlichen Umgebung. In: Baier, Dirk/Oberwittler, Dietrich/Rabold, Susann (Hrsg.): Sozialräumlicher Kontext und Kriminalität. Wiesbaden: VS Verlag. *Kontakt:* nonnenmacher@uni-kassel.de

Ravena Penning, Dipl.-Soz., ist Mitarbeiterin am Lehrstuhl für Empirische Sozial- und Wirtschaftsforschung an der Wirtschafts- und Sozialwissenschaftlichen Fakultät der Universität zu Köln. Ihre *Forschungsschwerpunkte* liegen im

Bereich der Partnerschafts- und Familienforschung. *Kontakt:* penning@wiso.uni-koeln.de

Jürgen Rauh, Dr., ist Professor für Sozialgeographie an der Universität Würzburg. *Forschungsschwerpunkte:* Regionalforschung, Telekommunikation und Verkehr, Geographische Handelsforschung, Sozial- und Bevölkerungsgeographie, regionalwissenschaftliche Methodenlehre, Geoinformatik und GIS Auswahl. *Veröffentlichungen:* (1999): Telekommunikation und Raum. Informationsströme im internationalen, regionalen und individuellen Beziehungsgefüge, Münster/Hamburg/London (=Geographie der Kommunikation, Bd. 1); (2006): United or Divided? Die Welt im Informationszeitalter. In: Geographische Rundschau 58. 7-8. 4-11; zusammen mit Lenz, Barbara/Kulke, Elmar/Nerlich, Mark R./Vogt, Walter (Hrsg.) (2009): Produktion-Distribution-Konsum. Auswirkungen von Informations- und Kommunikationstechnologien (IKT) auf Wirtschafts- und Versorgungsverkehr. Heidberg/Dordrecht/London/New York: Springer; zusammen mit Breidenbach, Petra/Schiffner, Felix/Vogt, Walter (2009): Verkehrsaufwand durch Information und Einkauf. In: Internationales Verkehrswesen 61. 9. 300-306. *Kontakt:* juergen.rauh@uni-wuerzburg.de

Ilona Relikowski, Dipl.-Soz., ist seit Dezember 2006 Wissenschaftliche Mitarbeiterin am Lehrstuhl für Soziologie I an der Otto-Friedrich-Universität Bamberg. *Forschungsschwerpunkte:* Bildungssoziologie; Migrationsforschung; berufliche Mobilität; Ungleichheits- und Lebensverlaufsforschung. *Wichtigste Veröffentlichungen:* zusammen mit Zielonka, Markus/Hofmeister, Heather (2008): Labor market entries and early careers in the United States of America, 1984–2002 - Increasing employment instability among young people? In: Blossfeld, Hans-Peter/Buchholz, Sandra/Bukodi, Erzsébet/Kurz, Karin (Hrsg.): Young Workers, Globalization and the Labor Market Comparing Early Working Life in Eleven Countries. Cheltenham, UK/Northampton, MA: Edward Elgar; zusammen mit Schneider, Thorsten/Blossfeld, Hans-Peter (2009): Primary and Secondary Effects of Social Origin in Migrant and Native Families at the Transition to the Tracked German School System. In: Cherkaoui, Mohamed/Hamilton, Peter (Hrsg.): Raymond Boudon. A Life in Sociology, Band 3. Oxford: Bardwell Press. *Kontakt:* ilona.relikowski@uni-bamberg.de

Karl-Heinz Reuband, Prof. Dr., Institut für Sozialwissenschaften, Heinrich-Heine-Universität Düsseldorf, *Forschungsschwerpunkte:* Sozialer und kultureller Wandel, soziale Probleme, Kultursoziologie, Methoden der empirischen Sozialforschung. *Wichtigste Veröffentlichungen:* (1992): Drogenkonsum und Drogenpolitik. Deutschland und die Niederlande im Vergleich. Opladen: Leske und Budrich; zusammen mit Best, Heinrich/Pappi, Franz U. (Hrsg) (1995): Die deutsche Gesellschaft in vergleichender Perspektive. Festschrift für Erwin K. Scheuch zum 65. Geburtstag. Opladen: Westdeutscher Verlag; zusammen mit Johnson, Eric A. (2005): What We Knew. Terror, Mass Murder and Everyday Life in Nazi Germany. An Oral History. New York: Basic Books; (erscheint 2010): Subjektives Kriminalitätserleben im Kontext gesellschaftlicher Transformation. Die Kriminalitätsfurcht der Ostdeutschen im kollektiven Verlauf und individueller Erinnerung. In: Groenemeyer, Axel (Hrsg): Wege der Sicherheitsgesellschaft. Gesellschaftliche Transformation der Konstruktion und Regulierung innerer Unsicherheiten. Wiesbaden: VS Verlag. *Kontakt:* reuband@phil-fak.uni-duesseldorf.de

Daniela Rohrbach-Schmidt, Dr. rer. pol., ist Wissenschaftliche Mitarbeiterin im Forschungsdatenzentrum im Bundesinstitut für Berufsbildung (BIBB-FDZ). Ihre *Forschungsinteressen* sind Bildungs- und Arbeitsmarktsoziologie, Stratifikations- und Mobilitätsforschung, und international vergleichende Sozialforschung. *Wichtigste Veröffentlichungen:* (2009): Sector Bias and Sector Dualism. The Knowledge Society and Inequality. In: International Journal of Comparative Sociology 50. 5–6. 510-536; (2008): Wissensgesellschaft und soziale Ungleichheit. Ein Zeit- und Ländervergleich. Wiesbaden: VS Verlag. *Kontakt:* rohrbach@bibb.de

Ulrich Rosar, Dr. rer. pol., ist Privatdozent an der Universität zu Köln. *Forschungsgebiete:* Methoden der empirischen Sozialforschung, Wahlsoziologie, Attraktivitäts- und Vorurteilsforschung. *Veröffentlichungen:* (2009): Fabulous Front-Runners. Eine Analyse zur Bedeutung der physischen Attraktivität von Spitzenkandidaten für den Wahlerfolg ihrer Parteien. In: Politische Vierteljahresschrift 50. 4. 754-773; zusammen mit Beckers, Tilo/Klein, Markus (2008): The Frog Pond Beauty Contest. Physical Attractiveness and Electoral Success of the Constituency Candidates at the North Rhine-Westphalia State Election 2005. In: European Journal of Political Research 47. 1. 64-79. *Kontakt:* rosar@wiso.uni-koeln.de

Peer Scheepers, Dr., ist Professor for Research Methodology an der Radboud Universiteit Nijmegen in den Niederlanden. *Forschungsschwerpunkte*: Ländervergleichende Forschung zum Ausschluss von Minderheiten und zu Sozialkapital. *Veröffentlichungen:* zusammen mit Gijsberts, Merove/Coenders, Marcel (2002): Ethnic exclusionism in European countries, public opposition to grant civil rights to legal migrants as a response to perceived ethnic threat. In: European Sociological Review 18. 1. 17-34; zusammen mit te Grotenhuis, Manfred (2005): Who cares for the poor in Europe? micro and macro determinants for alleviating poverty in 15 European countries. In: European Sociological Review 21. 5. 453-465; zusammen mit Gesthuizen, Maurice/van der Meer, Tom (2009): Ethnic diversity and social capital: tests of the Putnam thesis in European societies. In: Scandinavian Political Studies 32. 2. 121-142. *Kontakt*: p.scheepers@maw.ru.nl

Thorsten Schneider, Dr. phil, ist seit April 2009 Juniorprofessor für Soziologie mit dem Schwerpunkt Bildungsungleichheit im Lebenslauf an der Otto-Friedrich-Universität Bamberg. *Forschungsschwerpunkte:* Bildungssoziologie, Ungleichheits- und Lebensverlaufsforschung, Migrationsforschung, Methoden der Längsschnittanalyse. *Wichtigste Veröffentlichungen:* zusammen mit Kratzmann, Jens (2009): Soziale Ungleichheiten beim Schulstart. Empirische Untersuchungen zur Bedeutung der sozialen Herkunft und des Kindergartenbesuchs auf den Zeitpunkt der Einschulung. In: Kölner Zeitschrift für Soziologie und Sozialpsychologie 61. 2. 211-234; (2008): Social Inequality in Educational Participation in the German School System in a Longitudinal Perspective. Pathways into and out of the Most Prestigious School Track. In: European Sociological Review 24. 4. 511-526; (2005): Nachhilfe als Strategie zur Verwirklichung von Bildungszielen. Eine empirische Untersuchung mit Daten des Sozio-oekonomischen Panels (SOEP). In: Zeitschrift für Pädagogik 51. 3. 363-379; (2004): Der Einfluss des Einkommens der Eltern auf die Schulwahl. In: Zeitschrift für Soziologie 33. 6. 363-379; (2003): Wehr- und Zivildienst in Deutschland: Wer dient, wer nicht? In: Jahrbücher für Nationalökonomie und Statistik 223. 5. 603-622; zusammen mit Drobnič, Sonja/Blossfeld, Hans-Peter (2001): Pflegebedürftige Personen im Haushalt und das Erwerbsverhalten verheirateter Frauen. In: Zeitschrift für Soziologie 30. 5. 362-383. *Kontakt:* thorsten.schneider@uni-bamberg.de

Pascal Siegers, Dipl.-Soz. Wiss., Studium der Sozialwissenschaften am Institut d'Études Politiques de Bordeaux und der Universität Stuttgart, ist Promotionsstipendiat der Deutschen Forschungsgemeinschaft am Graduiertenkolleg „Sozialordnungen und Lebenschancen im internationalen Vergleich" an der Universität zu Köln. Sein *Forschungsschwerpunkt* ist das Aufkommen alternativer Formen religiösen Glaubens in Europa. *Wichtigste Veröffentlichungen*: (im Erscheinen): A Multiple Group Latent Class Analysis of Religious Orientations in Europe. In: Davidov, Eldad/Billiet, Jacques/Schmidt, Peter (Hrsg.): Cross-Cultural Analysis: Methods and Applications. London: Taylor and Francis (erscheint voraussichtlich im November 2010); (2009): Performance of the European Union and Euroscepticism. In: Fuchs, Dieter/Magni-Berton, Raul/Roger, Antoine (Hrsg.): Euroscepticism. Images of Europe among mass publics and political elites. New

York: Barbara Budrich: 115-134; zusammen mit Kufer, Astrid (2008): La perception publique du rôle de la religion en politique. Religion, sécularisation et identités politiques en France et en Allemagne. In: Merle, Jean-Christophe/Vogel, Wolfram (Hrsg.): L'État et la Religion en France et en Allemagne. Berlin: Lit-Verlag: 115-138. *Kontakt:* siegers@wiso.uni-koeln.de

Hermann Strasser, Prof. Dr. rer. oec., PhD ist Inhaber des Lehrstuhls für Soziologie an der Universität Duisburg-Essen, seit 01.03.2007 emeritiert. Berufliche Positionen u.a. an der Universität Innsbruck, Fordham University, New York und an der Universität Klagenfurt. *Forschungsschwerpunkte:* Soziologische Theorie, soziale Ungleichheit, sozialer Wandel (Klassenstruktur, Arbeitslosigkeit, Drogenkonsum, multikult. Gesellschaft, soziales Kapital). Leiter zahlreicher Forschungsprojekte, zuletzt „Bürgerschaftliches Engagement und Altersdemenz", „Kinderarmut – Kulturarbeit mit Kindern" (Ku-Ki) und „Medi.Peer – Mediation durch peer groups". Inhaber von V•E•R•B•A•L, Ratingen (Biografieschreibwerkstatt). *Wichtigste Veröffentlichungen:* Mehr als 200 Aufsätze in in- und ausländischen Fachzeitschriften, (Mit-)Autor bzw. (Mit-)Herausgeber von 30 Büchern, u.a.: zusammen mit Kerbo, Harold (2000): Modern Germany. New York: McGraw-Hill; zusammen mit Kleiner, Marcus S. (2003): Globalisierungswelten: Kultur und Gesellschaft in einer entfesselten Welt. Köln: Herbert von Halem Verlag; zusammen mit Nollmann, Gerd (2004): Das individualisierte Ich in der modernen Gesellschaft. Frankfurt/Main: Campus Verlag; zusammen mit Nollmann, Gerd (2005): Endstation Amerika? Sozialwissenschaftliche Innen- und Außenansichten. Wiesbaden: VS Verlag; zusammen mit Nollmann, Gerd (2007): Woran glauben? Religion zwischen Kulturkampf und Sinnsuche. Essen: Klartext Verlag; zusammen mit Schweer, Thomas/Zdun, Steffen (2008): "Das da draußen ist ein Zoo, und wir sind die Dompteure"–Polizisten im Konflikt mit ethnischen Minderheiten und sozialen Randgruppen. Wiesbaden: VS Verlag; (2009): Köpfe der Ruhr: 200 Jahre Industriegeschichte und Strukturwandel im Lichte von Biografien. Essen: Klartext Verlag; zusammen mit Simon, Frank (2010): Hans Weber Lebens(t)räume. Bühl: Ikotes. *Kontakt:* hermann.strasser@uni-due.de

Manfred te Grotenhuis, Dr. habil, ist Assistant Professor am Institut für Sozial- und Kulturforschung der Radboud Universiteit Nijmegen in den Niederlanden. *Forschungsschwerpunkte*: Mehrebenenanalyse, Lebenslaufanalyse, Simulierungsmodelle, Strukturgleichungsmodelle. *Wichtigste Veröffentlichungen:* zusammen mit ten Have, Margreet/Meertens, Vivian/Scheepers, Peer/Beekman, Aartjan/Vollebergh, Wilma (2003): Upward trends in the use of community mental health and social work services in the Netherlands between 1979 and

1995: are particular sociodemographic groups responsible? In: Acta Psychiatrica Scandinavica 108. 6. 447-454; zusammen mit Scheepers, Peer/Eisinga, Rob (2004): The Method of Purging Applied to Repeated Cross-Sectional Data. Practical applications using logistic and linear regression analysis. In: Quality and Quantity 38. 1. 1-16; zusammen mit van Tubergen, Frank/Ultee, Wout (2005): Denomination, Religious Context, and Suicide: Neo-Durkheimian Multilevel Explanations Tested with Individual and Contextual Data. In: American Journal of Sociology 111. 3. 797-823; zusammen mit de Graaf, Nan Dirk (2008): Traditional Christian Belief and Belief in the Supernatural: Diverging Trends in the Netherlands between 1979 and 2005? In: Journal for the Scientific Study of Religion 47. 4. 585-598; zusammen mit van der Weegen, Theo (2009): Statistical Tools. An Overview Of Common Applications In Social Sciences. Assen: Royal Van Gorcum; zusammen mit van der Meer, Tom/Pelzer, Ben (2010): Influential Cases in Multilevel Modeling. A Methodological Comment on Ruiter and De Graaf (ASR, 2006). In: American Sociological Review 75. 1. 179-184. *Kontakt:* m.tegrotenhuis@maw.ru.nl

Tom van der Meer, Dr., ist Associate Professor am Department of Political Scienece an der Universiteit van Amsterdam in den Niederlanden. *Forschungsschwerpunkte:* Partizipation, politische Parteien, politisches Vertrauen, komparative Analyse. *Wichtigste Veröffentlichungen*: zusammen mit Pellikaan, Huib/Lange, Sarah L. de (2007): Fortuyn's Legacy: Party system change in the Netherlands. In: Comparative European Politics 5. 3. 282-302; zusammen mit van Ingen, Erik (2009): Schools of democracy? Disentangling the relationship between civic participation and political action in 17 European countries. In: European Journal of Political Research 48. 2. 281-308; zusammen mit Tolsma, Jochem/Gesthuizen, Maurice (2009): Unity in diversity: the impact of neighbourhood and municipality characteristics on social cohesion in the Netherlands. In: Acta Politica 44. 3. 286-313; zusammen mit van Deth, Jan W./Scheepers, Peer (2009): The policized participant: ideology and political action in twenty democracies. In: Comparative Political Studies 42. 11. 1426-1457; zusammen mit te Grotenhuis, Manfred/Scheepers, Peer (2009): Three types of voluntary associations in comparative perspective: the importance of studying associational involvement through a typology of associations in 21 European countries. In: Journal of civil society 5. 3. 227-241; zusammen mit te Grotenhuis, Manfred/Pelzer, Ben (2010): Influential Cases in Multilevel Modeling. A Methodological Comment on Ruiter and De Graaf (ASR, 2006). In: American Sociological Review 75. 1. 179-184.
Kontakt: t.w.g.vandermeer@uva.nl

Michael Wagner, Prof. Dr., ist Professor für Soziologie an der Universität zu Köln. *Forschungsschwerpunkte:* Sozialdemographie, Bildungs- und Familiensoziologie, Soziologie des abweichenden Verhaltens, Methoden empirischer Sozialforschung. *Wichtigste Veröffentlichungen*: zusammen mit Weiß, Bernd (2003): Bilanz der deutschen Scheidungsforschung. Versuch einer Meta-Analyse. In: Zeitschrift für Soziologie 32. 1. 29-49; zusammen mit Weiß, Bernd (2005): Konflikte in Partnerschaften. Erste Befunde der Kölner Paarbefragung. In: Zeitschrift für Familienforschung 17. 3. 217-250; zusammen mit Weiß, Bernd (2006): On the Variation of Divorce Risks in Europe: Findings from a Meta-analysis of European Longitudinal Studies. In: European Sociological Review 22. 5. 483-500; zusammen mit Mulder, Clara H./Clark, William A. V. (2006): Resources, Living Arrangements and First Union Formation in the United States, the Netherlands and West Germany. In: European Journal of Population 22. 1. 3-35; zusammen mit Dykstra, Pearl (2007): Pathways to Childlessness and Late-Life Outcomes. In: Journal of Family Issues 28. 11. 1487-1517; zusammen mit Weiß, Bernd (2008): Potentiale und Probleme von Meta-Analysen in der Soziologie. In: Sozialer Fortschritt 57. 10-11. 250-256; (Hrsg.) (2007): Schulabsentismus. Soziologische Analysen zum Einfluss von Familie, Schule und Freundeskreis. Weinheim und München: Juventa. *Kontakt*: mwagner@wiso.uni-koeln.de

Bernd Weiß, Dr., ist Wissenschaftlicher Mitarbeiter am Lehrstuhl von Prof. Dr. Michael Wagner am Forschungsinstitut für Soziologie der Universität zu Köln. *Forschungsschwerpunkte:* Partnerschaftsstabilität und -kommunikation, Jugenddelinquenz, Methoden der empirischen Sozialforschung (insbes. quantitative Forschungssynthese/Meta-Analyse); *Wichtigste Veröffentlichungen:* zusammen mit Wagner, Michael (2006): On the Variation of divorce risks in Europe: Findings from a meta-analysis of European longitudinal studies. In: European Sociological Review 22. 5. 483-500; zusammen mit Wagner, Michael/Dunkake, Imke (2004): Schulverweigerung. Empirische Analysen zum abweichenden Verhalten von Schülern. In: Kölner Zeitschrift für Soziologie und Sozialpsychologie 56. 3. 457-489. *Kontakt:* bernd.weiss@uni-koeln.de

Dominikus Vogl ist Wissenschaftlicher Mitarbeiter am Institut für Soziologie der Universität Bern. Er studierte Soziologie an der Ludwig-Maximilians-Universität in München und promoviert zum Thema Umweltbewusstsein im internationalen Vergleich. Neben der Umweltsoziologie sind ein weiterer *Forschungsschwerpunkt* die Methoden der empirischen Sozialforschung. *Kontakt:* dominikus.vogl@soz.unibe.ch

VS Forschung | VS Research
Neu im Programm Soziologie

Kai Brauer / Wolfgang Clemens (Hrsg.)
Zu alt?
„Ageism" und Altersdiskriminierung auf Arbeitsmärkten
2010. 252 S. (Alter(n) und Gesellschaft Bd. 20) Br. EUR 49,90
ISBN 978-3-531-17046-6

Thilo Fehmel
Konflikte um den Konfliktrahmen
Die Steuerung der Tarifautonomie
2010. 285 S. Br. EUR 34,95
ISBN 978-3-531-17227-9

Oliver Frey
Die amalgame Stadt
Orte. Netze. Milieus
2009. 355 S. Br. EUR 39,90
ISBN 978-3-531-16380-2

Renate Liebold
Frauen „unter sich"
Eine Untersuchung über weibliche Gemeinschaften im Milieuvergleich
2009. 261 S. Br. EUR 34,90
ISBN 978-3-531-16883-8

Monika Pavetic
Familiengründung und -erweiterung in Partnerschaften
Statistische Modellierung von Entscheidungsprozessen
2009. 228 S. Br. EUR 29,90
ISBN 978-3-531-16880-7

Katrina Pfundt
Die Regierung der HIV-Infektion
Eine empirisch-genealogische Studie
2010. 441 S. Br. EUR 49,95
ISBN 978-3-531-17095-4

Rosine Schulz
Kompetenz-Engagement: Ein Weg zur Integration Arbeitsloser in die Gesellschaft
Empirische Studie zur Erwerbs- und Bürgergesellschaft
2010. 367 S. Br. EUR 39,95
ISBN 978-3-531-17203-3

Thomas Vollmer
Das Heilige und das Opfer
Zur Soziologie religiöser Heilslehre, Gewalt(losigkeit) und Gemeinschaftsbildung
2010. 281 S. Br. EUR 39,90
ISBN 978-3-531-17120-3

Erhältlich im Buchhandel oder beim Verlag.
Änderungen vorbehalten. Stand: Januar 2010.

www.vs-verlag.de

VS VERLAG FÜR SOZIALWISSENSCHAFTEN

Abraham-Lincoln-Straße 46
65189 Wiesbaden
Tel. 0611.7878 - 722
Fax 0611.7878 - 400